李劍國 輯釋

唐前志怪小說輯釋

文史哲出版社 印行

唐前志怪小說輯釋

輯 釋 者：李　　　劍　　　國
出 版 者：文　史　哲　出　版　社
http:// www.lapen.com.tw
e-mail：lapen@ms74.hinet.net
登記證字號：行政院新聞局版臺業字五三三七號
發 行 人：彭　　　正　　　雄
發 行 所：文　史　哲　出　版　社
印 刷 者：文　史　哲　出　版　社
臺北市羅斯福路一段七十二巷四號
郵政劃撥帳號：一六一八〇一七五
電話886-2-23511028・傳真886-2-23965656

定價新台幣七〇〇元

一九九五年（民八十四）十月再版

ISBN 978-957-547-749-3　　89206

《唐前志怪小說輯釋》小引

何滿子

我國遠古無規製宏大之神話傳說，如古希臘、古印度今傳者然，或以爲不能無憾。然生民藝文創造之精神，亦如萬斛地泉，不宣洩於此則必洶湧於彼，顧時會殊異，揮發乃不同耳。漢魏以降，志怪小說之繁富，殆爲神話寥寂之天然補償。環球文林，罕有其比。蘊積千載，唐人傳奇乃承其餘澤而興；至歷代詩文，援以爲典實，更其餘事。允爲華土文章淵藪，藝苑巨彩；豈僅攷竅小說歷史，尋江河之源所必探之濫觴而已哉！

綜覽唐前志怪之作，舉其大較，略可分爲三期，曰原始神話傳說之緒餘也；曰漢興方士之神仙故事與夫爾後道教所造作之神鬼之談也；曰魏晉以還闡揚釋教輪迴果報證驗之異聞也。三者因仍遞嬗，每相揉雜，難以截然區劃；惟前者每蟬聯而重現於後繼，後者則尟見於新因素崛起之前，差可辨其消長之迹耳。中惟刻畫神鬼，則貫徹終始，爲三期所共有。此所謂神者，並無一特定之神格，古者僅天地而已。山川萬物，莫不可神；山妖木怪，遂孳附而生，聖哲強直之士，亦得不入鬼道。沿至後世之道教，其多神之傾向仍無大變，此蓋我民族生活、意識與風習之歷史使然者也。故《山海經》向稱蓄近乎神話之因素者特多，然所記不外海內外山川神祇異物之屬；屈子《天問》，論者擬爲神話詩，而王逸亦謂其「見楚有先王之廟及公卿祠堂，圖畫天地山川神靈，琦瑋僪佹，及古賢聖怪物行事，因書其壁，呵而問之」。降而至於漢揚雄之《蜀王本紀》、趙曄之《吳越春秋》、袁康之《越絕書》等作，其間所采異聞，頗可擬爲神話傳說者，亦皆民間傳述之山澤林谷荒渺之事，凡此皆與域外神話之張皇諸神者判然有別。至於鬼道，實爲人道之分支，微特於上古爲然，干寶生晉紀，尙不疑人鬼皆實有，抑可知矣。蓋尙鬼原於祀祖，殷商卽重祭鬼。人死爲鬼與兩間人鬼並存之觀念，垂數千年而不廢，故在志怪小說中亦綿延而不絕。

漢初先秦之書，如《穆天子傳》、汲冢《瑣語》、《淮南子》等所涉荒怪之說，並爲古神話傳說之嗣裔。前舉揚雄、趙曄之書，亦復其比。厥後地書方志、野乘雜記，每因緣采擇，或取自前修撰述，或取自土著口傳，隨地生發，隨宜敷衍，雖漸失古樸之致，然潛流不絕，大抵爲初期志怪之嗣響也。

嬴政妄求長生，由先世巫祝演化之方士投其所好，倡海上仙藥之說。漢武之世，此風益熾。羽士阿迎人主，侈陳異域神仙。故十洲三島，荒鄙異物，乃至吐納丹鼎，飛升霞舉之談蜂起。方士自衒其術，文人喜其詭奇，神仙故事於焉叢出。題劉向《列仙傳》者最享盛名，而紀漢武故事之書特多。此蓋先古所未有者也。降至魏、晉，魏文《列異傳》兼敍神鬼，葛洪《神仙傳》耑演仙眞，扇揚其波，蔚爲大宗；干寶《搜神記》影響尤廣，其書雖偶雜釋氏之說，然趣旨猶仍漢魏之舊，窮其時道士之教益漸披猖，神鬼遂更紛雜耳。漢武復雄才大略，拓疆鑿空，壯夫奮力，文士興談，誇述宇內外珍物異俗者並盛。題東方朔《十洲記》、《神異經》之類，貌雖髣髴《山海經》，然其精神則已迥異；循至張華《博物志》，則幾成多識山川草木鳥獸之書矣。

典午南渡，釋氏之教已浸漸布於民間，被及士林。宋、齊而後，乃或有故爲象教闡揚大法之顯效，或有膚受其經義之影響，於是志怪之書遂增入鼓吹修持、證驗冥報之新義。劉義慶之《宣驗記》，王琰之《冥祥記》、顏之推之《寃魂記》，皆此類也。益以釋典之中，本多天竺穎異之談，其設想爲中土所未有，操觚之士，心賞默習，亦頗移植其意象。荀氏《靈鬼志》道人入籠故事之昉自《觀佛三昧海經》白毫毛相，吳均《續齊諧記》陽羨書生之運化《舊雜譬喩經》梵志故事，即其著例。類是者均爲前此志怪小說之所未有者也。

志怪小說亦常與人事密合。非僅刻畫神鬼，每肖人事；抑且多取歷史人物與實有事變，依徙結撰，遂與紀世事之野史接壤。其例至多，毋庸贅舉。此蓋與四方怪異之談，每依地書方志以傳，理出一轍者矣。緣我國儒士，肯尊六藝，志道據德，依仁游藝，耑尚身家邦國之實用。俚巷小語，闕涉人事者且猶致遠恐泥，況怪力亂神，孔子不語者乎？然神異之談，聳耳動目，載筆者終難割舍，故先世異聞，或附會而入史傳，不疑其爲虛構，呑卵斬蛇、結草銜環之類是已；或取作談資，爲諸子之緣飾，移山御風，鯤化鵬飛之類是已。即詮釋六經，亦嘗擷渺茫之談，如《詩》曰漢有游女，乃以漢皋仙姝實之；《大戴禮》亦以事涉玄誕之胎教故事爲《保傅篇》之徵。遂使中古以前俶怪之談，縉紳大人所不屑言者，尚得庇子史而存其點滴，矧後世地理方志、類書稗乘爲之引錄。是以唐前志怪羣書，雖僅存目於史志，其什九皆歸澌滅；而零簡碎語，尚得散在於人世。鈎稽薈聚，猶可蔚爲大觀也。

今傳志怪之作，篇帙稍完具者，強半見於《太平廣記》，其他載籍引錄者大抵爲斷章殘句。宋明博學好事之士偶已蒐求輯錄，淸代輯逸之風盛行，羅掘更多，卓然可觀；然皆肆力於一家一編之作，未嘗通盤彙求，貫穿一體者。其放眼全局，廣收叢殘，匯納百家，厥自周樹人氏始。惟周氏《古小說鈎沉》兼收志人事之小說，蓋意在存唐前諸體小說之涯略，非僅爲志怪小說而設也。

此《唐前志怪小說輯釋》則專注志怪，陳其統系。撰者勤求羣書，愼事比勘，商略異同，條暢源流；又復詮釋名物，印證史志，使脈絡分明，義理俱豁。中古以前志怪之作，雖未盡備，然攝其菁英，已堪籠罩全體矣。古書僞託綦多，小說家尤甚，遂激使前修辨僞，疑古過正，此書撰者頗能救其偏失，折衷論斷，大抵允當。其於同一故事之流變衍化，與夫孕育後世小說戲曲者，亦疏理其大凡。誠非篤學敏求，寢饋於其間者所不能道。不惟可爲賞心娛目之具，其有裨於研究文史者之參稽，豈淺鮮哉！

例言

一、唐前古小說，以志怪爲大宗。抉異呈怪，事涉荒唐，然所以風行委巷，流布士林者，蓋以其涉獵兩間之奇觚，如味水陸之異饌；且世風足砭，俗情可窺耳。六朝志怪擅美文苑，後世復瓜瓞綿綿，歷久不竭，且多變異，又善衍化，於稗家影響匪淺。故本書獨取志怪，至燕丹、飛燕、西京、世說一流志人事、記史遺者則不與焉。

二、唐前志怪按其發展分爲三期：先秦爲起源與形成期；兩漢爲承上啓下之發展期；魏晉南北朝爲鼎盛期，又分魏晉與南北朝（含隋）兩段。本書亦分三編：先秦、兩漢合爲第一編，魏晉爲第二編，南北朝爲第三編。依時代爲次，以見變化因依之勢。

三、唐前志怪書多達百餘種，本書所輯，力求別擇佳製，取其旨趣隱約人事、諷喻社會者；題材新穎別致、幻設優美者；情味雋永、文辭生動者；故事著名、流傳廣遠者。庶可覩其菁英，綰其總體。惟叢殘小語，難以責備，且慮及全局，則不免降格以求。

四、所采諸書均有敍錄，置於選材之前，扼述該書時代、撰人、著錄、版本、性質、特色諸事。其向有歧疑者，均稍事考證，酌出己見，不敢言必是，聊充一說。間亦參納古今學者之研究成果，限於篇幅，未能一一言明，實非意存掠美。

五、書題下注明所採版本，視圖書條件儘量搜求佳槧。原書散佚不存者，均自行輯錄（漢武故事用古小說鈎沉輯本，不在此例），其另有輯本者則取作參考。條末注明卷次、篇名或引書詳細出處。標題多自擬；若係原題，則於注中說明。

六、凡底本有誤，參據他本及諸書所引逕行校正，並出校語。他本及引書之譌誤一般從略，較重要之異文方予出校。凡輯自諸書者，均依鈎沉例，以某引爲本，參校以他引，或補或刪或改，擇善而從，逕直寫定，並於校中說明；諸引異同，亦擇其要者錄入校語。校語概置於注釋。差異較大而煩於說明者，乃移入附錄，可資對照。

七、注釋側重名物制度、史實遺聞及生僻詞語，多取原始資料，並注明出處；或簡或繁，酌情而定。

八、附錄置於注釋之後，引錄有關資料以備參考。或爲淵源演變，或爲同類傳聞，或爲同書之異文。主要爲唐前資料，兼及唐宋，少數下逮明清。通俗小說、戲曲資料亦有所取，以見志怪影響之跡。涉獵未廣，自多掛漏，幸本意亦非求備，僅陳大概。

九、志怪書大部散佚，或知其名而無其文，或賴類書稗集存其二三，甚者僅見一鱗半爪。今存者，亦多經後人增竄，或殘闕不完，非復舊觀。且傳鈔多誤，滿紙魯魚。至其所記，往往齊歌楚唱，傳聞異辭；或竟改頭換面，陳陳相因。本書以搜佚補闕，校譌釋疑，考辨異同，分析源流爲旨，故以輯釋名之。唐前志怪之作，涯略粗具，或可概窺一代之奇。惟能薄材譾，疎謬不免，幸盼方家教正。

李劍國

目次

魏晉編第二

南北朝編第三

先秦兩漢編第一

汲冢瑣語

本名瑣語，西晉太康二年（二八一年）出自汲縣戰國魏襄王冢，故名。原書係戰國古文字，寫於竹簡，故又稱古文瑣語。遺文記事下逮戰國初，當成於戰國初期至中期間。作者當是晉國或魏氏史官。體例頗類國語，分爲夏殷春秋、晉春秋等。

出土爲十一篇，寫定爲十一卷。隋書經籍志雜史類著錄古文瑣語四卷，注云汲冢書，舊唐書經籍志、新唐書藝文志雜史類書名、卷帙同，宋時全佚。今存遺文二十餘條，清嚴可均全上古三代文、洪頤煊經典集林、馬國翰玉函山房輯佚書、王仁俊玉函山房輯佚書續編各有輯本。

瑣語內容多爲卜筮占夢，晉書卷五一束晳傳稱其爲「諸國卜夢妖怪相書也」。明人胡應麟乃謂之「古今紀異之祖」（少室山房筆叢丙部九流緒論下）、「古今小說之祖」（同上書己部二酉綴遺中），蓋志怪小說肇端於此也。

晉治氏女徒

晉治氏女徒〔一〕病，弃之。舞嚚〔二〕之馬僮飲馬而見之。病徒曰：「吾良夢。」馬僮曰：「汝奚夢乎？」曰：「吾夢乘水如河汾〔三〕，三馬當〔四〕以舞。」僮告舞嚚〔五〕，自往視之。曰：「尚可活。吾買汝。」答曰：「既弃之矣，猶未死乎？」舞嚚曰：「未。」遂買之。至舞嚚氏，而疾有間〔六〕。而生荀林父〔七〕。（據中華書局影宋本太平御覽卷六四二引璅語）

〔一〕治氏，鮑崇城校宋本御覽作「冶氏」。女徒，女奴。廣韻上平聲模韻：「徒，隸也。」

〔二〕舞嚚（一ㄣˊ），姓也。鮑本作「舞囂」。

〔三〕河汾，黃河、汾水交匯處，時屬晉國。

〔四〕當，迎也。

〔五〕按：「三馬」至此，原作「三馬當以告舞僮舞嚚」，錯亂不通，據嚴、洪、馬輯校本改。

〔六〕間（ㄐㄧㄢˋ），疾病稍癒。

〔七〕荀林父，即中行桓子，字伯。晉國大夫，文公時任中行之將，曾敗楚於城濮，景公時任中軍之帥。卒諡桓子。其後號中行氏。事跡具左傳、史記卷三九晉世家。

御覽引此文，末注：「神異記又載之。」魯迅據而輯入古小說鉤沉王浮神異記，「治氏」作「治氏」，「舞嚚」作「舞囂」，蓋據鮑本。

刑史子臣

初，刑史子臣謂宋景公〔一〕曰：「從今以往五祀日〔二〕，臣死。自臣死後五年，五月丁亥吳亡〔三〕。以後五祀，八月辛巳君薨〔四〕。」刑史子臣至死日，朝見景公，夕而死。後吳亡，景公懼，思刑史子臣之言。將死日，乃逃於瓜圃，遂死焉。求得，以〔五〕蟲矣。（據中華書局校宋本藝文類聚卷八七引古文瑣語，又御覽卷九七八、事類賦注卷二七並引，題同，御覽「瑣」作「璅」）

〔一〕刑史，姓也；子臣，名也。「刑」或作「形」、「邢」，見附錄。此人不見左傳、國語、史記。宋景公，名頭曼。據史記卷三八宋微子世家，公元前五一六年至四五三年在位，凡六十四年；據左傳哀公二十六年，則卒於前四六九年，在位四十八年。事類賦注引作「朱肅公」（下文譌作「素公」）。按朱即邾，曹姓，魯穆公時改爲鄒，滅於楚宣王，國在今山東。

〔二〕五祀，祭名，天子、諸侯、大夫皆有五祀之禮。內容爲何，說法不一。禮記祭法云：「諸侯爲國立五祀，曰司命，曰中霤（中室也），曰國門，曰國行（道也），曰公厲（諸侯之鬼也）。」曲禮下：「天子祭五祀。」鄭玄注：「五祀，戶、竈、中霤、門、行也。」白虎通義五祀云：「五祀者何謂也？謂門、戶、井、竈、中霤也。」御覽引作「五月五日」，事類賦注引作「五祀五日」。

〔三〕按：史記卷三一吳世家載夫差二十三年十一月丁卯，越敗吳，夫差自剄死，時值公元前四七三年。月日與此不合。

〔四〕按：史記云：「六十四年，景公卒。」未言月日。左傳哀公二十六年：「冬十月，公遊於空澤，辛巳，卒於連中。」據此景公卒於前四六九年十月辛巳，與瑣語月份不符而日合。

〔五〕以，通「已」。御覽、事類賦注皆引作「已」。

刑史子臣事，瑣語猶載一則。北堂書鈔卷一六〇引瑣語曰：「隕石於鑄三。宋景公問於形史子臣曰：『隕石於鑄三，何也？』形史子臣答曰：『天下之望山三將崩。』」搜神記卷八「邢史子臣」條曰：「宋大夫邢史子臣明於天道。周敬王之三十七年，景公問曰：『天道其何祥？』對曰：『後五十年，五月丁亥臣將死。死後五年，五月丁卯吳將亡。亡後五年君將終。終後四百年，邾王天下。』俄而皆如其言。所云『邾王天下』者，魏之興也。邾，曹姓，魏亦曹姓，皆邾之後。其年數則錯，未知邢史失其數耶，將年代久遠，注記者傳而有謬也？」此瑣語刑史事之演化也。

又宋書卷二七符瑞志上亦載此事，惟「三十七年」作「四十七年」，「五十年」作「五年」，餘同。

山海經　據清郝懿行山海經箋疏本

今存，十八卷。包括山經、海經兩大部份。山經分南山經、西山經、北山經、東山經、中山經五卷；海經分海外南經、海外西經、海外北經、海外東經等海外經四卷，海內南經、海內西經、海內北經、海內東經等海內經四卷，大荒東經、大荒南經、大荒西經、大荒北經等大荒經四卷及海內經一卷。

是書舊稱夏禹或伯益撰，不可信。約成於戰國，且非出一人之手。山經較早，約當戰國中期，海經則在中期之後。海內經四卷中多有秦漢地名，蓋又經後人增竄。山海經原有圖，經文係據圖而記。圖及經，可能均出巫祝、方士之流，戰國地理博物之學，固卽巫方之術也。是書各部份流傳中被合爲一書，統名曰山海經，最晚漢武帝時已有此名，史記大宛列傳首出其名可證。西漢末劉向、劉歆（後改名秀）父子校書，時書凡三十二篇，劉秀定爲十八篇，卽漢書藝文志所著錄之十三篇，亦卽山經五篇，海外、海內經八篇，作十八篇者，蓋以山經爲十篇耳。大荒經及單篇海內經，則爲劉氏所刪，卽郭璞注山海經敍所云「進（一作「逸」）在外」者。郭璞校注山海經時，當又將刪落者併入，定爲十八卷，卽今本也。隋志、新唐志云二十三卷者，蓋仍以山經爲十卷耳。今傳版本甚多，注本及校本亦夥，淸人畢沅山海經新校正、郝懿行山海經箋疏是其佳者。今人袁珂有山海經校注。

山海經之性質，周氏以爲「古之巫書」（中國小說史略），說可溯至漢書藝文志，班固列之於數術略形法家之首。然歷代史志書目多隸於地理類。按是書所記皆山川動植、遠國異民，雜厠神話傳說，「宏誕迂誇，多奇怪俶儻之言」（郭璞注山海經敍），非平實之地書，蓋地理博物書與巫書之混合也。而其內容之幻誕，正又可作小說觀。故胡應麟少室山房筆叢四部正譌下以爲「古今語怪之祖」，四庫全書總目改入小說家，稱其爲「小說之最古者」。然其內容支離破碎，缺少情節，作爲志怪小說體猶未具，只可以準小說視之耳。

精衛

又北二十里〔一〕，曰發鳩之山〔二〕，其上多柘木〔三〕。有鳥焉，其狀如烏，文首白喙〔四〕赤足，名曰精衛，其鳴自詨〔五〕。是炎帝〔六〕之少女，名曰女娃〔七〕。女娃游于東海，溺而不返，故爲精衛，常銜西山之木石，以堙〔八〕于東海。漳水出焉，東流注于河〔九〕。（卷三北次三經）

〔一〕按：此節前爲神囷之山，「又北二十里」者，指神囷山以北二十里也。

〔二〕發鳩山，郭璞注：「今在上黨郡長子縣。」長子縣今屬山西。其山又名發包山、鹿苦山，淮南子墬形訓：「濁漳出發包。」高誘注：「發包山，一名鹿苦山，亦在上黨長子。」水經注卷一〇濁漳水作「發苞山」、「鹿谷山」。

〔三〕柘(zhè)木，常綠灌木，葉可飼蠶。「柘」又作「樜」，說文六上木部：「樜木，出發鳩山。」玉篇卷一一木部：「柘，桑柘，亦作『樜』。」

〔四〕按：此句廣韻去聲祭韻「衞」字釋引作「白首赤喙」。

〔五〕詨(ㄒㄧㄠ，又ㄐㄧㄠˋ)，呼也，叫也。廣韻去聲效韻：「詨，叫。」文選卷五吳都賦注、御覽卷四五、廣韻「衞」字釋、事類賦注卷七並引作「呼」。「其鳴自詨」謂其鳴聲正如其名，亦卽以其鳴聲而名之也。

〔六〕炎帝，神農也。又名赤帝，傳說中南方天帝。文選吳都賦注、魏都賦注及六帖卷六引作「赤帝」。

〔七〕按：御覽卷九二五引曰：「炎帝之女名媱。」又引博物志作「女媱」。女媱乃炎帝另一女，御覽引誤。文選卷一九高唐賦注引襄陽耆舊傳曰：「赤帝女曰姚姬(又作「瑤姬」)，未行而卒，葬於巫山之陽，故曰巫山之女。楚懷王遊於高唐，晝寢夢見與神遇，自稱是巫山之女。王因幸之，遂爲置觀於巫山之南，號爲朝雲。後至襄王時，復遊高唐。」山海經中次七經曰：「姑媱之山，帝女死焉，其名曰女尸，化爲䔄草……服之媚于人。」姚姬、瑤姬、姑媱、女媱均爲一人。吳都賦注乃引作「赤帝之女姓姜」，不云其名。按古傳炎帝姜姓，御覽卷七八引帝王世紀曰：「神農氏，姜姓也。」

〔八〕堙，塞也。吳都賦注、六帖、廣韻、事類賦注卷六又卷七、御覽卷四五並引作「填」。

〔九〕漳水，指濁漳水，又稱潞水，發源於發鳩山，與清漳水合流後，於河北南端入衞河。文中稱「東流注于河」，係古時漳水走向，今漳水（漳河）不入黃河。郭璞注云：「或曰出長子縣鹿谷山而東至鄴，入清漳。」

郭璞山海經圖讚精衞曰：「炎帝之女，化爲精衞。沈所（一作「形」）東海，靈爽西邁。乃銜木石，以堙波海（一作「以填攸害」）。」

張華博物志卷三異鳥曰：「有鳥如烏，文首白喙赤足，曰精衞。故精衞常取西山之木石，以填東海。」（按：有闕文）

梁任昉述異記卷上曰：「昔炎帝女溺死東海中，化爲精衞，其名自呼，每銜西山木石填東海。偶海燕而生子，生雌狀如精衞，生雄如海燕。今東海精衞誓水處，曾溺於此川，誓不飲其水。一名鳥誓（按：韓昌黎全集卷九精衞注引作「誓鳥」，是也），一名冤禽，又名志鳥，俗呼帝女雀。」此後世之聞，六帖卷六引山海經云赤帝女化爲冤禽，乃採此說，非原文也。

御覽卷四九引博物志佚文，精衞乃與湘夫人、西王母相涉，頗爲新異：「君山，洞庭之山是也，帝之二女居之，曰湘夫人。帝女遣精衞至王母取西山之玉印，印東海北山。」惜乎引文不全，且有脫譌，莫究其詳也。

刑天

刑天與帝爭神〔一〕，帝斷其首，葬之常羊之山〔二〕。乃以乳爲目，以臍爲口，操干戚以舞〔三〕。（卷七海外西經）

〔一〕刑天，原作「形天」。按諸書引此經或諸書記此事其名多歧，凡有「形天」、「形夭」、「邢天」、「刑天」、「刑夭」諸稱。影宋本御覽卷三七一又五七四引作「形夭」，郭璞圖讚及段成式酉陽雜俎卷一四同；卷五五五、鮑崇城校本卷八八七引作「邢天」，路史後紀卷三同；卷四九六又卷八八七引作「刑夭」；鮑校本卷五五五引作「刑天」，李公煥本及焦竑本陶淵明集讀山海經十三首同（參見附錄）。說文四下刀部：「刑，剄也。」又一上一部：「天，顚也。」「刑天」卽斷首之義，作「刑天」是也。（按：作「形夭」似亦可通。形，形體之謂；夭，摧也，殘也。淮南子墬形訓作「形殘」，亦正此義。）今從鮑校本御覽卷五五五及陶集，正作「刑天」。刑天乃炎帝臣，路史後紀卷三云：「炎帝乃命邢天作扶犂之樂，制豐年之詠，以薦釐來，是曰下謀。」帝當指黃帝。炎帝會與黃帝爭鬪，御覽卷七九引歸藏曰：「昔黃神與炎神爭鬪涿鹿之野」。又大戴禮記五帝德曰：「黃帝教熊羆貔豹虎，以與赤帝戰於版泉之野」。刑天與之爭神（爭奪神權），正屬此，或其餘緒也。「爭神」上原有「至此」二字，按御覽卷三七一、卷四九六、卷五五五、卷五七四、卷八八七諸引悉無此二字，知爲衍文，據删。

〔二〕常羊之山：在西南大荒中。山海經大荒西經云：「西南大荒之中隅，有偏句、常羊之山。」呂氏春秋有始覽諭大作「常祥」，云：「地大則有常祥、不庭。」按炎帝生地正在此山，御覽卷七八引帝王世紀（晉皇甫謐）曰：「神農氏，姜姓也。母曰任姒，有喬氏之女，名登，爲少典妃。遊於華陽，有神農首感女登於常羊，生炎帝，人身牛首，長於姜水。」由此益知刑天之與炎帝不爲無關矣。

〔三〕郭注：「干，盾；戚，斧也。是爲無首之民。」

郭璞山海經圖讚形夭曰：「爭神不勝，爲帝所戮。遂厥形夭，臍口乳目。仍揮干戚，雖化不服。」

玄中記亦云：「刑天與帝爭神，帝斷其首，葬之常羊山，及乃以乳爲目，以臍爲口。」（御覽卷五五五引）全取山海經。

陶淵明讀山海經其十曰：「精衞銜微木，將以塡滄海；刑天舞干戚，猛志固常在。」

段成式酉陽雜俎前集卷一四諾皐記上曰：「形夭與帝爭神，帝斷其首，葬之常羊山。乃以乳爲目，臍爲口，操干戚而舞焉。」

淮南子墬形訓刑天作「形殘」，曰：「西方有形殘之尸。」高誘注：「一說曰形殘之尸于是以兩乳爲目，腹臍爲口，操干戚以舞，天神斷其手，後天帝斷其首也。」莊逵吉按曰：「一說卽山海經之形天也，古聲『天』、『殘』相近。」刑天之後爲無首民。御覽卷七九七引外國圖曰：「無首民乃與帝爭神，帝斬其首，勑之此野。以乳爲目，臍爲口。去玉門三萬里。」郭注「是爲無首之民」本此。葛洪抱朴子釋滯有「無首之體」語，亦指無首民。

夸父

夸父與日逐走〔一〕，入日〔二〕。渴欲得飲，飲于河渭〔三〕；河渭不足，北飲大澤〔四〕。未至，道渴而死。弃其杖，化爲鄧林〔五〕。（卷八海外北經）

〔一〕夸父，郭璞注：「夸父者，蓋神人之名也。」按夸父當爲巨人神。廣雅釋詁：「夸，大也。」父，男子美稱。海外北經又有博父國，云：「博父國在聶耳東，其爲人大，右手操青蛇，左手操黃蛇。鄧林在其東，二樹木。」是則又名博父。「博」亦大，廣韻入聲鐸韻：「博，廣也，大也，通也。」大荒北經云「后土生信，信生夸父」，海內經又云后土爲炎帝七世孫，則夸父爲炎帝裔。逐走，北堂書鈔卷一三三又卷一四四、文選卷二西京賦注、卷一三鸚鵡賦注、卷三五七命注、御覽卷七一〇又卷八八七並引作「競走」，文選卷二三詠懷注引作「競逐」，六帖卷一引作「爭走」。又初學記卷一、御覽卷三、事類賦注卷一引全句作「夸父逐日」，御覽卷五七引作「夸父逐日走」。

〔二〕入日，郭注：「言及於日將入也。」亦卽接近太陽之意，非入於太陽之內也。何焯、黃丕烈校本作「日入」，史記卷二三禮書裴駰集解亦引作「日入」。

〔三〕河，黃河；渭，渭水。渭水源出甘肅渭原縣鳥鼠山，在陝西潼關縣入黃河。

〔四〕大澤，北方之大湖。海內西經云：「大澤方百里，羣鳥所生及所解，在鴈門北。」大荒北經又云：「有大澤方千里，羣鳥所解。」畢沅、郝懿行均以大澤卽漢書之翰海。按翰海又作「瀚海」，或以爲卽今內蒙東北部之呼倫湖或貝爾湖。

〔五〕鄧林，淮南子墬形訓高誘注云：「鄧猶木也。」是「鄧林」本義爲樹林。然又用爲林名，史記禮書集解曰：「駰謂『鄧林』後遂爲林名。」海外北經：「鄧林在其東，二樹木。」顯爲林名。此處之「化爲鄧林」，亦可解爲林名。中次六經又云夸父之山其北有林焉，名曰桃林，廣員三百里，是鄧林又名桃林。畢沅以爲「鄧」、「桃」音相近。後「桃林」用爲地區名，郭璞云：「桃林，今宏農湖縣閿鄉南谷中是也。」史記趙世家張守節正義引括地志（唐李泰）曰：「桃林在今陝州桃林縣，西至潼關，皆爲桃林塞地。」湖縣、桃林縣卽今之河南靈寶縣。

關於夸父，山海經尙有記：

大荒北經曰：「大荒之中，有山名曰成都載天。有人珥兩黃蛇，把兩黃蛇，名曰夸父。后土生信，信生夸父。夸父不量力，欲追日景，逮之于禺谷。將飲河而不足也，將走大澤，未至，死于此。應龍已殺蚩尤，又殺夸父，乃去南方處之，故南方多雨。」

大荒東經曰：「應龍處南極，殺蚩尤與夸父。」按此云夸父被應龍所殺，傳聞異辭耳。

中次六經曰：「夸父之山，其木多椶枏，多竹箭，其獸多㸲牛羬羊，其鳥多鷩，其陽多玉，其陰多鐵。其北有林焉，名曰桃林，是廣員三百里，其中多馬。湖水出焉，而北流注于河，其中多珚玉。」郝懿行注：「山一名秦山，與太華相連，在今河南靈寶縣東南。」按夸父渴死於此，故名其山也。呂氏春秋求人有夸父之野，則又用爲野名矣。

海外北經又記博父國，蓋夸父之後爲國也。

郭璞山海經圖讚曰：「神哉夸父，難以理尋。傾河逐日，遯形鄧林。觸類而化，應無常心。」

淮南子墬形訓曰：「夸父、耽耳在其北方。夸父弃其策，是爲鄧林。」高注：「夸父，神獸也。飲河渭不足，將飲西海，未至道渴死。見山海經。策，杖也，其杖生木而成林，鄧猶木也。一曰仙人也。」引文不合山海原文。

列子湯問曰：「夸父不量力，欲追日影，逐之於隅谷之際。渴欲得飲，赴飲河渭，河渭不足，將走北飲大澤。未至，道渴而死。弃其杖，尸膏肉所浸，生鄧林，鄧林彌廣數千里焉。」

張華博物志卷七異聞曰：「海水西，夸父與日相逐走，渴飲水，河謂（渭）不足，北飲大澤，未至，渴而死。弃其策杖，化爲鄧林。」

以上皆本山海爲說。後世傳說又多記夸父遺址：御覽卷四七引郡國志（晉袁山松）曰：「台州覆釜山……有巨跡，云是夸父逐日之所踐。」又太平寰宇記卷九八台州臨海縣「覆釜山」下引臨海記云：「東海有山，形似覆釜，山上有巨跡，是夸父逐日之所踐。」御覽卷五六引安定圖經曰：「振履堆者，故老云夸父逐日振履於此，故名之。」又卷三八八引盛弘之荊州記曰：「零陵縣上石有夸父跡。」唐張鷟朝野僉載卷五曰：「辰州東有三山，鼎足直上，各數千丈。古老傳曰：鄧夸父與日競走，至此煮飯，此三山者，夸父支鼎之石也。」馮夢龍古今譚概三十三荒唐部亦載，文同。以鄧林之「鄧」爲夸父姓，殊稱別致。

君子國

君子國在其北〔一〕，衣冠帶劍，食獸，使二文虎在旁〔二〕。其人好讓不爭。有薰〔三〕華之草，朝生夕死。一曰在肝榆之尸北。（卷九海外東經）

〔一〕其，指奢比之尸，一曰肝榆之尸，獸身、人面，大耳，珥兩青蛇。按山海經係據圖而記，「在其北」及下文「使二文虎在旁」，皆說圖象如此。

〔二〕文虎，原作「大虎」。按道藏本及後漢書東夷傳注引並作「文虎」，諸書言君子國者亦皆作「文虎」（見附錄），據正。文虎，虎之有花紋者，圖讚稱「雕虎」（見附錄），義同。旁，道藏本作「左右」。

〔三〕薰，郭注：「或作堇。」郝懿行疏云：「木堇見爾雅，堇一名蕣，與『薰』聲相近。呂氏春秋仲夏紀云：『木堇榮。』高誘注云：『木堇朝榮莫落，是月榮華，可用作蒸。雜家謂之朝生。一名蕣，詩云：『顏如蕣華』是也。」按「堇」又作「槿」，木槿，落葉灌木，夏秋開花，朝開暮凋。

山海經言君子國者，尚有大荒東經：「大荒之中……有東口之山。有君子之國，其人衣冠帶劍。」注：「亦使虎豹，好謙讓也。」圖讚云：「東方氣仁，國有君子。薰華是食，雕虎是使。雅好禮讓，禮委論理。」

其餘諸書所記，大抵本山海爲說：

淮南子墬形訓海外三十六國，自東南至東北方有君子國。又云：「東方有君子之國。」高注：「東方木德仁，故有君子之國。其人衣冠帶劍，食獸，使二文虎也。」

御覽卷九九四引括地圖曰：「君子民帶劍，使兩文虎，衣野絲。土方千里，多薰華之草。好讓，故爲君子國。薰華草，朝生夕死。」

說文四上羊部「羌」字釋：「東夷從大，大人也。夷俗仁，仁者壽，有君子、不死之國。」段玉裁注：「後漢書東夷傳曰：仁而好生，天性柔順，易以道御，有君子、不死之國焉。」又四上鳥部：「鳳……出於東方君子之國。」

類聚卷八九引外國圖曰：「君子之國多木槿之華，人民食之。去琅耶三萬里。」又引玄中記曰：「君子之國，地方千里，多木槿之華。」

博物志卷二云：「君子國人，衣冠帶劍，使兩虎，民衣野絲。好禮讓，不爭。土千里，多薰華之草。民多疾風氣，故人不番息。好讓，故為君子國。」

元伊世珍瑯嬛記卷中云：「君子國有鳳凰嶺。」

清陸次雲八紘荒史云：「君子國在東方，其人衣冠帶劍，驅使文虎，鳳凰出其郊。好禮讓，不爭。土僅千里，人多疾病，故不蕃息。」

清李汝珍小說鏡花緣之君子國，溯其淵始，當為此國之演飾。

黃帝女魃

有係昆之山〔一〕者，有共工之臺〔二〕，射者不敢北鄉〔三〕。有人衣青衣，名曰黃帝女魃〔四〕。

蚩尤作兵伐黃帝〔五〕，黃帝乃令應龍攻之冀州之野〔六〕。應龍畜水，蚩尤請風伯、雨師〔七〕縱大風雨。黃帝乃下天女曰妭〔八〕，雨止，遂殺蚩尤〔九〕。妭不得復上，所居不雨〔一〇〕。叔均〔一一〕言之帝，後置之赤水之北〔一二〕。叔均乃爲田祖〔一三〕。妭時亡之。所欲逐之者，令曰：「神北行〔一四〕！」先除水道，決通溝瀆〔一五〕。

（卷一七大荒北經）

〔一〕係昆，御覽卷三五引作「傒昆」。

〔二〕共工之臺，海外北經云：「不敢北射，畏共工之臺。臺在其東，臺四方，隅有一蛇，虎色，首衝南方。」共工，水神，炎帝之後。海內經云炎帝生炎居，炎居生節並，節並生戲器，戲器生祝融，祝融生共工。國語周語韋昭注云：「共工，諸侯，炎帝之後，姜姓也。」共工曾與黃帝裔顓頊爭帝，淮南子天文訓有記，兵略訓又謂：「共工爲水害，故顓頊誅之。」

〔三〕鄉，通「向」。郭注：「言畏之也。」此句言射者不敢北向共工臺射箭，畏共工之神威也。

〔四〕妭（ㄅㄚˊ），原作「魃」。按道藏本作「妭」（前一字仍作「魃」）；後漢書張衡傳李賢注及御覽卷三五又卷七九並引作「妖」，「妖」卽「妭」字，張衡傳注：「妖亦魃也。」類聚卷七九乃引作「魃」，亦卽「妖」字。鮑校本御覽則引作「妭」，草堂詩箋卷二一九所引，「魃」、「妖」並用，注：「妖，亦魃也。」廣韻入聲末韻「妭」字釋云：「鬼婦。文字指歸云：『女妭，禿無髮。所居之處，天不雨。』」又吳任臣山海經廣註本郭璞注云：「音如旱魃之魃。」（郝本前一「魃」字誤作「妭」）是則經文「魃」字皆應作「妭」，故正，下皆仿此。女妭，黃帝女，旱神。說文女部：「妭，美婦也。」後演爲旱魃，已非古之黃帝女妭，然其爲旱神則一。詩大雅雲漢：「旱魃爲虐。」毛傳：「魃，旱神也。」孔穎達疏引神異經曰：「南方有人，長二三尺，袒身而目在頂上，走行如風，名曰魃。所見之國大旱，赤地千里。一名旱母。」（按：與今本文異。）說文九上鬼部：「魃，旱鬼也。」「魃」字從鬼，放云「鬼婦」、「旱鬼」。

〔五〕 蚩尤，炎帝之後。路史後紀蚩尤傳云：「阪泉氏蚩尤，姜姓，炎帝之裔也。」（參見附錄）作兵，製作武器。管子地數云蚩尤受葛盧山之金而作劍鎧矛戟戈。世本作篇（茆泮林輯本）亦曰：「蚩尤作五兵：戈、矛、戟、酋矛、夷矛。」黃帝誅之涿鹿之野。」宋衷注曰：「蚩尤，神農臣也。」黃帝，天神之最巨者，又傳爲古之天子。史記卷一五帝本紀云：「黃帝者，少典之子。姓公孫，名曰軒轅。」正義曰：「號曰有熊氏，又曰縉雲氏，又曰帝鴻氏，亦曰帝軒氏。」有關黃帝之神話傳說，記載特多。

〔六〕 應龍，黃帝之神獸，乃有翼之龍。廣雅釋魚云：「有翼曰應龍。」郭璞注大荒東經亦云：「應龍，龍有翼者也。」冀州，古九州之一。其地約當今山西、河北、河南北部、山東西北。郭注云：「冀州，中土也。黃帝亦教虎豹熊羆，以與炎帝戰于阪泉之野而滅之，見史記。」按蚩尤爲炎帝裔，黃帝、蚩尤之戰乃炎、黃鬬爭之餘緒。

〔七〕 風伯，風神；雨師，雨神。其爲何人，說不一。風伯有飛廉、箕星（或云「箕伯」）等說，雨師有蓱翳（又作

「屛翳」、「荓號」)、畢星、赤松子、玄冥等說，見楚辭王逸注、列仙傳、風俗通義祀典、周禮鄭玄注、山海經海外東經、張衡思玄賦等。

〔八〕按：史記五帝本紀正義引「魃」(妭)下有「以止雨」三字。

〔九〕按：大荒東經：「應龍處南極，殺蚩尤與夸父，不得復上。」大荒北經：「應龍已殺蚩尤，又殺夸父，乃去南方處之，故南方多雨。」是殺蚩尤者爲女妭與應龍也。

〔一〇〕郭注：「旱氣在也。」

〔一一〕叔均，海內經謂后稷之孫，始作牛耕；大荒西經謂后稷弟台璽之子，播百穀，始作耕，則爲稷姪矣；郭璞注大荒南經乃謂叔均，商均也。據竹書紀年，商均舜子，名義均，封於商。諸說不同。

〔一二〕赤水，傳說中水名。西次三經云赤水出于昆侖之丘。昆侖乃黃帝下都，莊子天地云：「黃帝遊乎赤水之北，登乎崑崙之丘。」穆天子傳卷二亦云：「天子升于昆侖之丘，以觀黃帝之宮。」女妭既爲黃帝女，故不能復上天後被安置於昆侖附近。又據大荒北經，女妭所處之地乃鍾山：「有鍾山者。有女子衣青衣，名曰赤水女子獻(按：當爲「妭」字之譌)。」而鍾山正在赤水之北，大荒北經謂赤水之北有章尾山，章尾山正鍾山也。

〔一三〕田祖，田神。郭注：「主田之官。詩云：『田祖有神。』」按叔均播穀作耕，故爲田神也。

〔一四〕郝懿行云：「北行者，令歸赤水之北也。」按女妭所至之處天不雨，故逐之令歸也。

〔一五〕除，修也，治也。溝瀆，田間水道。說文十一上水部：「瀆，溝也。」周禮考工記：「九夫爲井，井間廣四尺深四尺，謂之溝。」釋名釋水：「田間之水亦曰溝。」按修治水道者，蓋爲將得雨也。郭璞注云：「言逐之必得雨，故見先除水道，今之逐魃是也。」郝懿行云：「藝文類聚一百卷引神異經云：『南方有人，長二三尺，袒身而目在頂上，走行如風，名曰魃。所見之國大旱，赤地千里，一名狢。遇者得之，投溷中乃死，旱災消。』是古有逐魃之說也。魏書載咸平五年晉陽得死魃，長二尺，面頂各二目。通考言永隆元年長安獲女魃，長尺有二寸，然則神異經之說蓋不誣矣。今山西人說旱魃神體有白毛，飛行絕跡，而東齊愚人有打旱魃之事。」按后世多有旱魃、逐魃記載，繪形繪聲，要之皆由女妭傳說衍生也。

黃帝戰蚩尤事屢見古書記載，且多敍其遺跡，茲摘要者引述於次：

莊子盜跖云：「黃帝不能致德，與蚩尤戰於涿鹿之野，流血百里。」成玄英疏：「蚩尤，諸侯也。涿鹿，地名，今幽州涿郡是也。蚩尤造五兵，與黃帝戰，故流血百里也。」

韓非子十過云：「昔者黃帝合鬼神於西泰山之上，駕象車而六蛟龍，畢方竝鎋，蚩尤居前，風伯進掃，雨師灑道，虎狼在前，鬼神在後，騰蛇伏地，鳳皇覆上，大合鬼神，作爲清角。」

初學記卷九引歸藏啓筮云：「蚩尤出自羊水，八肱、八趾、疏首。登九淖以伐空桑，黃帝殺之於青丘。」

史記卷一五帝本紀云：「蚩尤作亂，不用帝命。於是黃帝乃徵師諸侯，與蚩尤戰於涿鹿之野，遂禽殺蚩尤。」正義引龍魚河圖云：「黃帝攝政，有蚩尤兄弟八十一人，並獸身人語，銅頭鐵額，食沙石子，造立兵仗刀戟大弩，威振天下，誅殺無道，不慈仁。萬民欲令黃帝行天子事，黃帝以仁義不能禁止蚩尤，乃仰天而歎。天遣玄女下授黃帝兵信神符，制伏蚩尤，帝因使之主兵，以制八方。蚩尤沒後，天下復擾亂，黃帝遂畫蚩尤形像以威天下，天下咸謂蚩尤不死，八方萬邦皆爲弭服。」（按：御覽卷七八亦引。）

御覽卷一五引黃帝玄女戰法云：「黃帝與蚩尤九戰九不勝。黃帝歸於太山，三日三夜霧冥。有一婦人人身鳥形，黃帝稽首再拜，伏不敢起。婦人曰：『吾玄女也，子欲何問？』黃帝曰：『小子欲萬戰萬勝。』遂得戰法焉。」

焦延壽焦氏易林卷一坤之臨曰：「白龍赤虎，戰鬬俱怒；蚩尤敗走，死於魚口。」又蒙之坎：「白龍黑虎，起鬐暴怒，戰於涿鹿，蚩尤敗走。」又卷三同人之比：「白龍黑虎，起伏俱怒，戰於阪兆，蚩尤走敗，死於魯首。」

吳任臣山海經廣註大荒北經注引廣成子傳云：「蚩尤銅頭啖石，飛空走險。（黃帝）以馗牛皮爲鼓，九擊而止之，尤不能飛走，遂殺之。」

張君房雲笈七籤卷一〇〇軒轅本紀云：「黃帝殺蚩尤於黎山之丘，擲械於大荒之中宋山之上，後化爲楓木之林。」（按：說本大荒南經：「大荒之中有宋山者，……有木生山上，名曰楓木。楓木，蚩尤所棄其桎梏，是謂楓木。」郭注：「黃帝得蚩尤，械而殺之。已摘其械，化而爲樹也。」）

史記五帝本紀裴駰集解引皇覽云：「蚩尤冢在東平郡壽張縣闞鄉城中，高七丈，民常十月祀之。有赤氣出，如匹絳帛，民名爲『蚩尤旗』。肩髀冢在山陽郡鉅野縣重聚，大小與闞冢等。傳言黃帝與蚩尤戰於涿鹿之野，黃帝殺之，身體異處，故別葬之。」司馬貞索隱云：「皇甫謐云，黃帝使應龍殺蚩尤于凶黎之谷。或曰：黃帝斬蚩尤于中冀，因名其地曰絕轡之野。」按皇甫謐所云乃出帝王世紀，御覽卷七九引曰：「神農氏衰，黃帝修德化民，諸侯歸之。黃帝於是乃擾馴猛獸，與神農氏戰于阪泉之野，三戰而克之。又徵諸侯，使力牧神皇，直討蚩尤氏，擒之于涿鹿之野，使應龍殺之于凶黎之丘。凡五十五戰，而天下大服。」

又卷一五引志林（晉虞喜）云：「黃帝與蚩尤戰於涿鹿之野，蚩尤作大霧彌三日，軍人皆惑。黃帝乃令風后法斗機作指南車，以別四方，遂擒蚩尤。」又載晉崔豹古今註卷上。古今註卷上又云：「華蓋，黃帝所作也。與蚩尤戰於涿鹿之野，常有五色雲氣、金枝玉葉止於帝上，有花葩之象，故因而作華蓋也。」

馬端臨文獻通考卷一三八樂考十一引樂錄云：「蚩尤氏率魑魅，與黃帝戰於涿鹿之野，黃帝乃命吹角爲龍吟以御之。」

任昉述異記卷上云：「軒轅之初立也，有蚩尤氏兄弟七十二人，銅頭鐵額，食鐵石。軒轅誅之於涿鹿之野。蚩尤能作雲霧。涿鹿今在冀州。有蚩尤神，俗云人身牛蹄，四目六首。今冀州人掘地，得髑髏如銅鐵者，即蚩尤之骨也。今有蚩尤齒，長二寸，堅不可碎。秦漢間說蚩尤氏，耳鬢如劍戟，頭有角。與軒轅鬬，以角觝人，人不能向。今冀州有樂名『蚩尤戲』，其民兩兩三三，頭戴牛角而相觝，漢造角觝戲，蓋其遺製也。」又云：「太原村落間，祭蚩尤神不用牛頭。今冀州有蚩尤川，即涿鹿之野。漢武時，太原有蚩尤神晝見，龜足蛇首，首疫，其俗遂爲立祠。」

唐李亢獨異志卷中云：「蚩尤是古之帝者，兄弟八十一人，皆銅頭鐵額，食沙啖石，然卒爲黃帝所滅也。」又曰：「黃帝斬蚩尤，冢在高平壽長縣，高七丈。時人常十月祠之，有赤氣如疋絳，時人謂之『蚩尤旗』。」

太平寰宇記卷一三鄆州中都縣云：「古闞城。皇覽冢墓記云鄆州壽張縣闞城中有蚩尤冢，支體異葬也，故此亦有冢焉。常以十月有氣如匹絳，自上屬下，號曰『蚩尤旗』。今屬濟寧鉅野。」又卷一四濟州鉅野縣云：「蚩尤墓在縣東北九里，今山陽鉅野縣有蚩尤髀冢，昔黃帝殺蚩尤于涿鹿之野，身體異處，故別葬焉。冢高三丈，四時民祭。多赤氣，直貫衝天，名曰『蚩尤旗』。」

歐陽忞輿地廣記卷一二嬀州懷戎縣云：「故涿鹿縣，漢屬廣寧郡，後省。昔黃帝與蚩尤戰於涿鹿卽此。涿鹿城東一里有阪泉，黃帝與炎帝戰於阪泉卽此。」

沈括夢溪筆談卷三云：「解州鹽澤方百二十里……滷色正赤，在版泉之下，俚俗謂之『蚩尤血』。」（按：山西解州有蚩尤村，據傳爲蚩尤出生地，附近又有常平村，關羽生地。當地傳有關羽斬蚩尤故事。又有古傳劇本名關公斬蚩尤。太原晉祠關帝廟壁畫繪有關公斬蚩尤之圖，蚩尤乃牛首人身。）

元好問續夷堅志卷四蚩尤城云：「華州界有蚩尤城，古老言蚩尤鬬姓，故又謂之鬬蚩尤城。城旁鬬氏尙多。」

鯀禹

洪水滔天，鯀竊帝之息壤以堙洪水〔一〕，不待帝命。帝令祝融殺鯀于羽郊〔二〕。鯀復〔三〕生禹。帝乃命禹卒布土以定九州〔四〕。（卷一八海內經）

〔一〕鯀（ㄍㄨㄣˇ）：黃帝之孫，海內經：「黃帝生駱明，駱明生白馬，白馬是爲鯀。」郭璞注：「卽禹父也。世本曰：『黃帝生昌意，昌意生顓頊，顓頊生鯀。』」則爲黃帝曾孫。神話中神之世系往往淆亂，蓋傳聞不同故也。

「鯀」之爲義魚也。說文十一下魚部：「鯀，魚也。」段玉裁注：「此未詳爲何魚。」按鯀死有化能(三足鼈，古以爲魚類)、化玄魚之說，故有是名。又作「鮌」、「⿰骨系」、「⿰骨玄」、「⿰魚累」。帝，天帝，其爲誰氏不明。該神話被歷史化後，遂演爲堯、舜時事。息壤，神土。郭璞注：「息壤者，言土自長息無限，故可以塞洪水也。開筮(按：即歸藏之啓筮篇)曰：『滔滔洪水，無所止極，伯鯀乃以息石息壤，以塡洪水。』」息，生息。淮南子墬形訓作「息土」。唐宋猶有息壤傳說，見明人陳士元江漢叢談卷一。

〔二〕祝融，火神。海外南經：「南方祝融，獸身人面，乘兩龍。」注：「火神也。」據海內經，祝融爲炎帝玄孫，據大荒西經，則爲黃帝六世孫。羽郊，郭注：「羽山之郊。」南次二經有羽山，郭注：「今東海祝其縣西南有羽山，即鯀所殛處。」左傳昭公七年杜預注同。祝其縣在今江蘇贛榆縣西北。關於羽山，尚有其他說法，參見附錄。

〔三〕復，借作「腹」。郭注：「開筮曰：『鯀死三歲不腐，剖之以吳刀，化爲黃龍也。』」按初學記卷二二引歸藏曰：「大副之吳刀，是用出禹。」即此事。副音「bì」，剖也。

〔四〕布土，分布息壤也。郭注：「鯀績用不成，故復命禹終其功。」按淮南子墬形訓：「禹乃以息土塡洪水，以爲名山。」拾遺記卷二：「禹盡力溝洫，導川夷岳，黃龍曳尾於前，玄龜負青泥於後。」青泥蓋即息壤也。九州，尚書禹貢云：「禹別九州，隨山濬川，任土作貢。」爲冀、豫、雍、揚、兗、徐、梁、青、荊九州。

鯀禹神話記載甚衆，尚書、史記等書已將之歷史化，然存其古貌者亦夥，就中又時有異辭。

左傳昭公七年曰：「昔堯殛鯀于羽山，其神化爲黃熊，以入于羽淵。」陸德明釋文云：「熊，音雄，獸名。亦作『能』，如字，一音奴。能，三足鼈也。解者云：獸非入水之物，故是鼈也。一曰既爲神，何妨是獸。案說文及字林皆云：『能，熊屬，足似鹿。』然則能既熊屬，又爲鼈類，今本作『能』者，勝也。東海人祭禹廟，不用熊白及鼈爲膳，斯豈鯀化爲二物乎？」按爾雅釋魚：「鼈三足，能。」山海經中次十一經從水有三足鼈。說文十上能部：「能，熊屬，足似鹿。」廣韻上平聲咍韻：「能，爾雅謂三足鼈也。又獸名，禹父所化也。奴來切，又奴登切。」諸書釋「能」，說互異。

國語晉語十四云：「昔者鯀違帝命，殛之於羽山，化爲黃能，以入于羽淵。」（按：此據公序本，明道本晉語八作「黃熊」。）

墨子尙賢中云：「昔者伯鯀，帝之元子，廢帝之德庸，既乃刑之于羽之郊，乃熱照無有及也。」

屈原天問云：「不任汩鴻，師何以尙之？僉曰何憂，何不課而行之？鴟龜曳銜，鯀何聽焉？順欲成功，帝何刑焉？永遏在羽山，夫何三年不施？伯鯀腹禹（按：原作『伯禹愎鯀』，據聞一多楚辭校補改），夫何以變化？纂就前緒，遂成考功，何續初繼業，而厥謀不同？洪泉極深，何以窴之？地方九則，何以墳之？應龍何畫？河海何歷？鮌何所營？禹何所成？……阻窮西征，巖何越焉？化爲黃熊，巫何活焉？」又離騷：「鮌婞直以亡身兮，終然夭乎羽之野。」九章惜誦：「行婞直而不豫兮，鮌功用而不就。」

呂氏春秋行論云：「堯以天下讓舜，鯀爲諸侯，怒於堯曰：『得天之道者爲帝，得地之道者爲三公。今我得地之道，而不以我爲三公。』以堯爲失論。欲得三公，怒甚猛獸，欲以爲亂。比獸之角，能以爲城；舉其尾，能以爲旌。召之不來，仿佯於野以患帝。舜於是殛之於羽山，副之以吳刀。」

史記卷二夏本記云：「當堯之時，鴻水滔天，浩浩懷山襄陵，下民其憂。堯求能治水者，羣臣四嶽皆曰鯀可。堯曰：『鯀爲人負命毀族，不可。』四嶽曰：『等之未有賢于鯀者，願帝試之。』於是堯聽四嶽，用鯀治水，九年而水不息，功用不成。於是帝堯乃求人，更得舜。舜登用，攝行天子之政，巡狩行視，鯀之治水無狀，乃殛鯀於羽山以死。」事同尚書之堯典、舜典。張守節正義曰：「鯀之羽山，化爲黃熊，入於羽淵。『熊』音乃來反，下三點爲三足也。」東晳發蒙記云：『鼈三足曰熊。』」

王充論衡卷二二無形篇云：「鯀殛羽山，化爲黃能。」又卷二一死僞篇云：「昔堯殛鯀于羽山，其神爲黃熊，以入于羽淵。」前者取國語，後者取左傳。

趙曄吳越春秋卷六越王無余外傳云：「禹父鯀者，帝顓頊之後。鯀娶於有莘氏之女，名曰女嬉，年壯未孳。嬉於砥山得薏苡而吞之，意若為人所感，因而妊孕，剖脅而產高密。家于西羌，地曰石紐，在蜀西川也。帝堯之時，遭洪水滔滔，天下沈漬，九州閼塞，四瀆壅閉。帝乃憂中國之不康，悼黎元之罹咎，乃命四嶽乃舉賢良，將任治水。自中國至于條方莫薦人，帝靡所任。四嶽乃舉鯀而薦之於堯，帝曰：『鯀負命毀族，不可。』四嶽曰：『等之羣臣，未有如鯀者。』堯用治水，受命九載功不成。帝怒曰：『朕知不能也。』乃更求之，得舜，使攝行天子之政。巡狩觀鯀之治水，無有形狀，乃殛鯀于羽山。鯀投于水，化為黃能，因為羽淵之神。」

越絕書卷三吳人內傳云：「舜之時，鯀不從令。堯遭帝嚳之後亂，洪水滔天。堯使鯀治之，九年弗能治。堯七十年而得舜，舜明知人情，審於地形，知鯀不能治，數諫不去，堯殛之羽山。此之謂舜之時鯀不從令也。」

拾遺記卷二云：「堯命夏鯀治水，九載無績，鯀自沈於羽淵，化為玄魚。時揚鬚振鱗，橫修波之上，見者謂為河精，羽淵與河海通源也。海民於羽山之中修立鯀廟，四時以致祭祀。常見玄魚與蛟龍跳躍而出，觀者驚而畏矣。至舜命禹疏川奠岳，濟巨海則黿鼉而為梁，踰翠岑則神龍而為馭，行遍日月之墟，惟不踐羽山之地，皆聖德感鯀之靈化。其事互說，神變猶一，而色狀不同。玄魚黃熊，四音相亂，傳寫流文，『鯀』字或『魚』邊『玄』也。羣疑眾說，並略記焉。」蕭綺錄曰：「尚書云『堯殛鯀于羽山』，春秋傳曰『其神化爲黃熊，以入羽淵』，是在山變爲熊，入水化爲魚也。獸之依山，魚之附水，各因其性而變化焉。」

水經注卷三〇淮水云：「游水又北歷羽山西。地理志曰：『羽山在祝其縣東南。』尚書曰：『堯嚋咨四岳，進十六族，殛鯀於羽山。是爲檮杌，與驩兜、三苗、共工同其罪，故世謂之四凶。』鯀既死，其神化爲黃熊，入於羽淵。是爲夏郊，三代祀之。故連山易曰『有崇伯鯀伏於羽山之野』是也。」

述異記卷上云：「堯使鯀治洪水，不勝其任，遂誅鯀於羽山，化爲黃熊，入於羽泉。今會稽祭禹廟不用熊白，黃能卽黃熊也。陸居曰熊，水居曰能。昉按：今江淮中有鼣名熊。熊，虵之精，至冬化爲雉，至春復爲虵。今吳中不食雉，毒故也。」

宋樂史太平寰宇記卷二二海州朐山縣云：「羽山在縣西北九十里。漢志：東海郡祝其縣，羽山在縣南，鯀所殛處也。羽潭在縣西九十里，去羽山一百步，一名羽池。左傳云鯀化爲黃熊，入于羽淵。淵東有羽山。池上多生細柳，野獸不敢踐。又郡國志云：鍾離眛城南有羽泉，亦殛鯀之處，其水恆清，牛羊不飲。」又卷二三沂州臨沂縣云：「羽山在縣東南一百一十里。」又云：「鯀墓在縣東南百里。按左傳鯀死其神化爲黃熊，入于羽淵，未詳得有墓否。」按朐山縣在今江蘇連雲港市西南，羽山在其西北，則正在山東臨沂東南，所指爲一處，而復云在祝其南或云西南者，亦爲同一地。至郡國志所言羽泉，則在其南。寰宇記云：「鍾離昧故城在縣(朐山縣)南百里。」

同書卷二〇登州蓬萊縣又云：「羽山在縣南十五里。尙書云殛鯀于羽山，孔安國注云其山在東齊海中，卽此也。」「鯀城在縣南六十里。古老相傳云，是魏將田豫領兵禦吳將周賀築之，蓋近殛鯀之地，因名。」按蓬萊縣今屬山東。

東坡詩集註卷四濠州七絕塗山云：「川鎭支祁水尙渾，地理汪罔骨應存。樵蘇已入黃熊廟，烏鵲猶朝禹會村。」題下自注：「山下有鯀廟，山前有禹會村。」按濠州故治在今安徽鳳陽縣東，此亦爲傳說中鯀之遺址也。

括地圖

此書不見著錄，已佚。書鈔、類聚、初學記、御覽等引有佚文，皆不云撰人。王謨漢唐地理書鈔、王仁俊玉函山房輯佚書補編有輯本。

魏、晉時裴秀禹貢地域圖序云，今祕書有漢氏輿地及括地諸雜圖，皆不精審，或荒外迂誕之言，不合事實。所云括地雜圖，殆卽此書。博物志多採戰國、秦、漢古書，而其中多有取括地圖者，班固東都賦「范氏御龍」語，正爲括地圖中事，然則其爲西漢人作也。西漢讖緯書有河圖括地象，是書蓋仿其名耳。

括地圖係仿山海經，且多採其材，乃地理博物體志怪。此等志怪屢出漢世，蓋山海經廣爲傳播，「文學大儒皆讀學」（劉秀上山海經表）故也。

穿胷國

禹平天下，會于會稽之野〔一〕，誅防風氏〔二〕。夏后德盛，二龍降之。禹使范氏御之以行，經南方。防風神見禹，怒使二臣〔三〕射之；有迅雷〔四〕，二龍升去。二臣〔五〕懼，以刃自貫其心而死。禹哀之，乃拔刃〔六〕，療以不死草〔七〕。皆生，是名穿胷國〔八〕。去會稽萬五千里〔九〕。（據類聚卷九六引括地圖，又文選卷一班固東都賦及卷四六王融三月三日曲水詩序李善注、初學記卷九、御覽卷七九並引）

〔一〕按：以上二句據文選曲水詩序注引補。會稽，山名，又名苗山、茅山、防山、楝山，秦後又名秦望山，在今浙江紹興市南。相傳大禹於此會諸侯計功，故名會稽山。越絕書外傳記地傳云：「禹始也憂民救水，到大越上茅山，大會計，爵有德，封有功，更名茅山曰會稽。」

〔二〕按：此句原有「禹」字，承上省去。御覽引作「防風民」，初學記引作「防風」。按國語魯語下載：「昔禹致羣神於會稽之山，防風氏後至，禹殺而戮之，其骨節專車。」防風氏爲巨人神，魯語云其後爲汪芒氏，長狄、大人。天問：「長人何守？」王逸注：「長人，長狄，春秋云防風氏也。禹會諸侯，防風氏後至，於是使守封、嵎之山也。」洪興祖補注：「今湖州武康縣東有防風山，山東二百步有禹山，防風廟在封、嵎二山之間。」述異記卷上云：「昔禹會塗山，執玉帛者萬國，防風氏後至，禹誅之。其長三丈，其骨頭專車。今南中民有姓防風氏，即其後也，皆長大。」又稱吳越間防風廟，土木作其形，龍首牛耳，連眉一目。

〔三〕怒，曲水詩序注引作「駑」；「使二臣」三字原無，按御覽引作「怒使射之」，既曰「使」，射者則非防風神本人，博物志云射禹者是房風之神二臣，是也。今從御覽補「使」字，又增「二臣」二字。

〔四〕雷，御覽引作「雨」。

〔五〕二臣，原作「神」，御覽引作「臣」，今正爲「二臣」。

〔六〕按：此三字據曲水詩序注引補。

〔七〕療，原作「瘗」，按「瘗」音（ㄧˋ），埋也，曲水詩序注、御覽皆引作「療」，據正。不死草，長生之草也。十洲記云：「祖洲……上有不死之草，草形如菰，苗長三四尺。人已死三日者，以草覆之，皆當時活也。服之令人長生。」即此之類。

〔八〕穿胷國，御覽引作「穿匈民」，曲水詩序注引作「貫胷之民」。「匈」、「胷」同「胸」。

〔九〕按：此句據御覽引補。

山海經海外南經云：「貫匈國在其（臷國）東，其爲人匈有竅。」淮南子墬形訓有穿胸民，高誘注：「胸前穿孔達背。」此爲穿胸國傳說之始。

張華博物志卷二外國云：「穿胸國。昔禹平天下，會諸侯會稽之野。防風氏後到，殺之。夏德之盛，二龍降之，禹使范成光御之，行域外。既周而還至南海，經房風，房風之神二臣以塗山之戮，見禹使，怒而射之，迅風雷雨，二龍升去。二臣恐，以刃自貫其心而死。禹哀之，乃拔其刃，療以不死之草。是爲穿胸民。」（按：文選石闕銘注引博物志，末有「去會稽萬五千里」一句，同括地圖。）

宋陳元靚事林廣記卷五方國類云：「貫胸國在盛國之東，其人胸有竅，尊者去其衣，令卑者以物貫其胸擡之。」此演飾之說，更匪夷所思矣。元周致中異域志卷下穿胸國摭此說，云：「在盛海東。胸有竅，尊者去衣，令卑者以竹木貫胸擡之。俗謂防風氏之民，因禹殺其君，乃刺其心，故有是類。」其後說乃襲括地也。

化民

化民食桑，三〔一〕十七年，以絲自裹，九年生翼，十〔二〕年而死。其桑長千仞，蓋蠶類也。去琅琊〔三〕二萬六千里。（據四部叢刊初編本齊民要術卷一〇引括地圖，又類聚卷八八、事類賦注卷二五、御覽卷九五五並引）

〔一〕三，類聚、事類賦注、御覽引並作「二」。

〔二〕十，原作「九」，據類聚、事類賦注、御覽引正。

〔三〕琅琊，郡名。「琅」又作「瑯」，「琊」又作「邪」。秦時治琅邪（今山東膠南縣琅邪臺西北），西漢移治東武（今諸城縣）。

御覽卷八八八引博物志佚文曰：「化民食桑，二十七年，以絲自裹，九年死。」又卷八二五引玄中記曰：「化民食桑，三七年化，能以自裹，如蠶績，九年生翼，十年而死。去琅耶四萬里。」末注：「神異經同。」是化民事神異、玄中均亦有記。今本神異經無此。蠶類傳說山海經已有之，海外北經云：「歐絲之野……一女子跪據樹歐絲。」以後又有蠶馬傳說，見搜神記。此化民者乃別一傳聞，可謂異曲同工。

羿

羿〔一〕年五歲，父母與入山，其母處之大樹下，待蟬鳴還欲取之。羣蟬俱鳴，遂捐〔二〕去。羿爲山間所養。羿年二十，能習弓矢。仰天歎曰：「我將射遠方〔三〕，矢至吾門止。」因捍〔四〕卽射，矢摩地截草，徑〔五〕至羿門。隨矢去。（據御覽卷三五〇引括地圖，又書鈔卷一四四引，路史後紀卷四夷羿傳羅苹注引作括地象）

〔一〕羿，本爲神話中之天神。山海經海內經載帝俊賜羿彤弓素矰，扶助下民，淮南子本經訓載堯時羿上射十日，下除獸害。後與夏少康時后羿相混。后羿又曰夷羿，號有窮氏。

〔二〕 捐，棄也。

〔三〕 遠方，路史注作「四方」。

〔四〕 捍，通「扦」，引也，張也。

〔五〕 徑，徑直。原作「經」，據路史注正。

書鈔卷一四四四引甚簡，然有異辭，茲移錄於下：「羿年五歲，父母入山。羿年二十，能習弓矢。躬隨往尋，每食麋，則餘一杯。」按食麋乃羿隨矢尋家過程中事，事微而見委曲之韻，惜已難詳本末。

神異經　據明何允中廣漢魏叢書本

一卷，今存，或又稱神異記、神異傳、神異錄，並誤。隋志地理類著錄神異經一卷，東方朔撰，張華注；兩唐志析爲二卷，撰人同，新志入道家類。唐前書已多言東方朔撰此書，然不可信。考漢書卷六五東方朔傳臚列朔作十餘種，且云「朔之文辭……凡劉向所錄朔書具是矣，世所傳他事皆非也」，讚又云：「後世好事者因取奇言怪語附著之朔，故詳錄焉。」其中並無此書，漢書藝文志亦無目，其不出朔手明甚。人多以爲六朝人僞造，亦非。左傳文公十八年孔疏云：「服虔按：神異經云：『檮杌，狀似虎，毫長二尺，人面虎足猪牙，尾長七八尺，能鬪不退。』」許愼說文六上木部「梟」字釋云「不孝鳥」，用神異經名目。服、許皆東漢末人，其必出漢世無疑。又東漢初郭憲洞冥記卷二載西王母適東王公舍，本神異經。且其文字簡古，可證爲西漢書也。班固云後世好事者取奇言怪語附著之朔，豈神異者流耶？張華注昔人亦疑其僞，無據。又有校語作㙔按、㙔曰，蓋卽明人朱謀㙔也。

今之版本凡二系：一爲五十八則，分九篇，有廣漢魏叢書、增訂漢魏叢書、陶珽重編說郛、龍威祕書、百子全書、說庫等本；一爲四十七則，不分篇，有五朝小說、漢魏叢書等本。二系皆非足本，陶宗儀、王仁俊咸輯有佚文。宋曾慥類說、元陶宗儀說郛及民國吳曾祺舊小說亦有節錄，然類說所錄，多羼入他書。

是書踵山海經之武，史志書目或入地理，或隸道家，或屬小說，要之亦爲地理博物體志怪小說也。

東王公

東荒山中有大石室，東王公〔一〕居焉。長一丈，頭髮皓白，人形鳥面而虎尾，載〔二〕一黑熊，左右顧望。恆與一玉女投壺〔三〕，每投千二百矯〔四〕。設有入不出者，天爲之噫噓〔五〕；矯出而脫悞不接者〔六〕，天爲之笑〔七〕。（東荒經）

〔一〕東王公，西王母配偶，參附錄。

〔二〕載，通「戴」。詩周頌絲衣：「載弁俅俅。」鄭玄箋：「載，猶戴也。」集韻去聲代韻：「戴……或作『載』。」

〔三〕玉女，仙女。投壺，燕飲間一種娛客之戲，古用爲禮。其制設一壺，中實小豆，防矢反激，賓主依次投柘木矢其中，中多者爲勝，負者飲酒。此其大略，詳見禮記投壺。漢武時郭舍人改革舊法，以竹爲矢，矢入壺中又反激出者方爲勝，見西京雜記卷五。東王公之投壺，即用此法。

〔四〕 矯（ㄐㄧㄠ），投矢躍出壺外。集韻平聲宵韻：「矯，矢躍出也。」神異經：「東王公與玉女更投壺千二百矯。」此句謂每次投壺皆以千二百矯爲度（先至者勝）。按朱謀㙔按曰：「仙傳拾遺『矯』字作『梟』。」見附錄。

〔五〕 噫（ㄧ）噓，張華注：「嘆也。」蓋惋惜之意。說郛卷六五神異記注文作「上噫下噓，言用以噓噓然笑也。」

〔六〕 張華注曰：「言失之。」按矢躍出須接之方爲勝，不接則失也。悞，通「誤」，說郛及御覽卷一三引俱作「誤」。

〔七〕 張華注：「言笑者，天口流火炤灼。今天下不雨而有電光，是天笑也。」

東王公此前未見，蓋仿西王母而創。中荒經又記云：「崑崙之山有銅柱焉，其高入天，所謂天柱也，圍三千里，周圓如削。下有回屋方百丈，仙人九府治之。上有大鳥，名曰希有，南向，張左翼覆東王公，右翼覆西王母，背上小處無羽，一萬九千里。西王母歲登翼上，會東王公也。故其柱銘曰：『崑崙銅柱，其高入天，員周如削，膚體美焉。』其鳥銘曰：『有鳥希有，碌赤煌煌，不鳴不食。東覆東王公，西覆西王母。王母欲東，登之自通，陰陽相須，唯會益工。』」

此後之志怪及道書屢有記。

洞冥記卷二曰：「昔西王母乘靈光輦，以適東王公之舍，稅此馬（吉雲神馬）遊於芝田，乃食芝田之草。東王公怒，棄馬于清津天岸。」

十洲記曰：「扶桑在碧海之中，地方萬里，上有太帝宮，太眞東王父所治處。」

東漢趙曄吳越春秋卷九句踐陰謀外傳曰：「（句踐）立東郊以祭陽，名曰東皇公，立西郊以祭陰，名曰西王母。」

西王母傳曰：「先以東華至眞之氣，化而生木公。木公生於碧海之上、芬靈之墟，以主陽和之氣，理於東方，亦號曰東王公焉。又以西華至妙之氣，化而生金母。金母生於神州伊川，厥姓侯氏，生而飛翔，以主元毓神玄奧，於渺莽之中，分大道醇精之氣。結氣成形，與東王公共理二氣，而育養天地，陶鈞萬物矣。」

陶弘景眞誥卷五甄命授云：「昔漢初有四五小兒，路上畫地戲。一兒歌曰：『著青帬，入天門，揖金母，拜木公。』到復是隱言也。時人莫知之，唯張子房知之，乃往拜之，此乃東王公之玉童也。所謂金母者，西王母也；木公者，東王公也。仙人拜王公，揖王母。」又卷一四曰：「八渟山高五千里，周帀七千里，與滄浪、方山相連。比其下有碧水之海，山上有乘林眞人鬱池元宮，東王公所鎭處也。」

唐段成式酉陽雜俎前集卷一四諸皐記上曰：「東王公諱倪，字君明。天下未有人民時，秩二萬六千石，佩雜色綬，綬長六丈六尺，從女九千，以丁亥日死。」

廣記卷一引仙傳拾遺（五代杜光庭）曰：「木公，亦云東王公，蓋青陽之元氣，百物之先也。

冠三維之冠，服九色雲霞之服。亦號玉皇君。居於雲房之間，以紫雲爲蓋；青雲爲城。仙童侍立，玉女散香。眞僚仙官，巨億萬計，各有所職，皆稟其命，而朝奉翼衞。故男女得道者，名籍所隸焉。昔漢初，小兒於道歌曰：『著青裙，入天門，揖金母，拜木公。』時人皆不識，唯張子房知之，乃再拜之曰：『此乃東王公之玉童也。蓋言世人登仙，皆揖金母而拜木公焉。』或云居東極大荒中，有山焉，以青玉爲室，深廣數里，僚薦眞仙時往謁。九靈金母，一歲再遊其宮，共校定男女眞仙階品功行，以昇降之。總其行籍，而上奏元始，中開玉晨，以稟命於老君也。天地刼歷，陰陽代謝，由運興廢，陽九百六，舉善黜惡，靡不由之。或與一玉女更投壺焉，每投，一投十（按：當作「千」）二百梟。設有入不出者，天爲囓噓；梟而脫悟不接者，天爲之嗤。儒者記而詳焉。所謂王者，乃尊爲貴上之稱，非其氏族也。世人以王父、王母爲姓，斯亦誤矣。」

西王母事參見漢武故事及其附錄。

尺郭

東南方〔一〕有人焉，周行天下，身長七丈〔二〕，腹圍如其長。頭戴雞父〔三〕，魌頭〔四〕，朱衣縞帶。以赤蛇繞額〔五〕，尾合於頭。不飲不食，朝吞惡鬼三千，暮吞三百，但吞不咋〔六〕。此人以鬼爲飯，以露〔七〕爲漿。名曰尺郭〔八〕，一名食邪〔九〕，道

師〔一〇〕云吞邪鬼，一名赤黃父〔一一〕。今世有黃父鬼〔一二〕。（東南荒經）

〔一〕東南方，初學記卷二六、御覽卷九一八引作「東方」，類說卷三七作「南方」，廣記卷四八二引作「南」。

〔二〕七丈，類說、說郛卷六五作「七尺」。墇按：「說郛所引作七尺，誤。」

〔三〕頭，說郛作「頸」。雞父，墇曰未詳，疑即雄雞。說郛作「雞文」。御覽卷九一八、事類賦注卷一八皆引作「雞」。

〔四〕魌(ㄑㄧ)頭，張華注：「髮煩亂也。」按「魌」又作「䫏」，說文九上頁部：「䫏，醜也。今逐疫有䫏頭。」訓「䫏」爲「醜」，與華注異，然髮煩亂，正爲醜貌。周禮夏官云：「方相氏掌蒙熊皮，黃金四目，玄衣朱裳，執戈揚盾，帥百隸而時難，以索室敺疫。」鄭玄注：「蒙，冒也。冒熊皮者，以驚敺疫癘之鬼，如今之魌頭也。」漢人藏魌頭以逐疫，蓋即效仿尺郭狀也。法苑珠林卷八、御覽卷三七七引作「箕頭」。

〔五〕赤蛇，說郛作「惡蛇」；額，類說作「項」，廣記引同。

〔六〕按：此句各本俱無，據說郛、珠林、御覽卷三七七引補。咋(ㄗㄜˊ)，咬食。

〔七〕露，類說及初學記、御覽卷九一八、廣記引並作「霧」；珠林、書鈔卷一四四、御覽卷三七七乃作「霧露」。

〔八〕尺郭，珠林、御覽卷三七七引作「天郭」，類說作「赤郭」，說郛作「尺廓」，下有注：「俗曰赤廓。」

〔九〕按：「食邪」下珠林引有注文：「吞食邪鬼。」

〔一〇〕道師，巫師。

〔二〕赤黃父，初學記、廣記、御覽卷三七七又卷九一八引及類說並作「黃父」。又書鈔引云「一名茲父，一名去邪」，是又以黃父爲茲父，以食邪爲去邪矣。

〔三〕按：此句當爲注文，闌入正文耳。珠林引「黃火（父）」下注云：「今黃火（父）鬼，俗人依此人而名之。」御覽卷三七七引曰：「黃父鬼，俗人依此名兩（按：當作「而」）名之。」是其證也。黃父鬼見附錄。

黃父鬼，劉敬叔異苑卷六及祖沖之述異記（鉤沉本）皆有記。異苑云：「黃州治下有黃父鬼，出則爲祟，所著衣袷皆黃。至人家，張口而笑，必得疫癘。長短無定，隨籬高下。自不出已十餘年，土俗畏怖，惶恐不絕。」

又云：「廬陵人郭慶之有家生婢，名採薇，年少有美色。宋孝建年中，忽有一人自稱山靈，如人裸身，形長丈餘，胸臂皆有黃色，膚貌端潔，言音周正，呼爲黃父鬼，來通此婢。婢云意事如人，鬼遂數來。常隱其身，時或露形，形變無常，乍大乍小，或似煙氣，或爲石，或爲小鬼，或爲婦人，或爲鳥獸。足跡或如人，長二尺許，或似鵝跡，掌大如盤。開戶閉牖，其入如神。與婢戲笑如人也。」

述異記合爲一條，情事相同。此黃父鬼作祟人家，與赤黃父大不類，名同而實異，正所謂「俗人以此名而名之」者也。

樸父

東南隅太荒之中，有樸父〔一〕焉。夫婦竝高千里，腹圍自輔〔二〕。天初立時，使其夫妻導開百川，嬾不用意〔三〕，譴之，竝立東南。男露其勢〔四〕，女露其牝〔五〕，不飲不食，不畏寒暑〔六〕，唯飲天露。須黃河清〔七〕，當復使其夫婦導護百川。古者初立，此人開導河〔八〕，河或深或淺，或隘或塞，故禹更治，使其水不壅。天責其夫妻倚而立之。若黃河清者，則河海絕流，水自清矣。（東南荒經）

〔一〕樸，質也，本也；父，男子美稱。樸父乃古初之人，故名。初學記卷一九引作「林父」。

〔二〕按：此句言腹圍與身高相同，即尺郭「腹圍如其長」之意。輔，副也。說郛此句下有注：「自輔，亦千里。」初學記及御覽卷三七七引作「百輔」，御覽引注曰：「百輔，圍千里也。」作「百」誤。

〔三〕煒校云：「說郛作『用力』。」

〔四〕勢，男陰。

〔五〕牝，女陰。說郛作「女張其牝」。御覽引作「女彰其殺」，注：「勢殺，陰陽。」

〔六〕按：說郛以上二句位置顛倒，前又有「氣任妙八」一句。

〔七〕須，待也。按黃河水濁，古人以爲黃河變清需極久時日。左傳襄公八年：「周詩有之曰：『俟河之清，人壽幾何？』」王嘉拾遺記卷一云：「黃河千年一清。」

〔八〕按：說郛「河」下有「海」字。

山臊

西方深山中有人焉，身長尺餘，一足〔一〕，袒身，捕蝦蟹。性不畏人，見人止宿，暮依其火，以炙蝦蟹。伺人不在，而盜人鹽，以食蝦蟹。名曰山臊〔二〕，其音自叫。人嘗以竹著火中，爆烞〔三〕而出，臊皆驚憚。犯之令人寒熱。此雖人形而變化，然亦鬼魅之類。今所在山中皆有之〔四〕。（西荒經）

〔一〕按：「一足」二字原無，荆楚歲時記注引有。考搜神後記、述異記言山臊人面猴身，一手一足，後世又傳其爲獨足鬼（並見附錄），是山臊一足也，據補。

〔二〕山臊，法苑珠林卷四二、御覽卷八八三引作「山𤢖」。按山臊異稱尙多，見附錄。

〔三〕爆烞（ㄅㄨˇ），竹爆裂聲。荆楚歲時記注、珠林引作「烞熚」，珠林注：「音朴畢。」御覽卷八八三引作「⿰火付焷」，注：「音朴，音卑。」玉燭寶典卷一乃引作「⿰火卦熚」，注：「音卦，音必。」又，說郛本「人嘗」以下三句作

「人嘗以竹着火中爆，而臊皆驚憚。」

〔四〕按：說郛本末云：「玄黃經曰：『臊體捕蝦蟇，雖爲鬼例，亦人體貌者也。』」此當爲張華注文，而傳鈔者誤入正文，華注齧鐵獸即引有玄黃經，見中荒經。荊楚歲時記注乃引作：「玄黃經所謂山獠鬼也。」（寶顏堂秘笈本）御覽卷二九引作「玄黃經云謂此鬼是也。」歲時廣記卷五引同，無「謂」字。玄黃經已佚，存佚文三事，內容全類神異經，蓋亦爲西漢人作也。

山臊事玄黃經亦有記，見注釋〔四〕。爆竹以逐山臊，此除夕爆竹之由來。荊楚歲時記云：「正月一日，是三元之日也，春秋謂之端月。雞鳴而起，先於庭前爆竹，以辟山臊、惡鬼。」搜神後記卷七載一山臊故事，云：「宋元嘉初，富陽人姓王，於窮瀆中作蟹斷。旦往觀之，見一材長二尺許，在斷中，而斷裂開，蟹出都盡。乃修治斷，出材岸上。明往視之，材復在斷中，斷敗如前。王又治斷出材；明晨視，所見如初。王疑此材妖異，乃取內蟹籠中，繫頭擔歸，云至家當斧斫燃之。未至家二三里，聞籠中倅倅動。轉頭顧視，見向材頭變成一物，人面猴身，一手（按：原譌作「身」，據廣記卷三六〇引正）一足。語王曰：『我性嗜蟹，比日實入水破君蟹斷，入斷食蟹。相負已爾，望君見恕，開籠出我。我是山神，當相佑助，幷令斷得大蟹。』王曰：『如此暴人，前後非一，罪自應死。』此物懇告，苦請乞放（按：原譌作「此物種類，專請包放」，據明鈔本廣記卷三六〇引正），王迴顧不應。物曰：『君何姓名？我欲知之。』頻問不已，王遂不答。去家轉近，物曰：『既不放我，又不告我姓名，當復何計，但應就死耳。』王至家，熾火焚之，後寂然無復聲。土俗謂之山㺐，云知人姓名，則能中傷人。所以勤勤問王，欲害人自免。」此事又載祖沖之述異記，見法苑珠林卷四二、廣記卷三二三引，廣記作山魈。按其記山㺐之狀，爲人面猴身，一手一足，可爲神異經之補充，至言其性嗜蟹，正與神異相吻。

其後尚有記敍。唐段成式酉陽雜俎前集卷一五諾皐記下曰：「山蕭，一名山臊，神異經作『𤢖』（原注：一曰㺐），永嘉郡記作『山魅』，一名山駱，一名蛟（原注：一曰蛂），一名濯肉，一名熱肉，一名暉，一名飛龍。如鳩，青色，亦曰治鳥。巢大如五斗器，飾以土堊，赤白相間，狀如射侯。犯者能役虎害人，燒人廬舍。俗言山魈。」

宋李石續博物志卷二云：「有人爲山魈所祟，或敎以爆竹如除夕可弭。人用其言獲安，問之，則曰：『此荊楚歲時記以辟山魈，鬼陰冷之氣勝，則聲陽以攻之。』」又卷六云：「山蕭，一名山繰，神異經作『㺐』，永嘉郡記作『魅』，一名山駱，一名蛟，一名濯肉，一名熱肉，一名暉，一名飛龍。如鳩，青色，亦曰治鳥。巢大如五斗器，飾以土堊，赤白相間，狀如射侯。犯者役虎害人，燒人廬舍。昔值洪水，食都樹皮，餓死化爲鳥。姚、王、汪三姓，其姓也。」

明李詡戒庵老人漫筆卷四山魈云：「浙有獨脚鬼名山魈。福建浦城常有人見手曳帕子，乘片雲飛過屋頭甚低，亦不大長。又能盜物，最畏罵人，知輒大罵，多擲還之。酉陽雜俎又作『山蕭』，一名山繅，神異經作『𤢖』，一曰操（按：此承傳本雜俎之譌，應作「㺐」）。」

山繅原型，當爲猿猴之類。古書又有費費（一作「狒狒」、「髴髴」）、山都、山𤟤（一作「暉」）、梟陽（一作「梟羊」）、猩猩（一作「狌狌」）、木客等，要皆此之屬也。抱朴子登涉云：「山中山精之形，如小兒而獨足，足向後，喜來犯人。人入山谷，聞其音聲笑語，其名曰蚑。知而呼之，卽不敢犯人也。一名熱內，亦可兼呼之。又有山精，如鼓赤色，亦一足，其名曰暉。又或如人，長九尺，衣裘戴笠，名曰金累。或如龍而五色，赤角，名曰飛飛。」異苑卷三亦載此，「暉」作「渾」，「飛飛」作「飛龍」。酉陽雜俎云山繅一名蛟，一名熱肉，一名飛龍，一名暉，卽本此，蛟一曰蛂，蛂卽蚑，熱肉卽熱內，飛龍卽飛飛。暉蓋卽山海經北山經之山𤟤，其狀如犬而人面，善投，見人則笑，其行如風。成式以四者皆爲山繅，乃以其皆爲山之精，性狀相類也。

異苑又引玄中記曰：「山精如人，一足，長三四尺，食山蟹，夜出晝藏。」古小說鉤沉輯本下又有「人不能見，夜聞其聲，千歲蟾蜍食之」數語（據御覽卷八八六、草堂詩箋卷三引）。此精全似山繅，是則山繅亦名山精也。鄭緝之永嘉郡記之山魅，或引作山鬼，卽此。

祖沖之敍山都，亦以爲卽山𤢖之類。廣記卷三二四引述異記曰：「南康有神，名曰山都，形如人，長二尺餘，黑色赤目，髮黃披身。于深山樹中作窠，窠形如卵而堅，長三尺許，內甚澤，五色鮮明。二枚沓之，中央相連。土人云：上者雄舍，下者雌室。旁悉開口如規，體質虛輕，頗似木筩，中央以鳥毛爲褥。此神能變化隱形，猝覩其狀，蓋木客、山𤢖（按：當作「㺐」）之類也。」山都又載搜神記卷一二，云：「廬江大山之間，有山都，似人裸身，見人使走。有男女，可長四五丈（按：當作「尺」），能嘯相喚，常在幽昧之中，似魑魅鬼物。」初學記卷八引異物志同此，當係祖說所出。又，御覽卷八八四引鄧德明南康記云：「山都形如崑崙人，通身生毛，見人輒閑（按：疑爲「閉」字之譌）眼，張口如笑，好在深澗中翻石覓蟹噉之。」觀其覓蟹而噉，正類山𤢖。

御覽卷八八三引幽明錄東昌縣山中怪物，似亦爲山都。云：「東昌縣山有物，形如人，長四五尺，裸身被髮，髮長五六寸，常在高山巖石間住。喑啞作聲而不成語，能嘯相呼。常隱於幽昧之間，不可恆見。有人伐木，宿於山中，至夜眠後，此物抱子從澗中發石取蝦蟹，就人火邊燒炙，以食兒。時人有未眠者，密相覺語，齊起共突擊，便走，而遺其子，聲如人啼也。此物使男女羣，共引石擊人，趣得然後止。」

郭璞謂山都乃狒狒。爾雅釋獸：「狒狒，如人，被髮，迅走，食人。」注：「梟羊也。山海經曰其狀如人，人面長脣，黑身有毛，反踵，見人則笑。交廣及南康郡山中亦有此物，大者長丈許，俗呼之曰山都。」周書王會解作「費費」，云：「州靡費費，其形人身，反踵，自笑，笑則上脣翕其目，食人，北方謂之吐嘍。」孔晁注：「贊費曰梟羊，好行，立行如人，被髮，前足稍長者也。」山海經海內南經作「梟陽」，高誘注淮南子氾論訓作「嘄陽」，云「嘄陽山精，見人而笑。」文選吳都賦：「萬萬笑而被格。」劉逵注引異物志曰：「萬萬，梟羊也。……梟羊善食人，大口。其初得人，喜而笑，却脣上覆額，移時而後食之。」是其名又曰萬萬。海內經又有贛巨人，其狀全似梟陽。郭璞注「梟陽」，引周書、爾雅（並引作「髴髴」）、海內經，又云：「南康郡深山中皆有此物也。長丈許，脚跟反向，健走。被髮，好笑。雌者能作汁，灑中人卽病。土俗呼爲山都。」重申爾雅注之義。漢魏叢書本神異經復有髯公，一名髯麗、髯狎，其狀長七八尺，如人形，身有毛，毛長尺餘，見人則瞑目，開口吐舌，上脣覆面，下脣覆胸，喜食人舌鼻，亦爲狒狒之類。爾雅、王會篇、海內南經等又載有狌狌，王會稱其若黃狗，人面，能言。雖不類狒狒，顯亦爲猴屬。

至於木客者，晉鄧德明南康記有記，廣記卷三二四引曰：「木客頭面語聲，亦不全異人，但手脚爪如鉤利，高岩絕嶺，然後居之。能斫榜，索著樹上聚之。」異物志云木客化而爲鳥，名木客鳥。初學記卷八引曰：「廬陵有木客鳥，大如鵲，千百爲羣，不與衆鳥相廁，云是木客所化。」木客鳥又稱冶鳥，卽雜俎、續博物志所云之冶鳥、治鳥。博物志卷三云：「越地深山有鳥如鳩，青色，名曰冶鳥。穿大樹作巢，如升器，其戶口徑數寸，周飾以土堊，赤白相次，狀如射侯。伐木見此樹，卽避之去。……若有穢惡及犯其止者，則虎通夕來守，人不知者卽害人。此鳥白日見其形，鳥也；夜聽其鳴，人也。」又載搜神記卷一二。雜俎之治鳥本此。謂其卽山𤢖者，蓋以山𤢖卽木客，木客化而爲治鳥也。續博物志乃謂山蕭餓死化爲治鳥，增飾之詞也。

韋昭注國語魯語下「夔蝄蜽」曰：「夔一足，越人謂之山繅，或作『獠』。富陽有之，人面猴身，能言，或云獨足。」古人言夔，或牛形，或龍狀，韋昭乃視爲山𤢖。抱朴子釋滯：「山夔前跟。」呼爲山夔，大約亦視爲山精。後人又稱作山鬼，杜甫詩有懷台州鄭十八司戶虔云「山鬼獨一脚」。按御覽卷九四二引永嘉郡記，所記山鬼正是一脚，性狀全同山𤢖。

古傳說向無定辭，且常變異，或一物而數名，或名同而物異，或一物而異其稱，或異物而同其事，又有一衍爲二，二合爲一，兼之文字傳譌，故而紛紛紜紜，人言言殊。此之山𤢖，雖不必與費費、山都、木客等強合爲一，然其同爲猿猴之幻化，則無疑也。古來猿猴傳說極多，或猿公、或袁女、或猳玃、或無支祁、或申陽公，乃至孫悟空、六耳獼猴等，極幻設之能事。若山𤢖者，亦此類之比，固可以獨特風姿爭輝其間矣。

河伯使者

西海水上有人焉〔一〕，乘白馬，朱鬣，白衣玄冠〔二〕。從十二童子，馳馬西海水

上，如飛如風，名曰河伯使者〔三〕。或時上岸，馬跡所及，水至其處。所之之國，雨水滂沱。暮則還河〔四〕。（西荒經）

〔一〕西海，傳說中國四極皆有海，位於西者曰西海。「焉」字原無，說郛本有此字，按神異經句法仿山海經，多曰「有人焉」、「有獸焉」等，據補「焉」字。

〔二〕玄冠，御覽卷一一引作「素冠」。

〔三〕河伯使者，河神河伯之使也，觀其名及下文「暮則還河」可知。河伯，古書多載之。酉陽雜俎前集諾臯記上云：「河伯人面，乘兩龍。一曰冰夷，一曰馮夷。又曰人面魚身。金匱言：『一名馮循（原注：一作修）。』河圖言：『姓呂名夷。』穆天子傳言無夷。淮南子言馮遲。聖賢記言：『服八石，得水仙。』抱朴子曰：『八月上庚日溺河。』」

〔四〕說郛本末有注云：「河府，北府也；西海之府，洛水深淵也。此雖人形，固是鬼神也。」

文選卷五左思吳都賦：「海童於是宴語。」劉逵注引神異經曰：「西海有神童，乘白馬，出則天下大水。」與原文有異。

晉崔豹古今註卷中謂江東呼鼉為河伯使者，後唐馬縞中華古今註卷下乃謂鱉。酉陽雜俎前集卷一七又謂烏賊舊說名河伯度（原注：一曰從）事小吏。

漢武故事　據周氏古小說鉤沉輯本

漢武故事，又題漢武帝故事、漢孝武故事。撰人舊題班固，不可信。宋晁載之續談助卷一洞冥記跋引唐張柬之語，謂王儉造，儉乃宋齊間人，著有古今集記等，姚振宗隋書經籍志考證卷一六謂儉將漢武故事鈔入古今集記，故柬之有是語。然則王儉僅鈔錄而已，非撰作也，疑姚說是。或又以爲葛洪僞撰，了無依據。按今本明謂「今上元延」，是其成當在西漢成帝時。至御覽、草堂詩箋引成帝後事，則爲後人所益，或引書有誤，中興書目云「雜記武帝舊事及神怪之說，末略載宣帝事」，是其證也。

葛洪西京雜記題辭云漢武故事二卷，隋志舊事類、兩唐志起居注類同，崇文總目雜史類、中興書目故事類乃作五卷。今通行本有明本說郛（卷五二）、古今逸史、古今說海、歷代小史、說庫等本，皆一卷，闕佚特多。續談助卷三有節本，凡十五事，多爲今本所無，頗存舊觀。類說卷二一亦錄十五條，足資參證。輯佚本古有洪頤煊經典集林本等，而周氏古小說鉤沉本最稱完備。

是書用雜史體而多含異聞，四庫提要卷一四二謂其「所言亦多與史記、漢書相出入，而雜以妖妄之說」，乃雜史體志怪耳。而其敍事雅潔，頗有可觀，漢人雜史體志怪以此爲最也。

王母降武帝

東郡〔一〕送一短人，長七寸〔二〕，衣冠具足。上疑其山精〔三〕，常令在案上行。召東方朔〔四〕問，朔至，呼短人曰：「巨靈〔五〕，汝何忽叛來？阿母還未〔六〕？」短人不對，因指朔謂上曰：「王母種桃〔七〕，三千年一作子，此兒不良，已三過偷之矣。遂失王母意，故被謫來此。」上大驚，始知朔非世中人。短人謂上曰：「王母使臣來，告〔八〕陛下求道之法：唯有清淨，不宜躁擾。復五年，與帝會。」言終不見。

王母遣使謂帝曰：「七月七日，我當暫來。」帝至日，埽宮內，然九華燈〔九〕。七月七日，上於承華殿齋。日正中，忽見有青鳥從西方來〔一〇〕，集殿前。上問東方朔〔一一〕，朔對曰：「西王母暮必降尊像，上宜灑掃以待之〔一二〕。」上乃施帷帳，燒兜末香〔一三〕——兜渠國〔一四〕所獻也。香如大豆，塗宮門，聞數百里。關中〔一五〕嘗大疫，死者相係〔一六〕，燒此香，死者止〔一七〕。

是夜漏七刻，空中無雲，隱如雷聲，竟天紫色。有頃，王母至，乘紫車〔一八〕，玉女夾馭，載七勝〔二九〕，履玄瓊鳳文之舄〔三〇〕，青氣如雲，有二青鳥如烏〔三一〕，夾侍母旁。下車，上迎拜，延母坐，請不死之藥。母曰：「太上之藥，有中華紫蜜〔三二〕、雲山朱蜜〔三三〕、玉津〔三四〕金漿；其次藥有五雲之漿〔三五〕、風實雲子〔三六〕、玄霜絳雪〔三七〕。上握蘭園之金精〔三八〕，下摘圓丘之紫柰〔三九〕。帝滯情不遣〔四〇〕，慾心尚多，不死之藥未可致也。」因出桃七枚，母自噉二枚，與帝五枚。帝留核着前，王母問曰：「用此何爲？」上曰：「此桃美，欲種之。」母笑〔四一〕曰：「此桃三千年一著子，非下土所植也〔四二〕。」留至五更，談語世事，而不肯言鬼神，肅然便去。東方朔於朱鳥牖〔四三〕中窺母，母謂帝曰：「此兒好作罪過，疏妄無賴，久被斥退，不得還天。然原心無惡，尋當得還，帝善遇之〔四四〕。」母既去，上惆悵良久。

後上殺諸道士妖妄者百餘人〔四五〕。西王母遣使謂上曰：「求仙信邪？欲見神人而先殺戮，吾與帝絕矣。」又致三桃曰：「食此可得極壽。」使至之日，東方朔死。上疑之，問使者，曰：「朔是木帝精，爲歲星〔四六〕，下遊人中，以觀天下，非陛下臣也。」上厚葬之。（按：原據續談助本及齊民要術、書鈔、類聚、法苑珠林、初學記、開元占經、六帖、御覽、事類賦注、大觀本草、紺珠集、埤雅、海錄碎事、草堂詩箋等引輯錄，又參校以漢武內傳。）

〔一〕東郡，戰國秦始置，治濮陽（今河南濮陽西南）。類說卷二一作「會稽郡」，六帖卷一四引作「東都」，指洛陽。

〔二〕七寸，說郛本作「五寸」，類聚卷六九、六帖卷一四、御覽卷七一〇、五色線卷上亦引作「五寸」。

〔三〕上，指漢武帝劉徹，前一四一年至前八七年在位。武帝好長生，多修神仙之事，詳史記封禪書、漢書郊祀志。山精，說郛本作「精」。

〔四〕東方朔，字曼倩，平原厭次（今山東惠民）人，生於漢景帝三年（前一五四年），卒於武帝太始四年（前九三年）。武帝時任太中大夫。漢書卷六五本傳稱其「詼達多端，不名一行，應諧似優，不窮似智，正諫似直，穢德似隱」，是「滑稽之雄」。其傳說頗多，分見東方朔別傳（已佚）、洞冥記、列仙傳、十洲記等。

〔五〕按：名巨靈者尚有二：一爲河神，又名巨靈胡。文選卷二西京賦注引遁甲開山圖曰：「有巨靈胡者，偏得坤元之道，能造山川，出江河。」二爲女神名。洞冥記卷四云：「唯有一女人，愛悅於帝，名曰巨靈。帝傍有青珉唾壺，巨靈乍出入其中，或戲笑帝前。東方朔望見巨靈，乃目之，巨靈因而飛去，望見化成青雀。因其飛去，帝乃起青雀臺。時見青雀來，則不見巨靈也。」

〔六〕按：此句說郛本作「阿母還來否」，類聚卷六九引作「阿母健不」，六帖卷一四、御覽卷七一〇「健不」引作「健否」。「健」同「健」，「不」同「否」。

〔七〕按：古書多言桃爲神品。山海經西次三經云：「不周之山……爰有嘉果，其實如桃，其葉如棗，黃華而赤柎，食之不勞。」齊民要術卷一〇引神農經曰：「玉桃，服之長生不死。」神異經東荒經云：「東方有樹，高五十丈，葉長八尺，名曰桃，其子徑三尺二寸。和核羹食之，令人益壽。」意者王母之桃即由斯說衍出。下文三千年作子之說，乃與神異經南荒經中之柤稼櫏三千歲作華，九千歲作實相類。後世桃中乃有以佳品稱王母桃。酉陽雜俎續集卷一〇云：「王母桃，洛陽華林園內有之，十月始熟，形如括蔞。俗語曰：『王母甘桃，食之解勞。』亦名西王母桃。」王母桃後又稱蟠桃。

〔八〕按：「告」字原脫，據說郛本及御覽卷三七八引補。又書鈔卷一二引云「巨靈告求道之法」，亦有「告」字。

〔九〕九華燈，燈名。按草堂詩箋卷二六寄劉峽州注引西京雜記佚文云：「元日燃九華燈於終南山上，照見百里。」

〔一〇〕青鳥，西王母所使鳥也，凡三。山海經西次三經云：「三危之山，三青鳥居之。」海內北經云：「三青鳥爲西王母取食。」大荒西經云：「有三青鳥，赤首黑目，一名曰大鵹，一名少鵹，一名曰青鳥。」此處僅云青鳥不言其數。類聚卷四又卷一九、初學記卷四、六帖卷四、草堂詩箋卷四又卷六又卷三四並引作「一青鳥」，宋陳葆光三洞羣仙錄卷七引作「二青鳥」。書鈔卷一二乃引作「青鸞」。西方，草堂詩箋卷六引作「四方」。

〔一一〕按：草堂詩箋卷四、卷六、卷三四於「東方朔」下並引有「何鳥也」三字。

〔一二〕按：東方朔答語類說作「西王母降，以化陛下」。

〔一三〕兜末香，香名。大觀本草（即政和證類本草）卷六引作「兜木香末」，續談助作「貝末香」，類說作「具末香」。

〔一四〕兜渠國，不詳。歲時廣記卷二八引作「兜卒國」，類說作「兜國」。

〔一五〕關中，古稱函谷關以西地區。舊關秦置，在今河南靈寶縣東北，新關漢元鼎三年置，在今河南新安縣東。又稱關內。

〔一六〕係，連也。本草引作「枕」。

〔一七〕按：「關中」以下御覽卷九八三引作「關中常大疾疫，死者因生。」按十洲記云聚窟洲有反魂樹，煮其汁爲驚精香，又名反生香等，「香氣聞數百里，死者在地聞香氣乃却活，不復亡也。以香薰死人，更加神驗」。亦此類也。

〔一八〕紫車，類說及草堂詩箋卷六引俱作「紫雲車」。

〔一九〕勝，婦女首飾。

〔二〇〕舃（ㄒㄧˋ），履也。

〔二一〕按：此句事類賦注卷五引作「有二青鳥」，初學記卷四引作「有一青鳥如烏」，續談助作「有二青鳥如鸞」。

〔二二〕中華，不詳。按漢武內傳亦有中華紫蜜，酉陽雜俎卷二玉格作「中央紫蜜」。

〔二三〕雲山，在湖南武岡縣南，有峯七十二，道書以爲福地（見杜光庭洞天福地記）。

〔二四〕津，原作「液」，御覽卷八六一引作「津」，內傳同，據正。

〔二五〕五雲，似是山名。浙江餘杭有五雲山，江蘇江寧有五雲峯。

〔二六〕風實，不詳何藥。雲子，或云菰米，或云雲子石，或云碎雲母。草堂詩箋卷八與鄠縣源大少府宴渼陂得案字注曰：「雲子，言菰米飯也。或曰廬山記康王谷中有白石，號雲子，大者如棗子，小者如稻米，此乃鑿說也。」許彥周詩話云：「葛洪丹經用雲子，碎雲母也。今蜀中有碎礫，狀如米粒，圓白，雲子石也。」

〔二七〕玄霜，黑色之霜；絳雪，赤色之雪。歲時廣記卷四引作「玄霜紺雪」，又引拾遺記佚文云：「廣延國霜色紺碧。」裴鉶傳奇薛昭有絳雪丹。酉陽雜俎卷二亦有玄霜絳雪。

〔二八〕蘭園，不詳何所。梁武帝詩十喻幻：「蘭園種五果。」金精，金之精華。

〔二九〕圓丘，又作員丘，環丘、圜丘。山海經海外南經「不死民」注：「有員丘山，上有不死樹，食之乃壽；亦有赤泉，飲之不老。」百子全書本山海經圖讚作圜丘。抱朴子登涉：「昔圓丘多大蛇。」拾遺記卷一〇：「員嶠山，一名環邱。」釋名釋丘云：「圜丘、方丘，就其方圓名之也。」柰（ㄋㄞ），林檎，即沙果，神仙家以為仙品。洞冥記卷三云：「有紫柰，大如斗，甜如蜜，核紫花青。」拾遺記卷一〇云：「有柰，多生，如碧色，以玉井水洗，食之骨輕柔，能騰虛也。」

〔三〇〕遺，類說作「盡」。

〔三一〕笑，御覽卷九六七引作「歎」。

〔三二〕按：「此桃」以下六帖卷九九引作：「『此桃一千年生華，一千年結實，人壽幾何！』乃止。」

〔三三〕朱鳥牖，指南窗。朱鳥又稱朱雀，南方七宿之總稱。南窗飾以朱鳥圖案，以與星象對應也。類說及御覽卷一八八、歲時廣記卷二八引均作「朱雀牖」，書鈔卷三二引作「朱牖」。內傳作「朱雀窗」。

〔三四〕按：「東方朔」以下數句，三洞羣仙錄引作：「時南窗下有窺看，帝驚問何人，母曰：『是汝侍郎東方朔，性

滑稽，我鄉家小兒也。』」此乃漢武內傳文字（見附錄），誤爲故事，

〔三五〕 按：此句類說作「上又至海上，考竟諸道士尤妖妄百餘人。」

〔三六〕 木帝，卽木星，又稱歲星。朔爲歲星精，又見列仙傳東方朔傳。洞冥記卷一乃謂太白星精，應劭風俗通義卷三亦云：「俗言東方朔太白星精。」太白星卽金星，故或云東方朔本姓金；論衡道虛云：「世或言東方朔亦道人，姓金氏。」

西王母本西方部族名，爾雅釋地云：「觚竹、北戶、西王母、日下，謂之四荒。」郭璞注：「觚竹在北，北戶在南，西王母在西，日下在東，皆四方昏荒之國次四極者。」後演爲部族首領，穆天子傳詳述周穆王西見西王母事。嗣後又變爲神，山海經西次三經云：「玉山，是西王母所居也。西王母其狀如人，豹尾虎齒而善嘯，蓬髮戴勝，是司天之厲及五殘。」乃疫神及刑神。然猶可見其族以獸皮獸齒爲飾、穴居野處之狀。海內南經又云：「西王母梯几而戴勝杖（按：「杖」字衍），其南有三青鳥，爲西王母取食。在昆侖虛北。」大荒西經亦云：「昆侖之丘……有人戴勝，虎齒，有豹尾，穴處，名曰西王母。」

神仙方術行於世，西王母由一陰暗惡神，遂演爲主福壽之「仙靈之最」（漢書司馬相如傳注）。司馬相如大人賦云：「低回陰山翔以紆曲兮，吾乃今日睹西王母。暠然白首戴勝而穴處兮，亦幸有三足烏爲之使。必長生若此而不死兮，雖濟萬世不足以喜。」揚雄甘泉賦云：「想

西王母欣然而上壽兮，屏玉女而却宓妃。」焦氏易林卷二云：「弱水之西，有西王母，生不知死，與天相保。」漢人括地圖、洞冥記、列仙傳、十洲記、漢武內傳等均亦敍及。晉西王母傳又稱：「西王母者，九靈太妙龜山金母也，一號太虛九光龜臺金母元君。乃西華之至妙，洞陰之極尊。」酉陽雜俎卷一四乃云：「西王母姓楊，諱回，治崑崙西北隅，以丁丑日死。一曰婉妗。」

西王母會武帝事，由穆天子傳穆王會西王母脫化而來，第彼時尚未爲神耳。至漢末，漢武內傳全演漢武故事，極力張而皇之。茲據錢熙祚守山閣叢書校本節錄如下：「（上略）及卽位，好長生之術，常祭名山大澤，以求神仙。元封元年正月甲子，祭嵩山，起神宮。帝齋七日，祠訖乃還。至四月戊辰，帝夜閒居承華殿，東方朔、董仲君（按：原作董仲舒，誤，據明鈔本廣記卷三引正）侍。忽見一女子，著青衣，美麗非常。帝愕然，問之，女對曰：『我墉宮玉女王子登也。向爲王母所使，從崑山來。』語帝曰：『聞子輕四海之祿，尋道求生，降帝王之位，而屢禱山嶽，勤哉有似可敎者也。從今百日清齋，不閑人事，至七月七日，王母暫來也。』帝下席跪諾。言訖，玉女忽然不知所在。帝問東方朔：『此何人？』朔曰：『是西王母紫蘭室玉女，常傳使命，往來榑桑，出入靈州，交關常陽，傳言玄都。阿母昔以出配北燭仙人，近又召還，使領命祿，眞靈官也。』帝於是登延靈之臺，盛齋存道，其四方之事，權委於冢宰焉。至七月七日，乃修除宮掖之內，設座殿上，以紫羅薦地。燔百和之香，張雲錦之帳，然九光之燈，設玉門之棗，酌蒲萄之酒。躬監肴物，爲天宫之饌。帝乃盛服立於陛下，勑端門之內，不得妄有窺者。內外寂謐，以俟雲駕。至二唱之後，忽天西南如白雲起，鬱然直來，逕趨宫庭間。須臾轉近，聞雲中有簫鼓之聲，人馬之響。復半食頃，王母至也。縣投殿前，有似鳥集，或駕龍虎，或乘獅子，或御白虎，或騎白麐，或控白鶴，或乘軒車，或乘天馬，羣仙數萬，光耀庭宇。既至，從官不復知所在。唯見王母乘紫雲之輦，駕九色斑龍；別有五十天仙，側近鸞輿，皆身長一丈，同執綵毛之節佩，金剛靈璽，戴天眞之冠，咸住殿前。王母唯扶二侍女上殿，年可十六七，服青綾之袿，容眸流眄，神姿清發，眞美人也。王母上殿，東向坐。著黃錦袷襡，文采鮮明，光儀淑穆，帶靈飛大綬，腰分頭之劒，頭上大華結，戴太眞晨嬰之冠，履玄璚鳳文之舃。眎之，可年卅許，脩短得中，天姿掩藹，容顏絕世，眞靈人也。下車登牀，帝拜跪，問寒溫畢，立如也。因呼帝共坐。帝南面，向王母。母自設膳，膳精非常。豐珍之肴，芳華百果，紫芝萎蕤，紛若塡樏，清香之酒，非地上所有，香氣殊絕，帝不能名也。又命侍女索桃，須臾以盤盛桃七枚，大如鴨子，形圓色青，以呈王母。母以四枚與帝，自食三桃，桃之甘美，口有盈味。帝食輒錄核，母曰：『何謂？』帝曰：『欲種之耳。』母曰：『此桃三千歲一生實耳，中夏地薄，種之不生如何？』帝乃止於坐上。酒觴數過，王母乃命侍女王子登彈八琅之璈，又命侍女董雙成吹雲龢之笙，又命侍女石公子擊昆庭之鐘，又命侍女許飛瓊鼓震靈之簧，侍女阮淩華拊五靈之石，侍女范成君擊洞庭之磬，侍女段安香作九天之鈞，於是衆聲澈朗，靈音駭空。又命侍女安法嬰歌玄靈之曲，其詞曰：『大象雖寥廓，我把天地戶。披雲沉靈輿，倏忽適下土。空洞成玄音，至靈不容冶。太眞噓中唱，始知風塵苦。頤神三田中，納精六闕下。遂乘萬龍輴，馳騁眄九野。』二曲曰：『玄圃遏北臺，五城煥嵯峩。啓彼無涯津，汎此織女河。仰上升絳庭，下遊目窟阿。顧眄八落外，指招九雲遐。忽已不覺勞，豈寤少與多。撫璈命衆女，詠發感中和。妙暢自然樂，爲此玄靈歌（按：原作「玄雲歌」，與前不合，今改）。韶盡至韻存，眞音辭無邪。』歌畢，帝乃下地，叩頭自陳。（按：下爲武帝乞長生之術，王母授以玄微之言，王母遣侍女郭密香請上元夫人阿環，上元夫人至，告帝祕道，王母授帝五嶽眞形圖，上元授帝六甲左右靈飛致神之方十二事，略）須臾，殿南朱雀窗中，忽有一人來窺看仙官。帝驚問何人，王母曰：『女不識此人耶？是女侍郎東方朔，是我鄰家小兒也。性多滑稽，曾三來偷此桃。此子昔爲太上仙官，太上令到方丈山助三天司命收錄仙家。朔到方丈，但務山水游戲，了不共營和氣，擅弄雷電，激波揚風，風雨失時，陰陽錯迕，致令蛟鯨陸行，山崩境壞，海水暴竭，黃鳥宿淵，妨農芸田；沉湎玉酒，失部御之和，虧奉命之科。於是九源丈人迺言之於太上，太上遂謫斥使在人間，去太清之朝，令處臯濁之鄉。近金華山二仙人及九疑君，比爲陳乞，以行原之。』於是帝乃知朔非世俗之徒也。時酒酣周宴，言請粗畢，上元夫人自彈雲林之璈，鳴絃駭調，清音靈朗，玄風四發，迺歌步玄之出，辭曰（略）。王母又命侍女田四飛答歌曰（略）。歌畢，因告武帝仙官從者姓名及冠帶執佩物名，所以得知而紀焉。至明旦，王母別去。上元夫人謂帝曰：『夫李少君者，專念精進，理妙微密，必得道矣。其似未有六甲靈飛之文，女當可以示之。』帝曰：『諾。』於是夫人與王母同乘而去，臨發，人馬龍虎，威儀如初來時，雲氣勃蔚，盡為香氣，極望西南，良久乃絕（下略）。」

（按：漢武內傳隋唐志均有著錄，今存，一卷。一為道藏本，一為廣漢魏叢書本，後者係自廣記卷三輯出者，視藏本所遺甚多，然後者亦多可補正前者。續談助卷四、類說卷七、明本說郛卷七並有節錄。是書撰人舊題班固，大謬；或以為葛洪撰，亦無根據。考張華博物志卷八敍王母兼採故事、內傳，疑書成於漢末，蓋其時道教方興，道徒競為大言，故借漢世盛傳之武帝、王母事，顯揚神仙之術也。）

類林雜說卷一三引西京雜記佚文曰：「武帝宴西王母，設珊瑚牀，又為七寶牀於桂宮，紫錦帷帳。」

魏董勛問禮俗（漢學堂叢書輯本）云：「正月一日造勝畢，以相遺。象瑞圖金勝之形，又象西王母正月七日戴勝，見武帝於承董殿也。」殿名、時日皆異。

博物志卷八史補云：「漢武帝好仙道，祭祀名山大澤，以求神仙之道。時西王母遣使乘白鹿告帝當來，乃供帳九華殿以待之。七月七日夜漏七刻，王母乘紫雲車而至於殿西南，面東向，頭上戴七種（當作「勝」），青氣鬱鬱如雲。有三青鳥如烏大，使侍母旁。時設九微燈。帝東面西向。王母索七桃，大如彈丸，以五枚與帝，母食二枚。帝食桃輒以核著膝前，母曰：『取此核將何爲？』帝曰：『此桃甘美，欲種之。』母笑曰：『此桃三千年一生實。』唯帝與母對坐，其從者皆不得進。時東方朔竊從殿南廂朱鳥牖中窺母，母顧之，謂帝曰：『此窺牖小兒，嘗三來盜吾此桃。』帝乃大怪之。由此世人謂方朔神仙也。」

書鈔卷一二引幽明錄曰：「甘泉王母降。」粗陳大概，原文已不可曉。

西王母會武帝，尚有別種傳聞。十洲記云：「漢武帝既聞王母說八方巨海之中，有祖洲、瀛洲、玄洲、炎洲、長洲、元洲、流洲、生洲、鳳麟洲、聚窟洲，有此十洲，乃人跡所稀絕處。」洞冥記卷一云：「元光中，帝起壽靈壇……帝使董謁乘雲霞之輦以昇壇。至夜三更，聞野雞鳴，忽如曙，西王母駕玄鸞，歌春歸樂。謁乃聞王母歌聲而不見其形。歌聲遶梁三匝乃止。」又卷二云：「元鼎元年，起招仙閣於甘泉宮西……進㟚嵻細棗，出㟚嵻山……西王母握以獻帝。」

此外，拾遺記卷三記周穆王見西王母，王母進仙酒仙果，卷四、卷一〇又記燕昭王會王母，此皆漢武故事之流緒也。

有關東方朔者，亦見西京雜記佚文。吳曾能改齋漫錄卷七引班固漢武故事並西京雜記云：「東方朔死，上疑問西王母使者。使者曰：『朔是木帝精，爲歲星。下遊人中，以觀天下，非陛下臣也。』」又類說卷四西京雜記云：「異國獻短人，東方朔問曰：『巨靈，如何叛？阿母今徤否？』」又云：「東方朔臨終曰：『天下無知我者，惟曆官大任公知之。』帝召問之，曰：『歲星不見十八年，此夕方出。』」

又廣記卷六引洞冥記及朔別傳云：「朔未死時，謂同舍郎曰：『天下人無能知朔，知朔者唯太王公耳。』朔卒後，武帝得此語，卽召太王公問之曰：『爾知東方朔乎？』公對曰：『不知。』『公何所能？』曰：『頗善星曆。』帝問：『諸星皆具在否？』曰：『諸星具，獨不見歲星十八年，今復見耳。』帝仰天歎曰：『東方朔生在朕傍十八年，而不知是歲星哉！』慘然不樂。」

初學記卷一引漢武帝內傳佚文曰：「西王母使者至，東方朔死，上以問使者，對曰：『朔是木帝精，爲歲星，下遊人中，以觀天下，非陛下之臣。』」

唐李亢獨異志卷上曰：「漢東方朔，歲星精也。自入仕漢武帝，天上歲星不見；至其死後，星乃出。」

馮夢龍古今譚概荒唐部採入巨靈事。

東方朔偷桃及漢武會王母事，明清曲家頗喜飾演。如：明吳德修有傳奇偷桃記（古本戲曲叢刊），楊維中有雜劇偷桃獻壽（佚，明祁彪佳遠山堂劇品），又有佚名東方朔雜劇（佚，遠山堂劇品）；清楊潮觀吟風閣雜劇中有偷桃捉住東方朔，薛旦有傳奇齊天樂（存，曲海總目提要卷三三）；又有佚名方朔偷桃雜劇（存，傅惜華清代雜劇全目），如此等等。

劉向　列仙傳

據郝氏遺書清王照圓列仙傳校正本

今存，二卷，西漢劉向撰。漢書藝文志無目，隋志雜傳類錄云：「列仙傳讚三卷，劉向撰，鬷續，孫綽讚。列仙傳讚二卷，劉向撰，晉郭元祖讚。」今本之讚，即郭元祖所作者。又有總讚，亦出郭氏，隋志著錄列仙讚序一卷，郭元祖撰，序即總讚也。原書所載諸仙，據葛洪神仙傳序及抱朴子論仙篇，爲七十餘人，以後諸書又多云七十二人。今本凡七十人，有闕。諸書所引列仙傳極多，除見於今本者外，其餘大抵非本書。今常見版本，有古今逸史、道藏、指海、秘書二十一種、郝氏遺書、琳琅秘室叢書、叢書集成初編、道藏精華錄、龍溪精舍叢書等本。郝氏遺書、精華錄、龍溪諸本爲王照圓校正本；琳琅、叢書集成本乃清胡珽校本。雲笈七籤卷一〇八、類說卷三、明本說郛卷七、舊小說甲集並有節錄；說郛卷四三、五朝小說及陶珽說郛卷五八亦陳梗概。王仁俊玉函山房輯佚書補編輯佚文一卷。

劉向，本名更生，字子政，西漢沛（今江蘇沛縣）人，楚元王劉交四世孫。約生於漢昭帝元鳳四年（公元前七七年），卒於哀帝建平元年（前六年）。仕宣、元、成、哀四朝，累官光祿大夫、中壘校尉。漢書卷三六有傳。

向好神仙，晚節彌甚，是書作於成、哀間，旨在宣揚神仙道術。雖其「殊甚簡略，美事不舉」（神仙傳序），然開神仙傳記一路，之後代有繼作，漢末神仙傳、葛洪神仙傳、梁江祿列仙傳、顏協晉仙傳、見素子洞仙傳、闕名集仙傳、桂陽列仙傳等，皆其流緒也。

江妃二女〔一〕

江妃二女〔二〕者，不知何所人也。出遊於江漢之湄〔三〕，逢鄭交甫。見而悅之，不知其神人也。謂其僕曰：「我欲下，請其佩〔四〕。」僕曰：「此閒之人，皆習於辭，不得，恐罹悔焉。」交甫不聽，遂下，與之言曰：「二女勞矣！」二女曰：「客子有勞，妾何勞之有！」交甫曰：「橘是柚也〔五〕，我盛之以笥〔六〕。令附漢水，將流而下。我遵其傍，采其芝而茹之〔七〕。以知吾爲不遜也，願請子之佩。」二女曰：「橘是柚也，我盛之以筥〔八〕。令附漢水，將流而下。我遵其傍，采其芝而茹之。」遂手解佩，與交甫。交甫悅，受而懷之，中當心。趨去數十步，視佩，空懷無佩；顧二女，忽然不見。詩曰：「漢有遊女，不可求思〔九〕。」此之謂也。（卷上）

〔一〕此原題，下同。

〔二〕江妃二女，書鈔卷一二八、初學記卷二六、御覽卷六九二並引作「江濱二女」。文選卷四蜀都賦劉逵注、卷一二江賦李善注引作「江斐二女」，「斐」同「妃」，又作「婔」，廣韻上平聲微韻：「婔，江婔，神女。」按山海經中次十二經云：「洞庭之山……帝之二女居之，是常遊于江淵。」郭璞注：「天帝之二女而處江爲神，卽列仙傳江妃二女也。離騷、九歌所謂湘夫人，稱帝子者是也。」二女卽舜妃娥皇、女英，帝堯之女。相傳舜南巡崩於蒼梧，二女隕於湘江，爲水神。水經注卷三八湘水云：「大舜之陟方也，二妃從征，溺於湘江，神遊洞庭之淵，出入瀟湘之浦。」

〔三〕江，長江；漢，漢水。湄，水濱。江漢之湄指長江漢水交匯處。其處地近洞庭，故二女出遊焉。

〔四〕佩，結於衣帶上之飾物。釋名釋衣服云：「佩，倍也。言其非一物，有倍貳也。有珠，有玉，有容刀，有帨巾，有觿之屬也。」蜀都賦注、類聚卷七八、初學記卷六又卷二六、御覽俱引作「珮」。玉篇卷一玉部：「珮，玉珮。」廣記卷五九等引云所佩者爲珠，見附錄。

〔五〕柚，廣記引作「橙」。按橘、柚、橙相似，皆爲芸香科果木。李石續博物志卷一〇云：「柚似橙而大于橘。」

〔六〕笥（ㄙˋ），盛食品或衣物之竹器。

〔七〕芝，一種菌類；茹，食也。按以上六句爲交甫所賦之詩，僕云此間人皆習於辭，故亦以辭挑之也。

〔八〕筥（ㄐㄩˇ），圓形竹器。詩召南采蘋：「于以盛之？維筐維筥。」毛傳：「方曰筐，圓曰筥。」

〔九〕按，出詩周南漢廣。原詩三章，首章曰：「南有喬木，不可休息（思）；漢有游女，不可求思。漢之廣矣，不可泳思；江之永矣，不可方思。」按列仙傳以鄭交甫事爲此詩之本事，不可信，其說出韓詩外傳，參見附錄。道藏本無「詩曰」以下數語。

列仙傳讚曰：「靈妃豔逸，時見江湄。麗服微步，流盼生姿。交甫遇之，憑情言私。鳴佩虛擲，絕影焉追。」

諸書引列仙此傳，多有異辭。廣記卷五九引曰：「鄭交甫常遊漢江，見二女，皆麗服華裝，佩兩明珠，大如雞卵。交甫見而悅之，不知其神人也。謂其僕曰：『我欲下請其佩。』僕曰：『此間之人皆習於辭，不得，恐罹悔焉。』交甫不聽，遂下與之言曰：『二女勞矣。』二女答曰：『客子有勞，妾何勞之有！』交甫曰：『橘是橙也，我盛之以笥。令附漢水，將流而下，我遵其旁搴之，知吾爲不遜也，願請子佩。』二女曰：『橘是橙也，盛之以莒。令附漢水，將流而下。我遵其旁，捲其芝而茹之。』手解佩以與交甫，交甫受而懷之。既趨而去，行數十步，視懷空無珠，二女忽不見。詩云：『漢有遊女，不可求思。』言其以禮自防，人莫敢犯，況神仙之變化乎。」

事類賦注卷九引曰：「鄭交甫至漢皐臺下，見二女佩兩明珠，大如雞卵，遂解與之。既行反顧，二女不見，佩珠亦失。」按漢皐，山名，亦名萬山，在湖北襄陽西北。

宋蔡夢弼杜工部草堂詩箋卷七渼陂行注引曰：「鄭交甫將適南楚，遵彼漢江，遇二女佩兩珠，大如雞卵。交甫與僕言曰：『我將下請其佩。』僕曰：『此邦之人皆習於辭，往則懼見辱焉。』交甫果請其佩，二女解佩與交甫。既行，不見二女，佩亦於懷中失之。故曰『漢有遊女，不可求思』者也。」

又類說卷三及蒙求注卷上引亦相類。

鄭交甫事，先載於韓嬰韓詩外傳，今本脫載，僅見於佚文。文選卷四南都賦：「游女弄珠於漢皋之曲。」李善注引韓詩外傳曰：「鄭交甫將南適楚，遵彼漢皋臺下，乃遇二女，佩兩珠，大如荊雞之卵。」初學記卷七引韓詩曰：「鄭交甫過漢皋，遇二女，妖服珮兩珠。交甫與之言曰：『願請子之珮。』二女解珮與交甫，而懷之。去十步，探之則亡矣，迴顧二女亦不見。」廣記、事類賦注諸引皆援入韓詩之說。

漢人記游女事者，尙有焦延壽。焦氏易林萃之漸曰：「喬木無息，漢女難得。橘柚請佩，反手難悔。」

漢以後諸書猶有記。文選卷一九洛神賦「感交甫之弃言兮」注引神仙傳佚文曰：「切仙一出（按：有脫譌），遊於江濱，逢鄭交甫。交甫不知何人也，目而挑之，女遂解佩與之。交甫行數步，空懷無佩，女亦不見。」

續漢書郡國志四「南郡襄陽縣」劉昭注引習鑿齒襄陽耆舊傳曰：「縣西九里有萬山，父老傳云交甫所見游女處，此山之下曲隈是也。」水經注卷二七沔水曰：「漢水又東逕漢廟堆下，昔漢女所遊，側水爲釣臺，後人立廟於臺上。」又卷二八云：「沔水又東逕萬山北……山下水曲之隈，云漢女昔遊處也，故張衡南都賦曰『遊女弄珠於漢皐之曲』。漢皐，卽萬山之異名也。」情史類略卷一九情疑類亦略載其事，題漢女。

蕭史

蕭史〔一〕者，秦穆公〔二〕時人也。善吹簫，能致孔雀、白鶴〔三〕於庭。穆公有女字弄玉，好之，公遂以女妻焉。日教弄玉吹簫〔四〕作鳳鳴，居數年〔五〕，吹似鳳聲，鳳凰來止其屋。公爲作鳳臺，夫婦止其上，不下數年。一旦〔六〕，皆隨鳳凰飛去。故秦人爲作鳳女祠於雍宮〔七〕中，時有簫聲而已。（卷上）

〔一〕蕭史，類聚卷四四、文選卷二八鮑照升天行及卷三一江淹擬班婕妤詠扇詩注、初學記卷一〇、蒙求注卷下俱引作「簫史」。

〔二〕秦穆公，名任好，公元前六五九年至前六二一年在位。

〔三〕白鶴，類聚卷七八引作「白鵠」，草堂詩箋卷八崔駙馬山亭宴集注引作「白鸛」。

〔四〕按：「吹簫」二字各本俱脫，據蒙求注、草堂詩箋卷二鄭駙馬宴洞中注、卷二一玉臺觀注引及類說卷三補。

〔五〕按：類聚卷七八、初學記、文選卷二八注並引作「居數十年」。

〔六〕一旦，原作「一日」。文選卷二八又卷三一注、類聚卷四四又卷七八、蒙求注、草堂詩箋卷二又卷二一注並引作「一旦」，道藏本同，作「一旦」是也，據正。類說乃作「一夕」，下云：「吹簫鳳集，乘之仙去。」非原文也。

〔七〕雍宮，雍都之宮殿。按秦自德公始都雍（今陝西鳳翔南），穆公時亦都於此。

列仙傳讚曰：「蕭史妙吹，鳳雀舞庭。嬴氏好合，乃習鳳聲。遂攀鳳翼，參翥高冥。女祠寄想，遺音載清。」

水經注卷一八渭水云：「（雍縣）又有鳳臺、鳳女祠。秦穆公時，有簫史者善吹簫，能致白鵠、孔雀，穆公女弄玉好之，公爲作鳳臺以居之。積數十年，一旦隨鳳去，云雍宮世有簫管之聲焉。今臺傾祠毀，不復然矣。」

唐道宣續高僧傳卷一四釋童眞傳云：「終南山仙遊寺，即古傳云秦穆公女名弄玉，習仙升雲之所也。」

杜光庭墉城集仙錄卷六云：「弄玉者，秦繆公之女也，好吹簫。時有蕭史者善吹簫，公以弄玉妻之，築臺以居焉。弄玉吹簫十餘年，能作鳳鳴，鳳來止其臺上。夫婦居臺上數年不下，一旦隨鳳飛去。於是秦公於雍宮作鳳女祠，時有簫聲焉。」

廣記卷四引神仙傳拾遺（杜光庭）云：「蕭史不知得道年代，貌如二十許人，善吹簫作鸞鳳之響，而瓊姿煒爍，風神超邁，眞天人也。混迹於世，時莫能知之。秦穆公有女弄玉，善吹簫，公以弄玉妻之。遂教弄玉作鳳鳴，居十數年，吹簫似鳳聲，鳳凰來止其屋。公爲作鳳臺，夫婦止其上，不飮不食，不下數年。一旦，弄玉乘鳳，蕭史乘龍，昇天而去。秦爲作鳳女祠，時聞簫聲。今洪州西山絕頂，有蕭史石仙壇、石室，及巖屋眞像存焉，莫知年代。」按洪州今江西南昌市。

歐陽忞輿地廣記卷一五鳳翔府天興縣云：「天興縣，故雍縣……有鳳臺。秦穆公時有簫史者善吹簫，能致白鳳，穆公女弄玉好之。公爲作鳳臺，以居之，一旦乘鳳而去。」

宋張邦畿侍兒小名錄拾遺引帝王世紀云：「秦穆公女名弄玉，善吹簫，與簫史共登樓吹簫，作鳳凰音，感鳳凰從天而降，後升天矣。」

綠窗新話卷下蕭史教弄玉吹簫，採列仙此文。

唐沈亞之撰秦夢記，借弄玉舊聞而自創新事。謂大和初，沈亞之出長安，客橐泉邸舍，晝夢入秦，見秦穆公。公女弄玉婿蕭史死，令亞之尙之，居翠微宮。公主喜鳳簫，每吹簫，聲調遠逸。一年後公主無疾卒，葬咸陽原，亞之爲作挽歌、墓誌銘。悲而去之，公命車駕送出函谷關云。南朝以降，文士喜造豔遇女仙事，假古之美女，以愜其冶遊之懷，中古文人心理之隱，於焉可見。

唐人又傳婦人飾面之粉乃蕭史爲之。玉泉子云：「秦穆公女弄玉善吹簫。蕭史降於宮掖，鍊飛靈丹，第一轉與弄玉塗之，名曰粉，今之水銀膩粉也。」馬縞中華古今註卷中云：「自三代以鉛爲粉。秦穆公女弄玉有容德，感仙人簫史，爲燒水銀作粉與塗，亦名飛雲丹。傳以簫曲終而同上昇。」五代馬鑑續事始引二儀實錄及續博物志卷一〇亦並載此事，前者作「飛雲」，脫「丹」字（按：王子昭雞跖集引二儀錄作「雪丹」），後者作「飛雪丹」。

元趙道一歷世眞仙體道通鑑卷三鋪張其事，緣飾史事及歷史人物，眞幻相參，頗爲生動，蕭史故事爲之大變。其文曰：「蕭受姓於殷。至周宣王時有蕭欽者，妻王氏，皆富好道，老君曾降其家。以宣王十七年五月五日生，即蕭仙也。生而不事家業，遊終南山，遇異人，授長生術，且教以吹簫。歸家告父母願入道，父母強爲娶妻。蕭仙云：『異人教我勿娶，當得帝女。』父母聽之。宣王末，史籍散亂，蕭仙能文，著本末，以備史之不及，人以『史』目之，實無名也。行第三。浪迹入秦孟明之師從軍。引敗歸，秦侯迓而哭之。史在孟明側立甚恭。秦侯問敗師狀，孟明不能答，史代對甚悉，孟明免罪，史之力也。孟明歸，史又放浪山水間。時秦侯有女名弄玉，善吹笙，無和者，求得吹笙者以配。孟明以代對故，薦史，因召見。秦侯問，史云：『善簫。』侯曰：『吾女好笙，子簫也，奈何？』史以不稱旨退。女在屏間呼曰：『試使吹之。』一聲而清風生，再吹而彩雲起，三吹而鳳凰來。女曰：『是吾夫也，願嫁之。』史曰：『女亦且吹笙，且三吹之。』如史所感。於是孟明爲媒，蹇叔爲賓，合宴於西殿。座中不奏他樂，惟二人自以簫笙間奏。曲未終，鳳凰來下，二仙乘之而去。秦侯惘然，咎孟明。孟明遣人四方尋之，至楚尾吳頭，有人見西山高峯，男女坐而吹笙簫，簫者鳳栖其傍。使者聞，急訪之，又沖昇矣。後不知其所之。此其大略也。」

又後集卷二嬴女亦曰：「秦繆公女嬴氏，名弄玉，善吹笙，無和者，欲求得吹笙者以配。有蕭史者善吹簫，能感清風、彩雲、鳳凰，嬴女願嫁之。嬴女吹笙亦如史所感。於是孟明爲媒，蹇叔爲賓，約而成婚，宴於西殿座中。不奏他樂，惟二人自以笙簫間奏，遂致鳳凰來儀，二人乘之而去。秦人因作鳳女祠。」

明佚名秦樓蕭史引鳳雜劇，淸佚名吹簫引鳳雜劇，跨鳳乘龍雜劇，皆演蕭史、弄玉事，今悉存世（見傅惜華明代雜劇全目、淸代雜劇全目）。

邗子

邗子〔一〕者，自言蜀人也，好放犬子。犬走入山穴〔二〕，邗子隨入。十餘宿行，度數百里，上出山頭。上有臺殿宮府，青松〔三〕森然，仙吏侍衞甚嚴。見故婦主洗魚〔四〕，與邗子符一函并藥，便使還，與成都令橋〔五〕君。橋君發函，有魚子也。著池中養之，一年皆爲龍〔六〕。復送符還山上，犬色更赤，有長翰。常隨邗子，往來百餘年。遂留止山上，時下來護其宗族。蜀人立祠於穴口，常有鼓吹傳呼聲。西南數千里，共奉祠焉。（卷下）

〔一〕邗（ㄏㄢˊ）子，邗爲姓。古有邗國，說文六下邑部：「邗，國也。今屬臨淮……一曰邗本屬吳。」其後以爲姓。書鈔卷一五八引作「刊子」，御覽卷九〇五引作「列子」，仙苑編珠卷中引作「邢子」，並誤。

〔二〕按：此句原有「時有」二字，文義不順，雲笈七籤本及書鈔、御覽、事類賦注卷二三、草堂詩箋卷二一滕王亭子注引並無此二字，可知爲衍文，據删。又七籤本此句上多「知相犬」一句。

〔三〕按：「青松」下原有「樹」字，七籤本及仙苑編珠、事類賦注、草堂詩箋引無，據删。

〔四〕婦，御覽、事類賦注引作「妻」。故婦，亡故之妻。主，主管。

〔五〕橋，道藏本、七籤本並作「喬」，仙苑編珠引同。廣韻四宵「橋」字釋：「又姓，出梁國，後漢有太尉橋玄。」

〔六〕按：「龍」下原有「形」字，據七籤本及御覽、事類賦注、仙苑編珠引刪正。

列仙傳讚：「邗子尋犬，宕入仙穴。館閣峩峩，青松列列。受符傳藥，往來交結。遂棲靈岑，音響昭徹。」

六朝洞窟傳說極多，大抵事關神仙或隱者，此邗子事則肇其端矣。

趙道一眞仙通鑑卷三亦有邗子傳，文同七籤本列仙傳。

揚雄　蜀王本紀

或又稱蜀本紀、蜀記，西漢揚雄撰。隋志地理類著錄一卷，兩唐志同。自崇文總目以下諸家書目皆不著錄，當佚於宋。曾慥類說卷三六有蜀本紀六則，然闌入唐事。王謨漢唐地理書鈔、洪頤煊經典集林、嚴可均全漢文、王仁俊玉函山房輯佚書補編並有輯本。是書雖用史體，但非史作，更非地書，實是雜史體志怪。

揚雄，生於宣帝甘露元年（公元前五三年），卒於新莽天鳳五年（公元一八年），字子雲，蜀郡成都（今四川成都市）人。仕成、哀、平三朝，爲給事黃門郎，王莽時爲太中大夫。漢書卷八七有傳。

望帝

蜀王之先名蠶叢，後代名曰栢濩〔一〕，後者名魚鳧〔二〕。此三代各數百歲，皆神化不死，其民亦頗隨王化去。魚鳧田於湔山得仙〔三〕，今廟祀之於湔。時蜀民稀少。

（據御覽卷八八八引蜀王本紀，又文選卷四左思蜀都賦劉逵注、卷四六王融三月三日曲水詩序李善注、類聚卷

六、初學記卷八、御覽卷一六六、羅泌路史前紀卷一羅苹注並引，類聚、初學作蜀本紀，路史注作蜀紀，「揚」或作「楊」）

逮蒲澤、俾明〔四〕，是時人萌椎髻左言〔五〕，不曉文字，未有禮樂。從俾明〔六〕上到蠶叢，積三萬四千歲〔七〕。（據中華書局影印本文選蜀都賦注引楊雄蜀王本紀，又文選卷六左思魏都賦劉逵注、曲水詩序注、御覽卷一六六、路史前紀卷一注並引，魏都賦注作楊雄蜀記）

後有一男子，名曰杜宇，從天墮止朱提〔八〕。有一女子名利〔九〕，從江源〔一〇〕地井中出，爲杜宇妻。宇自立爲蜀王，號曰望帝，治汶山下邑曰郫〔一一〕，化民〔一二〕往往復出。（據御覽卷八八八引，又史記卷一三三代世表司馬貞索引、文選卷一五張衡思玄賦舊注、事類賦注卷六、御覽卷一六六並引）

望帝積百餘歲，荆有一死人名鼈靈〔一三〕，其尸亡去，荆人求之不得。鼈靈尸隨江水上至郫〔一四〕，復生，與望帝相見〔一五〕，望帝〔一六〕以爲相。時玉山出水，若堯之洪水。望帝不能治水，使鼈靈決〔一七〕玉山，民得陸處。鼈靈治水去後，望帝與其妻通，慙愧〔一八〕。帝自以德薄〔一九〕，不如鼈靈，委國授〔二〇〕鼈靈而去，如堯之禪舜。鼈靈卽位，號曰開明帝。帝生盧保，亦號開明。下至五代有開明尙，始去帝號復稱王也〔二一〕。（據御覽卷八八八引、又後漢書張衡傳李賢注、文選思玄賦注、御覽卷九二三、事類賦注卷六、重修政和證類本草卷一九、事物紀原卷一〇、蒙求注卷上並引）

望帝去時子鵑〔三〕鳴，故蜀人悲子鵑鳴而思望帝。宇死，俗說云宇化爲子鵑——子鵑，鳥名也。蜀人聞子鵑鳴，皆曰望帝也〔三〕。（據御覽卷九二三引蜀王本紀及文選蜀都賦注引蜀記，又事物紀原卷一〇亦引，作蜀王本紀）

〔一〕栢濩（ㄏㄨˋ），文選蜀都賦注譌作「拍濩」，御覽卷一六六譌作「折權」。類聚、初學均作「伯雍」，御覽卷一六六於折權後復有伯雍。路史前紀卷一注云：「或作『折護』與『伯雍』者非，寰宇記作『伯禽』尤疎（按：今本太平寰宇記卷七二作「柏灌」）。」「栢」同「柏」。

〔二〕魚鳧，御覽卷一六六譌作「魚易」，後又云「次曰伯雍，又次曰魚尾」，又誤爲「魚尾」而別爲一人，「伯雍」者亦然。

〔三〕按：此句原作「王獵至湔山便仙去」，今從御覽卷一六六引，「鳧」譌作「尾」，正。田，獵也。湔山，據漢書地理志，湔水出玉壘山，則湔山即玉壘山也。湔音ㄐㄧㄢ。山在今四川汶川縣西南綿虒鎮。下文玉山亦指此山。

〔四〕按：蜀都賦注引曰：「蜀王之先名蠶叢、拍濩、魚鳧、蒲澤、開明。」是魚鳧後望帝前復有二王。開明，御覽卷一六六引作「俾明」，路史注云：「『俾明，記（按：指揚雄蜀記）作『開明』，非。」按開明係鼈靈及其後，作俾明是也。俾音 bǐ。此句原無，路史前紀卷一云「逮蒲澤、俾明」，據增。

〔五〕萌，通「氓」，民也。曲水詩序注引作「民」。椎髻，魏都賦注引作「椎結」，音義並同。漢書李陵傳：「兩人皆胡服椎結。」顏師古注：「結讀曰髻，一撮之髻，其形如椎。」椎，鐵製或木製之捶擊工具。左言，其言與中國相左，語言不同也。魏都賦注引作「左語」。御覽卷一六六乃引作「左衽」，前襟向左也。

〔六〕俾明，原譌作「開明」，正。

〔七〕按：御覽卷一六六引作「四千歲」。路史注云：「揚雄記云二萬四千歲，杜甫云二萬八千歲，蜀記等言魚鳧等君治蜀八萬年。」

〔八〕朱提，山名，在今四川宜賓市西南。

〔九〕按：此句御覽卷一六六引作「又有朱提氏女名曰利」。

〔一〇〕江源，古地名，在今四川崇慶縣東。

〔一一〕汶山，卽岷山，「汶」讀如「岷」。岷山，在四川北部川甘交界處，一支南延，亦稱岷山，峨嵋山是其南端。灌縣西南有青城山，是岷山之峯，此汶山卽指青城山。「曰」字原無，據思玄賦注及事類賦注引補。郫(ㄆㄧˊ)，在今四川郫縣北。

〔一二〕化民，神化不死之民。

〔一三〕荆，楚也，國名。事類賦注引作「荆州」，思玄賦注引作「荆地」。「死」字原無，據思玄賦注、事類賦注補。鼈靈，事類賦注、思玄賦注皆引作「鼈令」，「令」或又作「泠」、「冷」，皆一音之轉；「鼈」或又作「鱉」、

「菅」。參見附錄。

〔一四〕按：此句原作「鼈靈屍至蜀」，據事類賦注及思玄賦注引改。蒙求注引作「上至成都」。

〔一五〕按：此句據思玄賦注引補。

〔一六〕望帝，原作「蜀王」，據事類賦注、思玄賦注引改。

〔一七〕決，疏通水道。說文十一上水部：「決，行流也。」

〔一八〕按：此二字據御覽卷九二三引補。

〔一九〕按：原舛作「薄德」，據思玄賦注、事類賦注、御覽卷九二三引正。

〔二〇〕授，原譌作「援」，據思玄賦注、事類賦注、御覽卷九二三引正。

〔二一〕按：以上二句據後漢書注、蒙求注引補，蒙求注無「也」字。

〔二二〕子鵑，又作子規、子嶲、子雉、子鴂，卽杜鵑，鳥名。

〔二三〕按：「宇死」至此，據文選蜀都賦注引蜀記，原作「子規」按文選魏都賦注引揚雄蜀記，知此蜀記卽爲蜀王本紀。御覽所引不云化鵑，但稱望帝去時子鵑鳴，文選注則謂俗云化爲子規，劉知幾史通雜說下亦云：「觀其蜀王本紀，稱杜魄化而爲鵑。」事物紀原亦云，是本紀原有二說，蓋以後說特爲俚俗所廣傳耳。

關於蜀之先王，戰國書山海經、世本已有記，然原文已佚。（參見太平寰宇記卷七二、路史前紀卷一，後引。）楚辭亦有鱉令事，風俗通義卷九怪神篇引有一段：「鱉令屍亡，泝江而上，到崏(岷)山下蘇起，蜀人神之，尊立爲王。」是爲揚雄以前紀載之賴他書以殘存者。

揚雄後，記述特多，大抵本蜀王本紀爲說，然亦多有異辭。茲引錄於左：

御覽卷五六引風俗通義(東漢應劭)佚文曰：「荆鼈令死，亡隨水上，荆人求之不得也。鼈令至岷山下邑起，見蜀望帝。使鼈令鑿巫山，然後蜀得陸處。望帝以德不如，以國禪與鼈令，爲蜀王，號曰開明。」

許愼說文解字四上隹部曰：「巂周，燕也……一曰蜀王望帝婬其相妻，慙亡去，爲子巂鳥，故蜀人聞子巂鳴，皆起曰：是望帝也。」

禽經曰：「巂，巂周，子規也，啼必北嚮。江介曰子規，蜀右曰杜宇。」注：「望帝杜宇者，蓋天精也。李膺(東漢人)蜀志曰：『望帝稱王於蜀，時荆州有一人，化從井中出，名曰鼈靈。於楚身死，屍反泝流上，至汶山之陽，忽復生。乃見望帝，立以爲相。其後巫山龍鬬，壅江不流，蜀民墊溺。鼈靈乃鑿巫山，開三峽，降丘宅，土人得陸居，蜀人住江南，羌住城北。始立木柵，周三十里，令鼈靈爲刺史，號曰西州。後數歲，望帝以其功高，禪位於鼈靈，號曰開明氏。望帝修道，處西山而隱，化爲杜鵑鳥，或云化爲杜宇鳥，亦曰子規鳥，至春則啼，聞者悽惻。』」太平廣記卷三七四引蜀記同此而文簡，云鼈靈號曰西州皇帝，蜀記蓋卽蜀志也。

蜀來敏本蜀論曰：「荆人鼈令死，其尸隨水上，荆人求之不得。令至汶山下復生，起見望帝。望帝者，杜宇也，從天下。女子朱利，自江源出，爲宇妻。遂王於蜀，號曰望帝。望帝立，以爲相。時巫山峽蜀水不流，帝使令鼈巫峽通水，蜀得陸處。望帝自以德不若，遂以國禪，號曰開明。」（水經注卷三三引）

抱朴子釋滯云：「杜宇天墮。」又云：「庸蜀以流尸帝。」

晉常璩華陽國志卷三蜀志曰：「蜀之爲國，肇於人皇，與巴同囿。至黃帝，爲其子昌意娶蜀山氏之女，生子高陽，是爲帝嚳。封其支庶於蜀，世爲侯伯。歷夏商，周武王伐紂，蜀與焉……周失綱紀，蜀先稱王，有蜀侯蠶叢，其目縱，始稱王。死作石棺石椁，國人從之，故俗以石棺椁爲縱目人冢也。次王曰栢灌，次王曰魚鳧。魚鳧王田於湔山，忽得仙道，蜀人思之，爲立祠。後有王曰杜宇，教民務農，一號杜主。時朱提有梁氏女利，遊江源，宇悅之，納以爲妃。移治郫邑，或治瞿上。七國稱王，杜宇稱帝，號曰望帝，更名蒲卑。自以功德高諸王，乃以褒斜爲前門，熊耳、靈關爲後戶，玉壘、峨眉爲城郭，江潛綿洛爲池澤，以汶山爲畜牧，南中爲園苑。會有水災，其相開明決玉壘山以除水害，帝遂委以政事，法堯舜禪授之義，遂禪位于開明帝，升西山隱焉。時適二月，子鵑鳥鳴，故蜀人悲子鵑鳥鳴也。巴亦化其教而力農務，迄今巴蜀民農時先祀杜主君。開明位，號曰叢帝，叢帝生盧帝，盧帝攻秦至雍；生保子帝。」常氏所記，將古蜀神話完全歷史化。

御覽卷一六六引十三州志（北魏闞駰）亦記望帝、鱉冷事，皆因襲舊說。

宋王十朋纂東坡詩集註卷三一木山附梅聖俞木山詩云：「霹靂夜落魚鳧洲。」注引成都記（唐盧求）云：「蠶叢之後有栢灌，栢灌之後有魚鳧，皆蠶叢氏之子也。魚鳧治在今導江縣。嘗獵前山，得道乘虎而行。杜宇遂繼魚鳧之後。」又分門集註杜工部詩卷二三杜鵑王洙注引成都記記杜宇事，全同常璩書，惟又云「望帝死，其魂化爲鳥，名曰杜鵑，亦曰子規」，則又兼存二說。

宋初樂史太平寰宇記卷七二益州綜合世本、山海經、揚雄蜀王本紀、來敏本蜀論、華陽國志、十三州志諸家之說，無新異處。然說郛卷六〇所錄寰宇記乃有異辭，後云：「望帝……以己之德不如鱉靈，讓位，鱉靈立，號開明。望帝自逃之後，欲復位不得，死化爲鵑。每春月間，晝夜悲鳴，蜀人聞之曰：『我帝魂也。』名杜鵑，又名杜宇，又號子規。」

羅泌路史前紀卷一因提紀上蜀山氏曰：「蜀之爲國，肇自人皇。（注：世本、揚雄蜀記、華陽國志、本蜀論等語。）其始蠶叢、柏濩、魚鳧，各數百歲。號蜀山氏，蓋作於蜀。（注：今成都。）蠶叢縱目，王瞿上。（注：瞿上，城在今雙流縣南十八里，縣北有瞿上鄉。）魚鳧治導江。（注：今眉之彭山縣北東二里有魚鳧津。南北八郡志云：犍爲有魚鳧津，廣數百步。）逮蒲澤、俾明時，人氓椎結左言，不知文字。上至蠶叢，年祚深眇。最後乃得望帝杜宇，寔爲蒲捍，蓋蜀之先也。」

路史餘論卷一杜宇鱉令亦載望帝、開明事，多採舊說。稱開明氏鼈靈年號萬通，又云：「鱉，水名也。字一作『鼈』，音別，縣在牂柯，集韻音鱉……鱉令亦作『鼈靈』，墓在郫西五里。」乃謂鱉靈以地名爲名。按說文六下邑部：「鄨，牂柯縣。」段注：「前志（漢書地理志）曰：『不狼山，鄨水所出，東入沅。』……今貴州遵義府府城西有鄨縣故城是也。」

宋陳葆光三洞羣仙錄卷七引仙傳拾遺（杜光庭）曰：「鱉靈，楚人也。死棄其尸於江中，泝流而上，至汶山下，歷然而起，隱於蜀山中，以變化驅役鬼神之術聞於世。時峽中山摧，堰江不流，杜宇苦之。聞鱉靈有術，使決金堂山、瞿塘峽，導水東注，復舊所，人得陸處。宇遜位，數百年遊天柱山，遇天眞集焉，遂昇天而去。」

眞仙通鑑卷一〇曰：「杜宇，蜀主也。蜀嘗大水，宇與居人避水於長平山（原注：在青城味江之上，去縣八十里），築城壘居第。後鱉靈開峽治水，人得陸處。宇禪位與之，自居西山，得道昇天。鱉靈子孫世有蜀土，傳十二葉。至開明尙，爲秦所幷，乃通中國。」上二書皆謂杜宇登仙，道家之意也。

關於杜鵑鳥，異苑卷三載有一事，亦連類附錄於此：「杜鵑，始陽相催而鳴，先鳴者吐血死。常有人山行，見一羣寂然，聊學其聲，便嘔血死。初鳴先聽其聲者，主離別。廁上聽其聲不祥，厭之法，當爲大聲以應之。」（按：又載酉陽雜俎前集卷一六羽篇）

五丁力士

天爲蜀王生五丁力士〔一〕，能徙蜀山〔二〕。王死，五丁輒立大石，長三丈，重千鈞，號曰「石井」〔三〕。千人不能動，萬人不能移。（據御覽卷八八八引，又類聚卷七、草堂詩箋卷六、五色線卷上引前二句）

蜀王據有巴蜀之地，本治廣都〔四〕，後徙治成都。秦惠王〔五〕時，蜀王不降秦，秦亦無道出於蜀。蜀王從萬餘人，東獵褒谷〔六〕，卒〔七〕見秦惠王。惠王以金一笥遺蜀王，蜀王報以禮物〔八〕，物盡化爲土。秦王大怒，臣下皆再拜賀曰：「土者，土地，秦當得蜀矣！」（據御覽卷八八八引，又卷三七、卷四七八、卷八一一、卷八七三，事類賦注卷九並引）

秦惠王欲伐蜀，以道不通〔九〕，乃刻五石牛，置金其後。蜀人見之，以爲牛能大便金，牛下有養卒〔一〇〕，以爲此天牛也，能便金。蜀王以爲然，即發卒千人，使五丁力士拖牛成道，致三枚〔一一〕於成都。秦得道通，石牛力也。後遣丞相張儀等將兵〔一二〕，隨石牛道伐蜀。（據類聚卷九四引蜀王本紀，又書鈔卷一一六、琱玉集壯力篇、事類賦注卷七、又卷二二，御覽卷二八五、卷三〇五、卷八八八、卷九〇〇，吳曾能改齋漫錄卷九並引，或作蜀本紀、蜀王記、蜀主本紀）

武都〔三〕人有善知蜀王者，將其妻女適蜀王。居蜀之後，不習水土，欲歸，蜀王愛其女留之，乃作伊鳴之聲六曲以樂之。或曰前是武都丈夫，化爲女子，顏色美好，蓋山之精也。蜀王娶以爲妻，不習水土，疾病欲歸，蜀王留之，無幾物故。蜀王發卒，於武都檐〔四〕土，於成都郭中葬之，蓋地數畝〔五〕，高七丈〔六〕，號曰武擔〔七〕。以石作鏡一枚，徑二丈，高五尺〔八〕，表其墓。（據御覽卷八八八引，又三國志蜀先主傳裴松之注、類聚卷六又卷七〇、書鈔卷九四又卷一三六、後漢書方術任文公傳李賢注、初學記卷五又卷八、事類賦注卷七、御覽卷七一七、施注蘇詩卷七、類林雜説卷一〇並引，或作蜀本紀）

於是秦王知蜀王好色，乃獻美女五人與蜀王，蜀王愛之，遣五丁迎女。還至梓潼〔九〕，見一大蛇入山穴中。一丁引其尾，不能出〔一〇〕，五丁共引蛇，五女往就觀之〔一一〕。山崩，壓五丁，五丁踏蛇而〔一二〕大呼；秦王五女及送迎者上山〔一三〕，化爲石。因名其山曰五婦山也〔一四〕。蜀王登臺，望之不來，因名五婦候臺。蜀王親理作冢，皆致方石，以誌其墓。（據御覽卷八八八引，又琱玉集壯力篇、類聚卷七又卷九六、初學記卷五、事類賦注卷二八、御覽卷五二、卷三八六、卷九三四、草堂詩箋卷六、五色線卷上並引，初學、御覽卷五二作蜀本紀）

〔一〕按：本紀云開明五世始去帝號復稱王，此蜀王似爲開明五世。華陽國志乃謂開明九世，見附錄。丁，壯健。劉熙釋名釋天：「丁，壯也。」玉篇卷三〇丁部：「丁，強也，壯也。」引伸爲壯士、力士。五丁即五力士，非一人之名也。路史前紀卷一循蜚紀注云：「五丁蓋非一。按世本及蜀紀、華陽志、益州記、十三州志、成都記等，皆言五丁事蜀王開明，負力能徙山通石，則目以五丁矣。」胡應麟少室山房筆叢二酉綴遺上乃謂：「五丁或謂五人，或以一人名五丁，紀載不一。考之當是一人。廣記稱五丁每遇蜀君卒，輒獨立巨石十數丈墓前，蜀王遣取金牛，牛奔入岩穴，五丁執其尾拽之，山遂崩，壓五丁死，非五丁明矣。」末注：「廣記又一說稱五人同以拽牛壓死，互異。」按廣記卷三五九又卷四五六引華陽國志「武都女」、「蜀五丁」二條，並無立石事，五丁拽其尾者非牛乃蛇，胡氏誤記耳。觀廣記引文及今本華陽國志所記(見附錄)，皆明謂五人。

〔二〕按：類聚引作「能獻山」。

〔三〕按：御覽卷一六六引十三州志曰：「今石井是也，號曰井里。」華陽國志作「石笋」、「笋里」。杜工部草堂詩箋卷一九石笋行：「君不見益州城西門，陌上石笋雙高蹲，古老相傳是海眼，苔蘚蝕盡波濤痕。」蔡夢弼箋注云：「杜光庭石笋記：成都子城西曰興義門，金容坊有通衢，幾百五十步，有石笋二株，挺然聳峭，高丈餘，圍八九尺。」又云：「成都記：距石笋二三尺，每夏月大雨，往往陷作土穴，泓水湛然。以竹測之，深不可及；以繩繫石而投其下，愈投而愈無窮，凡三五日，忽然不見。」

〔四〕廣都，縣名。漢置，屬蜀郡，在今成都市東南，一說今四川雙流縣。

〔五〕秦惠王，名駟，公元前三三七年至三一一年在位。

〔六〕褒谷，褒斜谷之南口，在今陝西南部褒城縣北。北口稱斜谷，在眉縣西南。古爲川陝交通要道。

〔七〕卒，通「猝」。

〔八〕禮物，事類賦注引作「珍玩之物」。

〔九〕按：此四字據事類賦注卷二二引補，卷七作「以路不通」。御覽卷八八八引作「秦王恐亡相見處」。

〔一〇〕養卒，養護石牛之士卒。

〔一一〕三枚，書鈔引作「三牛」。

〔一二〕按：「將兵」二字據御覽卷三〇五引補。張儀，魏人，秦惠王時爲相。武王立，去秦相魏，明年（前三一〇年）卒。史記有傳。

〔一三〕武都，山名，在四川綿竹縣北。

〔一四〕檐，通「擔」。

〔一五〕數畝，類聚卷七〇引作「三畝」。

〔一六〕七丈，三國志注引作「十丈」。

〔一七〕武擔，土山名。三國志注云：「武擔，山名，在成都西北。」後漢書注云：「武擔山在今益州成都縣北百二十步。」今已平夷。

〔一八〕按：以上六字據初學記卷五引補。施注蘇詩亦引此六字，「高」作「厚」。

〔一九〕梓潼，縣名，西漢置，爲廣漢郡治。今四川梓潼縣。
〔二〇〕按：以上八字據類聚卷九六、事類賦注卷二八、御覽卷三八六又卷九三四引補。
〔二一〕按：此句據琱玉集引補。
〔二二〕按：此五字據類聚卷九六引補，「蛇」作「虵」。
〔二三〕按：「山」字據類聚卷七、初學記卷五、御覽卷五二、草堂詩箋卷六引補。
〔二四〕按：此句據琱玉集引補。五婦山，又名五婦冢、五丁冢，見附錄。漢書地理志上「廣漢郡梓潼縣」下云：「五婦山，馳水所出，南入涪，行五百五十里。」

琱玉集所引蜀王本紀，頗不同他書，今全錄如下：「五丁，秦時力士也。始皇欲伐蜀，但以道嶮不通，乃作石牛，置於界道，遺金於石牛上，而進入蜀。又獻蜀美女。時有一丈蟒虵，從山腹而入穴，五女往就觀之，五丁力士遂共拔虵，山崩壓煞五女，因名其山曰五婦山也。秦王遣兵隨石牛後伐蜀，遂卽滅之也。」情史卷一九引蜀本紀及文昌化書云「武都長人費氏五丁，從而媚王」，亦不同揚紀，蓋後世之說。

五丁事本紀外諸書記載亦夥，且多涉遺跡。來敏本蜀論曰：「秦惠王欲伐蜀而不知道，作五石牛，以金置尾下，言能屎金。蜀王負力，令五丁引之，成道，秦使張儀、司馬錯尋路滅蜀，因曰石牛道。」（水經注卷二七沔水引）

蜀譙周蜀王本紀曰：「武都有人將其妻子女適蜀，不安水土，欲歸，蜀王心愛其女，留之，乃作東平之歌以樂之。」（書鈔卷一〇六引）

華陽國志蜀志曰：「九世有開明帝，始立宗廟，以酒曰醴，樂曰荆人，尙赤。帝稱王時，蜀有五丁力士，能移山，舉萬鈞。每王薨，輒立大石，長三丈，重千鈞，爲墓志，今石笋是也，號曰笋里。未有謚列，但以五色爲主，故其廟稱青、赤、黑、黃、白帝也。開明王自夢廓移，乃徙治成都。周顯王之世，蜀王有襃漢之地，因獵谷中，與秦惠王遇。惠王以金一笥遺蜀王，王報珍玩之物，物化爲土。惠王怒，羣臣賀曰：『天奉我矣！將得蜀土地。』惠王喜。乃作石牛五頭，朝瀉金其後，曰牛便金，有養卒百人。蜀人悅之，使使請石牛，惠王許之。乃遣五丁迎石牛，既不便金，怒遣還之，乃嘲秦人曰『東方牧犢兒』。秦人笑之曰：『吾雖牧犢，當得蜀也。』武都有一丈夫，化爲女子，美而豔，蓋山精也，蜀王納爲妃。不習水土，欲去，王必留之，乃爲東平之歌以樂之。無幾物故，蜀王哀之，乃遣五丁之武都擔土，爲妃作冢，蓋地數畝，高七丈，上有石鏡，今成都北角武擔是也。後王悲悼，作臾邪歌、龍歸之曲。其親埋作塚者，皆立方石，以志其墓。成都縣內有一方折石，圍可六尺，長三丈許，去城北六十里曰毗橋，旁有一折石，亦如之，長老傳言丁士擔土擔也。公孫述時，武擔石折，故治中從事任文公歎曰：『噫！西方智士死，吾其應之。』歲中卒。周顯王二十二年，蜀侯使朝秦，秦惠王數以美女進蜀王，感之故朝焉。惠王知蜀王好色，許嫁五女於蜀，蜀遣五丁迎之。還到梓潼，見一大蛇入穴中，一人攬其尾，掣之不禁，至五人相助，大呼拕蛇。山崩，時壓殺五人及秦五女并將從，而山分爲五嶺。直頂上有平石，蜀王痛傷，乃登之，因命曰五婦冢。山川平，石上爲望婦堠，作思妻臺。今其山或名五丁冢。」

書鈔卷一五八引抱朴子亦記五丁迎秦女事，悉同本紀，惟末云：「秦之五女及送女者化而成石人，於今列於崩之前側。」（按：今本釋滯篇只有「五丁引蛇以傾峻」一句。）

任昉述異記卷下「五丁」及「武都丈夫」條亦同本紀。

御覽卷一六六引十三州志有五丁徙山立石事，太平寰宇記又引其石牛事，前事同而後事稍有異辭：「昔蜀王從卒數千，出獵於褒谷。秦惠王亦畋於山中，怪而問之，以金一筐遺蜀王，及報，欺之以土。秦王大怒，其臣曰：『此秦得土之瑞也。』秦王未知蜀道，乃刻石牛五頭，置金於尾下，僞如養之者，言此天牛，能屎金。蜀人見而信之，乃令五丁共引牛，成道，致之成都。秦始知蜀道，使張儀伐之。蜀王開明戰不勝而亡蜀。」（張澍輯本）

水經注卷三二梓潼水曰：「縣（梓潼）有五女，蜀王遣五丁迎之，至此，見大蛇入山穴，五丁引之，山崩壓五丁及五女，因氏山爲五婦山，又曰五婦候。馳水所出，一曰五婦水，亦曰潼水也。其水導源山中，南逕梓潼縣，王莽改曰子同矣。自縣南逕涪城東，又南入於涪水，謂之五婦水口也。」

御覽卷一七八引成都記曰：「思妻臺在梓橦縣。五丁於此山拔蛇，山崩，殺五丁，幷殺秦王女，因名之。」全唐文卷七四四盧求成都記序，載五丁事全同舊說。

唐李亢獨異志卷中曰：「秦惠王伐蜀，乃刻五石牛，置金於後，曰此天牛，能糞金，以遺王。王以爲然，卽發五丁力士，拖成道。秦使張儀隨其後開蜀。」

李泰括地志梁州褒城縣云：「褒谷在梁州褒城縣北五十里南中山。昔秦欲伐蜀，路無由入，乃刻石爲牛五頭，置金於後，僞言此牛能屎金，以遺蜀。蜀侯貪，信之，乃令五丁共引牛，塹山堙谷，致之成都。秦遂尋道伐之，因號曰石牛道。」(賀次君輯校本)

太平寰宇記卷七二益州華陽縣云：「武擔山在府西北一百二十步，一名武都山。蜀記云：『武都山精化爲女子，美而豔，蜀王納爲妃，不習水土欲去，王必留之，作東平之歌以悅之，無幾物故。故蜀王乃遣五丁於武都山擔土爲冢，蓋地數畝，高七丈，上有一石，厚五寸，徑五尺，瑩澈，號曰石鏡。王見悲悼，遂作臾邪之歌、龍歸之曲。今都內及毗橋側有一折石，長丈許，云是五丁擔土擔也。』」又云：「石牛。輿地志(陳顧野王)云：『鄧艾廟南有石牛，卽秦惠王遺蜀王者。』」

卷八三綿州巴西縣曰：「五婦山。西蜀王使五丁力士迎秦五女，還到梓潼，見一大蛇入穴，五丁乃引之，力極，山崩，壓殺五丁及秦五女。迄今謂之五婦山，連亙入梓州界。」卷八四劍州梓潼縣又云：「五婦山在縣北一十二里，高四百二十丈。按蜀記云梓潼縣有五婦山，秦王遺蜀王美女五人，蜀王遣五丁迎女，至梓潼，五丁蹋地大呼，驚五女，並化爲石。蜀王築臺而望之不來，因名爲五婦候臺。漢書地理志云梓潼五婦山，碑志存，有五婦山神廟。」又云：「隱劍泉，在縣北十二里，五丁力士廟西一十步。古老相傳云五丁開劍路迎秦女，拔蛇山摧，五丁與秦女俱斃於此。餘劍，隱在路傍，忽生一泉。又云此劍庚申日見。」

歐陽忞輿地廣記卷二九成都府成都縣云：「武擔山，蜀王紀云武都山精化爲女子，蜀王納以爲妃。妃死，王憐之，令五丁力士檐土，於成都爲冢以葬妃，故曰武擔。今山上石照存焉。」又卷三二興元府褒城縣云：「褒城縣……有石牛山，山有小石門，穿山通道，六丈有餘。昔秦欲伐蜀而不知道，乃作五石牛，以金置尾下，言能糞金，欲以遺蜀王。負力而貪，令五丁開道引之。秦因使張儀、司馬錯以兵尋路滅蜀，謂之石牛道。東漢永平中司隸校尉犍爲楊厥又鑿而廣之，蜀都賦所謂『阻以石門』是也。」又同卷劍州梓潼縣云：「梓潼縣……有長卿山、梓潼江。昔秦欲通蜀，以五女遺蜀王，王遣五丁迎之。至梓潼縣，大蛇入山穴，五丁拔蛇而山摧，五丁五女皆壓死。因名山曰五婦山。馳水所出，曰五婦水，即梓潼水也。」

路史前紀卷一因提紀蜀山氏注曰：「開明妃墓，今武擔山也。本曰武都，在府西百二十步，周三百五十步。云妃始武都男子，化爲女，美豔，開明尙納之。不習水土欲去，王作東平之歌，未幾物故。既葬，表以二石闕、石鏡。武陵王蕭妃掘之，得玉石棺，中美女容貌如生，體如冰，掩之而寺其上。鏡周三丈五尺，樂史云厚五寸，徑五尺。」

蔡夢弼杜工部草堂詩箋卷一三李鄠縣丈人胡馬行：「前年避胡過金牛。」注：「金牛，漢中縣。昔秦欲伐蜀，無路通，遣人告蜀王曰秦有金牛，其糞成金，使蜀迎與之。蜀王命五丁力士開山取金牛，路纔通。秦伐蜀，取其國，因號所開之山曰金牛也。」

宋趙朴成都古今記（說郛卷四）云：「望妃樓在子城西北隅，亦名西樓。開明以妃墓在武擔山，爲此樓以望之。」

明曹學佺蜀中名勝記卷九成都府綿竹縣云：「武都山有玉妃溪。成都耆老傳載：『妃與五丁同生，父母棄之溪，後聞呱呱聲，就視乃一女五男，女卽蜀妃，男卽五丁。』華陽國志云，武都山精化爲美女也。」按此以五丁與開明妃爲同胞，與舊說大異。古神話轉爲民間傳說，遂去怪誕之氣而近人情矣。

郭憲　洞冥記

據明顧元慶顧氏文房小說本

是書又題作漢武洞冥記、別國洞冥記、漢武帝別國洞冥記、漢武帝列國洞冥記等，四卷，東漢郭憲撰。隋志雜傳類著錄漢武洞冥記一卷，郭氏撰，似不分卷者。舊唐志著錄四卷，書名作漢別國洞冥記，撰人爲郭憲，新志入道家類，題作漢武帝別國洞冥記，餘同。今存版本有顧氏文房小說、古今逸史、漢魏叢書、廣漢魏叢書、寶顏堂秘笈、增訂漢魏叢書、龍威秘書、百子全書、說庫等叢書本，寶顏堂本合爲一卷。宋續談助亦收一卷，文句頗異，又類說卷五、說郛卷四又卷一一五、五朝小說、陶珽說郛卷六六、舊小說並有節錄。

昔人常疑此書非憲作。續談助卷一洞冥記跋述張柬之書洞冥記後語，云後梁尙書蔡大寶與岳陽王啓稱湘東王蕭繹昔造洞冥記一卷。按湘東王（梁元帝）金樓子著書篇備列平生所著書三十八種，並無洞冥一書。考顧野王有續洞冥記一卷，野王與湘東同時，豈蔡大寶所見卽此，而誤記爲湘東造耶？

郭憲，後漢書方術傳有事跡，稱憲字子橫，汝南宋（今安徽太和縣北）人。王莽朝不仕，光武拜博士，遷光祿勳。好方術，曾潠酒滅齊火災。其序洞冥記云「漢武帝明俊特異之主，東方朔以滑稽浮誕以匡諫，洞心於道教，使冥迹之奧昭然顯著。今籍舊史之所不載者，聊以聞見撰洞冥記四卷，成一家之言，庶明博君子該而異焉。武帝以欲窮神仙之事，故絕域遐方貢其珍異奇物及道術之人，故於漢世盛於羣主也。故編次之云爾。」書所記者，正漢武求仙之舉及遠國遐方之事，上承漢武故事，下啓內傳、十洲，武帝傳說遂成系列矣。

東方朔

東方朔字〔一〕曼倩，父張夷〔二〕，字少平，妻田氏女。夷年二百歲，顏如童子。朔母田氏寡居，夢太白星臨其上，因有娠。田氏歎曰：「無夫而娠，人將棄我。」乃移向代郡〔三〕東方里爲居。五月旦生朔，因以所居里爲氏，朔爲名〔四〕。朔生三日而田氏死〔五〕，時景帝三年〔六〕也。鄰母拾而養之〔七〕。年三歲〔八〕，天下祕讖，一覽闇誦於口。常指撝天下〔九〕空中獨語。

鄰母忽失朔，累月方歸，母笞之。後復去，經年乃歸。母忽見，大驚曰：「汝行經年一歸，何以慰我耶？」朔曰：「兒至紫泥海〔一〇〕，有紫水汚衣，仍過虞淵湔浣〔一一〕。朝發中返，何云經年乎？」母問之：「汝悉是何處行〔一二〕？」朔曰：「兒湔衣竟，暫息都崇堂〔一三〕。王公飴兒以丹粟霞漿〔一四〕，兒食之太飽，悶幾死。乃飲玄天黃露半合，卽醒。既而還，路遇一蒼虎，息於路傍。兒騎虎還，打捶過痛，虎齧兒脚傷。」母悲嗟，乃裂青布裳裹之。朔復去家萬里，見一枯樹，脫向來布裳〔一五〕掛於樹，布〔一六〕化爲龍，因名其地爲布龍澤。

朔以元封中遊濛鴻之澤〔一七〕，忽見王母採桑於白海之濱〔一八〕。俄有黃眉翁〔一九〕，指阿母以告朔曰：「昔爲吾妻，託形爲太白之精。今汝此星精也。吾卻食吞氣，已九千餘歲。目中瞳子，色皆青光〔二〇〕，能見幽隱之物。三千歲一反骨洗髓，二千歲一刻肉伐毛〔二一〕，自吾生已三洗髓五伐〔二二〕毛矣。」（卷一）

〔一〕字，續談助本作「小名」，廣記卷六引洞冥記及朔別傳同。

〔二〕按：此句續談助、廣記引均作「父張氏，名夷」。

〔三〕代郡，治代縣（今河北蔚縣西南）。

〔四〕按：自「朔母」至此一節，據御覽卷三六〇引洞冥記佚文補，御覽卷二二一、路史後紀卷二黃帝「東方氏」注亦引。五月旦爲五月初一，月初稱朔，故以爲名。

〔五〕按：漢書卷六五東方朔傳載朔上書曰：「臣朔少失父母，長養兄嫂。」

〔六〕景帝三年，公元前一五四年。

〔七〕按：此句下廣記引有「時東方始明，因以姓焉」二句，疑出東方朔別傳。

〔八〕按：此句續談助作「年至十三」。

〔九〕下，廣記引作「上」。

〔一〇〕按：此句廣記引作「兒暫之紫泥之海」，續談助作「兒且至紫涇之海」。

〔一一〕仍，乃也，續談助作「乃」。虞淵，續談助、廣記並作「虞泉」。離騷「望崦嵫而勿迫」王逸注：「崦嵫，日所入山也。下有蒙水，水中有虞淵。」澣浣，濯衣也。說文十一上水部：「一曰澣，半澣也。」段注：「半澣者，澣衣不全濯之，僅濯其垢處曰澣。」

〔一二〕是，續談助作「經」。此句廣記引作「汝悉經何國」。

〔一三〕都崇堂，續談助、廣記並作「冥都崇臺」，御覽卷六七五引作「宜都崇堂」。此句下續談助本有「一忽眠」三字，廣記引同，「忽」作「寤」。

〔一四〕按：此句原作「王公飴之以丹霞漿」，續談助作「王公貽兒以丹粟霞漿」，廣記引作「王公啗兒以丹粟霞漿」，文義均勝。今易「之」字爲「兒」字，補「粟」字。

〔一五〕按：據續談助本補「向來」與「裳」三字。御覽卷六九六引作「睆白布裳」。

〔一六〕布，御覽卷六九六引作「裳」。

〔一七〕元封，武帝年號，起前一一〇年訖前一〇五年。濛鴻，續談助作「蒙鴻」，漢武故事作「鴻濛」。按淮南子俶眞訓：「以鴻濛爲景柱。」注：「鴻濛，東方之野，日之所出，故以爲景柱。」疑卽此。

〔一八〕王母，續談助、廣記脫「王」字。白海，續談助作「日海」。

〔一九〕黃眉翁，原無「眉」字，據續談助、廣記、施注蘇詩卷二二補。漢武故事亦作「黃眉翁」，見附錄。

〔二〇〕按：此句續談助作「色皆有青光」，廣記引作「皆有青光」。

〔二一〕二千歲，續談助、施注蘇詩卷二二作「三千年」。刻肉伐毛，百子全書本作「刻骨伐毛」，漢魏叢書、廣漢魏叢書、古今逸史等本作「刻骨代毛」，續談助作「剃肉代毛」，施注蘇詩作「剃肉伐毛」。按上言「反骨」此不當復言「刻骨」，作「刻肉」是也；作「代毛」義有未愜，作「伐毛」爲勝。漢武故事正作「伐」。

〔二二〕伐，原譌作「代」，據前字正作「伐」。

漢武故事云：「東方朔生三日，而父母俱亡。或得之而不知其始，以見時東方始明，因以爲姓。旣長，常望空中獨語。後遊鴻濛之澤，有老母採桑，自言朔母。一黃眉翁至，指朔曰：『此吾兒。吾却食服氣，三千年一洗髓，三千年一伐毛，吾生已三洗髓，三伐毛矣。』」（古小說鉤沉，引自紺珠集九。按：三洞羣仙錄亦引，小有異同）

獨異志卷上云：「張少平妻田氏，少平卒後，累年寡居。忽夢一人自天而下，壓其腹，因而懷孕。乃曰：『無夫而孕，人聞棄我也。』徙於代，依東方。五月朔旦生一子，以其居代東方，名之東方朔。或言歲星精。多能，無不該博。」

羅泌路史後紀卷二黃帝羅苹注云：「朔父張夷，字少平，母田氏。遺腹生之三日，母卒。鄰母養之，時東方始明，因爲姓。故世謂朔無父母。」論衡卷七道虛篇曰：「世或言東方朔亦道人也，姓金氏，字曼倩。變姓易名，遊宦漢朝。外有仕宦之名，內乃度世之人。」謂其金姓，異乎洞冥等記。意者世傳朔乃太白星精，太白卽金星，故云其姓金氏也。

唐人說薈等書所收太上隱者仙吏傳，載有東方朔事，實取廣記卷六所引洞冥記及朔別傳。所謂仙吏傳者，明人贋書也。

吠勒國

吠勒國〔一〕貢文犀四頭，狀如水兕〔二〕。角表有光，因名明犀，置暗〔三〕中有光影，亦曰影犀。織以爲簟，如綿綺之文。此國去長安九千里，在日南〔四〕。人長七尺，被髮至踵，乘犀象之車。乘象入海底取寶，宿於蛟人〔五〕之舍。得淚珠，則蛟所泣之珠也〔六〕，亦曰泣珠。（卷二）

〔一〕吠勒國，續談助、說郛卷四俱作「跋勒國」。御覽卷九三〇引作「文犀國」，蓋以其貢文犀而名之也。

〔二〕水兕，獸名。山海經南次三經云：「禱過之山，其下多犀、兕。」注：「犀似水牛；兕亦似水牛，青色，一角，重三千斤。」海內南經云：「兕……其狀如牛，蒼黑，一角。」

〔三〕暗，續談助作「暗室」。

〔四〕日南，西漢所置郡，在今越南中部。續談助及御覽引俱作「日南之南」。

〔五〕蛟人，漢魏叢書、廣漢魏叢書等本俱作「鮫人」。「蛟」通「鮫」。

〔六〕按：此句續談助作「蛟人所泣成也」，御覽引作「則蛟人所泣淚而成珠也」。

古書屢言鮫人，此記爲最早。其餘皆本此爲說，而又有所增飾。

東漢楊孚異物志云：「鮫人，一名泉客，水底居也。俗傳鮫人從水中出，曾寄寓人家，積日賣綃。綃者，竹孚俞也。鮫人臨去，從主人索器，泣而出珠滿盤，以與主人。」（曾釗嶺南遺書輯本）

御覽卷八〇三引博物志佚文同異物志，今本卷二僅云：「南海外有鮫人，水居如魚，不廢織績，其眠（按：『眼』字之譌）能泣珠。」又載搜神記卷一二、任昉述異記卷下。

任昉述異記卷上又云：「蛟人卽泉先也，又名泉客。」又云：「南海出蛟綃紗，泉先潛織，一名龍紗，其價百餘金，以爲服，入水不濡。」

舊題唐馮贄記事珠云：「鮫人之淚，圓者成明珠，長者成玉筯。」

勒畢國

元封五年〔一〕，勒畢國〔二〕貢細鳥，以方尺之玉籠盛數百頭，形如大蠅，狀似鸚鵡，聲聞數里〔三〕之間，如黃鵠〔四〕之音也。國人常以此鳥候時〔五〕，亦名曰候日蟲〔六〕。帝置之於宮內，旬日而飛盡，帝惜，求之不復得。明年，見細鳥集帷幕，或入衣袖，因名蟬衣鳥〔七〕。宮內嬪妃皆悅之，有鳥集其衣者，輒蒙愛幸。至武帝末，稍稍自死，人猶愛其皮，服其皮者，多爲丈夫所媚。王莽末，猶有一兩箇去來，莽羅得之〔八〕。

勒畢國人，長三寸，有翼，善言語戲笑，因名善語國〔九〕。常羣飛往日下自曝，身熱乃歸。飲丹露爲漿，丹露者，日初出有露汁如珠也。（卷二）

〔一〕元封五年，公元前一〇六年。

〔二〕勒畢國，續談助本及事類賦注卷三、五色線卷上（書名譌作洞眞記）引作「畢勒國」。

〔三〕數里，續談助及北戶錄卷三、五色線引作「數百里」。

〔四〕黃鵠，黃鶴。朱駿聲說文通訓定聲孚部：「鵠，形似鶴，色蒼黃，亦有白者，其翔極高，一名天鵝。」此鳥傳爲仙物，玉篇卷二四鳥部：「黃鵠，仙人所乘。」

〔五〕候時，覘驗時令。古人常以鳥蟲之活動變化覘時。下「候日」，義與此同。北戶錄引作「候日晷」。

〔六〕候日蟲，廣記卷四六三引作「候蟲」。

〔七〕蟬衣鳥，原作「蟬」。按蟬爲薄綢，以其薄如蟬翼也。史游急就章卷二云：「綈絡縑練素帛蟬。」蟬製之衣謂之蟬衣。細鳥入宮人衣袖，故其名當作蟬衣鳥，諸本皆脫二字。北戶錄引作「蟬衣」，脫「鳥」字。廣記引作「蟬鳥」，脫「衣」字。續談助作「禪衣」，釋名釋衣服：「禪衣，言無裏也。」禪爲無裏之衣，即單衣，義亦通，然下脫「鳥」字。御覽卷九二四引作「巢衣鳥」，則取以衣爲巢之義也。

〔八〕按：「王莽」至此諸本並無，御覽卷九二四引有，據補。王莽字巨君，西漢劉嬰初始元年（公元八年）篡漢稱帝，國號新，公元二三年被殺。

〔九〕善語國，初學記卷二二、事類賦注卷二二、御覽卷一一二並引作「語國」。續博物志卷一〇亦爲「語國」。勒畢國人及細鳥事，唐段成式酉陽雜俎前集卷一六羽篇、宋李石續博物志卷一〇、明陳繼儒羣碎錄均有節錄，雜俎作「畢勒國」。情史卷二三情通類亦取之。

麗娟

帝所幸宮人名麗娟，年十四，玉膚柔軟，吹氣勝蘭〔一〕。身輕弱〔二〕，不欲衣纓拂之，恐體痕也〔三〕。每歌，李延年〔四〕和之，於芝生殿唱迴風之曲，庭中花皆飜落〔五〕。置麗娟於明離之帳〔六〕，恐塵垢汚其體也。帝常以衣帶繫麗娟之袂，閉於重幕之中，恐隨風而去〔七〕也。麗娟以琥珀爲佩，置衣裾裏，不使人知，乃言骨節自鳴，相與爲神怪也〔八〕。（卷四）

〔一〕按：此句言所呼之氣勝似蘭花之香也。說文二上口部：「吹，嘘也。」又八下欠部：「吹，出氣也。」續談助本作「吐」。

〔二〕按：此三字諸本皆脫，據廣記卷二七二引補。

〔三〕纓，通「嬰」，繞也；拂，摩也。此二句廣記引作「不欲衣纓拂，恐傷爲痕」，續談助作「不欲嬰拂之，恐傷痕也」。

〔四〕李延年，中山（今河北定縣）人，武帝時著名樂師，任協律都尉。

〔五〕按：此句廣記引作「庭中樹爲之翻落」，續談助作「庭中花樹皆爲翻落」，類說作「庭葉翻落如秋」。

〔六〕明離之帳，廣記引作「琉璃帳」，類說同，「琉」作「瑠」。

〔七〕去，續談助及廣記引皆作「起」，語義較勝。類說作「恐隨風輕舉」。

〔八〕爲，說庫本作「得」。

綠窗新話卷下麗娟娘玉膚柔軟記此事，不注出處，情史卷六情愛類麗娟亦此事，文句大同，不錄。

宋元戲文有漢武帝洞冥記（傳奇彙考標目），已佚，未知所演何事。

徐偃王志

徐偃王志，撰人不詳。博物志卷七異聞引此志。又水經注卷八濟水引劉成國徐州地理志云「徐偃王之異言」，下爲偃王事，同博物志。按「徐偃王之異」，疑爲書名，或爲徐偃王志異。釋名撰者劉熙，字成國，漢末人，疑即徐州地理志者之撰人也。若此則是志出劉熙前。又，志言彭城武原縣（今江蘇邳縣西北），據漢書地理志，西漢宣帝地節元年改楚國爲彭城郡，轄武原等七縣，黃龍元年復改楚國，僅隔二十年。續漢書郡國志載，章帝章和二年又改楚國爲彭城國。據此，似此志乃出東漢章帝後也。

徐君〔一〕宮人娠而生卵，以爲不祥，棄之水濱。獨孤母〔二〕有犬，名鵠蒼〔三〕，獵於水濱，得所棄卵，銜以來〔四〕歸。獨孤母以爲異，覆煖之，遂⿰虫弗〔五〕成兒。生時正偃，故以爲名〔六〕。徐君宮中聞之，乃更錄取。長而仁智，襲君徐國。後鵠蒼臨死，生角而九尾，實黃龍也。偃王又葬之徐界〔七〕中，今見有狗壟〔八〕。

偃王既襲〔九〕其國，仁義著聞，欲舟行上國〔一〇〕，乃通溝陳蔡〔一一〕之間。得朱弓矢，以己得天瑞，遂因名爲號〔一二〕，自稱徐偃王。江淮諸侯皆伏從，伏從者三十六國。周王聞，遣使乘駟，一日至楚，使伐之。偃王仁〔一三〕，不忍鬬害〔一四〕其民，爲楚所敗，逃〔一五〕走彭城武原縣東山下，百姓隨之者以萬數。後遂名其山爲徐山。山上立石室，有神靈〔一六〕，民人祈禱，今皆見存〔一七〕。（據古今逸史本博物志卷七引徐偃王志，又水經注卷八引）

〔一〕徐，嬴姓，周初所建小國，前五一二年滅於吳，故址在今安徽泗縣北。

〔二〕獨孤母，孤獨之老婦也。孟子梁惠王下：「老而無子曰獨。」釋名釋親屬：「老而無子曰獨，獨，隻獨也，言無所依也。」廣雅釋詁：「孤，獨也。」水經注引及括地志（史記秦本紀正義引）、後漢書東夷傳注引博物志作「孤獨母」，事類賦注卷一三引博物志作「孤獨老母」。

〔三〕鵠蒼，水經注引作「鵠倉」，後漢書東夷傳注、史記趙世家正義所引括地志引博物志同，括地志末云：「鵠倉或名后倉也。」史記秦本紀正義引括地志亦云：「鵠蒼或名后蒼。」「鵠」、「后」，一音之轉。

〔四〕來，原譌作「東」，據水經注引及士禮居本博物志、御覽卷三六〇引博物志正。

〔五〕䖘，疑卽「孵」字。述征記作「𩨨」，一作「伏」，見附錄。

〔一六〕按：史記秦本紀裴駰集解云：「尸子曰：『徐偃王有筋而無骨。』駰謂號『偃』由此。」後漢書東夷傳注云：「尸子曰：『偃王有筋而無骨。』故曰『偃』也。」御覽卷五五六引述征記亦曰：「純筋無骨，號曰偃王。」東夷傳注引博物志云：「徐王妖異不常。」當亦指其有筋無骨。偃，仰也，有筋無骨故偃臥也。徐偃王其人，先秦史傳不載。韓非子五蠹謂荊文王（前六八九至前六七七年在位）時人，史記秦本紀、趙世家謂周穆王時人，漢書古今人表同，作「徐隱王」，師古注：「即偃王也。」按楚文王下去周穆王三百餘年，偃王必不能並與二人同時。意偃王爲傳說人物，故有此異辭。

〔一七〕徐界，水經注引作「徐中」。初學記卷八引博物志作「徐里」。

〔一八〕按：原作「今見狗襲」，水經注引作「今見有狗壟焉」，御覽卷三六〇引博物志亦爲「今見有狗壟」，據正。壟，冢也。揚雄方言卷一三：「冢，秦晉之間謂之墳……或謂之壠。」郭璞注：「有界埒似耕壟，因名之。」

〔一九〕襲，原脫，據百子全書本博物志補。水經注引此句作「偃王治國」。

〔二〇〕上國，春秋時中原各諸侯國（即所謂中國）之稱呼，蓋吳、越、楚等地處僻下，則以中原爲上國矣。徐國屬東夷，故有「舟行上國」之語。

〔二一〕陳，嬀姓國，都宛丘（今河南淮陽）；蔡，姬姓國，都上蔡（今河南上蔡）。二國在徐國之北，地處中原。

〔二二〕號，原譌作「弓」，水經注引作「號」，御覽卷三四七引博物志同，據正。

〔二三〕仁，水經注引作「愛民」。

〔二四〕鬬害，原譌作「閗害」，水經注引全句作「不鬬」，稗海本博物志作「鬪害」，「鬪」乃俗字，今正作「鬬害」。

〔一五〕逸，水經注引作「北」。

〔一六〕按：此句水經注引作「廟有神靈」。

〔一七〕按：後漢書東夷傳注引博物志曰：「武原縣東十里，見有徐山石室祠處。」

徐偃王傳說，戰國書偶有記載。荀子非相云：「徐偃王之狀，目可瞻馬。」（按：「馬」係「焉」之譌，「焉」借作「顏」，廣韻上平刪韻：「顏，額。」）尸子（汪繼培輯本，二十二子）云：「徐偃王有筋無骨。」又云：「徐偃王好怪，沒深水而得怪魚，入深山而得怪獸者，多列於庭。」韓非子五蠹云：「徐偃王處漢東，地方五百里，行仁義，割地而朝者三十有六國。荊文王恐其害己也，舉兵伐徐，遂滅之。」漢後漸多。楚辭東方朔七諫云：「偃王行其仁義兮，荊文寤而徐亡。」王逸注：「荊，楚也；徐偃王，國名也，周宣王之舅申伯所封也。詩曰：『申伯番番，既入于徐。』周衰，其後僭號稱王也。偃，諡也。言徐偃王修行仁義，諸侯朝之三十餘國，而無武備。楚文王見諸侯朝徐者衆，心中覺悟，恐爲所并，因興兵擊之而滅徐也。」洪興祖補註引元和姓纂云：「伯益之子夏，時受封於徐，至偃王爲楚所滅。」

淮南子卷一三氾論訓曰：「徐偃王被服慈惠，身行仁義，陸地之朝者三十二國，然而身死國亡，子孫無類。」高誘注：「偃王於衰亂之世，脩行仁義，不設武備，楚文王滅之，故身死國亡也。七諫篇曰『荆文悞而徐亡』是也。」又卷一八人間訓曰：「昔徐偃王好行仁義，陸地之朝者三十二國。王孫厲（注：楚臣也）謂楚莊王曰：『王不伐徐，必反朝徐。』王曰：『偃王，有道之君也。好行仁義，不可伐。』王孫厲曰：『臣聞之：大之與小，強之與弱也，猶石之投卵，虎之啗豚，又何疑焉？且也為文而不能達其德，為武而不能任其力，亂莫大焉。』楚王曰：『善。』乃舉兵而伐徐，遂滅之。」

以上大抵本韓非子為說，惟人間訓說異。史記乃不云楚文而言周穆。卷五秦本紀云：「徐偃王作亂，造父為繆王御，長驅歸周，一日千里以救亂。」卷四三趙世家云：「徐偃王反，繆王日馳千里馬，攻徐偃王，大破之。」

後漢書卷八五東夷傳詳述其事，然又援入楚文王：「徐夷僭號，乃率九夷以伐宗周，西至河上。穆王畏其方熾，乃分東方諸侯，命徐偃王主之。偃王處潢池東，地方五百里，行仁義，陸地而朝者三十有六國。穆王後得驥騄之乘，乃使造父御以告楚，令伐徐，一日而至。於是楚文王大舉兵而滅之。偃王仁而無權，不忍鬭其人，故致於敗。乃北走彭城武原縣東山下，百姓隨之者以萬數，因名其山為徐山。」兼採韓非子、史記、徐偃王志諸說。

搜神記卷一四云：「古徐國宮人，娠而生卵，以爲不祥，棄之水濱。有犬名鵠蒼，銜卵以歸，遂生兒，爲徐嗣君。後鵠蒼臨死，生角而九尾，實黃龍也。葬之徐里中，見有狗壟在焉。」

晉郭緣生述征記云：「彭城東岸有一丘，俗謂之狗葬。或云斯則徐偃王葬后倉者也，未詳。古徐國宮人娠而生開（按：應作「卵」），弃之水濱，有狗名后倉，銜而歸，鬴而成人，遂爲徐之嗣君，純筋無骨，曰偃王。偃王躬行仁義，衆附之，得朱弓朱矢之瑞，周穆王命楚滅之。后倉將死，生角尾，實黃龍也。」（按：此據類聚卷九四引，御覽卷五五六亦引，稍異，又初學記卷二九引犬名作「后蒼」，嚴陸校本乃作「白蒼」。）

梁任昉述異記卷下云：「彭城郡，古徐國也。昔徐君宮人生一大卵，棄於野。徐有犬名后倉，啣歸，溫之卵開，內有小兒，有筋而無骨。後爲徐君，號曰偃王，爲政而行仁義。」

唐後猶有記偃王及其遺址者。李泰括地志（賀次君輯本）卷三泗州徐城縣云：「大徐城在泗州徐城縣北三十里，古徐國也。」又云：「大徐城周十一里，中有偃王廟。」按徐城縣在今江蘇盱眙縣西。

卷四越州鄮縣又云：「徐城在越州鄮縣東南入海二百里。夏侯志（夏侯曾先會稽地志）云翁洲上有徐偃王城。傳云昔周穆王巡狩，諸侯共尊偃王，穆王聞之，令造父御，乘騕褭之馬，日行千里，自還討之。或云命楚王帥師伐之。偃王乃於此處立城以終。」越州鄮縣，在今浙江鄞縣東。

韓昌黎全集卷二七衢州徐偃王廟碑云：「徐處得地中，文德爲治。及偃王誕當國，益除去刑爭末事，凡所以君國子民，待四方一出於仁義。當此之時，周天子穆王無道，意不在天下。好道士，說得八龍，騎之西遊，同王母宴于瑤池之上，歌謳忘歸。四方諸侯之爭辯者，無所質正，咸賓祭于徐，贄玉帛死生之物于徐之庭者，三十六國。得朱弓赤矢之瑞。穆王聞之恐，遂稱受命，命造父御，長驅而歸，與楚連謀伐徐。徐不忍鬪其民，北走彭城武原山下，百姓隨而從之，萬有餘家。偃王死，民號其山爲徐山，鑿石爲室，以祠偃王。偃王雖走失國，民戴其嗣，爲君如初，章禹祖孫相望。自秦至今，名公巨人，繼跡史書。徐氏十望其九，皆本於偃王……衢州，故會稽太末也，民多姓徐氏。支縣龍丘有偃王遺廟。或曰偃王之逃戰，不之彭城，之越城之隅，棄玉几研于會稽之水。或曰徐子章禹，既執於吳，徐之宗族弟子散之徐揚二州間，即其居立先王廟云。」按衢州治信安（後改西安），即今浙江衢縣。龍丘縣即今衢縣龍游鎭。

唐人于皐亦作有衢州徐偃王廟碑記。輿地紀勝補闕（清岑建功輯）卷一衢州碑記云：「徐偃王後記，唐于皐作。後記今在靈山廟中。」按靈山在龍游南。

十洲記　據顧氏文房小說本

又題海內十洲記，十洲三島記，一卷，今存。隋志地理類著錄十洲記一卷，東方朔撰。兩唐志同，新志改入道家類。是書非東方朔作，舊題誤。或以爲六朝人僞撰，託名東方朔，謂託名或是，謂六朝人僞撰則未可信。考張華博物志卷二續弦膠、卷三猛獸事皆採本書，則在晉前。漢末道教方興，此書張皇神仙道教，其出必在此時。

是書版本頗夥。雲笈七籤、續談助及道藏、顧氏文房小說、古今逸史、五朝小說、廣漢魏叢書、寶顏堂秘笈、陶珽說郛、增訂漢魏叢書、龍威秘書、百子全書、說庫等皆收之；類說、舊小說亦節取少許。

炎洲

炎洲〔一〕在南海中，地方二千里〔二〕，去北岸〔三〕九萬里。上有風生獸，似豹，青色，大如貍〔四〕。張網取之，積薪數車以燒之，薪盡而獸不然，灰中而立，毛亦不燋，斫刺不入，打之如皮〔五〕囊。以鐵鎚鍛其頭數十下〔六〕，乃死；而張口向風，須臾復活；以石上菖蒲塞其鼻〔七〕，卽死。取其腦，和菊花服之，盡十斤，得壽五百年。

又有火林山〔八〕，山中有火光獸〔九〕，大如鼠，毛長三四寸，或赤〔一〇〕或白。山可三百里許〔一一〕。晦夜嘗〔一二〕見此山林，乃是此獸光照，狀如火光〔一三〕。取其獸毛，以緝爲布，時人號爲火浣布也〔一四〕。國人衣服之〔一五〕。若有垢汚〔一六〕，以灰汁浣之〔一七〕，終無潔淨〔一八〕；唯火燒此衣服〔一九〕，兩盤飯間〔二〇〕，振擺其垢自落〔二一〕，潔白如雪〔二二〕。亦多仙家〔二三〕。

〔一〕炎洲，傳說中南方火洲，蓋指南洋諸火山島也。其名或曰火山國、炎火山、燃洲、自燃洲、火洲等，詳見附錄。類聚卷一、御覽卷九〇八引作「火州」，誤。

〔二〕按：文選卷五九頭陀寺碑文李善注引此句作「萬二千里」。

〔三〕北岸，類聚卷八〇引作「崖」。

〔四〕貍，御覽卷八六八引作「鯉」，誤，又卷九〇八引作「猩猩」。李淳風感應經（說郛卷九）全句引作「如大貍」。

〔五〕皮，原譌作「灰」，據道藏本、雲笈七籤卷二六、續談助卷一、類聚卷八〇正。

〔六〕鐵，原作「鉄」，此俗字，今正作本字。數十，七籤本作「二千」，御覽卷八六八引作「十數」，感應經引作

「十數萬」。

〔七〕鼻，續談助、類說卷五作「耳鼻」。

〔八〕火林山，山海經大荒西經云崑崙之丘其下有弱水之淵環之，其外有炎火之山，類聚卷七引郭璞弱水讚曰：「北淪流沙，南暎火林。」是崑崙之炎火山亦稱火林山。然此火林山在南海炎洲，名同而實異。

〔九〕火光獸，類說作「火鼠」，續談助、類聚卷八〇、事類賦注卷八、御覽卷八六八並作「火獸」。

〔一〇〕赤，續談助本作「黃」。

〔一一〕按：此句類聚卷八〇引作「或曰山可百里許」，御覽卷八六八引作「山可二百許里」。

〔一二〕嘗，原作「卽」，七籤本作「嘗」，視之爲勝，據正。

〔一三〕按：此句末原有「相似」二字，疑爲衍文，今刪。

〔一四〕按：「也」字上原有「此是」二字，據七籤本刪正。火浣布，古傳或爲火鼠毛、或爲不燼木皮織成（參見附錄），其實乃石棉或溫石棉纖維爲之。宋周密齊東野語卷一二云：「石岩有絲可織爲布，亦不畏火。」清南懷仁坤輿圖說卷下云：「火浣布，煉石而成，非他物也。」皆得其實。火浣布很早卽傳入中國。博物志異產引周書云：「西域獻火浣布。」魏魚豢魏略西戎傳、後漢書西域傳皆載大秦國有火浣布。晉傅玄傅子謂漢桓時大將軍梁冀以火浣布爲單衣，拾遺記卷九亦云：「漢末獻赤布，梁冀製爲衣，謂之丹衣。」

〔一五〕按：「之」字原無，據七籤本及類聚卷八〇引補。續談助本作「國人衣服乃此布」。

〔二六〕按：「若有」二字據七籤補。原文「垢汚」與「國人衣服」連文。類聚卷八〇引作「此布垢汚」。

〔二七〕灰汁，卽灰水，古以之浣衣。禮記內則：「衣裳垢，和灰請澣。」三國志齊王芳紀注引傅子曰：「漢桓帝時，大將軍梁冀以火浣布爲單衣。常大會賓客，冀陽爭酒，失杯而汙之，僞怒，解衣曰：『燒之。』布得火，煒曄赫然，如燒凡布，垢盡火滅，粲然絜白，若用灰水焉。」類聚卷八〇此句引作「以水浣濯之」，續談助此句連上句作「或霑汙，以水浣濯」。

〔二八〕按：此句類聚卷八〇引作「終日不絜」，續談助作「終不能瑩」。

〔二九〕按：此句續談助作「唯以火燴布」。

〔三〇〕按：此句七籤作「兩食久」，類聚卷八〇引作「兩食久許」，御覽卷八六八引作「兩食許出」，續談助作「兩邊食許」。

〔三一〕按：此句七籤「擺」下有「之」字，續談助作「出振其垢卽去」。

〔三二〕按：續談助句首有「更」字。

〔三三〕按：七籤本末有「居處」二字。

風生獸他書亦有載，皆承十洲。葛洪抱朴子仙藥云：「風生獸似貂，青色，大如狸，生於南海大林中。張網取之，積薪數車以燒之，薪盡而此獸在灰中不燃，其毛不焦。斫刺不入，打之如皮囊。以鐵鎚鍛其頭數千（原校：或作「十」）下乃死；死而張其口以向風，須臾便活而起走；以石上菖蒲塞其鼻，即死。取其腦，以和菊花服之，盡十斤，得五百歲也。」任昉述異記卷上云：「炎洲在南海中，上有風生獸。似豹，青色，大如貍。網取之，積薪數車，燒之不燃。鐵鎚鍛頭數十下乃死；以口向風，須臾便活；以石上菖蒲塞鼻，即眞死。取其腦，和菊花服之，可壽五百歲。」

風生獸之名，義爲得風即生，其爲幻設之物，不待言也。然古書載有一種猿猴，頗似之。御覽卷九〇八引南州異物志云：「風母獸，一名平猴。狀如猴，無毛，赤目。若行，逢人便叩頭，似如懼罪自乞。人若過打之，惙然死地，無復氣息；小得風吹，須臾能起。」同卷又引嶺南異物志曰：「風猩，如猿猴而小，晝日踡伏不能動，夜則騰躍甚疾，好食蜘蛛蟲。打殺，以口向風復活，唯破腦不復生矣。以酒浸，愈風疾。」廣韻引異物志作「猦母」，藝文類聚卷一引劉欣期交州記作「風母」，皆爲一物。記載均有失實處。此風母獸，或係風生獸之原型，然其爲何物，不得而知矣。

炎洲火光獸，或呼爲火鼠，炎洲或又稱火洲、燃洲等，其地又有木，不畏火，鼠毛、木皮皆可製火浣布。此等記載極爲多見。茲引述於左：

山海經大荒西經云：「昆侖之丘……其下有弱水之淵環之，其外有炎火之山，投物輒然。」經文未言山有木或鼠，郭璞注乃云：「今去扶南東萬里，有耆薄國；東復五千里許，有火山國。其山雖霖雨，火常然。火中有白鼠，時出山邊求食。人捕得之，以毛作布，今之火浣布是也。卽此山之類。」

搜神記卷一三乃明謂此山產火浣布，云：「崑崙之墟，地首也。是惟帝之下都，故其外絕以弱水之深，又環以炎火之山。山上有鳥獸草木，皆生育滋長於炎火之中，故有火澣布。非此山草木之皮枲，則其鳥獸之毛也。」

然諸書言火山者，多在南方。神異經南荒經云：「南荒外有火山，其中生不盡之木，晝夜火燃，得暴風不猛，猛雨不滅。」又云：「不盡木，火中有鼠，重千斤，毛長二尺餘，細如絲。但居火中，洞赤，時時出外而毛白，以水逐而沃之，卽死。取其毛績紡，織以爲布用之。若有垢涴，以火燒之則淨。」又云：「南荒之外有火山，長四十里，廣五十里，其中皆生不燼之木，火鼠生其中。」此爲最早之記載。

三國志齊王芳紀注引異物志（東漢楊孚）云：「斯調國有火州，在南海中。其上有野火，春夏自生，秋冬自死。有木生于其中而不消也，枝皮更活，秋冬火死皆枯瘁。其俗常冬采其皮以爲布，色小青黑。若塵垢汙之，便投火中，則更鮮明也。」列子湯問張湛注引云：「新調國有火州，有火及鼠，取其皮毛爲布，名曰火浣。」拾遺記卷九薦綺錄引云：「燃洲之獸生於火中，以毛織爲布，雖有垢膩，投火則潔淨也。」十洲記出神異經、異物志之後，當據之以爲說。

御覽卷七八六引外國傳云：「扶南之東漲海中有大火洲，洲上有樹，得春雨時皮正黑，得火燃，樹皮正白，紡績以作手巾，或作燈炷，用不知盡。」此亦本乎異物志。

晉人郭義恭乃採外國傳之說。類聚卷八〇引曰：「火洲在南海中，火燃洲，其木不死更鮮。」御覽卷三四引曰：「南方炎洲，炎氣熏數萬里。」又卷七一六引曰：「炎洲以火浣布爲手巾。」

郭璞注山海經大荒西經載火山國，當亦爲火洲，其玄中記復云：「南方有炎火山焉，在扶南國之東、加營國之北、諸薄國之西。山從四月而火生，十二月火滅。正月、二月、三月火不然，山上但有雲氣，而草木生葉枝條；至四月火然，草木葉落，如中國寒時草木葉落也。行人以正月、二月、三月過此山下，取柴以爲薪，然之無盡時；取其皮績之，以爲火浣布。」（古小說鈎沉）炎火山亦即火山國，二者合觀之，有木有鼠，遂稱備矣。任昉述異記卷上載炎火山，全取郭說。

抱朴子釋滯云：「不灰之木」，「火浣之布」。類聚卷八〇引其佚文曰：「南海之中，蕭丘之中（按：疑當作「上」），有自生之火，常以春起而秋滅。丘方千里。當火起時，此丘上純生一種木，火起正着此木，木雖爲火所着，但小燋黑。人或以爲薪者，如常薪，但不成炭，炊熟則灌滅之，後復更用，如此無窮。又夷人取木華，績以爲火浣布；木皮亦剝，以灰煮爲布，但不及華細好耳。」又曰：「有白鼠，大者重數斤，毛長三寸，居空木中，其毛亦可績爲布。故火浣布有三種焉。」

初學記卷二九引東晳發蒙記云：「西域有火鼠之布，東海有不灰之木。」不灰木者，卽神異經之不燼木也。

御覽卷八二〇引吳錄（晉張勃）曰：「日南比景縣有火鼠，取毛爲布，燒之而精，名火浣布。」

梁書卷五四諸夷傳云：「又傳扶南東界卽大漲海，海中有大洲，洲上有諸薄國，國東有馬五洲；復東行漲海千餘里，至自然大洲。其上有樹生火中，洲左近人剝取其皮，紡績作布，極得數尺，以爲手巾，與焦麻無異，而色微靑黑。若小垢洿，則投火中，復更精潔。或作燈炷，用之不知盡。」又載南史卷七八夷貊傳上。其事同外國傳、玄中記等所記，第地名不同。御覽卷八二〇引南史乃作「自然火洲」。

括地志卷四（賀次君輯本）云：「火山國在扶南東大湖（漲）海中，其國中山皆火，然火中有白鼠皮及樹皮，績爲火浣布。」說本郭璞。又云：「火林山生不燼之木。其山晝夜大火常然，猛風不盛，暴雨不滅。其木皮花皆堪績布，而皮布粗，花布細。又有火浣獸，其形似鼠，可重百斤，毛長三四寸，色白，細如絲，常居火中，烱赤如火。時時出外，人以水逐而沃之，得水卽死。取其毛績以爲布，經有垢汙，若以灰水洗，終日仍舊；若置於火中燒之，與火同赤，出而振之，塵去潔白如新，因名火浣。」兼取神異、十洲，又攙入抱朴子說。

杜佑通典卷一八八邊防四云：「火山國，隋時聞焉。去諸薄東五千里，國中皆有火，雖雨不息，中山有白鼠。扶南土俗傳云：『火洲在馬五洲之東可千餘里。春月霖雨，雨止則火燃，洲上林木得雨則皮黑，得火則皮白。諸左右洲人，以春月取其木皮，績以爲布，或作燈炷。布若小穢，投之火中復潔。』又有加營國北、諸薄國西山，周三百里。從四月火生，正月火滅。火燃則草木葉落，如中國寒時。人以三月至此山取木皮，績爲火浣布。」同梁書及玄中記。

梁四公記云：「南至火洲之南，炎崐山之上，其土人食蝑蟹髯蛇，以辟熱毒。洲中有火木，其皮可以爲布。炎丘有火鼠，其毛可以爲褐。皆焚之不灼，汙以火浣。」（廣記卷八一引）又出炎崐。炎丘名目，要之皆爲南亞之火山島也。

鳳麟洲

鳳麟洲在西海〔一〕之中央，地方一千五百里，洲四面有弱水〔二〕繞之，鴻毛不浮，不可越也。洲上多鳳麟〔三〕，數萬各爲羣，又有山川池澤及神藥〔四〕百種。亦多仙家，煑鳳喙及麟角，合煎作膏〔五〕，名之爲續弦膠〔六〕，或名連金泥〔七〕。此膠能續弓弩已斷之弦，連〔八〕刀劍斷折之金，更以膠連續之，使力士掣之，他處乃斷，所續之際終無斷也。

武帝天漢三年〔九〕，帝幸北海〔一〇〕，祠恆山〔一一〕。四月，西國王〔一二〕使至，獻此膠〔一三〕四兩，吉光毛裘二領〔一四〕。武帝受以付外庫，不知膠裘二物之妙用也。以爲西國雖遠而上貢者不奇，稽留使者未遣。又時武帝幸上林苑〔一五〕射虎，而弩弦斷。使者時從駕，又上膠一分，使口濡以續弩弦〔一六〕，帝驚曰：「異物也！」乃使武士數人共對掣引之，終日不脫，如未續時也。膠色青如碧玉。吉光毛裘，黃色，蓋神馬之類也〔一七〕。裘入水，數日〔一八〕不沉，入火不燋〔一九〕。帝於是乃悟，厚謝使者而遣去，賜以牡桂〔二〇〕、乾姜等諸物，是西方國之所無者。

又益思東方朔之遠見：周穆王〔二一〕時，西胡〔二二〕獻昆吾割玉刀〔二三〕及夜光常滿盃，刀長一尺，盃受三升。刀切玉如切泥；盃是白玉〔二四〕之精，光明夜照，冥夕出盃於中庭，以向天，比明而水汁已滿於盃中也，汁甘而香美：斯實靈人之器〔二五〕。秦始皇時，西胡獻切玉刀〔二六〕，無復常滿盃耳。如此膠之所出，從鳳麟洲來；劍之所出，必從流洲來〔二七〕，並是西海中所有也〔二八〕。

〔一〕西海，傳說中西極之海，西方神山昆侖所在。山海經海內經云：「西海之內，流沙之中，有國名壑市。」十洲記云：「崐崘號曰崐崚，在西海之戌地、北海之亥地，去岸十三萬里，又有弱水周迴繞帀。」史書中亦有西海，所指爲咸海、里海、紅海、阿拉伯灣及中國之青海湖等，非此。

〔二〕弱水，傳說中西方水名。山海經海內西經云：「弱水、青水出西南隅。」又大荒西經：「西海之南，流沙之濱，赤水之後，黑水之前，有大山名曰昆侖之丘……其下有弱水之淵環之。」郭璞注：「其水不勝鴻毛。」又玄中記（古小說鈎沉本）云：「天下之弱者，有崑崙之弱水焉，鴻毛不能起也。」

〔三〕鳳麟，傳說中之神鳥與神獸，爲百鳥之王及百獸之長。爾雅釋鳥：「鶠，鳳，其雌皇（凰）。」郭璞注：「瑞應鳥，雞頭、蛇頸、燕頷、龜背、魚尾，五彩色，其高六尺許。」又釋獸：「麐（麟），麕身，牛尾，一角。」注：「角頭有肉。」大戴禮記卷一三易本命云：「有羽之蟲三百六十，而鳳凰爲之長；有毛之蟲三百六十，而麒麟爲之長。」

〔四〕神藥，續談助作「神草」。

〔五〕膏，續談助、道藏本作「膠」，御覽卷七六六又卷九一五引同。

〔六〕續弦膠，類說「續」作「集」，類聚卷九〇、御覽卷七六六又卷九一五引同。

〔七〕連金泥，續談助「泥」作「沉」，誤。

〔八〕按：「連」字各本並無，據七籤及御覽卷三四八引補。

〔九〕天漢，起前一〇〇年訖前九七年，三年爲前九八年。御覽卷三四八引作「二年」，誤。

〔一〇〕北海，北海郡，漢景帝中元二年（前一四八年）分齊郡置，治營陵（今山東昌樂東南）。

〔一一〕恆山，五岳之北岳，漢初避文帝諱，改常山，在今河北曲陽西北，即大茂山。清順治中始以山西渾源之玄岳爲北岳，改稱恆山。祠，祭也。史記封禪書載：「其後五年，（武帝）復至泰山脩封，還過祭恆山。」裴駰集解：「徐廣曰：天漢三年。」漢書武帝紀亦載：天漢三年三月，武帝「行幸泰山，修封……還幸北地，祠常山。」

〔一二〕西國王，書鈔卷一〇引作「西域國王」，廣記卷二二九引作「西成」，乃「西域」之譌，御覽卷七六六引作「西王母」。按西國似即西胡，山海經海內東經云：「昆侖山在西胡西。」西域諸國統稱西胡。

〔一三〕此膠，文選卷五六新刻漏銘注、書鈔卷三一、御覽卷七六六並引作「靈膠」，七籤同。

〔一四〕按：諸本俱脫「二領」二字，據續談助補。

〔一五〕上林苑，原作「華林園」。按華林園本東漢芳林園，魏齊王芳時避諱改華林園，在洛陽。十六國後趙鄴都及東晉建康均亦有華林園。武帝時無此園，續談助及御覽卷七六六引並作「上林苑」是也，據正。上林苑本秦宮，漢武擴建，爲射獵之處，位於今西安市西。三輔黃圖卷四云：「漢舊儀云：上林苑方三百里，苑中養百獸，天子秋冬射獵取之。」

〔一六〕弦，原譌作「玄」，諸本俱作「弦」（或「絃」），據正。

〔一七〕吉光，神馬，又稱吉量、吉良、吉黃、吉皇、吉黃之乘、騰黃、雞斯之乘。山海經海內北經云：「犬戎……有文馬，縞身朱鬣，目若黃金，名曰吉量，乘之壽千歲。」郭注：「一作『良』。」又注云：「周書曰：『犬戎文馬，赤鬣白身，目若黃金，名曰吉黃之乘。』六韜曰：『文身朱鬣，眼若黃金，項若雞尾，名曰雞斯之乘。』文選東京賦：「擾澤馬與騰黃。」薛綜注：「瑞應圖曰：『騰黃，神馬，一名吉光。』」

〔一八〕數日，類聚卷六七引作「經日」，御覽卷三四八引作「經月」。

〔一九〕燋，御覽卷六九四引作「灼」。

〔二〇〕牡桂，桂之一種，其木芬香。南方草木狀卷中云：「桂有三種，葉如柏葉皮赤者為丹桂，葉似柿葉者為菌桂，其葉似枇杷葉者為牡桂。三輔黃圖曰：『甘泉宮南有昆明池，池中有靈波殿，以桂為柱，風來自香。』」（按：桂柱又見洞冥記卷一〇）

〔二一〕周穆王，周昭王姬瑕子，名滿。

〔二二〕西胡，書鈔卷一〇、廣記卷二二九引作「西戎」，類聚卷七三引作「西域」。

〔二三〕按：昆吾本山名，又用為石名、金名、劍名，又作「琨珸」、「錕鋙」，聲符「吾」又作「吳」。山海經中次十二經云：「昆吾之山，其上多赤銅。」注：「此山出名銅，色赤如火，以之作刃，切玉如割泥也。周穆王時西戎獻之，尸子所謂昆吾之劍也。」列子湯問云：「周穆王大征西戎，西戎獻錕鋙之劍……其劍長尺有咫，練鋼赤刃，用之切玉如切泥焉。」張湛注：「昆吾，龍劍也。河圖曰：『瀛洲多積石，多昆吾，可為劍。』尸子云：『昆吾之劍可切玉。』」史記司馬相如列傳：「其石則赤玉、玫瑰、琳、瑉、琨珸。」裴駰集解引漢書音義曰：「琨珸，山名也，出善金，尸子曰昆吾之金者。」司馬貞索隱：「琨珸，司馬彪云石之次玉者。按河圖云：『流洲多積石，名昆吾石。煉之成鐵以作劍，光明昭如水精。』案字或作『昆吾』。」廣韻上平聲模韻云：「錕，鋘錕，山名，出金色赤如火，作刀可切玉。出越絕書。」關於昆吾山及切玉刀，拾遺記尤多敷演，參見附錄。

〔二四〕白玉，類聚卷八三引作「百玉」。

〔二五〕靈人之器，續談助本作「神靈之器」，御覽卷七五九引同，類聚卷七三又卷八三、六帖卷一三、御覽卷八〇五引作「靈器」，廣記卷二二九引作「仙人之器」。

〔二六〕按：孔叢子卷五陳士義云：「秦王得西戎利刀，以之切玉，如割水焉。以示東方諸侯。魏王問子順曰：『古亦有之乎？』對曰：『昔周穆王大征西戎，西戎獻錕鋙之劍，火浣之布。其劍長尺有咫，鍊鋼赤刃，用之切玉如切泥焉。是則古亦有也。』」說本此。

〔二七〕按：昆吾劍出流洲，見前注引河圖。又十洲記亦云：「流洲在西海中，地方三千里，去東岸十九萬里。上多山川，積石名爲昆吾，冶其石成鐵作劍，光明洞照如水精狀，割玉物如割泥。亦饒仙家。」

〔二八〕按：「所有」二字續談助本作「異物」。

葛洪集西京雜記卷一云：「武帝時，西域獻吉光裘，入水不濡，上時服此裘以聽朝。」

張華博物志卷二異產云：「漢武帝時，西海國有獻膠五兩者，帝以付外庫，餘膠半兩，西使佩以自隨。後從武帝射於甘泉宮，帝弓弦斷，從者欲更張弦，西使乃進，乞以所送餘香膠續之，座上左右莫不怪。西使乃以口濡膠爲水注斷弦兩頭，相連注弦，遂相著。帝乃使力士各引其一頭，終不相離。西使曰：『可以射。』終日不斷。帝大怪，左右稱奇，因名曰續弦膠。」

又云：「周書曰：『西域獻火浣布，昆吾氏獻切玉刀。』火浣布汙則燒之則潔，刀切玉如臈。布漢世有獻者，刀則未聞。」（按：曹植辯道論述方士甘始語曰：「諸梁時，西域胡來獻香罽、腰帶、割玉刀，時悔不取也。」諸梁在東漢順桓時，是則漢世亦有獻刀者矣。）

王嘉拾遺記卷一〇昆吾山云：「昆吾山，其下多赤金，色如火。昔黃帝伐蚩尤，陳兵於此地，掘深百丈，猶未及泉，惟見火光如星。地中多丹，鍊石爲銅，銅色青而利，泉色赤，山草木皆劍利，土亦鋼而精。至越王句踐，使工人以白馬白牛祠昆吾之神，採金鑄之，以成八劍之精。一名揜日，以之指日，則光晝暗。金，陰也，陰盛則陽滅。二名斷水，以之劃水，開即不合。三名轉魄，以之指月，蟾兔爲之倒轉。四名懸翦，飛鳥遊過，觸其刃如斬截焉。五名驚鯢，以之泛海，鯨鯢爲之深入。六名滅魂，挾之夜行，不逢魑魅。七名卻邪，有妖魅者，見之則伏。八名眞剛，以切玉斷金，如削土木矣。以應八方之氣鑄之也。其山有獸，大如兔，毛色如金，食土下之丹石，深穴地以爲窟，亦食銅鐵，膽腎皆如鐵。其雌者色白如銀。昔吳國武庫之中，兵刃鐵器，俱被食盡，而封署依然。王令檢其庫穴，獵得雙兔，一白一黃，殺之開其腹，而有鐵膽腎，方知兵刃之鐵爲兔所食。王乃召其劍工，令鑄其膽腎以爲劍，一雌一雄，號干將者雄，號鏌鋣者雌。其劍可以切玉斷犀，王深寶之，遂霸其國。後以石匣埋藏。及晉之中興，夜有紫色衝斗牛。張華使雷煥爲豐城縣令，掘而得之，華與煥各寶其一。拭以華陰之土，光耀射人。後華遇害，失劍所在。煥子佩其一劍，過延平津，劍鳴飛入水。及入水尋之，但見雙龍纏屈於潭下，目光如電，遂不敢前取矣。」

獨異志卷下云：「西極有獻續絃膠者，帝不信。卽斷而接之，使人挽拽，及他處斷而接者如故。」

廣記卷四引仙傳拾遺（杜光庭）云：「漢武帝天漢三年，帝巡東海，祠恆山。王母遣使獻靈膠四兩、吉光毛裘，武帝以付外庫，不知膠裘二物之妙也。以爲西國雖遠，而貢者不奇，使者未遣之。帝幸華林苑，射虎兕，弩絃斷。使者時隨駕，因上言，請以膠一分，以口濡其膠，以續弩絃。帝驚曰：『此異物也。』乃使武士數人對牽引之，終日不脫，勝未續時也。膠青色，如碧玉。吉光毛裘黃白，蓋神馬之類，裘入水終日不沉，入火不焦。帝悟，厚賂使者而遣去。集絃膠出自鳳麟洲，洲在西海中，地面正方，皆一千五百里，四面皆弱水遶之。上多鳳麟，數萬爲羣。煮鳳喙及麟角，合煎作膠，名之集絃膠，一名連金泥。弓弩已斷之絃，刀劍已斷之鐵，以膠連續，終不脫也。」又杜光庭洞天福地記亦云：「鳳麟洲在西海中，出續絃膠。」

陳寔　異聞記

此書不載史志。抱朴子對俗篇引陳仲弓異聞記一則，又見引於獨異志卷下；段公路北戶錄卷一引陳仲弓異聞記另條，佚文凡二。或以是書爲葛洪假托，無據。前此志怪諸書，多爲雜史雜傳體與地理博物體，至異聞記始肇雜記體之端，即雜記各種異聞，非僅述歷史遺聞、異域怪談、人物奇事及山川動植已耳。書名曰異，正復後世志怪之流行名稱所昉也。

陳仲弓名寔，潁川許（今河南許昌東）人。生於漢和帝永元十六年（一〇四年），卒於靈帝中平四年（一八七年）。初爲縣吏，後任太丘長，死後謚文范先生。後漢書卷六二有傳。

張廣定女

郡人張廣定者〔一〕，遭亂常避地。有一女年四歲，不能步涉，又不可擔負。計棄之固當餓死，不欲令其骸骨之露。村口有古大塚，上巔先有穿穴，乃以器盛縋之，下此女於塚中〔二〕，以數月許乾飯及水漿與之而舍去。

候世平定，其間三年，廣定乃得還鄉里。欲收塚中所棄女骨，更殯埋之。廣定往視，女故坐塚中，見其父母猶識之，甚喜。而父母猶初恐其鬼也，入就之，乃知其不死。問之從何得食，女言糧初盡時甚飢，見塚角有一物，伸頸吞氣，試效之，轉不復飢。日月爲之，以至於今。父母去時所留衣被，自在塚中，不行往來，衣服不敗，故不寒凍。廣定乃索女所言物，乃是一大龜耳〔三〕。女出食穀，初小腹痛，嘔逆，久許乃習。（據清孫星衍校正本抱朴子內篇對俗引陳仲弓異聞記，又唐李亢獨異志卷下亦引）

〔一〕按：此句「郡」上原有「其」字。抱朴子云：「故太丘長潁川陳仲弓，篤論士也，撰異聞記云：其郡人……」「其郡」乃葛洪引述語，非原文如此，故刪「其」字。陳氏潁川人，知張廣定亦此郡人。

〔二〕按：此句獨異志引作「乃懸籠於古塚中」。獨異志所引非原文，概述大意耳。

〔三〕按：神仙家以爲龜有不死之法，吞氣而生，可致千歲，稱其法爲「龜息」而效之。抱朴子對俗云：「仙經象龜之息」。廣記卷二二一引定命錄云：李嶠雖無喘息，氣從耳出入，袁天綱謂是龜息也，必大貴壽。

此事又載幽明錄。御覽卷五五九引曰：「漢末大亂，潁川有人將避地他郡。有女年七八歲，不能涉遠，勢不兩全。道邊有古冢穿敗，以繩繫女下之。經年餘還，於冢尋覓，欲更殯葬。忽見女尚存，父大驚，問女得活意。女云：『冢中有一物，於晨暮際輒伸頭翕氣，爲試效之，果覺不復飢渴。』家人於冢尋索此物，乃是大龜。」

博物志卷一〇載一事與此相似：「人有山行墮深澗者，無出路，飢餓欲死。左右見龜蛇甚多，朝暮引頸向東方，人因伏地學之，遂不飢，體殊輕便，能登巖岸。經數年後，竦身舉臂，遂超出澗上，即得還家。顏色悅懌，頗更黠慧勝故。還食穀，啖滋味，百餘日復本質。」幽明錄亦載此，見御覽卷六九引，文句幾同。

蘇軾和讀山海經十三首曾詠張廣定女事，詩曰：「亂離棄弱女，破冢割恩憐。寧知效龜息，三歲號窮山。長生定可學，當信仲弓言。支床竟不死，抱一無窮年。」

東坡志林卷三冢中棄兒吸蟾氣亦演其事，惟易龜爲蟾耳。文曰：「富彥國在青社，河北大飢，民爭歸之。有夫婦襁負一子，未幾，迫於飢困，不能皆全，棄之道左空冢中而去。歲定歸鄉，過此冢，欲收其骨，則兒尚活，肥健愈於未棄時。見父母，匍匐來就。視冢中空無有，惟有一竅滑易，如蛇鼠出入，有大蟾蜍如車輪，氣咻咻然，出穴中。意兒在冢中常呼吸此氣，故能不食而健。自爾遂不食，年六七歲，肌膚如玉。其父抱兒來京師，以示小兒醫張荊筐。張曰：

『物之有氣者能蟄，燕蛇蝦蟆之類是也。能蟄則能不食，不食則壽，此千歲蝦蟆也。決不當與藥，若聽其不食不娶，長必得道。』父喜，擕去，今不知所在。張與余言，蓋嘉祐六年也。」

魏晉編第二

曹丕 列異傳

列異傳始著錄於隋志雜傳類，三卷，魏文帝撰。雜傳類小序亦云：「魏文帝又作列異，以序鬼物奇怪之事。」舊唐志則著張華撰，新唐志小說家類撰名同，唯作一卷。按北堂書鈔卷一五八、後漢書光武帝紀李賢注、初學記卷二六及卷二八所引列異傳皆作魏文帝，其必有據。姚振宗隋書經籍志考證乃云：「意張華續文帝書，而後人合之。」雖是揣測之辭，然觀其佚文「公孫達」、「欒侯」、「王臣」、「王周南」、「弦超」諸條，事在甘露、景初、正始、嘉平中，皆爲文帝身後事，若非引書誤題著名，則姚說亦不謂無理。

是書宋時亡佚，六朝及唐宋書有引，或題爲列異記。吳曾祺舊小說甲集輯七條，周氏古小說鉤沉輯五十條。

魏文帝即曹丕，曹操次子，字子桓，沛國譙（今安徽亳縣）人。生於漢靈帝中平四年（一八七年），卒於黃初七年（二二六年），在位七年。三國志魏志有紀。文帝所撰小說，除列異傳外尚有笑書。文心雕龍諧隱云：「至魏文因俳說以著笑書。」亦佚。

三王冢

干將莫耶爲楚王作劍〔一〕，三年而成，劍有雄雌，天下名器也。乃以雌劍獻王，藏〔二〕其雄者，謂其妻曰：「吾藏劍在南山之陰、北山之陽，松生石上，劍在其中矣。王若覺殺我，尔生男，以告之。」及至王覺，殺干將。

妻後生男，名赤鼻〔三〕，具以告之。赤鼻斫南山之松，不得劍，思〔四〕於屋柱中得之。楚王夢一人，眉廣三寸，辭欲報讎。購求甚急，乃逃朱興山中。遇客，欲爲之報，乃刎首，將以奉楚王。客令鑊〔五〕煮之，頭三日三夜〔六〕跳，不爛。王往觀之，客以雄劍倚擬王，王頭墮鑊中，客又自刎。三頭悉爛，不可分別，分葬之，名曰三王冢。

（據御覽卷三四三引列異傳。按：此文本引列士傳，末注云：「列異傳曰莫耶爲楚王作劍，藏其雄者，搜神記亦曰爲楚王作劍，餘悉同也。」）

〔一〕干將，姓；莫耶，名。孝子傳、吳越春秋、博物志等皆以干將爲夫，莫耶爲妻。莫耶之「莫」，又作「鏌」，「耶」又作「邪」、「鋣」。其國或曰楚，或曰吳。漢書卷四八賈誼傳：「莫邪爲鈍兮。」顏師古注：「應劭曰：

莫邪，吳大夫也，作寶劍，因以冠名。」列士傳、孝子傳云其爲晉君作劍，或又謂爲韓王劍師，文選卷七子虛賦郭璞注引張揖曰：「干將，韓王劍師也。」大抵傳聞異辭，不足怪爾。楚王，原作「晉君」，據御覽注改，下文「晉君」、「君」一律改作「楚王」、「王」。

〔二〕藏，原作「留」，據御覽注語改。

〔三〕赤鼻，又稱赤比、眉間尺、眉間赤，見附錄。

〔四〕思，鮑崇城校宋本御覽引作「忽」。

〔五〕鑊(huò)，無足之鼎。淮南子說山訓：「嘗一臠肉，知一鑊之味。」高誘注：「有足曰鼎，無足曰鑊。」

〔六〕三夜，原引作「三日」。按鮑本作「三夜」，書鈔卷一二二引列士傳亦作「三夜」，據正。

干將事戰國當已有傳。荀子性惡篇曰：「闔閭之干將、莫邪、鉅闕、辟閭，此皆古之良劍也。」莊子達生曰：「復讎者不折鏌干。」戰國策趙策三云：「夫吳干之劍，肉試則斷牛馬，金試則截盤匜。」荀子勸學楊倞注引作「吳干將之劍」。又齊策五云：「今雖干將、莫邪，非得人力，則不能割劌矣。」其中干將、莫邪雖多爲劍名，然亦見出彼時定廣傳其事，第書記有闕耳。

西漢劉向列士傳始記干將被殺、其子復讎事，書鈔卷一二二及御覽卷三四三有引，情事同列異，唯「楚王」作「晉君」。御覽卷三六五又引「干將子赤鼻，眉廣三寸」二句。分門集註杜工部詩卷一五前出塞九首其八「雄劍四五動」杜修可注引烈士傳與此大異，云：「眉間尺者，謂眉間廣一尺也，楚人干將鏌鋣之子。楚王夫人常於夏納涼而抱鐵柱，心有所感，遂懷孕，後產一鐵。楚王命鏌鋣鑄此精爲雙劍，三年乃成。劍一雌一雄，鏌鋣乃留雄而以雌進楚王。劍在匣中常有悲鳴，王問羣臣，羣臣對曰：『劍有雌雄，鳴者雌，憶其雄也。』王大怒，收鏌鋣殺之。眉間尺乃爲父殺楚王。」黃少度注又引曰：「劍有雌雄，雄干將，雌莫耶。」御覽卷三六五又引列仙傳曰：「莫耶子赤鼻，眉間一尺。」今本無，列仙傳亦不當有此，似書名誤。

御覽卷三四三引孝子傳曰：「眉間赤名赤鼻，父干將母莫耶。父爲晉王作劍，藏雄送雌。母孕尺，父曰：『男，當告之曰：出戶望南山，松上（當作「生」）石上，劍在其巔。』及產，果男。母以告尺，尺破柱得劍，欲報晉君。客有爲報者，將尺首及劍見晉君。君怒烹之，首不爛。王臨之，客以擬王，王首墮湯中，客因自擬之。三首盡糜，不分，乃爲三冢，曰三王冢也。」按劉向等撰有孝子傳多種，疑此乃向書。

金王朋壽增廣分門類林雜說卷一孝行篇引孝子傳乃云：「眉間尺，謂眉間闊一尺也，楚人干將莫邪之子也。楚王夫人嘗於夏取涼而抱鐵柱，心有所感，遂懷孕。後產一鐵。楚王命莫邪鑄此鐵爲雙劍，三年乃成。劍一雌一雄，莫邪乃留雄，而以雌進楚王。劍在匣中常有悲鳴。王問羣臣，對曰：『劍有雌雄，鳴者雌，憶其雄也。』王大怒，即收莫邪殺之。莫邪知其應，乃以雄劍藏屋柱中，柱下有石礎。因囑妻曰：『卿懷孕，若生男，可語之曰：「日出北戶，南山之松，松生於石，劍在其中。」』妻後生男，眉間廣一尺。年十五，問母父在時事，母因述前事。乃思惟，剖柱得劍。日夜欲報殺楚王。王嘗聞有一人，眉廣一尺，欲來殺王，王乃購募覓其人，乃宣言：『能得眉間尺者，賜金千斤，分國共治。』眉間尺聞，乃便起入山。路逢一客，客問曰：『汝是孝子眉間尺否？』答曰：『是。』客曰：『吾能為子報讎。』眉間尺曰：『父無分寸之罪，枉被荼毒。君今惠念，何所用耶？』客曰：『欲得子頭并子劍。』眉間尺乃與劍并頭，客受之。與王，王大賞之。即以鑊煮其頭，七日七夜不爛。客曰：『此頭不爛，須王自臨之。』王即往臨看之，客於後以劍擬之，王頭即墮鑊中。二頭相齧，客恐眉間尺不勝，乃自復劍擬頭，頭復墮鑊中，三頭相齧。經七日後，乃一時俱爛。乃分葬之，在汝南宜春縣，今三王墓是也。」事同杜工部詩注引烈士傳，而較之完整。類林引有蕭廣濟孝子傳，似此孝子傳即蕭氏所撰者，蕭氏晉人也。

東漢趙曄吳越春秋卷四闔閭內傳載：「干將者，吳人也，與歐冶子同師，俱能為劍。越前來獻三枚，闔閭得而寶之。以故使劍匠作二枚，一曰干將，二曰莫耶。莫耶，干將之妻也。干將作劍，采五山之鐵精，六合之金英，候天伺地，陰陽同光，百神臨觀，天氣下降，而金鐵之精不銷淪流，於是干將不知其由。莫耶曰：『子以善為劍聞於王，使子作劍，三月不成，其有意乎？』干將曰：『吾不知其理也。』莫耶曰：『夫神物之化，須人而成，今夫子作劍，得無得其人而後成乎？』干將曰：『昔吾師作冶，金鐵之類不銷，夫妻俱入冶爐中，然後成物。至今後世即山作冶，麻經蓌服，然後敢鑄金於山。今吾作劍不變化者，豈若斯耶？』莫耶曰：『師知爍身以成物，吾何難哉！』於是干將妻乃斷髮剪爪，投於爐中，使童女童男三百人鼓橐裝炭，金鐵乃濡，遂以成劍。陽曰干將，陰曰莫耶；陽作龜文，陰作漫理。干將匿其陽，出其陰而獻之，闔閭甚重。」詳載干將夫婦鑄劍過程。

御覽卷三六四引吳越春秋佚文又載眉間尺復仇事：「眉間尺逃楚入山，道逢一客。客問曰：『子眉間尺乎？』答曰：『是也。』『吾能爲子報讎。』尺曰：『父無分寸之罪，枉被荼毒。君今惠念，何所用耶？』客曰：『須子之頭，並子之劍。』尺乃與頭。客與王，王大賞之。卽以鑊煮其頭，七日七夜不爛。客曰：『此頭不爛者，王親臨視之。』王卽看之。客於後以劍斬王，頭入鑊中。二頭相齧，客恐尺不勝，自以劍擬頭入鑊中，三頭相咬。七日後，一時俱爛。乃分葬汝南宜春界，並三冢。」按汝南宜春，東漢改作北宜春，在今河南汝南縣西南。

越絕書卷一一外傳記寶劍又載：「楚王召風胡子而問之曰：『寡人聞吳有干將，越有歐冶子，此二人甲世而生，天下未嘗有，精誠上通，天下爲烈士。寡人願齎邦之重寶，皆以奉子，因吳王請此二人作鐵劍，可乎？』風胡子曰：『善。』於是乃令風胡子之吳，見歐冶子、干將，使之作鐵劍。歐冶子、干將鑿茨山，洩其溪，取鐵英，作爲鐵劍三枚，一曰龍淵，二曰泰阿，三曰工布。畢成，風胡子奏之楚王。楚王見此三劍之精神，大悅風胡子。」

博物志卷六器名考亦云：「風胡子因吳請干將、歐冶子作。干將陽，龍文；莫邪陰，漫理。此二劍吳王使干將作。莫邪，干將妻也。」下注云：「夫妻甚喜作劍也。」說本越絕。

搜神記卷一一祖述列異而文詳，爲諸記之最佳者。文云：「楚干將莫邪爲楚王作劍，三年乃成。王怒，欲殺之。劍有雌雄。其妻重身當產，夫語妻曰：『吾爲王作劍，三年乃成，王怒，往必殺我。汝若生子是男，大，告之曰：「出戶望南山，松生石上，劍在其背。」』於是卽將雌劍，往見楚王。王大怒，使相之：『劍有二，一雄一雌，雌來，雄不來。』王怒，卽殺之。莫邪子名赤比，後壯，乃問其母曰：『吾父所在？』母曰：『汝父爲楚王作劍，三年乃成，王怒殺之。去時囑我：「語汝子：出戶望南山，松生石上，劍在其背。」』於是子出戶南望，不見有山，但覩堂前松柱下，石低（按：當作「砥」）之上，卽以斧破其背，得劍。日夜思欲報楚王。王夢見一兒，眉間廣尺，言欲報讎。王卽購之千金，兒聞之，亡去。入山行歌，客有逢者，謂：『子年少，何哭之甚悲耶？』曰：『吾干將莫邪子也。楚王殺吾父，吾欲報之。』客曰：『聞王購子頭千金，將子頭與劍來，爲子報之。』兒曰：『幸甚！』卽自刎，兩手捧頭及劍奉之，立僵。客曰：『不負子也。』於是屍乃仆。客持頭往見楚王，王大喜。客曰：『此乃勇士頭也，當於湯鑊煮之。』王如其言。煮頭三日三夕，不爛；頭踔出湯中，躓目大怒。客曰：『此兒頭不爛，願王自往臨視之，是必爛也。』王卽臨之，客以劍擬王，王頭隨墮湯中。客亦自擬己頭，頭復墮湯中。三首俱爛，不可識別。乃分其湯肉葬之，故通名三王冢。今在汝南北宜春縣界。」（按：五朝小說、舊小說有楚王鑄劍記，撰人作漢趙曄，實即搜神此文。古今譚概荒唐部亦有眉間尺，略同吳越春秋佚文）

六朝及唐宋地書多載其遺址，至本事則或襲舊聞，或取新說。

唐陸廣微吳地記云：「匠門又名干將門。……闔閭使干將於此鑄劍。材五山之精，合五金之英，使童女三百人祭爐神，鼓橐，金銀不銷，鐵汁不下。其妻莫邪曰：『鐵汁不下□有計？』干將曰：『先師歐冶鑄劍之穎，不銷，親鑠耳。以□□成物□□可女人聘爐神，當得之。』莫邪聞語，□入爐中，鐵汁出。遂成二劍：雄號干將，作龜文；雌號莫邪，鰻文。餘鑄得三千，並號□□文劍。干將進雄劍於吳王而藏雌劍，時時悲鳴，憶其雄也。」

宋樂史太平寰宇記卷一二宋州宋城縣云：「三王陵在縣西北四十五里。晉北征記（伏滔）云：『魏惠王徙都於此，號梁王，為眉間赤、任敬所殺。三人同葬，故謂之三王陵。』」按宋城縣原稱睢陽，在今河南商丘縣南。地占不同吳越、搜神，說亦大異。

又卷一〇五太平州蕪湖縣云：「楚干將墳在縣東北九里。楚干將鏌鋣之子復父仇三人，以三人頭共葬。在宣城縣，即蕪湖也。」蕪湖今屬安徽。

卷四三晉州臨汾縣云：「夏水池，郡國志（晉袁山松）云：『縣西南三十里，有大池，其水六畜不敢飲；一名翻鑊池，即煮眉間赤頭處，鑊翻因成池，池水上猶有脂潤。』」臨汾今屬山西。

卷五六磁州邯鄲縣云：「干將城在縣東二十二里。洛州記云：『城南門外有干將劍爐及淬劍池。』」邯鄲今屬河北。

宋龔明之中吳紀聞云：「干將墓，今匠門城東數里。頃有人耕其傍，忽青蛇上其足；其人遽以刀誅之，上半躍入艸中，不可尋。徐視其餘，乃劍也。至暮欲持歸，則不見矣。方子通詩載其事。」（說郛卷一九）

范成大吳郡志卷三城郭云：「匠門又曰干將門，續經止曰將門，吳王使干將鑄劍於此，故曰將門，今謂之『匠』，音之訛。」又卷二九土物上云：「干將墓在匠門外東數里。承平時人耕其旁，忽有青蛇繞足，其人驚，遽以刀斷之，其前半躍入草中不復見。徐視其餘，乃折劒一段。至暮欲持歸，亦忽失之。方惟深有詩具載其事。」

宋王象之輿地紀勝卷一八太平州古迹云：「楚干將墓，晏公類要云在蕪湖縣東北九里，楚干將鏌鋣之子復父讎三人，以三人頭共葬，在宜春縣，即蕪湖也。圖經云在赤鑄山。」

望夫石

武昌陽新縣〔一〕北山上有望夫石，狀若人立者。傳云昔有貞婦，其夫從役，遠赴國難，婦攜弱子，餞送此山，立望而形化爲石。（據御覽卷八八八引列異傳）

〔一〕陽新縣，原引作「新縣」。按晉書地理志下武昌郡有陽新縣，御覽卷四四○引幽明錄正作「陽新縣」，知脫「陽」字，據正。武昌郡，孫權公元二二一年置，陽新縣今屬湖北。

武昌望夫石事，他書亦有記。劉義慶幽明錄（鈎沉）云：「武昌陽新縣北山上有望夫石，狀若人立。相傳昔有貞婦，其夫從役，遠赴國難，婦攜弱子，餞送此山，立望夫而化爲立石，因以爲名焉。」（按：御覽卷五二引世說同此，書名誤。）

太平寰宇記卷一一四興國軍永興縣云：「菁山，輿地志（陳顧野王）云：上有望夫石，石上曾生蕪菁，山上有石高三丈，形如女人，謂之望夫石。傳云昔有貞婦，其夫赴國難，婦送於此，遂化爲石。」（按：御覽卷四八亦引。）永興縣即今湖北陽新縣。

望夫石非止於此，陳無己詩話云：「望夫石在處有之。」又有望夫山等。茲舉數事於左：

太平寰宇記卷一一三岳州巴陵縣云：「望夫山，郡國志云巴陵望夫山，昔婦人望夫，因化爲石。」巴陵縣，今湖南岳陽。

宋王象之輿地紀勝卷二八袁州景物下云：「望夫石在分宜縣西十里，地名望夫堰。舊傳有婦於此望夫不至，化爲石。晉人有詩：『望夫子古堰，化石一眞身。』」分宜，今屬江西。

宋常棠海鹽澉水志卷上云：「望夫石在永安湖仰天塢之右，山巔有石磐，磐側有立石。昔日有海商失期不返，其妻登磐望夫泣殞，化而爲石，因名。」海鹽縣，地今屬浙江省。

南朝闕名臨海記（經典集林輯本）云：「五龍山脊有石聳立，大可百圍，上有叢木，如婦人危坐，俗號消夫人。父老云昔人漁於海濱不返，其妻攜七子登此望焉，感而成石。下有石人七軀，蓋其子也。」臨海郡，治章安，今浙江臨海縣東南。

唐李吉甫元和郡縣圖志卷三三劍南道下普安縣云：「石新婦神，在縣東北四十九里，大劍東北三十里。夫遠征，婦極望忘歸，因化爲石。」普安縣，今四川劍閣縣。

南朝紀義宣城記（漢唐地理書鈔輯本）云：「望夫山，昔人往楚，累歲不還，其妻登此山望夫，乃化爲石。其山臨江，周迴五十里，高一百丈。」太平寰宇記卷一〇五太平州當塗縣亦載，稱望夫山在縣西四十七里。當塗今屬安徽。

顧野王輿地志（御覽卷五二引）云：「南陵縣有女觀山，俗傳云昔有婦人，夫官於蜀，屢愆秋期，憂思感傷，登此騁望，因化爲石，如人之形。所牽狗亦爲石，今狗形猶存。」南陵縣故治在今安徽繁昌縣西北。水經注卷三四江水乃云女觀山在夷道縣，夷道在今湖北宜都西北，地占殊異，且無女及狗化石事。

情史類略卷一一情化類望夫石云：「新野白河上有石如人，名望夫石。相傳一婦送夫從戎，別於此，婦悵望久之，遂化爲石。」新野縣今屬河南。

唐人喜詠望夫山、望夫石。如：李太白全集卷二二望夫山：「顒望臨碧空，怨情感離別。江草不知愁，巖花但爭發。雲山萬重隔，音信千里絕。春去秋復來，相思幾時歇？」又卷三〇望夫石：「髣髴古容儀，含愁帶曙輝。露如今日淚，苔似昔年衣。有恨同湘女，無言類楚妃。寂然芳靄內，猶若待夫歸。」王建望夫石：「望夫處，江悠悠，化爲石，不迴頭。山頭日日風復雨，行人歸來石應語。」（王建詩集卷一）劉禹錫望夫石：「終日望夫夫不歸，化爲孤石苦相思。望來已是幾千載，只似當時初望時。」（劉禹錫集卷二四）劉方平望夫石：「佳人成古石，蘚駁覆花黃。猶有春山杏，枝枝似薄妝。」（全唐詩卷二五一）如此等等。

談生

談生者〔一〕，年四十，無婦，常感激讀書〔二〕。忽夜半有女子，可年十五六，姿顏服飾，天下無雙，來就生爲夫婦。乃言：「我與人不同，勿以火照我也。三年之後，方可照。」

爲夫妻，生一兒，已二歲。不能忍，夜伺其寢後，盜照視之。其腰已上生肉如人，腰下但有枯骨。婦覺，遂言曰：「君負我！我垂生矣，何不能忍一歲而竟相照也？」生辭謝。涕泣不可復止，云：「與君雖大義〔三〕永離，然顧念我兒。若貧不能自偕活者，暫隨我去，方〔四〕遺君物。」生隨之去，入華堂，室宇器物不凡。以一珠袍與之，曰：「可以自給。」裂取生衣裾，留之而去。

後生持袍詣市，睢陽王〔五〕家買之，得錢千萬。王識之曰：「是我女袍，此必發墓。」乃取拷之，生具以實對。王猶不信，乃視女冢，冢完如故。發視之，果棺蓋下得衣裾。呼其兒，正類王女。王乃信之。卽召談生，復賜遺衣，以爲主壻〔六〕，表其兒以爲侍中〔七〕。（據中華書局校談本太平廣記卷三一六引列異傳）

〔一〕按：搜神記卷一六「談生」條「談生」上有「漢」字，知爲漢人。

〔二〕按：談愷刻本作「讀詩經」，下句無「忽」字，此據明鈔本。

〔三〕大義，指夫婦之義。

〔四〕方，將也。

〔五〕按：兩漢無睢陽國，不得有睢陽王。考漢書地理志、續漢書郡國志，漢有梁國，治睢陽（今河南商邱市南），意睢陽王卽梁王。東漢宗室劉暢封梁王，傳堅、匡、成、元，凡五世，見後漢書梁節王暢傳。

〔六〕主，指翁主，諸王之女。漢書高帝紀下注引如淳曰：「諸王女曰翁主。」宋後稱爲郡主。

〔七〕侍中，官名，秦置漢承，爲皇帝之近侍，常由貴家子弟充任。搜神記作「郎中」。

談生事又載搜神記卷一六，文同不錄。明人馮夢龍採入情史類略卷一三情憾類。

蔣濟亡兒

蔣濟爲領軍〔一〕，其婦夢見亡兒涕泣曰：「死生異路。我生時爲卿相子孫，今在地下爲泰山伍伯〔二〕，憔悴困辱，不可復言。今太廟西謳士孫阿〔三〕，見召爲泰山令〔四〕，願母爲白侯〔五〕，屬阿令轉我得樂處〔六〕。」言訖，母忽然驚寤。明日以白濟，濟曰：「夢爲爾耳，不足怪也〔七〕。」

明日暮，復夢曰：「我來迎新君〔八〕，止在廟下，未發之頃〔九〕，暫得來歸。新君明日日中當發，臨發多事，不復得歸，永辭於此。侯氣彊〔一〇〕，難感悟，故自訴於母。願重啓侯，何惜不一試驗之？」遂道阿之形狀，言甚備悉。天明，母重啓侯：「昨又夢如此〔一一〕。雖云夢不足怪〔一二〕，此何太適適〔一三〕？亦何惜不一驗之？」濟乃遣人詣太廟下，推問孫阿，果得之，形狀證驗，悉如兒言。濟涕泣曰：「幾負吾兒！」

於是乃見孫阿，具語其事。阿不懼當死，而喜得爲泰山令，惟恐濟言不信也。曰：「若如節下〔四〕言，阿之願也。不知賢子欲得何職？」濟曰：「隨地下樂者與之。」阿曰：「輒當奉教。」乃厚賞之，言訖遣還。濟欲速知其驗，從領軍門至廟下，十步安一人，以傳阿消息。辰時傳阿心痛，巳時傳阿劇，日中傳阿亡。濟泣曰：「雖哀吾兒之不幸，且喜亡者有知。」

後月餘，兒復來，語母曰〔五〕：「已得轉爲錄事〔六〕矣。」（據中華書局點校本三國志卷一四魏志蔣濟傳裴松之注引列異傳，又廣記卷二七六、類林雜說卷六並引）

〔一〕按：裴注原引無「蔣」字，廣記引作「魏蔣濟爲領軍也」，今補其姓。蔣濟字子通，楚國平阿（今安徽懷遠縣北）人。魏文帝時爲東中郎將，明帝時爲護軍將軍，齊王芳時徙領軍將軍，進爵昌陵亭侯，遷太尉，卒謚景侯。領軍將軍，文帝設，統領禁軍。按本文云蔣濟爲領軍，又稱其爲侯，文帝不得有斯語，疑本文爲後人增益，或竟出張華所續也。

〔三〕泰山，古人以爲陰府所在，泰山神是陰府府君。博物志卷一引援神契曰：「太山，天帝孫也，主召人魂。」三國志卷二九管輅傳：「太山治鬼。」酉陽雜俎諾皋記上謂劉翁爲泰山太守，主生死之籍。六朝時，佛家亦以泰山爲地獄所在。伍伯，又作「五百」，即皁隸，出則開路呵辟，入則執杖行刑者也。後漢書曹節傳注：「韋昭辯釋名曰：『五百，字本爲伍。伍者，當也；伯，道也。使之導引當道陌中以驅除也。』案今俗呼行杖人爲五百也。」

〔三〕太廟，天子祖廟。謳士，歌者。廣韻下平聲侯韻：「謳，歌也。」此句廣記引作「今太廟西有孫阿者」。

〔四〕按：此句「見」上原有「今」字，與前句重出，搜神記無「今」字，廣記引作「將召爲泰山令」，據刪。

〔五〕侯，廣記引作「領軍」。

〔六〕屬，通「囑」。廣記引此句作「囑阿轉我，今得樂處」，「今」字誤。

〔七〕爾，如此，搜神記作「虛」。此二句廣記引作「夢不足憑耳」。

〔八〕新君，指孫阿，其將任泰山令，故云。君乃對令守之尊稱。

〔九〕頃，頃刻，短暫之時。廣記引作「間」。

〔一〇〕彊，同「強」。氣強，謂性氣剛強。

〔一一〕按：此句據廣記引補。

〔一二〕按：此句廣記引作「雖知夢不足憑」。

〔一三〕適適，巧也。

〔一四〕節下，猶言麾下，將帥之尊稱。按段成式酉陽雜俎卷一云：「秦漢以來……將言麾下，使者言節下、轂下」。此則將帥亦稱節下。宋書卷七七沈慶之傳云：「斌（蕭斌）復問計於慶之，慶之曰：『閫外之事，將所得專，詔從遠來，事勢已異。節下有一范增而不能用，空議何施。』」亦稱將帥爲節下。

〔一五〕按：以上六字廣記引作「母復夢兒來告曰」。

〔一六〕錄事，掌文書之官府屬員。

類林雜說卷六占夢篇所引文句頗異，茲錄於下：「蔣濟，字子通，楚郡平阿人也，魏文帝時爲太尉。濟有子亡，經十年，其妻夜夢見亡兒，告之曰：『在地下屬太山，辛苦不可言。今領軍府南有孫阿者，太山府君欲爲錄事，願母屬孫阿，使某得樂處。』其母驚覺，涕泣告濟。濟爲人剛強，初不信。至明夜，又夢兒，還如前言，復告濟。濟召阿至，乃述夢中囑阿。阿曰：『諾。如之言，地下與君方便。』經旬日，阿病卒。後數日，其妻還夢見亡兒來，曰：『某地下乃得孫阿太山錄事力也。』」蓋櫽括大意耳。

搜神記卷一六亦載此事，文句大同。五朝小說、舊小說有泰山生令記，題晉司馬彪撰，實取搜神文也。八卷本搜神記卷四據此敷衍太祖、周王事。

張奮宅

魏郡張奮〔一〕者，家巨富。後暴衰，遂賣宅與黎陽程應〔二〕。應〔三〕入居，死病相繼，轉賣與鄴人〔四〕何文。文日暮乃持刀，上北堂中梁上坐〔五〕。至二更竟，忽見一人長丈餘，高冠黃衣，升堂呼問：「細腰，舍中何以有生人氣也？」答曰：「無之。」須臾，有一高冠青衣者，次之，又有高冠白衣者，問答並如前。

及將曙，文乃下堂中，如向法呼之〔六〕，問曰：「黃衣者誰也？」曰：「金也，在堂西壁下。」「青衣者誰也？」曰：「錢也，在堂前井邊五步。」「白衣者誰也？」曰：「銀也，在牆東北角柱下。」「汝誰也？」曰：「我杵也，在竈下。」及曉，文按次掘之，得金銀各五百斤，錢千餘萬。仍取杵焚之，宅遂清安。（據廣記卷四〇〇引列異傳，又御覽卷七六二引）

〔一〕按：廣記原引無「魏郡」二字，據御覽引補。魏郡始置於漢初，治鄴（今河北臨漳縣西南）。張奮，御覽引作「張舊」，名譌。

〔二〕黎陽，縣名，西漢置，在今河南浚縣東。程應，廣記原引作「程家」，據御覽引改。搜神記亦作「程應」。

〔三〕應，原作「程」，據御覽引改。

〔四〕鄴人，御覽引作「荆民」，搜神記作「鄴人」。

〔五〕按：御覽引無「梁上坐」三字。

〔六〕之，御覽引作「細腰」。

搜神記卷一八亦載，文字小異，茲移錄如下：「魏郡張奮者，家本巨富，忽衰老財散，遂賣宅與程應。應入居，舉家病疾，轉賣鄰人何文。文先獨持大刀，暮入北堂中梁上。至三更竟，忽有一人長丈餘，高冠黃衣，升堂呼曰：『細腰。』細腰應喏。曰：『舍中何以有生人氣也？』答曰：『無之。』便去。須臾，有一高冠青衣者，次之，又有高冠白衣者，問答並如前。及將曙，文乃下堂中，如向法呼之，問曰：『黃衣者爲誰？』曰：『金也，在堂西壁下。』『青衣者爲誰？』曰：『錢也，在堂前井邊五步。』『白衣者爲誰？』曰：『銀也，在牆東北角柱下。』『汝復爲誰？』曰：『我杵也，今在竈下。』及曉，文按次掘之，得金銀五百斤，錢千萬貫，仍取杵焚之。由此大富，宅遂清寧。」

宋定伯

南陽宋定伯〔一〕年少時，夜行逢鬼。問之，鬼言：「我是鬼。」鬼問：「汝復誰？」定伯誑之，言：「我亦鬼。」鬼問：「欲至何所？」答曰：「欲至宛市。」鬼言：「我亦欲至宛市。」遂行數里。鬼言：「步行太遲〔二〕，可共遞〔三〕相擔，何如？」定伯曰：「大善。」鬼便先擔定伯數里。鬼言：「卿太重，不是鬼也〔四〕。」定伯言：「我新鬼〔五〕，故身重耳。」定伯因復擔鬼，鬼略無重。如是再三。定伯復言：「我新鬼，不知有何所惡忌〔六〕？」鬼答言：「唯不喜人唾〔七〕。」于是共行，道遇水，定伯令鬼渡，聽之了然無水音。定伯自渡，漕灌〔八〕作聲。鬼復言：「何以有聲？」定伯曰：「新死不習渡水故爾，勿怪吾也。」

行欲至宛市，定伯便擔鬼著肩上〔九〕，急執之。鬼大呼，聲咋咋然，索下，不復聽之。徑至宛市中，下著地，化爲一羊，便賣之。恐其變化，唾之。得錢千五百〔一〇〕，乃去。當時有言：「定伯賣鬼，得錢千五〔一一〕。」（據廣記卷三二一引列異傳，又法苑珠林卷一〇、御覽卷三八七又卷八八四並引，珠林書名譌作例異傳）

〔一〕南陽，郡名，戰國秦置，治宛（今河南南陽市）。宋定伯，御覽俱引作「宗定伯」。

〔二〕太遲，御覽卷八八四引作「太極」。極，疲也。

〔三〕遞，輪流，輪換。御覽卷八八四引作「迭」，義同。

〔四〕按：此句珠林引作「將非鬼也」。

〔五〕鬼，珠林、御覽卷八八四俱引作「死」，下同。

〔六〕按：此句珠林、御覽卷八八四俱引作「不知鬼悉何所畏忌」。

〔七〕按：鬼畏人唾，蓋當時俗傳如此。搜神記卷一六「盧充」條記盧充子其母是鬼，「充將兒還，四坐謂是鬼魅，僉遙唾之」。見後。

〔八〕漕漼（ㄘㄠˊ ㄘㄨㄟˇ），涉水聲。御覽卷八八四引作「漼漼」。

〔九〕按：珠林、御覽卷三八七引作「著頭上」。

〔一〇〕千五百，御覽卷三八七引作「五千」。

〔一一〕按：以上三句御覽卷八八四引作「於時名：宗定伯賣鬼，得錢千五百」，珠林引作「于時石崇言：定伯賣鬼，得千五百文」。石崇西晉人，卒於公元三〇〇年，頗疑「當時」以下三句係後人增益者，非列異原文也。

搜神記卷一六亦載，文句幾同廣記所引。

明談遷北遊錄紀聞下云：「南陽宗定伯，夜行遇鬼，同詣宛市，鬼化爲羊，定伯賣之。時人語曰：『南陽宗定伯，賣鬼得錢千五百。』買者得羊，將還縶之，明旦止見繩在。宜春張自烈爾公作賣鬼行」。買者得羊云云，乃後世增飾。

鮑宣

故司隷校尉上黨鮑宣，字子都〔一〕。少時，舉上計〔二〕，於道中遇一書生，獨行無伴〔三〕，卒得心痛，子都下車爲按摩，奄忽而亡。不知姓名，有素書一卷、銀十餅〔四〕。即賣一餅，以資殯斂〔五〕。其餘銀以枕之，素書着腹上〔六〕，埋之〔七〕。謂〔八〕曰：「若子魂靈有知，當令子家知子在此。今奉〔九〕使命，不獲久留。」遂辭而去。

至京師，有驄馬隨之〔一〇〕，人莫能得近，唯子都得近。子都歸，行失道，遇一關內侯〔一一〕家，日暮住宿，見主人，呼奴通刺〔一二〕。奴出見馬，入白侯曰：「外客盜騎昔所失驄馬。」侯曰：「鮑子都上黨高士〔一三〕，必應有語。」侯問〔一四〕曰：「君何以致此馬〔一五〕？此乃吾馬，昔年無故失之。」子都曰：「昔年上計，遇一書生卒死道中。」具述其事。侯乃驚愕曰：「此吾兒也。」侯迎喪，開椁視，銀書如言。

侯乃舉家〔一六〕詣闕，上薦子都，聲名遂顯，辟公府，至司隸〔一七〕。至子永孫昱〔一八〕，並爲司隸。及其爲公，皆復〔一九〕乘驄馬。故京師歌之〔二〇〕曰：「鮑氏驄，三入司隸再入公〔二一〕，馬雖疲行步轉工〔二二〕。」（據御覽卷二五〇引列異傳，又類聚卷八三、書鈔卷六一、通典卷三二職官十四、事類賦注卷二一、御覽卷八一二又八九七並引，書名均作列異記）

〔一〕按：鮑宣，漢書卷七二有傳。宣字子都，渤海高城（今河北鹽山東南）人。初爲縣鄉嗇夫，守束州丞，後爲都尉太守功曹，舉孝廉爲郎，復爲州從事。大司馬衞將軍王商辟宣，薦爲議郎。哀帝初大司空何武除宣爲西曹掾，薦諫大夫，遷豫州牧，後拜司隸。得罪丞相孔光，徙上黨，遂家于長子縣（今山西長治市）。平帝時王莽秉政，繫獄自殺。司隸校尉，漢武帝始置，糾察百官，位當州刺史，哀帝改稱司隸。按：原引不言子都名，今據事類賦注引補「宣字」二字。

〔二〕按：原引作「上計掾」，類聚引同，事類賦注及御覽卷八九七引作「舉上計」，今從之。上計，郡縣向上級呈送計簿，由郡縣丞或掾史充任，稱上計吏。

〔三〕按：原引「獨行」下有一「時」字，據類聚、御覽卷八一二引刪。

〔四〕鉼，類聚、事類賦注引作「餅」。銀製成餅狀，故曰鉼。

〔五〕按：此句原引作「以殯」，據事類賦注、御覽卷八九七引補二字。

〔六〕按：以上二句原引作「其餘銀及素書着腹上」，今據事類賦注、御覽卷八一二又卷八九七引補「以枕之」三字，删「及」字。

〔七〕埋之，原作「呪之」，類聚、御覽卷八一二引作「哭之」，今從事類賦注、御覽卷八九七引。

〔八〕按：原無「謂」字，據御覽卷八九七引補。

〔九〕按：「奉」字據類聚、御覽卷八一二引補。

〔一〇〕驄馬，青白色馬。說文十上馬部：「驄，馬青白雜毛也。」段注：「白毛與青毛相間，則爲淺青，俗所謂蔥白色。」

〔一一〕關內侯，爵名，秦漢爵分二十等，其居十九。

〔一二〕通刺，猶言通名，古者以竹簡爲名片，稱作刺。

〔一三〕按：鮑宣爲渤海高城人，免官後始家上黨長子，此不得預言「上黨高士」。小說家言，據傳聞而記，往往不盡合史實。

〔一四〕按：「問」字據事類賦注、御覽卷八九七引補。

〔一五〕按：此句原引無，作「若此乃吾馬」，今據事類賦注、御覽卷八九七引補於此，以原句置下，刪「若」字。

〔一六〕家，御覽卷八九七引作「送」。

〔一七〕按：以上六字據事類賦注引補。御覽卷八九七引作「辟公府、侍御史、豫州牧、司隸校尉」，較事類賦注爲完，然有脫字。

〔一八〕按：宣子永孫昱，後漢書卷二九有傳。永字君長，光武時歷仕諫議大夫、魯郡太守，司隸校尉，官終兗州牧。昱字文泉，歷仕光武、明、章三朝，爲司隸校尉、汝南太守、司徒、太尉。

〔一九〕按：「復」字據通典、事類賦注、御覽卷八九七引補。

〔二〇〕按：「之」字據書鈔、通典、事類賦注、御覽卷八九七引補。

〔二一〕按：鮑宣三代皆曾任司隸，故曰「三入司隸」；鮑昱曾先後爲司徒、太尉，東漢以太尉、司徒、司空爲三公，故曰「再入公」。

〔二二〕按：此句書鈔引作「馬雖疲，行步通」，爲三字句，餘引句式同，惟通典、事類賦注、御覽卷八九七「通」並引作「工」，而事類賦注、御覽「疲」字乃又作「瘦」。

獨異志卷中云：「魏鮑子都暮行於野，見書生卒然心痛，下馬爲摩其心，有頃，書生卒。子都視其囊中，有素書一帙、金十餅。乃賣二餅葬書生，其餘枕之項下，置素書腹上而退。其後數年，子都行，有一駿馬逐之。既而有認馬者，謂子都爲盜，因問兒所在，子都具言。於是相隨往開墓，取其兒歸葬，金八餅在項下，素書在腹上。舉家詣官，稱子都之德，由是子都聲名大振。」

後漢書卷八一獨行傳王忳事頗似此：「王忳字少林，廣漢新都人也。忳嘗詣京師，於空舍中見一書生疾困，愍而視之。書生謂忳曰：『我當到洛陽，而被病，命在須臾，腰下有金十斤，願以相贈，死後乞藏骸骨。』未及問姓名而絕。忳卽鬻金一斤，營其殯葬，餘金悉置棺下，人無知者。後歸數年，縣署忳大度亭長。初到之日，有馬馳入亭中而止。其日，大風飄一繡被，復墮忳前。卽言之於縣，縣以歸忳。忳後乘馬到雒縣，馬遂奔走，牽忳入它舍。主人見之喜曰：『今禽盜矣。』問忳所由得馬，忳具說其狀，幷及繡被。主人悵然良久，乃曰：『被隨旋風與馬俱亡，卿何陰德而致此二物？』忳自念有葬書生事，因說之，幷道書生形貌及埋金處。主人大驚號曰：『是我子也，姓金名彥。前往京師，不知所在，何意卿乃葬之。大恩久不報，天以此章卿德耳。』忳悉以被馬還之，彥父不取，又厚遺忳，忳辭讓而去。時彥父爲州從事，因告新都令，假忳休，自與俱迎彥喪，餘金俱存。忳由是顯名。」（按：晉陳壽益部耆舊傳已載此事，見御覽卷四〇三、卷四六五、卷四七九、卷七〇七、卷八一一引。）王忳事跡又有斄亭斷鬼冤一事，顏之推採入冤魂志，末云：「人謠曰：『信哉少林世無偶，飛被走馬與鬼語。』飛被走馬，別爲他事，今所不錄。」（見後搜神記鵠奔亭附錄）此謠不載後漢書，之推當別有他據。其人其事亦播入謠唱，愈見近於鮑子都矣。明金懷玉繡被記傳奇（清姚燮今樂考證）即演王忳葬金事，佚。

蔡支

臨淄〔一〕蔡支者，爲縣吏。曾奉書謁太守，忽迷路，至岱宗山〔二〕下，見如城郭，遂入致書。見一官，儀衞甚嚴，具如太守。乃盛設酒殽。畢付一書，謂曰：「掾爲我致此書與外孫也。」吏答曰：「明府外孫爲誰？」答曰：「吾太山神也。外孫，天帝也〔三〕。」吏方驚，乃知所至非人間耳。

掾出門，乘馬所之。有頃，忽達天帝座太微〔四〕宮殿，左右侍臣，具如天子。支致書訖，帝命坐，賜酒食，仍勞問之曰：「掾家屬幾人？」對父母妻皆已物故，尚未再娶。帝曰：「君妻卒經幾年矣？」支曰：「三年。」帝曰：「君欲見之否？」支曰：「恩唯天帝。」帝卽命戶曹尙書勑司命，輟蔡支婦籍於生錄中，遂命與支相隨而去，乃蘇。歸家，因發妻冢。視其形骸，果有生驗〔五〕。須臾，起坐語，遂如舊。（據廣記卷三七五引列異傳）

〔一〕臨淄，今山東淄博市東北。

〔二〕岱宗山，卽泰山。說文九下：「岱，太山也。」因其爲五嶽之首，四嶽所宗，故稱岱宗。

〔三〕按：此言太山神乃天帝之外祖，與孝經援神契「太山，天帝孫」不合，蓋傳聞異辭。

〔四〕太微，本星垣名，此指天宮。史記天官書索隱：「宋均曰：太微，天帝南宮也。」

〔五〕生驗，復生之迹象。

此爲較早之冥府、復生、傳書故事，三者常爲後世所襲。又有胡母班事似此，但引文簡甚，搜神記亦有之，見後。

神異傳

神異傳不見著錄，撰人失考。水經注卷二九沔水引神異傳「由卷縣」一條，太平寰宇記卷二二亦引。覵其文不類神異經，亦不似王浮神異記，似應爲別一書。周氏入此條於神錄（梁劉之遴撰），蓋因神錄或又引作神異錄故也，疑非是。考其事又載搜神記卷一三，搜神常採古書，頗疑此事卽採神異傳文，然則其出必在東晉前。又孫權黃龍中改由卷爲禾興，赤烏五年又改名嘉興，此用舊稱，豈書出漢末、三國間耶？姑次列異之下。

由卷縣

由卷縣〔一〕，秦時長水縣也。始皇時縣有童謠〔二〕曰：「城門當有血，城陷沒爲湖。」有老嫗聞之憂懼，旦往窺城門。門侍欲縛之，嫗言其故。嫗去後，門侍殺犬，以血塗門。嫗又往，見血走去，不敢顧。忽有大水，長欲沒縣。主簿令幹入白令，令見幹曰：「何忽作魚〔三〕？」幹又曰：「明府〔四〕亦作魚。」遂乃淪陷爲谷矣。（據四部叢刊初編本水經注卷二九沔水引神異傳，又太平寰宇記卷二二海州朐山縣亦引）

〔一〕由卷縣，又作由拳縣，「卷」通「拳」。水經注沔水云：「由卷縣……即吳之柴辟亭，故就李鄉。檇李之地，秦始皇惡其勢王，令囚徒十餘萬人汙其土，表以汙惡名，改曰囚卷，亦曰由卷也。吳黃龍三年，有嘉禾生卷縣，改曰禾興。後太子諱和，改爲嘉興。春秋之檇李城也。」舊治在今浙江嘉興南。

〔二〕童謠，指流傳於民間之讖語。說文虫部：「衣服歌謠艸木之怪謂之祅。」童謠含凶兆，被視爲「妖」，故而國語晉語六云「辨妖祥於謠」。

〔三〕按：古人有溺水化魚之說，左傳昭公元年：「微禹，吾其魚乎。」此言令幹忽呈魚象，即水至將化魚之兆。

〔四〕明府，對守令牧尹之尊稱。

寰宇記引此文異辭頗多。按樂史引志怪雜書往往櫽栝大意，且援入新說，故疑所引非神異傳原文。茲錄於下：「碩濩湖在縣南一百四十二里。神異傳曰：『秦始皇時童謠云：「城門有血，城將陷沒。」有一老母聞之憂懼，每旦往窺城門。門傳兵縛之，母言其故。門傳兵乃殺犬，以血塗門上。母往，見血便走。須臾大水至，郡縣皆陷。老母牽狗北走六十里，至伊萊山得免。』西南隅今仍有石屋，名曰神母廟，廟前石上，狗跡猶存。」

淮南子俶眞訓及注載歷陽陷湖事，極似此。云：「歷陽之都，一夕反而爲湖。」高誘注云：「歷陽，淮南國之縣名，今屬江都。昔有老嫗，常行仁義。有二諸生過之，謂曰：『此國當沒爲湖。』謂嫗視東城門閫有血，便走上北山，勿顧也。自此嫗便往視門閫，閽者問之，嫗對曰如是。其暮，門吏故殺雞，血塗門閫。明旦，老嫗早往視門，見血，便上北山，國沒爲湖。」歷陽，今安徽和縣。

搜神記卷一三亦載由卷縣事，作「由拳」：「由拳縣，秦時長水縣也。始皇時童謠曰：『城門有血，城當陷沒爲湖。』有嫗聞之，朝朝往窺。門將欲縛之，嫗言其故。後門將以犬血塗門，嫗見血，便走去。忽有大水欲沒縣，主簿令幹入白令，令曰：『何忽作魚？』幹曰：『明府亦作魚。』遂淪爲湖。」

述異記卷上載歷陽湖事，多有異辭：「和州歷陽淪爲湖。昔有書生遇一老姥，姥待之厚，生謂姥曰：『此縣門石龜眼血出，此地當陷爲湖。』姥後數往視之，門吏問姥，姥具答之。吏以硃點龜眼。姥見，遂走上北山，顧城，遂陷焉。今湖中有明府魚、奴魚、婢魚。」

廣記卷四六八引神鬼傳「長水縣」條，云：「秦時，長水縣有童謠曰：『城門當有血，則陷沒爲湖。』有老嫗聞之憂懼，旦旦往窺焉。門衛欲縛之，嫗言其故。嫗去後，門衛殺犬，以血塗門。嫗又往，見血走去，不敢顧。忽有大水，長欲沒縣。主簿何幹入白令，令見幹曰：『何忽作魚？』幹曰：『明府亦作魚矣。』遂淪陷爲谷。」

獨異志卷中曰：「始皇時，長安縣（按：縣名譌）忽有大水漲，而欲沒縣。主簿全幹入白，明府謂幹曰：『今日卿何作魚面？』幹曰：『明府亦作魚頭。』言訖，遂陷爲湖。」卷上又載歷陽事，云：「歷陽縣有一嫗，常爲善。忽有少年過門求食，待之甚恭。臨去謂嫗曰：『時往縣，見門閫有血，卽可登山避難。』自是嫗日往之，門吏問其狀，嫗答以少年所教。吏卽戲以雞血塗門閫。明日，嫗見有血，乃攜雞籠走山上。其夕，縣陷爲湖。今和州歷陽湖是也。」

按：陷湖事古傳甚多，又有巢湖、邛池等，參見後文搜神記邛都老姥及其附錄。

外國圖

此書史志無載。水經注卷一河水引外國圖曰：「從大晉國正西七萬里，得崑崙之墟，諸仙居之。」是書出西晉無疑。諸書所引佚文，約二十餘條。清陳運溶有輯本，載麓山精舍叢書第二集古海國遺書鈔。

外國圖全擬括地圖，材料時亦採之。魏晉之地理博物體志怪，今可考者以此書爲最早。其後亦爲博物志、玄中記所取資。然其因循舊體，粗簡特甚，乃不免遜於博物、玄中矣。

蒙雙民

高陽氏〔一〕有同產而爲夫婦者，帝怒放之，於是相抱而死。有神鳥以不死竹覆之，七年男女皆活。同頸異頭，共身四足，是爲蒙雙民。（據齊民要術卷一〇引外國圖）

〔一〕高陽氏，即顓頊。史記五帝本紀：「帝顓頊高陽者，黃帝之孫而昌意之子也。」司馬貞索隱引宋衷曰：「顓頊，名；高陽，有天下號也。」

蒙雙民又載博物志卷二異人，文句微異，玆錄於下：「蒙雙民，昔高陽氏有同産而爲夫婦，帝放之此野，相抱而死。神鳥以不死草覆之，七年男女皆活，同頸二頭四手，是蒙雙民。」搜神記卷一四亦曰：「昔高陽氏有同産而爲夫婦，帝放之於崆峒之野，相抱而死。神鳥以不死草覆之，七年男女同體而生，二頭四手足，是爲蒙雙民。」稱放之崆峒，疑外國圖原文有此。

珂案：同産而爲夫婦，正同獨異志卷下之女媧兄妹。蓋原始民族行血婚制度，故有此說。

王浮 神異記

神異記史志無目，御覽、廣記等引其佚文。御覽卷八六七引虞洪事，撰人爲王浮。古小說鉤沉輯得八則，多爲片斷。按志怪以「神異」爲名者甚衆，僅以經、記、傳、錄別之，類書徵引多相淆亂。鉤沉所輯八則，意不盡出於王書。

王浮，西晉道士，嘗爲祭酒，撰老子化胡經以駁難佛徒，事迹略載於幽明錄、高僧傳卷一帛遠傳、辯正論佛道先後篇及陳子良注。

丹丘茗

餘姚人虞洪入山採茗〔一〕，遇一道士，牽三青牛〔二〕，引洪至瀑布山〔三〕，曰：「予，丹丘子〔四〕也。聞子善具飲，常思見惠。山中有大茗，可以相給，祈子他日有甌犧〔五〕之餘，乞相遺也。」因立奠祀〔六〕。後常與〔七〕家人入山，獲大茗焉。（據百川學海本茶經卷下引神異記，又太平寰宇記卷九八、御覽卷四一又卷八六七、廣記卷四一二引顧渚山記、輿地紀勝卷一二並引，御覽卷四一譌作神異經，卷八六七撰名題爲王浮）

〔一〕餘姚，縣名，今屬浙江。虞洪，顧渚山記引作「虞茫」。茗，茶也。陸羽茶經卷上一之源曰：「茶者，南方之嘉木也。……其名一曰茶，二曰檟，三曰蔎，四曰茗，五曰荈。」

〔二〕三青牛，寰宇記、御覽卷四一、輿地紀勝引作「三青羊」，顧渚山記引作「三百青羊」。

〔三〕瀑布山，寰宇記卷九八台州天台縣曰：「瀑布山，亦天台之別岫也。西南瀑布懸流，千丈飛瀉，遠望如布。」御覽卷四一引作「天台瀑泉」，顧渚山記全句作「飲瀑布水」。參見搜神後記袁相根碩及注。

〔四〕按：神仙之地常名曰丹丘。楚辭遠遊：「仍羽人於丹丘兮，留不死之舊鄉。」王逸注：「丹丘，晝夜常明也。」拾遺記卷一：「有丹丘之國，獻碼碯甕，以盛甘露。」羽客亦常以丹丘爲號，廣記卷二九七引神告錄有丹丘子，李白有元丹丘歌等詩。天台山確亦有丹丘，產茶，御覽八六七引天台記曰：「丹丘出大茗，服之生羽翼。」孫綽遊天台山賦曰：「訪羽人於丹丘，尋不死之福庭。」意者天台傳爲仙地，故羽客之流以楚辭之丹丘名其地，而此丹丘子者，又得名於所居之所也。

〔五〕甌犧，瓦盆與木杓，皆爲茶具，代指茶。明馮時可茶錄云：「茈莉，一曰篣筤，茶籠也；犧，木杓也，瓢也。」顧渚山記「犧」譌作「檥」；寰宇記、御覽卷八六七乃引作「蟻」，甌蟻指甌中茶沫，亦代指茶。

〔六〕按：顧渚山記此句引作「因立茶祠」。

〔七〕與，原作「令」，寰宇記、御覽卷四一、顧渚山記皆引作「與」，於義爲勝，據改。

事類賦注卷一七（按：鈎沉誤作一六）引神異記曰：「丹丘出大茗，服之生羽翼。」似此語在虞洪事中。然御覽引出天台記，不知孰是。

馮時可茶錄曰：「永嘉中，餘姚人虞洪入瀑布山採茗，遇一修眞道士，云：『吾丹丘子，祈子他日甌犧之餘，乞相遺也。』故知神仙之貴茶久矣。」事取神異記。然謂永嘉中事，莫詳所據。

搜神後記卷七有一事與此相仿，第所遇者爲毛人，茲錄於下，以資比較：「晉孝武世，宣城人秦精，常入武昌山中採茗。忽遇一人，身長丈餘，遍體皆毛，從山北來。精見之大怖，自謂必死。毛人徑牽其臂，將至山曲，入大叢茗處，放之便去。精因採茗。須臾復來，乃探懷中二十枚橘與精，甘美異常。精甚怪，負茗而歸。」

張華 博物志 據明吳琯古今逸史本

或作博物記，西晉張華撰。晉書本傳載博物志十篇，隋志雜家類著錄十卷，兩唐志改入小說家，卷帙同。拾遺記卷九云本四百卷，武帝命刪爲十卷，不可信。北史常景傳又謂北魏常景删正晉司空張華博物志，論者或以爲今本卽常刪本，亦係臆度。或又以爲博物志非出華手，今本係後人拾掇佚文雜取諸書而成，說皆無憑。然今見者確非原帙，散失特多。

今本十卷，版本有二系：一是常見之通行本，分三十九目，除單行者，古今逸史、廣漢魏叢書、格致叢書、稗海、快閣叢書、秘書二十一種、增訂漢魏叢書、百子全書等皆收之；一是黃丕烈刊士禮居叢書本，又收入指海、龍溪精舍叢書。後者不分細目，次第迥異，段目分合多有不同，至內容則一也。二本皆有周日用、盧氏注。另，類說卷二三、明本說郛卷二、舊小說甲集並有節錄。其輯佚本，則有王謨、周心如、錢熙祚、陳穆堂、馬國翰、王仁俊數種；今人范寧博物志校證輯佚文二百餘條，收羅甚備。

此書「天地之高厚，日月之晦明，四方人物之不同，昆蟲草木之淑妙者，無不備載」（崔世節湖廣楚府刻本跋），顯係地理博物體志怪；然內容又較山海、神異遠爲雜駁，且「簡略不成大觀」(唐琳快閣叢書本跋),故四庫總目列入小說家類瑣語之屬。

張華字茂先,范陽方城(今河北固安縣南)人。生於魏明帝太和六年(二三二年),仕晉官至司空,惠帝永康元年(三〇〇年)爲趙王司馬倫所殺。晉書卷三六有傳。

猴玃

蜀中西南高山上〔一〕,有物如獮猴,長七尺〔二〕,能人行,健走,名曰猴玃〔三〕,一名馬化〔四〕,或曰猳玃〔五〕。伺〔六〕行道婦女有好者,輒盜之以去,人不得知。行者或每遇〔七〕其旁,皆以長繩相引,然故不免。此得男子氣自死〔八〕,故取女也〔九〕。取去爲室家。其年少者,終身不得還,十年之後,形皆類之,意亦迷惑,不復思歸。有子者,輒俱送還其家,產子皆如人。有不食養者,其母輒死,故無敢不養也。及長,與人無異,皆以楊爲姓〔一〇〕,故今蜀中西界多謂〔一一〕楊,率皆猳玃、馬化之子孫,時時相有玃爪者也。(卷三異獸,士禮居本卷九)

〔一〕按:此句原作「蜀山南高山上」,各本俱如是。御覽卷九一〇引作「蜀中」,太平寰宇記卷七五引全句作

「蜀中西南高山」，類說卷二三作「蜀西南山中」，又搜神記作「蜀中西南高山之上」，酉陽雜俎作「蜀西南高山上」(二書見附錄)，是應作「蜀中西南」，各本譌「中」爲「山」，又脫「西」字，今補正。蜀中，蜀郡，戰國時秦始置，本古蜀國之地，郡治在成都。其西南高山，據太平寰宇記云乃晉原縣(今崇慶縣)之多融山，其地在成都西南不遠處。

〔二〕七尺，類說作「尺餘」，誤。

〔三〕猴玃(ㄐㄩㄝˊ)，一種獼猴。爾雅釋獸：「玃父，善顧。」郭璞注：「猳玃也，似獼猴而大，色蒼黑，能攫持人，好顧眄。」寰宇記引作「猳⿰犭國」(ㄐㄧㄚ ㄍㄨㄛˊ)，酉陽雜俎、搜神記同，搜神「⿰犭國」作「國」。

〔四〕馬化，諸本皆脫「馬」，據類說及御覽、寰宇記、爾雅翼卷二〇引補。搜神、雜俎亦作「馬化」。

〔五〕猳玃，寰宇記引作「玃」。搜神記作「玃猨」。

〔六〕伺，諸本俱作「同」，譌，寰宇記、爾雅翼引作「伺」，搜神記同，據正。

〔七〕過，御覽引作「經過」，搜神記同。

〔八〕男子，原作「男女」，稗海、百子全書本作「男子」，據正。此句御覽引作「此能別男女氣臭」，寰宇記引作「能別女氣」，搜神記同御覽引，「此」下有「物」字。

〔九〕取女，原作「取男」，據稗海、百子全書本及寰宇記引正。御覽引作「取女不取男」，搜神記作「故取女，男不取也」。

〔一〇〕按：此句寰宇記引作「皆羊馬姓也」。

〔二〕 謂，搜神記作「諸」。

太平寰宇記卷七七黎州漢源縣引博物志文頗異，蓋別一傳聞。其文移錄如下：「蜀南沈黎高山中，有物似猴，長七尺，能人行，名曰玃。路見婦人輒盜之入穴，俗呼爲夜叉穴。西蕃部落最畏之。」

路史餘論卷一野叉落魋同寰宇記，云：「博物志言獨（當作「蜀」）南沈黎高山之中，有物似猴，高七尺，而人行，曰玃。見婦女輒盜之入穴，呼夜叉窟。沈黎卽今黎州漢源也。西番部落尤切畏之。」

搜神記卷一二及酉陽雜俎卷一六毛篇皆載此事，搜神文大同；雜俎甚簡，云：「猳玃，蜀西南高山上有物如猴狀，長七尺，名猳玃，一曰馬化。好竊人妻，多時形皆類之，盡姓楊，蜀中姓楊者往往玃爪。」情史類編卷二一情妖類據搜神記採入。

玃盜婦人傳說起源甚早。西漢焦延壽易林卷一坤之剝曰：「南山大玃，盜我媚妾。怯不敢逐，退而獨宿。」唐以下不斷用爲小說素材，唐傳奇補江總白猿傳、宋徐鉉稽神錄「老猿竊婦人」條（類說卷一二）、清平山堂話本陳巡檢梅嶺失妻記（卽古今小說陳從善梅嶺失渾家）、明瞿佑剪燈新話申陽洞記等皆是。永樂大典卷一三九八一又有陳巡檢妻遇白猿精戲文，佚。

見後。

東陽無疑齊諧記呂思記狸精竊婦人事，云被竊者失性，日久則變形爲狸，情事亦相類，

酉陽雜俎前集卷四境異云：「帝女子澤性妒，有從婢散逐四山，無所依託。東偶狐狸，生子曰殃；南交猴，有子曰溪；北通玃猳，所育爲傖。」此傳說亦涉及猳玃，可備參考。

秦青韓娥

薛譚學謳於秦青〔一〕，未窮青之技〔二〕，自謂盡之〔三〕，於一日遂辭歸。秦青弗止〔四〕，乃餞於郊衢，撫節悲歌，聲震林木，響遏行雲。薛譚乃謝求返，終身不敢言歸。秦青顧謂其友曰：「昔韓娥〔五〕東之齊，匱〔六〕糧，過雍門〔七〕，鬻歌假食。既去，而〔八〕餘響遶梁，三日不絕，左右以其人〔九〕弗去。過逆旅，旅〔一〇〕人辱之，韓娥因曼聲哀哭，一里老幼悲愁涕泣相對，三日不食，遽追而謝之。娥復曼聲長歌〔一一〕，一里老幼喜歡抃〔一二〕舞，弗能自禁，乃厚賂而遣之。故雍門人至今善歌哭，效娥之遺聲也。」（卷八史補，士禮居本卷五）

〔一〕按：初學記卷一五、御覽卷五七二、廣記卷二〇四引「譚」並作「談」。列子湯問張湛注：「二人竝秦國之善歌者。」
〔二〕技，各本俱作「旨」，據初學記、御覽、事類賦注卷一一、廣記、綠窗新話引改。
〔三〕按：此句各本俱無，據廣記引補。新話亦引有，「盡」作「及」。
〔四〕按：「弗止」二字據廣記、新話引補。
〔五〕韓娥，列子注：「韓國善歌者也。」
〔六〕匱，原譌作「遺」，據書鈔卷一〇六及廣記、新話引正。
〔七〕雍門，左傳襄公十八年杜預注：「雍門，齊城門。」戰國策齊策一高誘注：「雍門，齊西門。」淮南子覽冥訓注同。
〔八〕按：以上三字原作「而去」，據廣記、新話引改。
〔九〕人，稗海本作「神」。
〔10〕旅，原作「凡」，據廣記引正，新話作「逆旅」。
〔一一〕按：「一里」至此二十五字各本俱脫，據廣記引有。新話亦引錄，惟無「相對」二字。
〔一二〕抃（ㄅㄧㄢˋ），鼓掌，字又作「拚」。廣韻去聲線韻：「拚，擊手。抃，上同。」稗海本作「忭」，新話引同。廣韻：「忭，喜貌。」

事又載列子湯問：「薛譚學謳於秦青，未窮青之技，自謂盡之，遂辭歸。秦青弗止，餞於郊衢，撫節悲歌，聲振林木，響遏行雲。薛譚乃謝求反，終身不敢言歸。秦青顧謂其友曰：『昔韓娥東之齊，匱糧，過雍門，鬻歌假食。既去，而餘音繞梁欐，三日不絕，左右以其人弗去。過逆旅，逆旅人辱之。韓娥因曼聲哀哭，一里老幼悲愁垂涕相對，三日不食，遽而追之。娥還，復爲曼聲長歌，一里老幼喜躍抃舞，弗能自禁，忘向之悲也，乃厚賂發之。故雍門之人至今善歌哭，放娥之遺聲。』」（按：博物志卷八「孔子東遊」條稱出列子，書中事同列子所載者尚夥，是此薛譚事亦採自列子。今本列子所載周穆王西見西王母及盛姬諸事見於太康二年出土之穆天子傳，西極化人事出佛經，皆非戰國人語，故論者多以爲此書係張湛僞造。然張湛東晉人，在張華後，華不得預採其書。意湛纂列子並非鑿空虛造，定有古本列子爲據。湛序稱得列子殘卷三種，乃不似故弄狡獪矣。獨異志卷中引列子韓娥事，文略。）

宋書卷一九樂志一亦載：「周衰，有秦青者善謳，而薛談學謳於秦青，未窮青之伎而辭歸。青餞之於郊，乃撫節悲歌，聲震林木，響遏行雲。薛談遂留不去，以卒其業。又有韓娥者，東之齊，至雍門，匱糧，乃鬻哥（歌）假食。既而去，餘響繞梁，三日不絕，左右謂其人不去也。過逆旅，逆旅人辱之，韓娥因曼聲哀哭，一里老幼，悲愁垂涕相對，三日不食。遽而追之，韓娥還，復爲曼聲長哥。一里老幼，喜躍抃舞，不能自禁，忘向之悲也。乃厚賂遣之。故雍門之人善哥哭，效韓娥之遺聲。」

又蕭繹金樓子卷五志怪篇云：「秦青謂友人曰：韓娥東之齊，至雍門鬻歌，既而餘響繞梁，三日不絕。遇逆旅人辱之，娥因舉聲哀哭。一哭，老少悲愁，三日不食。娥復舉聲長歌，一里抃舞，不能自禁，忘向之悲也。乃厚賂之。雍門人至今善歌。」（按：此條下有後人校語，云別卷載金樓子一條，其事同，其文互異。其文同列子、博物志，今不錄。）

宋皇都風月主人綠窗新話卷下韓娥有繞梁之音，取自博物志。

千日酒

昔劉玄石於中山酒家酤酒〔一〕，酒家與千日酒，忘言其節度。歸至家當醉，不醒數日〔二〕，而家人不知，以爲死也，權葬之。酒家計千日滿，乃憶玄石前來酤酒，醉向醒耳。往視之，云玄石亡來三年，已葬。於是開棺，醉始醒。俗云：「玄石飲酒，一醉千日〔三〕。」（卷一〇雜說下，士禮居本卷五）

〔一〕劉玄石，書鈔卷一四八與廣記卷二三三引皆無姓（見附錄），草堂詩箋卷三一垂白注引作「列元石」。中山，漢高祖置郡，景帝改國，治盧奴（今河北定縣），魏晉仍之。

〔二〕按：此四字諸本悉無，廣記引有，文義較諧，據補。

〔三〕按：清梁章鉅浪跡三談卷五千日酒條云：「左太冲魏都賦云：『醇酬中山，流湎千日。』博物志亦載劉玄石千日酒事，皆沿誤也。周禮酒正注云：『清酒，今中山冬釀，接夏而成。』疏云：『昔酒爲久，冬釀接春，清酒久於昔酒。』是酒名千日者，極言其釀日之久，後人乃附會爲一醉千日之說耳。」考證千日酒之來源，可爲參考。

書鈔、廣記所引文句多異，今移錄如左：

書鈔引云：「有玄石從中山酒家酤酒，酒家與千日酒。往玄石家問之，答云玄石亡來三年，之服已闋。乃與家人至塚，掘而開之，玄石始起于棺內。」

廣記引云：「昔有人名玄石，從中山酒家酤酒。酒家與千日酒，忘語其節。至家醉臥，不醒數日，家人不知，以爲死也，具棺殮葬之。酒家至千日，乃憶玄石前來沽酒，醉當醒矣。遂往索玄石家而問之，云石亡已三年，今服闋矣。於是與家人至玄石墓，掘冢開覵。玄始醒，起于棺中。」

千日酒事，張華同時人左思魏都賦亦有。文選卷六云：「醇酎中山，流湎千日。」李善注云：「中山出好酎酒。其俗傳云：昔有人曰玄石者，從中山酒家酤酒。酒家與之千日之酒，語其節度，比歸數百里，可至於醉。如其言飲之，至家而醉。其家不知其醉，以爲死也，棺斂而葬之。中山酒家計向千日，憶曰：『玄石前來酤酒，其醉向解也。』遂往問，其鄰人曰：『玄石死來三年，服已闋矣。』於是與其家至玄石冢上，掘而開其棺，玄石於是醉始解，起於棺中。其俗語曰：『玄石飲酒，一醉千日。』」

搜神記卷一九亦載，事複文繁，大爲增飾：「狄希，中山人也。能造千日酒，飲之千日醉。時有州人姓劉，名玄石，好飲酒，往求之。希曰：『我酒發來未定，不敢飲君。』石曰：『縱未熟，且與一杯，得否？』希聞此語，不免飲之。復索曰：『美哉！可更與之。』希曰：『且歸，別日當來。只此一杯，可眠千日也。』石別，似有怍色。至家醉死，家人不之疑，哭而葬之。經三年，希曰：『玄石必應酒醒，宜往問之。』既往石家，語曰：『石在家否？』家人皆怪之，曰：『玄石亡來，服以闋矣。』希驚曰：『酒之美矣，而致醉眠千日，今合醒矣。』乃命其家人，鑿冢破棺看之。冢上汗氣徹天，遂命發冢，方見開目張口，引聲而言曰：『快哉！醉我也！』因問希曰：『爾作何物也，令我一杯大醉，今日方醒？日高幾許？』墓上人皆笑之。被石酒氣衝入鼻中，亦各醉臥三月。」八卷本搜神記卷三與此大同，其人乃姓玄名石。

句道興搜神記云：「昔有劉義狄者，中山人也。甚能善造千日之酒，飲者醉亦千日。時青州劉玄石善能飲酒，故來就狄飲千日之酒。狄語玄石曰：『酒沸未定，不堪君喫。』玄石再三求乞取嘗，狄自取一盞與嘗，飲盡。玄石更索，狄知克醉，語玄石曰：『今君已醉，待醒更來，當共君同飲。』玄石嗔而遂去。玄石至家，乃卽醉死。家人不知來由，遂卽埋之。至三年，狄往訪，之玄石家，借問玄石。家人驚怪，玄石死來，今見三載，服滿以除脫訖，於今始覓。狄具言曰：『本共君飲酒之時，計應始醒，但往發冢破棺，看之的不死尒。』家人卽如狄語，開冢看之，玄石面上白汗流出，開眼而臥，遂起而言曰：『你等是甚人，向我前頭？飲酒醉臥，今始得醒。』冢上人看來，得醉氣，猶三日不醒，是人見者，皆云異哉。」

六朝雜鬼神志怪亦有千日酒傳說，係另事。書鈔卷一四八引曰：「齊人田乃已釀千日酒，過飲一斗，醉臥千日乃醒也。」草堂詩箋卷三一垂白注亦引，題作鬼神志怪集，釀酒者作齊人田氏。宋竇革酒譜外篇下則又引作鬼神玄怪錄，云：「齊人因（按：疑「田」字之譌）乃能之，爲千日酒，飲過一升醉臥。有故人趙英飲之，踰量而去，其家以爲死，埋之。計千日當醒，往至其家，破冢出之，尙有酒氣。」古今譚概荒唐部取此，又引博物志文。

八月槎

舊說云：「天河與海通，近世有人居海渚〔一〕者，年年八月有浮槎來，甚大，往反不失期〔二〕。人有奇志，立飛閣於查上〔三〕，多齎糧，乘槎而去。十餘日中，猶觀星月日辰，自後芒芒忽忽，亦不覺晝夜。去十餘日，奄〔四〕至一處，有城郭狀，屋舍甚嚴。遙望宮中多織婦，見一丈夫牽牛，渚次飲之。牽牛人乃驚問曰：「何由此至？」此人具說來意，并問此是何處，答曰：「君還至蜀郡，訪嚴君平〔五〕則知之。」竟不上岸，因還如期。後至蜀，問君平，曰：「某年月日有客星犯牽牛宿〔六〕。」計〔七〕年月，正是此人到天河時也。（卷一〇雜說下，士禮居本卷三）

〔一〕渚，水中小洲。爾雅釋水：「水中可居者曰洲，小洲曰渚。」此指海島。水邊亦曰渚。稗海本作「濱」。

〔二〕按：「年年」至此，原作「年年八月有浮槎去來，不失期」，今據初學記卷六引校補。

〔三〕飛閣，高閣。御覽卷六〇引作「屋」，草堂詩箋卷九喜晴注引作「樓閣」。查，通「槎」，木筏也。廣韻下平聲麻韻：「楂，水中浮木……槎、查二同。」漢魏叢書、百子全書等本及類聚卷八、卷九四引悉作「槎」。

〔四〕奄（ㄧㄢˇ），忽也，遽也。

〔五〕嚴君平，名遵（一作「尊」），西漢蜀人，賣卜於成都市，揚雄少時從遊學。漢書卷七二載其事略。

〔六〕客星，忽隱忽現之星，卽新星。牽牛宿（ㄒㄧㄡˋ），牽牛星，又稱牛郞星，卽河鼓二，西名爲天鷹星座α星。又二十八宿之牛宿，亦稱牽牛，屬摩羯星座。六帖卷二引作「牽牛星」，草堂詩箋卷九喜晴注引作「牛宿」，卷三〇秋日夔府詠懷及卷三二秋興注引作「牛女」，女指織女星，卽天琴星座α星。玉燭寶典卷七、類聚卷八又卷九四、事類賦注卷六引作「牛斗」，初學記卷六、御覽卷八又卷六〇引作「斗牛」。斗，斗宿，緊臨牛宿，屬同一星座。

〔七〕 計，原作「討」，諸本俱作「計」，據正。

博物志後，此傳說發生演化，添出織女支機石，又稱乘槎人是張騫。白居易六帖卷二引集林（宋劉義慶）曰：「昔有一人尋河源，見婦人浣紗，問之，曰：『此天河也。』乃與一石而歸。問嚴君平，君平曰：『此織女支機之石也。』」（按：御覽卷八亦引，又分類補註李太白詩卷二〇遊太山六首：「舉手弄清淺，誤攀織女機。」楊齊賢注亦引集林此文。）陳陰鏗詠石詩：「天漢支機罷。」即用此典。此已見演化之跡，然尚未涉及張騫。庾肩吾奉使江州舟中七夕云：「九江逢七夕，初弦值早秋。天河來映水，織女欲攀舟。漢使俱爲客，星槎共逐流。莫言相送浦，不及穿針樓。」漢使即張騫，知梁時已傳爲張騫之事。又庾信楊柳歌：「流槎一去上天池，織女支機當見隨」，七夕：「星槎通漢使，機石逐仙槎。」用事悉同乃父。隋杜公瞻注荊楚歲時記（梁宗懍），引博物志文，載入張騫尋河源，得織女支機石之事，見宋人書徵引。今本則云「舊說天河與海通」云云，事同博物志今本，無涉張騫，且亦未稱引博物志。茲將諸書所引及辨證之語錄左：

御覽卷五一引荊楚歲時記曰：「張騫尋河源，得一石，示東方朔，朔曰：『此石是天上織女支機石，何至於此？』」（按：所引實爲注文，非宗懍本文，昔人常混爲一。）

胡仔苕溪漁隱叢話前集卷一一云：「緗素雜記（黄朝英）、學林新編（王觀國）二家辯證乘槎事，大同小異。余今采摭其有理者，共爲一說。案張茂先博物志曰：『舊說天河與海通（下略）。』所載止此而已。而荊楚歲時記直曰：『張華博物志云：「漢武帝令張騫窮河源，乘槎經月而去。至一處，見城郭如官府，室內有一女織，又見一丈夫牽牛飲河。騫問云：『此是何處？』答曰：『可問嚴君平。』織女取榰機石與騫而還。後至蜀問君平，君平曰：『某年月日客星犯牛斗。』所得榰機石，爲東方朔所識，並其證焉。』案騫本傳及大宛傳，騫以郎應募使月氏，爲匈奴所留，十餘歲得還。騫身所至者大宛、大月氏、大夏、康居，而傳聞其旁大國五六，具爲天子言其地形所有，幷無乘槎至天河之說。而宗懍乃傅會以爲武帝、張騫之事，又益以榰機石之說，何邪？」（按：學林新編未有荊楚歲時記引文，胡仔所引乃屬緗素雜記，然今本無，佚文耳。）

陳元靚歲時廣記卷二七云：「張茂先博物志：『舊說天河與海通……』宗懍作荊楚歲時記，乃引博物志，直謂張騫乘槎，宗懍不知何據？趙璘因話錄亦嘗辨此事。」又云：「荊楚歲時記：『漢武帝令張騫使大夏，尋河源，乘槎經月而去。至一處，見城郭如官府，室內有一女織，又見一丈夫牽牛飲河。騫問曰：「此是何處？」答曰：「可問嚴君平。」織女取榰機石與騫而還。後至蜀問君平，君平曰：「某年月日客星犯牛女。」所得楮機石爲東朔所識。』按騫本傳及大宛傳……並無乘槎至天河之謂，而宗懍乃傳會以爲武帝張騫之事，又益以楮機石之說。藝苑雌黃云，今成都嚴眞觀有一石呼爲支機石，相傳云漢君平留之。」

古今事文類聚前集卷一一、草堂詩箋卷八贈翰林張四學士、卷一五秦州二十首、卷三〇秋日夔府詠懷、卷三二秋興注、蒙求注卷上、癸辛雜識前集乘槎條，皆有相似記載，從略。

因隋前已傳張騫乘槎得支機石事，杜公瞻又據以注荆楚歲時記，故唐人詩多詠其事，如：

宋之問集卷上明河篇：「明河可望不可親，願得乘槎一問津。更將織女支機石，還訪成都賣卜人。」

杜少陵集卷一一有感：「乘槎斷消息，無處覓張騫。」卷一七秋興：「奉使虛隨八月槎。」卷一九秋日夔府詠懷：「查上似張騫。」

李義山詩集卷六海客：「海客乘槎上紫氣，星娥罷織一相聞。只應不憚牽牛妬，聊用支機石贈君。」

司馬貞作史記大宛列傳述贊，亦竟採之：「大宛之跡，元因博望，始究河源，旋窺海上。」

唐趙璘因話錄卷五爲此而辯云：「漢書載張騫窮河源，言其奉使之遠，實無天河之說。惟張茂先博物志說近世有人居海上，每年八月見海槎來，不違時。齎一年糧，乘之到天河，見婦人織，丈夫飲牛。遣問嚴君平，云某年某月某日客星犯牛斗，即此人也。後人相傳云得織女支機石，持以問君平。都是憑虛之說。今成都嚴眞觀有一石，俗呼爲支機石，皆目云當時君平留之。寶曆中，余下第還家，於京洛途中逢官差遞夫舁『張騫槎』。先在東都禁中，今准詔索有司取進，不知是何物也。前輩詩往往有用張騫槎者，相襲謬誤矣。縱出雜書，亦不足據。」

所謂嚴眞觀支機石及「張騫槎」，他書亦有載。如：

唐李綽尚書故實云：「司馬天師名承禎，字紫微……天降車，上有字曰『賜司馬承禎』。尸解去日，白鶴滿庭，異香鬱烈。承禎號白雲先生，故人謂車爲『白雲車』。至文宗朝，幷『張騫海槎』同取入內。」

廣記卷四〇五引洞天集曰：「『嚴遵仙槎』，唐置之於麟德殿，長五十餘尺，聲如銅鐵，堅而不蠹。李德裕截細枝尺餘，刻爲道像，往往飛去復來，廣明已來失之，槎亦飛去。」

五代杜光庭道敎靈驗記云：「成都卜肆支機石，即海客攜來，自天河所得，織女令問嚴君平者也。君平卜肆，即今成都小西門之北、福感寺南嚴眞觀是也。有嚴君通仙井，圖經謂之嚴仙井，及支機石存焉。太尉燉煌公好奇尚異，多得古物，命工人所取支機一片，欲爲器用，以表奇異。工人鐫刻之際，忽若風瞀，墜於石側，如此者三。公知其靈物，不復敢取，至今所刻之迹在焉。復令人穿掘其下，則風雷震驚，咫尺昏噎，遂不敢犯。」

明何宇度益部談資卷中亦云：「支機石在城西隅，卽嚴眞觀，今以一亭覆之。高不盈尺丈，頑石無他奇。」其石至今猶存，在成都西郊文化公園，成都並有支機石街。

博物志之後諸書所記，亦有沿襲舊說而不云張騫及支機石者，如獨異志卷上云：「海若居海島。每至八月卽有流槎過，如是累年，不失期。其人齎糧乘槎而往。及至一處，見有人飲牛於河，又見織女。問其處，飲牛之父曰：『可歸問蜀嚴君平，當知之。』其人歸詣君平，君平曰：『某年月日，有客星犯斗牛，計時卽汝也。』其人乃知隨流槎至天津。」

元雜劇家王伯成撰張騫泛浮槎，演張騫乘槎事（元鍾嗣成錄鬼簿、明朱權太和正音譜），佚；清丁耀亢亦有星漢槎傳奇，佚（莊一拂古典戲曲存目彙考卷一一）；李文瀚有銀漢槎傳奇，存（同上書卷一二）；佚名博望乘槎雜劇，亦同類題材，存，見清代雜劇全目。又，清蔡榮蓮有雜劇支機石，今存，見清代雜劇全目；袁蟫有同名傳奇，佚，見古典戲曲存目彙考卷一二。

陸氏異林

是書不見著錄，已佚。三國志注及御覽引有一事，題陸氏異林。三國志注引末云：「叔父清河太守說如此。」裴松之注：「清河，陸雲也。」則撰人爲陸機子無疑。按晉書陸機傳，機有二子名蔚、夏，然則陸氏者非蔚卽夏也。陸機兄弟及二子於晉惠帝太安二年（三〇三年）同時被成都王司馬穎所殺。

鍾繇

鍾繇〔一〕嘗數月不朝會，意性異常。或問其故，云：「常有好婦來，美麗非凡。」問者曰：「必是鬼物〔二〕，可殺之。」婦人後往，不卽前，止戶外。繇問何以，曰：「公有相殺意。」繇曰：「無此。」乃勤勤呼之，乃入。繇意恨恨〔三〕，有不忍之心，然猶斫之，傷髀〔四〕。婦人卽出，以新綿拭血，竟路。

明日，使人尋跡之。至一大冢，木中有好婦人，形體如生人，著白練衫〔五〕，丹繡裲襠〔六〕，傷左髀〔七〕，以裲襠中綿拭血。叔父清河太守〔八〕說如此。（據三國志卷一三魏志鍾繇傳裴松之注引陸氏異林，又御覽卷八一九及卷八八七並引）

〔一〕鍾繇（ㄧㄡˊ），字元長，潁川長社（今河南長葛東）人。仕漢魏，官至太傅，封定陵侯，卒諡成侯。裴注所引原無姓，據御覽引補。

〔二〕物，怪也，妖也，故有妖物、怪物、物怪、精物之稱。史記卷五五留侯世家太史公云：「學者多言無鬼神，然言有物。」索隱：「物謂精怪及藥物也。」人鬼與妖物連稱曰鬼物或鬼魅。

〔三〕恨恨，惆悵之意。按原引只一「恨」字，御覽卷八八七引作「恨恨」，文義為勝，據補。

〔四〕髀（ㄅㄧˊ），大腿。御覽卷八一九引作「胛」，鮑校本作「脚」。

〔五〕按：此句御覽卷八八七引作「衣青絹衫」。

〔六〕裲襠（ㄌㄤˇ ㄉㄤ），又作「兩當」，背心，又名半臂。劉熙釋名釋衣服：「裲襠，其一當胸，其一當背也。」御覽卷八一九引作「兩當」。

〔七〕按：此句御覽卷八一九引作「傷一脚」，與前云「胛」不吻。

〔八〕按：晉書卷五四陸雲傳載：「成都王穎表為清河內史。」魏晉時諸王國內史當太守之任，故稱雲為清河太守。清河，西漢置郡，東漢改國，晉沿之，治所在清陽（今河北清河東南）。

搜神記卷一六及幽明錄皆採此事。搜神文同此，小有異耳；幽明錄則事同文異，茲就廣記卷三一七所引移錄於下：「鍾繇忽不復朝會，意性有異於常。寮友問其故，云常有婦人來，美麗非凡間者。曰：『必是鬼物，可殺之。』後來止戶外，曰：『何以有相殺意？』元常（當作「長」）曰：『無此。』慇懃呼入。意亦有不忍，乃微傷之。便出去，以新綿拭血，竟路。明日使人尋跡，至一大冢，棺中一婦人，形體如生，白練衫，丹繡裲襠。傷一髀，以裲襠中綿拭血。自此便絕。」

郭璞　玄中記

一題郭氏玄中記、玄中要記，宋人、淸人避諱改作元中記。隋、唐志無目，始著太平御覽經史圖書綱目，題作郭氏玄中記，後崇文總目、通志藝文略地理類著錄一卷，無撰名。是書異苑卷三已有引，記事多同山海經郭璞注，其爲郭璞撰無疑。或以爲後人嫁名郭璞，亦疑古過甚而臆度耳。

是書久佚，馬國翰玉函山房輯佚書、茆泮林十種古逸書、黃奭漢學堂叢書（卽黃氏佚書考）、葉德輝觀古堂所著書、周氏古小說鉤沉並有輯本。鉤沉凡七十一條，最備，然亦有漏收者。明本說郛卷四輯四條，吳曾祺舊小說甲集輯一條。

郭璞字景純，東晉河東聞喜（今屬山西）人。生於晉武帝咸寧二年（二七六年），卒於晉明帝太寧二年（三二四年）。曾任大將軍王敦記室參軍，敦謀逆見害。王敦平，追贈弘農太守，故世稱郭弘農。晉書卷七二有傳。

郭璞爲著名方術家，玄中一書正是方輿、動植與方術之混合，與博物志同爲晉世地理博物體志怪之代表。葉德輝稱其「恢奇瑰麗，彷彿山海、十洲諸書」（輯郭氏玄中記序）。

姑獲鳥

姑獲鳥夜飛晝藏，蓋鬼神類。衣毛爲鳥，脫毛爲女人。名爲天帝少女〔一〕，一名夜行遊女〔二〕，一名鈎星〔三〕，一名隱飛鳥〔四〕。無子，喜取人子養之以爲子。今時小兒之衣不欲夜露者，爲此物愛以血點其衣爲誌，即取小兒也〔五〕。故世人名爲鬼鳥〔六〕，荆州〔七〕爲多。

昔豫章〔八〕男子，見田中有六七女人，不知是鳥，扶匐〔九〕往，先得其所解毛衣，取藏之，即往就諸鳥。各走就毛衣，衣此飛去。一鳥獨不得去，男子取以爲婦，生三女〔一〇〕。其母後使女問父，知〔一一〕衣在積稻下，得之，衣之而飛去。後以衣迎三女，三女兒得衣飛去〔一二〕。（據御覽卷九二七引玄中記，又荆楚歲時記注、水經注卷三五、北戶錄卷一、御覽卷八八三、重修政和證類本草卷一九引陳藏器、丹波康賴醫心方卷二五並引）

〔一〕天帝少女，御覽卷八八三引作「帝少女」，荆楚歲時記注作「天地女」。酉陽雜俎卷一六作「天帝女」，見附錄。

〔二〕夜行遊女，御覽卷八八三引作「夜遊」，水經注「行」作「飛」。

〔三〕鈞星，御覽卷八八三引作「鉤星」。醫心方引作「鉤皇鬼」，見附錄。

〔四〕隱飛鳥，北戶錄、證類本草引無「鳥」字。

〔五〕按：「今時」至此從北戶錄引。御覽二引俱作「人養小兒不可露其衣，此鳥度即取兒也」，證類本草作「有小子之家，則血點其衣以爲誌，今時人小兒衣不欲夜露者爲此也」，荊楚歲時記作「有小兒之家，即以血點其衣以爲誌」。

〔六〕按：此句據荊楚歲時記引補。證類本草作「時人亦名鬼鳥」。

〔七〕荊州，漢置，東晉時治江陵（今屬湖北），轄境約當今湖南、湖北。

〔八〕豫章，郡名，漢初置，治南昌。水經注引作「陽新」。按陽新縣三國吳置，在今湖北陽新縣西南。搜神記卷一四作「豫章新喻縣」。見附錄。

〔九〕扶匐，義同「匍匐」，御覽卷八八三引作「匍匐」。

〔一〇〕三女，水經注引作「二女」。

〔一一〕知，原作「取」，據北戶錄、御覽卷八八三引正。

〔一二〕按：御覽引此文末注云：「今謂之鬼車。」鬼車非姑獲鳥，又名九頭鳥。段公路北戶錄卷一云：「鬼車一名鬼鳥，今猶九首，能入人屋收魂氣。爲犬所噬一首，常下血，滴人家則凶。荊楚歲時記夜聞之捩狗耳，言其畏狗也。白澤圖云昔孔子、子夏所見，故歌之。其圖九首，今呼爲九頭鳥也。」段成式酉陽雜俎卷

一六、劉恂嶺表錄異卷中並亦有記。荊楚歲時記云：「正月夜多鬼鳥度，家家槌牀打戶，捩狗耳，滅燈燭，以禳之。」此正指鬼車，然杜公瞻注引玄中記姑獲鳥事，遂誤爲一矣。陳藏器本草拾遺云：「荊楚歲時記云姑獲夜鳴，聞則捩耳，乃非姑獲也，鬼車鳥耳，二鳥相似，故有此同。」（證類本草卷一九引）鬼車、姑獲皆爲鵋（卽猫頭鷹）之幻化，故杜注混而爲一，御覽所注承其誤耳。

水經注卷三五江水所引與北戶錄、御覽引稍異，茲移錄於下：「陽新縣，故豫章之屬縣矣，地多女鳥。玄中記曰：陽新男子於水次得之，遂與共居，生二女，悉衣羽而去。豫章閒養兒，不露其衣，言是鳥落塵於兒衣中，則令兒病，故亦謂之夜飛遊女矣。」

葉德輝輯本輯有日人丹波康賴醫心方卷二五所引該條，出入尤大，亦錄於下：「天下有女鳥，一名姑獲，又名鈎皇鬼也。喜以陰雨夜過，飛鳴徘徊人村里，喚『得來』者是也。是鳥專雌無雄，不產，喜落毛羽中塵置人兒衣中，便使兒作癇病必死，便化爲其兒也。是以小兒生至十歲，衣被不可露，七八月尤忌。」

搜神記卷一四「豫章男子」條，全採玄中後半，文同不錄。

唐陳藏器本草拾遺云：「姑獲，能收人魂魄。今人一云乳母鳥，言產婦死變化作之，能取人之子以爲己子，胸前有兩乳。」（證類本草卷一九引）

酉陽雜俎卷一六云：「夜行遊女，一曰天帝女，一名釣星。夜飛晝隱，如鬼神。衣毛爲飛鳥，脫毛爲婦人。無子，喜取人子，胸前有乳。凡人飴小兒不可露處，小兒衣亦不可露曬，毛落衣中，當爲鳥祟，或以血點爲誌。或言產死者所化。」

嶺表錄異卷中云：「鵂鶹卽鴟也……晝日目無所見，夜則飛撮蚊虻，乃鬼車之屬也，皆夜飛晝藏。或好食人爪甲，則知吉凶，凶者輒鳴於屋上，其將有咎耳。故人除指甲埋之戶內，蓋忌此也。亦名夜行遊女，與嬰兒作祟，故嬰孩之衣不可置星露下，畏其祟耳。」

北戶錄卷一云：「博物志又云：『鵂鶹鳥一名鵋鵂，晝日無所見，夜則目至明。人截手爪棄露地，此鳥夜至人家拾取視之，則知有吉凶，凶者輒更鳴其家，有殃也。』莊子云鵋鵂夜撮蚤察毫末，晝出冥目而不見丘山，言性殊也。陳藏器引五行書除手爪埋之戶內，恐爲此鳥所得。其鵂鶹卽姑獲、鬼車、鴞鵂類也。」以上皆唐人對姑獲之記載。

元林坤誠齋雜記卷上云：「陽縣地多女鳥。新陽男子于水次得之，遂與共居。生二女，悉衣羽而去。豫章間養兒不露其衣，言是鳥落塵于兒衣中，則令兒病。故亦謂之飛夜游女。」蓋本水經注而有錯譌。

姑獲鳥傳說，乃人鳥戀愛之首次見於記載者。宋傳奇王榭傳、聊齋誌異竹青等都以人鳥戀愛爲題材。而豫章男子得毛衣獲婦情節，亦爲後世傳說所襲用。如唐句道興搜神記「田崑崙」條，記天女三姊妹化鶴，脫衣於池中洗浴，田崑崙匍匐而前取得小者之天衣，天女遂許爲妻，顯見本乎玄中此記。

桃都山

東南有桃都山〔一〕，山上有大桃樹〔二〕，名曰桃都，枝相去三千〔三〕里。上有一天雞，日初出照此木，天雞卽鳴，天下雞皆隨之鳴〔四〕。

下有二神，左名隆，右名窔〔五〕，幷執葦索，以伺不祥之鬼，得而煞之。今人正朝〔六〕作兩桃人立門旁，以雄雞毛〔七〕置索中，蓋遺象也〔八〕。（據齊民要術卷六、玉燭寶典卷一注、類聚卷九一、事類賦注卷一八、御覽卷二九又卷九一八、說郛卷四引玄中記校輯）

〔一〕桃都山，或稱度索山。後傳山在天台，見附錄。

〔二〕按：東南桃樹，神異經東荒經亦載之，云：「東方有樹，高五十丈，葉長八尺，名曰桃，其子徑三尺二寸。和核羹食之，令人益壽。」拾遺記卷三亦云：「扶桑東五萬里，有磅磄山，上有桃樹百圍，其花青黑，萬歲一實。」

〔三〕千，說郛作「十」。

〔四〕按：玄中記另條亦載天雞事：「蓬萊之東，岱輿之山，上有扶桑之樹。樹高萬丈，樹巔常有天雞，爲巢於上。每夜至子時，則天雞鳴，而日中陽烏應之；陽烏鳴，則天下之雞皆鳴。」（古玉圖譜卷二四引）此在扶桑者，異於桃都天雞。扶桑雞神異經東荒經亦有記，所言又異，云：「扶桑山有玉雞，玉雞鳴則金雞鳴，金雞鳴則石雞鳴，石雞鳴則天下之雞悉鳴，潮水應之矣。」後世於浙江慈溪縣附會出仙雞山。輿地紀勝卷一一慶元府景物下云：「扶桑雞在慈溪西二十五里仙雞山。夏侯曾先地志云：上有石井，末有銅井，皆非人力所能與。旁有石雞館，云是扶桑鳥飛下，因以爲名。」

〔五〕𡨧，字書無此字。按諸書所載二神，多爲荼與（後譌作「神荼」）、鬱壘（「壘」又作「櫑」、「雷」、「律」等），玄中獨出新稱，所據不詳。

〔六〕正朝，即正旦，農歷正月初一。

〔七〕雄雞毛，玉燭寶典引作「雄雞」，今從御覽卷二九引。

〔八〕象，御覽卷二九引作「勇」，字譌。玉燭寶典引全句作「又此像也」。按：俗以桃辟邪，由來頗古。左傳昭公四年：「桃弧棘矢，以除其災。」杜注：「桃弓棘箭，所以禳除凶邪。」周禮夏官戎右：「贊牛耳、桃茢。」鄭玄注：「桃，鬼所畏也。茢，苕帚，所以掃不祥。」類聚卷八六引莊子佚文：「插桃枝于戶，連灰其下……鬼畏之。」古人解釋桃何以能使鬼畏之，衆說紛紜。初學記卷二八引本草曰：「梟桃在樹不落，殺百鬼。」又引典術曰：「桃者，五木之精也，故厭伏邪氣，制百鬼。故今人作桃符著門以厭邪，此仙木也。」清梁紹壬兩般秋雨盦隨筆卷八云：「殯除桃茢，門設桃符，相傳桃可辟鬼。按淮南詮言訓：『羿死于桃棓。』注：『棓，大杖，以桃木爲之，以擊殺羿，由是以來，鬼畏桃也。』」說頗新異，然意有未盡。山海經西次三經云：「東望恒山四成，有窮鬼居之，各在一搏。」注：『搏』猶『脅』也，言羣鬼各以類聚，處山四脅，有窮其總號耳。」羿號有窮氏，是羿爲桃杖擊殺，死後爲羣鬼之首，故鬼皆畏桃也。至黃帝書、山海經佚文、括地圖（見附錄）、玄中記諸記，乃復有桃都、度朔之說。煞鬼之二神居於桃樹之下，故鬼畏桃；桃樹有雞，故又畏雞，董勛問禮俗云正旦爲雞日，畫雞於門。鬼之畏雞，猶有說焉，拾遺記卷一云：秖支國有重明鳥，狀如雞，鳴似鳳，能搏逐猛獸虎狼，使妖災羣惡不能爲害。國人刻木鑄金爲此鳥之狀，置於門戶，則魑魅醜類自然退伏。今人每歲元日，或刻木鑄金，或圖畫爲雞於牖上，此之遺像。說各不同，正可見古傳說之博麗也。宋戴埴鼠璞卷下桃符亦辯桃可制鬼之由，可參看。

桃都山事出括地圖，玉燭寶典卷一引曰：「桃都山有大桃樹，槃屈三千里，上有金雞。日照入，此雞則鳴，于是晨雞悉鳴。下有二神，一名鬱，一名壘，并執葦索，以伺不祥之鬼，得而煞之。」荊楚歲時記、御覽卷二九亦引，文句大同。其神之名不同玄中，亦異乎他書，乃將鬱壘析爲二人。雞爲金雞，亦與玄中之天雞相異。

嗣後任昉述異記卷下、梁元帝金樓子卷五志怪篇亦並有載。述異記僅記前半天雞事，全同玄中記；金樓子所載較全，云：「東南有桃都山，山有大桃樹。上有天雞，日初出照此桃，天雞卽鳴，天下之雞感之而鳴。樹下有兩鬼，對樹持葦索，取不祥之鬼食之。今人正旦作兩桃梗，以索中置雄雞，法乎此也。」

後世傳桃都山在天台。輿地紀勝卷一二台州景物下云：「桃都山，按郡國志在台州，山上有大桃木，上有天雞，日初出，照桃木，天雞。」

度朔山事始載於黃帝書及山海經（今本無）。應劭風俗通義祀典引黃帝書（按：漢書藝文志小說家有黃帝說，疑卽此書）曰：「上古之時，有荼與、鬱壘昆弟二人，性能執鬼。度朔山上有桃樹，二人於樹下簡閱百鬼，無道理妄爲人禍害，荼與、鬱壘縛以葦索，執以食鬼。」次則劭述云：「於是縣官常以臘除夕飾桃人，垂葦茭，畫虎於門，皆追效於前事，冀以禦凶也。」按：續漢書禮儀志中劉昭注引，「壘」作「櫑」；類聚卷八六、御覽卷九六七、路史餘論卷三引又作「律」。「壘」、「櫑」與「律」一聲之轉。路史荼與作「荼」，蓋誤以「與」字爲連詞。或有稱爲「神荼」者，乃先誤其名爲荼，復增「神」字以爲雙名耳。唐釋慧琳一切經音義卷一一引干寶搜神記及風俗通義云：「黃帝書云：『上古之時，有二神人，一名荼與，二名鬱壘，一名鬱律。度朔山，山上有大桃樹，二人依樹而住。於樹東北有大穴，衆鬼皆出入此穴。荼與、鬱壘主統領簡擇萬鬼。鬼有妄禍人者，則縛以葦索，執以飴虎。於是黃帝作禮敺之，立桃人於門戶，畫荼與、鬱壘與虎以象之。』今俗法，每以臘終除夕，飾桃人，垂葦索，畫虎於門，左右置二燈，象虎眼，以祛不詳。」明謂二神一名荼與，一名鬱壘，尤可證曰荼曰神荼之誤。至其引文不盡合今本風俗通，蓋檃栝風俗、搜神二書故也（今本搜神係後人輯錄，未輯此條）。二神名，義之爲何，不可曉。路史餘論卷三神荼鬱壘云：「蓋神荼者，伸舒也；而鬱律者，菀結之謂也。」強爲曲解，不可從，而楊升庵乃竊其說入己書（楊升庵全集卷七一神荼）。

山海經佚文首見論衡訂鬼引。云：「山海經又曰：『滄海之中有度朔之山，上有大桃木，其屈蟠三千里，其枝間東北曰鬼門，萬鬼所出入也。上有二神人，一曰神荼，一曰鬱壘，主閱領萬鬼。惡害之鬼，執以葦索，而以食虎。於是黃帝乃作禮以時驅之，立大桃人，門戶畫神荼、鬱壘與虎，懸葦索以御凶魅。』」亂龍篇亦述其意曰：「上古之人，有神荼、鬱壘者，昆弟二人，性能執鬼，居東海度朔山上，立桃樹下，簡閱百鬼。鬼無道理，妄爲人禍，荼與鬱壘縛以盧索，執以食虎。故今縣官斬桃爲人，立之戶側，畫虎之形，著之門闌。」謝短篇亦稱「歲終逐疫……使立桃象人於門戶……掛蘆索於戶上，畫虎於門闌」。

史記五帝本紀「東至于蟠木」裴駰集解引作海外經：「東海中有山焉，名曰度索。上有大桃樹，屈蟠三千里。東北有門，名曰鬼門，萬鬼所聚也。天帝使神人守之，一名神荼，一名鬱壘，主閱領萬鬼。若害人之鬼，以葦索縛之，射以桃弧，投食虎也。」續漢書禮儀志中「設桃梗、鬱櫑、葦茭」劉昭注引曰：「東海中有度朔山，上有大桃樹，蟠屈三千里。其卑枝門曰東北鬼門，萬鬼出入也。上有二神人，一曰神荼，一曰鬱櫑，主閱領衆鬼之惡害人者，執以葦索，而用食虎。於是黃帝法而象之，敺除畢，因立桃梗於門戶上，畫鬱櫑持葦索，以御凶鬼，畫虎於門，當食鬼也。」三者皆作「神荼」，疑所據山海經，已經漢人妄改。

嚴可均校本初學記卷二八引山海經該文片斷，云：「東海有山，名度索，山有大桃實，樬盤三千里，曰蟠桃。」類聚卷八六引此條，未具出處，「樬盤」作「屈盤」。施註蘇詩卷一四亦有引，文字大同。按史記所云「蟠木」，卽蟠桃也。

東漢衞宏漢舊儀亦載度朔山，當亦採自黃帝書或山海經。齊民要術卷一〇引曰：「東海之內度朔山，上有桃，屈蟠三千里。其卑枝間曰東北鬼門，萬鬼所出入也。上有二神人，一曰荼，二曰鬱櫑，主領萬鬼。鬼之惡害人者，執以葦索，以食虎。黃帝法而象之，因立桃梗於門戶，上畫荼、鬱櫑，持葦索，以禦凶鬼，畫虎於門，當食鬼也。」

張衡東京賦云：「度朔作梗，守以鬱壘，神荼副焉，對操索葦。」薛綜注：「東海中度朔山，有二神，一曰神荼，二曰鬱壘，領衆鬼之惡害者，執以葦索，而用食虎。」

戰國策齊策三「桃梗」高誘注云：「東海中有山，名度朔。上有大桃，屈蟠三千里。其卑枝間東北曰鬼門，萬鬼所由往來也。上有二神人，一曰荼與，一曰鬱雷，主治害鬼。故使世人刊此桃梗，畫荼與、鬱雷首，正歲置門戶。」

蔡邕獨斷曰：「歲竟十二月……立桃人，葦索、儋牙虎，神荼、鬱壘以執之。儋牙虎、神神荼、鬱壘二神：海中有度朔之山，上有桃木，蟠屈三千里，卑枝東北有鬼門，萬鬼所出入也。神荼、鬱壘二神居其門，主閱領諸鬼。其惡害之鬼，執以葦索，食虎。故十二月歲竟，常以先臘之夜，逐除之也。乃畫荼、壘，并懸葦索於門戶，以禦凶也。」(按：原文有脫譌)

以上漢人語，皆本山海經、黃帝書爲說。其後仍時有記載。荊楚歲時記(寶顏堂秘笈本)云：「(正月初一)帖畫雞，或斫鏤五彩及土雞於戶上；造桃板著戶，謂之仙木；繪二神貼戶左右，左神荼，右鬱壘，俗謂之門神。」注云：「按莊周云：『有掛雞於戶，懸葦索於其上，插桃符於旁，百鬼畏之。』又魏時人問議郎董勛云：『今正臘旦，門前作煙火、桃神、絞索、松柏，殺雞著門戶，逐疫禮歟？』勛答曰：『禮：十二月索室逐疫，釁門戶，磔雞熯火行，故作助行氣。桃，鬼所惡，畫作人首，可以有所收縛不死之祥。又桃者五行之精，能制百怪，謂之仙木。』」下引括地圖、風俗通，略。玉燭寶典卷一亦載此等風俗。酉陽雜俎前集卷一四諾皐記上、續博物志卷五等乃載二神事。雜俎僅作「神荼、鬱壘領萬鬼」一句，續博物志云：「海中有度朔山，上有桃木，蟠屈三千里。枝東北鬼門，萬鬼所出入也。荼與、鬱壘居其門，執葦索以食鬼。故十有二月歲竟，臘之夜，遂以荼、壘并掛葦索於門。」

古傳制鬼之神頗多，神異經之尺郭、述異記之鬼母(見後)、唐時始傳之鍾馗，皆與桃都、度朔二神相類。晉崔豹古今註卷下有神巫寶眊，以木棒殺鬼，令人思及殺羿之桃棓。文曰：

「程雅問：『拾櫨木一名無患者，何也？』答曰（按：以上四字原脫）：『昔有神巫，名曰寶眊，能符劾百鬼，得鬼則以此爲棒殺之。世人相傳，以此木爲衆鬼所畏，競取爲器，用以却厭邪鬼，故號曰無患也。』」又載後唐馬縞中華古今註卷中，作「拾櫨鬼木」。

干寶 搜神記　據清張海鵬學津討原本

又稱搜神錄，東晉干寶撰。隋志雜傳類有目，三十卷，與晉書本傳符，兩唐志同，新志入小說家。宋後散佚不全，明人胡應麟輯其佚文，編訂爲二十卷，嗣後胡震亨刻入秘冊彙函，毛晉又收入津逮秘書，遂得行世。書中多有誤收他書者。此外版本尚有鹽邑志林、學津討原、百子全書等本。今人汪紹楹有校注本。類說卷七、明本說郛卷四、五朝小說、陶珽說郛卷一一七、舊小說等亦有節錄。又有八卷本者，刊於稗海、廣漢魏叢書、增訂漢魏叢書、龍威秘書、說庫等，係明人贋作。唐寫本搜神記、道藏本搜神記，皆別書，與寶作偶同名耳。

干寶事跡具晉書卷八二本傳。寶字令升，新蔡（今屬河南）人。西晉末召爲佐著作郎，東晉初表爲史官，領國史，後補山陰令，遷始安太守，又爲司徒右長史，遷散騎常侍。著晉紀二十卷，時稱良史。生卒年不詳，約生於武帝太康中，卒於穆帝永和間。

是書採集「古今神祇靈異人物變化」（本傳），旨在「發明神道之不誣」（自序），然內容贍富，佳作頻見，文筆直而能婉，堪稱魏晉志怪之冠，故時人讚寶爲「鬼之董狐」（本傳及世說排調）也。

葛玄〔一〕

葛玄字孝先，從左元放受九丹金液仙經〔二〕。與客對食，言及變化之事，客曰：「食〔三〕畢，先生作一事特戲者。」玄曰：「君得無卽欲有所見乎？」乃嗽口中飯，盡變大蜂數百，皆集客身，亦不螫人。久之，玄乃張口，蜂皆飛入。玄嚼食之，是故飯也。又指蝦蟆及諸行蟲燕雀之屬使舞，應節如人。冬爲客設生瓜棗，夏致冰雪。又以數十錢，使人散投井中，玄以一器于井上呼之，錢一一飛從井出。爲客設酒，無人傳杯，杯自至前；如或不盡，杯不去也。

嘗與吳主〔四〕坐樓上，見作請雨土人。帝曰：「百姓思雨，寧可得乎？」玄曰：「雨易得耳。」乃書符，著社〔五〕中，頃刻間，天地晦冥，大雨流淹。帝曰：「水中有魚乎？」玄復書符擲水中，須臾，有大魚數百頭。使人治之。（卷一）

〔一〕按：學津討原本目錄各條皆有題，當係張海鵬所加。今或從之，或另自擬。

〔二〕按：神仙傳云葛玄從左元放受九丹金液仙經（見附錄），抱朴子內篇金丹亦云：「昔左元放於天柱山中精思，而神人授之金丹仙經……余從祖仙公，又從元放受之。凡受太淸丹經三卷及九鼎丹經一卷、金液丹經一卷。」原作「九丹液仙經」，是脫一「金」字，據補。左元放，名慈，漢末道士，神仙傳、後漢書俱有傳。搜神記卷一「左慈」條亦載其異跡。

〔三〕食，原譌作「事」，類聚卷九七引葛仙公別傳作「食」，據正。

〔四〕吳主，據神仙傳，吳主乃孫權。

〔五〕社，祠社神之所。社神卽土地神，又曰后土。說文一上示部：「社，地主也。從示土。春秋傳曰：『共工之子句龍爲社神。』」段注：「左氏傳昭公廿九年：『史墨曰：共工氏有子曰句龍，爲后土。后土爲社。』」

葛玄事，佚名葛仙公別傳（佚）、葛洪神仙傳載之甚詳。

類聚卷五引葛仙公別傳曰：「公與客談語，時天大寒。仙公謂客曰：『居貧，不能人人得爐火，請作一大火，共致煖者。』仙公因吐氣，火赫然從口中出。須臾大滿屋，客皆熱脫衣矣。」（又見引於書鈔卷一五六、御覽卷八六八）

卷九七又引曰：「仙公與客對食，客曰：『食畢，當請先作一奇戲。』食未竟，仙公曰：『諸君得無邑邑，欲見乎？』卽吐口中飯，盡成飛蜂滿屋，或集客身，莫不震肅，但自不螫人耳。良久，仙公乃張口，見蜂皆飛還入口中，成飯食之。」（又見引於書鈔卷一四四，御覽卷三四、卷八五〇、卷九五〇）

御覽卷一一引葛仙公傳曰：「吳主嘗與仙公坐於樹上，望見道間人民請雨土人，累時不得。仙公曰：『雨可得耳。』卽書符着社廟中，日午大雨，尺餘水。」又卷七五九引曰：「仙公爲客設酒，不令人傳之，見杯自至人前，若不盡者，則杯不去。」又卷八三六引曰：「取十錢使人一一投井中，公井上以器呼錢，人見從井中一一飛出，入公器中。投人刻識之，所呼皆得，是所投者。」（又卷一八九引）

御覽卷三九四、卷四九四、卷七三六尙引孫堅害仙公，驅馬逐之不及，葛仙公識破老人定年，江中投符等三事，後二者俱見神仙傳，從略。

神仙傳卷七葛玄傳云：「葛玄字孝先，從左元放受九丹金液仙經，未及合作。常服餌術。尤長於治病，鬼魅皆見形，或遣或殺。能絕穀，連年不饑。能積薪烈火，而坐其中，薪盡而衣冠不灼。飲酒一斛，便入深泉澗中臥，酒解乃出，身不濡濕。玄備覽五經，又好談論。好事少年數十人，從玄游學。嘗舟行，見器中藏書札符數十枚，因問此符之驗：『能爲何事？可得見否？』玄曰：『符亦何所爲乎？』卽取一符投江中，流而下。玄曰：『何如？』客曰：『吾投之亦能爾。』玄又取一符投江中（按：以上二十三字據廣記卷七一引補），逆流而上，曰：『何如？』客曰：『異矣！』又取一符投江中，停立不動。須臾，下符上，上符下，三符合一處，玄乃取之。又江邊有一洗衣女，玄謂諸少年曰：『吾爲卿等走此女，何如？』客曰：『善。』乃投一符于水中，女便驚走，數里許不止。玄曰：『可以使止矣。』復以一符投水中，女即止。還，人問女何怖而走，答曰：『吾自不知何故也？』玄常過主人，主人病，祭祀道精人，而使玄飲酒。精人言語不遜，玄大怒曰：『奸鬼敢爾！』敕五伯曳精人縛柱鞭脊，即見如有人牽精人出者，至庭抱柱，解衣投地，但聞鞭聲，血出淋漓。精人故作鬼語乞命，玄曰：『赦汝死罪，汝能令生人病愈否？』精人曰：『能。』玄曰：『與汝三日期，病者不愈當治汝。』精人乃見放。玄嘗行過廟，此神常使往來之人，未至百步乃下騎乘。中有大樹數十株，上有羣鳥，莫敢犯之。玄乘車過，不下，須臾有大風，迴逐玄車，塵埃漫天，從者皆辟易。玄乃大怒曰：『小邪敢爾！』即舉手止風，風便止。玄還，以符投廟中，樹上鳥皆墮地而死。後數日，廟樹盛夏皆枯。尋廟屋火起，焚燒悉盡。玄見買魚者在水邊，玄謂魚主曰：『欲煩此魚至河伯處，可乎？』魚人曰：『魚已死矣，何能爲？』玄曰：『無苦也。』乃以魚與玄。玄以丹書紙置魚腹，擲魚水中。俄頃，魚還躍上岸，吐墨書青色如大葉而飛去。玄常有賓後來者，出迎之，坐上又有一玄與客語，迎送亦然。時天寒，玄謂客曰：『貧居，不能人人得爐火，請作火共使得煖。』玄因張口吐氣，赫然火出，須臾滿屋，客盡得如在日中，亦不甚熱。諸書生請玄作可以戲者，玄時患熱，方仰臥，使人以粉粉身，未及結衣，答曰：『熱甚，不能起作戲。』玄因徐徐以腹揩屋棟數十過，還復牀上，及下，冉冉如雲氣，腹粉着屋棟，連日尚在。玄方與客對食，食畢漱口，口中飯盡成大蜂數百頭，飛行作聲。良久張口，羣蜂還飛入口中，玄嚼之，故是飯也。玄手拍牀，蝦蟆及諸蟲、飛鳥燕雀、魚鼈之屬，使之舞，皆應絃節如人，玄止之卽止。玄冬中能爲客設生瓜，夏致冰雪。又能取數十錢，使人散投井中，玄徐徐以器於上，呼錢出，於是一一飛從井中出，悉入器中。玄爲客致酒，無人傳杯，杯自至人前；或飲不盡，杯亦不去。畫流水，卽爲逆流十丈許。于時有一道士，頗能治病，從中國來，欺人言：『我數百歲。』玄知其詐。後會衆坐，玄謂所親曰：『欲知此公年否？』所親曰：『善。』忽有人從天上下，舉座矚目，良久集地，着朱衣進賢冠，入至此道士前曰：『天帝詔問公之定年幾許，而欺誑百姓。』道士大怖，下牀長跪，答曰：『無狀，寔年七十三。』玄因撫手大笑，忽然失朱衣所在，道士大慚，遂不知所之。吳大帝請玄相見，欲加榮位，玄不聽，求去不得，以客待之。常共遊宴坐上，見道間人民請雨，帝曰：『百姓請雨，安可得乎？』玄曰：『易得耳。』卽便書符著社中。一時之間，天地晦冥，大雨流注，中庭平地水尺餘。帝曰：『水寧可使有魚乎？』玄曰：『可。』復書符水中。須臾，有大魚百許頭，亦各長一二尺，走水中。帝曰：『可食乎？』玄曰：『可。』遂使取治之，乃眞魚也。常從帝行舟，遇大風，百官船無大小，多濡沒，玄船亦淪，失所在。帝歎曰：『葛公有道，亦不能免此乎？』乃登四望山，使人鈎船。船沒已經宿，忽見玄從水上來，旣至，尚有酒色，謝帝曰：『昨因侍從，而伍子胥見彊牽過，卒不得捨去，煩勞至尊暴露水次。』玄每行，卒逢所親，要于道間樹下，折草刺樹，以杯器盛之，汁流如泉，杯滿卽止，飲之皆如好酒。又取土石草木以下酒，入口皆是鹿脯。其所刺樹，以杯承之，杯至卽汁出，杯滿卽止，他人取之，終不爲出也。或有請玄，玄意不欲往，主人彊之，不得已隨去。行數百步，玄腹痛，止而臥地，須臾死。舉頭頭斷，舉四肢四肢斷，更臭爛蟲生，不可復近。請之者遽走告玄家，更見玄故在堂上。此人亦不敢言之，走還向玄死處，已失玄尸所在。與人俱行，能令去地三四尺，仍並而步。又玄游會稽。有賈人從中國過神廟，廟神使主簿教語賈人曰：『欲附一封書與葛公，可爲致之。』主簿因以函書擲賈人船頭，如釘着，不可取。及達會稽，卽以報玄，玄自取之卽得。語弟子張大言曰：『吾爲天子所逼留，不遑作大藥。今當尸解，八月十三日日中時當發。』至期，玄衣冠入室，臥而氣絕，其色不變。弟子燒香，守之三日。夜半忽大風起，發屋折木，聲如雷，炬滅。良久風止，忽失玄所在，但見委衣床上，帶無解者。旦問隣家，隣家人言了無大風。風止此一宅，籬落樹木，皆敗折也。』

三國志卷六三吳範劉惇趙達傳末注引抱朴子，亦載葛仙公沒水事，略同神仙傳。

陳葆光三洞羣仙錄卷一一引丹臺新錄（宋靑霞子）曰：「葛仙翁嘗取錢，使人投於井中。公往井上以器呼錢，人見其錢一一飛從井中出，入公器中。」卷一二又引曰：「葛仙翁嘗船行，弟子見公箱中有十許符，因問曰：『此符之驗盡何事？可得見否？』公曰：『神符亦無所不爲。』弟子欲願見之。公乃取一符投水中，水迅急，符逐水而流下。公曰：『如何？』客曰：『今凡人投之亦當爾。』復投一符，卽迎水逆上。公曰：『如何？』客曰：『異矣。』復取一符投水中，符亭亭不上不下。須臾，上符下，下符上，會中央，三符同聚而不流。」又卷一七引云：「仙翁葛玄行過武康主人，主人病劇，令女巫下神。神令公飲酒，公不飲，輒言語不遜。公曰：『何敢爾！』卽叱五佰捉，曳出鞭脊，不見人，如有引之，去至中庭，已見抱木解衣，但聞鞭聲，舉身流血。主人疾亦愈。」

眞仙通鑑卷二二葛仙公本神仙傳又事夸飾，謂玄年八歲失怙恃，十五六入天台、赤城、上虞山修道云云，文長不錄。古今譚概靈蹟部葛孝先亦載數事，同搜神。

世傳葛玄仙跡甚多。如：事類賦注卷一四引會稽典錄（晉虞預）云：「葛仙翁於女几山憑白桐木几，學道數年，白日登仙。几化爲白麂，三脚兩頭，人往往見之。」

獨異志卷中云：「會稽記：上虞蘭室山，葛玄所隱之處，有隱几，化爲鹿，鹿鳴卽縣令有罪。」廣德神異錄云：「孔懌會稽記云：『葛玄得仙後，几遂化爲三足獸。至今上虞人往往於山中見此案几，蓋欲飛騰之兆也。』金陵六朝記曰：『吳帝赤烏七年八月十七日，葛玄於方山得道，白日昇天。至今有煮藥鐺，山有洗藥池見在。』」（廣記卷七七引）

太平寰宇記卷九四湖州德清縣云：「葛山在縣東北十八里。入東記云葛仙公得仙之所，上有葛公壇。」卷九六越州會稽縣云：「若耶山在縣東南四十四里。昔葛玄道成，所隱桐几化成白鹿，三足共行，兩頭更食。山下有潭，潭傍有石，時人謂之葛仙公石。」

又卷九六越州餘姚縣云：「蘭芎山，會稽錄云：昔葛玄隱于蘭芎山，後于此仙去，所隱几化爲生鹿而去。此山今有素鹿三脚，此鹿若鳴，官吏必有殿黜。」

輿地紀勝卷四安吉州景物上云：「葛山在長興縣東北一十八里。入東記云葛仙翁得仙之所，上有葛公壇。寰宇記德清縣亦有葛仙山。」卷六常州景物上云：「劒井，舊風土記云葛仙翁駐馬之地。」卷八嚴州仙釋云：「葛仙翁村，在分水，乃其煉丹之處，村皆有廟。」卷一〇紹興府仙釋云：「晉葛玄，字孝先，句容人，學道於若耶山，號葛仙公，今會稽有仙公釣磯。」卷一二台州景物下云：「丹霞洞，在天台觀東北，卽葛仙翁煉丹之處也。丹霞小洞，在天台縣北一十五里，舊傳葛玄煉丹于此。」卷二一信州景物下云：「葛溪驛，按信州弋陽縣有葛溪，水源出上饒縣靈山，又有葛玄仙翁塚焉，因名葛溪。」

五色線卷上云：「葛仙翁憑桐木几，於女几山學仙得道。後几化爲三足白麂，時出於山上。」

董永

漢董永，千乘〔一〕人。少偏孤〔二〕，與父居，肆力田畝，鹿車載自隨〔三〕。父亡，無以葬，乃自賣爲奴，以供喪事。主人知其賢，與錢一萬遣之。永行三年喪畢，欲還主人，供其奴職。道逢一婦人，曰：「願爲子妻。」遂與之俱。主人謂永曰：「以錢與君矣。」永曰：「蒙君之惠，父喪收藏。永雖小人，必欲服勤致力，以報厚德。」主曰：「婦人何能？」永曰：「能織。」主曰：「必爾者，但令君婦爲我織縑〔四〕百疋。」於是永妻爲主人家織，十日而畢。女出門，謂永曰：「我，天之織女也。緣君至孝，天帝令我助君償債耳。」語畢，凌空而去，不知所在。（卷一）

〔一〕千乘（ㄕㄥ），郡名，西漢置，治千乘（今河北高青縣高苑鎭北），東漢改爲樂安國。

〔二〕偏孤，雙親失去一方。偏，半也。此指失母。

〔三〕鹿車，一種小車。後漢書趙憙傳：「載以鹿車，身自推之。」李賢注引風俗通曰：「俗說鹿車窄小，裁容一鹿。」此句謂永田作時以鹿車載父自隨。珠林卷六二引劉向孝子傳云：「鹿車載父自隨」。

〔四〕縑，雙絲細絹。釋名釋采帛：「縑，兼也，其絲細致，數兼於絹，染兼五色，細致不漏水也。」

董永事原出劉向孝子圖（又云孝子傳），御覽卷四一一引曰：「前漢董永，千乘人。少失母，獨養父。父亡，無以葬，乃從人貸錢一萬。永謂錢主曰：『後若無錢還君，當以身作奴。』主甚憫之。永得錢葬父畢，將往爲奴，於路忽逢一婦人，求爲永妻。永曰：『今貧若是，身復爲奴，何敢屈夫人之爲妻。』婦人曰：『願爲君婦，不恥貧賤。』永遂將婦人至，錢主曰：『本言一人，今何有二？』永曰：『言一得二，理何乖乎？』主問永妻曰：『何能？』妻曰：『能織耳。』主曰：『爲我織千疋絹，卽放爾夫妻。』於是索絲，十日之內，千疋絹足。主驚，遂放夫婦二人而去。行至本相逢處，乃謂永曰：『我是天之織女，感君至孝，天使我償之。今君事了，不得久停。』語訖，雲霧四垂，忽飛而去。」（按：「前漢」二字係御覽編者所加。）

法苑珠林卷六二及句道興搜神記（敦煌變文集卷八）並亦引，文句多所不同，亦錄於左：

珠林引劉向孝子傳曰：「董永者，少偏孤，與父居。乃肆力田畝，鹿車載父自隨。父終，自賣於富公，以供喪事。道逢一女，呼與語云：『願爲君妻。』遂俱至富公。富公曰：『女爲誰？』答曰：『永妻，欲助償債。』公曰：『汝織三百疋，遣汝。』一旬乃畢。女出門，謂永曰：『我天女也，天令我助子償人債耳。』語畢，忽然不知所在。」（按：珠林引「董永者」下注云：「鄭緝之孝子感通傳曰永是千乘人。」）

句道興搜神記云：「昔劉向孝子圖曰：有董永者，千乘人也。少失其母，獨養老父，家貧困苦。至於農月，與轆車推父於田頭樹蔭下，與人客作，供養不闕。其父亡歿，無物葬送，遂從主人家典田，貸錢十萬文。語主人曰：『後無錢還主人時，求與歿身主人爲奴，一世償力。』葬父已了，欲向主人家去。在路逢一女，願與永爲妻。永曰：『孤窮如此，身復與他人爲奴，恐屈娘子。』女曰：『不嫌君貧，心相願矣，不爲恥也。』永遂共到主人家。主人曰：『本期一人，今二人來，何也？』主人問曰：『女有何伎能？』女曰：『我解織。』主人曰：『與我織絹三百疋，放汝夫妻歸家。』女織經一旬，得絹三百疋。主人驚怪，遂放夫妻歸還。行至本相見之處，女辭永曰：『我是天女，見君行孝，天遣我借君償債。今既償了，不得久住。』語訖，遂飛上天。前漢人也。』

（按：此經唐人增飾，非原文也。）

題作孝子傳者非唯向一書。唐寫本孝子傳亦引劉向孝子傳，無撰名，不知屬誰氏。文較詳，當亦經唐人增飾。茲錄於下：「董永，千乘人也。少失其母，獨養於父，家貧傭力，篤於孝養。至於農月，永以鹿車推父至於畔上，供養如故。後數載，父歿，葬送不辦，遂與聖人貸錢一萬，卽千貫也，將殯其父。葬殯已畢，遂來償債，道逢一女，願欲與永爲妻。永曰：『僕貧寒如是，父終無已殯送，取主人錢一萬，今充身償債爲奴，烏敢屈娘子。』婦人曰：『心所相樂，誠不恥也。』永不得已，遂與婦人同詣主人。主人曰：『汝本言一身，今二人同至，何也？』永曰：『買一得二，何怪也？』『有何所解也？』答曰：『會織絹。』主人云：『但與織絹三百疋，放汝夫妻皈還。』織經一旬，得絹三百疋。主人驚怪，遂放二人歸迴。至於本期之處，妻辭曰：『我天之織女。見君至孝，天帝故遣我助君償債。今既免子之難，不合久在人間。』言訖，由升天，永掩

淚不已。天子徵永，拜爲御史大夫。」（敦煌變文集卷八）

其後，蕭繹金樓子志怪篇亦記梗概：「神女爲董永織縑而免災。」唐釋法琳辯正論十喻篇亦稱：「董永孝敬於天女。」

唐寫本董永變文（敦煌變文集卷一）敷衍其事，多有變化。云永十五雙親亡，賣身殯葬耶孃。路逢女人，自云天堂感其行孝，遣已下界爲妻。織錦償債已，二人歸至永莊，仙女留下小孩別去。其子名董仲，七歲時別父覓母，就孫賓求卜。賓云其母同二女人至阿耨池澡浴，命其隱於樹下，抱取其中紫衣，其女卽母也。女見兒，以其不宜住此，與金瓶而遣歸下界，令交付孫賓。金瓶忽出天火，燒却孫賓卜書（按：此以意度之，原文不明），因此不再能占知天上之事。原文僅存唱詞，且多脫譌，文長不錄，撮述大意如上。

蒙求注卷中（佚存叢書本）「董永自賣」注，事同搜神、孝子，唯稱永乃後漢人。（按：學津討原本作「漢董永」。）

張泌妝樓記牛陽泉條云：「牛陽泉：世傳織女送董子經此，董子思飲，舀此水與之，曰寒；織女因祝水令暖，又曰熱。乃拔六英寶釵祝而畫之，於是半寒半熱，相和與飲。」

王象之輿地紀勝卷八四郢州仙釋云：「董仲符，漢董永之子也，母乃天之織女。故生而神靈，數篆符以鎮邪怪。嘗遊京山潼泉，以地多蛇毒，書二符以鎮之，害遂絕。今篆石在京山之巔。」增出董永子之情事。

趙道一眞仙通鑑後集卷二織女云：「漢書：董永少失母，養父，家貧傭力，至農月以小車推父，置田頭陰樹下，而營農作。父死後，自主人貸錢一萬，自賣身爲奴，遂得錢葬父。還，於路忽見一婦人，姿容端正，求爲永妻，永乃與俱詣主人。主人令永妻織絹六百匹：『放汝夫妻。』乃當機織，一月畢。主人深怪其速疾，遂放之。相隨至舊相見之處，而辭永曰：『我天之織女。緣君至孝，天帝令助君償債。』言訖淩空而去。今泰州有漢董永所居，天女繰絲井存焉。」（按：泰州，今江蘇泰州市。）情史卷一九織女亦載其事，無異辭。

清平山堂話本有董永遇仙記話本，大加演飾。宋元戲文董秀才遇仙記（錢南揚宋元戲文輯佚），明傳奇顧覺宇織錦記（一名天仙記，曲海總目提要卷二五，佚），佚名槐陰記（堯天樂佚），心一子遇仙記（明淸傳奇鈎沉），淸傳奇賣身記（古典戲曲存目彙考卷一三，佚），乃至今黃梅戲天仙配等，均衍董永故事。其情事之嬗變，則難盡述矣。

天上玉女

魏濟北國從事掾弦超〔一〕，字義起〔二〕。以嘉平〔三〕中夜獨宿，有神女來從之，自稱天上玉女，東郡人，姓成公，字知瓊〔四〕。早失父母，天帝〔五〕哀其孤苦，遣令下嫁從夫。超當其夢也，精爽感悟，嘉其美異，非常人之容；覺寤欽想，若存若亡。如此三四夕。一旦，顯然來遊，駕輜軿車〔六〕，從八婢，服綾羅綺繡之衣，姿顏容體，狀若飛仙。自言年七十〔七〕，視之如十五六女。車上有壺榼、青白瑠璃五具〔八〕，飲啗奇異，饌具醴酒，與超共飲食。謂超曰：「我，天上玉女，見遣下嫁，故來從君。不謂君德〔九〕，宿時感運，宜爲夫婦。不能有益，亦不能爲損，然往來常可得駕輕車、乘肥馬，飲食常可得遠味異膳，繒素常可得充用不乏。然我神人，不爲君生子，亦無妬忌之性，不害君婚姻之義。」遂爲夫婦。贈詩一篇，其文曰：「飄颻浮勃逢〔一〇〕，敖曹雲石滋〔一一〕。芝〔一二〕英不須潤，至德與時期。神仙豈虛感〔一三〕，應運來相〔一四〕之。納我榮五族，逆我致禍菑。」此其詩之大較。其文二百餘言，不能悉錄。兼註易〔一五〕七卷，有卦有象，以彖爲屬〔一六〕，故其文言既有義理，又可以占吉凶，猶揚子之太玄、薛氏之中經〔一七〕也。超皆能通其旨意，用之占候。

作夫婦經七八年。父母爲超娶婦之後，分日而燕〔一八〕，分夕而寢。夜來晨去，倏忽若飛，唯超見之，他人不見。雖居闇室，輒聞人聲，常見踪跡，然不覩其形。後人怪問，漏泄其事。玉女遂求去，云：「我神人也，雖與君交，不願人知。而君性疏漏，我今本末已露，不復與君通接。積年交結，恩義不輕，一旦分別，豈不愴恨！勢不得不爾，各自努力。」又呼侍御下酒飲啗。發簏〔九〕，取織成〔一○〕裙衫兩副遺超，又贈詩一首。把臂告辭，涕泣流離，肅然昇車，去若飛迅。超憂感積日，殆自委頓。

去後五年，超奉國使至洛，到濟北魚山〔一一〕下，陌上西行，遙望曲道頭，有一車馬〔一二〕，似知瓊，驅馳前至，果是也。遂披帷相見，悲喜交切。控左援綏〔一三〕，同乘至洛，遂爲室家，剋復舊好。至太康〔一四〕中猶在，但不日日往來，每於三月三日、五月五日、七月七日、九月九日、旦十五日〔一五〕輒下往來，經宿而去。張敏爲之作神女賦〔一六〕。（卷一）

〔一〕濟北國，各本俱作「濟北郡」。按晉書地理志上、宋書州郡志一載，漢置濟北國，治盧（今山東長清縣），劉宋改爲郡，是則本應作「濟北國」，今正，下文「奉郡使至洛」，亦改「郡」爲「國」。從事掾（yuàn），州郡（國）之佐吏。弦超，太平寰宇記卷一三引述征記作「延超」，書鈔卷一二九引神女傳作「班義起」，姓氏並譌，見附錄。

〔二〕義起，御覽卷三九九引智瓊傳作「義超」，譌。

〔三〕嘉平，魏齊王芳年號，起二四九年訖二五四年十月。

〔四〕成公，複姓，御覽卷六七七引作「成」。知瓊，類聚卷七九、御覽引作「智瓊」，神女傳、智瓊傳、述征記、集仙錄並同，見附錄。

〔五〕天帝，原作「天地」，據津逮秘書及鹽邑志林本改。集仙錄作「上帝」。

〔六〕輜軿（ㄗ ㄆㄧㄢˊ）車，婦女所乘之車，有帷幕遮掩。

〔七〕七十，類聚引作「十七」，無下句。

〔八〕榼（ㄎㄜˋ），酒器。青白瑠璃五具，青色白色瑠璃製成之各種器具。集仙錄無「五具」二字。

〔九〕謂，爲也。按集仙錄無此四字。

〔一〇〕按：此句諸本皆脫「飆」字，據集仙錄補。勃，通「渤」，即渤海。古時東海、渤海共稱渤海，又曰滄海，渤海則稱渤澥。逢，借作「蓬」，蓬萊也。史記封禪書：「蓬萊、方丈、瀛洲，此三神山者，其傳在勃海中，去人遠……諸仙人及不死之藥皆在焉。」

〔一一〕敖曹，同「嗷嘈」，喧聲。雲石，石磬，八音之一，泛指樂器。

〔一二〕按：「芝」下原衍「一」字，據集仙錄刪。

〔一三〕感，類聚、珠林卷八引作「降」，集仙錄同。

〔一四〕相，助也。

〔一五〕易，周易，分經、傳兩部份，經爲卦爻辭；傳是解釋性文辭，稱十翼，皆後人所爲。

〔一六〕卦，周易中以陽爻（⚊）與陰爻（⚋）相配，所成之符號曰卦。象，含有象徵意義之卦爻之形象。解釋卦爻象徵意義之文辭曰象辭或象傳。彖（ㄊㄨㄢˋ），統論一卦要義之文辭，又稱彖辭、彖傳。

〔一七〕揚子，揚雄。太玄，太玄經，十卷，仿周易而作。薛氏中經不詳。

〔一八〕燕，通「宴」，飲宴。

〔一九〕篚，圓形竹器。

〔二〇〕織成，一種名貴織物，製品多為貴族服飾。

〔二一〕魚山，又名吾山、魚條山，在山東東阿縣。東阿時屬濟北國。

〔二二〕車馬，珠林引作「馬車」。按「車馬」即「馬車」，鵲奔亭云「車牛一乘」可證（見後）。

〔二三〕左，左驂。駕車之馬，兩旁者曰驂，中間者曰服。綏，車上索，備登車牽引之用。

〔二四〕太康，晉武帝司馬炎年號，起二八〇年訖二八九年。

〔二五〕旦，月旦，初一。集仙錄作「月旦十五」。

〔二六〕張敏，各本俱作「張茂先」，集仙錄同。按類聚卷七九引晉張敏神女賦，序文同集仙錄引，張敏又有神女傳（見附錄），是張茂先乃「張敏」之誤，故正。張敏，西晉人。全晉文卷八〇云：「敏，太原中都人。咸寧中為尚書郎，領秘書監。太康初出為益州刺史。」其神女賦云：「皇覽余之純德，步朱闕之崢嶸。靡飛除而入秘殿，侍太極之穆清。帝愍余之勤肅，將休余於中州。託玄靜以自處，寔應夫子之好仇。於是主人憮然而問之曰：『爾豈是周之褒姒，齊之文姜，孽婦淫鬼，來自藏乎？儻亦漢之遊女，江之娥皇，猒真偕，倦仙侍乎？』於是神女乃斂袂正襟而對曰：『我實貞淑，子何猜焉。且辯言知禮，恭爲令則，美姿天挺，盛飾表德，以此承歡，君有何惑？』爾乃敷茵席，垂組帳，嘉旨既設，同牢而饗，微聞芳澤，心盪意放。於是尋房中之至嬿，極長夜之懽情，心眇眇以忽忽。想北里之遺聲，賦斯時之要妙。進偉服之紛敷，俛撫衽而告辭，仰長歎以欷吁，乘雲霧而變化，遙弃我其焉如。」此類聚節引，非全文也。

弦超、知瓊事本出張敏神女傳，書鈔卷一二九引有，僅「班義起感神女智瓊，智瓊復去，賜義起織成裙衫」數語。類聚卷七九又引其神女賦並序，均係節錄。樂府詩集卷四七祠漁山神女歌題解引張茂先神女賦序「魏濟北從事弦超」云云，實係張敏神女傳之節錄，誤張敏爲張茂先。廣記卷六一引集仙錄亦有序（無賦），撰名誤作張茂先，序文遠較類聚爲詳，茲引錄如下：「世之言神仙者多矣，然未之或驗。如弦氏之婦，則近信而有徵者。甘露中，河濟間往來京師者，頗說其事，聞之常以鬼魅之妖耳。及遊東土，論者洋洋，異人同辭，猶以流俗小人，好傳浮僞之事，直謂訛謠，未遑考核。會見濟北劉長史，其人明察清信之士也，親見義起，受其所言，讀其文章，見其衣服贈遺之物，自非義起凡下陋才所能構合也。又推問左右知識之者，云當神女之來，咸聞香薰之氣、言語之聲，此卽非義起淫惑夢想明矣。又人見義起強甚，雨行大澤中而不沾濡，益怪之。鬼魅之近人也，無不羸病損瘦，今義起平安無恙，而與神人飲燕寢處，縱情雜慾，豈不異哉！」類聚所引序末又云：「余覽其歌詩，辭旨淸偉，故爲之作賦。」

御覽卷七六一引列異傳云：「濟北弦超，神女來遊，車上有壺榼、靑白琉璃五具。」（按：弦超事在文帝後，非列異傳本文。或以張華曾續列異傳，故史志有張華撰列異之著錄。觀張敏神女賦多誤屬張茂先，豈茂先果續列異，中神女一事，後人不察，遂將神女賦誤屬之茂先耶？）

御覽卷三九九引智瓊傳曰：「弦超字義超，夢神女從之。自稱天上玉女，姓成字智瓊，早喪父母，天帝愍之，遣令得下嫁。如此三四旦，覺寤欽想。顯然來遊，乃駕輜軿車，從八婢，自言『我天帝玉女』，遂爲夫婦。贈詩三百餘言，又著易七卷，超皆能通其旨。」又卷七二八引曰：「弦超爲神女所降，論者以爲神仙，或以爲鬼魅，不可得正也。著作郎干寶以周易筮之，遇頤之益，以示同寮郎，郭璞曰：『頤貞吉，正以養身，雷動山下，氣性唯新；變而之益，延壽永年，乘龍銜風，乃升於天：此仙人之卦也。』」此傳撰人不詳，當爲干寶後人。

晉郭緣生述征記亦記其事，太平寰宇記卷一三鄆州東阿縣引曰：「濟北郡史延超，魏嘉平中有神女成公智瓊降之。超同室疑其有姦，以告監國，詰問，超具言之，智瓊乃絕。後五年，超使將至洛西，到濟北魚山下隕（當作『陌』）上。遙望曲道頭有車馬，似智瓊，前到果是。同乘至洛，克復舊好。太康中仍存。」（按：樂府詩集亦引，作弦超。）

廣記引集仙錄所敍最詳，「他人不見也」後敍行跡泄漏，不同於搜神，文云：「每超當有行來，智瓊已嚴駕於門，百里不移兩時，千里不過半日。超後爲濟北王門下掾。文欽作亂，魏明帝東征，諸王見移于鄴宮，宮屬亦隨監國西徙。鄴下狹窄，四吏共一小屋。超獨臥，智瓊常得往來，同室之人，頗疑非常。智瓊止能隱其形，不能藏其聲，且芳香之氣，達于屋宇，遂爲伴吏所疑。後超嘗使至京師，空手入市，智瓊給其五匣弱綈、五端細紵，采色光澤，非鄴市所有。同房吏問意狀，超性踈辭拙，遂具言之。吏以白監國，委曲問之，亦恐天下有此妖幻，不咎責也。後夕歸，玉女已求去，曰：『我，神仙人也……』」以下同搜神。又後云「張茂先爲之賦神女，其序曰」云云，爲搜神所無。其餘則文句與搜神大同。（按：集仙錄即墉城集仙錄，採古書女仙事蹟而成，五代杜光庭撰。今本無智瓊事。）

元林坤誠齋雜記卷上云：「弦超夢神女從之，自稱天上玉女，東郡人，姓成公，字智瓊，蚤失父母，天帝哀其孤苦，令得下嫁超。當其夢也，嘉其非常，覺寤欽想，如此三四夕。一旦顯然來，駕輜軿車，從八婢，服羅綺之衣，狀若飛仙。自言年十七，遂爲夫婦。」

五朝小說魏晉小說傳奇家、綠窗女史神仙仙姬、舊小說甲集有賈善翔天上玉女記一篇，實即從搜神記抽出，而妄加撰入。情史卷一九從搜神記載入，題天上玉女。

華佗〔一〕

沛國華佗，字元化，一名旉〔二〕。瑯邪劉勳爲河內太守〔三〕，有女年幾二十，苦腳〔四〕左膝裏有瘡，癢而不痛。瘡愈，數十日復發。如此七八年。迎佗使視，佗曰：「是易治之。當得稻糠黃色犬一頭、好馬二匹。」以繩繫犬頸，使走馬牽犬，馬極〔五〕輒易。計馬走三十餘里，犬不能行，復令步人拖曳。計向五十里，乃以藥飲女，女卽安臥，不知人。因取大刀，斷犬腹近後腳之前，以所斷之處向瘡口，令去〔六〕二三寸停之。須臾，有若蛇者從瘡中出，便以鐵椎橫貫蛇頭。蛇在皮中動搖良久，須臾不動，乃牽出，長三尺許，純是蛇，但有眼處，而無瞳子，又逆鱗耳。以膏散著瘡中，七日愈。

佗嘗行道，見一人病咽，嗜食不得下。家人車載，欲往就醫。佗聞其呻吟聲，駐車往視，語之曰：「向來道邊，有賣餅家蒜虀大酢〔七〕，從取三升飲之，病自當去。」卽如佗言，立吐蛇一枚。（卷三）

〔一〕按：原別爲二條，今合之。鹽邑志林本脫後條。

〔二〕華佗，後漢書卷八二下方術列傳下、三國志卷二九方技傳有傳。傳稱佗沛國譙人，字元化，一名旉。精於方藥，多絕技，時人以爲仙。後爲曹操所殺。旉，古「敷」字。裴松之注：「尋佗字元化，其名宜爲旉也。」

〔三〕瑯邪，秦置郡，治瑯邪，東漢改國，移治開陽（今山東臨沂市北）。劉勳，三國志卷一二司馬芝傳注引魏略云：勳字子臺，瑯邪人，爲廬江太守，歸曹操，封列侯。河內，漢置，郡治懷縣（今河南武陟西南）。

〔四〕腳，說文四下肉部：「腳，脛也。」

〔五〕極，疲也。

〔六〕按：「去」字原脫，據華佗別傳（見附錄）補。

〔七〕韲，同「齏」。蒜韲卽蒜末。酢，通「醋」。

三國志、後漢書本傳及佚名華佗別傳，載佗異跡甚多。此二事亦在內，茲錄如下：

三國志方技傳云：「佗行道，見一人病咽塞，嗜食而不得下，家人車載，欲往就醫。佗聞其呻吟，駐車往視，語之曰：『向來道邊，有賣餅家蒜韲大酢，從取三升飲之，病自當去。』卽如佗言，立吐虵一枚，縣車邊，欲造佗。佗尚未還，小兒戲門前，逆見，自相謂曰：『似逢我公，車邊病是也。』疾者前入坐，見佗北壁縣此虵輩約以十數。」

裴注引佗別傳曰：「琅琊劉勳為河內太守，有女年幾二十，左脚膝裏上有瘡，癢而不痛。瘡愈，數十日復發，如此七八年。迎佗使視，佗曰：『是易治之。當得稻糠黃色犬一頭，好馬二疋。』以繩繫犬頸，使走馬牽犬，馬極則易，計馬走三十餘里，犬不能行，復令步人拖曳。計向五十里，乃以藥飲女，女卽安臥不知人。因取大刀，斷犬腹近後脚之前，以所斷之處向瘡口，令去二三寸停之。須臾，有若蛇者從瘡中而出，便以鐵椎橫貫蛇頭。蛇在皮中動搖良久，須臾不動，乃牽出，長三尺所，純是蛇，但有眼處而無童子，又逆鱗耳。以膏散著瘡中，七日愈。」

後漢書·方術列傳云：「佗嘗行道，見有病咽塞者，因語之曰：『向來道隅有賣餅人，萍齏甚酸，可取三升飲之，病自當去。』卽如佗言，立吐一蛇，乃懸於車而候佗。時佗小兒戲於門中，逆見，自相謂曰：『客車邊有物，必是逢我翁也。』及客進，顧視壁北，懸蛇以十數，乃知其奇。」李賢注亦引佗別傳，同裴注。

又，初學記卷二〇、御覽卷七四二亦並引華佗別傳女瘡事，書鈔卷一四六亦引華佗別傳吐蛇事，均簡。

獨異志卷下云：「魏國有女子極美麗，踰時不嫁，以右膝上常患一瘡腫，膿水不絕。遇華佗過，其父問之，佗曰：『使人乘馬牽一栗色犬，走三十里，歸而截犬右足拄之。』俄頃一赤蛇從瘡而出，入犬足中。其疾遂愈。」

廣記卷二一八引獨異志，此前尚有佗爲郡守治疾事。又引志怪云：「後漢末，有人得心腹瘕病，晝夜切痛，臨終敕其子曰：『吾氣絕後，可剖視之。』其子不忍違言，剖之，得一銅鎗，容數合許。後華佗聞其病而解之，因出巾箱中藥，以投鎗，鎗即成酒焉。」此事書鈔卷一三五、御覽卷七四三並引，書鈔作孔氏志怪。

眞仙通鑑卷二〇華佗，節後漢書文，甚簡。

胡母班

胡母班，字季友〔一〕，泰山〔二〕人也。曾至泰山之側，忽于樹間逢一絳衣騶〔三〕，呼班云：「泰山府君召。」班驚愕，逡巡未答。復有一騶出呼之，遂隨行。數十步，騶請班暫瞑。少頃，便見宮室，威儀甚嚴。班乃入閤拜謁，主爲設食，語班曰：「欲見君無他，欲附書與女壻耳。」班問：「女郎何在？」曰：「女爲河伯婦。」班曰：「輒當奉書，不知緣何得達？」答曰：「今適河中流，便扣舟呼青衣〔四〕，當自有取書者。」班乃辭出。昔騶復令閉目，有頃，忽如故道。

遂西行。如神言而呼青衣，須臾，果有一女僕出，取書而沒。少頃復出，云：「河伯欲暫見君。」婢亦請瞑目，遂拜謁河伯。河伯乃大設酒食，詞旨殷勤。臨去，謂班曰：「感君遠爲致書，無物相奉。」於是命左右：「取吾青絲履來。」以貽班。班出，瞑然忽得還舟。

遂於長安經年而還，至泰山側，不敢潛過，遂扣樹，自稱姓名：「從長安還，欲啓消息。」須臾，昔騶出引班，如向法而進，因致書焉。府君請曰：「當別再報。」班語訖如廁，忽見其父著械徒作，此輩數百人。班進拜，流涕問：「大人何因及此？」父云：「吾死，不幸見譴〔五〕三年，今已二年矣，困苦不可處。知汝今爲明府所識，可爲吾陳之，乞免此役，便欲得社公〔六〕耳。」班乃依教，叩頭陳乞。府君曰：「生死異路，不可相近，身無所惜。」班苦請，方許之。於是辭出還家。

歲餘，兒子死亡略盡。班惶懼，復詣泰山。扣樹求見，昔騶遂迎之而見。班乃自說：「昔辭曠拙。及還家，兒死亡至盡。今恐禍故未已，輒來啓白，幸蒙哀救。」府君拊掌大笑曰：「昔語君『死生異路，不可相近』故也。」卽勑外召班父。須臾，至庭中，問之：「昔求還里社〔七〕，當爲門戶作福，而孫息死亡至盡，何也？」答云：「久別鄉里，自忻得還，又遇酒食充足，實念諸孫，召之。」於是代之，父涕泣而出，班遂還。後

有兒，皆無恙。（卷四）

〔一〕胡母班，漢末人。後漢書卷七四及三國志卷六袁紹傳載，班董卓時爲執金吾，袁紹使河內太守王匡殺之。後漢書注引漢末名士錄曰：「胡母班字季友，泰山人，名在八廚。」又引謝承書（謝承後漢書）曰：「班，王匡之妹夫。匡受紹旨，收班繫獄……班遂死於獄。」三國志注引漢末名士錄乃謂班字季皮。

〔二〕泰山，郡名，漢置，治博縣（今山東泰安東南），後移奉高（今泰安東北）。

〔三〕騶（ㄗㄡ），騶從、騶騎，侍從達官之騎士。絳衣，大紅衣，騶騎所服。

〔四〕青衣，婢女，多著青衣，故名。

〔五〕讉，原作「遣」，各本皆同，據廣記卷二九三引正。

〔六〕社公，社神、土地神。禮記郊特牲：「社祭土而主陰氣。」孔穎達疏引許慎曰：「今人謂社神爲社公。」按此社公乃鄉里之土神，與后土之爲土地總神不同。

〔七〕里社，里中祀社神之所。

此記採自列異傳。御覽卷六九七引曰：「胡母班爲太山府君賚書，請河伯，貽其青絲履，甚精巧也。」非全文。

五朝小說魏晉小說傳奇家與舊小說甲集，有泰山府岳記，全同搜神此文，妄題撰人爲晉庚翼。

文中之扣樹情節，頗具異趣。同卷「鄭容」條，亦有相似描寫，乃以文石款梓。茲將全文錄於下：「秦始皇三十六年，使者鄭容從關東來，將入函關。西至華陰，望見素車白馬，從華山上下。疑其非人，道住，止而待之。遂至，問鄭容曰：『安之？』答曰：『之咸陽。』車上人曰：『吾華山使也。願託一牘書，致鎬池君所。子之咸陽，道過鎬池，見一大梓，有文石，取款梓，當有應者，卽以書與之。』容如其言，以石款梓樹，果有人來取書。明年，祖龍死。」事又載晉樂資春秋後傳，見水經注渭水及初學記卷五引。

扣樹情節在六朝鬼神故事中，已成模式，時或可見。又如異苑卷五「江伯神」條云：「秦時中宿縣，十里外有觀亭，江神祠壇甚靈異，經過有不恪者，必狂走入山，變爲虎。晉中朝，有質子將歸洛，反路，見一行旅，寄其書云：『吾家在觀亭，亭廟前石間有懸藤卽是也。君至，但扣藤，自有應者。』及歸如言，果有二人從水中出，取書而沒。尋還云：『河伯欲見君。』此人亦不覺，隨去。便覩屋宇精麗，飲食鮮香，言語接對無異世間。今俗咸言，觀亭有江伯神也。」事又載水經注溱水。又誠齋雜記卷上亦載，末云：「此與近日柳毅之事何異乎！」

唐李朝威柳毅傳，毅至洞庭解帶三擊橘樹，俄有武夫出於波間，此正六朝稗家之故技也。

丁姑

淮南全椒縣有丁新婦者〔一〕，本丹陽〔二〕丁氏女，年十六，適全椒謝家。其姑嚴酷，使役有程，不如限者，仍〔三〕便笞捶。不可堪，九月七日〔四〕乃自經死。遂有靈響聞於民間，發言于巫祝曰：「念人家婦女作息不倦，使避九月七日，勿用作事。」

吳平〔五〕後，其女幽魂思鄉欲歸。永平元年〔六〕九月七日，見形著縹衣〔七〕，戴青蓋，從一婢，至牛渚津〔八〕，求渡。有兩男子共乘船捕魚，仍呼求載。兩男子笑，共調弄之，言：「聽我爲婦，當相渡也。」丁嫗〔九〕曰：「謂汝是佳人，而無所知。汝是人，當使汝入泥死；是鬼，使汝入水。」便却入草中。須臾，有一老翁乘船載葦，嫗從索渡。翁曰：「船上無裝，豈可露渡，恐不中載耳。」嫗言：「無苦。」翁因出葦半許，安處著船中〔一〇〕，徑渡之，至南岸。臨去，語翁曰：「吾是鬼神，非人也，自能得過，然宜使民間粗相聞知。翁之厚意，出葦相渡，深有慚感，當有以相謝者。若翁速還去，必有所見，亦當有所得也。」翁曰：「媿燥濕不至〔一一〕，何敢蒙謝！」翁還西岸，見兩男子覆水中。進前數里，有魚千數，跳躍水邊，風吹至岸上。翁遂棄葦載魚以歸。

於是丁嫗遂還丹陽，江南人皆呼爲丁姑。九月七日不用作事，咸以爲息日也。今所在祠之〔三〕。（卷五）

〔一〕淮南，漢爲國，魏改郡，治壽春（今安徽壽縣）。全椒縣，今在安徽。新婦，魏晉時已婚女子之稱呼，既可自稱，亦可稱人。

〔二〕丹陽，郡名，西漢置，治宛陵（今安徽宣城），吳移治建業（今南京市）。丹陽郡屬縣亦有丹陽，又稱小丹陽，即今安徽當塗縣東北之小丹陽鎮。

〔三〕仍，乃也，兼含頻義。下「仍呼求載」亦然。

〔四〕九月七日，各本均作「九月九日」。廣記卷二九二、太平寰宇記卷一二八並引作「九月七日」。按九月九日乃重陽節，作七日是也，據正，下仿此。

〔五〕按：「吳平」以下十九字，據寰宇記引補。晉平吳在二八〇年。

〔六〕永平，晉惠帝年號，僅一年，即二九一年。

〔七〕縹衣，淡青色帛衣。

〔八〕牛渚津，在安徽當塗西北牛渚山下，爲長江著名津渡。

〔九〕嫗，寰宇記引作「姑」。按嫗乃婦女通稱，老少皆可。姑用指婦女則多指少者。

〔10〕按：此句「安處」下原衍一「不」字，同談本廣記引，搜神記此條當輯自談本廣記，故有此誤。明鈔本無，

據刪。

〔二〕媿，原作「恐」，廣記引作「媿」，從正。燥濕，猶言寒溫，爲當時口語。「燥濕不至」即照顧不周之意。三國志吳志駱統傳：「勸權以尊賢接士，饗賜之日，可人人別進，問其燥濕。」

〔三〕按：寰宇記卷一二八云滁州全椒縣有丁姑祠。

五朝小說魏晉小說雜傳家及舊小說甲集有晉殷基丁新婦傳，即此文，撰名妄題。

趙公明參佐

散騎侍郎王祐〔一〕疾困，與母辭訣。既而聞有通賓者，曰某郡某里某人。嘗爲別駕〔二〕，祐亦雅聞其姓字。有頃，奄然來至，曰：「與卿士類，有自然之分，又州里〔三〕，情便款然〔四〕。今年國家有大事，出三將軍分布徵發。吾等十餘人，爲趙公明〔五〕府參佐。至此倉卒，見卿有高門大屋，故來投。與卿相得，大不可言。」祐知其鬼神，曰：「不幸疾篤，死在旦夕，遭卿，以性命相乞〔六〕。」答曰：「人生有死，此必然之事，死者不繫生時貴賤。吾今見領兵三千〔七〕，須卿，得度簿〔八〕相付。如此地〔九〕難得，不宜辭之。」祜曰：「老母年高，兄弟無有，一旦死亡，前無供養。」遂欷歔，不能自勝。其人愴然曰：「卿位爲常伯〔一〇〕，而家無餘財。向聞與尊夫人〔一一〕辭訣，言辭哀苦。然則卿國士也，如何可令死？吾當相爲。」因起去：「明日更來。」

其明日又來，祜曰：「卿許活吾，當卒恩否？」答曰：「大老子〔一二〕業已許卿，當復相欺耶？」見其從者數百人，皆長二尺許，烏衣軍服，赤油爲誌。祜家擊鼓禱祀，諸鬼聞鼓聲，皆應節起舞，振袖颯颯有聲。祜將爲設酒食，辭曰：「不須。」因復起去，謂祜曰：「病在人體中如火，當以水解之。」因取一杯水，發被灌之。又曰：「爲卿留赤筆十餘枝，在薦〔一三〕下，可與人，使簪之，出入辟惡災，舉事皆無恙。」因道曰：「王甲、李乙，吾皆與之。」遂執祜手與辭。

時祜得安眠。夜中忽覺，乃呼左右，令開被：「神以水灌我，將大沾濡。」開被而信有水，在上被之下、下被之上，不浸，如露之在荷。量之，得三升七合。於是疾三分愈二，數日大除。凡其所道當取者，皆死亡，唯王文英〔一四〕半年後乃亡。所道與赤筆人，皆經疾病及兵亂，皆亦無恙。初有妖書云：「上帝以三將軍趙公明、鍾士季〔一五〕，各督數萬〔一六〕鬼下取人。」莫知所在。祜病差，見此書，與所道趙公明合焉〔一七〕。（卷五）

〔一〕散騎侍郎，即散騎常侍，魏始置，在皇帝左右，行規諫、備顧問。王祐，晉書卷二〇禮志中載太元十三年尚書安衆男表中表曹郎王祐名犯父諱，非其人。汪紹楹以爲即汝南王司馬亮孫司馬祐，祐太寧中進號衞將軍，加散騎常侍（晉書卷五九），「王祐」當作「汝南王祐」，脫「汝南」二字，誤以「王祐」爲姓名。按本條御覽卷六〇五、廣記卷二九四、事類賦注卷一五並引作「王祐」，觀趙公明參佐之言，口吻不類對乎王者，疑汪說非。然晉書不見散騎常侍王祐，文似有譌，無可據校，姑依原文。

〔二〕別駕，刺史州牧之貳，總理衆務。

〔三〕州里，鄉里。古以二千五百家爲州，二十五家爲里。

〔四〕款然，融洽。

〔五〕趙公明，陶弘景眞誥卷一〇云：「五方諸神趙公明等」。注：「趙公明，今十二百官儀乃以爲溫鬼之名。」溫，疫也。後世傳爲財神，又稱趙公元帥、趙玄壇，乘黑虎，持鞭。

〔六〕乞，原作「託」。汪校云：「明鈔本太平廣記『託』作『乞』。當據正。」今正作「乞」。（按：今本搜神記此條係輯自談本廣記，故作「託」。今中華書局校談本廣記仍作「託」字，未據明鈔本校正。）

〔七〕三千，廣記引作「千人」。

〔八〕度簿，簿籙之類。

〔九〕地，但也。漢書卷七四丙吉傳「西曹地忍之」注：「李奇曰：『地，猶第也。』師古曰：『第亦但也，語聲之急也。』」

〔一〇〕常伯，周指天子左右大臣。尙書立政：「王左右常伯、常任。」孔疏：「王之親近左右，常所長事，謂三公也。」後稱皇帝左右之侍中、常侍之屬爲常伯。

〔一一〕尊夫人，指王祐母。

〔一二〕大老子，參佐自稱，魏晉口語。卷一八燕昭王墓斑狐，華表精自稱「老表」（見後），亦此類也。

〔一三〕薦，臥席。說文作「荐」，艸部云：「荐，薦席也。」

〔一四〕王文英，書鈔卷一三四引洞林（郭璞）曰：「丞相從事中郎王文英」，殆卽其人。

〔一五〕鍾士季，名會，潁川長社人，鍾繇子，官至司徒，與鄧艾滅蜀，謀逆被殺。見三國志卷二八本傳。按眞誥闡幽微所列鬼官鬼將，諸如賈誼、孔融、蔣濟、曹仁、庾元規、溫嶠、陶侃等等，皆世之聞人，此以鍾會爲鬼將，亦出同轍。又按三將軍僅出二名，疑脫一人。眞仙通鑑卷一八張天師載鬼帥凡八人，趙、鍾二人亦在內，云：「時有八部鬼帥，各領鬼兵，動億萬數，周行人間。劉元達領鬼行雜病，張元伯行瘟病，趙公明行下痢，鍾子（士）季行瘍腫，史文業行暴汗寒瘧，范巨卿行酸痟，姚公伯行五毒，李公仲行狂魅赤眼：皆五行不正殃禍之氣。」

〔一六〕按：「萬」字據廣記引補。

〔一七〕按：「焉」字據津逮本、鹽邑本及廣記引補。

五朝小說魏晉小說傳奇家有烏衣鬼軍記，題晉李朏，舊小說甲集同，實卽搜神此文而獨立成篇，撰人妄加耳。

東海孝婦

漢時〔一〕，東海〔二〕孝婦養姑甚謹。姑曰：「婦養我勤苦，我已老，何惜餘年，久累年少。」遂自縊死。其女告官云：「婦殺我母。」官收繫之，拷掠毒治。孝婦不堪苦楚，自誣服之。時于公〔三〕爲獄吏，曰：「此婦養姑十餘年，以孝聞徹，必不殺也。」太守不聽。于公爭不得理，抱其獄詞哭於府而去。自後郡中枯旱，三年不雨。後太守至，于公曰：「孝婦不當死，前太守枉殺之，咎當在此。」太守卽時身祭孝婦冢，因表其墓。天立雨，歲大熟。

長老傳云：孝婦名周青〔四〕。青將死，車載十丈竹竿，以懸五旛〔五〕，立誓於衆曰：「青若有罪，願殺，血當順下；青若枉死，血當逆流。」既行刑已，其血青黃，緣旛竹而上極標〔六〕，又緣旛而下云〔七〕。（卷一一）

〔一〕漢時，珠林卷六二引作「漢書載」。按漢書于定國傳載此事（見附錄），此記蓋採自漢書。

〔二〕東海，郡名，秦置，治郯（今山東郯城北）。

〔三〕按：漢書卷七一于定國傳曰：「于定國字曼倩，東海郯人。其父于公爲縣獄吏、郡決曹。決獄平，羅文法者，于公所決皆不恨。郡中爲之生立祠，號曰于公祠。」說苑卷五貴德云東海下邳（今江蘇睢寧西北）人。

〔四〕周青，御覽卷四一五引王韶之孝子傳云周青東郡人，其夫曰周少君，詳見附錄。

〔五〕旛，字又作「幡」。集韻平聲元韻：「旛，旗幅下垂者。」

〔六〕按：此句原脫「極」字，據津逮、鹽邑本補。珠林亦引有，然無「上」字。

〔七〕按：「長老傳云」一段非漢書文，而事同劉宋王韶之孝子傳。蓋干寶取漢書文，又據當時傳聞採入周青事，其後王韶之又載入孝子傳也。

東海孝婦事，漢時盛傳。其原爲齊寡婦事。淮南子覽冥訓曰：「庶女叫天，雷電下擊景公，臺隕，支體傷折，海水大出。」高誘注云：「庶賤之女，齊之寡婦，無子不嫁，事姑謹敬。姑無男有女，女利母財，令母嫁婦，婦益不肯。女殺母以誣寡婦。婦不能白明冤結，叫天，天爲作雷電，下擊景公之臺。隕，壞也。毀景公之支體，海水爲之大溢出也。」（按：文選卷三九江淹詣建平王上書：「庶女告天，振風襲於齊臺。」李善注引作許愼曰，文稍簡。）

劉向說苑亦載，事類賦注卷二引其佚文曰：「庶女者，齊之寡婦，養姑。姑女利母財而殺母，以告寡婦。婦不能自解，以寃告天，而大風襲於齊殿。」高、許注語皆本此。

說苑卷五又載東海孝婦事，乃漢書所本，曰：「東海有孝婦，無子少寡，養其姑甚謹。其姑欲嫁之，終不肯。其姑告鄰之人曰：『孝婦養我甚謹，我哀其無子，守寡日久。我老，累丁壯，奈何？』其後，母自經死。母女告吏曰：『孝婦殺我母。』吏捕孝婦，孝婦辭不殺姑。吏欲毒治，孝婦自誣服。具獄以上府，于公以爲養姑十年，以孝聞，此（當作「必」）不殺姑也。太守不聽。數爭不能得，於是于公辭疾去吏。太守竟殺孝婦。郡中枯旱三年。後太守至，卜求其故，于公曰：『孝婦不當死，前太守強殺之，咎當在此。』於是殺牛祭孝婦冢，太守以下自至焉。天立大雨，歲豐熟。郡中以此益敬重于公。」

漢書于定國傳曰：「東海有孝婦，少寡亡子，養姑甚謹，姑欲嫁之，終不肯。姑謂鄰人曰：『孝婦事我勤苦，哀其亡子守寡。我老，久累丁壯，奈何？』其後姑自經死。姑女告吏：『婦殺我母。』吏捕孝婦，孝婦辭不殺姑。吏驗治，孝婦自誣服。具獄上府，于公以爲此婦養姑十餘年，以孝聞，必不殺也。太守不聽，于公爭之弗能得，乃抱其獄具哭於府上，因辭疾去。太守竟論殺孝婦。郡中枯旱三年。後太守至，卜筮其故，于公曰：『孝婦不當死，前太守強斷之，咎當在是乎？』於是太守殺牛，自祭孝婦冢，因表其墓。天立大雨，歲熟。郡中以此大敬重于公。」

周青事係另一傳說，王韶之孝子傳載之尤詳。御覽卷四一五引曰：「周青，東郡人。母疾積年，青扶持左右，四體羸瘦。村里乃歛錢，營助湯藥。母痊，許嫁同郡周少君。少君疾病，未獲成禮，乃求青母見青，囑託其父母；青許之，俄而命終。青供爲務，十餘年中，公姑感之，勸令更嫁，青誓以匪石。後公姑並自殺。女姑告青害殺，縣收栲極，遂以誣款。七月，刑青於市，青謂監殺曰：『乞樹長竿，繫白幡。青若殺公姑，血入泉；不殺者，血上天。』血乃緣幡竿上天。」御覽卷六四六又引，周青夫作周小君。

晉虞預會稽典錄又載上虞寡婦事，亦此類。御覽卷六四五引曰：「孟嘗仕郡戶曹史。上虞有寡婦雙，養姑至孝。姑卒病亡，其女言縣，以雙煞其母。縣不理斷結，竟言郡，郡報治罪。嘗諫，以爲此婦素名孝謹，此必見誣。固諫不聽；遂抱其獄文書，哭於府門。後郡遭大旱三年，上虞尤甚。太守殷丹下車訪問，嘗具陳雙不當死，誅姑之女，改葬孝婦。丹如其言，天應雨注。」事又載後漢書卷六六循吏孟嘗傳：「孟嘗字伯周，會稽上虞人也……仕郡爲戶曹史。上虞有寡婦至孝養姑。姑年老壽終，夫女弟先懷嫌忌，乃誣婦厭苦供養，加鴆其母，列訟縣庭。郡不加尋察，遂結，竟死罪。嘗先知枉狀，備言之於太守，太守不爲理。嘗哀泣外門，因謝病去。婦竟寃死。自是郡中連旱二年，禱請無獲。後太守殷丹到官，訪問其故。嘗詣府，具陳寡婦寃枉之事，因白：『昔東海孝婦感天致旱，于公一言，甘澤時降。宜戮訟者，以謝寃冤，庶幽枉獲申，時雨可期。』丹從之，卽刑訟女而祭婦墓，天應澍雨，谷稼以登。」白帖卷四七冤獄亦陳大略，稱「養姑事同東海孝婦」。

晉時又有陝婦人事。晉書卷九六列女傳云：「陝婦人，不知姓字，年十九。劉曜時嫠居陝縣，事叔姑甚謹。其家欲嫁之，此婦毀面自誓。後叔姑病死。其叔姑有女在夫家，先從此婦乞假不得，因而誣殺其母，有司不能察而誅之。時有羣鳥悲鳴尸上，其聲甚哀，盛夏暴尸十日不腐，亦不爲蟲獸所敗，其境乃經歲不雨。曜遣呼延謨爲太守，既知其冤，乃斬此女，設少牢以祭其墓，謚曰孝烈貞婦，其日大雨。」又晉書卷九〇良吏傳云曹攄爲臨淄令，辨究寡婦冤情，亦屬同類。

後人曾於東海立孝婦廟。太平寰宇記卷二二海州東海縣云：「孝婦廟在縣北三十三里巨平村北。」

元王實甫、梁進之、王仲元均有于公高門雜劇（錄鬼簿），本東海孝婦事而作，皆佚，關漢卿竇娥冤（元曲選），亦脫胎於此。淸陳寶、王曦之東海記，則又演爲傳奇，今悉存（古典戲曲存目彙考卷一二）。

韓憑夫婦

宋康王舍人韓憑〔一〕，娶妻何氏美，康王奪之。憑怨，王囚之，論爲城旦〔二〕。妻密遺憑書，繆其辭〔三〕曰：「其雨淫淫，河大水深，日出當心。」既而王得其書，以示左右，左右莫解其意。臣蘇賀對曰：「『其雨淫淫』，言愁且思也；『河大水深』，不得往來也；『日出當心』，心有死志也。」俄而憑乃自殺。

其妻乃陰腐其衣。王與之登臺〔四〕，妻遂自投臺下〔五〕，左右攬之，衣不中手而死。遺書於帶曰：「王利其生，妾利其死。願以屍骨，賜憑合葬。」王怒弗聽，使里人埋之，冢相望也。王曰：「爾夫婦相愛不已，若能使冢合，則吾弗阻也。」宿昔之間〔六〕，便有大梓木生於二冢之端，旬日而大盈抱，屈體相就，根交於下，枝錯於上。又有鴛鴦，雌雄各一，恒棲樹上，晨夕不去，交頸悲鳴，音聲感人〔七〕。宋人哀之，遂號其木曰相思樹〔八〕。相思之名，起於此也〔九〕。今睢陽〔一〇〕有韓憑城，其歌謠至今猶存。（卷一一）

〔一〕宋康王，名偃，公元前三二八年逐其兄剔成肝自立爲君，十一年（前三一八年）稱王，後又稱東帝，旋改王。前二八六年，齊湣王聯合魏楚滅宋，殺康王，在位凡四十三年（按：此據史記六國年表；宋微子世家作四十七年)。康王荒淫酷虐，史記宋微子世家稱其「淫於酒婦人，羣臣諫者輒射之，於是諸侯皆曰『桀宋』」。舍人，諸侯王公之左右親近，戰國、秦、漢皆設此官。類聚卷四〇、珠林卷三六、北戶錄卷三、嶺南錄異卷中、御覽卷五五九又卷九二五、太平寰宇記卷一四並引作「大夫」。韓憑，類聚、珠林、北戶錄、御覽卷五五九皆引作「韓馮」，「馮」通「憑」。獨異志卷中、嶺南錄異引作「韓朋」，韓朋賦(見附錄)同，乃「憑」字之轉音。

〔二〕論，判罪。城旦，一種徒刑。史記秦始皇本紀：「黥爲城旦。」裴駰集解引如淳曰：「律說：『論決爲髡鉗，輸邊築長城，晝日伺寇虜，夜暮築長城。』城旦，四歲刑。」

〔三〕繆，通「繚」。「繚其辭」即故意使詞語意思曲折隱晦，亦即作隱語。御覽卷五五九引作「謬」。

〔四〕按：獨異志引臺名青凌臺，他書又作青陵臺。諸引皆不云臺名，獨異志引非本文。參見附錄。

〔五〕按：「下」字原脫，據類聚、珠林、錄異、北戶、御覽、寰宇記引補。

〔六〕宿昔，極短時間，「昔」通「夕」。宿昔之間猶言早晚之間。

〔七〕按：焦仲卿妻云：「兩家求合葬，合葬華山傍。東西植松柏，左右種梧桐。枝枝相覆蓋，葉葉相交通。中有雙飛鳥，自名爲鴛鴦。仰頭相向鳴，夜夜達五更。行人駐足聽，寡婦起彷徨。」與此相類。六朝尚有其它傳說採用此等幻想形式，詳見附錄。

〔八〕按：草木之以「相思」爲名者甚多。任昉述異記卷上曰：「昔戰國時，魏國苦秦之難。有民從征，戍秦久不返，妻思而卒。既葬，冢上生木，枝葉皆向夫所在而傾，因謂之相思木。今秦趙間有相思草，狀如石竹，而節節相續，一名斷腸草，又名愁婦草，亦名霜草，人呼爲寡婦莎，蓋相思之流也。」段公路北戶錄卷三曰：「相思子，有蔓生者，與龍腦相宜，能令香不耗。」又紅豆亦稱相思子。

〔九〕按：此句下原有「南人謂此禽卽韓憑夫婦之精魂」一句。此句諸引並無，唯嶺表錄異引述，「憑」作「朋」，下又有「故以韓氏名之」六字。此乃劉恂語，南人謂嶺南之人也。胡氏輯搜神，誤入本文，今刪。

〔一〇〕睢陽，卽戰國宋都商丘，秦置爲縣，在今河南商丘縣南。

此事最先載於列異傳（鉤沉漏收），類聚卷九二引曰：「宋康王埋韓馮夫婦，宿夕文梓生。有鴛鴦，雌雄各一，恆棲樹上，晨夕交頸，音聲感人。」雖係節錄，猶可得見搜神正採此。晉袁山松郡國志亦載，始言臺名青陵。太平寰宇記卷一四濟州鄆城縣「青陵臺」下引云：「宋王納韓憑之妻，使憑運土，築青陵臺。至今臺蹟依然。」唐李亢獨異志卷中引搜神記，攙入後起之說，云：「宋康王以韓朋妻美而奪之，使朋築青陵臺，然後殺之。其妻請臨喪，遂投身而死。王命分埋臺左右。期年，各生一梓樹。及大，樹枝條相交，有二鳥哀鳴其上，因號之曰相思樹。」

李義山詩集卷六青陵臺云：「青陵臺畔日光斜，萬古貞魂倚暮霞，莫許韓憑爲蛺蝶，等閑飛上別枝花。」唐人所傳韓憑事，添出化蝶情事。

唐人猶傳有韓朋鳥。嶺表錄異卷中云：「韓朋鳥者，乃鳧鷖之類。此鳥每雙飛，泛溪浦。水鳥中鸂鶒、鴛鴦、鵁鶄，嶺北皆有之，惟韓朋鳥未之見也。」李長吉歌詩卷二惱公曰：「綠樹養韓馮。」

唐俗賦韓朋賦（敦煌變文集卷二）乃韓憑傳說之演化。大意謂賢士韓朋仕宋，三年不歸，妻貞夫思夫而寄書。朋得書心悲，不愼失之，爲宋王所得。王愛其文美，遣梁伯騙得貞夫來，立爲皇后，囚朋，使築淸陵之臺。貞夫見朋，裂裙裾作書，射之臺下，朋得書自死。貞夫求葬之以禮，王許之。葬日貞夫投壙中，宋王使人取之不獲，唯得青白二石。分別埋於道東西，各生桂樹、梧桐，枝根相交。王遣伐之，二札落水，變爲雙鴛鴦。王得其一羽，以之拂項，其頭自落，未及三年，宋國亦亡云。

寰宇記卷一四濟州鄆城縣云縣有韓憑冢，引搜神記云：「宋大夫韓憑娶妻美，宋康王奪之。憑怨王，自殺。妻陰腐其衣，與王登臺，自投臺下。左右攬之，著手化爲蝶。」又引云：「憑與妻各葬相望，冢樹自然交柯，有鴛鴦鳥棲其上，交頸悲鳴。」據唐人所傳，增出化蝶情事。

類說卷二三物類相感志（舊題蘇軾）云：「宋韓朋妻美，康王奪之，妻自殺。王埋之，經宿生樹，支體相交。王欲伐之，化爲鴛鴦飛去。」

天中記卷一八引九國志（宋路振）佚文曰：「韓憑，戰國時爲宋康王舍人，妻何氏美。王欲之，捕舍人築青陵臺，何氏作烏鵲歌以見志，遂自縊死：『南山有烏，北山張羅，烏自高飛，羅當奈何。烏鵲雙飛，不樂鳳凰；妾是庶民，不樂宋王。』」又增出烏鵲歌。元林坤誠齋雜記卷上全取九國志所記。

分類補註李太白詩卷四白頭吟：「古來得意不相負，祇今惟見青陵臺。」宋楊齊賢注：「戰國韓憑爲宋康王舍人，妻何氏美。王欲之，使舍人築青陵臺。何作詩曰：『南山有烏，北山張羅，烏自高飛，羅當奈何。』又：『烏鵲雙飛，不樂鳳凰；妾是庶人，不樂宋王。』遂自縊，韓亦死。王怒埋之，宿夕文木生墳，有鴛鴦棲其上，音聲感人，化爲蝴蝶。臺在開封。」綜合諸說而又自出異辭。情史卷一一連枝梓雙鴛鴦兼採楊注及搜神之說。

明彭大翼山堂肆考羽集卷三四云：「俗傳大蝶必成雙，乃梁山伯、祝英臺之魂。又云韓憑夫婦之魂。」

元庾吉甫有雜劇清陵臺（錄鬼簿卷上），已佚。

六朝猶有類似傳聞，錄以備考：

廣記卷三八九引述異記陸東美夫婦號「比肩人」事，見後。同卷又有「共枕樹」，脫出處，係同性戀者：「潘章少有美儀，時人競慕之。楚國王仲先聞其美名，故來求爲友。章許之，因願同學。一見相愛，情若夫妻，便同衾共枕，交好無已。後同死，而家人哀之，因合葬於羅浮山。塚中忽生一樹，柯條枝葉，無不相抱。時人異之，號爲『共枕樹』。」按：類說卷四〇稽神異苑（舊題南齊焦度）亦載，文甚簡：「三吳記：潘章夫婦死葬，塚木交枝，號『並枕樹』。」誠齋雜記卷上亦輯有該條，同廣記所引，惟稱潘章爲吳人，王仲先爲定國人。

范式張劭

漢范式〔一〕，字巨卿，山陽金鄉〔二〕人也，一名氾。與汝南〔三〕張劭爲友，劭字元伯，二人並遊太學〔四〕。後告歸鄉里，式謂元伯曰：「後二年當還，將過拜尊親，見孺子焉。」乃共剋〔五〕期日。

後期方至，元伯具以白母，請設饌以候之。母曰：「二年之別，千里結言，爾何相信之審耶？」曰：「巨卿信士，必不乖違。」母曰：「若然，當爲爾醞〔六〕酒。」至期果到。升堂拜飲，盡歡而別。

後元伯寢疾甚篤，同郡郅君章〔七〕、殷子徵〔八〕晨夜省視之。元伯臨終，歎曰：「恨不見我死友！」子徵曰：「吾與君章盡心於子，是非死友，復欲誰求？」元伯曰：「若二子者，吾生友耳；山陽范巨卿，所謂死友也。」尋而卒。

式忽夢見元伯，玄冕垂纓、屣〔九〕履而呼曰：「巨卿，吾以某日死，當以爾時葬，永歸黃泉。子未忘我，豈能相及？」式怳然覺悟，悲歎泣下，便服朋友之服〔一〇〕，投其葬日，馳往赴之。未及到，而喪已發引。既至壙將窆〔一一〕，而柩不肯進。其母撫之曰：「元伯，豈有望耶？」遂停柩。移時，乃見素車白馬，號哭而來。其母望之曰：「是必范巨卿也。」既至，叩喪言曰：「行矣，元伯！死生異路，永從此辭！」會葬者千人，咸爲揮涕。式因執紼〔一二〕而引柩，於是乃前。式遂留止冢次，爲修墳樹，然後乃去。

（卷一一）

〔一〕范式，東漢人，官至廬江太守。事蹟具見後漢書卷八一獨行傳。

〔二〕山陽，郡名，漢置，治昌邑（今山東金鄉縣西北）。金鄉，縣名，漢置，在今山東嘉祥縣南。

〔三〕汝南，郡名，漢置，治上蔡（今河南上蔡西南）。

〔四〕太學，國立學校，漢武帝元朔五年（前一二四年）始設，立五經博士，後因之。

〔五〕尅，限定。字又作「克」。

〔六〕醖，釀也。

〔七〕郅君章，名惲，汝南西平（今河南西平縣西），東漢初仕至長沙太守。見後漢書卷二九本傳。按各本姓俱譌作「到」，今正。

〔八〕殷子徵，御覽卷四一四引汝南先賢傳云：「殷煇字子徵，上蔡人。」御覽引謝承後漢書姓作「商」，乃避宋諱（趙匡胤父名弘殷）所改，猶梁人殷芸（撰有小說）改爲商芸然。

〔九〕屣（ㄒㄧˇ又ㄒㄧ），履不著跟。

〔一〇〕朋友之服，朋友爲死者服喪之喪服。按儀禮卷三四喪服云：「朋友麻。」注：「朋友雖無親，有同道之恩，相爲服緦之經帶。」經，麻帶，或在首，或在腰。

〔一一〕窆（ㄅㄧㄢˇ），下棺。

〔一二〕紼（ㄈㄨˊ），字又作「綍」，落葬時引棺之索。釋名釋喪制：「從前引之曰紼。紼，發也，發車使前也。」

本事出吳謝承後漢書，見類聚卷二一又卷七九及御覽卷四〇七引。類聚引極簡，御覽引詳，錄於下：「范式字巨卿，山陽金鄉人。少遊太學，與汝南張劭爲友，劭字元伯。二人並告歸鄉里，式謂元伯曰：『後二年當還，將過拜尊親，見孺子焉。』乃共尅期。至日，巨卿果到，升堂拜母，盡懽而別。後元伯寢疾篤，同郡郅君章、商（殷）子徵晨夜省視。元伯臨盡曰：『恨不見死友！』尋卒。式夢元伯玄冕垂纓而呼曰：『吾死，當以某日葬，子豈能相及？』式覺而悲赴之，便服朋友之服，投其葬日。未屆而喪已發引，至壙將窆，而柩不肯進。其母撫之曰：『元伯，豈有望也？』停柩移時，見有素車白馬哭而來，母曰：『必巨卿也。』既至，叩喪言曰：『行矣，元伯！死生異路，永從此辭。』會葬者千人，皆揮涕。式執紼引柩，乃前進。式留止冢次，修墳樹而退。」

後漢書本傳云：「范式字巨卿，山陽金鄉人也，一名汜。少遊太學，爲諸生，與汝南張劭爲友，劭字元伯。二人並告歸鄉里。式謂元伯曰：『後二年當還，將過拜尊親，見孺子焉。』乃共剋期日。後期方至，元伯具以白母，請設饌以候之。母曰：『二年之別，千里結言，爾何相信之審邪？』對曰：『巨卿信士，必不乖違。』母曰：『若然，當爲爾醞酒。』至其日，巨卿果到，升堂拜飲，盡歡而別。式仕爲郡功曹。後元伯寢疾篤，同郡郅君章、殷子徵晨夜省視之。元伯臨盡，歎曰：『恨不見吾死友！』子徵曰：『吾與君章盡心於子，是非死友，復欲誰求？』元伯曰：『若二子者，吾生友耳；山陽范巨卿，所謂死友也。』尋而卒。式忽夢見元伯玄冕垂纓、屣履而呼曰：『巨卿，吾以某日死，當以爾時葬，永歸黃泉。子未我忘，豈能相及？』式怳然覺悟，悲歎泣下，具告太守，請往奔喪。太守雖心不信而重違其情，許之。式便服朋友之服，投其葬日，馳往赴之。式未及到而喪已發引，既至壙將窆，而柩不肯進。其母撫之曰：『元伯，豈有望邪？』遂停柩。移時，乃見有素車白馬號哭而來，其母望之曰：『是必范巨卿也。』巨卿既至，叩喪言曰：『行矣元伯！死生異路，永從此辭。』會葬者千人，咸爲揮涕。式因執紼而引，柩於是乃前。式遂留止冢次，爲脩墳樹，然後乃去。」

五朝小說魏晉小說傳奇家與舊小說甲集錄山陽死友傳一篇，正爲搜神此記，撰人題晉蔣濟，誤也。

淸平山堂話本死生交范張雞黍、古今小說范巨卿雞黍死生交據而演爲話本。元宮天挺又撰雜劇范張雞黍，今存，見元曲選。

盤瓠

高辛氏〔一〕有老婦人居於王宮，得耳疾歷時，醫爲挑治，出頂蟲〔二〕，大如繭。婦人去後，置以瓠蘺〔三〕，覆之以盤〔四〕。俄爾頂蟲乃化爲犬，其文五色，因名盤瓠，遂畜之。

時戎吳〔五〕強盛，數侵邊境，遣將征討，不能擒勝。乃募天下有能得戎吳將軍首者，購金千斤，封邑萬戶，又賜以少女。後盤瓠銜得一頭，將造王闕。王診視之，卽是戎吳。「爲之奈何？」羣臣皆曰：「盤瓠是畜，不可官秩，又不可妻，雖有功，無施也。」少女聞之，啓王曰：「大王旣以我許天下矣，盤瓠銜首而來，爲國除害，此天命使然，豈狗之智力哉！王者重言，伯〔六〕者重信，不可以女子微軀，而負明約於天下，國之禍也。」王懼而從之，令少女從盤瓠。

盤瓠將女上南山，草木茂盛，無人行蹟。於是女解去衣裳，爲僕鑒之結〔七〕，著獨力〔八〕之衣，隨盤瓠升山入谷，止於石室之中。王〔九〕悲思之，遣往視覓，天輒風雨，嶺震雲晦，往者莫至。蓋經三年，產六男六女。盤瓠死後，自相配偶，因爲夫婦。織績木皮，染以草實。好五色衣服，裁制皆有尾形。後母歸，以語王，王遣使迎諸男女，天不復雨。衣服褊褳〔一〇〕，言語侏㒧〔一一〕，飲食蹲踞，好山惡都。王順其意，賜以名山廣澤，號曰蠻夷。

蠻夷者，外癡內黠，安土重舊。以其受異氣於天命，故待以不常之律，田作賈販，無關繻符傳〔一二〕、租稅之賦。有邑君長，皆賜印綬。冠用獺皮，取其遊食於水。今卽梁、漢、巴、蜀、武陵、長沙、廬江郡〔一三〕夷是也。用糝〔一四〕雜魚肉，叩槽而號，以祭盤瓠，其俗至今。故世稱「赤髀橫裙，盤瓠子孫」。（卷一四）

〔一〕高辛氏，卽帝嚳。史記五帝本紀：「帝嚳高辛者，黃帝之曾孫也。」

〔二〕頂蟲，不詳何蟲。御覽卷七五八引此句作「得卵」。

〔三〕瓠蘺，類聚卷九四引作「瓠」，初學記卷二九引作「瓠離」。按瓠卽瓢葫蘆，剖之可爲瓢，瓠蘺當爲瓢一類盛物器具。

〔四〕盤，御覽、初學記引作「槃」。槃，承水器。亦用爲「盤」義，玉篇卷一二木部：「槃，器也，或作『盤』、『鎜』。」

〔五〕戎吳，後漢書南蠻傳云犬戎之將吳將軍，見附錄。

〔六〕伯，通「霸」，珠林卷一一引正作「霸」。

〔七〕僕鑒，各本均作「僕豎」。按後漢書南蠻傳作「鑒」，注云：「流俗本或有改『鑒』字爲『豎』者，妄穿鑿也。」據正。結，通「髻」。僕鑒當係髻名，其義不詳。珠林引「結」作「扮」。

〔八〕獨力，衣名，含義不詳。珠林引「力」作「拗」。

〔九〕王，原作「上」，據津逮、鹽邑本改。

〔一〇〕斒褳，又作「斑斕」、「斒爛」、「斑爛」、「班蘭」，色彩錯雜貌。南蠻傳作「班蘭」。

〔一一〕侏偽，南蠻傳「偽」作「離」，李賢注：「蠻夷語聲也。」

〔一二〕關繻（ㄌㄨㄟ），出入門關之憑證，以帛爲之。符傳，亦爲憑證，符以金、玉、竹、木爲之，傳以木爲之。

〔一三〕梁，州名，曹魏分益州置，治沔陽（今陝西勉縣東），晉太康移南鄭（今漢中）。漢，漢中郡，戰國秦置，治南鄭，時屬梁州。巴，郡名，戰國秦置，治江州（今四川重慶市），蜀亦郡名，治成都。武陵，郡名，西漢治義陵（今湖南漵浦南），東漢徙臨沅（今常德市西）。長沙，郡名，秦置，治臨湘（今長沙市）。廬江郡，漢置，治舒（今安徽廬江西南，晉時在今舒城縣）。

〔四〕 糝（ㄙㄢˇ），飯粒。

盤瓠事前此漢末應劭風俗通義、魏魚豢魏略、玄中記及干寶晉紀均紀載，後漢書採入南蠻傳（卷八六）。

南蠻傳云：「昔高辛氏有犬戎之寇，帝患其侵暴，而征伐不剋。乃訪募天下，有能得犬戎之將吳將軍頭者，購黃金千鎰，邑萬家，又妻以少女。時帝有畜狗，其毛五采，名曰槃瓠。下令之後，槃瓠遂銜人頭造闕下，羣臣怪而診之，乃吳將軍首也。帝大喜，而計槃瓠不可妻之以女，又無封爵之道，議欲有報而未知所宜。女聞之，以爲皇帝下令，不可違信，因請行。帝不得已，乃以女配槃瓠。槃瓠得女，負而走入南山，止石室中。所處險絕，人蹟不至。於是女解去衣裳，爲僕鑒之結，著獨力之衣。帝悲思之，遣使尋求，輒遇風雨震晦，使者不得進。經三年，生子一十二人，六男六女。槃瓠死後，因自相夫妻。織績木皮，染以草實，好五色衣服，制裁皆有尾形。其母後歸，以狀白帝，於是使迎致諸子。衣裳班蘭，語言侏離，好入山壑，不樂平曠。帝順其意，賜以名山廣澤。其後滋蔓，號曰蠻夷。外癡內黠，安土重舊。以先父有功，母帝之女，田作賈販，無關梁符傳、租稅之賦。有邑君長，皆賜印綬，冠用獺皮。名渠帥曰精夫，相呼爲姎徒。今長沙、武陵蠻是也。」按說文：「姎，女人自稱，姎，我也。從女，央聲。」

李賢注引魏略曰：「高辛氏有老婦，居王室，得耳疾，挑之，乃得物大如繭。婦人盛瓠中，覆之以槃。俄頃化爲犬，其文五色，因名曰槃瓠。」

又引干寶晉紀曰：「武陵、長沙、盧江郡夷，槃瓠之後也。雜處五溪之內。槃瓠憑山阻險，每每常爲害。糅雜魚肉，叩槽而號，以祭槃瓠。俗稱『赤髀橫裙』，卽其子孫。」（按：御覽卷七八五亦引。）

李注又謂「此已上並見風俗通也」。今本不載，佚耳。宋羅泌路史發揮卷一論槃瓠之妄云：「應劭書遂以爲高辛氏之犬名曰槃瓠，妻帝之女，乃生六男六女，自相夫婦，是爲南蠻。」然則魏略、搜神、晉紀、後漢書南蠻傳皆本風俗通也。

玄中記所記乃別一傳說系統，由民族推原神話演爲遠國異民傳說。鈎沉輯本云：「狗封氏者：高辛氏有美女，未嫁。犬戎爲亂，帝曰：『有討之者，妻以美女，封三百戶。』帝之狗名槃護（原注：御覽引作「槃瓠」），三月而殺犬戎，以其首來。帝以爲不可訓民，乃妻以女，流之會稽東南二萬一千里，得海中土，方三千里，而封之。生男爲狗，生女爲美女。封爲狗民國。」又郭璞注山海經海內北經「犬封國」云：「昔盤瓠殺戎王，高辛以美女妻之，不可以訓，乃浮之會稽東海中，得三百里地封之，生男爲狗，女爲美人，是爲狗封之國也。」

路史發揮謂「郭璞、張華、干寶、范曄、李延壽、梁載言、樂史等，各自著書，枝葉其說」。是則張華博物志亦有其事，然今本不載，佚文亦不見，大約彷彿於玄中。

後世書記盤瓠及其遺蹟。後裔者尚夥。後漢書南蠻傳注引黃閔武陵記曰：「山（辰州盧溪縣武山）高可萬仞，山半有槃瓠石室，可容數萬人，中有石牀、槃瓠行蹟。」李賢按曰：「山窟前有石羊、石獸，古蹟奇異尤多。望石窟大如三間屋，遙見一石仍似狗形，蠻俗相傳，云是槃瓠像也。」

注又引荊州記（宋盛弘之）曰：「沅陵縣居酉口，有上就、武陽二鄉，唯此是槃瓠子孫，狗種也。二鄉在武溪北。」

水經注卷三七沅水云：「水又逕沅陵縣西，有武溪，源出武山，與酉陽分山。水源石上有盤瓠蹟，猶存矣。盤瓠者，高辛氏之畜狗也，其毛五色。高辛氏患犬戎之暴，乃募天下有能得犬戎之將軍吳將軍頭者，妻以少女。下令之後，盤瓠遂銜吳將軍之首於闕下。帝大喜，未知所報。女聞之，以爲信不可違，請行，乃以配之。盤瓠負女入南山上石室中，所處險絕，人蹟不至。帝悲思之，遣使不得進。經二年，生六男六女。盤瓠死，因自相夫妻。織績木皮，染以草實，好五色衣，裁製皆有尾。其母白帝，賜以名山。其後滋蔓，號曰蠻夷。今武陵郡夷，即盤瓠之種落也。其狗皮毛，嫡孫世寶錄之。」

沈約宋書卷九七夷蠻傳云：「荆、雍州蠻，槃瓠之後也，分建種落，布在諸郡縣。」又見唐李延壽南史卷七九夷貊傳下。

樊綽蠻書卷一〇引後漢書南蠻傳，文句頗異，計已摻入當時傳聞：「昔高辛氏有戎寇吳將軍。爲（當作『帝』）患其侵暴，乃下勅曰：『有人得戎寇吳將軍頭者，賜金百鎰，封邑萬家，妻以少女。』時帝有犬名盤瓠，後遂之寇所，因嚙得吳將軍頭來，其寇遂平。帝大喜，因以官爵賚賜，犬不起。帝少女聞之，奏曰：『皇帝信不可失。深憂犬之爲患。』帝曰：『當殺之。』女曰：『殺有功之犬，失天下之信矣。』帝曰：『善乎！』因請匹之。帝不得已，乃以配盤瓠。盤瓠得女，負入南山，處於石室，其處險阻，不通人蹟。後生十二子，六男六女，自相匹偶。緝草木皮以爲衣。帝賜以南山，仍起高欄爲居止之。其後滋蔓，自爲一國。」

又引王通明廣異記曰：「高辛時人家生一犬，初如小特。主怪之，棄於道下。七日不死，禽獸乳之，其形繼日而大，主人復收之。當初棄道下之時，以盤盛，葉覆之。因以爲瑞，遂獻於帝，以盤瓠爲名也。後立功，嚙得戎寇吳將軍頭。帝妻以公主，封盤瓠爲定邊侯。公主分娩七塊肉，割之有七男。長大各認一姓，今巴東姓田、雷、再、向、蒙、旻、叔孫氏也。其後苗裔熾盛，從黔南逾昆、湘、高麗之地，自爲一國。幽王爲犬戎所殺，即其後也。盤瓠皮骨今見在黔中，田雷等家時祀之。」其說大異。

酉陽雜俎前集卷四境異云：「峽中俗，夷風不改。武寧蠻好着芒心接離，名曰苧綏。嘗以稻記年月，葬時以笄向天，謂之刺北斗。相傳盤瓠初死，置於樹，以笄刺之下，其後化爲象。」盤瓠死化爲象，殊稱新異。

太平寰宇記卷一七八四夷南蠻、歐陽忞輿地廣記卷二八辰州亦皆有記，悉取後漢書、水經注說，不錄。

路史發揮卷一云：「有自辰沅來者，云盧溪縣之西百八十里有武山焉，其崇千仞。遙望山半石洞罅啓，一石貌狗，人立乎其傍，是所謂槃瓠者。今縣之西南三十里，有槃瓠祠，棟宇宏壯，信之天下有奇蹟也。」宋羅苹注引辰州圖經曰：「隍石窟如三間屋，一石狗形，蠻俗云槃瓠之像。今其中種有四：一曰七村歸明戶，起居飲食類省民，但左衽；二曰施溪、武源歸明蠻人；三曰山猺；四曰犵獠。雖自有區別，而衣服趨向，大略相似。土俗以歲七月二十五日種類四集，扶老攜幼，宿於廟下五日，祠以牛彘酒鮭，推鼓踏歌，謂之『樣樣』，蠻語祭也。」

靖州圖經（陳運溶麓山精舍叢書輯本）云：「蠻皆槃瓠之餘種，故其族類尙有犵狑、犵獠之號。」

鄭仲桂陽志（陳運溶輯本）云：「嵩猺，斑爛其衣，侏離其言，稱槃王子孫。」

范成大桂海虞衡志云：「猺，本五溪槃瓠之後，其壤接廣右者，靜江之興安、義寧、古縣，融州之融水、懷遠縣界，皆有之。生深山重溪中，椎髮跣足，不供征役，各以其遠近爲伍。」

元周致中異域志卷下盤瓠曰：「帝嚳高辛氏宮中，老婦耳內有聹耳，掏出如繭，以瓠盛之，以盤覆之。有頃，化爲五色之犬，因名瓠犬。時有犬戎吳將軍寇邊，帝曰：『得其頭，吾以女妻之。』瓠犬俄啣人頭詣闕下，乃吳將軍之首也。帝不得已，以女妻之。瓠犬負女入南山穴中，三年生六男六女。其母復以狀白帝，於是帝封於長沙，武陵蠻今其國人，是其裔也。」

明王圻三才圖會人物亦載，同異域志。

清陸次雲峒溪纖志卷上又云：「苗人，盤瓠之種也。帝嚳高辛氏以盤瓠有殲溪蠻長之功，封其地，妻以女，生六男六女，而爲諸苗祖。」

八卷本搜神記卷三亦有「盤瓠」條，大異於二十卷本，今迻錄於下：「昔高辛氏時，有房王作亂，憂國危亡。帝乃召募天下，有得房氏首者，賜金千金，分賞美女。羣臣見房氏兵強馬壯，難以獲之。辛帝有犬，字曰盤瓠，其毛五色，常隨帝出入。其日忽失此犬，經三日以上，不知所在。帝甚怪之。其犬走投房王，房王見之大悅，謂左右曰：『辛氏其喪乎！犬猶棄之投吾，吾必興也。』房氏乃大張宴會，爲犬作樂。其夜，房氏飲酒而臥，盤瓠咬王首而還。辛見犬銜房首，大悅，厚與肉糜飼之，竟不食。經一日，帝呼犬，亦不起。帝曰：『如何不食？呼又不來，莫是恨朕不賞乎？今當依召募賞汝物，得否？』盤瓠聞帝此言，即起跳躍。帝乃封盤瓠爲會稽侯，美女五人，食會稽郡一千戶。後生三男六女。其男當生之時，雖似人形，猶有犬尾。其後子孫昌盛，號爲犬戎之國。周幽王爲犬戎所殺。只今土蕃，乃盤瓠之孕也。」（按：八卷本多取句道興搜神記，此記接近王通明廣異記，又云「只今土（吐）蕃」，係唐人傳說，似亦出句書。）

蠶馬

舊說太古之時，有大人遠征，家無餘人，唯有一女，牡馬一匹〔一〕，女親養之。窮居幽處，思念其父，乃戲馬曰：「爾能爲我迎得父還，吾將嫁汝。」馬既承此言，乃絕韁而去，徑至父所。父見馬驚喜，因取而乘之。馬望所自來，悲鳴不已。父曰：「此馬無事如此，我家得無有故乎？」亟乘以歸。爲畜生有非常之情，故厚加芻養。馬不肯食，每見女出入，輒喜〔二〕怒奮擊。如此非一。父怪之，密以問女，女具以告父：「必爲是故。」父曰：「勿言！恐辱家門。且莫出入。」於是伏弩射殺之，暴皮於庭。

父行，女與鄰女於皮所戲，以足蹵〔三〕之曰：「汝是畜生，而欲取人爲婦耶？招此屠剝，如何自苦！」言未及竟，馬皮蹷然〔四〕而起，卷女以行。鄰女忙怕，不敢救之，走告其父。父還求索，已出失之。後經數日，得於大樹枝間，女及馬皮盡化爲蠶，而績於樹上。其蠒綸理厚大，異於常蠶。鄰婦取而養之，其收〔五〕數倍。因名其樹曰桑——桑者，喪也〔六〕。由斯百姓競種之，今世所養是也。言桑蠶者，是古蠶之餘類也。

案天官：「辰爲馬星。」蠶書曰：「月當大火，則浴其種。」是蠶與馬同氣也。周禮：馬質職掌：「禁原蠶者」，注云：「物莫能兩大，禁原蠶者，爲其傷馬也〔七〕。」漢禮，皇后親採桑祀蠶神，曰菀窳婦人、寓氏公主〔八〕。公主者，女之尊稱也；菀窳婦人，先蠶〔九〕者也。故今世或謂蠶爲女兒者，是古之遺言也〔一〇〕。（卷一四）

〔一〕按：以上八字珠林卷八〇引作「唯有一男一女，壯馬一疋」。

〔二〕喜，原作「而」，誤，據津逮、鹽邑本正。

〔三〕蹵，同「蹴」，踢也。

〔四〕蹷ㄐㄩㄝˊ然，急遽貌。珠林引作「撅然」，挺起貌。

〔五〕收，珠林引作「校」，效也。

〔六〕按：宋書卷三二五行志三：「案劉向說，桑者喪也。」說本此。

〔七〕按：「案天官」至此，係周禮夏官司馬馬質「禁原蠶者」鄭玄注文。原文曰：「原，再也。天文：『辰爲馬。』蠶書：『蠶爲龍精。月直大火，則浴其種。』是蠶與馬同氣。物莫能兩大，禁再蠶者，爲傷馬與？」賈公彥疏曰：「云『天文辰爲馬』者，辰則大火，房爲天駟，故云辰爲馬。云『蠶書蠶爲龍精，月値大火，則浴其種』者，月値大火爲二月，則浴其種，卽內宰云『仲春詔后帥外內命婦始蠶於北郊』是也……云『是蠶與馬同氣』者，以其俱取大火，是同氣也。云『物莫能兩大』者……是無並大之義也。云『禁再蠶者，爲傷馬與』者，二者既同氣，不可兩大，而禁再蠶，明恐傷馬。」辰爲二十八宿之一，又稱大火星，卽心宿。大火又爲十二次之一，包括東方蒼龍房、心、尾三宿，房宿凡四星，又稱天駟，也稱爲辰星，故稱「辰爲馬」。月値大火，指月亮位在心宿，卽農歷二月。浴種，浴蠶種，汰弱留強也。二月浴蠶，其時又値大火，且辰爲龍，蠶爲龍精，故云「蠶馬同氣」。原蠶，再蠶，二蠶，卽夏蠶。古人禁飼再蠶，蓋爲保護桑樹。淮南子泰族訓云：「原蠶一歲再收，非不利也，然而王法禁者，爲其殘桑也。」鄭注以爲再蠶傷馬，殊爲穿鑿。又按「禁原蠶者」在周禮馬質職，搜神各本作「校人職」（津逮、鹽邑本及珠林引「校」作「教」），誤，今據周禮正。

〔八〕按：漢祀蠶神之儀見續漢書禮儀志上先蠶：「是月（三月），皇后帥公卿諸侯夫人蠶，祠先蠶，禮以少牢。」劉昭注引漢舊儀曰：「春蠶生而皇后親桑於苑中，蠶室養蠶千簿以上，祠以中牢羊豕，祭蠶神曰菀窳婦人、寓氏公主，凡二神。」玉燭寶典卷二引淮南萬畢術亦曰：「蠶神名菀窳。」晉書卷一九禮志上作「苑窊婦人」，云：「漢儀，皇后親桑東郊苑中，蠶室祭蠶神，曰苑窊婦人、寓氏公主，祠用少牢。」「菀」同「苑」。「窳」音ㄩˇ，「窊」音ㄨㄚ，皆爲低洼地之義。珠林引作「苑窳婦人」。

〔九〕先蠶，最先教民養蠶者，祀以爲神。南北朝後以黃帝妻嫘祖（又作累祖、雷祖）爲先蠶。

〔一〇〕按：以蠶爲女兒，始於戰國世。山海經海外北經云：「歐絲之野在大踵東，一女子跪據樹歐絲。」注：「言噉桑而吐絲，蓋蠶類也。」荀子蠶賦：「身女好而頭馬首。」不唯以蠶爲女，且復以之爲馬也。蓋蠶體白似女膚，養蠶又爲婦女事，故謂蠶爲女兒也。

五朝小說魏晉小說傳奇家有太古蠶馬記，題吳張儼撰，舊小說甲集同，無「吳」字，即搜神此文。

稽神異苑馬皮化蠶，（類說卷四〇）條云：「搜神記曰：有人遠行，其家惟有一馬一女。女思其父，戲謂馬曰：『爾若迎我父至，我則嫁汝。』馬因拖韁至父處，乘歸。馬見女輒怒，女如前言以告父，大怒殺馬，屠剝其皮。女見皮蹙之曰：『死馬欲人爲婦。』其皮忽起，捲女而出於大樹間。見女化蠶，績絲於樹，而成大繭。」

南宋祝穆古今事文類聚前集卷三六引圖經云：「高辛時，蜀有蠶女，不知姓氏。父爲人所掠，唯所乘馬在。女念父不食，其母因誓於衆曰：『有得父還者，以此女嫁之。』馬聞其言，驚躍振迅，絕其拘絆而去。數日，父乃乘馬而歸。自此馬嘶鳴不肯齕。母以誓衆之言告父，父曰：『誓於人，不誓於馬，安有人而偶非類乎！能脫我於難，功亦大矣，所誓之言不可行也。』馬跑，父怒，欲殺之；馬愈跑，父射殺之，曝其皮於庭。皮蹶然而起，卷女飛去。旬日，皮復棲於桑上，女化爲蠶，食桑葉，以絲成繭，以衣被於人間。一日，蠶女乘雲駕此馬，侍衛數十人，謂父母曰：『太上以我身心不忘義，授以九宮仙嬪矣，無復憶念也。』今冢在什邡、綿竹、德陽三縣界，每歲祈蠶者，四方雲集。蜀之風俗，宮觀諸化塑女像，披馬皮，謂之馬頭娘，以祈蠶焉。」（羣書類編故事卷一二三亦引）此蠶馬傳說之演化。

廣記卷四七九引原化傳拾遺曰：「蠶女者，當高辛帝時，蜀地未立君長，無所統攝，其人聚族而居，遞相侵噬。蠶女舊蹟，今在廣漢。不知其姓氏。」以下情事全同圖經。末又云：「稽聖賦曰『安有女，感彼死馬，化爲蠶蟲，衣被天下』是也。」（按：稽聖賦，顏之推撰。）

杜光庭墉城集仙錄卷六蠶女同此，唯首云：「蠶女者，乃是房星之精也。」末云：「俗云闍其尸於樹，謂之桑樹，恥化爲蟲，故謂之蠶。稽聖賦云『爰有女人，感彼死馬，化爲蠶蟲，衣被天下』是也。陰陽書云蠶與馬同類，乃知是房星所化也。」

馬縞中華古今註載：「程雅問蠶：蠶爲天駟星化，何云女兒？」答辭「太古時人遠征」云云，全同搜神記所記者。

宋戴埴鼠璞卷下（陶珽說郛卷一四）云：「唐乘異集載蜀中寺觀多塑女人披馬皮，謂馬頭娘，以祈蠶。搜神記載女思父，語所養馬：『若得父歸，吾將嫁汝。』馬迎得父，見女輒怒，父殺馬，曝皮於苞中。皮忽卷女飛去桑間，俱爲蠶。俗謂蠶神爲馬明菩薩以此。然周禮馬質『禁原蠶』注：『天文：辰爲馬，蠶爲龍精，月直大火，蠶馬同氣，物不能兩大，禁再蠶者爲傷馬。』舊祀先蠶與馬同祖，亦未可知。」

曾慥類說卷三六蜀本紀云：「蠶女冢在綿竹縣。塑女子像，披以馬皮，俗號爲馬頭娘廟。」（按：非揚雄書本文。）

三洞羣仙錄卷九引女仙傳、夷堅續志前集卷二馬頭娘子、眞仙通鑑後集卷二蠶女、情史卷二三情通類，均因襲舊文，原文不錄。

僞題唐孫頠神女傳之蠶女，卽廣記卷四七九所引原化傳拾遺。

蘭巖雙鶴

營陽郡〔一〕南百餘里，有蘭巖山，峭拔千丈。常有雙鶴，素羽皦然，日夕偶影翔集。相傳云：昔有夫婦，隱此山數百年，化爲雙鶴，不絕往來。忽一旦一鶴爲人所

害，其一鶴歲常哀鳴。至今響動巖谷，莫知其年歲也。（卷一四）

〔一〕營陽郡，原作「滎陽縣」，津逮、鹽邑本「榮」又譌作「縈」。按滎陽郡治滎陽，在今河南滎陽縣東北，蘭巖山不在此。初學記卷八江南道引王韶之神境記曰：「蘭嵓山，其路危阻，迥絕人迹。登其山，有石路松林焉，杳然便是雲霞中館宇矣。」太平寰宇記卷一一六永州零陵縣下敘蘭巖，亦引王韶之神境記，是山在今湖南南部矣。水經注卷三八湘水云：「營水……又東北逕營浦縣南，營陽郡治也。魏咸熙二年，吳孫皓分零陵置，在營水之陽，故名郡矣。」晉書卷一五地理下云：「穆帝時又分零陵，立營陽郡。」太平寰宇記卷一一六道州云：「吳寶鼎元年，分零陵北部爲營陽郡，理營浦，今郡是也。西晉亦因之。」然則「滎陽」乃「營陽」之誤，今改。又營陽治營浦，在今湖南道縣東北，該郡無營陽縣，類聚卷八八、初學記卷三〇引神境記俱作「滎（營）陽郡」（見附錄），知「縣」應作「郡」字，據正。

此事後爲宋人王韶之採入神境記。類聚、初學記、御覽、寰宇記、事類賦注所引文不盡同，茲並錄如左：

類聚卷八八引曰：「滎陽郡南有石室，室後有孤松千丈。常有雙鶴，晨必接翮，夕輒偶影。傳曰昔有夫婦二人，俱隱此室，年既數百，化成雙鶴。」初學記卷三〇引曰：「滎陽郡南百餘里，有蘭岩。常有雙鶴，素羽皦然，日夕偶影翔集。傳云昔夫婦俱隱此，年數百歲，化成此鶴。」御覽卷四二引曰：「滎陽縣有蘭巖山，峭拔千丈，常有雙鵠，不絕來往。傳曰昔有夫婦隱此山數百年，化爲此鵠。忽一日一鵠爲人所害，其一鵠常哀鳴。至今饗（「響」字之譌）動巖谷，莫年歲。」太平寰宇記卷一一六引曰：「蘭巖山其路阻嶮，絕人行蹟，有石室。嘗有雙白鵠翔集其上，復有孤松千丈，石路松隥，乃雲霞之中館宇矣。」事類賦注卷一八引曰：「滎陽郡南百餘里，有蘭巖，常有雙鶴素羽皎然，日夕偶影翔集。傳云昔有夫婦隱此，年數百歲，化成此鶴。」

說郛卷一一八晉王韶之太清記亦載神境記此文，截事類賦注所引前半。王韶之無此書，係雜取諸書而託其名耳。情史卷一一有雙鶴，注出搜神記。

河間郡男女

晉惠帝世〔一〕，河間郡〔二〕有男女私悅，許相配適。尋而男從軍，積年不歸。女家更欲適之，女不願行；父母逼之，不得已而去。無幾而憂死〔三〕。其男戍還，問女所在，其家具說之。乃至冢，欲哭之敍〔四〕哀，而不勝其情。遂發冢開棺，女卽蘇活，因負還家。將養數日，平復如初。

後夫聞，乃往求之。其人不還，曰：「卿婦已死，天下豈聞死人可復活耶？此天賜我，非卿婦也。」於是相訟。郡縣不能決，以讞廷尉〔五〕。秘書郎王導〔六〕奏：「以精誠之至，感於天地，故死而更生。此非常事，不得以常禮斷之。請還開冢者。」朝廷從其議。（卷一五）

〔一〕惠帝，原作「武帝」。按晉書卷六五王導傳載導咸康五年（三三九年）薨，時年六十四，是生年在武帝咸寧二年（二七六年），武帝末（太熙元年，二九〇年）方十五歲，不得爲郎。宋書卷二四五行志五載此事作「晉惠帝世」是也，據正。晉書卷二九五行志下作「元康中」，元康，惠帝年號。

〔二〕河間郡，漢置，或又爲國，治樂城（今河北獻縣東南）。宋書、晉書均作「梁國」，其治在睢陽。見附錄。

〔三〕按：此句原作「尋病死」，珠林卷九二、御覽卷八八七引作「無幾而憂死」，文義較勝，據改。

〔四〕敍，原作「盡」，津逮、鹽邑本作「敍」，珠林、御覽引同，據改。

〔五〕讞（yàn），呈報。廷尉，秦漢爲九卿之一，掌刑法。據續漢書百官志二，郡國決獄有疑，皆由廷尉平議。後又稱爲大理、大理寺卿。

〔六〕王導，字茂弘，琅邪臨沂人，東晉時任丞相。晉書本傳載：「司空劉寔尋引爲東閣祭酒，遷秘書郎。」按晉書卷四惠帝紀：永康元年四月丁酉，以右光祿大夫劉寔爲司空，則導爲秘書郎在惠帝時。秘書郎，掌圖書典籍，屬秘書省。

此事後又採入宋書、晉書。宋書五行志五云：「晉惠帝世，梁國女子許嫁，已受禮娉，尋而其夫戍長安，經年不歸。女家更以適人，女不樂行，其父母逼強，不得已而去，尋得病亡。後其夫還，問女所在，其家具說之。其夫徑至女墓，不勝哀情，便發冢開棺，女遂活，因與俱歸。後婿聞之，詣官爭之，所在不能決。祕書郎王導議曰：『此是非常事，不得以常理斷之，宜還前夫。』朝廷從其議。」晉書五行志下悉取宋書文，唯首作「元康中」。

續博物志卷二亦載，云：「晉元康中，梁國女子許嫁而夫戍，經年不歸。女家更強以適人，尋病亡。夫還問女所在。夫徑至墓開棺，女遂活，因與俱歸。後壻聞知，詣官爭之。王導曰：『此非常事，不可以常理斷之，宜還前夫。』」

搜神記此條前有「王道平」條，情事相仿。句道興搜神記殘卷及八卷本卷三均有此記，句記事同而文異，八卷本文句相同，汪紹楹謂該條非出本書，輯錄者誤取八卷本耳。其事頗佳，附下備考：「秦始皇時，有王道平（句作「憑」），長安（句作「九嵕縣」）人也。少時，與同村人唐叔偕（句作「諧」）女——小名父喻（句作「文榆」），容色俱美——誓爲夫婦。尋王道平被差征伐，落墮南國（句作「南蕃」），九年不歸。父母見女長成，即聘與劉祥（句作「劉元祥」）爲妻。

女與道平言誓甚重，不肯改事。父母逼迫不免，出嫁劉祥。經三年，忽忽不樂，常思道平，忿怨之深，悒悒而死。死經三年，平還家，乃詰鄰人：『此女安在？』鄰人云：『此女意在於君，被父母凌逼，嫁與劉祥，今已死矣。』平問：『墓在何處？』鄰人引往墓所。平悲號哽咽，三呼女名，繞墓悲苦，不能自止。平乃祝曰：『我與汝立誓天地，保其終身。豈料官有牽纏，致令乖隔，使汝父母與劉祥。既不契於初心，生死永訣。然汝有靈聖，使我見汝生平之面；若無神靈，從茲而別。』言訖，又復哀泣。逡巡，其女魂自墓出，問平：『何處而來？良久契闊。與君誓爲夫婦，以結終身，父母強逼，乃出聘劉祥。已經三年，日夕憶君，結恨致死，乖隔幽途。然念君宿念不忘，再求相慰，妾身未損，可以再生，還爲夫婦。且速開冢破棺，出我卽活。』平審言，乃啓墓門，捫看其女，果活。乃結束，隨平還家。其夫劉祥聞之驚怪，申訴於州縣。檢律斷之，無條，乃錄狀奏王。王斷歸道平爲妻。壽一百三十歲（句作「得一百十年而命終也」）。實謂精誠貫於天地，而獲感應如此。」

情史卷一〇情靈類有唐文喻，注出搜神記。

鵠奔亭

漢九江何敞〔一〕，爲交趾〔二〕刺史，行部到蒼梧郡高要縣〔三〕，暮宿鵠奔亭〔四〕。夜猶未半，有一女從樓下出，呼曰：「明使君，妾冤人也！」須臾，至敞所臥床下跪曰〔五〕：「妾姓蘇名娥，字始珠〔六〕，本居廣信縣，修里人。早失父母，又無兄弟，嫁與同縣施氏。薄命夫死，有雜繒帛百二十疋，及婢一人，名致富。妾孤窮羸弱，不能自振，欲之旁縣賣繒，從同縣男子王伯賃車牛一乘，直錢萬二千，載妾并繒，令致富執轡，乃以前年四月十日，到此亭外。於時日已向暮，行人斷絕，不敢復進，因即留止。致富暴得腹痛，妾之亭長舍，乞漿取火。亭長龔壽，操戈持戟〔七〕，來至車旁，問妾曰：『夫人從何所來？車上所載何物？丈夫安在？何故獨行？』妾應曰：『何勞問之。』壽因持妾臂曰：『少年愛有色，冀可樂也。』妾懼怖不從，壽即持刀刺脅下，一創立死。又刺致富，亦死。壽掘樓下合埋，妾在下，婢在上，取財物去。殺牛燒車，車釭〔八〕及牛骨，貯亭東空井中。妾既冤死，痛感皇天，無所告訴，故來自歸於明使君。」敞曰：「今欲發出汝屍，以何爲驗？」女曰：「妾上下著白衣、青絲履，猶未朽也。

願訪鄉里，以骸骨歸死夫。」掘之果然。

敞乃馳還，遣吏捕捉，拷問具服。下廣信縣驗問，與娥語合。壽父母兄弟，悉捕繫獄。敞表壽：「常律殺人，不至族誅。然壽爲惡首，隱密數年，王法自所不免〔九〕。令鬼神訴者，千載無一。請皆斬之，以明鬼神，以助陰誅〔一〇〕。」上報聽之〔一一〕。（卷一六）

〔一〕按：後漢書卷四三何敞傳載：何敞字文高，扶風平陵（今陝西咸陽市西北）人，其先家於汝陰（今安徽阜陽縣）。章帝元和中辟太尉宋由府，後又任侍御史、尚書、濟南太傅、汝南太守，和帝永元間遷五官中郎將。卒於家。敞性公正，出任地方官時，「舉冤獄以春秋義斷之，是以郡中無怨聲」。此何敞非九江人，又未任交趾太守，似非一人。謝承後漢書及列異傳作周敞（見附錄），范曄後漢書無其人。九江，秦始置，郡治在壽春（今安徽壽縣），魏改淮南郡。

〔二〕交趾，原作「交州」。按宋書卷三八州郡志四載建安八年改交趾曰交州，御覽卷八八四、寰宇記卷一五九俱引作「交趾」，據正。交趾，西漢置爲刺史部，先治廣信（今廣西梧州市），旋徙番禺（今廣州市）。

〔三〕蒼梧郡，漢置，治廣信，屬交趾刺史部。高要縣，原作「高安縣」，按續漢書郡國志五云蒼梧郡轄廣信、高要等十一縣，寰宇記引正作高要縣，據正。縣即今廣東肇慶市。

〔四〕鵠奔亭，謝承書作「鵠巢亭」。冤魂志作「鵠奔亭」，見附錄。亭，秦漢時鄉下行政單位，十里一亭，十亭一鄉，亭有亭長。

〔五〕按：「明使君」至「跪曰」，據寰宇記引補。床，同「牀」，坐臥之具，與後世用以睡眠之牀不同。說文六上木部：「牀，安身之几坐也。」段注：「牀之制略同几而庳於几，可坐。……牀亦可臥，古人之臥，隱几而已，牀前有几。」釋名釋牀帳：「人所坐臥曰牀，牀者裝也，所以自裝載也。」何敞所臥者即此牀。意其時彼尙未眠，隱几而臥於牀，故蘇娥前至訴寃也。

〔六〕按：風俗通其名作蘇珠娘，水經注卷三七云蘇施妻始珠，與此皆不同，見附錄。

〔七〕按：續漢書百官志五：「亭有亭長，以禁盜賊。」注引漢舊儀云：「尉、游徼、亭長皆習設備五兵。五兵：弓弩、戟、楯、刀劍、甲鎧。」急就章卷四「亭長」顏師古注：「一亭之長，主逐捕盜賊。」知亭長爲武吏。

〔八〕車釭（《ㄤ，又《ㄨㄥ），原譌作「車缸」，據御覽引正。說文十四上金部：「釭，車轂中鐵也。」

〔九〕按：此句寰宇記引作「王法所不得治」。

〔一〇〕誅，御覽、寰宇記引作「教」，亦通。

〔一一〕報，判決。按寰宇記引無此句，「以助陰教」下接云：「初掘時，有雙鵠奔其亭，故曰鵠奔亭。」似非本文，當係樂史語。

何敞事先載於風俗通，陶宗儀南村輟耕錄卷一四引曰：「漢何敞爲鬼蘇珠娘，按誅亭長龔壽。」

謝承後漢書、列異傳亦載。文選卷三九江淹詣建平王上書「鵠亭之鬼，無恨於灰骨」李善注引謝承後漢書曰:「蒼梧廣信女子蘇娥,行宿高安(要)鵠巢亭,爲亭長龔壽所殺,及婢致富,取財物,埋致樓下。交阯刺史周敞行部宿亭,覺壽姦罪,奏之殺壽。」末注云:「列異傳曰鵠奔亭。」又見書鈔卷七九、御覽卷一九四引,書鈔書名譌作漢書、異傳,周敞作周勃。

水經注卷三七泿水云:「縣(高要)有鵠奔亭。廣信蘇施妻始珠,鬼訟於交州刺史何敞處。事與斄亭女鬼同。」

隋顏之推冤魂志亦記云:「漢世何敞爲交趾刺史,行部蒼梧郡高要縣,暮宿鵠奔亭。夜猶未半,有一女子從樓下出,自云:『妾姓蘇名娥,字始珠,本廣信縣修里人。早失父母,又無兄弟,夫亦久亡。有雜繒百二十疋,及婢一人名致富。妾孤窮羸弱,不能自振,欲往旁縣賣繒,就同縣人王伯賃車牛一乘,直錢萬二千,載妾并繒,令致富執轡,乃以前年四月十日到此亭外。於時日暮,行人既絕,不敢前行,因即留止。致富暴得腹痛,妾往亭長舍乞漿取火。亭長龔壽操刀持戟,來至車旁,問妾曰:「夫人從何所來?車上何載?丈夫安在?何故獨行?」妾應之曰:「何勞問之。」壽因執妾臂曰:「少愛有色,寧可相樂耶?」妾時怖懼,不肯聽從。壽即以刀刺脅,一創立死,又殺致富。壽掘樓下,埋妾并婢,取財物去,殺牛燒車,車杠(釭)及牛骨貯亭東空井中。妾死痛酷,無所告訴,故來自歸於明使君。』敞曰:『今欲發汝屍骸,以何爲驗?』女子曰:『妾上下皆着白衣、青絲履,猶未朽也。』掘之果然。敞乃遣吏捕壽,拷問具服。

下廣信縣驗問，與娥語同。收壽父母兄弟，皆繫獄。敞表壽：『殺人於常律不致族誅，但壽爲惡，隱密經年，王法所不能得。鬼神訴，千載無一，請皆斬之，以助陰殺。』上報聽之。」

唐李吉甫元和郡縣圖志卷三四端州高要縣云：「鵠奔亭在縣西八里。漢交趾刺史何敞辨死女子冤，卽此處也。」

宋歐陽忞輿地廣記卷三五端州高要縣云：「鵠奔亭，漢交阯刺史何敞行部，夜半有婦人訴冤，自謂廣信蘇施妻，名始珠。敞命掘之，有雙鵠奔其處。」其說兼採水經注及寰宇記。

五朝小說魏晉小說傳奇家、綠窗女史節俠義烈、舊小說甲集有蘇娥訴冤傳（五朝小說作「記」），題晉干寶撰，卽此文。

明人有鵠奔亭蘇娥自訴雜劇（今樂考證），佚。

後漢書卷八一獨行王忳傳、水經注卷一八渭水、冤魂志有斄亭女鬼訴冤事，與此相似。茲將冤魂志所記錄於下：「漢時有王忳，字少林，爲郿縣令。之縣到斄亭（原譌作『釐』），亭常有鬼殺人。忳宿樓上，夜有女子稱欲訴冤，無衣自蓋。忳以衣與之，乃進曰：『妾本涪令妻也，欲往之官，過此亭宿。亭長殺妾大小十餘口，埋在樓下，奪取衣裳財物。亭長今爲縣門下游徼。』忳曰：『當爲汝報之，勿復妄殺良善耶。』鬼捉衣而去。忳旦收游徼詰問，卽服。收同謀十餘人，幷殺之。掘取諸喪，歸其家殯葬。亭永淸寧。人謠曰：『信哉少林世無偶，飛被走馬與鬼語。』飛被走馬，別爲他事，今所不錄。」

秦巨伯

琅琊〔一〕秦巨伯，年六十。嘗夜行飮酒，道經蓬山廟〔二〕，忽見其兩孫迎之。扶持百餘步，便捉伯頸著地，罵：「老奴！汝某日捶我，我今當殺汝！」伯思惟某時信捶此孫。伯乃佯死，乃置伯去。伯歸家，欲治兩孫。兩孫驚惋，叩頭言：「爲子孫寧可有此？恐是鬼魅，乞更試之。」伯意悟。數日，乃詐醉，行此廟間，復見兩孫來扶持伯。伯乃急持，鬼動作不得。達家，乃是兩木人也〔三〕。伯著火炙之，腹背俱焦坼。出著庭中，夜皆亡去。伯恨不得殺之。

後月餘，又佯酒醉夜行，懷刃以去，家不知也。極夜不還，其孫恐又爲此鬼所困，乃俱往迎伯，伯竟刺殺之。（卷一六）

〔一〕琅琊（一七），又作「琅邪」、「瑯邪」，郡名，秦置，東漢改國，治開陽（今山東臨沂市北），晉仍之。

〔二〕蓬山，卽蓬萊山，傳說中海上三神山之一。漢書地理志上琅邪郡朱虚縣（晉屬東莞郡）有三山祠，當亦爲蓬山廟之類。

〔三〕按：「木」字原脫。汪紹楹校曰：「『兩』下似有脫字。據下文『腹背俱焦坼』語，疑脫『偶』字。」按土人、木人皆曰偶，此當脫「木」字，今補。木人者，蓋卽蓬山廟中之木偶像也。

本事出呂氏春秋卷二三愼行論疑似：「梁北有黎邱部，有奇鬼焉，喜效人之子姪昆弟之狀。邑丈人有之市而醉歸者，黎邱之鬼效其子之狀，扶而道苦之。丈人歸，酒醒而誚其子曰：『吾爲汝父也，豈謂不慈哉！我醉，汝道苦我，何故？』其子泣而觸地曰：『孽矣！無此事也！昔也往責於東邑，人可問也。』其父信之，曰：『譆！是必夫奇鬼也，吾固嘗聞之矣。』明日端復飲於市，欲遇而刺殺之。明旦之市而醉，其眞子恐其父之不能反也，遂逝迎之。丈望其眞子，拔劍而刺之。」

搜神記卷一八「吳興老狸」條載爲鬼魅所惑，兒誤殺其父，亦同類故事，茲錄於下：「晉時，吳興一人有二男。田中作時，嘗見父來，罵詈趕打之。兒以告母，母問其父，父大驚，知是鬼魅。便令兒斫之，鬼便寂不復往。父憂，恐兒爲鬼所困，便自往看。兒謂是鬼，便殺而埋之。鬼便遂歸，作其父形，且語其家：『二兒已殺妖矣。』兒暮歸，共相慶賀。積年不覺。後有一法師過其家，語二兒云：『君尊侯有大邪氣。』兒以白父，父大怒。兒出以語師，令速去。師遂作聲入，父卽成老狸，入牀下，遂擒殺之。向所殺者，乃眞父也，改殯治服。一兒遂自殺，一兒忿懊亦死。」

廣記卷三五三引稽神錄（宋徐鉉）「望江李令」條，事亦似之，云：「望江李令者，罷秩居舒州。有二子，甚聰慧。令嘗飮酒暮歸，去家數百步，見二子來迎，卽共禽而毆之。令驚大怒，大呼，而遠方人絕，竟無知者。且行且毆，將至家，二子皆却走而去。及入門，二子復迎於堂下，問之，皆云未嘗出門。後月餘，令復飮酒於所親家，因具白其事，請留宿，不敢歸。而其子恐其及暮歸，復爲所毆，卽俱往迎之。及中途，見其父，怒曰：『何故暮出？』卽使從者擊之，困而獲免。明日令歸，益駭其事。不數月，父子皆卒。郡人云：『舒有山鬼，善爲此厲。』蓋黎丘之徒也。」

紫玉

吳王夫差〔一〕小女，名曰紫玉〔二〕，年十八，才貌俱美。童子〔三〕韓重，年十九，有道術。女悅之，私交信問，許爲之妻。重學於齊魯之間，臨去，屬其父母，使求婚。王怒，不與女。玉結氣〔四〕死，葬閶門〔五〕之外。

三年重歸，詰其父母。父母曰：「王大怒，玉結氣死，已葬矣。」重哭泣哀慟，具牲幣〔六〕，往弔於墓前。玉魂從墓出，見重，流涕謂曰：「昔爾行之後，令二親從王相求，度必克從大願，不圖別後遭命奈何！」玉乃左顧宛頸而歌曰：「南山有烏，北山張羅。烏既高飛，羅將奈何！意欲從君，讒言孔多。悲結生疾，沒命黃壚〔七〕。命之不造，冤如之何！」「羽族之長，名爲鳳凰。一日失雄，三年感傷。雖有衆鳥，不爲匹雙。故見鄙姿，逢君輝光。身遠心近，何當暫忘〔八〕！」歌畢，歔欷流涕。要重還冢，重曰：「死生異路，懼有尤愆〔九〕，不敢承命。」玉曰：「死生異路，吾亦知之，然今一別，永無後期，子將畏我爲鬼而禍子乎？欲誠所奉，寧不相信！」重感其言，送之還冢。玉與之飲讌，留三日三夜，盡夫婦之禮。臨出，取徑寸明珠以送重〔一〇〕，曰：「既毀其名，又絕其願，復何言哉！時節自愛。若至吾家，致敬大王。」

重既出，遂詣王，自說其事。王大怒曰：「吾女既死，而重造訛言，以玷穢亡靈。此不過發冢取物，託以鬼神。」趣〔一一〕收重。重走脫，至玉墓所訴之。玉曰：「無憂，今歸白王。」王粧梳，忽見玉，驚愕悲喜，問曰：「爾緣何生？」玉跪而言曰：「昔諸生〔一二〕韓重來求玉，大王不許，玉名毀義絕，自致身亡。重從遠還，聞玉已死，故齎牲幣詣冢弔唁。感其篤終，輒與相見，因以珠遺之。不爲發冢，願勿推治。」夫人聞之，

出而抱之，玉如烟然。（卷一六）

〔一〕夫差，春秋吳國末代君王，闔閭子，公元前四九五年至前四七三年在位，越滅吳，自殺。見史記吳太伯世家。

〔二〕紫玉，類聚卷八四、御覽卷五七三、卷七六一、卷八〇三、卷八〇五均引作「玉」，無「紫」字，錄異傳、山川記同。吳苑卷六及樂府詩集卷八三紫玉歌作「紫玉」。吳郡志引搜神記乃作「紫珪」。參見附錄。

〔三〕童子，未成年男子。詩衛風芄蘭：「童子佩觿。」孔穎達疏：「童者，未成人之稱，年十九以下皆是也。」男子二十歲行冠禮，始爲成年人。

〔四〕結氣，心情鬱結。

〔五〕閶門，吳都吳（今蘇州市）西門。陸廣微吳地記云：「閶門，亦號破楚門。吳伐楚大軍從此門出。」

〔六〕牲幣，犧牲與財帛，用爲祭品。

〔七〕黃壚（ㄌㄨˊ），猶言黃泉。壚，土之黑剛者。

〔八〕按：紫玉此歌，御覽卷五七三引、錄異傳、樂府詩集皆無「烏既高飛」等二句。又，御覽引及錄異傳「意」作「志」，「當」作「嘗」；樂府詩集「烏」作「鳥」，「疾」作「疹」，「當」作「曾」。

〔九〕尤愆（ㄑㄧㄢ），罪咎。

〔一〇〕徑寸明珠，御覽卷七六一引作「崑崙玉壺」，卷八〇五引作「崑崙玉盂」。金樓子志怪篇云：「夫差之女死,以玉壺送葬。」

〔二〕趣,通「促」,催也。

〔三〕諸生,在學之書生。按前云重學於齊魯,故有是稱。

搜神此事,亦見錄異傳,引於廣記卷三一六,文句大同。元林坤誠齋雜記卷上亦記之,文簡甚。明人僞造署爲常沂之靈鬼志,亦據錄異傳而採入之。明綠窗女史幽合、五朝小說魏晉小說傳奇家、舊小說甲集有吳女紫玉傳,即搜神此文,妄題撰人爲漢趙曄,蓋以趙曄撰吳越春秋而假其名也。亦載情史卷一〇情靈類、豔異編卷三六鬼部一。

范成大吳郡志卷四七異聞襲錄異傳夫差女事,下接云:「又一說此女名紫珪,魂出冢傍見重流涕,遂邀重入冢,三日三夜。重請還,紫珪以徑寸珠并玉壺贈之。重齎二物詣夫差,夫差大怒。紫珪夢見於父,以明重之事,夫差異之,悲咽流涕,因捨重,以子聟之禮待之。」末注:搜神記。其事頗異今本。按今本搜神記此記,實係胡氏據廣記引錄異傳而輯,故其文幾同錄異傳,而反異於類聚、御覽所引搜神記(引文均簡)。吳郡志所引,疑即搜神原文之節錄。永樂大典卷二二五六引稽神異苑紫珪事,同吳郡志之「又一說」。稽神異苑皆採舊書,此殆採搜神記也。

紫玉故事,脫胎於吳越春秋及越絕書。

吳越春秋卷四闔閭內傳曰:「吳王有女滕玉。因謀伐楚,與夫人及女會。蒸魚,王前嘗半而與女,女怒曰:『王食魚辱我,不忍久生。』乃自殺。闔閭痛之,葬於國西閶門外。鑿池積土,文石爲椁,題湊爲中,金鼎玉杯、銀樽珠襦之寶皆以送。女乃舞白鶴於吳市中,令萬民隨而觀之。」吳地記引此,下又云:「後陷成湖,今號女墳湖。」

陸龜蒙甫里先生文集卷一一和女墳湖詩云:「水平波淡遶迴塘,鶴殉人沈萬古傷。應是離魂雙不得,至今沙上少鴛鴦。」題下自注:「卽吳王葬女之所。」中用化鶴事。

吳地記又云:「女墳湖在吳縣西北六里。」下引越絕書曰:「夫差小女字幼玉,見父無道,輕士重色,其國必危,遂願與書生韓重爲偶。不果,結怨而死。夫差思痛之,金棺銅槨,葬閶門外。其女化形而歌曰:『南山有鳥,北山張羅。鳥旣高飛,羅當奈何。志願從君,讒言孔多。悲怨成疾,沒身黃坡。』」已與搜神相去無幾。越絕書今本不載,卷二外傳記吳地傳云:「闔廬子女冢,在閶門外,舞鶴吳市。」同吳越春秋。

太平寰宇記卷九一蘇州吳縣云:「吳王女墓,在閶門外。按山川記云:『夫差小女曰玉,女年十八,童子韓重私悅之,王怒,女結恨而死。葬後,重往弔之,女形見,贈徑寸明珠。』」輿地紀勝卷五平江府古迹稱爲玉女塚。

范成大吳郡志卷一八川云:「女墳湖,在吳縣西北,昔吳王葬女處。」又卷三九冢墓云:「吳女墓在閶門外。闔廬女曰滕玉，王與夫人及女會，食蒸魚，王前嘗半而與女，女怒曰：『王食魚辱我。』乃自殺，闔閭痛之，葬於國西閶門外，鑿池積土……取土時其地爲湖，號女墳湖。吳地記曰：『吳王葬女，取土成湖。』」

異苑卷六「劉元」條記劉元與紫玉相見事，乃後世好事者所爲託借古人也。其文曰：「劉元字幼祖，少與武帝善而輕何無忌，遂不相得，乃去。遊吳郡虎丘山，心欲留焉。夜臨風長嘯，對月鼓琴於劍池之上。忽聞環珮音，一女子衣紫羅之衣，垂鈿帶，謂元曰：『吳王愛女，願來相訪。』元曰：『吳王愛女豈非韓重妻紫玉耶？』遂與元偕行。謂元曰：『聞君與劉裕相得，裕是王者，然與何無忌不美，此人恐爲君患。若北還仕魏朝，官亦不減牧伯。』言訖忽不見。乃在一大陵松樹下，約去虎丘三里許。元乃北去，仕魏累官青州刺史。」按吳郡志引稽神異苑亦載此，文句大同，唯名作紫珪。

盧充

盧充者，范陽人〔一〕。家西三十里，有崔少府〔二〕墓。充年二十。先〔三〕冬至一日，出宅西獵戲，見一麞，舉弓而射，中之。麞倒復起，充因逐之，不覺遠。忽見道北一里許，高門，瓦屋四周。有如府舍。不復見麞。門中一鈴下〔四〕，唱「客前」。充問：

「此何府也？」答曰：「少府府也。」充曰：「我衣惡，那得見少府？」即有一人，提一襆〔五〕新衣，曰：「府君以此遺郎。」充便著訖。

進見少府，展姓名。酒炙數行，謂充曰：「尊府君不以僕門鄙陋，近得書，爲君索小女婚，故相迎耳。」便以書示充。充父亡時雖小，然已識父手跡，即欷歔，無復辭免。便勅內：「盧郎已來，可令女郎粧嚴。」且語充云：「君可就東廊。」及至黃昏，內白女郎粧嚴已畢。充既至東廊，女已下車，立席頭，却共拜。時爲三日，給食〔六〕。三日畢，崔謂充曰：「君可歸矣。若女有娠相〔七〕，生男當以相還，無相疑；生女當留自養。」敕外嚴車送客。充便辭出，崔送至中門，執手涕零。

出門見一犢車〔八〕，駕青牛〔九〕，又見本所著衣及弓箭，故在門外。尋傳教將一人，提襆衣與充，相問曰：「姻緣始爾，別甚悵恨，今復致衣一襲，被褥自副〔一〇〕。」充上車，去如電逝。須臾至家，家人相見悲喜。推問，知崔是亡人而入其墓，追以懊惋〔一一〕。

別後四年，三月三日〔一二〕，充臨水戲。忽見水旁有二犢車，乍沉乍浮，既而近岸，同坐皆見。而充往開車後戶，見崔氏女與三歲男共載。充見之忻然，欲捉其手。女舉手指後車曰：「府君，見之〔一三〕。」即見少府，充往問訊。女抱兒還充，又與金鋺〔一四〕，并贈詩曰：「煌煌靈芝質，光麗何猗猗〔一五〕。華豔當時顯，嘉異表神奇。含英未及秀，中夏罹霜萎。榮耀長幽滅，世路永無施。不悟陰陽運，哲人忽來儀〔一六〕。會淺離別速，皆由靈與祇。何以贈余親？金鋺可頤〔一七〕兒。恩愛從此別，斷腸傷肝脾〔一八〕。」充取兒、鋺及詩，忽然不見二車處。充將兒還，四坐謂是鬼魅，僉遙唾之，形如故。問兒：「誰是汝父？」兒徑就充懷。衆初怪惡，傳省其詩，慨然歎死生之玄通也。

充後乘車入市賣鋺，高舉其價，不欲速售，冀有識者〔一九〕。欻有一老婢識此，還白大家〔二〇〕曰：「市中見一人乘車，賣崔氏女郎棺中鋺。」大家即崔氏親姨母也。遣兒視之，果如其婢言。上車敘姓名，語充曰：「昔我姨嫁少府，生女，未出而亡。家親痛之，贈一金鋺著棺中。可說得鋺本末。」充以事對，此兒亦爲之悲咽。賫還白母，母即令詣充家，迎兒視之。諸親悉集。兒有崔氏之狀，又復似充貌。兒、鋺俱驗，姨母曰：「我外甥三月末間產，父曰：『春煖温也，願休強〔二一〕也。』即字温休。『温休』者，蓋『幽婚』也〔二二〕。其兆先彰矣。」

兒遂成令器，歷郡守二千石〔二三〕，子孫冠蓋，相承至今。其後植，字子幹〔二四〕，有

名天下。（卷一六）

〔一〕按：珠林卷九二引續搜神記，首作「晉時有盧充」，誤，此爲漢事。范陽，漢名涿郡，魏黃初中改范陽，治涿縣（今屬河北），西晉改國，北魏復爲郡。此用當時名稱。

〔二〕少府，官名，九卿之一，掌宮庭需用。

〔三〕先，廣記卷三一六引作「充」。孔氏志怪「先」上有「充」字，見附錄。

〔四〕鈴下，衞士。唐時乃以稱太守。

〔五〕襆（ㄆㄨˊ），包袱。

〔六〕按：古禮，婚後三日宴集賓朋。世說・文學云：「裴散騎（遐）娶王太尉（衍）女，婚後三日，諸壻大會，當時名士、王裴子弟悉集。」給食，珠林作「供給飲食」。

〔七〕按：各本原無「若」字，「若」在下句「生男」上。珠林引作「若女有相，生男當以相與」，於義爲長，據改。

〔八〕犢車，牛車。珠林引作「獨車」，下同。

〔九〕青牛，各本均譌作「青衣」，明鈔本廣記引作「青牛」，珠林同，據正。

〔一〇〕自副，成套。孔氏志怪作「一副」。

〔一一〕按：「家人」至此，廣記、御覽卷八八四引作「母見，問其故，充悉以狀對」。珠林引同，無「見」字，今本搜神後記作「母問之，具以狀對」，見附錄。

〔二〕三月三日，廣記、御覽引脫「三日」。按三月三日爲上巳節，古頗重之。初學記卷四引韓詩曰：「三月桃花水下之時，鄭國之俗，三月上巳，於溱洧兩水上執蘭招魂續魄，祓除不祥也。」荊楚歲時記曰：「三月三日，士民竝出江渚池沼間，爲流杯曲水之飲。」吳均續齊諧記尚記有此節之由來，云：「晉武帝問尚書郎摯虞仲治：『三月三日曲水，其義何旨？』答曰：『漢章帝時，平原徐肇以三月初生三女，至三日俱亡。一村以爲怪，乃相與至水濱盥洗，因流以濫觴。曲水之義蓋在此矣。』帝曰：『若如所談，便非嘉事也。』尚書郎束晳進曰：『仲治小生，不足以知此。臣請說其始：昔周公成洛邑，因流水泛酒，故逸詩云：「羽觴隨波流。」又秦昭王三月上巳置酒河曲，見金人自河而出，奉水心劍曰：「令君制有西夏。」及秦霸諸侯，乃因此處立爲曲水。二漢相緣，皆爲盛事。』帝曰：『善。』賜金五十斤。左遷仲治爲城陽令。」然此乃傳聞，不足信也。

〔三〕之，原作「人」，義欠通。宋本世說注引孔氏志怪作「之」，據正。

〔四〕鋺，廣記引作「椀」，御覽引作「盌」，字同，即「碗」字。

〔五〕猗猗，詩衞風淇奧：「綠竹猗猗。」毛傳：「猗猗，美盛貌。」孔氏志怪作「倚倚」，譌。

〔六〕哲人，才識卓越之人，此指盧充。儀，來也。方言卷二：「儀、佫，來也。陳潁之間曰儀，自關而東，周鄭之郊、齊魯之間，或謂佫曰懷。」

〔七〕頤，養也。

〔八〕按：崔氏詩珠林、廣記於「哲人忽來儀」之後作「今時一別後，何得重會時」。孔氏志怪同此，「恩愛」作

「愛恩」。

〔一九〕按：此句原脫「者」字，據珠林、廣記、御覽引及孔氏志怪補。

〔二〇〕大家，同「大姑」，婦女之尊稱，此處用稱主母。

〔二一〕休，美也，祥也；強，健也，盛也。

〔二二〕按：此乃「反語」，即反切。古音，「溫」與「婚」韻母同，而與「幽」聲母同；「休」與「幽」、與「婚」亦然。「溫」之聲母與「休」之韻母相切得「幽」字，「休」之聲母與「溫」之韻母相切得「婚」字。

〔二三〕二千石，漢世九卿、郎將、郡守秩二千石。分三等：中二千石，月得百八十斛（十斗）；二千石，百二十斛；比二千石，百斛。遂以二千石稱郡守。

〔二四〕按：「其後」至此六字，御覽引作「其後植，子毓」，廣記作「字幹」，脫「子」字。孔氏志怪作「其後生植，爲漢尙書，植子毓，爲魏司空。」按後漢書卷六四盧植傳：植字子幹，涿郡涿人。少事馬融。靈帝時歷仕太守、議郎、侍中、尙書，獻帝初平三年卒。三國志卷二二魏志盧毓傳：植子毓字子家，仕魏爲太守、侍中、僕射、吏部尙書、光祿大夫、司空，高貴鄉公甘露二年卒，謚成侯。孫藩嗣。毓子欽、珽。魏元帝咸熙中欽爲尙書，珽爲泰山太守。裴注引世語曰：「欽泰始中爲尙書僕射，領選，咸寧四年卒。追贈衞將軍、開府。」引晉諸公傳曰：欽子浮，「朝廷器重之，就家以爲國子博士，遷祭酒，永平中爲秘書監。珽子皓、志，並至尙書。」又引諶別傳曰：「諶（志子）善文章。洛陽傾覆，北投劉琨，琨以爲司空從事中郎。琨敗，諶歸段末波。元帝之初，累召爲散騎中書侍郎，不得南赴。永和六年，卒於胡中，子孫過江。」盧氏從植至諶，五世皆高官，故云「子孫冠蓋」，相承至今」。

世說方正篇云：「盧志於衆坐，問陸士衡：『陸遜、陸抗是君何物？』答曰：『如卿於盧毓、盧珽。』士龍失色。既出戶，謂兄曰：『何至如此？彼容不相知也。』士衡正色曰：『我父祖名播海內，寧有不知？鬼子敢爾！』識者疑二陸優劣，謝公以此定之。」陸機罵盧志「鬼子」，知西晉已傳盧氏先人冥婚生子事。

劉孝標注世說此文引孔氏志怪「盧充者，范陽人」云云，文句與搜神大同，蓋孔約採自干寶書。類林雜說卷一三乃引作志怪錄。琱玉集卷一二引世說亦記此事，疑為世說注之誤。珠林卷九二、類聚卷四、御覽卷三〇、事類賦注卷四引此事並作續搜神記，珠林大同搜神，餘皆簡甚，是陶潛書亦取之矣。然今本後記文甚略，蓋後記為後人重輯（見後），取文繁者入於搜神記，而以文簡者入於後記耳。今本後記文云：「盧充獵，見獐便射，中之。隨逐，不覺遠。忽見一里門，如府舍，問鈴下，鈴下對曰：『崔少府府也。』進見少府，少府語充曰：『尊府君為索小女婚，故相迎耳。』三日婚畢，以車送充至家。母問之，具以狀對。既與崔別，後四年之三月三日，充臨水戲。遙見水邊有犢車，乃往開車戶。見崔女與三歲兒共載，情意如初。抱兒還充，又與金鋺而別。」

五朝小說魏晉小說志怪家、說郛卷二七續幽明錄有盧充事，卽此文，而妄題唐劉孝孫撰。又唐人說薈所謂鄭蕡才鬼記之盧充，亦此文耳。豔異編卷三六、情史卷二〇亦載。

倪彥思家魅

吳時，嘉興〔一〕倪彥思，居縣西埏里。忽見鬼魅入其家，與人語。飲食如人，惟不見形。彥思奴婢有竊罵大家者，云：「今當以語。」彥思治之，無敢詈之者。彥思有小妻，魅從求之，彥思乃迎道士逐之。酒殽既設，魅乃取廁中草糞，布著其上。道士便盛擊鼓，召請諸神。魅乃取伏虎〔二〕，于神座上吹作角〔三〕聲音。有頃，道士忽覺背上冷，驚起解衣，乃伏虎也。於是道士罷去。

彥思夜於被中竊與嫗語，共患此魅。魅卽屋梁上謂彥思曰：「汝與婦道吾，吾今當截汝屋梁。」卽隆隆有聲。彥思懼梁斷，取火照視，魅卽滅火，截梁聲愈急。彥思懼屋壞，大小悉遣出，更取火視，梁如故。魅大笑，問彥思：「復道吾否？」

郡中典農〔四〕聞之曰：「此神正當是狸物耳。」魅卽往謂典農曰：「汝取官若干百斛穀，藏著某處。爲吏汚穢，而敢論吾！今當白於官，將人取汝所盜穀。」典農大怖

而謝之。自後無敢道者。三年後去，不知所在。（卷一七）

〔一〕嘉興，縣名，吳始置，屬吳郡，今在浙江。

〔二〕伏虎，便壺。明朱謀㙔駢雅卷四云：「伏虎、楲窬，溺器也。」又稱虎子，西京雜記卷四云：「漢朝以玉爲虎子，以爲便器。」

〔三〕角，一種軍中樂器。廣韻入聲覺韻「角」字釋云：「大角，軍器。徐廣車服儀制曰：『角，前世書記所不載，或云本出羌胡，以驚中國之馬也。』」

〔四〕典農，典農校尉，掌屯田，職權相當太守，魏吳皆置。

錄異傳（古小說鈎沉本）曰：「吳時，嘉興倪彥思，忽有鬼魅在家，能爲人語，飲食如人，惟不見形。思乃延道士逐之。酒餚既設，道士便擊鼓，召請諸神。魅乃取伏虎，於神坐上吹作角聲，以亂鼓音。有頃，道士忽覺背中冷，驚起解衣，乃伏虎也。」

此文明人採入奇鬼傳，題倪彥思。（按：奇鬼傳係明人僞造，矯題唐杜靑荑撰，載唐人說薈一五集。）

燕昭王墓斑狐

張華字茂先，晉惠帝時爲司空。於時燕昭王墓〔一〕前有一斑狐，積年能爲變幻〔二〕。乃變作一書生，欲詣張公。過問墓前華表〔三〕曰：「以我才貌，可得見張司空否？」華表曰：「子之妙解，無爲不可，但張公智度，恐難籠絡，出必遇辱，殆不得返。非但喪子千歲之質，亦當深誤老表〔四〕。」狐不從，乃持刺謁華。

華見其總角風流，潔白如玉，舉動容止，顧盼生姿，雅重之。於是論及文章，辨校聲實〔五〕，華未嘗聞。比復商略三史〔六〕，探賾〔七〕百家，談老莊之奧區，披風雅之絕旨，包十聖〔八〕，貫三才〔九〕，箴八儒〔一〇〕，擿五禮〔一一〕，華無不應聲屈滯。乃歎曰：「天下豈有此年少！若非鬼魅，則是狐狸。」乃掃榻延留，留人防護。此生乃曰：「明公當尊賢容衆，嘉善而矜〔一二〕不能，奈何憎人學問！墨子兼愛〔一三〕，豈若是耶？」言卒，便求退，華已使人防門，不得出。既而又謂華曰：「公門置甲兵蘭錡〔一四〕，當是致疑於僕也。將恐天下之人，捲舌而不言；智謀之士，望門而不進。深爲明公惜之。」華不應，而使人防禦甚嚴。

時豐城令雷煥〔一五〕，字孔章，博物士也，來訪華。華以書生白之，孔章曰：「若疑之，何不呼獵犬試之？」乃命犬以試，竟無憚色。狐曰：「我天生才智，反以爲妖，以犬試我，遮莫〔六〕千試萬慮，其能爲患乎？」華聞益怒，曰：「此必眞妖也。聞魑魅忌狗，所別者數百年物耳！千年老精，不能復別。惟得千年枯木照之，則形立見。」孔章曰：「千年神木，何由可得？」華曰：「世傳燕昭王墓前華表木，已經千年。」乃遣人伐華表。

使人欲至木所，忽空中有一青衣小兒，來問使曰：「君何來也？」使曰：「張司空有一年少來謁，多才巧辭，疑是妖魅，使我取華表照之。」青衣曰：「老狐不智，不聽我言，今日禍已及我，其可逃乎！」乃發聲而泣，倏然不見。使乃伐其木，血流。便將木歸，燃之以照書生，乃一斑狐。華曰：「此二物不值我，千年不可復得。」乃烹之。

（卷一八）

〔一〕燕昭王，姓姬名職，前三一一年至前二七九年在位。

〔二〕按：玄中記曰：「狐五十歲，能變化爲婦人。百歲爲美女，爲神巫，或爲丈夫，與女人交接；能知千里外事，善蠱魅，使人迷惑失智。千歲卽與天通，爲天狐。」（鈎沈輯本）抱朴子對俗曰：「狐狸豺狼，皆壽八百歲；滿五百歲，則善變人形。」酉陽雜俎前集卷一五諾皐記下曰：「舊說野狐名紫狐，夜擊尾火出，將爲怪，必戴髑髏拜北斗，髑髏不墜，則化爲人矣。」此皆言狐變幻之事。

〔三〕華表，亦稱和表、桓表、表木，立於亭傳、府衙、墓門前，以爲表識。古今註卷下云：「今之華表木……以橫木交柱頭，狀若花也，形似桔槔，大路交衢悉施焉，或謂之表木。」

〔四〕老表，華表自稱。

〔五〕聲實，名實。淮南子脩務訓：「聲施千里。」注：「聲，名也。」戰國時，名家（或稱形名、刑名）辯名實，名實常稱作聲實。呂氏春秋先識覽正名云：「是刑名異充而聲實異謂也。」魏晉時，名實仍是時髦話題，西晉歐陽建即是有名於當世之名實論者。老狐辨校聲實，正反映出當時風氣。

〔六〕三史，六朝人以史記、漢書、東觀漢記爲三史。三國志卷四二蜀志孟光傳：「無書不覽，尤銳意三史，長於漢家舊典。」唐世東觀漢記亡佚，遂以范曄後漢書代之。

〔七〕賾（zé），奧也。

〔八〕十聖，所指不詳，疑指堯、舜、禹、湯、文、武、周公、孔、孟、荀等古聖賢。或指儒、道、陰陽、名、法、墨、縱橫、雜、農、小說等十家之聖。

〔九〕三才，天、地、人之謂也。周易說卦：「是以立天之道，曰陰與陽；立地之道，曰柔與剛；立人之道，曰仁與義。兼三才而兩之，故易六畫而成卦。」

〔一〇〕八儒，韓非子顯學云：「自孔子之死也，有子張之儒，有子思之儒，有顏氏之儒，有孟氏之儒，有漆雕氏之儒，有仲良氏之儒，有孫氏之儒，有樂正氏之儒。」

〔一一〕五禮，所指有二：一指禮之五類。周禮春官小宗伯：「掌五禮之禁令。」賈公彥疏引先鄭（鄭衆）云：「五禮：吉、凶、賓、軍、嘉者。」二指禮之五等。尙書皋陶謨：「自我五禮。」傳：「公、侯、伯、子、男五等之禮。」孔疏引鄭玄曰：「五禮：天子也，諸侯也，卿大夫也，士也，庶民也。」

〔一二〕矜，憫也。

〔一三〕兼愛，墨子基本思想之一。墨子有兼愛篇，云：「天下兼相愛則治，交相惡則亂。」

〔一四〕蘭錡，原作「欄騎」（集異記同，見附錄），晉抄作「蘭錡」，續齊諧記作「闌錡」。按文選卷二西京賦：「武庫禁兵，設在蘭錡。」薛綜注：「錡，架也。武庫，天子主兵器之官也。」李善注：「劉逵魏都賦注曰：『受他兵曰蘭，受弩曰錡。』」蘭錡卽兵器架，借指兵器。知「欄騎」乃「蘭錡」之譌，今正。

〔一五〕豐城，縣名，時屬豫章郡，今屬江西。雷煥，晉書卷三六張華傳載，煥豫章人，妙達緯象。與張華登樓觀斗牛間紫氣，知爲寶劍之精上徹於天。華補其爲豐城令，於豐城掘得寶劍一雙，名龍泉、太阿，煥自佩一劍，與華一劍。華誅，失劍所在。煥卒，其子華持劍經延平津，劍躍入水，但見二龍各長數丈云云。史傳中已有此誇誕之詞，可知時人對雷煥必多異談。又有雷煥別傳，御覽有引。

〔一六〕遮莫，儘管、任憑之謂，中古時口語。唐宋猶通行，常見於詩中。通雅釋詁：「遮莫，猶言儘教也，蓋俥莫也。」

御覽卷九〇九引搜神記，文殊簡，且有異辭，移錄於下：「燕昭王墓有老狐，化男子詣張華講說。華怪之，謂雷孔章曰：『今有男子，少美高論。』孔章曰：『當是老精。聞燕昭王墓有華表柱，向千年，可取照之，當見。』如言，化爲狐。」

琱玉集卷一二引晉抄云：「張華字茂先，晉時范陽人也，晉惠帝時爲司空。燕昭王墓前有一斑狸，能爲幻化；墓有華表，亦知未然之事。狸謂華表曰：『視我之貌，可得見晉帝未？』華表答曰：『視子之貌，妙解無窮，然張司空智度，恐難籠絡，子未須去。』狐狸不聽，華表曰：『今若去，非但喪子千年之姿，亦當深悞老鄙。』狐狸遂變作一書生，可十六七許，童顏總髮，往見張華。華見其總角，容姿潔白，舉趍鏘，視盼分明，言談辯捷，高（「商」字之譌）略三史，深貫百家，蘊積三才，苞含十聖，兼達五禮，洞曉八儒，談莊老之妙玄，釋眞如之絕旨。張華於是愕然，莫知所問，乃歎曰：『天下豈有如此年少也！若非鬼魅，當是狐狸。』書生又曰：『明公當尊賢容衆，嘉善而矜不能，奈何憎人學乎？』言竟而退。華已使人守門，書生既不得出，又謂華曰：『門置甲兵，人設蘭錡，當是有疑於僕也。僕亦聽公所疑，將恐才辯之人，卷舌而不談，智謀之士，望門而却走，深爲公惜之。』華終不聽，而更使防御甚急。時有豐城令雷孔章謂華曰：『若是鬼魅狐狸，可試之以狗。』華曰：『狗者唯知百年事，此乃千歲精，不復可別。唯有千年枯木照之，則形見矣。燕昭王墓前華表，似應千年。』乃遣往伐。使人既至，華表歎曰：『老狸不自知，果悟（「悞」字之譌）我也。』既斫華表，於樹空中得一青衣小兒，長二尺餘。將送，未至洛陽變成枯木。燃之以照書生，乃是大斑狸，遂即煞之也。張華歎曰：『此之二物若不值我，復經千年，則不復可得矣。』」

續齊諧記云：「張華爲司空。于時燕昭王墓前有一斑狸，化爲書生，欲詣張公。過問墓前華表曰：『以我才貌，可得見司空耶？』華表曰：『子之妙解，無爲不可，但張公制（當作「智」）度，恐難籠絡，出不（當作「必」）遇辱，殆不得返。非但喪子千年之質，亦當深誤老表。』狸不從，遂見。華見其容止風流，雅重之。於是論及文章聲實，華未嘗勝；次復商略三史，探貫百氏，包十聖，洞三才，華無不應聲屈滯。乃歎曰（按：下有脫文）：『明公乃尊賢容衆，嘉善矜不能，奈何憎人學問？墨子兼愛，其善是也。』言卒便退。華已使人防門，不得出。既而又問華曰：『公門置兵甲闌錡，當是疑僕也。恐天下之人卷舌而不談，智謀之士望門而不進，深爲明公惜之。』華不答，而使人防禦甚嚴。豐城令雷煥，博物士也，謂華曰：『聞魅鬼忌（下脫「狗」字），所別者數百年物耳，千年老精不復能別，惟千年枯木照之，則形見。昭王墓前華表已當千年。』使人伐之。至聞華表言曰：『老狸不自知，果誤我事。』於華表穴中得青衣小兒，長二尺餘。使還，未至洛陽而變成枯木。遂燃以照之，書生乃是一斑狸。茂先歎曰：『此二物不值我，千年不復可得。』」

廣記卷四四二引集異記曰：「張華字茂先，晉惠帝時爲司空。于時燕昭王墓前有一斑狸，積年能爲幻化，乃變作一書生，欲詣張公。過問墓前華表曰：『以我才貌，可得見張司空否？』

華表曰：『子之妙解，爲無不可，但張司空智度，恐難籠絡，出必遇辱，殆不得返。非但喪子千歲之質，亦當深誤老表。』書生不從，遂詣華。華見其總角風流，潔白如玉，舉動容止，顧盼生姿，雅重之。於是論及文章，辨校聲實，華未嘗聞此。復商略三史，探賾百家，談老莊之奧區，被風雅之絕旨，包十聖，貫三才，箴八儒，擿五禮，華無不應聲屈滯。乃歎曰：『天下豈有此年少！若非鬼怪，則是狐狸。』書生乃曰：『明公當尊賢容衆，嘉善而矜不能，奈何憎人學問？墨子兼愛，豈若是耶？』言卒便請退。華已使人防門，不得出。既而又謂華曰：『公門置甲兵欄騎，當是疑于僕也。將恐天下之人捲舌而不言，智謀之士望門而不進，深爲明公惜之。』華不應，而使人禦防甚嚴。豐城令雷煥，博物士也，謂華曰：『聞魑魅忌狗，所別者數百年物耳，千年老精不復能別，唯有千年枯木，照之則形見。燕昭王墓前華表，已當千年。』乃遣人伐之。使人既至，華表歎曰：『老狸自不自知，果誤我事。』于華表空中得青衣小兒，長二尺餘。將還至洛陽，而變成枯木。燃之以照書生，乃是一斑狸。茂先歎曰：『此二物不值我，千年不可復得。』」（按：廣記引此文，不類唐薛用弱之集異記，疑出晉人郭季産之同名書。）

晉抄、集異記、續齊諧記及搜神記四家所記，互有異同，前三者較相接近，而集異、續齊諧尤爲相似，集異前半又近乎搜神。八卷本搜神記卷四亦載此事，所據似乃爲句道興之搜神記（句書殘卷無），文句全異，事亦有差，亦鈔於下，以爲參考：「燕惠王墓上有狐狸，已經千餘歲，神變無比，世罕有之。聞晉司空張華博學多才，狐狸化爲二少年書生，才容奇美，乘馬而出。墓前過去，華表神謂曰：『子欲何之？』狸曰：『我聞晉司空張華博學多才，今欲詣門，與之談論。』木精曰：『張司空之才難可比也，若去，非但喪汝二軀，我亦遭累。』狸曰：『縱伊廣覽，豈能勝予？終爲之而旋爲累子矣。』木精曰：『實謂「自貽伊戚」，其可乎？不取吾言，終有悔日。』狸不答而去。乃持刺謁華。華引入談論，三日不屈。華甚疑之：『此必妖也。』乃掃榻延留，留人防禦。時雷孔章來訪華，華以書生白之：『此必妖異。』孔章聞此語，忽然大笑曰：『公爲國之棟梁，吐凔納士，賢者進用，不肖者黜退，何故妬賢嫉能，不以己之不才，而言人之妖異？如此爲天下笑耳。』華益加防衛，勿遣東西。孔章曰：『若疑之，何不呼獵犬試之？』乃命犬以試，竟無憚色。狸曰：『我之才智，天地產之，反以爲妖，以犬試我，遮莫千試萬慮，其能爲患乎？』華聞益怒，曰：『此必眞妖也。』乃曰：『是百年之精，獵犬見之卽變；若千年之妖，以千年神木火照之卽變。』章曰：『千年神木何由可得？』華曰：『世說燕惠王塚前有華表木，已經千年。』發遞馬使，往取其木。使欲至木所，空中有一青衣小兒來，問使曰：『君何來也？』使曰：『張司空忽有二少年，多才巧辭，疑是妖異，使我取華表照之。』青衣曰：『老狸不智，不聽我言，今日禍已及我，其可逃乎！』乃發聲而泣，倏然不見。使乃伐其木，木中血流。使將木歸，照之，其精乃變，華乃烹之。」

五朝小說魏晉小說傳奇家、舊小說甲集有古墓斑狐記，題晉郭頒（舊小說無「晉」字），實是取搜神記文。

宋劉斧青瑣高議別集卷五張華相公（題下注：用華表柱驗狐精）所演亦爲此事，然與上述諸記俱不同，亦錄於此：「晉時，有客艤御溝岸下，夜將半，有人切切語言，客望之，乃一狐坐於華表柱下。狐云：『吾今已百歲矣，所聞所見亦已多矣。』曰：『將詣丞相張公。』華表柱忽發聲云：『張華相公博物，汝愼勿去。』狐云：『吾意已決。』柱云：『汝去，他日無累老兄。』狐乃去。客爲丞相公乃是表親，不知相公（按：此處有脫譌）。一日，見有若士人者詣張公。旣坐，辯論鋒起，往往異語出於義外，公歎服。私念：『此乃秀民，若居於中，豈不聞其名乎？此必怪也。』乃呼吏視之，云：『汝爲吾平人津岸東南角華表枯木。』其人已變色。少選將至，公命視之，其人惶愧下階，化爲老狐竄去。客乃出謂公曰：『向宿于橋旁，已聞呱呱不□□□□□入火焚燒柱，而狐何故化去？』公曰：『惟怪知怪，惟精知精。茲已百餘歲矣，焚其柱，狐□柱之言，其怪乃化去也。』卽知狐之爲怪，並今日也。議曰：妖魅之變化，其詳論足以感人。自非博物君子，孰能知之？」

寰宇記卷六九幽州薊縣云：「燕昭王冢，九州要記云：古漁陽北有無終山，山上有昭王冢。前有千歲狐化爲書生，謁張華，華識之，因以昭王冢前華表木照之，遂變。」按：九州要記撰人不詳，王謨漢唐地理書鈔以爲晉人樂資撰。此乃言昭王冢在無終山，可補諸記之闕。無終山卽天津薊縣（古漁陽）之盤山，所謂昭王冢早已不存。

又傳董仲舒察狸怪事，與此相似。搜神記卷一八云：「董仲舒下帷講誦，有客來詣。舒知其非常。客又云：『欲雨。』舒戲之曰：『巢居知風，穴居知雨。卿非狐狸，則是鼷鼠。』客遂化爲老狸。」

幽明錄載此事文較詳，茲據鉤沉錄下：「董仲舒嘗下帷獨詠，忽有客來，風姿音氣，殊爲不凡，與論五經，究其微奧。仲舒素不聞有此人，而疑其非常。客又曰：『欲雨。』因此戲之曰：『巢居知風，穴居知雨。卿非狐狸，卽是鼷鼠。』客聞此言，色動形壞，化成老狸，蹶然而走。」（廣記卷四四二、御覽卷九一二）

琱玉集卷一二引前漢書亦載，云：「董仲姓董字仲舒，前漢廣川人也。居室讀書，忽有一客來見仲舒。客曰：『天將欲雨。』舒答曰：『巢居知風，穴處知雨。卿非狐狸，則是其甥舅耳。』客聞此語，色動形戰，卽化爲老狸而走也。」

宋大賢

南陽西郊有一亭，人不可止，止則有禍。邑人宋大賢，以正道自處。嘗宿亭樓，夜坐鼓琴，不設兵仗。至夜半時，忽有鬼來，登梯與大賢語，矃目磋齒，形貌可惡。大賢鼓琴如故，鬼乃去。於市中取死人頭來還，語大賢曰：「寧可少睡耶〔一〕？」因以死人頭投大賢前。大賢曰：「甚佳！吾暮臥無枕，正欲得此。」鬼復去。良久乃還，曰：「寧可共手搏耶？」大賢曰：「善。」語未竟，鬼在前，大賢便逆捉其腰，鬼但急言：「死！死〔二〕！」大賢遂殺之。明日視之，乃老狐也。自是亭舍更無妖怪〔三〕。（卷一八）

〔一〕按：此句珠林卷四二引作「寧可行小熟啗」。

〔二〕按：原祇一「死」字，珠林引字重，於義爲長，據補。

〔三〕按：此句珠林引作「因止亭毒，更無害怖」。

李寄

東越閩中有庸嶺〔一〕，高數十里。其西北隙中〔二〕有大蛇，長七八丈，大十餘圍〔三〕。土俗常病，東冶都尉及屬城長吏多有死者〔四〕。祭以牛羊，故不得福〔五〕。或與人夢，或下諭巫祝，欲得啗童女年十二三者。都尉令長〔六〕，並共患之。然氣厲〔七〕不息。共請求人家生婢〔八〕子，兼有罪家女養之。至八月朝〔九〕，祭送蛇穴口。蛇出，吞嚙之。累年如此，已用九女。

爾時預復募索，未得其女。將樂縣〔一〇〕李誕，家有六女，無男。其小女名寄，應募欲行，父母不聽。寄曰：「父母無相，惟生六女，無有一男，雖有如無。女無緹縈〔一一〕濟父母之功，既不能供養，徒費衣食，生無所益，不如早死。賣寄之身，可得少錢，以供父母，豈不善耶？」父母慈憐，終不聽去。

寄自潛行，不可禁止。寄乃告請好劍及咋蛇犬。至八月朝，便詣廟中坐，懷劍將犬。先將數石米餈〔一二〕，用蜜麨〔一三〕灌之，以置穴口。蛇便出，頭大如囷〔一四〕，目如二尺鏡。聞餈香氣，先啗食之。寄便放犬，犬就嚙咋，寄從後斫得數創。瘡痛急，蛇因踊出，至庭而死。寄入視穴，得其九女髑髏，悉舉出，咤言曰：「汝曹怯弱，爲蛇所食，甚可哀愍！」於是寄女緩步而歸。

越王〔一五〕聞之，聘寄女爲后，拜其父爲將樂令，母及姊皆有賞賜。自是東治〔一六〕無復妖邪之物。其歌謠至今存焉。（卷一九）

〔一〕東越，西漢小國，越王句踐之後，在今浙江東南及福建一帶，國都東冶（今福建福州市）。閩中，今福建一帶。原爲秦閩中郡，漢初爲閩越國、東越國轄境。庸嶺，又名烏嶺、烏頭嶺、烏嶺山，在今福建邵武縣西北，參見附錄。

〔二〕隙，原作「隰」。津逮、鹽邑本作「隙」，珠林卷四二引作「其下北隙中」。隰爲低濕之地，作「隙」爲是，據正。書鈔卷一二二、類聚卷九四、御覽卷三四四、卷四三七、卷九〇五引此句並作「下北隰中」，御覽卷四四一引作「其下北濕中」，均譌。

〔三〕按：此句珠林引作「圍之一丈」。

〔四〕按：「病」原作「懼」，「東冶」原作「東治」。按書鈔引作「常病長吏」，類聚引作「常病都尉及長吏」，御覽卷三四四又卷四三七引同，「史」作「吏」，又卷四四一引作「常病治都尉及屬城長吏」，後又云「自是東冶無復妖邪之物」，作「病」、「冶」是也，據正。東冶原稱冶，因在冶山（今福州市舊城內東北隅）之麓得名，爲東越國都。都尉，郡國之軍事長官。

〔五〕故，依然。福，原作「禍」，津逮、鹽邑本及珠林、御覽卷四四一引均作「福」，據正。

〔六〕令長，縣令、縣長。漢書百官公卿表：「縣令、長，皆秦官，掌治其縣。萬戶以上爲令，秩千石至六百石；減萬戶爲長，秩五百石至三百石。」

〔七〕氣厲，疾癘災疫。「厲」通「癘」。

〔八〕家生婢，奴婢所生之女，男曰家生奴。漢書卷三一陳勝傳：「秦令少府章邯免驪山徒人、奴產子，悉發擊楚軍。」師古注：「奴產子，猶今人云家生奴也。」

〔九〕月朝，月旦，每月初一。

〔一〇〕將樂縣，三國吳始置，今在福建。此用晉時名稱，漢無此縣。

〔一一〕緹縈，姓淳于，西漢醫學家淳于意少女，臨淄人。劉向列女傳載，齊太倉令淳于意五女無男，文帝時獲罪下獄，當受肉刑，緹縈隨父至長安，上書願入官爲婢，以贖父罪。帝憐之，詔除肉刑，意乃免得。史記孝文本紀、漢書刑法志並載此事。

〔一二〕餈（ㄘˊ），糯米餅。說文五下食部：「餈，稻餅也。」段玉裁注：「以稉米蒸孰，餅之如麵餅曰餈，今江蘇之餈飯也。」

〔一三〕麨（ㄔㄠˇ），同「⿰麥酋」。玉篇卷一五麥部：「⿰麥酋，充小切，糗也。麨，同上。」說文七上米部：「糗，熬米麥也。」段注：「熬者，乾煎也。」按即米麥之炒熟者。

〔一四〕囷，糧囤。御覽卷三四四引作「囤」。

〔一五〕越王，東越王。按史記卷一一四東越列傳載，武帝建元六年閩越王郢弟餘善殺郢降漢，乃立餘善爲東越王。後反，漢討之，元封元年餘善爲部下所殺，東越亡。是則越王即餘善。

〔一六〕東治，原譌作「東治」，今正。

五朝小說魏晉小說傳奇家及舊小說甲集有東越祭蛇記一篇，署名晉干寶（舊小說無「晉」

字)，即此文。

太平寰宇記卷一〇一邵武軍邵武縣曰：「烏嶺山在縣西北三百里。烏嶺峻極，不通牛馬，以其與烏君山接，因此爲名。魏王泰坤元錄（括地志）云：『邵武有庸嶺，一名烏頭嶺。北隰中有大蛇，長七八丈，爲患，都尉長吏多致死者。巫言啖童女，其都尉令長遂估賃人家婢子養之，八月祭送蛇穴，已九女矣。將樂縣李誕有六女無男，小女名奇。及受僱應之，奇買好劍，仍作數石米餈，用蜜灌之，以置穴口。蛇夜出，目如三尺鏡，奇放犬咋蛇，奇從後以劍斫之。蛇踊出，至庭而死。』」又御覽卷四七引坤元錄曰：「邵武北有庸嶺，一名烏嶺，北隰中有大蛇，爲將樂令李誕女所殺者。」女名不同搜神記。

宋劉斧青瑣高議前集卷三李誕女（題下注：李誕女以計斬蛇），其事全同搜神記，不錄。

張福

鄱陽〔一〕人張福船行，還野水邊。夜有一女子，容色甚美，自乘小船來投福，云：「日暮畏虎，不敢夜行。」福曰：「汝何姓？作此輕行。無笠雨駛，可入船就避雨。」因共相調，遂入就福船寢。以所乘小舟，繫福船邊。三更許，雨晴月照，福視婦人，乃

是一大鼉〔二〕，枕臂而臥。福驚起，欲執之，遽走入水。向小舟，是一枯槎段，長丈餘。（卷一九）

〔一〕鄱陽，原作「滎陽」，各本俱同。按滎陽郡治滎陽，在今河南滎陽縣東北，其地不產鼉。廣記卷四六八引作「鄱陽」。鄱陽郡，吳置，治鄱陽，在今江西波陽縣東，臨近鄱陽湖。鼉產江淮，作「鄱陽」當是，從之。

〔二〕鼉，又稱鼉龍，即揚子鰐，俗呼猪龍婆。「三更許」至此，御覽卷九三二引作「中夜月照，乃見一白鼉」。

蘇易

蘇易者，廬陵〔一〕婦人，善看產。夜忽爲虎所取，行六七里〔二〕，至大壙〔三〕，厝易置地，蹲而守。見有牝虎當產，不得解，匍匐欲死，輒仰視。易悟〔四〕之，乃爲探出之，有三子。生畢，虎〔五〕負易還。再三送野肉於門內。（卷二〇）

〔一〕廬陵，郡名，漢末孫策分豫章郡置之，治石陽（今江西吉水東北），晉因之。

〔二〕六七里，御覽卷八九二引作「六里」。

〔三〕壙，墓穴。說文十三下：「壙，塹穴也。」段注：「謂塹地爲穴也，墓穴也。」

〔四〕悟，原作「怪」，據御覽引正。
〔五〕虎，原作「牝虎」。按牝虎產子，不當負惕，御覽引無「牝」字，負惕者乃向之虎耳（蓋爲牡虎），據刪「牝」字。

邛都老姥

邛都縣〔一〕下有一老姥，家貧孤獨。每食輒有小蛇，頭上戴角，在牀閒，姥憐而飴之食。後稍長大，遂長丈餘。令有駿馬，蛇遂吸殺之。令因大忿恨，責姥出蛇。姥云在牀下，令即掘地，愈深愈大，而無所見。令又遷怒殺姥。蛇乃感人以靈，言瞋令：「何殺我母？當爲母報讎。」

此後，每夜輒聞若雷若風，四十許日。百姓相見，咸驚語：「汝頭那忽戴魚〔二〕？」是夜，方四十里與城一時俱陷爲湖。土人謂之爲陷湖〔三〕。唯姥宅無恙，訖今猶存。漁人採捕，必依止宿，每有風浪，輒居宅側，恬靜無他。風靜水淸，猶見城郭樓櫓宛然〔四〕。今水淺時，彼土人沒水，取得舊木，堅貞光黑如漆。今好事人以爲枕相贈。

（卷二〇）

〔一〕邛都縣，西漢置，在今四川西昌東南，爲越巂郡治所。廣記卷四五六引窮神秘苑（唐焦璐）上有「益州」二字，漢魏六朝該縣屬益州。太平寰宇記卷七五乃作臨邛縣，即今四川邛崍縣。

〔二〕按：頭戴魚爲淹死之象，參見本書神異傳由卷縣注。

〔三〕陷湖，當卽西昌之邛海，又稱邛池。窮神秘苑云：「土人謂之邛河，亦邛池。」寰宇記引益州記作「土人謂之邛湖，亦曰邛池」，謂湖乃在臨邛縣，誤也。

〔四〕按：以上二句寰宇記引益州記作「又言此水清，其底猶時見城郭樓檻宛然」，窮神秘苑無「時」字，末有「矣」字，餘同。按「宛然」各本均作「畟然」，畟音cè，耜進地貌。說文五下夊部：「畟，治稼畟畟進也。從田儿，從夊。詩曰：『畟畟良耜。』」此云「城郭樓櫓畟然」，於義無解，今正作「宛然」。樓櫓，望臺也。

本事出後漢李膺益州記，御覽卷七九一及太平寰宇記卷七五邛州臨邛縣邛池下引述。御覽引文同搜神，寰宇記引頗異，茲錄於下：「臨邛郡下有老姥，家甚貧，孤獨。每食輒有一小蛇，頭上有角，在衿袢之間，母憐而飼之。後漸長大，丈餘。縣令有馬，爲此蛇吸之。令因大怒收姥，姥云在牀下，遂令人發掘，愈深而無所見，令乃殺姥。其蛇因夢于令曰：『何故殺吾母？當報仇耳。』因此每夜常聞風雨之聲，四十餘日。一夕，百姓相見咸驚，皆曰：『汝頭那得戴魚？』相逢皆如此言。是夜，方四十里一時俱陷爲湖，土人謂之邛湖，亦曰邛池。其姥之故宅獨不沒，至今猶存，漁人採捕，必依止宿。又言此水清，其底猶時見城郭樓檻宛然。」（按：

臨邛郡西魏始置，漢時僅爲縣，屬蜀郡，寰宇記引誤。輿地廣記卷二九云：「陷地在邛都，今爲化外巂州，非臨邛也。」）

廣記引窮神秘苑曰：「益州邛都縣有老姥，家貧孤獨。每食，輒有小蛇，頭上有角，在枰之間，姥憐而飼之。後漸漸長大，丈餘。縣令有馬，忽被蛇吸之，令因大怒，收姥。姥云在牀下，遂令人發掘，愈深而無所見，縣令乃殺姥。其蛇因夢於令曰：『何故殺我母？當報仇耳。』自此每常聞風雨之聲，三十日。是夕，百姓咸驚相謂曰：『汝頭何得戴魚？』相逢皆如此言。是夜，方四十里與城一時俱陷爲湖。土人謂之邛河，亦邛池。其母之故宅基獨不沒，至今猶存。魚人採捕，必止宿。又言此水清，其底猶見城郭樓櫨宛然矣。」

搜神記卷二〇又有古巢事，亦此類。云：「古巢，一日江水暴漲，尋復故道。港有巨魚，重萬斤，三日乃死。合郡皆食之，一老姥獨不食。忽有老叟曰：『此吾子也，不幸罹此禍。汝獨不食，吾厚報汝。若東門石龜目赤，城當陷。』姥日往視，有稚子訝之，姥以實告。稚子欺之，以朱傅龜目。姥見，急出城。有青衣童子曰：『吾龍之子。』乃引姥登山，而城陷爲湖。」事又絕類述異記之歷陽湖事。

青瑣高議後集卷一大姆記（題下注：因食龍肉陷巢湖）演古巢事，云：「究地理，今巢湖古巢州也。或改爲巢邑。一日江水暴泛，城幾沒。水復故道，城溝有巨魚，長數十丈，血鬣金鱗，黿目豬尾，困臥淺水，傾郡人觀焉。後三日，魚乃死。郡人臠其肉以歸，貨於市，人皆食之。有漁者與姆同里巷，以肉數斤遺母，姆不食，懸之於門。一日，有老叟霜鬢雪鬚，行步語言甚異，詢姆曰：『人皆食魚之肉，爾獨不食懸之，何也？』姆曰：『我聞魚之數百斤者，皆異物也。今此魚萬斤，我恐是龍焉，固不可食。』叟曰：『此乃吾子之肉也，不幸罹此大禍，反膏人口腹，痛淪骨髓，吾誓不捨食吾子之肉者也。爾獨不食，吾將厚報爾。吾又知爾善能拯救貧苦。若東寺門石龜目赤，此城當陷。爾時候之，若然，爾當急去無留也。』叟乃去。姆日日往視，有稚子訝母，問之，姆以實告。稚子欺人，乃以朱傅龜目。姆見，急去出城。俄有小青衣童子曰：『吾龍之幼子。』引姆升山，回視全城，陷於驚波巨浪，魚龍交現。大姆廟今存於湖邊，迄今漁者不敢釣於湖，簫鼓不敢作於船。天氣晴明，尙聞水下歌呼人物之聲。秋高水落，潦靜湖清，則屋宇堦砌，尙隱見焉。居人則皆龍氏之族，他不可居，一何異哉！」下又有大姆續記，記巢湖神靈異之事。

宋何恪巢湖神母廟記（元吳師道敬鄉錄卷一〇）云：「巢湖或曰焦湖，幅員三百里……神母實尸之神，魏黃初間隱於巫湖。故巢邑其陷也，或血於石龜之口，神既豫告於人，不之信，擇地之特高者走焉，地陷而神獨免，故人神之於湖之濱。予聞之土人，或水激清，阡陌階甃，歷歷可數。所謂特高之地，卽今之姥山，岌然湖心。居民數十家，皆龍氏，他姓莫得居焉。神亦龍氏也。嘗歸其故家，歸則香風芬馥。相脣齒有獨山焉，兩山出沒虛無間，皆無草木，崖根翌裂，舟多碎於其下。環湖廟不可指計，而莫盛於中廟。巨石鑿空，鬭水而堤，殿庭煥儼，礎柱突兀，赫然金碧，危出雲霄。……」元盛如梓庶齋老學叢譚卷二亦略載巢湖事。

古又傳擔生事。水經注卷一〇濁漳水云：「耆宿云：邑（武強縣）人有行于途者，見一小蛇，疑其有靈，持而養之，名曰擔生。長而吞噬人，里中患之，遂捕繫獄。擔生負而奔，邑淪爲湖。縣長及吏，咸爲魚矣。」

廣記卷四五八引廣異記（唐戴孚）亦有記，云：「昔有書生路逢小蛇，因而收養，數月漸大。書生每自檐之，號曰檐生。其後不可檐負，放之范縣東大澤中。四十餘年，其蛇如覆舟，號爲神蟒。人往於澤中者，必被吞食。書生時以老邁，途經此澤畔，人謂曰：『中有大蛇食人，君宜無往。』時盛冬寒甚，書生謂冬月蛇藏，無此理，遂過大澤。行二十里餘，忽有蛇逐。書生尙識其形色，遙謂之曰：『爾非我檐生乎？』蛇便低頭，良久方去。迴至范縣，縣令問（按：當作「聞」）其見蛇不死，以爲異，繫之獄中，斷刑當死。書生私忿曰：『檐生，養汝翻令我死，不亦劇哉！』其夜，蛇遂攻陷一縣爲湖，獨獄不陷，書生獲免。天寶末，獨孤暹者，其舅爲范令。三月三日，與家人於湖中泛舟，無故覆沒，家人幾死者數四也。」

後續博物志卷八亦曰：「武強縣有行於塗，得一小蛇，養之，名擔生。長而噬人，里人遂捕繫獄。擔生負而奔，邑淪爲湖，縣官吏爲魚矣。」錄鬼簿、太和正音譜著錄趙熊雔和擔生，疑演此。

青瑣高議後集卷一猶有陷池，記「曹恩殺龍獲天譴」之事：「郴州圖經：去州二千里有陷池。鄉有民家殺龍子，一夕大風雷，全家乃陷。風俗記：郴人曹恩家有男，捕於水，得魚，長三四尺。烹之，置魚於釜，釜輒鏗然，復沃地；置釜，釜又破。恩弗爲異，鱠而烹食之。俄有怪雲若積墨，起於嶺上，雷聲隱隱，隨之烈火發於屋，恩馳走去，屋乃陷。比鄰之民，見一吏擒恩回，一吏讀案云：『曹恩性原殘狠，心類狠虎，破釜不疑，顧神靈如土塊，持刀自若，戾極凶狠，不可矜恕。』乃擲恩於陷池，比鄰皆見焉。陷池闊不踰一畝，澄泓黑色，其源無窮。漁者常以千丈絲垂之，不極其底。迄今風晦，尙聞人言語，雞犬鳴吠。歲旱，民驅牛入於池，有頃，雷雨大作，俗呼爲洗池雨。」

以上皆爲魚龍報復陷地之事，嶺表錄異卷上溫媼事雖無地陷情事，然媼養龍子，亦殊似邛都老姥及焦湖老姥，錄於下：「溫媼者，卽康州悅城縣孀婦也，績布爲業。嘗於野岸拾菜，見沙草中有五卵，遂收歸，置績篋中。不數日，忽見五小蛇，殼一斑四青。遂送於江次，固無意望報也。媼常濯浣於江邊，忽一日魚出水跳躍，戲於媼前。自爾爲常。漸有知者，鄉里咸謂之龍母，敬而事之。或詢以災福，亦言多徵應。自是媼亦漸豐足。朝廷知之，遣使徵入京師，至全義嶺有疾，卻返悅城而卒。鄉里共葬之江東岸。忽一夕，天地冥晦，風雨隨作，及明，已移其冢，并四面草木，悉移於西岸矣。」

葛洪 神仙傳 據廣漢魏叢書本

晉葛洪撰，今存。葛洪神仙傳序、抱朴子外篇自敍、晉書本傳俱作十卷，隋志雜傳類卷帙同，日本國見在書目析爲二十卷。崇文總目道書類、通志藝文略道家類、焦竑國史經籍志道家類皆著錄葛洪神仙傳略一卷，蓋節本耳。

今本正爲十卷，然非全帙。唐梁肅神仙傳論（文苑英華卷七三九）云神仙傳凡一百九十人，五代王松年仙苑編珠序云一百一十七人（按：歷世眞仙體道通鑑序云所紀千有餘人，乃故爲大言，不可信）。今本一爲九十二人，刊於廣漢魏叢書、增訂漢魏叢書、龍威秘書、說庫等；一爲四庫全書所收毛晉刊本，乃八十四人。民國守一子據二本輯爲九十四人，道藏精華錄。雲笈七籤卷一〇九、類說卷三、說郛卷七、舊小說甲集等亦有節錄，然不全出本書。說郛卷四三錄八十四仙字里而無事跡，疑即神仙傳略；五朝小說則七十九人，陶珽說郛卷五八六十六人，亦僅陳梗概。王仁俊玉函山房輯佚書續編輯佚文一卷，係稿本，未見。

葛洪字稚川，丹陽句容（今屬江蘇）人。生於晉武帝太康四年（二八三年），卒於哀帝興寧元年（三六三年）。從祖葛玄，吳道士，即世稱葛仙翁者。洪早年就學於葛玄弟子鄭隱；後師事鮑玄，並娶其女。西晉末爲伏波將軍，東晉初任司徒掾、咨議將軍等。干寶薦爲史臣不就，隱於廣州羅浮山煉丹，自號抱朴子。事跡具見晉書卷七二本傳。

神仙傳作於葛洪三十餘歲時，其旨爲補列仙傳「殊甚簡略，美事不舉」（神仙傳序）之弊，而書名乃襲漢神仙傳之舊。書乃道敎神仙傳記，然可以小說觀之。洪尚有志怪書集異傳，佚。

黃初平〔一〕

黃初平〔二〕者，丹溪〔三〕人也。年十五，家使牧羊。有道士見其良謹，便將至金華山〔四〕石室中，四十餘年不復念家。其兄初起，行山尋索初平，歷年不得。後見市中有一道士，初起召問之，曰：「吾有弟名初平，因令牧羊，失之四十餘年，莫知死生所在，願道君爲占之。」道士曰：「金華山中有一牧羊兒，姓黃字初平，是卿弟非疑。」初起聞之，卽隨道士去求弟，遂得相見。悲喜語畢，問初平：「羊何在？」曰：「近在山東耳。」初起往視之，不見，但見白石而還，謂初平曰：「山東無羊也。」初平曰：「羊在耳，兄但自不見之。」初平與初起俱往看之，初平乃叱曰：「羊起〔五〕！」於是白石皆變爲羊，數萬〔六〕頭。初起曰：「弟獨得僊道如此，吾可學乎？」初平曰：「唯好道便可得之耳。」

初起便棄妻子，留住就初平學，共服松脂、茯苓〔七〕。至五百歲〔八〕，能坐在立亡，行於日中無影〔九〕，而有童子之色。後乃俱還鄉里，親族死終略盡，乃復還去。初平改字爲赤松子，初起改字爲魯班〔10〕。其後服此藥得僊者數十人。（卷二）

〔一〕標題係原有，下同。

〔二〕黃初平，類聚卷九四、廣記卷七、御覽卷六七四又卷九〇二、仙苑編珠卷上、任淵山谷內集詩註卷一〇、史容山谷外集詩注卷七、王應麟姓氏急就篇上並引作「皇初平」，七籤本同。

〔三〕丹溪，水名，在今浙江義烏縣。眞仙通鑑注云：「一云蘭溪。」蘭溪，寰宇記卷九七婺州蘭溪縣云龍邱山下有蘭溪。今稱蘭江。

〔四〕金華山，在今浙江金華市北。一名常山，又作長山。元和郡縣志卷二六婺州金華縣：「金華山在縣北二十里，赤松子得道處，出龍鬚草。」杜光庭名山洞天福地記以爲三十六小洞天之末：「第三十六洞，金華山，周迴一百五十里，名金華洞元之天，在婺州金華縣。」參見附錄。

〔五〕按：「叱曰羊起」四字，類聚、初學記卷二九、山谷外集詩注引及七籤作「言叱叱羊起」。

〔六〕萬，東坡詩集註卷一四次秦少游韻贈姚安世程縯注引作「百」。

〔七〕茯苓，菌類，寄生於松根，作塊如拳，有赤白二種，可入藥。神仙服食家以松脂、茯苓爲仙藥。抱朴子仙藥云：「仙藥……次則松柏脂、茯苓。」七籤「松脂」作「松柏」。

〔八〕五百歲，仙苑編珠、七籤作「萬日」，御覽卷九〇二、施注蘇詩卷一四引作「五萬日」，蒙求注卷中引作「五千日」。

〔九〕按：山海經大荒西經云：「壽麻正立無景，疾呼無響。」郭璞注：「言其稟形氣有異於人也。列仙傳曰玄俗無景。」淮南子墬形訓云：「建木在都廣，衆帝所自上下，日中無景，呼而無響。」拾遺記卷一云：「溟海之北，有勃鞮之國。人皆衣羽毛，無翼而飛，日中無影，壽千歲。」

〔一〇〕按：以上二句仙苑編珠引作「初平改姓赤氏，號松子，初起號赤須子」。（按：下又云「今婺州赤松觀是其地也」，乃王松年語。）七籤作「臨行，以方教南伯逢，易姓爲赤松子也。初起改字爲魯班，初平改字爲松子」。按赤松子、赤須子皆仙人。列仙傳卷一云：「赤松子，神農時雨師也。服水玉，以教神農，能入火自燒。往往至崑崙山上，常止西王母石室中，隨風雨上下。炎帝少女追之，亦得仙俱去。至高辛時復爲雨師，今之雨師本是焉。」卷下云：「赤須子者，豐人也。豐中傳世見之，云秦穆公時主魚吏也。數道豐界災害水旱，十不失一。臣下歸向，迎而師之，從受業。問所長，好食松實、天門冬、石脂，齒落更生，髮墮再出，服霞絕穀。後遂去吳山下，十餘年，莫知所之。」魯般，又名公輸般（又作「盤」、「班」），春秋魯國巧匠。孟子離婁上：「公輸子之巧」。趙岐注：「公輸子，魯班，魯之巧人也，或以爲魯昭公之子。」酉陽雜俎續集卷四引朝野僉載（唐張鷟）乃以魯班、公輸般爲二人，云：「魯般者，肅州燉煌人，莫詳年代，巧侔造化。」

御覽卷六六三引眞誥曰：「皇初平者，丹谿人。年十五家使牧羊，有道士見其良謹，便將至金華山石室中，四十餘年，不復念家。其兄初起尋索歷年，後見市中一道士言其處，初起卽隨去得見。語畢，問羊何在，曰：『近在東耳。』初起往視之，但見白石。初平乃往，叱石爲羊數萬頭。初起知得仙道，便辭家，共服松脂，茯苓，至五百歲。初平改字爲赤松子，初起改字爲赤魯班。」（按：今本眞誥不載，疑本神仙傳文，誤屬眞誥耳。）

道藏本洞天福地岳瀆名山記三十六洞天云：「金華山，金華洞元洞天，五十里，在婺州金華縣，有皇初平赤松觀。」

太平寰宇記卷九七婺州金華縣云：「長山，在縣南二十里，一名金華山，卽黃初平、初起遇道士，敎以仙方處。吳錄地理志云：『常山，仙人採藥處，謂之長山。山南有春草巖，折竹巖，巖間不生蔓草，盡出龍鬚，云赤松羽化處。』」又云：「赤松澗，赤松子遊金華山，以火自燒而化，故山上有赤松之祠。澗自山而出，故曰赤松澗。」

宋蔡夢弼杜工部草堂詩箋卷二送孔巢父注引盛弘之荊州記曰：「鵝羊山石皆成鵝羊形。云昔有威少卿者，年十四五，兄令牧羊，見一老人，謂曰：『汝有仙骨，可相隨去。』市人報其兄，兄至山，見少卿。送兄出，問羊在否，指謂石，使令隨兄去。」說與此大異。

宋陳葆光三洞羣仙錄卷一九引幽閑鼓吹（唐張固）所記類似荊州記，云：「鵝羊山在長沙縣北二十里，本名東華山，亦謂之石寶山，上有仙壇丹竈。湘中別記云：『昔郡人成君平，年十五，兄使牧鵝羊。忽遇一仙翁，將入此山。兄後尋至山中，見君平，因問牧鵝羊何在，指白石曰：「此是也。」遂駈起，隨兄去。旬日却還山下，復化爲石，今猶存焉。』

歷世眞仙通鑑卷五有皇初平傳，事同神仙傳，惟末云：「金華山，今屬婺州，見有石羊存焉。一云荼陵雲陽山黃初平，號赤松子，治南嶽之陽，卽此地，有松高萬丈。」而同卷復有成君平傳，以爲兩人。意者本屬一人一事，傳而爲二耳。眞仙通鑑云：「成君平者，長沙郡人也。年十五，兄使牧鵝羊。忽遇一仙翁，將入東華山。兄後尋至山中，見君平，因問所牧鵝羊何在，君平指白石曰：『此是也。』遂驅起，令隨兄去。旬日却還山下，復化爲石，今猶存焉。因名此山爲鵝羊山。此山在長沙縣北二十里，本名東華山，亦謂之石寶山，上有仙壇丹竈。畢田詩云：『羽客何年此煉丹，尚留空竈鎭孱顏。雲中雞犬仙應有，山下鵝羊石轉頑。湘渚幾回滄海變，遼城無復令威還。何年仙馭重來此，盡遣飛騰上九關。』」

壺公

壺公者，不知其姓名也。今世所有召軍符、召鬼神治病玉府符，凡二十餘卷，皆出自公，故總名壺公符〔一〕。時汝南有費長房者〔二〕，爲市掾〔三〕。忽見公從遠方來，入市賣藥，人莫識之。賣藥口不二價，治病皆愈。語買人曰：「服此藥必吐某物，某日當愈。」事無不効。其錢日收數萬，便施與市中貧乏饑凍者，唯留三五十。常懸一空壺於屋〔四〕上，日入之後，公跳入壺中〔五〕。人莫能見，唯長房樓上見之，知非常人也。長房乃日日自掃公座前地，及供饌物〔六〕，公受而不辭。如此積久，長房尤不懈，亦不敢有所求。

公知長房篤信，謂房曰：「至暮無人時更來。」長房如其言即往。公語房曰：「見我跳入壺中時，卿便可效我跳，自當得入。」長房依言，果不覺已入。入後不復是壺，唯見仙宮世界，樓觀重門閣道〔七〕，公〔八〕左右侍者數十人。公語房曰：「我，仙人也。昔處天曹，以公事不勤見責，因謫人間耳。卿可教，故得見我。」長房下座頓首曰：「肉人〔九〕無知，積罪却厚，幸謬見哀憫，猶入剖棺布氣，生枯起朽。但恐臭穢頑弊，不任驅使，若見哀憐，百生之厚幸也。」公曰：「審爾大佳。勿語人也。」

公後詣長房於樓上，曰：「我有少酒，相就飲之，酒在樓下。」長房使人取之，不能舉盎〔一〇〕，至數十人，莫能得上。乃白公，公乃下，以一指提上，與房共飲之。酒器如拳許大，飲之至暮不竭。告長房曰：「我某日當去，卿能去乎？」房曰：「欲去之心，不可復言。欲使親眷不覺知去，當有何計？」公曰：「易耳。」乃取一青竹杖與房，戒之曰：「卿以竹歸家，便可稱病，以此竹杖置卿所臥處，默然便來。」房如公言。去後，家人見房已死，屍在牀，乃向竹杖耳，乃哭泣葬之〔二〕。

房詣公，恍惚不知何所。公乃留房於羣虎中。虎磨牙張口，欲噬房，房不懼。明日又內於石室中，頭上有一方石，廣數丈，以茅綯〔三〕懸之，又諸蛇來嚙繩，繩即欲斷，而長房自若。公至，撫之曰：「子可教矣。」又令長房啗屎兼蛆，長寸許，異常臭惡。房難之，公乃歎謝遣之，曰：「子不得〔三〕僊道也，賜子爲地上主〔四〕者，可得壽數百歲。」爲傳封符一卷，付之曰：「帶此可主諸鬼神，常稱使者，可以治病消災〔五〕。」房憂不得到家，公以一竹杖與之，曰：「但騎此，得到家耳。」

房騎竹杖辭去，忽如睡，覺已到家。家人謂是鬼，具述前事。乃發棺視之，唯一竹杖，方信之。房所騎竹杖，棄葛陂〔六〕中，視之乃青龍耳。初去至歸謂一日，推問家人，已一年矣。

房乃行符，收鬼治病，無不愈者。每與人同坐共語，常呵責嗔怒，問其故，曰：「嗔鬼耳。」時汝南有鬼怪，歲輒數來郡中，來時從騎如太守，入府打鼓，周行內外，爾乃還去，甚以爲患。房因詣府廳事，正值此鬼來到府門前，府君馳入，獨留房。鬼知之，不敢前，房大叫呼曰：「便捉前鬼來！」乃下車伏庭前，叩頭乞曰：「改過。」房呵之曰：「汝死老鬼，不念温良，無故導從，唐突官府，自知合死否？急復眞形！」鬼須臾成大鼈，如車輪，頭長丈餘。房又令復人形。房以一札符付之，令送與葛陂君〔三〕，鬼叩頭流涕，持札去。使人追視之，乃見符札立陂邊，鬼以頭繞樹而死。

房後到東海，東海大旱三年，謂請雨者曰：「東海神君前來淫葛陂夫人，吾係之，辭狀不測，脫然忘之，遂致久旱。吾今當赦之，令其行雨。」卽便有大雨。房有神術，能縮地脉，千里存在，目前宛然，放之復舒如舊也。（卷五）

〔一〕壺公符，抱朴子內篇遐覽：「壺公符二十卷。」按道教以符始出老子，遐覽篇云：「鄭君（鄭隱）言符出於老君，皆天文也。老君能通於神明，符皆神明所授。」

〔二〕汝南，郡名，漢初置，始治上蔡，東漢移治平輿。費長房，後漢書方術列傳有傳，皆荒唐不根之言，見附錄。

〔三〕掾，原譌作「椽」，據廣記卷一二一、初學記卷二六、御覽卷八六〇、東坡詩集註卷一二刁景純席上和謝生二首注、仙苑編珠卷下引正。市掾，市吏。

〔四〕屋，初學記、御覽、東坡詩集註俱引作「坐」，仙苑編珠連下字引作「座前」。

〔五〕按：人入壺中，洞冥記卷四有類似記述，云：「唯有一女人愛悅於帝，名曰巨靈。帝傍有青珉唾壺，巨靈乍出入其中。」古印度之梵志吐壺，壺中有女人，亦此類也，見靈鬼志外國道人附錄。

〔六〕按：此句初學記、御覽俱引作「拚進餅」，上句作「身爲掃除」。

〔七〕按：「仙宮」至此，初學記、御覽、東坡詩集註引作「樓觀五色，重門閣道」。

〔八〕公，原作「宮」，聲同而譌，據廣記引正。

〔九〕肉人，凡俗之人，對仙人而言。

〔一〇〕盎，盆也。說文五上皿部以盎、盆互釋。

〔一一〕按：御覽卷七一〇引神仙傳曰：「費長房欲求道而顧家，憂，壺公乃斷一青竹杖，與長房身等，使懸之舍後，家人見以爲縊死，大小驚號，遂殯葬之。長房立其傍，人無見者。」事類賦注卷一四又卷二四引略同。此乃後漢書文（見附錄），誤屬之神仙傳耳。

〔一二〕茅綯，茅草繩。詩經七月：「晝宵于茅，宵爾索綯。」

〔一三〕得，原作「能」，廣記、仙苑編珠、杜工部草堂詩箋卷三〇寄韓諫議注引作「得」，義勝，據改。

〔一四〕主，原譌作「王」，據增訂漢魏叢書本及廣記引正。按地上主卽地仙。抱朴子論仙云：「仙經云：上士舉形昇虛，謂之天仙；中士遊於名山，謂之地仙；下士先死後蛻，謂之尸解仙。」

〔一五〕按：抱朴子論仙云有召神劾鬼之法；遐覽篇載有少千三十六將軍符、延命神符、九天發兵符等，此皆召神之符，消災符、厭怪符等，皆劾鬼、消災之符；登涉篇所敘尤詳。

〔一六〕葛陂，池名，在今河南新蔡縣西北，參見附錄。說文十四上𨸏部：「陂……从𨸏皮聲，一曰池也。」大陂曰湖。

〔一七〕葛陂君，葛陂水神。水神山神多曰君，如東海君、青洪君、廬山君、度朔君等。

壺公、費長房事古書頗多載述，茲錄於左：

廣記卷四六八引列異傳曰：「汝南有妖，常作太守服，詣府門椎鼓，郡患之。及費長房來，知是魅，乃呵之。即解衣冠叩頭，乞自改。變爲老鼈，大如車輪。長房令復就太守服，作一札，勑葛陂君。叩頭流涕，持札去。視之，以札立陂邊，以頸繞之而死。」

又卷二九三引列異傳曰：「費長房能使鬼神。後東海君見葛陂君，淫其夫人，於是長房勑繫三年，而東海大旱。長房至東海，見其請雨，乃勑葛陂君出之，即大雨也。」（御覽卷八八二亦引，文同。）

類聚卷七二引列異傳曰：「費長房又能縮地脈，坐客在家，至市買鮓，一日之間，人見之千里外者數處。」（御覽卷八六二亦引）博物志卷五方士曰：「魏王所集方士，名上黨王眞、隴西封君達、甘陵甘始、魯女生、譙國華佗字元化、東郭延年、唐霅、冷壽光、河南卜式、張貂、薊子訓、汝南費長房、鮮奴辜、魏國軍吏河南趙聖卿、陽城郄儉字孟節、盧江左慈字元放。」

抱朴子內篇論仙曰：「近世壺公將費長房去，及道士李意期將兩弟子，皆在郫縣。其家各發棺視之，三棺遂有竹杖一枚，以丹書於杖。」（按：御覽卷六六四引此文誤作神仙傳，辭亦有異，云：「壺公謝元，歷陽人也，費長房師之，及道士李意期將兩弟子去，積年，長房及兩弟子皆隱形變化。」）

後漢書方術列傳下云：「費長房者，汝南人也。曾為市掾。市中有老翁賣藥，懸一壺於肆頭，及市罷，輒跳入壺中。市人莫之見，唯長房於樓上覩之，異焉，因往再拜，奉酒脯。翁知長房之意其神也，謂之曰：『子明日可更來。』長房旦日復詣翁，翁乃俱入壺中。唯見玉堂嚴麗，旨酒甘肴盈衍其中，共飲畢而出。翁約不聽與人言之。後乃就樓上候長房曰：『我神仙之人，以過見責，今事畢當去，子寧能相隨乎？樓下有少酒，與卿為別。』長房使人取之，不能勝，又令十人扛之，猶不舉。翁聞笑而下樓，以一指提之而上。視器如一升許，而二人飲之終日不盡。長房遂欲求道，而顧家人為憂。翁乃斷一青竹，度與長房身齊，使懸之舍後。家人見之，卽長房形也，以為縊死，大小驚號，遂殯葬之。長房立其傍，而莫之見也。於是遂隨從入深山，踐荆棘。於羣虎之中留使獨處，長房不恐。又臥於空室，以朽索懸萬斤石於心上，衆蛇競來齧索且斷，長房亦不移。翁還，撫之曰：『子可教也。』復使食糞，糞中有三蟲，臭穢特甚，長房意惡之。翁曰：『子幾得道，恨於此不成，如何！』長房辭歸，翁與一竹杖曰：『騎此任所之，則自至矣。既至，可以杖投葛陂中也（李賢注：陂在今豫州新蔡縣西北）。』又爲作一符，曰：『以此主地上鬼神。』長房乘杖，須臾來歸，自謂去家適經旬日，而已十餘年矣。即以杖投陂，顧視則龍也。家人謂其久死，不信之。長房曰：『往日所葬，但竹杖耳。』乃發冢剖棺，杖猶存焉。遂能醫療衆病，鞭笞百鬼，及驅使社公。或在它坐，獨自恚怒，人問其故，曰：『吾責鬼魅之犯法者耳。』汝南歲歲常有魅，僞作太守章服，詣府門椎鼓者，郡中患之。時魅適來，而逢長房謁府君，惶懼不得退，便前解衣冠，叩頭乞活。長房呵之云：『便於中庭正汝故形！』即成老鼈，大如車輪，頸長一丈。長房復令就太守服罪。付其一札，以勑葛陂君。魅叩頭流涕，持札植於陂邊，以頸繞之而死。後東海君來見葛陂君，因淫其夫人，於是長房劾繫之三年，而東海大旱。長房至海上，見其人請雨，乃謂之曰：『東海君有罪，吾前繫於葛陂，今方出之，使作雨也。』於是雨立注。長房曾與人共行，見一書生黃巾被裘，無鞍騎馬，下而叩頭。長房曰：『還它馬，赦汝死罪。』人問其故，長房曰：『此狸也，盜社公馬耳。』又嘗坐客，而使至宛市鮓，須臾還，乃飯。或一日之間，人見其在千里之外者數處焉。後失其符，爲衆鬼所殺。」

吳均續齊諧記云：「汝南桓景隨費長房遊學累年，長房謂曰：『九月九日汝家中當有災，宜急去，令家人各作絳囊，盛茱萸以繫臂，登高飲菊花酒，此禍可除。』景如言，齊家登山。夕還，見雞犬牛羊一時暴死。長房聞之曰：『此可代也。』今世人九日登高飲酒，婦人帶茱萸囊，蓋始於此。」

御覽卷九二引方輿記曰：「新蔡縣葛陂，費長房化竹之所，後漢於此立葛陂縣。」

水經注卷二一汝水云：「昔費長房爲市吏，見王壺公懸壺郡市，長房從之，因而自遠同入此壺，隱淪仙路，骨謝懷靈，無會而返，雖能役使鬼神，而終同物化。」又云：「濦水又東南左迆爲葛陂，陂方數十里，水物含靈，多所苞育。昔費長房投杖于陂，而龍變所在也。又劾東海君于是陂矣。」按：云壺公姓王，與稱姓謝（見後）頗異。

太平寰宇記卷一一蔡州新蔡縣云：「葛陂，周圍三十里。後漢費長房，汝南人，爲市掾，從壺公學道不成，思家辭歸，壺公與一竹杖，曰：『騎此任所之，則自至矣。既至，可以杖投葛陂中。』長房乘杖須臾歸，自謂適經旬日，而已十餘年矣。即以杖投陂中，顧乃成龍矣。後漢曾于此立葛陂縣。」

蒙求卷中云：「壺公謫天。」注：「後漢費長房，見市中有老翁賣藥，懸一壺於肆頭，及市罷，跳入壺中。市人莫之見，惟長房於樓上覩之，異焉，因往再拜，奉酒脯。翁知長房之意其神也，謂曰：『子明日更來。』長房旦日復詣翁，與俱入壺中。唯見玉堂華麗，旨酒甘肴，盈衍其中，共飲畢而出。翁曰：『我神仙之人，以過見責。今當去，能相隨乎？樓下有少酒，與卿爲別。』長房令十人扛之，猶不舉；翁笑，以一指提上。視器，如一升許，二人終日飲不盡。」

續博物志卷六云：「世傳費長房得符於壺公，以是制服百鬼。其後鬼竊其符，因以殺長房。」

三洞羣仙錄卷四引丹臺新錄曰：「謝元一號壺公，卽孔子三千弟子之數也。常懸一空壺，市肆貨藥，日入之後，公輒躄入壺中。舉市無人見者，惟費長房於樓上見之，往拜焉，以師事之。」又曰：「汝南費長房爲市掾，時遇壺公，公知其篤信，語長房曰：『我躄入壺時，卿便効我，自當得入。』既入壺之後，不復見壺，但見瓊樓金闕，物象姸秀，玉童玉女夾侍。公語長房曰：「我仙人也。君好道否？』長房哀懇，授以劾鬼治病之術，但不得仙道耳。又以一竹杖與之：『騎此到家訖，以杖投葛陂中。』長房如其言，投於陂中，遂化龍去。」

又卷七引丹臺新錄曰：「後漢費長房既遇仙翁，欲求道而顧家人爲憂，翁乃斷一青竹，與長房身齊，使掛之舍後，家人見卽其形也，以爲縊死矣，遂葬之。長房隨入深山，羣虎中留使獨處，長房不恐；又臥於空室，以朽索引萬斤石於心上，衆蛇來齧索斷，長房亦不移。翁曰：『子可敎也。』復使食糞，糞中有蟲甚長，長房意惡之。翁曰：『子幾得道，恨此不成。』長房辭歸。長房能縮地脈，數千里奄在目前，放之還舒也。」

眞仙通鑑卷二〇有壺公傳，同後漢書。又引吳均續齊諧志汝南桓景事，末復云：「今建寧府有登高山存焉。」又曰：「丹臺錄云壺公姓謝名元一。又興化軍有壺公山，昔有人遇壺公引至山頂，見宮闕樓殿，曰：『此壺中日月也。』又有壺公廟存焉。一云蔡州懸壺觀，即費長房舊隱，有懸壺樹。信州靈陽觀亦云費長房竹杖化龍處，未知其故也。」（按：興化軍，今福建莆田；蔡州，今河南汝南；信州，今江西上饒。）

麻姑

漢孝桓帝〔一〕時，神仙王遠〔二〕，字方平，降於蔡經家〔三〕。將至一時頃，聞金鼓簫管人馬之聲，及至〔四〕，舉家皆見。王方平戴遠遊冠，着朱衣、虎頭鞶囊〔五〕，五色之綬，帶劍。少鬚黃色〔六〕，中形人也。乘羽車，駕五龍，龍各異色。麾節幡旗，前後導從，威儀奕奕，如大將軍〔七〕，鼓吹皆乘麟〔八〕。從天而下，懸集於庭。從官皆長丈餘，不從道行。既至，從官皆隱，不知所在，唯見方平，與經父母兄弟相見。

獨坐久之，即令人相訪麻姑〔九〕，經家亦不知麻姑何人也。言曰：「王方平敬報姑，余久不在人間，今集〔一〇〕在此，想姑能暫來語乎？」有頃〔一一〕，使者還，不見其使，但聞其語云：「麻姑再拜，不見忽已五百餘年，尊卑〔一二〕有敍，修敬無階，煩信來承在彼，登山顛倒〔三〕。而先受命，當按行蓬萊，今便暫往，如是當還。還便親覲，願未〔四〕即去。」如此兩時間，麻姑至矣。來時亦先聞人馬簫鼓聲，既至，從官半於方平。麻姑至，蔡經亦舉家見之。是好女子，年十八九許，於頂中作髻，餘髮垂至腰。其衣有文章而非錦綺，光綵耀目，不可名狀〔五〕。入拜方平，方平爲之起立。坐定，召進行廚，皆金盤玉杯〔六〕，餚膳多是諸花果，而香氣達於內外。擘脯行之〔七〕，如貊炙〔八〕，云是麟脯也〔九〕。麻姑自說云：「接侍〔一〇〕以來，已見東海三爲桑田，向到蓬萊，水又淺于往者會時畧半也〔一一〕，豈將復還爲陵陸乎？」方平笑曰：「聖人皆言海中復揚塵也。」

姑欲見蔡經母及婦姪〔一二〕。時弟婦新產數十日〔一三〕，麻姑望見乃知之，曰：「噫！且止勿前。」即求少許米，得米便撒之擲地，謂以米祛其穢也〔一四〕，視其米，皆成眞珠矣。方平笑曰：「姑故年少，吾老矣，了不喜復作此狡獪〔一五〕變化也。」方平語經家人曰：「吾欲賜汝輩酒。此酒乃出天廚，其味醇醲，非世人所宜飲，飲之或能爛腸。今當以水和之，汝輩勿怪也。」乃以一升酒，合水一斗攪之，賜經家飲一升許〔一六〕。良久酒盡，方平語左右曰：「不足遠〔一七〕取也。」以千錢與餘杭姥〔一八〕相聞，求其沽酒。須臾信〔二九〕還，得一油囊酒，五斗許。信傳餘杭姥答言：「恐地上酒不中尊飲耳。」

又麻姑鳥爪，蔡經見之，心中念言：「背大癢時，得此爪以爬背當佳。」方平已知經心中所念，卽使人牽經鞭之。謂曰：「麻姑神人也，汝何思〔三〇〕謂爪可以爬背耶？」但見鞭着經背，亦不見有人持鞭者。方平告經曰：「吾鞭不可妄〔三一〕得也。」

是日，又以一符傳授蔡經鄰人陳尉〔三二〕，能檄召鬼魔，救人治疾。蔡經亦得解蛻之道，如蛻蟬耳。經常從王君遊山海，或暫歸家。王君亦有書與陳尉，多是篆文，或眞書〔三三〕，字廓落而大，陳尉世世寶之。

宴畢，方平、麻姑命駕昇天而去，簫鼓道從如初焉。（卷七）

〔一〕漢孝桓帝，卽劉志，公元一四六年至一六七年在位。

〔二〕王遠，神仙傳卷二王遠傳載：遠字方平，東海人；東漢中散大夫，棄官入山修道，桓帝連徵不出，後仙去，常住崑崙，主天曹事。

〔三〕蔡經，神仙傳王遠傳載：經吳小民，住胥門，王遠過經家，以其骨相當仙，授以要言，經遂得道。吳地記云：「蔡經宅在吳縣西北五十步。經後漢人，有道術，煉大丹，服昌蒲得仙。今蔡仙鄉卽其隱處也。」輿地紀勝卷二臨安府仙釋引吳記云：「織里有蔡經宅，杭州餘杭縣故基存焉。吳天璽二年，有神仙四人，自稱曰東方朔等，往來經所居。孫皓將亡，四人者預以告經，遂蛇蛻而往。」據王遠傳，遠降蔡經宅在七月七日。

〔四〕按：原無「至」字，據墉城集仙錄卷四麻姑傳補，王遠傳作「及至經舍」。

〔五〕鞶(pán)囊，古時官員用以盛印綬之革囊。宋書禮志五：「鞶，古制也。漢代著鞶囊者，側在腰間，或謂之傍囊，或謂之綬囊，然則以此囊盛綬也。」虎頭鞶囊，乃飾以虎頭圖樣者也。班固與竇憲牋：「固於張掖縣，受賜所服物虎頭繡鞶囊一雙。」

〔六〕黃色，集仙錄作「黃白色」。

〔七〕按：此句下王遠傳有「有十二伍伯，皆以蠟封其口」二句，集仙錄作「有十二隊，五百七，皆以蠟密封其口」。

〔八〕麟，王遠傳作「龍」。

〔九〕按：「麻姑」二字各本俱無，據明鈔本廣記卷六〇引補。王遠傳作「因遣人召麻姑」，集仙錄作「即令人與麻姑相訪經家」。按麻姑身世及身份本傳未敘。唐王懸河三洞珠囊卷八引神仙傳云「仙人麻姑，侍從女子」，乃王方平侍從；集仙錄云「麻姑者，乃上眞元君之亞也」。後世傳云麻姑建昌(治所在今江西南城縣)人，於牟州(治所在今山東牟平縣)東南姑餘山昇仙。眞仙通鑑云麻姑乃方平之妹。參見附錄。

〔一〇〕集，增訂漢魏叢書本作「來」，王遠傳同。

〔一一〕頃，原譌作「傾」，諸書俱作「頃」，據正。

〔一二〕卑，原譌作「畢」，據龍威秘書本、說郛麻姑傳、廣記引、王遠傳、集仙錄正。

〔一三〕顛倒，顛倒衣裳之謂，形容迎客急促，忙亂中穿錯衣裳。語出詩齊風東方未明：「東方未明，顛倒衣裳。」王遠傳作「煩信承來在彼，食頃即到」，集仙錄「食頃」作「登頃」。

〔一四〕未，說郛麻姑傳、廣記引作「來」（明鈔本乃作「未」）。

〔一五〕按：「光綵」至此集仙錄作「光彩耀日，不可名字，皆世所無有也」。

〔一六〕按：集仙錄「玉杯」下有「無限也」三字，王遠傳同。

〔一七〕擘（ㄅㄛˋ），剖也。類聚卷七二、書鈔卷一四五、初學記卷二六引作「擗」，字通。行，上菜。王遠傳作「菜」。

〔一八〕貊炙，原作「柏靈」，集仙錄作「栢炙」，並誤，初學記引作「狛炙」是也，狛同「貊」。釋名釋飲食：「貊炙，全體炙之，各自以刀割，出於胡貊之爲也。」搜神記卷七：「羌煮、貊炙，翟之食也。自太始以來，中國尚之。」貊，北方少數族。

〔一九〕按：書鈔引此句上有「指炙」二字。

〔二〇〕侍，初學記卷六引作「待」。

〔二一〕按：此句「水又淺于」原作「水淺淺于」，據初學記卷六及廣記引、王遠傳、龍威秘書本、說郛、集仙錄改正。王遠傳「水又」作「又水」。

〔二二〕婦姪，事類賦注卷九引作經弟婦」，王遠傳作「婦等」。

〔二三〕數十日，事類賦注引作「十數日」。

〔二四〕按：此句各本並無，據集仙錄及王遠傳補，文意較原文周全。

〔二五〕狡獪，遊戲、戲耍。陸游老學庵續筆記云：「麻姑傳：王方平曰：『吾子不喜作狡獪事。』蓋古謂戲爲狡獪。列異傳云『北地傅書，小女折荻作鼠以狡獪』是也（按：原爲「北地傅尚書小女，嘗拆荻作鼠以狡獪」，見廣記卷三六〇引）。今人間爲小兒戲爲狡頑，蓋本於此。或謂奸猾爲狡獪，則失之。」按六朝恆用此語，廣記卷三二四引幽明錄「劉雋」條云：「門前有三小兒，皆可六七歲，相牽狡獪。」南史卷五齊廢帝鬱林王紀云：「與羣小共作諸鄙褻擲塗、賭跳、放鷹、走狗雜狡獪。」皆是也。

〔二六〕按：集仙錄、王遠傳此句下多「皆醉」二字。

〔二七〕遠，增訂漢魏叢書本作「還」，集仙錄、王遠傳同，「還」上又有「復」字。

〔二八〕餘杭姥，後世亦傳爲仙人。輿地紀勝卷二臨安府景物下云：「仙姥岩，在府西五里。神仙傳云王方平過蔡經家，以千錢與餘杭姥，求沽酒，須臾得五斗。又古傳有農姥居此，采衆花釀酒。」餘杭，縣名，今屬浙江。

〔二九〕信，使也。集仙錄作「使」，下同。

〔三〇〕思，龍威秘書本作「忽」，集仙錄同。

〔三一〕妄，原譌作「忘」，諸書俱作「妄」，據正。

〔三二〕按：王遠傳云：「經比舍有姓陳者，失其名，嘗罷縣尉。」傳又云陳氏心邪不正，不能得道，然可長壽，一百一十歲而死。

〔三〕 眞書，楷書。

麻姑事先見於列異傳，御覽卷三七○引曰：「神仙麻姑降東陽蔡經家，手爪長四寸。經意曰：『此女子實好佳手，願得以搔背。』麻姑大怒。忽見經頓地，兩目流血。」列異傳並記有王方平、蔡經他事，見御覽卷三四五、三七五引。

神仙傳王遠傳亦記王遠、麻姑降蔡經家事，文句幾同本傳。

綠窗女史神仙仙姬、五朝小說魏晉小說雜傳家、說郛卷一一三有葛洪麻姑傳，卽神仙傳此傳。

杜光庭墉城集仙錄卷四麻姑傳，與神仙傳麻姑傳文句大同。

宋高似孫緯略卷六引王氏神仙傳（杜光庭）亦有麻姑事，云：「王方平過蔡經家，因遣人召麻姑。姑至，年十八九，頂中作髻，餘髮垂腰。旣坐，各進行廚，金杯玉盤，麟脯仙饌，非人世所有。姑曰：『有接侍以來，見東海三變爲桑田，向到蓬萊，水復淺於舊矣，殆還陵陸乎？』方平曰：『海中行復揚塵也。』」

眞仙通鑑後集卷三麻姑云：「麻姑，乃王方平之妹，修道得仙，年可十八許。於頂中作髻，餘髮散垂至腰。其衣有文章，光彩耀日，世所無有也。昔方平降蔡經家，遣使邀麻姑同宴。

各進行廚，皆金盤玉杯，餚饍多是諸花，而香氣達于內外，擘麟脯，如行柏炙，進天酒，如飲瓊漿。麻姑曰：『接侍以來，見東海三爲桑田，向到蓬萊，水乃淺於往日，會將減半也，將復揚塵也。』麻姑手爪頗似鳥爪，蔡經心言：背痒時得此爪以爬背，當佳也。方平已知經心中所言，卽使神吏鞭之，曰：『麻姑神人也，汝可萌妄想哉！』宣州有麻姑仙壇，建昌軍有麻姑山，靈迹非止一處。宋徽宗政和間寵褒麻姑爲眞寂沖應元君，寧宗嘉泰間改封虛寂沖應眞人。」

麻姑遺跡後世頗多傳述。述異記卷上云：「濟陽山，麻姑登仙處。俗說山上千年金雞鳴，玉犬吠。」

唐顏眞卿撫州南城縣麻姑山仙壇記（顏魯公文集卷一三）云：「大曆三年，眞卿刺撫州。按圖經南城縣有麻姑山，頂有古壇，相傳云麻姑於此得道。壇東南有池，中有紅蓮，近忽變碧，今又白矣。池北下壇傍有杉松，皆偃，蓋時聞步虛鐘磬之音。東南有瀑布，淙下三百餘尺。東北有石崇觀，高石中猶有螺蚌殼，或以爲桑田所變。西北有麻源，謝靈運詩題入華子崗是麻源第三谷，恐其處也。源口有神，祈雨驟應。」

聞奇錄云：「丹陽縣故湖側有麻姑廟。姑生時有道術，能着履行水上。」（按：實出異苑卷五。）

杜光庭名山洞天福地記曰：「第二十八洞麻姑山，周迴一百五十里，名丹霞之天，在撫州南城縣。」道藏本末有「麻姑上昇」一句。

太平寰宇記卷一〇〇建昌軍南城縣云：「麻姑山，在縣西南二十二里。」所敍全同顏記。又卷二〇登州牟平縣云：「大崑崙山，在縣東南四十里。按仙經云姑餘山，因麻姑曾于此山修道上昇，有餘址尚在，因以爲名。後代以『姑餘』、『崑崙』聲相類而俗名。又有小崑崙相連。」

輿地紀勝卷二六隆興府仙釋云：「麻姑觀在進賢縣東南。周時擧記云：麻姑名山有三，一在宣城，是爲沖昇之地；一在盱江，是爲得道之地；一在豫章進賢，是爲經遊之地。」按進賢今屬江西，在南城縣西北，盱江卽汝水，在南城縣東，宣城則在安徽。又卷一二台州景物下云：「麻姑巖，在天台縣西南二十五里，一名仙姑，巨石谽谺，矯如人立。昔麻姑訪王方平於此巖，其上有洞，麻姑像存焉。」又卷三五建昌軍古迹云：「麻姑山在南城縣西南十里。」又云：「麻姑廟本蔡經宅，唐開元時，道士鄧紫陽遺奏，云乞立廟於壇側，玄宗從之。」又仙釋云：「麻姑仙……元豐、元祐、宣和累封眞寂沖應元君。」

宋陳田夫南嶽總勝集紫虛閣云：「閣下有石壇，舊記云夫人（魏華存）昔自撫州乘雲飛至此……今撫州山有穴，深廣狀斯石也。或云沖寂元君麻姑送夫人乘雲至此，雲遂化爲石也，一云麻姑石，在觀之西山上。按內傳（南嶽魏夫人內傳），夫人姓魏諱華存，字賢安，任城人，卽晉武帝左僕射魏舒之女，封上眞司命紫虛元君之職，又加名山之封，位約諸侯。沖寂元君麻姑大仙，爲其佐治，今閣上亦有麻姑像，與夫人並列。」

古今圖書集成神異典卷二三二神仙部引續文獻通考（明王圻）云：「麻姑，王方平妹，桓帝時修道於牟州東南姑余山。」

明田汝成西湖遊覽志餘卷一五云：「蔡經者，餘杭人，嗜學仙術。王方平偕其妹麻姑降經家。姑手爪似鳥，經見之，念背癢時好以此爪爬之，方平即知，乃鞭經曰：『麻姑仙人也，何敢如是！』宴畢，命駕昇天。經尋亦蛻去。其所居地名織田。」

麻姑，小說、戲曲多取之。如聊齋志異、鏡花緣等小說中均敍及麻姑，清許善長有茯苓仙傳奇（碧聲吟館六種）演麻姑事。

王嘉　拾遺記　據古今逸史本

又題拾遺錄、王子年拾遺記，十卷，今存，有蕭綺敍錄。隋志雜史類著錄拾遺錄二卷、僞秦姚萇方士王子年撰，又王子年拾遺記十卷，蕭綺撰。二卷本疑爲殘卷，十卷本卽蕭綺敍錄本，云撰誤也。二本兩唐志並有目，然前者作三卷，疑誤書；十卷本新志改題蕭綺錄。晉書本傳亦稱嘉「著拾遺錄十卷，其記事多詭怪，今行於世」，卷帙與隋志合。按蕭綺序云原書凡十九卷，二百二十篇，遭戰亂多有亡，今搜檢殘遺，刪其繁紊，合爲一部，凡十卷，序而錄焉，是則本傳所著亦爲蕭氏刪訂本。胡應麟四部正譌下以爲蕭綺撰此書而託之王嘉，不可信。

是書版本常見者有古今逸史、歷代小史、稗海、漢魏叢書、廣漢魏叢書、增訂漢魏叢書、秘書二十一種、百子全書等本，歷代小史合爲一卷，餘皆十卷。稗海本多異文，係別一系統。今人齊治平有校注本。又類說卷五、說郛卷三〇、舊小說甲集有節錄。陳振孫直齋書錄解題卷一一於拾遺記下著錄名山記一卷，云「亦稱王子年，卽前之第十卷」。文獻通考卷二一五作名山說。五朝小說、說郛卷六六、古今說部叢書、舊小說皆有拾遺名山記八則，正此書第十卷也。

拾遺記史志書目多入於雜史或傳記，宋史藝文志、文獻通考始隸小說。晉書本傳云「記事多詭怪」，史通雜述云「全構虛辭」，乃雜史體志怪小說也。

王嘉字子年，隴西安陽（今甘肅渭源）人，道士。後趙石虎末，隱長安終南山、倒虎山，前秦苻堅累徵不起。後秦主姚萇頗禮遇之，後得罪姚萇遭殺。按萇三八四年至三九三年在位，知子年卒於三九三年之前。事蹟見晉書卷九五藝術傳。

蕭綺身世不詳，今本或題爲梁人。嚴可均全梁文卷二四云：「綺爵里未詳，梅鼎祚以爲梁人。」梁宗室有統、紀、綜等，多文學之士，蕭綺或亦其屬焉。

貫月查

堯登位三十年，有巨查浮於西海。查上有光，夜明晝滅。海人望其光，乍大乍小，若星月之出入矣。查常浮繞四海，十二年一周天，周而復始，名曰貫月查〔一〕，亦謂挂星查。羽人〔二〕棲息其上。羣仙含露以漱，日月之光則如暝矣。虞〔三〕、夏之季，不復記其出沒。遊海之人，猶傳其神偉〔四〕也。（卷一唐堯）

〔一〕貫月查，草堂詩箋卷四〇過洞庭湖注引作「貫月槎」，「查」通「槎」。

〔二〕羽人，仙人。草堂詩箋卷二三觀李固請司馬弟山水圖三首及卷四〇注並引作「飛仙」。按漢人想象之仙人皆生羽翼能飛，故稱羽人。楚辭遠遊：「仍羽人於丹邱兮」。王逸注：「或曰人得道，身生毛羽也。」洪興祖補注：「羽人，飛仙也。」論衡無形篇：「圖仙人之形，體生毛，臂變爲翼，行於雲」。仲長統昌言（意林卷五）：「得道者生六翮于臂，長毛羽于腹，飛無階之蒼天，度無窮之世俗。」殷芸小說：「蔡邕作仙人，飛來飛去，甚快樂也。」

〔三〕虞，舜號有虞氏。

〔四〕神偉，漢魏叢書、廣漢魏叢書、增訂漢魏叢書本作「神仙」。

三洞羣仙錄卷八引仙傳拾遺（杜光庭）曰：「堯登位三十年，有巨查浮於西海，查上有光，夜明晝滅，海人望其光，乍大乍小，若星月之出入矣。查常浮繞四海，十二年一周天，周而復始，名曰貫月查。」

按：此傳說乃古人關於宇宙飛行之奇特想象。今之研究不明飛行物及外星人者，乃竟以貫月查爲天外所來之宇宙飛船！古傳說中頗有類今之科學幻想者，拾遺記卷四又載：「始皇好神仙之事，有宛渠之民乘螺舟而至，舟形似螺，沉行海底，而水不浸入，一名淪波舟。」儼然今之潛水艇矣。

夷光脩明

越謀滅吳，蓄天下奇寶、美人、異味進於吳〔一〕。得陰峯之瑤，古皇之驥，湘沅之鱓〔二〕。殺三牲以祈天地，殺龍蛇以祠川岳〔三〕。矯〔四〕以江南億萬戶民，輸吳爲傭保〔五〕。越又有美女二人，一名夷光，二名脩明〔六〕，以貢於吳。吳處以椒華之房〔七〕，貫細珠爲簾幌，朝下以蔽景〔八〕，夕捲以待月。二人當軒竝坐，理鏡靚〔九〕妝於珠幌之內。竊窺者莫不動心驚魂，謂之神人。若雙鸞之在輕霧，沚水之漾秋蕖〔一〇〕。吳王妖惑忘政，及越兵入國，乃抱二女以逃吳苑。越軍亂入，見二女在樹〔一一〕下，皆言神女，望而不敢侵。今吳城虵門內有朽株〔一二〕，尚爲祠神女之處。初，越王入國〔一三〕，有丹烏夾王而飛〔一四〕，故句踐之霸也〔一五〕，起望烏臺，言丹烏之異〔一六〕也。（卷三周靈王）

〔一〕按：國語越語上載：句踐使大夫種行成於吳，稱「願以金玉子女賂君之辱」。又云：「越人飾美女八人，納之太宰嚭。」史記卷三一吳太伯世家云：「越王句踐率其衆以朝吳，厚獻遺之。」又卷四一越王句踐世家：「句踐乃以美女寶器，令種閒獻吳太宰嚭。」吳越春秋卷五句踐陰謀外傳及越絕書卷一二內經九術載大夫種獻伐吳九術，其中有「重財幣以遺其君，多貨賄以喜其臣」（越絕無下句），「遺美女以惑其心而亂其謀」（越絕作「遺之好美以爲勞其志」），「遺之巧工良材，使之起宮室，以盡其材」（越絕作「遺之巧匠使起宮室高臺，盡其財，疲其力」）。

〔二〕按：「得陰峯」以下三句據稗海本及廣記卷二七二引補。稗海及廣記無下文「殺三牲」以下四句。陰峯，不詳；古皇疑乃「吉皇」之譌。吉皇，神馬名，見前十洲記注。湘，湘水；沅，沅水，皆注入洞庭湖，在今湖南。鱓，同「鼉」，揚子鱷。

〔三〕三牲，用爲犧牲之牛羊豕，又稱太牢。川岳，御覽卷一八五引作「川海」。按吳越春秋伐吳九術首爲「尊天事鬼以求其福」（越絕作「尊天地事鬼神」）。又云：「乃行第一術，立東郊以祭陽，名曰東皇公；立西郊以祭陰，名曰西王母；祭陵山於會稽，祀水澤於江州。」

〔四〕矯，詐也。

〔五〕傭保，僱工。

〔六〕夷光，稗海本譌作「夷老」。「一名脩明」句，說郛卷三〇及廣漢魏叢書、增訂漢魏叢書本作「一名修明」，「修」「脩」字同。此句下原有注：「即西施、鄭旦之別名。」說郛作「妲」。

〔七〕椒華之房，即椒房，后妃居處，取其溫香多子之義。漢書卷六六車千秋傳注：「椒房，殿名，皇后所居也。以椒和泥塗壁，取其溫而芳也。」後用爲通稱。後漢書卷四一第五倫傳注：「后妃以椒塗壁，取其繁衍多子，故曰椒房。」說郛「華」作「花」，字通。

〔八〕景，說文七上日部：「景，日光也。从日，京聲。」

〔九〕靚（ㄐㄧㄥ），玉篇卷四見部：「靚，裝飾。」

〔一〇〕沚（ㄓˇ），小洲。 蕖，芙蕖，荷花。 按此二句據稗海本補。 廣記卷二七二亦引有，前又有「吳王夫差曰之」一句，而下接云「妖惑既深，怠於國政」，無「吳王妖惑忘政」。

〔一一〕樹，稗海本、廣記卷二七二引作「竹樹」。

〔一二〕蚍門，吳城門。 吳地記云：「蛇門，南面有陸無水，春申君造以禦越軍。在巳地，以屬蛇，因號蛇門。」「蚍」卽「蛇」字。 朽，廣記卷二七二引作「折」。

〔一三〕國，廣記卷一三五引作「吳國」。

〔一四〕按：丹鳥爲瑞物。 史記卷四周本紀載武王渡河會諸侯於盟津，「有火自上復於下，至於王屋，流爲烏，其色赤，其聲魄云」。

〔一五〕按：此句原作「故句踐入國」，廣記卷一三五引作「故句踐之霸也」，義勝從改。 句踐，越王允常子，又稱菼執，前四九七年至前四六五年在位。 滅吳後，大會諸侯於徐州，史記卷四一越王句踐世家稱「東諸侯畢賀，號稱霸王」。

〔一六〕異，廣記卷一三五引作「瑞」。

西施其人不見諸左傳、國語、史記，然先秦諸子屢言其名。如管子小稱：「毛嬙、西施，天下之美人也。」墨子親士：「西施之沉，其美也。」孟子離婁下：「西子蒙不潔，則人皆掩鼻而過之。」莊子齊物論：「厲與西施，恢恑憰怪，道通為一。」又天運：「西施病心而矉其里，其里之醜人見而美之。」愼子威德：「毛嬙、西施，天下之至姣也。」荀子正論：「好美而惡西施也。」闕子（玉函山房輯佚書）：「西施自窺於井，不恃其美。」尸子（二十二子）：「今之欲見毛嬙、西施，美其面也。」九章惜往日：「雖有西施之美容兮，讒妬入以自代。」宋玉神女賦：「西施掩面，比之無色。」戰國策齊四：「世無毛嬙、西施，王宮已充矣。」等等。西施又作先施。文選神女賦注引愼子作先施，又七發「使先施、徵舒……之徒」注：「皆美女也。」先施卽西施也。上述除墨子謂西施沉水而死外，餘皆僅出其名，言其美而已。

越絕書、吳越春秋首記西施事跡。

越絕書卷一二內經九術云：「越乃飾美女西施、鄭旦，使大夫種獻之於吳王，曰：『昔者越王句踐竊有天之遺西施、鄭旦，越邦洿下，貧窮不敢當，使下臣種載拜獻之。』吳王大悅。」

又卷八外傳記地傳云：「美人宮，周五百九十步，陸門二，水門一。今北壇利里丘土城，句踐所習敎美女西施、鄭旦宮臺也。女出於苧蘿山，欲獻於吳，自謂東垂僻陋，恐女樸鄙，故近大道居。去縣五里。」按續漢書郡國志四會稽郡餘暨縣劉昭注：「越絕曰西施之所出。」

則以西施爲餘暨人，餘暨即今浙江蕭山縣，縣有苧蘿山。諸暨縣亦有是山，又傳爲諸暨人（見後）。

西施結局今本不載。吳地記云：「縣（嘉興）南一百里有語兒亭。句踐令范蠡取西施以獻夫差，西施於路與范蠡潛通，三年始達於吳，遂生一子。至此亭，其子一歲，能言，因名語兒亭。越絕書曰：『西施亡吳國後，復歸范蠡，同泛五湖而去。』」按語兒亭事係後世傳聞。越絕書卷八云：「女陽亭者，句踐入官於吳，夫人從，道產女此亭，養於李鄉。句踐勝吳，更名女陽，更就李爲語兒鄉。」則謂與西施無涉。

吳越春秋卷五句踐陰謀外傳云：「十二年，越王謂大夫種曰：『孤聞吳王淫而好色，惑亂沉湎，不領政事，因此而謀可乎？』種曰：『可破。夫吳王淫而好色，宰嚭佞以曳心，往獻美女，其必受之。惟王選擇美女二人而進之。』越王曰：『善。』乃使相者，國中得苧蘿山鬻薪之女，曰西施、鄭旦。飾以羅縠，教以容步，習於土城（徐天祜注：越舊經：土城在會稽縣東六里），臨於都巷，三年學服而獻於吳。乃使相國范蠡進曰：『越王句踐竊有二遺女，越國洿下困迫，不敢稽留，謹使臣蠡獻之大王。不以鄙陋寢容，願納以供箕箒之用。』吳王大悅。」

琱玉集卷一四美人篇引吳越春秋及史說曰：「西施，周時越之美女也。越王句踐以獻吳王，吳王夫差甚愛幸之。西施曾在市，人欲見者乃輸金錢一文，方始得見。」此事今本不載。

明楊愼丹鉛總錄卷一三西施云：「後檢修文御覽，見引吳越春秋逸篇云：『吳亡後，越浮西施於江，令隨鴟夷以終。』」按修文御覽北齊書，今殘存一卷，無此文。鴟夷有二解：一爲革囊。史記卷六六伍子胥傳云：「（子胥）自剄死，吳王聞之大怒，乃取子胥屍盛以鴟夷革，浮之江中。」集解：「應劭曰：『取馬革爲鴟夷。鴟夷，榼形。』」升庵以爲「隨鴟夷以終」者，蓋沉西施於江，以報子胥之忠也，正合墨子。李商隱義山詩集卷六景陽井云：「腸斷吳王宮外水，濁泥猶得葬西施。」正用此說。二指范蠡。史記句踐世家云吳亡後「范蠡浮海出齊，變姓名，自謂鴟夷子皮。」然則「隨鴟夷」者，正吳地記引越絕「復歸范蠡，同泛五湖」之謂也。杜牧杜秋娘詩（全唐詩卷五二〇）：「西子下姑蘇，一舸逐鴟夷。」即用此。又，宋姚寬西溪叢語引吳越春秋曰：「吳亡，西施被殺。」

拾遺記後，六朝書記及西施者尚有任昉述異記、佚名窮怪錄等。述異記卷上云：「吳王夫差築姑蘇之臺，三年乃成。周旋詰屈，橫亘五里，崇飾土木，殫耗人力，宮妓數千人。上別立春霄宮，爲長夜之飲，造千石酒鍾。夫差作天池，池中造青龍舟，舟中盛陳妓樂，日與西施爲水嬉。吳王於宮中作海靈館、館娃閣，銅溝玉檻，宮之楹檻，珠玉飾之。」又云：「吳故宮亦有香水溪。俗云西施浴處，人呼爲脂粉塘。吳王宮人濯妝於此溪上源，至今馨香。」

太平廣記卷三二六引窮怪錄「劉導」條，記沛國人劉導遇西施事。又卷三二七「蕭思遇」條記蕭思遇遇西施，注出博物志（陳鱣校本作續博物志）。二者皆借西施演飾新事。唐范攄雲溪友議卷上苧蘿遇條記王軒遇西施，亦此類也（並見後）。

各代地書方志及諸雜書記西施及其遺跡者極多，紛紜其說，難以盡述，茲檢六朝、唐宋書所記者，錄數條於左：

說郛卷四會稽記曰：「縣（餘姚縣）東北六十里有土城山。勾踐索美女以獻吳王，得諸暨羅山賣薪女西施，先教習於土城山。山邊有石，云是西施澣紗石。」按類聚卷八、御覽卷四七、寰宇記卷九六越州會稽縣並亦引，類聚撰人作孔皐，御覽作孔曄。「西施」下並有「鄭旦」，是爲二人。寰宇記引作「縣東六里」，羅山作苧羅山。吳越春秋卷五注亦云：「會稽志：苧蘿山，在諸暨縣南五里。」

御覽卷四七又引孔曄會稽記曰：「諸暨縣北界有羅山。越時西施、鄭旦所居，所在有方石，是西施曬紗處，今名紵羅山。」書鈔卷一六〇亦引，文同。

顧野王輿地志云：「諸暨縣苧蘿山，西施、鄭旦所居。」（吳越春秋卷五注引）

唐梁載言十道志云：「勾踐索美女以獻吳王，得之諸暨苧蘿山，賣薪女也。西施山下有浣沙石。」（同上）

陸廣微吳地記云：「花山，在吳縣西三十里，其山蓊鬱幽邃。晉太康二年，生千葉石蓮花，因名。東二里有胥葬亭，吳越闔閭置。亭東二里有館娃宮，吳人呼西施作娃，夫差置，今靈巖山是也。」

太平寰宇記卷九一蘇州吳縣云：「硯石山，在縣西三十里胥門外，山西有石鼓，亦名石鼓山。又有琴臺。越絕書云吳人于硯石山置館娃宮。劉逵注吳都賦引揚雄方言云：『吳有館娃宮，吳人呼美女爲娃。』故三都賦云『幸乎館娃之宮中，張女樂而宴羣臣』。今吳縣有館娃鄉。」又云：「香山，在吳縣西五十里。吳地記云吳王遣美人採香於此山，以爲名，故有採香徑。」又云：「石城山，郡國志云吳王離宮處此山，越王獻西施于此山。」又云：「香水溪，在郡城西，源自光福塘來，相傳西施浴處。」又云：「響屧廊，在靈巖山。吳王建廊，虛其下，令西施步屧繞之，則有聲。」

又卷九六越州諸暨縣云：「苧蘿山，山下有石跡水，是西施浣紗之所，浣紗石猶在。巫里，句踐得西施之所。今有西施家、東施家。」

唐無名氏香譜香事三云：「香溪，吳故宮有香溪，是浴西施處，又呼爲脂粉溪。」

元伊世珍瑯嬛記卷中引採蘭雜志云：「西施舉體有異香，每沐浴竟，宮人爭取其水，積之罌甕，用松枝灑於帷幄，滿室俱香。罌甕中積久，下有濁滓，凝結如膏。宮人取以曬乾，香踰於水，謂之沉水。製錦襲盛之，佩於寶襪。交趾蜜香樹木沉者曰沉水，亦因此借名。」

范成大吳郡志卷八古蹟云：「越絕書云石城者，闔廬所置美人離城也。吳地記云石城，吳王離宮，越王獻西施於此城。」又云：「館娃宮，吳越春秋、吳地記皆云闔閭城西有山號硯石山，山在吳縣西三十里，上有館娃宮，又方言曰吳有館娃宮。今靈巖寺即其地也。山有琴臺、西施洞、翫花池，山前有採香徑，皆宮之故跡。」又云：「西施洞在靈巖山之腰；山即館娃宮所在，故西施洞在焉。」又云：「響屧廊在靈巖山寺，相傳吳王令西施輩步屧，廊虛而響，故名。」又云：「採香逕在香山之旁，小溪也。吳王種香於香山，使美人泛舟於溪以採香。今自靈巖山望之，一水直如矢，故俗又名箭涇。香水溪在吳故宮中，俗云西施浴處，人呼為脂粉塘，吳王宮人濯妝於此溪上，源至今馨香。古詩云：『安得香水泉，濯郎衣上塵。』」又云：「美女宮，夫差所作土城，周五百九十步，勾踐所進美女西施、鄭旦之宮室也。」

輿地紀勝卷一〇紹興府景物上云：「浣浦，一名浣江，在諸暨東南一里，俗傳西子浣沙之所。」又景物下云：「浣沙石，在會稽若耶溪，一名西施石。又諸暨苧羅山下又有浣沙石，一名西施石。」又云：「苧羅山，在諸暨南五里，勾踐索美女以獻吳王，得苧羅山，賣薪女西施、鄭旦。蕭山縣亦有此山。」

唐人詩多有詠西施者，如樓煩西施石：「西施昔日浣紗津，石上青苔思殺人。一去姑蘇不復返，岸旁桃李爲誰春。」（全唐詩卷二〇三）陳羽吳城覽古：「吳王舊國水煙空，香徑無人蘭葉紅。春色似憐歌舞地，年年先發館娃宮。」（全唐詩卷三四八）李太白全集卷二二西施：「西施越溪女，出自苧蘿山。秀色掩今古，荷花羞玉顏。浣紗弄碧水，自與清波閑。皓齒信難開，沉吟碧雲間。句踐徵絕豔，揚蛾入吳關。提攜館娃宮，杳渺詎可攀。一破夫差國，千秋竟不還。」

宋皇都風月主人綠窗新話卷下越國美人如神仙，注出王子年拾遺記；文同廣記引。又載於豔異編卷五宮掖部，題越王。西施事演爲戲曲者如：宋元戲文范蠡沉西施（寒山堂曲譜），闕漢卿進西施（錄鬼簿、太和正音譜），吳昌齡沉西施（傳奇彙考標目），均佚；明汪道昆陶朱公五湖泛舟雜劇（盛明雜劇），清徐石麒浮西施雜劇（清人雜劇），明梁辰魚浣紗記（古本戲曲叢刊），佚名倒浣紗傳奇（同上），悉存。

沐胥國道人

燕昭王七年〔一〕，沐胥之國〔二〕來朝，則申毒國〔三〕之一名也。有道術人名尸羅，問其年，云百三十歲〔四〕。荷錫〔五〕持缾，云發其國五年，乃至燕都〔六〕。

善衒惑之術〔七〕。於其指端出浮屠〔八〕十層，高三尺，及〔九〕諸天神仙，巧麗特絕。人皆長五六分，列幢蓋〔一〇〕，鼓舞，繞塔而行，歌唱之音，如眞人矣。尸羅噴水爲雺霧，暗數里間；俄而復吹爲疾風，雺霧皆止〔一一〕。又吹指上浮圖，漸入雲裏。又於左耳出青龍，右耳出白虎。始出〔一二〕之時，纔一二寸，稍至八九尺。俄而風至雲起，卽以一手揮之，卽龍虎皆入耳中〔一三〕。又張口向日，則見人乘羽蓋，駕螭〔一四〕、鵠，直入於口內。復以手抑胸上，而聞懷袖之中，轟轟雷聲。更張口，則向〔一五〕見羽蓋、螭鵠，相隨從口中而出。

尸羅常坐日中，漸漸覺其形小，或化爲老叟，或變〔一六〕爲嬰兒；倏忽而死，香氣盈室，時有清風來，吹之更生，如向之形〔一七〕。呪術衒惑，神怪無窮。（卷四燕昭王）

〔一〕按：「燕昭王」三字原無，據上文添補。燕昭王七年爲公元前三〇五年。

〔二〕沐胥，漢魏叢書本作「沭胥」，御覽卷三七五引同；類說卷五、紺珠集卷八作「休胥」；廣記卷二八四引作「沐骨」。

〔三〕申毒，稗海本作「身毒」，又稱天竺，卽印度。

〔四〕按：廣記引作「百四十歲」，御覽卷三六七引作「九萬歲」，見後注。

〔五〕錫，錫杖，亦稱聲杖、鳴杖、禪杖，僧人所用之手杖。杖高齊眉，頭有錫環，振之有聲。本爲行乞之用，後用爲法器。

〔六〕燕都，薊，今北京。

〔七〕衒惑之術，又稱幻術，卽魔術。按西漢通西域，幻術傳入中國。史記大宛列傳載：「安息王……以大鳥卵及黎軒善眩人獻於漢。」（又見漢書西域傳上）舊唐書卷二九音樂志二云：「幻術皆出西域，天竺尤盛。漢武帝通西域，始以善幻人至中國。安帝時天竺獻伎，能自斷手足，刳腸胃。自是歷代有之。」志怪書中記西域幻術者，除拾遺此記，搜神記、靈鬼志、搜神後記、幽明錄等皆有之。

〔八〕浮屠，又作浮圖、佛圖，梵語佛之音譯，此處指佛塔。

〔九〕及，各本作「乃」。毛扆校本作「及」，據正（見齊治平校注本）。

〔一〇〕幢蓋，旌旗與傘蓋，以羽飾之，用爲儀仗。

〔一一〕按：「尸羅」至「皆止」四句，御覽卷三六七引作「沐胥國人年九萬歲。以口噴水爲雨，紛漫數十里，俄而口吹爲風，而雨皆止」。

〔一二〕出，各本俱譌作「入」，御覽卷三六六引作「初出之時」，據正。

〔一三〕按：「始出」至「耳中」六句，御覽卷三六六引作「龍虎初出之時，如繩（蠅）緣頰，手捋面，而龍虎皆飛，去地十餘丈。而雲氣繞龍，風來吹虎。俄而以手一揮，龍虎皆還入耳」，頗多異辭。

〔一四〕螭，龍類。說文十三上虫部：「螭，若龍而黃，北方謂之地螻……或云無角曰螭。」文選上林賦「蛟龍赤螭」郭璞注：「文穎曰：龍子爲螭。張揖曰：赤螭，雌龍也。」說相異。

〔一五〕向，原脫，據廣記引補。

〔一六〕變，原脫，據廣記引及稗海本補。

〔一七〕按：自「或化爲老叟」至此句，御覽卷三七五引作「沭胥國人，忽復化爲老叟，俄而即死，自臭爛盈屋。人有除燒其骸骨於糞土之中，復還爲人矣」。

騫霄國畫工

始皇元年〔一〕，騫霄國〔二〕獻刻玉善畫工，名烈裔〔三〕。使含丹青以漱地，即成魑魅及詭怪羣物之象；刻玉爲百獸之形，毛髮宛若眞矣。皆銘其臆前，記以日月。工人以指〔四〕畫地，長百丈，直如繩墨。方寸之內，畫以四瀆五岳〔五〕列國之圖。又畫爲龍鳳〔六〕，騫翥若飛，皆不可點睛〔七〕，或點之，必飛走也。始皇嗟曰：「刻畫之形，何得飛走？」使以淳漆各點兩玉虎一眼睛，旬日則失之，不知所在。山澤之人云：「見二白虎，各無一目，相隨而行，毛色相似〔八〕，異於常見者。」至明年，西方獻兩白虎，各無一目。始皇發檻視之，疑是先所失者，乃刺殺之。檢其臆〔九〕前，果是元年所刻玉虎。迄胡亥〔一〇〕之滅，寶劍神物，隨時散亂也。

（卷四秦始皇）

〔一〕始皇，嬴政，公元前二四六年即王位，二十六年（前二二一年）爲始皇帝，三十七年（前二一〇年）卒。始皇元年當爲前二二一年。御覽卷三六七、卷七五〇、卷七五二、卷八九一引作「二年」。

〔二〕騫霄，御覽卷八九一引作「騫涓」，卷七五〇引作「謇涓」，卷七五二引作「鶱消」，卷三六七引作「謇消」。

〔三〕烈裔，原無「烈」字。按御覽卷三六七、卷七五〇，廣記卷二一〇並引作「烈裔」，據補。又御覽卷七五二、卷八九一「烈」作「裂」。

〔四〕指，廣記卷二八四引作「絹」。

〔五〕四瀆，爾雅釋水：「江、淮、河、濟爲四瀆。四瀆者，發源注海者也。」五岳，又作五嶽。爾雅釋山：「泰山爲東嶽，華山爲西嶽，霍山（衡山）爲南嶽，恆山爲北嶽，嵩山爲中嶽。」說文九上山部：「嶽，東岱（泰山），南霍，西華，北恆，中大室（嵩山），王者之所以巡狩所至。」按漢曾以安徽天柱山爲南嶽；北嶽恆山非今山西渾源之恆山，原在河北河曲，清順治中始移祀今址。

〔六〕鳳，百子全書本作「虎」。

〔七〕按：此句廣記卷二八四引作「皆不得作目」。

〔八〕按：此句稗海本、廣記卷二八四作「毛色形相」。

〔九〕臆，原作「胷」，稗海本作「臆」，與前「銘其臆前」相應，據改。

〔一〇〕胡亥，秦始皇次子，即秦二世，公元前二一〇年至前二〇七年在位，爲趙高所逼自殺。

御覽、廣記引此文，多有異辭，煩於校語中盡數說明，特錄於次：

廣記卷二一〇引曰：「秦有烈裔者，騫霄國人，秦皇帝時，本國進之。口含丹墨，噀壁以成龍獸。以指歷，如繩界之，轉手方圓，皆如規度。方寸內有五岳四瀆，列國備焉。善畫龍鳳，軒軒然唯恐飛去。」

御覽卷七五〇引與此大同，首作「秦始皇二年，騫涓國獻善畫者，名烈裔」。又卷三六七引至「噴壁卽成龍雲之像」，文同卷七五〇引。

御覽卷八九一引云：「始皇二年，騫涓國畫工者名裂裔。刻白玉兩虎，削玉爲毛，有如眞矣，不點兩目睛。始皇使餘工夜往點之爲睛，旦往，虎卽飛去。明年南郡有獻白虎二頭，始皇使視之，乃是先刻玉。始皇命去目睛，二虎不能復去。」又卷七五二所引與此彷彿。

古傳晉顧愷之、梁張僧繇點睛事亦屬此類，錄以備考：

沈約俗說云：「顧虎頭爲人畫扇，作嵇、阮，都不點眼睛，便送還扇主，曰：『點睛便能語也。』」（書鈔卷一三四引，又御覽卷七五〇引）

唐張彥遠歷代名畫記卷七云：「武帝崇飾佛寺，多命僧繇畫之……金陵安樂寺四白龍不點眼睛，每云點睛卽飛去。人以爲妄誕，固請點之。須臾，雷電破壁，兩龍乘雲騰去上天，二龍未點睛者見在。」

李夫人

漢武帝思懷往者李夫人〔一〕，不可復得。時始穿昆靈之池〔二〕，泛翔禽之舟〔三〕。帝自造歌曲，使女伶歌之。時日已西傾，涼風激水，女伶歌聲甚遒，因賦落葉哀蟬之曲〔四〕曰：「羅袂兮無聲，玉墀兮塵生。虛房冷而寂寞，落葉依於重扃〔五〕。望彼美之女兮安得，感余心之未寧。」帝聞唱動心，悶悶不自支持，命龍膏之燈以照舟內，悲不自止。親侍者見帝容色愁怨，乃進洪梁之酒，酌以文螺之巵——巵出波祇之國〔六〕，酒出洪梁之縣，此屬右扶風〔七〕，至哀帝〔八〕廢此邑。南人受此釀法。今言雲陽〔九〕出美酒，兩聲相亂矣——帝飲三爵，色悅心歡，乃詔女伶出侍。帝息於延涼室，臥夢李夫人授帝蘅蕪之香。帝驚起，而香氣猶著衣枕，歷月不歇。帝彌思求，終不復見，涕泣洽〔一〇〕席。遂改延涼室爲遺芳夢室。

初，帝深嬖李夫人，死後常思夢之，或欲見夫人。帝皃顦顇，嬪御不寧。詔李少君〔一一〕與之語曰：「朕思李夫人，其可得見〔一二〕乎？」少君曰：「可遙見，不可同於帷幄。」帝曰〔一三〕：「一見足矣，可致之。」少君曰：「黑河之北，有暗海之都也，出潛英之石〔四〕，其色青，輕如毛羽。寒盛則石溫，暑盛則石冷。刻之爲人像，神悟〔五〕不異眞人。使此石像往，則夫人至矣。此石人能傳譯人言語，有聲無氣，故知神異也。」帝曰：「此石像可得否？」少君曰：「願得樓船百艘〔六〕，巨力千人，能浮水登木者〔七〕，皆使明於道術，齎不死之藥。」

乃至暗海，經十年〔八〕而還。昔之去人，或升雲不歸，或託形假死，獲反者四五人。得此石，卽命工人依先圖刻作夫人形。刻成，置於輕紗幙裏，宛若生時。帝大悅，問少君曰：「可得近乎？」少君曰：「譬如中宵忽夢，而晝可得近觀乎？此石毒〔九〕，宜遠望，不可逼也。勿輕萬乘之尊，惑此精魅之物。」帝乃從其諫。見夫人畢，少君乃使舂此石人爲丸服之〔一〇〕，不復思夢。乃築靈夢臺〔一一〕，歲時祀之。（卷五前漢上）

〔一〕李夫人，本倡女，樂工李延年妹，妙麗善舞，頗受寵於武帝。早卒，追贈孝武皇后。夫人，嬪妃稱號。後漢書卷九七上外戚傳上云：「適（嫡）稱皇后，妾皆稱夫人。」

〔二〕昆靈之池，卽昆明池。漢書卷六武帝紀載：元狩三年，「發謫吏，穿昆明池。」注引臣瓚曰：「西南夷傳有越嶲、昆明國，有滇池，方三百里。漢使求身毒國而爲昆明所閉，今欲伐之，故作昆明池象之，以習水戰。在長安西南，周回四十里。食貨志又曰時越欲與漢用船戰，遂乃大修昆明池也。」西京雜記卷一云：「武帝作昆明池，欲伐昆吾夷，教習水戰……池周迴四十里。」漢武故事（鈎沉本）云：「鑿昆池，積其土爲山，高三十餘丈。」

〔三〕翔禽之舟，御覽卷七六九引作「翔螭舟」。

〔四〕落葉哀蟬，御覽卷七六九引作「葉落哀蟬」。

〔五〕扃（ㄐㄩㄥ），本指門栓，說文十二上戶部：「扃，外閉之關也。」段注：「關者，以木橫持門戶也。」引申爲門戶義。

〔六〕波祇之國，洞冥記卷一云：「波祇國，亦名波弋國，獻神精香草。」

〔七〕右扶風，漢三輔之一，治所在長安（今西安市西北）。按漢書地理志上右扶風所轄凡二十一縣，中無洪梁縣。

〔八〕哀帝，劉欣，前七年至前一年在位。

〔九〕雲陽，縣名，秦置，在今陝西淳化西北。西漢屬左馮翊郡。

〔一〇〕洽，濕也，潤也。

〔一一〕李少君，齊人，方士。史記卷二八封禪書云：「是時李少君亦以祠竈、穀道、卻老方見上，上尊之。少君者，故深澤侯（趙將夕）舍人，主方。」（亦見史記卷一二孝武本紀、漢書卷二五上郊祀志上。）神仙傳卷六李少君傳云：「李少君者，齊人也。漢武帝招募方士，少君於安期先生得神丹爐火之方……以方上帝……

天子甚尊敬之。」漢武故事亦記其事跡。廣記卷七一、御覽卷八一六乃引作「董仲君」。王士禛居易錄亦稱：「漢武帝李夫人事，史武紀、封禪書作少翁，桓譚新論作李少君，拾遺記作董仲君。」按董仲君亦爲武帝時方士，漢武內傳語及其人（名譌作「董仲舒」）。神仙傳卷一〇董仲君傳云：「董仲君者，臨淮人也。少行氣煉形，年百餘歲不老。常見誣繫獄，佯死臭爛生蟲，獄家舉出，而後復生，尸解而去。」抱朴子論仙引董仲君（原譌作「舒」）李少君家錄，是其卒在少君後。

〔一二〕見，原脫，據廣記引補。

〔一三〕按：「帝曰」至「少君曰」十二字原缺，據稗海本及廣記引補。

〔一四〕按：以上三句據稗海本及廣記引補（廣記「暗海」作「對野」），原僅有「暗海有潛英之石」一句。黑河，在甘肅省，又名甘州河、張掖河。暗海之都，不詳，當係傳說中海名，因在極北處，日光不及，故曰暗海。都，海水、河水匯聚處。潛英，精華潛伏之意，因其石在暗海，故云。

〔一五〕悟，稗海本、廣記引作「語」。

〔一六〕百艘，原無此二字，據稗海本、廣記引補。

〔一七〕者，據稗海本、廣記引補。

〔一八〕十年，御覽卷八一六引無「十」字。

〔一九〕按：百子本「此」上有「且」字，文義較順。

〔二〇〕爲丸服之，廣記引作「爲九段」。

〔三〕靈夢臺，廣記引作「夢靈臺」。

史記卷二八封禪書云：「齊人少翁以鬼神方見上。上有所幸王夫人，夫人卒，少翁以方蓋夜致王夫人及竈鬼之貌云，天子自帷中望見焉。」乃少翁、王夫人，非李少君、李夫人也。少翁封文成將軍，爲武帝誅殺。

史記卷一二孝武本紀（褚少孫補）全取封禪書。漢書卷二五上郊祀志上乃易王夫人爲李夫人。又卷九七上外戚孝武李夫人傳云：「上思念李夫人不已。方士齊人少翁言能致其神，乃夜張燈燭，設帷帳，陳酒肉，而令上居他帳遙望。見好女，如李夫人之貌，還幄坐而步。又不得就視，上愈益相思悲感，爲作詩曰：『是邪？非邪？立而望之，偏何姍姍其來遲！』令樂府諸音家絃歌之。上又自作賦，以傷悼夫人。」（按：資治通鑑考異卷一「四年，少翁以方夜致鬼如王夫人之貌」注云：「漢書以此事置李夫人傳中，古今相承，皆以爲李夫人事。史記封禪書：『少翁見上，上有所幸王夫人卒，少翁以方夜致王夫人及竈鬼之貌云』。按李夫人卒時，少翁死已久，漢書誤也，今從史記。」）情史卷九亦載（按：末附拾遺此記後半石像事）。

漢武故事（鉤沉本）云：「李夫人死，少翁云能致其神，乃夜張帳明燭，令上居他帳中，遙見李夫人，不得就視也。」（按：故事云「齊人李少翁」，言其姓李。）

說郛卷五二漢孝武故事云：「齊人李少翁年二百餘歲，色若童子，拜爲文成將軍。歲餘術未驗，上漸厭倦。會所幸李夫人死，上甚思悼之。少翁云能致其神，乃夜張帳明燭，具酒食，令上居他帳中，遙見李夫人，不得就視也。上愈益相思，悲慼作賦曰：『美聯娟以修姱兮，命樔絕而勿長。飾新宮以延貯兮，泯不歸乎故鄉。慘鬱鬱其蕪穢兮，隱處幽而懷傷。釋輿馬于山椒兮，奄修夜之不陽。』云云。」（按：此賦亦載於漢書外戚李夫人傳，係全文。）

桓譚新論亦載李夫人事，然原書佚，引文互有出入。文選卷二三潘安仁悼亡詩「獨無李氏靈，髣髴覩爾容」注引桓子新論曰：「武帝所幸李夫人死，方士李少君言能致其神。乃夜設燭張帷，令帝居他帳，遙見好女，似夫人之狀，還帳坐也。」御覽卷六九九亦引作李少君。書鈔卷一三二則作李少翁。

王充論衡卷一八自然云：「武帝幸王夫人，王夫人死，思見其形。道士以方術作夫人形，形成，出入宮門。武帝大驚，立而迎之，忽不復見。」與諸說頗異。

御覽卷七〇〇引漢武內傳佚文曰：「李夫人既死，帝思之，命工人作夫人形狀，置於輕紗幕中，宛然如生，帝大悅。」

搜神記卷二云：「漢武帝時，幸李夫人。夫人卒後，帝思念不已。方士齊人李少翁，言能致其神。乃夜施帷帳，明燈燭，而令帝居他帳，遙望之。見美女居帳中，如李夫人之狀，還幄坐而步，又不得就視。帝愈益悲感，爲作詩曰：『是耶？非耶？立而望之，偏娜娜，何冉冉其來遲！』令樂府知音家弦歌之。」

古文苑卷八漢武帝落葉哀蟬曲：「羅袂兮無聲，玉墀兮塵生。虛房冷而寂寞，落葉依於重扃。望彼美之女兮安得，感余心之未寧。」題下注曰：「此曲必爲李夫人作。外戚傳云李夫人少而蚤卒，上思念不已，令方士齊人少翁夜致其神。作詩，令樂府諸音家絃歌之。」

宋王十朋東坡先生詩集註卷二五岐亭道上見梅花戲贈季常程縯注云：「李夫人死，漢武帝念之不已，乃令方士作返魂香，燒之夫人乃降。」後世傳聞，愈出愈奇矣。

洞冥記卷三「夢草」條又記武帝思李夫人別一事：「有夢草，似蒲色紅，晝縮入地，夜則出。亦名懷夢，懷其葉則知夢之吉凶，立驗也。帝思李夫人容不可得，朔乃獻一枝，帝懷之，夜果夢夫人，因改曰懷夢草。」酉陽雜俎前集卷一九草篇亦載。

豔異編卷六採入此文。情史卷六李夫人採入此文前節。元李文蔚李夫人（錄鬼簿）、明吳仁仲再生緣（遠山堂劇品）、王驥德金屋招魂（同上）、王衡再生緣（盛明雜劇），皆演李夫人事。

怨碑

昔始皇爲塚，斂天下瓌異，生殉工人，傾遠方奇寶於塚中，爲江海川瀆，及列山岳之形。以沙棠、沈檀〔一〕爲舟楫，金銀爲鳧雁，以瑠璃雜寶爲龜魚。又於海中作玉象、鯨魚，銜火珠爲星，以代膏燭，光出墓中，精靈之偉也。

昔生埋工人於塚內〔二〕，至被開時皆不死。工人〔三〕於塚內琢石，爲龍鳳仙人之像，及作碑文辭讚。漢初發此塚，驗諸史傳，皆無列仙龍鳳之製，則知生埋匠人之所作也。後人更寫此碑文，而辭多怨酷之言，乃謂爲「怨碑」。史記略而不錄〔四〕。（卷五前漢上）

〔一〕沙棠，木名。山海經西次三經：「昆侖之丘……有木焉，其狀如棠，黃華赤實，其味如李而無核，名曰沙棠，可以禦水，食之使人不溺。」注：「言體浮輕也。沙棠爲木，不可得沈。」洞冥記卷一：「或以沙棠爲柟檝，或以木蘭文栢爲櫓棹。」沈檀，即紫檀，產於熱帶，其木紅紫，質堅重，入水則沈。

〔二〕按：此句廣記卷二二五引作「先所埋工匠於塚內」，上又有「皆生埋巧匠於塚裏，又列燈燭如皎日焉」二句。

〔三〕工人，廣記引作「巧人」。

〔四〕按：怨碑事屬子虛，自不得載於史記，此云「略而不錄」者，乃子年欲實其事而故弄狡獪耳。

始皇墓葬，史漢皆有記。史記卷六秦始皇本紀曰：「九月，葬始皇酈山。始皇初即位，穿治酈山；及并天下，天下徒送詣七十餘萬人，穿三泉，下銅而致椁，宮觀百官奇器珍怪徙臧滿之。令匠作機弩矢，有所穿近者輒射之。以水銀爲百川江河大海，機相灌輸，上具天文，下具地理。以人魚膏爲燭，度不滅者久之。二世曰：『先帝後宮非有子者，出焉不宜。』皆令從死，死者甚衆。葬既已下，或言工匠爲機，臧皆知之，臧重即泄。大事畢，已臧，閉中羨，下外羨門，盡閉工匠臧者，無復出者。樹草木以象山。」

漢書卷三六楚元王傳附劉向傳，載成帝時劉向上疏曰：「秦始皇帝葬於驪山之阿，下錮三泉，上崇山墳，其高五十餘丈，周回五里有餘。石槨爲游館，人膏爲燈燭，水銀爲江海，黃金爲鳧雁。珍寶之臧，機械之變，棺槨之麗，宮館之盛，不可勝原。又多殺宮人，生薶工匠，計以萬數。天下苦其役而反之，驪山之作未成，而周章之師至其下矣。項籍燔其宮室營宇，往者咸見發掘。其後牧兒亡羊，羊入其鑿，牧者持火照求羊，失火燒其臧槨。」

薛靈芸

文帝所愛美人，姓薛名靈芸〔一〕，常山〔二〕人也。父名鄴〔三〕，爲酇鄉〔四〕亭長，母陳氏，隨鄴舍於亭傍。居生窮賤，至夜每聚隣婦夜績，以麻蒿自照。靈芸年至十五〔五〕，容皃絕世，隣中少年夜來竊窺〔六〕，終不得見。

咸熙元年〔七〕，谷習〔八〕出守常山郡，聞亭長有美女而家甚貧。時文帝選良家子女，以入六宮〔九〕。習以千金寶賂聘之，既得，乃以獻文帝。靈芸聞別父母，歔欷累日，淚下霑衣。至升車就路之時，以玉唾壺承淚，壺則紅色〔一〇〕。既發常山，及至京師〔一一〕，壺中淚凝如血。

帝以文車十乘迎之，車皆鏤金爲輪輞〔一二〕，丹畫其轂，軛前有雜寶爲龍鳳，銜百子鈴，鏘鏘和鳴，響於林野。駕青色駢蹄〔一三〕之牛，日行三百里——此牛尸塗國〔一四〕所獻，足如馬蹄也。道側燒石葉之香——此石重疊，狀如雲母，其光氣辟惡厲之疾，此香腹題國所進也。靈芸未至京師數十里，膏燭之光，相續不滅，車徒咽〔一五〕路，塵起蔽於星月，時人謂爲「塵宵」。又築土爲臺，基高三十〔一六〕丈，列燭於臺下，名曰燭臺，遠望如列星之墜地。又於大道之傍，一里一銅表，高五尺，以誌里數。故行者歌曰：「青槐夾道多塵埃，龍樓鳳闕望崔嵬。清風細雨雜香來，土上出金火照臺。」——此七字是妖辭〔一七〕也。爲銅表誌里數於道側，是「土上出金」之義；以燭置臺下，則火在土下之義。漢火德王，魏土德王，火伏而土興，「土上出金」，是魏滅而晉興也〔一八〕。

靈芸未至京師十里，帝乘雕玉之輦，以望車徒之盛。嗟曰：「昔日言『朝爲行雲，暮爲行雨』〔九〕，今非雲非雨，非朝非暮。」改靈芸之名曰夜來。入宮後，居寵愛。外國獻火珠龍鸞之釵，帝曰：「明珠翡翠尚不能勝，況乎龍鸞之重。」乃止不進。夜來妙於鍼工〔一〇〕，雖處於深帷〔一一〕之內，不用燈燭之光，裁製立成。非夜來縫製，帝則不服。宮中號爲「鍼神」也。（卷七魏）

〔一〕文帝，魏文帝曹丕。美人，嬪妃官名。三國志卷五后妃傳云：「太祖建國，始命王后，其下五等，有夫人，有昭儀，有倢伃，有容華，有美人。」文帝、明帝又有增設，夫人以下凡十二等，美人居其五，官視二千石。薛靈芸，三國志無其人。宋馬永易實賓錄引作「薛靈芝」。

〔二〕常山，郡名，漢初置，治元氏（今河北元氏西北）。

〔三〕鄴，御覽卷八二六引作「業」。

〔四〕酇鄉，御覽卷八二六引作「鄭鄉」。

〔五〕年至十五，御覽卷三八一又卷八二六引作「年十七」。

〔六〕按：此句廣記卷二七二引作「閭中少年多以夜時來窺」。

〔七〕按：咸熙爲魏元帝曹奐年號，元年爲二六四年，原文誤。文帝年號爲黃初。

〔八〕谷習，三國志無此人。

〔九〕六宮，周禮天官內宰：「詔王后帥六宮之人。」又：「以陰禮教六宮。」本指天子后寢宮，凡六，正寢一，燕寢五，後泛言后妃所居。

〔一〇〕按：此句廣記引作「壺中卽如紅色」，御覽卷三八一又卷七〇三無「中」字，稗海本作「壺郎紅色」。

〔一一〕京師，指洛陽，時爲魏都。

〔一二〕輞，車輪外框。釋名釋車：「輞，罔也，罔羅周輪之外也。」

〔一三〕騈蹄，二字原無，據稗海本及廣記引補。

〔一四〕尸塗國，齊治平校注本（以明世德堂翻宋本爲底本）「塗」作「屠」。

〔一五〕咽（一七），廣記引作「噎」，稗海本作「喧」。

〔一六〕三十，御覽卷一七八引作「四十」。

〔一七〕妖辭，預示凶禍之言辭。說文十三上虫部「䖟」字釋：「衣服歌謠艸木之怪謂之䄏（妖）。」

〔一八〕按：戰國齊人鄒衍以五行（金木水火土）相克配合朝代更替，創五德終始說，秦首行之，爲水德。漢立，或以爲水，或以爲土，或以爲火，懸而未決，直至劉秀時，方定爲火德，後漢書卷一上光武帝紀上云：「（建武二年）壬子，起高廟，建社稷於洛陽，立郊兆于城南，始正火德，色尚赤。」魏文受禪，改爲土德，尙黃。魏志文帝紀注引獻帝傳云：「以延康元年爲黃初元年，議改正朔，易服色，殊徽號，同律度量，承土行」。魏明帝時，張掖出石，有文「述大金，大討曹，金但取之」云云，人以爲此魏晉代興之符，云「金者，晉之行也」（見魏志明帝紀注及宋書符瑞志上）。然晉代魏後，並未宣布改制，晉書卷三武帝紀云：「大晉繼三皇之蹤，蹈舜禹之跡，應天順時，受禪有魏，宜一用前代正朔服色，皆如虞遵唐故事。」

〔一九〕按：此二句出宋玉高唐賦，楚懷王遊高唐，夢巫山之女曰：「妾在巫山之陽，高丘之阻，旦爲朝雲，暮爲行雨，朝朝暮暮，陽臺之下。」

〔二〇〕鍼工，廣記引作「女功」，御覽卷八三〇作「針巧」。

〔二一〕按：稗海本、廣記引「帷」下有「重幄」二字，御覽卷八三〇作「重幕」。

綠窗女史宮闈寵遇、五朝小說魏晉小說傳奇家、舊小說甲集有王嘉薛靈芸傳，即此文。豔異編卷八宮掖部、情史卷五情豪類亦收入。

唐蘇鶚蘇氏演義卷下云：「魏文帝宮中絕寵者，有莫瓊樹、薛夜來、陳尙衣、段巧笑四人，日夕在側。瓊樹乃製蟬鬢，縹緲如蟬翼，故曰蟬鬢；巧笑始作錦衣絲履，紫粉拂面；尙衣能歌舞；夜來善爲衣裳：一時冠絕。」又載中華古今註卷中。

陸龜蒙小名錄云：「美人姓薛名靈芸。靈芸年十七，容貌絕世。時文帝選良家子，以入六宮。靈芸別父母升車，以玉唾壺承淚，壺皆紅色。帝遣文車十乘以迎靈芸。芸去京十里，帝乘雕玉之輦，以望車徒之盛美，曰：『昔言朝爲行雲，暮爲行雨，今非雲非雨，非朝非暮。』因易名爲夜來。夜來妙於針工，非夜來裁製，帝不服也，宮中號爲『針神』。」張泌妝樓記云：「夜來初入魏宮，一夕文帝在燈下詠，以水晶七尺屏風障之。夜來至不覺，面觸屏上，傷處如曉霞將散。自是宮人俱用臙脂倣畫，名曉霞妝。」綠窗新話卷下薛靈芸容貌絕世載其事，注出王子年拾遺記。

翔風

石季倫愛婢名翔風〔一〕，魏末於胡中得〔二〕之，年始十歲，使房內〔三〕養之。至十五，無有比其容貌，特以姿態見美。妙別玉聲，巧觀金色。石氏之富，方比王家〔四〕，驕侈當世，珍寶奇異，視如瓦礫，積如糞土，皆殊方異國所得，莫有辯〔五〕識其出處者。乃使翔風別其聲色，悉知其處〔六〕。言西方、北方，玉聲沉重而性溫潤，佩服者益人性靈；東方、南方，玉聲輕潔而性清涼，佩服者利人精神。石氏侍人，美豔者數千人，翔風最以文辭擅愛。石崇嘗語之曰：「吾百年之後，當指白日〔七〕，以汝爲殉。」答曰：「生愛死離，不如無愛，妾得爲殉，身其何朽！」於是彌見寵愛。

崇嘗擇美容姿相類者十〔八〕人，裝飾衣服大小一等，使忽視不相分別，常侍於側。使翔風調玉以付工人，爲倒龍之珮，縈金爲鳳冠之釵，言刻玉爲倒龍之勢，鑄金象鳳皇之形〔九〕。結袖繞楹而舞，晝夜相接，謂之恆〔一〇〕舞。欲有所召，不呼姓名，悉聽珮聲，視釵色，玉聲輕者居前，金色艷者居後，以爲行次而進也。使數十人各含異香，行而語笑，則口氣從風而颺。又屑沉水之香〔一一〕，如塵〔一二〕末，布象牀上〔一三〕，使所愛者踐之。無迹者賜以眞珠百琲〔一四〕，有迹者節其飲食，令身輕弱。故閨中相戲曰：「爾非細骨輕軀，那得百琲眞珠？」

及翔風年三十，妙年者爭嫉之，或者云胡女不可爲羣，競相排毀。石崇受譖潤〔一五〕之言，即退翔風爲房老〔一六〕，使主羣少。乃懷怨而作五言詩曰：「春華誰不美〔一七〕，卒傷秋落時。突烟還自低〔一八〕，鄙退豈所期。桂芳〔一九〕徒自蠹，失愛在蛾眉。坐見芳時歇，憔悴空自嗤。」石氏房中竝歌此爲樂曲，至晉末乃止。（卷九晉時事）

〔一〕石季倫，名崇，季倫其字。渤海南皮人，仕晉累遷至侍中。任荊州刺史間，劫掠財富無數。惠帝永康元年（三〇〇年），爲趙王司馬倫所殺。晉書卷三三有傳。翔風，廣記卷二七二引作「翾風」，紺珠集卷八同。

〔二〕按：稗海本及廣記引，「得」上有「買」字。

〔三〕房內，稗海本作「內房」。

〔四〕按：晉書本傳云：「（崇）財產豐積，室宇宏麗，後房百數，皆曳紈繡，珥金翠，絲竹盡當時之選，庖膳窮水陸之珍，與貴戚王愷、羊琇之徒以奢靡相尚。」本傳與世說均載有崇與王愷鬬富事。

〔五〕辯，通「辨」，廣記引作「辨」。

〔六〕按：此句稗海本作「悉知其所出之地」，廣記引同，惟「悉」作「並」。

〔七〕按：詩王風大車：「穀則異室，死則同穴，謂予不信，有如曒日。」曒日即白日，指白日而盟誓也。

〔八〕十，廣記引作「數十」。

〔九〕按：此句原作「鑄金釵象鳳皇之冠」，據廣記引正。

〔一〇〕恆，廣記引作「常」。

〔一一〕屑，廣記及御覽卷三八八引作「篩」。沉水之香，即沉香。南方草木狀卷中：「交趾有蜜香樹，幹似柜柳，其花白而繁，其葉如橘。欲取香伐之經年，其根幹枝節各有別色也。木心與節堅黑，沉水者爲沉香。」

〔一二〕塵，御覽引作「麈」。

〔一三〕象牀，類說作「象席」，御覽引全句作「布置席上」。

〔一四〕眞珠，廣記引作「珍珠」。琲（ㄅㄟˋ），貫珠。文選吳都賦：「珠琲闌干。」劉逵注：「琲，貫也，珠十貫爲一琲。」廣韻賄韻：「琲，珠五百枚。」集韻：「珠百枚曰琲，一說珠十貫爲一琲。」諸說數目各異。廣記引作

「粒」，下同。

〔一五〕譖潤，說郛作「譖浸」。論語顏淵：「浸潤之譖。」鄭玄注：「譖人之言，如水之浸潤，漸以成之。」

〔一六〕房老，又曰房長，婢妾之長。明王志堅表異錄卷三：「婢妾年久而衰退者，謂之房長，亦曰房老。」

〔一七〕美，稗海本、廣記引作「羨」。

〔一八〕突，高貌。廣記引此句作「哽咽追自泣」。

〔一九〕芳，廣記引作「芬」。

綠窗女史妾婢部逸格有王嘉翾風傳，卽此文。豔異編卷一六戚里部翾風、情史卷一四情仇類翾風，所載亦此事。又情史卷五情豪類石太尉載翾風事之前半。陸龜蒙小名錄嘗亦略記之。

孔約　志怪

隋志雜傳類著錄志怪四卷，孔氏撰。兩唐志書名卷帙同，舊唐志不云撰人，新志隸於小說家。此後不見著錄，蓋佚於宋。諸書多引作孔氏志怪，初學記卷三〇乃作孔氏志，類聚卷八九又作孔氏志怪記。均未稱名號，唯廣記卷二七六「晉明帝」條注云「出孔約志怪」，知孔氏名約。丁國鈞補晉書藝文志小說類以爲孔氏乃孔愼言。按孔愼言唐人，撰神怪志（見文苑英華卷七三七顧况戴氏廣異記序），丁氏說非。孔約生平無考，觀其「盧充」條末云「植子毓，爲魏司空，冠蓋相承至今」，又記及干寶事，知爲東晉人而晚於干寶。是書古無輯本，古小說鈎沉輯十條。

謝宗

會稽吏謝宗赴假吳中〔一〕，獨在舡〔二〕。忽有女子，姿性妖婉，來入舡。問宗：「有佳絲否？欲市之〔三〕。」宗因與戲，女漸相容。留在舡宿，歡宴繼〔四〕曉。因求宗寄載，宗便許之。

自爾舡人恆夕但聞言笑，兼芬馥氣。至一年，往來同宿。密伺之，不見有人。方知是邪魅，遂共掩〔五〕之。良久，得一物，大如枕；須臾又得二物，並小如拳。以火視之，乃是三龜。宗悲思，數日方悟。自說此女子一歲生二男，大者名道愍，小者名道興。既爲龜，送之於江。（據御覽卷九三一引孔氏志怪）

〔一〕吳中，吳郡，治吳縣（今江蘇蘇州市）。

〔二〕舡（ㄒㄧㄤ，又ㄔㄨㄢˊ），船也。鮑校本作「船」。

〔三〕按：詩衞風氓：「氓之蚩蚩，抱布貿絲。匪來貿絲，來卽我謀。」女子就宗市絲，亦爲此意。又，以「絲」諧「思」，六朝民歌多用之，如子夜歌：「前絲斷纏綿，意欲結交情。春蠶易感化，絲子已復生。」

〔四〕繼，鮑本作「既」。

〔五〕掩，進襲，捕捉。

廣記卷四六八「謝宗」條，注出志怪，與此事同文異，移錄於下：「會稽王國吏謝宗赴假，經吳皐橋，同船人至市，宗獨在船。有一女子，姿性婉娩，來詣船，因相爲戲。女郎留宿歡識。乃求寄載，宗許之。自爾船人夕夕聞言笑。後逾年，往來彌數。同房密伺，不見有人，知是邪魅；遂共掩被。良久，得一物，大如枕；須臾又獲二物，並小如拳。視之，乃是三龜。宗悲思，數日方悟，向說如是云：此女子一歲生二男，大者名道愍，小者名道興。宗又云：此女子及二兒，初被索時大怖，形並縮小，謂宗曰：『可取我枕投之。』時族叔道明為郎中令，籠三龜示之。」

祖台之 志怪

晉書卷七五王國寶傳附祖台之傳云「台之撰志怪書行於世」，不云卷數。隋志雜傳類著錄二卷，新舊唐志俱作四卷，新志改入小說家類。是書佚於宋。陶珽說郛卷一一七輯祖台之志怪錄八條，有誤收者；鉤沉輯十五條。

台之字元辰，范陽（治所在今河北涿縣）人。祖沖之曾祖。生卒年不詳。仕孝武、安帝朝，累官光祿大夫。書中記有安帝隆安中事，知書成於晉末。

江黃

隆安〔一〕中，陳悝於江邊作魚簄〔二〕。潮去，於簄中得一女人，長六尺，有容色，無衣服。水去不能動，臥沙中，與語不應。人有就辱之。悝夜夢云：「我是江黃〔三〕，昨失道落君簄，小人遂見加凌，今當白尊神殺之。」悝不敢移，潮來自逐水去。姧者尋病死。（據御覽卷六八引祖台之志怪）

〔一〕隆安，晉安帝司馬德宗年號，起三九七年訖四〇一年。

〔二〕魚篧，捕魚器具。詩邶風谷風：「毋發我笱。」笱，竹編魚籠，大口窄頸，腹大而長，魚能入不能出，魚篧亦此類。御覽「篧」下注云「正匪切」，音ㄓㄨㄟˇ。

〔三〕按：古傳有鮫人、人魚、馬人等。鮫人見前洞冥記；人魚，廣記卷四六四引洽聞記（唐鄭遂，一作鄭常）曰：「海人魚，東海有之，大者長五六尺，狀如人，眉目口鼻手爪頭，皆爲美麗女子，無不具足。皮肉白如玉，無鱗，有細毛，五色輕軟，長一二寸。髮如馬尾，長五六尺。陰形與丈夫女子無異。臨海鰥寡多取得，養之於池沼，交合之際，與人無異，亦不傷人。」馬人，中華古今註卷下曰：「馬人皆有鱗甲，如大鯉魚，但手足耳鼻似人不異，視之良久，乃入水。」（古今註卷下作「人馬」。）又有藻居、水居，見後幽明錄。此江黃者，蓋亦誇傳此等人形水生動物也。

說郛卷四鄭常洽聞記云：「隆安中，丹徒民陳理於江邊作魚篧，潮出，篧中得一女，長六尺，有容色，無衣裳，水去不動，臥沙中。夜夢云：『我江黃也，昨失路落君篧，潮來今當去。』」又載卷七五洽聞記。廣記卷二九五亦引，文稍詳，幾同祖台之志怪。

鬼子

廷尉徐元禮嫁女，從祖與外兄孔正陽共詣徐家。道中有土牆，見一小兒倮身正赤，手持刀，長五六寸，坐牆上磨甚駃〔一〕，獨語。因跳車上曲蘭〔二〕中坐，反覆視刀，輙舐〔三〕之。至徐家門前桑樹下，又跳下，坐灰中，復更磨刀。

日晡〔四〕，新婦就車中。見小兒持刀入室，便刺新婦，新婦應刀而倒。扶還解衣，視心腹紫色，如酒槃大，有頃便亡。鬼子出門儛〔五〕刀，上有血，塗桑樹，火燃，斯須燒盡。（據御覽卷三四五引祖台之志怪）

〔一〕駃，同「快」。

〔二〕蘭，同「欄」。

〔三〕舐，「舐」之俗字。

〔四〕日晡（ㄅㄨ），申時，下午三時至五時。「晡」又作「餔」。淮南子天文訓：「日……至於悲谷，是謂餔時。」高誘注：「悲谷，西南方之大壑。」按說文五下食部：「餔，申時食也。」蓋其時當餔，故曰餔時也。

〔五〕儛，同「舞」。

荀氏　靈鬼志

隋志雜傳類著錄靈鬼志三卷，荀氏撰，兩唐志同，新志改入小說家。太平御覽經史圖書綱目亦有荀氏靈鬼志。書佚於宋。陶珽說郛卷一六六錄靈鬼志一篇，題唐荀氏撰，實是取廣記卷三四二獨孤穆，出異聞錄。古小說鉤沉輯二十四條，然有誤收者。

荀氏字里無考，僅從書中「南平國蠻兵」條，知荀氏於安帝義熙中爲南平國郎中。

嵇康

嵇康〔一〕燈下彈琴，忽有一人長丈餘，著黑單衣，革帶。康熟視之，乃吹火滅之曰：「恥與魑魅爭光！」

嘗行，去洛〔二〕數十里，有亭名月華〔三〕。投此亭，由來殺人。中散心神蕭散〔四〕，了無懼意。至一更操琴，先作諸弄，雅聲逸奏。空中稱善，中散撫琴而呼之：「君是何人？」答云：「身是故人〔五〕，幽沒於此。聞君彈琴，音曲清和、昔所好，故來聽耳。身不幸非理就終，形體殘毀，不宜接見君子。然愛君之琴，要當相見，君勿怪惡之。君可更作數曲。」中散復爲撫琴，擊節，曰：「夜已久，何不來也？形骸之間，復何足計！」乃手挈其頭曰：「聞君奏琴，不覺心開神悟，怳若蹔〔六〕生。」遂與共論音聲之趣，辭甚清辯。謂中散曰：「君試以琴見與。」乃彈廣陵散〔七〕。便從受之，果悉得。中散先所受引，殊不及。與中散誓，不得教人。

天明語中散：「相與雖一遇於今夕，可以遠同千載。於此長絕，不勝悵然！」（據廣記卷三一七引靈鬼志）

〔一〕嵇康，字叔夜，譙郡銍（今安徽宿縣西南）人。生於魏文帝黃初六年（二二五年），卒於元帝景元五年（二六四年）。仕魏爲中散大夫，世稱嵇中散。康長於詩文，又曉音律，善操琴，作有琴賦。爲「竹林七賢」之一。與司馬氏不合，被司馬昭所殺。晉書卷四九有傳。

〔二〕洛，談本作「路」，明鈔本作「洛」。按晉書本傳亦作「洛」（見附錄），今從鈔本。洛，洛陽。

〔三〕月華，晉書本傳作「華陽」。

〔四〕蕭散，蕭灑，灑脫。

〔五〕故人，亡故之人。明鈔本作「古人」，義同。

〔六〕蹔，同「暫」。

〔七〕按：世說雅量云：「嵇中散臨刑東市，神氣不變，索琴彈之，奏廣陵散。曲終曰：『袁孝尼（準）嘗請學此散，吾靳固不與，廣陵散於今絕矣！』」又見晉書本傳。似廣陵散乃嵇康自度之琴曲。曲名之義，宋沈括夢溪筆談卷五考云：「盧氏雜說：『韓臯謂嵇康琴曲有廣陵散者，以王陵、毌丘儉輩皆自廣陵敗散，言魏散亡自廣陵始，故名其曲曰廣陵散。』以余考之，散自是曲名，如操、弄、摻、淡、序、引之類。故潘岳笙賦：『輟張女之哀彈，流廣陵之名散。』又應璩與劉孔才書云：『聽廣陵之淸散。』知散爲曲名明矣。或者康借此名以諫諷時事，散取曲名，『廣陵』乃其所命，相附爲義耳。」廣陵散唐世猶存，文選卷一八嵇康琴賦：「若次其曲引所宜，則廣陵止息。」李善注：「廣陵等曲，今並猶存，未詳所起。」崔令欽教坊記亦有廣陵散曲。

御覽卷五七九、事類賦注卷一一引此事並作靈異志，魯迅輯入鉤沉靈鬼志，蓋以「異」乃「鬼」之譌也。按北史卷八三文苑許善心傳云煬帝「敕善心與崔祖濬撰靈異記十卷」。隋志雜傳類亦著錄靈異記、靈異錄各十卷，無撰名。御覽等所引靈異志，殆卽此書。

御覽、事類賦注所引靈異志無首尾兩段文字，茲將御覽所引錄下：「嵇中散神情高邁，任心遊憇。嘗行西南，去洛數十里，有亭名華陽，投宿。夜了無人，獨在亭中。此亭由來殺人，宿者多凶。至一更中操琴，先作諸弄，而聞空中稱善。中散撫琴而呼之曰：『君何不來？』此人便云：『身是古人，幽沒於此數千年矣。聞君彈琴，音曲清和，故來聽耳。而就終殘毀，不宜以接侍君子。』向夜，髣髴漸見，以手持其頭。遂與中散共論聲音，其辭清辯。謂中散：『君試過琴。』於是中散以琴授之。既彈，悉作衆曲，亦不出常，唯廣陵散絕倫。中散纔從受之，半夕悉得。與中散誓，不得教他人，又不得言其姓也。」事類賦注所引同此而稍略。

嵇康逢鬼事最先見於東晉裴啓語林，云：「嵇中散夜燈火下彈琴，忽有一人面甚小，斯須轉大，遂長丈餘，黑單衣皁帶。嵇視之既熟，吹火滅，曰：『吾恥與魑魅爭光。』」又云：「嵇中散夜彈琴，忽有一鬼著械來，歎其手快，曰：『君一弦不調。』中散與琴調之，聲更清婉。問其名不對，疑是蔡邕伯喈，伯喈將亡，亦被桎梏。」（鈎沉輯本）後事鬼爲蔡邕，又無涉廣陵散。

劉敬叔異苑卷六、卷七亦載嵇康此二事，前事文同語林，後事（卷七）云：「嵇康字叔夜，譙國人也。少嘗晝寢，夢人身長丈餘，自稱：『黃帝伶人，骸骨在公舍東三里林中，爲人發露，乞爲葬埋，當厚相報。』康至其處，果有白骨，脛長三尺，遂收葬之。其夜復夢長人來，授以廣陵散曲。及覺，撫琴而作，其聲正妙，都不遺忘。高貴鄉公時，康爲中散大夫。後爲鍾會所讒，司馬文王誅之。」

說郛卷三幽明錄記燈下見鬼事（鈎沉漏收），文同靈鬼志。又廣記卷三二四引幽明錄曰：「會稽賀思令善彈琴。嘗夜在月中坐，臨風撫奏。忽有一人形器甚偉，著械有慘色，至其中庭，稱善。便與共語，自云是嵇中散，謂賀云：『卿下手極快，但于古法未合。』因授以廣陵散。賀因得之，於今不絕。」情事亦異，授散者乃康本人。此事御覽卷五七九引作世說，文同。

御覽卷五七九又引大周正樂曰：「嵇康字叔夜，有邁俗之志，爲中散大夫，或傳晉人，非也。常宿王伯通館，忽有八人云：『吾有兄弟爲樂人。不勝羇旅，今授君廣陵散。』甚妙，今代莫測。」說又新異。

晉書嵇康傳載：「初，康嘗遊于洛西，暮宿華陽亭，引琴而彈。夜分，忽有客詣之，稱是古人，與康共談音律，辭致清辯。因索琴彈之，而爲廣陵散，聲調絕倫。遂以授康，仍誓不傳人，亦不言其姓字。」蓋採自靈異記。

眞仙通鑑卷三四嵇康云：「康向南行，至會稽王伯通家求宿。伯通造得一館，未得三年，每夜有人宿者，不至天明卽死。伯通見此凶，遂嘗閉之。至是康留宿館中，一更後乃取琴彈，二更時見有八鬼從後館出。康懼之，微祝『元亨利貞』三遍，乃問鬼曰：『王伯通造得此館，成來三年，每夜有人宿者死，總是汝八鬼殺之。』鬼曰：『我非殺人鬼，是舜時掌樂官，兄弟八人，號曰「伶倫」。舜受佞臣之言，枉殺我兄弟，在此處埋。主人王伯通造館不知，向我上築牆，壓我悶。我見有人宿者，出擬告之，彼見我等，自懼而死，卽非我等殺之。今願先生與主人說，取我等骸骨，遷別處埋葬。期半年，主人封爲本郡太守。今賞先生一廣陵曲，天下妙絕。』康聞知大悅，遂以琴與鬼。鬼彈一遍，康卽能彈。彈至夜深。伯通向宅中忽聞琴聲美麗，乃披衣起坐聽琴音，深怪之。乃問康，康答曰：『主人館中殺人鬼，我今見之矣。』伯通曰：『何以見之？』康具言其事。明日，伯通使人掘地，果見八具骸骨。遂別造棺，就高潔處遷埋。後晉文帝時伯通果爲太守。康爲中散大夫，帝令康北面受詔，敎宮人曲，康不肯敎。帝後聽佞臣之言，殺康於市中，康遂抱琴而死。葬後開棺，空不見尸。」又云：「初，康嘗遊洛西，暮宿華陽亭，引琴而彈。夜分，忽有客詣之，稱是古人。與康共談音律，辭致清辯。因索琴彈之，而爲廣陵散，聲調絕倫。遂以授康，仍誓不傳人，亦不言其姓字。」按：前事採大周正樂，後事採晉書。

唐人說薈常沂靈鬼志乃明人造，其嵇康一篇卽取廣記文。古今譚概越情部載有前事。明沈樫有雜劇補廣陵散（古典戲曲存目彙考卷六），演此。

外國道人

太元十二年〔一〕，有道人〔二〕外國來，能吞刀吐火，吐珠玉金銀。自說其所受術，卽白衣〔三〕，非沙門也。嘗〔四〕行，見一人擔擔，上有小籠子，可受升〔五〕餘。語擔人云：「吾步行疲極，欲蹔寄君檐上〔六〕。」擔人甚怪之，慮是狂人，便語云：「自可爾耳，君欲何許自厝〔七〕耶？」其答云：「若見許，政〔八〕欲入籠子中。」擔人逾怪籠不便〔九〕。

其奇：「君能入籠中，便是神人也〔一〇〕。」下檐入籠中，籠不更大，其亦不更小，檐之亦不覺重於先。

既行數十〔一一〕里，樹下住食，檐人呼共食，云：「我自有食。」不肯出，止住籠中，出飲食器物羅列，餚饍豐腆亦辦〔一二〕，反呼檐人食。未半，語檐人：「我欲與婦共食。」即復口出一女子，年二十許，衣裳容貌甚美，二人便共食。食欲竟，其夫便臥。婦〔一三〕語檐人：「我有外夫，欲來共食，夫覺君勿道之。」婦便口中出一年少丈夫，共食。籠中便有三人，寬急之事，亦復不異。有頃，其夫動，如欲覺，其婦便以外夫內口中。夫起〔一四〕，語檐人曰：「可去。」即以婦內口中，次及食器物。

此人既至國中，有一家大富，貨財巨萬，而性慳悋〔一五〕，不行仁義〔一六〕。語檐人：「吾試爲君破奴慳囊〔一七〕。」即至其家。有好馬，甚珍之，繫在柱下〔一八〕。忽失去，尋索不知處。明日，見馬在五升甖〔一九〕中，終不可破取，不知何方得取之〔二〇〕。便語言：「君作百人廚，以周窮乏〔二一〕，馬得出耳。」主人即狼狽作之，畢，馬還在柱下。明旦，其父母老在堂上，忽復不見，舉家惶怖，不知所在。開粧器〔二二〕，忽見父母澤壺〔二三〕中，不知何由得出。復往請之，其云：「當更作千人飲〔二四〕食，以餉百姓窮者〔二五〕，乃當得出。」既作，其父母自在牀上。（據四部叢刊本法苑珠林卷七六引靈鬼志，又御覽卷三五九、卷七三七並引，卷三五九題作荀氏靈鬼志）

〔一〕太元，東晉孝武帝司馬曜年號，起三七六年訖三九六年。十二年爲三八七年。御覽卷三五九引作「泰元中」。

〔二〕按：原無「有」字，據御覽二引補。道人，道術之人。魏晉泛指僧道，南北朝乃以稱沙門，道教徒則稱道士。此指沙門，卽僧。

〔三〕卽，御覽二引俱作「師」。白衣，佛家以稱在家俗人，與僧人相對。

〔四〕按：「嘗」字據御覽卷三五九引補。

〔五〕升，御覽卷三五九引作「斗」。

〔六〕按：原作「寄君檐」，據御覽卷三五九引補三字。

〔七〕厝，同「措」，置也。御覽卷三五九引作「居」。

〔八〕政，通「正」。御覽引俱作「正」。

〔九〕按：此三字據御覽卷七三七引補。

〔一〇〕按：「其奇」至此據御覽卷三五九引補。

〔一一〕數十，御覽卷七三七引作「數」，無「十」字。

〔一二〕辦，備也。

〔一三〕婦，御覽卷七三七引作「嫡」。

〔一四〕按：「其婦」至此十一字珠林引作「其婦以外夫起」，有脫文，據御覽卷七三七引補。

〔一五〕恡，同「悋」。御覽卷七三七引作「悋」，卷三五九作「惜」。

〔一六〕按：此句據御覽卷三五九引補。

〔一七〕囊，原引無，據御覽卷三五九引補。

〔一八〕卬下，御覽卷七三七引作「上」。又卷三五九引此句作「在卬下繫」。卬音(áng)，又讀去聲。玉篇卷一二木部：「枊，繫馬柱。」

〔一九〕瓺(ㄧㄥ)，瓦器。御覽卷三五九引作「五斗瓺」。

〔二〇〕按：以上八字據御覽卷三五九引補。

〔二一〕按：此句御覽卷七三七引作「以周一窮乏」，鮑本「一」下有「方」字。卷三五九引作「周餉窮困者」，上句末有「食」字。

〔二二〕粧器，盛放梳粧用品之器。御覽卷七三七引作「裝器」，則爲裝放物品之器也。

〔二三〕澤壺，裝潤髮及潤面油膏之壺。澤，潤也。

〔二四〕飲，原作「餘」，據御覽卷七三七引改。

〔二五〕按：此句原作「飴百窮者」，據御覽卷七三七引補二字。

外國道人事頗類古印度舊雜譬喻經（大正新修大藏經卷四）卷上梵志吐壺事，見出印度佛教故事對志怪之影響痕跡。其文錄於下：「昔有國王，持婦女急。正夫人謂太子：『我爲汝母，生不見國中，欲一出，汝可白王。』如是至三。太子白王，王則聽。太子自爲御車出，羣臣於道路奉迎爲拜，夫人出其手開帳，令人得見之。太子見女人而如是，便詐腹痛而還。夫人言：『我無相甚矣！』太子自念：『我母尙如此，何況餘乎！』夜便委國去，入山中遊觀。時道邊有樹，下有好泉水，太子上樹，逢見梵志獨行來，入水池浴。出飯食，作術吐出一壺，壺中有女人。與於屛處作家室，梵志遂得臥。女人則復作術，吐出一壺，壺中有年少男子，復與共臥，已便呑壺。須臾，梵志起，復內婦著壺中，呑之已，作杖而去。太子歸國白王，請道人及諸臣下，持作三人食，著一邊。梵志既至，言：『我獨自耳。』太子曰：『道人當出婦共食。』道人不得止，出婦。太子謂婦：『當出男子共食。』如是再三，不得止，出男子共食。已便去。王問太子：『汝何因知之？』答曰：『我母欲觀國中，我爲御車，母出手令人見之。我念女人能多欲，便詐腹痛還。入山見是道人藏婦腹中，當有姦。如是，女人姦不可絕，願大王赦宮中，自在行來。』王則勅後宮中，欲行者從志也。師曰：『天下不可信女人也。』」

吳均續齊諧記陽羨書生，亦演此事，見後。古今譚概靈蹟部取入外國道人事。

周子長

周子長僑居武昌五丈浦東岡頭〔一〕。咸康三年〔二〕，子長至寒溪浦中嵇家〔三〕，家去五丈數里。合暮還五丈，未達減一里許，先是空岡，忽見四市〔四〕瓦屋當道，門卒便捉子長頭。子長曰：「我是佛弟子，何故捉我？」吏問曰：「若是佛弟子，能經唄〔五〕不？」子長先能誦四天王及鹿子經〔六〕，便爲誦之三四過。捉故不置，知是鬼，便罵之曰：「武昌癡鬼！語汝，我是佛弟子，爲汝誦經數偈〔七〕，故〔八〕不放人也？」捉者便放，不復見屋。

鬼故逐之，過家門前，鬼遮不得入門，亦不得作聲。而心〔九〕將鬼至寒溪寺中過，子長便擒鬼胷，復罵曰：「武昌癡鬼！今當將汝至寺中和尚前了之〔一〇〕。」鬼亦擒子長胷，相拖度〔一一〕五丈塘，西行。後諸鬼〔一二〕謂捉者曰：「放爲，西將牽我入寺中。」捉者曰：「已擒，不放〔一三〕。」子長故復語後者曰：「寺中正有道人輩〔一四〕，乃未肯畏之？」後一鬼小語曰：「汝近城東看道人〔一五〕，面何以敗〔一六〕？」便共大笑。子長比〔一七〕達家，已三更盡矣〔一八〕。（據法苑珠林卷八二引靈鬼志，又廣記卷三一八亦引）

〔一〕按：珠林原有「晉」字，係珠林作者（道世）所加，今刪。武昌，縣名，吳置。為武昌郡治所，即今湖北鄂城。五丈浦，太平寰宇記卷一一二鄂州武昌縣云：「五丈湖，在縣東，有旻湖，通江南，冬即乾涸，陶侃作塘以遏水，於是水不竭。」珠林「浦」譌作「涌」，廣記「丈」譌作「大」。堈（ㄍㄤ），廣記引作「岡」。

〔二〕咸康，東晉成帝司馬衍年號，起三三五年訖三四二年，三年為三三七年。

〔三〕寒溪浦，寰宇記卷一一二武昌縣云：「寒溪浦，在縣西二里樊山下，有寒溪，盛暑之月，嘗有寒氣。」廣記引作「寒溪」。稔，珠林譌作「愁」，今從廣記。

〔四〕帀，同「匝」，廣記引作「匝」。

〔五〕經唄（ㄅㄞˋ），誦經。

〔六〕四天王，佛經名，今存，載大正新修大藏經卷一五。鹿子經，原經不存，慧琳一切經音義卷六〇一存其殘文。廣記引作庶子經。

〔七〕偈（ㄐㄧˋ），佛經頌詞。

〔八〕故，猶也，仍也。

〔九〕心，意欲。廣記引無此字。

〔一〇〕將，珠林引無此字，據廣記引補。了，解決。

〔一一〕度，通「渡」，廣記引作「渡」。

〔一二〕諸鬼，廣記引作「鬼」。按此鬼之後又來數鬼，故曰「後諸鬼」。

〔一三〕按：以上七字珠林作「捉者已放」，今從廣記。

〔一四〕道人輩，廣記引作「禿輩」。按周子長爲佛弟子，不應稱道人爲「禿輩」，疑廣記有誤。

〔一五〕看道人，廣記引作「逢禿時」。

〔一六〕按：珠林引「敗」作「得故」，義不可曉，今從廣記。和尚削髮而破其面，故是鬼有「面敗」之說。

〔一七〕比，及至。原引作「次」，今從廣記。

〔一八〕按：此句原引作「三更盡」，據廣記引補二字。

戴祚　甄異傳

是書又有記，志、錄等稱。隋志雜傳類著錄甄異傳三卷，晉西戎主簿戴祚撰。新唐志小說家類撰人卷帙同，舊唐志雜傳類亦爲三卷，然撰人譌作戴異。書佚於宋。說郛卷一一八輯戴祚甄異記五條，然僅一條出本書，餘皆唐宋事。舊小說丁集輯二條，誤爲宋人。鈎沉輯十七條。

戴祚晉書無傳。從隋志知爲晉西戎主簿（冊府元龜卷五五五採撰部作西戎太守），地理類又著戴祚西征記一卷、戴延之西征記二卷，知祚字延之。唐封演封氏聞見記卷七云：「祚，江東人，晉末從劉裕西征姚泓。」戴祚生平可考者僅此。

謝允

歷陽謝允〔一〕，字道通。年十五，爲蘇峻〔二〕賊軍王兇所掠，賣屬東陽蔣鳳家〔三〕。嘗行山中，見虎檻〔四〕中狗，竊念狗餓，以飯飴之。入檻，方見虎，攀木仰看。允謂虎曰：「此檻木爲汝施，而我幾死其中，汝不殺我，我放汝。」乃開檻出虎。

賊平之後，允詣縣，別良善〔五〕。烏傷〔六〕令張球不爲申理，桎梏拷〔七〕楚。允夢見人曰：「此中易入難出。汝有慈心，當救拯。」覺〔八〕見一少年，通身黃衣，遙在柵外，時進獄中與允言語〔九〕。獄吏知是異人，由此不敢枉〔一〇〕。

允蒙理還都，西上武當山〔一一〕。太尉庾公〔一二〕聞而愍之，給其粮資〔一三〕，隨到襄陽〔一四〕。見道士，說：「吾師戴先生孟盛子〔一五〕非世間人也，勑：『若有西上欲見我者，可將來。』得無是君〔一六〕？」允因隨去，入武當山。齋戒三日，進見先生，乃是昔日所夢人也。問允：「復見黃童不〔一七〕？」賜以神藥三丸，服之便不飢渴，無所思欲。先生亦無常處，時有祥雲紫氣蔭其上，或聞芳香之氣，徹於山谷。（據御覽卷四三引甄異傳，又廣記卷四二六引甄異記）

〔一〕歷陽，郡名，西晉置，治歷陽縣（今安徽和縣）。謝允，東晉道士，詳附錄。

〔二〕蘇峻，字子高，長廣掖縣（今屬山東）人。東晉元帝時任冠軍將軍、大司農等。成帝咸和三年（三二八年）叛亂，攻入建康，專擅朝政，旋爲陶侃、溫嶠擊滅。晉書卷一〇〇有傳。

〔三〕東陽，郡名，吳置，治長山（今浙江金華）。此句廣記引作「爲奴於蔣鳳家」。

〔四〕檻，捕獸籠。廣記引作「穽」。

〔五〕別良善，謂恢復自由身份。古謂清白人家爲良家，而以奴婢等爲賤民。

〔六〕烏傷，御覽原引作「烏程」。按晉書地理志下東陽郡無烏程縣，烏程屬吳興郡，而東陽郡有烏傷縣（今浙江義烏），眞誥正作「烏傷」（見附錄），據正。

〔七〕栲，通「拷」。廣記引此句作「考訊無不至」。

〔八〕覺，原作「迴」，廣記引作「覺」，於義爲長，從改。

〔九〕按：「遙在」至此，廣記引作「遙在柵外與允語」。

〔一〇〕按：以上二句廣記引作「獄吏以告令長，令長由是不敢誣辱」。

〔一一〕武當山，在湖北均縣西，大巴山北脈，共十二峯。漢以來道徒多修行於此，爲道教名山。參見附錄。

〔一二〕庾公，庾亮。亮字元規，潁川鄢陵（今河南鄢陵西北）人。歷仕元、明、成三朝，官至司空、征西將軍。咸康六年（三四〇年）卒，追贈太尉。晉書卷七三有傳。廣記引作「唐公亮」，姓譌。

〔一三〕按：此句廣記引作「給以資履」。

〔一四〕襄陽，縣名，襄陽郡之郡治，今湖北襄樊市。

〔一五〕戴先生，即戴孟。神仙傳卷一〇云：「戴孟，本姓燕，名濟，字仲微，漢明帝時人也。入華山及武當山，受裴君玉珮金鐺經，及受石精金光符，復有太微黃書，能周遊名山。」見素子洞仙傳、眞誥卷一四事跡略同，洞仙傳又謂戴孟字成子，武威人。按戴孟當係東晉道士，道家謊稱其爲漢人，蓋爲宣揚不死之說耳。孟盛子，當係戴孟之號，以其名及字合而成之。此作「盛子」，與洞仙傳不合。

〔一六〕按：「吾師」至此廣記引作「吾師戴先生者，成人君子。嘗言有志者與之俱來，得非爾耶」。

〔一七〕按：此句廣記引作「欲見黃衣童否」。眞誥卷一四云：「黃衣童子者，卽玉珮金鐺之官。」按黃衣童卽謝允所釋之虎。

水經注卷二八沔水云：「武當山，一曰太和山，亦曰嵾上山，山形特秀，又曰仙室。荆州圖副記曰：『山形特秀，異於衆嶽，峯首狀博山香爐，亭亭遠出，藥食延年者萃焉。晉咸和中，歷陽謝允舍羅邑宰隱遁斯山，故亦曰謝羅山焉。』」

眞誥卷一四云：「戴公拍腹有十數卷書，是太微黃書耳。此人卽謝允之師也。」注：「謝允字道通，歷陽人。小時爲人所略，賣往東陽。後告官被誣，在烏傷獄事，將欲入死，夜有老公授其符，又有黃衣童子去來，於是得免。咸康中至襄陽，入武當山，見戴孟，孟卽先來獄中者，因是受道。又出仕作歷陽、新豐、西道三縣，所在多神驗。年七十餘，猶不老，後乃告終也。」

宋陳葆光三洞羣仙錄卷一九引道學傳云：「歷陽謝允當，見餓虎閉在檻穽，允當愍虎之窮，開而出之，虎伏地良久乃去。」名作允當，疑誤。

搜神後記卷二記有謝允得道後異事，云：「謝允從武當山還，在桓宣武座。有言及左元放爲曹公致鱸魚者，允便云：『此可得爾。』求大甕盛水，朱書符投水中，俄有一鯉魚鼓鬐水中。」

（按：事又見搜神記卷二，然爲謝糺：「謝糺嘗食客，以朱書符投井中，有一雙鯉魚跳出。即命作膾，一坐皆得徧。」）

玉燭寶典卷一〇引續搜神記佚文云：「鈎鵒鳴於譙王無忌子婦屋上，謝充作符懸其處。」名譌。

眞仙通鑑卷七曰：「戴孟，武當山道士，字成子，武威人也。……謝允常師事之。允字道通，歷陽人。幼時爲人所掠，賣往東陽，久之告官被誣，陷烏傷獄。將入死，夜有老翁授其符，又有黃衣童子往來，於是得免。晉成帝咸康中，至襄陽武當山，見戴孟，觀其風骨，即先來獄中授符者，乃孟耳。執弟子禮，求授道要。後出仕作歷陽、新豐、西道三縣，所至多神驗。允年七十猶不老；孟則或隱或顯，莫知所之。眞誥云黃衣童子者，即玉珮金璫之官耳。」

阿褐

吳縣張牧，字君林〔一〕，居東鄉楊里。隆安中，忽有鬼來助驅使。林原有舊藏器物，中破甑〔二〕已無所用，鬼使撞甕底穿爲甑。比家人起，飯已熟。

此鬼無他須，唯啗甘蔗，自稱高褐，主人因呼阿褐〔三〕。或云此鬼爲反語，「高褐」者，「葛號」〔四〕。丘壠累積，尤多古冢，疑此物是其鬼也。林每獨見之，形如少女〔五〕，年可十七八許，面青黑色，遍身青衣。

乃令林家取白罌，盛水半，以絹覆頭〔六〕。明旦視之，錢滿罌〔七〕。林家素貧，遂致富。嘗語：「毋惡我，日月盡自去。」後果去。（據廣記卷三二一引甄異記，又御覽卷七五八、卷九七四引甄異傳）

〔一〕按：廣記原引作「吳縣張君林」，據御覽卷九七四引補。御覽卷七五八「君林」作「君才」。

〔二〕甑（ㄗㄥ），蒸食炊器，底有七孔。

〔三〕按：此句據御覽卷九七四引補。

〔四〕按：「高褐」相切得「葛」，「褐高」相切得「號」。

〔五〕按：以上二句御覽卷九七四引作「牧母見之，是小女」，「每」譌作「母」。

〔六〕按：以上二句原引作「盛水，覆頭」，據御覽卷七五八引補三字。

〔七〕按：此句原引作「有物在中」，御覽卷七五八引作「錢滿罌」（鮑本下有「皆金」二字），文義較勝，從改。

錄異傳亦載，御覽卷七五七引曰：「隆安中，吳縣張君林忽有鬼來助其驅使。林家甑破，無可用，鬼乃撞盆底穿，以充甑。」引文不完。

蕭繹金樓子志怪篇云：「鬼來求助張林，使鬼而致富。」

秦樹

沛郡人秦樹者〔一〕，家在曲阿〔二〕小辛村。義熙中〔三〕，嘗自京歸，未至二十里許，天暗失道。遙望火光，往投之，見一女子秉燭出，云：「女弱獨居，不得宿客。」樹曰：「欲進路礙夜，不可前去，乞寄外住。」女然之。樹既進坐，竟以此女獨處一室，慮其夫至，不敢安眠。女曰：「何以過嫌，保無慮，不相誤也。」爲樹設食，食物悉是陳久。樹曰：「承未出適，我亦未婚，欲結大義，能相顧否？」女笑曰：「自顧鄙薄，豈足伉儷！」遂與寢止。向晨樹去，乃俱起執別。女泣曰：「與君一覩，後面莫期。」以指環一雙贈之，結置衣帶，相送出門。樹低頭急去，數十步，顧其宿處，乃是冢墓。居數日，亡其指環，結帶如故。（據廣記卷三二四引甄異錄，又御覽卷七一八引甄異傳）

〔一〕沛郡，西漢置，治相（今安徽濉溪縣西北），東漢改國，東晉復爲郡。秦樹，御覽引作「秦拊」。

〔二〕曲阿，縣名，又名雲陽，秦始置，今江蘇丹陽縣。

〔三〕按：此三字據御覽引補。義熙，東晉安帝司馬德宗年號，起四〇五年訖四一八年。

異苑卷六亦載，文同不錄。

楊醜奴

河南楊醜奴〔一〕，常詣章安湖〔二〕拔蒲。將暝，見一女子，衣裳不甚鮮潔，而容貌美。乘船載蓴，前就醜奴。家湖側，逼暮不得返，便停舟寄住。借食器以食，盤中有乾魚生菜。食畢，因戲笑。醜奴歌嘲之，女答曰：「家在西湖側，日暮陽光頹。託蔭遇良主，不覺寬中懷。」俄滅火共寢。覺有臊氣，又手指甚短，乃疑是魅。此物知人意，遽出戶，變爲獺，徑走入水。（據廣記卷四六八引甄異志）

〔一〕河南，郡名，漢置，治雒陽（今河南洛陽市東北）。又縣名，漢置，在今洛陽西郊。異苑、幽明錄作「河東常醜奴」，見附錄。

〔二〕章安湖，據幽明錄，湖在章安縣。章安縣，漢置，在今浙江臨海縣東南。輿地紀勝卷一二台州景物上云：「東湖，在臨海縣東三里。」然則章安湖者卽此東湖也。

異苑卷八「常醜奴」條云：「河東常醜奴，將一小兒湖邊拔蒲，暮恆宿空田舍中。時日向暝，見一少年女子姿容極美，乘小船載蓴，徑前投醜奴舍寄住，因臥，覺有臊氣。女已知人意，便求出戶外，變爲獺。」

幽明錄（鈎沉輯本）云：「河東常醜奴寓居章安縣，以採蒲爲業。將一小兒湖邊拔蒲，暮恆宿空田舍中。時日向暝，見一女子，容姿殊美，乘一小船，載蓴徑前，投醜奴舍寄住。醜奴嘲之，滅火共臥，覺有臊氣，又指甚短，惕然疑是魅。女已知人意，便求出戶，變而爲獺。」

獺精傳說，除本書所選幽明錄「呂球」一條外，搜神記卷一八之丁初事，亦相仿佛，茲錄於下：「吳郡無錫，有上湖大陂。陂吏丁初，天每大雨輒循隄防。春盛雨，初出行塘。日暮迴，顧有一婦人，上下青衣，戴青繖，追後呼：『初掾待我！』初時悵然，意欲留俟之。復疑本不見此，今忽有婦人冒陰雨行，恐必鬼物。初便疾走，顧視婦人，追之亦急。初因疾行，走之轉遠，顧視婦人，乃自投陂中，氾然作聲，衣蓋飛散。視之，是大蒼獺，衣繖皆荷葉也。此獺化爲人形，數媚年少者也。」異苑卷八亦有一事：「晉義熙中，烏傷人孫乞齎父書到郡，達石亭，天雨日暮。顧見一女戴青襳，年可十六七，姿容豐豔，通身紫衣。爾夕電光照室，乃是大貍，乞因抽刀斫殺，襳是荷葉。」乃傳爲貍精。廣記卷四六九引窮怪錄「柳鎮」條，其獺精乃小兒。

南北朝編第三

陶潛　搜神後記　據學津討原本

又題續搜神記。隋志雜傳類著錄搜神後記十卷，陶潛撰，日本國見在書目同。宋元史志書目不著，蓋已散佚。胡震亨秘冊彙函有十卷搜神後記，後又刻入津逮秘書、學津討原、百子全書。此係明人輯錄本，觀其體例，一如搜神記，頗疑亦出胡應麟手。唐宋叢書、五朝小說、陶珽說郛卷一一七、龍威秘書、增訂漢魏叢書等所收者，或為一卷，或為二卷，皆非全帙。明本說郛卷四、舊小說甲集亦有節錄。今人汪紹楹有校注，並附逸文六條。

論者頗有疑是書非陶潛撰者。考梁慧皎高僧傳序云「陶淵明搜神錄」，高僧傳末附王曼穎致慧皎書亦稱「攙出君台之記（朱君台徵應傳），揉在元亮之說」。隋蕭吉五行記曾引陶潛搜神記（見廣記卷四四三），唐釋法琳破邪論卷下、道宣三寶感通錄卷下均著錄有陶元亮搜神錄，是陶作無疑矣。至書中有淵明身後事三條，當係他書闌入者，古書每每如此，不足怪也。

陶潛一名淵明，字元亮，或曰字淵明，世號靖節先生。潯陽柴桑（今江西九江市）人。生於晉哀帝興寧二年（三六五年），卒於宋文帝元嘉四年（四二七年）。曾任州祭酒、彭澤令，安帝義熙二年去職歸隱。事跡具見晉書、宋書、南史之隱逸傳及蓮社高賢傳、蕭統陶淵明傳。搜神後記是其晚年作品，時已入宋。書名曰「續」曰「後」，顯係干寶書之繼作，而其涉獵之廣泛，文詞之雋雅，固不讓干書也。

丁公化鶴〔一〕

丁令威，本遼東〔二〕人，學道于靈虛山〔三〕。後化鶴歸遼，集城門華表柱。時有少年舉弓欲射之，鶴乃飛，徘徊空中而言曰：「有鳥有鳥丁令威，去家千年今始歸，城郭如故人民非，何不學仙冢壘壘〔四〕？」遂高上衝天。今遼東諸丁云其先世有升仙者，但不知名字耳。（卷一）

〔一〕按：學津討原本各條原有題，係張海鵬所加。今題或襲或擬，一依搜神記例。

〔二〕遼東，初爲郡，戰國燕置，治襄平（今遼寧遼陽市）；西晉改國。

〔三〕靈虛山，又作靈墟山，在安徽當塗。參見附錄。

〔四〕壘壘，增訂漢魏叢書、重編說郛本作「纍纍」。

類聚、事類賦注、三洞羣仙錄引此文有異，茲錄於左：

類聚卷九〇引續搜神記曰：「遼東城門有華表柱，忽有一白鶴集，徘徊空中言曰：『有鳥有鳥丁令威，去家千歲今來歸，城郭如故人民非，何不學仙去，空伴冢纍纍？』遂上衝天。」又卷七八引搜神記「遼東城門有華表柱」云云，以下全同搜神後記，唯「去家」句同卷九〇引。

事類賦注卷一八引搜神記，文殊簡，歌辭同類聚卷九〇引，惟末句作「空學塚纍纍」，有譌。山谷內集詩注卷一一所引亦簡，歌辭作「去家千年今來歸」，「城廓雖是人民非」。三洞羣仙錄卷三引搜神記曰：「遼東城門華表柱，有仙鶴立其上，人不知欲射之，其鶴飛於空中，自歌云：『有鳥有鳥丁令威，去家千歲今來歸，城郭猶是人民非，何不學仙塚纍纍。』後人於華表柱立二鶴，自此始矣。」

後世記及丁令威及其遺跡者如：

洞仙傳云：「丁令威者，遼東人也。少隨師學得仙道，分身任意所欲。嘗暫化爲白鶴，集郡城門華表柱頭言：『我是丁令威，去家千歲今來歸，城郭如舊人民非，何不學仙離塚纍？』夫左元放爲羊，令威爲鶴，斯並一時之跡耳，非永爲羊鶴也。遼東諸丁譜載令威漢初學道得仙矣。」（雲笈七籤卷一一〇）

仙苑編珠卷上引飛天仙人經云：「丁令威七歲入山求道，千年化鶴歸鄉，下華表柱頭歌曰：『我是昔日丁令威，學道千年今始歸也。』」

王象之輿地紀勝卷一八太平州景物下云：「靈墟山，在當塗縣東北三十五里，世傳丁令威得道飛昇之所，山椒有壇址，猶存。」仙釋又云：「丁令威，本遼東人，學道登仙於靈墟山。後化鶴歸遼，集華表柱云：『有鳥有鳥丁令威，去家千年今始歸，城郭如故人民非，何不學仙塚纍纍。』」又卷五平江府古迹云：「令威宅，在吳縣界有丁令威故宅，今爲澄照寺，中有仙泉。」范成大吳郡志卷八古蹟云：「丁令威宅，在陽山文殊法海寺，有煉丹井存焉，號令威井。」（按：本書卷一五山云：「秦餘杭山，卽陽山也。」卷三四郭外寺云：「法海寺在吳縣西七十里洞庭東山。」）

龔明之中吳紀聞亦云：「陽山法海寺，乃丁令威宅，煉丹井存焉，號令威泉。井水至今甘，雖旱不竭。」（說郛卷一九）

眞仙通鑑卷一一云：「丁令威者，遼東人也。少隨師學得仙道，分身任意所欲。常蹔歸，化爲白鶴，集郡城門華表柱，言曰：『我是丁令威，去家千載今來歸，城郭如舊人民非，何不學仙離冢纍？』遂高飛衝天而去。夫左元放爲羊，令威爲鶴，斯並一時變化之迹爾，非永爲羊、鶴也。遼東諸丁譜載令威漢初學得仙道。」採洞仙傳。

李白有靈墟山詩詠丁令威事，詩曰：「丁令辭世人，拂衣向仙路。伏鍊九丹成，方隨五雲去。松蘿蔽幽洞，桃杏隱深處。不知曾化鶴，遼海歸幾度？」（李太白全集卷二二，又作李赤詩，見全唐詩卷四七二）全唐文卷七六二有宋言鶴歸華表賦。

神仙傳卷九蘇仙公傳載桂陽蘇耽成仙後化鶴歸郡，頗類丁令威：「自後有白鶴來止郡城東北樓上，人或挾彈彈之，鶴以爪攫樓板，似漆書云：『城郭是，人民非，三百甲子一來歸，吾是蘇君彈何為！』」

袁相根碩

會稽剡縣民袁相〔一〕、根碩二人獵，經深山重嶺甚多，見一羣山羊六七頭，逐之。經一石橋，甚狹而峻。羊去，根等亦隨，渡向絕崖。崖正赤壁立，名曰赤城〔二〕。上有水流下，廣狹如匹布，剡人謂之瀑布〔三〕。羊〔四〕徑有山穴如門，豁然而過。既入，內甚平敞，草木皆香。有一小屋，二女子住其中，年皆十五六，容色甚美，著青衣。一名瑩珠，一名□□〔五〕。見二人至，忻然云：「早望汝來。」遂為室家。

忽二女出行，云復有得壻者，往慶之。曳履於絕巖上行，琅琅然。二人思歸，潛去歸路。二女已知追還〔六〕，乃謂曰：「自可去。」乃以一腕囊與根等，語曰：「愼勿開也。」於是乃歸。

後出行，家人開視其囊。囊如蓮花，一重去，復一重〔七〕，至五蓋〔八〕，中有小青鳥，飛去。根還知此，悵然而已。後根於田中耕，家依常餉之，見在田中不動，就視，但有殼如蟬蛻也〔九〕。（卷一）

〔一〕剡縣，西漢置，今浙江嵊縣，因剡溪而得名，時屬會稽郡。袁相，御覽卷四一引作「袁栢」，鮑本乃作「袁相」。

〔二〕赤城，山名，天台山之南門。文選卷一一遊天台山賦：「赤城霞起而建標，瀑布飛流以界道。」善注：「支遁天台山銘序曰：『往天台，當由赤城山爲道徑。』孔靈符會稽記曰：『赤城，山名，色皆赤，狀似雲霞。懸霤千仞，謂之瀑布，飛流灑散，冬夏不竭。』天台山圖曰：『赤城山，天台之南門也。』」

〔三〕瀑布，見上，其山名瀑布山，天台山圖云：「瀑布山，天台之西南峯，水從南巖懸注，望之如曳布。」參見神異記丹丘茗注。

〔四〕羊，陶珽說郛、增訂漢魏叢書本作「路」。

〔五〕按：此句御覽引無，疑輯錄者觀上文云二女，而御覽僅云其一，故又加「一名」二字而闕其名也。

〔六〕按：諸本均作「追還已知」，據御覽引正。

〔七〕按：諸本均作「一重復」（說郛、漢魏「復」作「複」），據御覽引正。

〔八〕盡，諸本作「盞」，據御覽引正。

〔九〕按：清俞樾茶香室叢鈔卷一四云：「此與劉、阮事相似，惜不敘袁相所終耳。」劉、阮事見後幽明錄。

玉燭寶典卷八引志怪云：「囊似蓮花，中有青鳥。」是志怪亦記此事。古小說鉤沉將此二語錄入雜鬼神志怪之「鄧紹」條，非是。

入仙窟事，列仙傳已有之（卷下邗子傳），然遇仙女則以拾遺記爲早。卷一〇洞庭山云：「洞庭山……又有靈洞，入中常如有燭於前。中有異香芬馥，泉石明朗。採藥石之人入中，如行十里，迴然天清霞耀，花芳柳暗，丹樓瓊宇，宮觀異常。乃見衆女，霓裳冰顏，艷質與世人殊別。來邀採藥之人，飲以瓊漿金液，延入璇室，奏以簫管絲桐。餞令還家，贈之丹醴之（疑爲「爲」字之譌）訣。雖懷慕戀，且思其子息，却還洞穴，還若燈燭導前，便絕饑渴，而達舊鄉。已見邑里人戶，各非故鄉鄰，唯尋得九代孫。問之，云：『遠祖入洞庭山採藥不還，今經三百年也。』其人說於鄰里，亦失所之。」

南朝此類傳說甚多，如幽明錄劉晨阮肇、黃原，見後。

詔舞

滎陽〔一〕人姓何，忘其名，有名聞士也。荆州辟爲別駕，不就，隱遁養志。常〔二〕至田舍，人收穫在場上。忽有一人，長丈餘〔三〕，黃練〔四〕單衣，角巾〔五〕，來詣之，翩翩舉起兩手，並舞而來，語何云：「君曾見詔舞〔六〕不？此是詔舞。」且舞且去。何尋逐，徑〔七〕向一山，山有穴，纔容一人。其人即〔八〕入穴，何亦隨之入。初甚急，前輒閉曠，便失人，見有良田數十頃。何遂墾作，以爲世業。子孫至今賴之。

（卷一）

〔一〕滎陽，各本俱譌作「榮陽」，御覽卷五七四引作「滎陽」，是也，據正。

〔二〕常，通「嘗」。御覽卷五七四引作「嘗」，卷八二一乃作「常」。

〔三〕丈餘，御覽俱引作「一丈」。

〔四〕黃練，原作「蕭疎」，御覽俱引作「黃疎」，並譌。按「疎」當係「練」字之譌，練者，熟絹，時常以爲服，本書卷九「猴私宮妓」條云猴化少年，著黃練單衣。今正作「黃練」。

〔五〕角巾，頭巾之有角者，古時隱者之服。晉書卷三四羊祜傳：「既定邊事，當角巾東路，歸故里，爲容棺之墟。」

〔六〕按：韶乃舜樂。書益稷：「簫韶九成。」傳：「韶，舜樂名。」論語八佾：「韶盡美矣，又盡善也。」邢昺疏：「韶，舜樂名。韶，紹也，德能紹堯，故樂名韶。」韶舞即韶樂之舞，古者樂舞一體。淵明常標榜「羲古之世」，自稱「羲皇上人」，此乃以韶舞暗示堯舜古世也。

〔七〕徑，御覽卷八二一引作「逕」。

〔八〕卽，原作「命」，文義未洽，據御覽二一引改。

詩魏風碩鼠已有「樂土」、「樂國」之詠，初見烏托邦社會理想之胚胎，陶氏此韶舞及桃花源、長沙醴陵穴等事，則着意描寫世外樂園。桃花源事見後，玆將醴陵穴事引錄於下，以資參考：「長沙醴陵縣有小水。有二人乘船取樵，見岸下土穴中水逐流出，有新斫木片逐流下，深山中有人跡，異之。乃相謂曰：『可試如水中，看何由爾。』一人便以笠自障，入穴，穴纔容人。行數十步，便開明朗然，不異世間。」

桃花源

晉太元〔一〕中，武陵〔二〕人捕魚爲業。緣溪行〔三〕，忘路遠近。忽逢桃花〔四〕，夾岸數百步。中無雜樹，芳華鮮美〔五〕，落英繽紛。漁人甚異之〔六〕。復前行，欲窮其林。林盡水源，便得一山。山有小口，彷彿若有光。便捨舟〔七〕，從口入。初極狹，纔通人。復行數十步〔八〕，豁然開朗，土地曠空〔九〕，屋舍儼然〔一〇〕。有良田、美池、桑竹之屬。阡陌交通，雞犬相聞〔一一〕。男女衣著，悉如外人。黃髮垂髫，並怡然自樂〔一二〕。

見漁人，大驚，問所從來，具答之。便要還家，爲設酒殺雞作食。村中人聞有此人，咸來問訊。自云先世避秦難〔一三〕，率妻子邑人至此絕境，不復出焉，遂與外隔〔一四〕。問今是何世，乃不知有漢，無論魏晉。此人一一具言，所聞皆爲歎惋。餘人各復延至其家，皆出酒食。停數日，辭去。此中人語云：「不足爲外人道也。」

既出，得其船，便扶〔一五〕向路，處處誌之。及郡，乃詣太守，說如此。太守劉歆即遣人隨之往〔一六〕，尋向所誌，不復得焉〔一七〕。（卷一）

〔一〕太元，東晉孝武帝年號。類聚卷八六，杜工部草堂詩箋卷一一、卷一四又卷三五引陶潛桃花源記，初學記卷二八及御覽卷六六三引陶潛桃源記並作「太康」。太康，西晉武帝年號，起二八〇年訖二八九年。

〔二〕武陵，郡名，漢置，治義陵（今湖南漵浦南），後漢移臨沅（今常德市西）。

〔三〕按：水經注卷三七沅水云：「武陵有五溪，謂雄溪、樠溪、無溪、酉溪，辰溪其一焉。夾溪悉蠻左所居。」

〔四〕桃花，陶淵明集（李公煥本）卷六桃花源記作「桃花林」，初學記引作「花林」，脫「桃」字。

〔五〕按：此句類聚引作「芳華芬曖」，事類賦注卷二六引陶潛桃源記作「芳草鮮美」。

〔六〕按：此句下原有注：「漁人姓黃，名道眞。」按南朝黃閔武陵記謂其人名黃道眞（見附錄），蓋後人據黃記而加注也。

〔七〕舟，陶集作「船」，一本又作「舡」。

〔八〕按：此句類聚引作「行四五十步」，初學記、御覽卷六六三又卷九六七（陶潛桃源記）引作「行四五步」。

〔九〕曠空，陶集作「平曠」。

〔一〇〕按：此句類聚、御覽卷九六七引作「邑室連接」，初學記「室」作「屋」，御覽卷六六三引作「屋宇連接」。

〔一一〕按：陶集此句下多「其中往來種作」一句。

〔一二〕按：以上二句類聚引作「男女被髮，怡然並足」。

〔一三〕難，陶集作「時亂」。

〔一四〕按：此句陶集作「遂與外人間隔」。

〔一五〕扶，依也，傍也。

〔一六〕按：陶集無「劉歆」二字，「之」作「其」。

〔七〕按：末句陶集作「遂迷不復得路」，下又云：「南陽劉子驥，高尚士也，聞之，欣然親往，未果，尋病卒，後遂無問津者。」劉子驥，名驎之，事跡具晉書隱逸傳。搜神後記本條後有「劉驎之」條，敍其入山尋仙方靈藥事。

陶淵明集卷六有桃花源記，文字與此幾同。末附詩云：「嬴氏亂天紀，賢者避其世。黃綺之商山，伊人亦云逝。往迹浸復湮，來逕遂蕪廢。相命肆農耕，日入從所憩。桑竹垂餘蔭，菽稷隨時藝。春蠶收長絲，秋熟靡王稅。荒路曖交通，雞犬互鳴吠。俎豆猶古法，衣裳無新製。童孺縱行歌，斑白歡遊詣。草榮識節和，木衰知風厲。雖無紀曆誌，四時自成歲。怡然有餘樂，于何勞智慧。奇蹤隱五百，一朝敞神界。淳薄既異源，旋復還幽蔽。借問游方士，焉測塵囂外？願言躡輕風，高舉尋吾契。」

陶潛後，劉敬叔異苑、盛弘之荊州記、黃閔及任安貧（一作伍安貧）武陵記、任昉述異記以及唐、宋書都記有此事及遺址，且或有以桃花源爲仙境者，故東坡詩集註卷三一和桃花源詩序云：「世傳桃花源事多過其實，攷淵明所記止言先世避秦亂來此，則漁人所見似是其子孫，非秦人不死者也。」

異苑卷一云：「元嘉初，武溪蠻人射鹿，逐入石穴，纔容人。蠻人入穴，見其傍有梯，因上梯。豁然開朗，桑果蔚然，行人翺翔，亦不以怪。此蠻於路斫樹爲記，其後茫然，無復彷彿。」

初學記卷八引荊州記（宋盛弘之）全同異苑。

太平寰宇記卷一一八朗州武陵縣引武陵記（黃閔）曰：「鹿山有鹿穴。昔宋元嘉初，武陵溪蠻人射鹿，逐入一石穴，穴才可容人。蠻人入穴，見有梯在其傍，因上梯。豁然開朗，桑果藹然，行人翺翔，不似戎境。此蠻乃批樹記之。其後尋之，莫知處所。」（又御覽卷五四引，文同）同卷「黃聞山」下又引曰：「昔有臨沅黃道眞，在此山側釣魚，因入桃花源。陶潛有桃花源記。今山下有潭，立名黃聞，此蓋聞道眞所記，遂爲其名也。」御覽卷四九亦引此，又引曰：「武陵山中有秦避世人居之，尋水，號曰桃花源，故陶潛有桃花源記。」

五百家註韓昌黎集卷三桃源圖，宋洪駒父注引梁任安貧武陵記云：「曩以避秦之亂，邑人相率擕妻孥隱此，厥後絕不外通，何人世之多遷貿也。」洪注又云：「淵明載漁人所遇時稱晉太元中，任安貧云太康中。」

任昉述異記卷下云：「武陵源在吳中，山無他木，盡生桃李，俗呼爲桃李源。源上有石洞，洞中有乳水。世傳秦末喪亂，吳中人於此避難，食桃李實者皆得仙。」本陶記而易地吳中，桃外增李。

唐狄中立桃源觀山界記（全唐文卷七六一）云：「桃源，山洞開顯，廡宇興瓶，神仙異境，具武陵經……桃源觀在州西，水路去州城一百四十里，陸路八十里……秦人洞在障山中峯之陰，厥狀如門，巨石屏蔽，靈跡猶存。有水自中，涓涓不絕。竹樹陰森，雖盛夏炎熾，凜然若秋。又多奇花奇木，禽獸非凡，信仙境也……桃源洞在祠堂北，大江南岸，漁人黃道眞見桃花處，備於陶淵明、伍安貧記云。」按州指朗州，治武陵（即臨沅）。

杜光庭洞天福地岳瀆名山記三十六洞天云：「桃源山，白馬玄光洞天，七十里，在朗州武陵縣。」

五代王松年仙苑編珠卷上云：「傳云漁人黃道眞，武陵人，棹漁舟忽入桃源洞遇仙。」

宋陳葆光三洞羣仙錄卷五引桃源記云：「晉太康中，武陵漁人黃道眞泛舟，自沅泝流而入，見山中桃花夾岸，落英繽紛。覩一石洞涓流，中吐寒聲漱玉，居室蟬聯，池亭連貫。雖男冠女服，略同於外，然所服鮮潔，顏色燦然。見道眞甚悅，遞邀至家，爲具酒食。問今所歷代，道眞具以實告，衆皆感歎曰：『何人世之多遷貿也！』道眞辭出。他日復尋花源之路，乃迷不復見矣。」（按：疑此桃源記即任安貧武陵記。）

太平寰宇記卷一一八朗州武陵縣云：「武陵山中有秦避世人居之，尋水，號曰桃花源，故陶潛有桃花源記。又云山上有神母祠。」

又朗州桃源縣云：「本武陵縣地。皇朝乾德二年，以朗州所管武陵龍陽二縣，敷餘一場人戶不等，仍析武陵上下四鄉四千餘戶，於延泉村別置一縣，以桃源爲名，並廢敷餘場入近縣。」按所傳桃源卽在桃源縣。清顧祖禹讀史方輿紀要卷八〇常德府桃源縣云：「漢臨沅縣地，後漢爲沅南縣地，仍屬武陵郡。晉以後因之，隋唐爲武陵縣地。宋乾德中析置桃源縣，以桃花源名，仍屬朗州。」又云：「桃源山在縣南二十里，高五里，周三十二里。西南有桃源洞，一名秦人洞，卽白馬洞也。道書以爲第三十五洞天。沅江經此曰白馬江，亦謂之桃川江。」今仍稱桃源縣。

他處亦有桃源等，皆後人附會。寰宇記卷一一〇建昌軍南城縣云：「秦人峯在麻姑山西南，與桃源相値。舊傳秦人避亂於此，後有樵者見之，面黎黑，追之，則如飛鳥疾。」又卷一一五邵州邵陽縣云：「桃花源雖云武陵地，實斯郡。按郡國志云此源有夫人祠在焉。」按邵陽縣今爲市，亦在湖南，南去桃源縣約五百里。南城縣今屬江西。

六朝猶有小成都傳說亦類乎桃源。寰宇記卷七三彭州九隴縣云：「白鹿山在縣北五十里。周地圖記云：『宋元嘉九年，有樵人於山左見羣鹿，引弓將射之。有一麛所趨險絕，進入山穴。行數十步，則豁然平博，邑屋連接，阡陌周通。問是何所，有人荅曰小成都。後更往尋之，不知所在。』」（御覽卷一六六亦引）按九隴縣，今四川彭縣西北，在成都西北不遠處。

唐宋詩人詠桃源者殊衆，王維桃源行敷陳陶作文意最備，玆錄於下，餘皆從略：「漁舟逐水愛山春，兩岸桃花夾古津。坐看紅樹不知遠，行盡青溪不見人。山口潛行始隈隩，山開曠望旋平陸。遙看一處攢雲樹，近入千家散花竹。樵客初傳漢姓名，居人未改秦衣服。居人共住武陵源，還從物外起田園。月明松下房櫳靜，日出雲中雞犬喧。驚聞俗客爭來集，競引還家問都邑。平明閭巷掃花開，薄暮漁樵乘水入。初因避地去人間，及至成仙遂不還。峽裏誰知有人事，世中遙望空雲山。不疑靈境難聞見，塵心未盡思鄉縣。出洞無論隔山水，辭家終擬長游衍。自謂經過舊不迷，安知峯壑今來變。當時只記入山深，青溪幾曲到雲林。春來遍是桃花水，不辨仙源何處尋。」（全唐詩卷一二五）

後世小說、戲曲亦頗有演飾桃花源事者。晁瑮寶文堂書目著錄有話本桃花源記；明清雜劇乃有明許潮武陵春（盛明雜劇），葉憲祖桃花源（遠山堂劇品，佚），清尤侗桃花源（清人雜劇），袁棟桃花源（存，清代雜劇全目），石韞玉桃源漁父（清人雜劇），李崇恕桃花源記（存，清代雜劇全目），劉龍輝桃花源（同上），張雲驤桃花源（同上）等；傳奇有清楊恩壽桃花源（坦園六種）等。

腹瘕病

昔有一人，與奴同時得腹瘕病〔一〕，治不能愈。奴既死，乃剖腹視之，得一白鱉，赤眼，甚鮮明。乃試以諸毒藥澆灌之，并內藥於鱉口，悉無損動。乃繫鱉於床脚。忽有一客來看之，乘一白馬。既而馬溺〔二〕濺鱉，鱉乃惶駭，欲疾走避溺。因繫之，不得去，乃縮藏頭頸足焉。病者察之，謂其子曰：「吾病或可以救矣。」乃試取白馬溺以灌鱉上，須臾便消成數升水。病者乃頓服升餘白馬溺，病豁然愈。（卷二）

〔一〕腹瘕（ㄐㄧㄚˇ）病，腹中有蟲之疾。山海經南山經：「佩之無瘕疾。」郭璞注：「瘕，蟲病也。」御覽卷七四三引作「心瘕病」。

〔二〕溺，古「尿」字。

此事又載志怪，御覽卷九三二引曰：「昔有人與奴俱得心腹病，治不能瘉。奴死，乃刳腹視之，得一白鱉，赤眼，甚鮮淨。以諸藥內鱉口中，終不死。後有人乘白馬來者，馬溺濺，鱉縮頭藏脚。乃試取馬溺灌之，豁然消成水。病者頓飲一升即愈。」廣記卷二一八引志怪華佗治心腹瘕病事（見搜神記華佗附錄），亦此類也。本卷又有太尉郗鑒甲士吐莖蕨、桓宣武督將吐牛肚狀物二事，皆爲關於腹瘕病之異聞。

徐玄方女

晉時，東平馮孝將爲廣州太守〔一〕。兒名馬子，年二十餘，獨臥廨〔二〕中。夜夢見一女子，年十八九，言：「我是前太守北海〔三〕徐玄方女，不幸蚤亡，亡來今已四年。爲鬼所枉殺，案生錄當八十餘，聽我更生，要當有依馬子乃得生活，又應爲君妻。能從所委，見救活不？」馬子答曰：「可爾。」乃與馬子尅期當出。

至期日，床前地頭髮正與地平〔四〕，令人掃去，則愈分明，始悟是所夢見者。遂屏除左右人，便漸漸額出，次頭面出，又次肩項形體頓出〔五〕。馬子便令坐對榻上，陳說語言，奇妙非常。遂與馬子寢息。每誡云：「我尚虛爾，君當自節〔六〕。」即問何時得出，答曰：「出當得本命生日，尚未至。」遂住〔七〕廨中。言語聲音，人皆聞之。

女計生日至，乃具教馬子出己養之方法，語畢辭去。馬子從其言，至日，以丹雄雞一隻，黍飯一盤，清酒一升，醊〔八〕其喪前，去廨十餘步。祭訖，掘棺出，開視女身，體貌全如故。徐徐抱出，著氈帳中，唯心下微煖，口有氣息。令婢四人守養護之，常以青羊乳汁瀝其兩眼，漸漸能開。口能咽粥，既而〔九〕能語。二百日中，持杖起行。一期〔一〇〕之後，顏色肌膚氣力悉復如常。

乃遣報徐氏，上下盡來。選吉日下禮，聘爲夫婦〔一一〕。生二兒一女：長男字元慶〔一二〕，永嘉初爲秘書郎中〔一三〕；小男字敬度，作太傅掾〔一四〕；女適濟南〔一五〕劉子彥，徵士延世〔一六〕之孫云。（卷四）

〔一〕東平，初爲國，西漢置，治無鹽（今山東東平東），劉宋改郡。廣州，吳置，治番禺（今廣州市）。御覽卷八八七引作「廣陵」，幽明錄作「廣平」（見附錄）。

〔二〕廨，官舍。原作「廐」。此據珠林卷九二所引。按同卷李仲文女條，津逮本云「侍從在廐中」，「入廐中」，同珠林卷九二引，而學津本俱作「廨」，蓋以其爲「廨」字之譌而改也。此處「廐」字疑亦爲「廨」字之譌，學津本漏改，今正作「廨」，下仿此。（參見李仲文女注。）御覽乃引作「殿」。

〔三〕北海，西漢置郡，東漢改國，晉因之，治平壽（今山東濰坊市西南）。

〔四〕按：此句御覽引作「牀前地髣髴如人，正與地平」。

〔五〕按：此句御覽引作「一炊頃，形體盡出」。

〔六〕按：此句據御覽引補。珠林卷九二引無「君當」二字。

〔七〕住，原作「往」，按既已寢息於廨中，不得復曰「往」，疑爲「住」之形譌，今正之。

〔八〕醊（ㄔㄨㄛˋ，又ㄓㄨㄟˋ），以酒酹地而祭也。

〔九〕既而，珠林引作「積漸」。

〔10〕一期，一年。

〔一一〕按：以上二句御覽引作「選吉日下禮聘，爲三日，遂爲夫婦」。

〔一二〕慶，御覽引作「度」。

〔一三〕秘書郎中，或稱秘書郎，魏、晉時置，屬秘書省，掌圖書。御覽引作「秘書郎」。

〔一四〕太傅掾，太傅屬員。晉制，太子太師、太傅、太保爲三師，輔導太子。

〔一五〕濟南，郡名，西漢置，治東平陵（今山東章丘西），晉徙歷城（今濟南市）。

〔一六〕徵士，不就徵聘之士，即隱士。劉延世，名兆。三國志卷一一王脩傳注引漢晉春秋：「褒（王褒）與濟南劉兆字延世，俱以不仕顯名。」

廣記卷二七六引幽明錄曰：「廣平太守馮孝將，男馬子。夢一女人，年十八九歲，言：『我乃前太守徐玄方之女，不幸早亡，亡來四年。爲鬼所枉殺，按生籙，乃壽至八十餘。今聽我更生，還爲君妻，能見聘否？』馬子掘開棺視之，其女已活，遂爲夫婦。」異苑卷八云：「晉廣州太守馮孝將，男馬子。夢一女人，年十八九歲，言：『我乃前太守徐玄方女，不幸早亡，亡來四年。爲鬼所枉殺，按生籙乃壽至八十餘。今聽我更生，還爲君妻，能從所委，見救活否？』

馬子掘開棺視之，其女已活。遂爲夫婦，生一男一女。」情史卷一〇亦載，題馬子。

李仲文女

晉時，武都〔一〕太守李仲文在郡喪女，年十八，權假葬郡城北。有張世之代爲郡。世之男字子長，年二十，侍從在廨〔二〕中。夜夢一女，年可十七八，顏色不常，自言前府君女，不幸早亡，會今當更生，心相愛樂，故來相就。如此五六夕。忽然晝見，衣服熏香殊絕〔三〕，遂爲夫妻，寢息，衣皆有汚，如處女焉。

後仲文〔四〕遣婢視女墓，因過世之婦相問。入廨〔五〕中，見此女一只履在子長牀下，取之啼泣，呼言發冢。持履歸，以示仲文，仲文驚愕。遣問世之：「君兒何由得亡女履耶？」世之呼問兒，具道本末。李、張並謂可怪。發棺視之，女體已生肉，姿顏如故，右腳有履，左腳無也。

子長夢女曰：「我比得生，今爲所發〔六〕。自爾之後，遂死肉爛，不得生矣〔七〕。夫婦情至，謂偕老，而無狀忘履，以致覺露，不復得生〔八〕。萬恨之心，當復何言！」涕泣而別。（卷四）

〔一〕武都，郡名，晉時治下辯（今甘肅成縣西北）。

〔二〕廨，珠林卷九二引作「廐」，津逮本同，廣記卷三一九引法苑珠林此條乃作「廨」。御覽卷八八七引作「郡」。

〔三〕按：此句「衣服」上，御覽引有「解」字。

〔四〕仲文，御覽引作「仲文婦」。

〔五〕廨，珠林引及津逮本作「廐」，廣記引珠林作「廨」。御覽引作「室」。

〔六〕按：「子長」以下十三字，津逮本無。津逮本係據珠林，珠林引無此十三字，逕云：「自爾之後，遂死肉爛，不得生，萬恨之心，當復何言，泣涕而別」，文義不貫。學津本據廣記引珠林校此文，廣記引有此十三字，今從補。

〔七〕按：學津本據廣記補「矣」字，津逮本無。此二句御覽引作「自後遂死爛，不復得生」。

〔八〕按：「夫婦」至此二十字，津逮本、學津本俱無，今據御覽引補。御覽「夫婦」前又有「後夕女來曰」五字。

事又載情史卷一三。此事與上事相類，第李仲文女未得復生耳。冥合事有鍾繇、紫玉、談生、盧充等，傳說甚多。開棺復生事亦夥，如博物志卷七漢冢宮人、范明友奴、奚儂女，搜神記卷一五河間女子、李娥、史姁（列異傳作「史均」）、顏畿、太原冢婦人、杜錫婢，孔氏志怪干瑩婢等事皆是。至冥合而又開棺復生，陶潛此二記爲較早之傳說。此類異聞後世亦多。

廣記卷三八六引廣異記（唐戴孚）曰：「吉州劉長史無子，獨養三女，皆殊色，甚念之。其長女年十二，病死官舍中。劉素與司丘掾高廣相善，俱秩滿，與同歸。劉載女喪還。高廣有子，年二十餘，甚聰慧，有姿儀。路次豫章，守冰不得行，兩船相去百餘步，日夕相往來。一夜，高氏子獨在船中披書，二更後有一婢，年可十四五，容色甚麗，直詣高云：『長史船中燭滅，來乞火耳。』高子甚愛之，因與戲調，妾亦忻然就焉，曰：『某不足顧，家中小娘子艷絕無雙，爲郎通意，必可致也。』高甚驚喜，意爲是其存者，因與爲期而去。至明夜，婢又來曰：『事諧矣，即可便待。』高甚踴躍，立候於船外。時天無纖雲，月甚清朗。有頃，遙見一女自後船出，從此婢直來。未至十步，光彩映發，馨香襲人。高不勝其意，便前持之，女縱體入懷，姿態橫發。乃與俱就船中，倍加款密。此後夜夜輒來，情念彌重。如此月餘日，忽謂高曰：『欲論密事，得無嫌難乎？』高曰：『固請說之。』乃曰：『兒本長史亡女，命當更生，業得承奉君子。若垂意相採，當爲白家令知也。』高大驚喜，曰：『幽明契合，千載未有，方當永同枕席，何樂如之！』女又曰：『後三日必生，使爲開棺，夜中以面乘霜露，飲以薄粥，當遂活也。』高許諾。明旦，遂白廣。廣未之甚信，亦以其絕異，乃使詣劉長史，具陳其事。夫人甚怒曰：『吾女今已消爛，寧有玷辱亡靈乃至此耶！』深拒之。高求之轉苦。至夜，劉及夫人俱夢女曰：『某命當更生，天使配合，必謂喜而見許，今乃靳固如此，是不欲某再生耶？』及覺，遂大感悟，亦以其姿色衣服，皆如所白，乃許焉。至期，乃共開棺，見女姿色鮮明，漸有暖氣，家中大驚喜。乃設幃幕於岸側，舉置其中，夜以面承露，晝哺飲，父母皆守視之。一日，轉有氣息，稍開目，至暮能言。數日如故。高問其婢，云：『先女死，屍柩亦在舟中。』女既蘇，遂臨，悲泣與決。乃擇吉日，遂於此地成婚。後生數子。因名其地，號爲禮會村也。」卷三二〇引同書張果女亦相類。

宋郭彖睽車志卷四載：「有士人寓迹三衢佛寺，忽有女子夜入其室。詢其所從來，輒云所居在近，詰其姓氏，即不答，且云：『相慕而來，何乃見疑？』士人惑之。自此，比夜而至，第詰之，終不言。居月餘，士人復詰之，女子乃曰：『方將自陳，君宜勿訝。我實非人，然亦非鬼也，乃數政前郡倅馬公之第幾女，小字絢娘。死于公廨，叢塗于此，即君所居之隣空室是也。然將還生，得接燕寢之久，今體已甦矣。君可具斤鍤，夜密發我棺，我自于中相助，然棺既開，則不復能施力矣，當懵然如熟寐。君但逼耳連呼我小字及行第，當微開目；即擁致臥榻，飲之醇酒，放令安寢，既寤，即復生矣。君能相從，再生之日，君之賜也，誓終身奉箕帚。』士人如其言，果再生。且曰：『此不可居矣。』脫金握臂，俾士人辦裝，與俱遁去。轉徙湖湘間，數年生二子。其後馬倅來衢，遷葬此女，視殯有損，棺空無物，大驚。聞官，盡逮寺僧鞫之，莫知所以。馬亦疑，若爲盜發取金帛，則不應失其屍。有一僧默念，數歲前士人隣居久之，不告而去。物色訪之，得之湖湘間。士人先不然，復疑其有妻子，問其所娶，則云馬氏女也。因逮士人，問得妻之由。女曰：『可併以我書寄父，業已委身從人，惟父母勿念。』父得書，眞其亡女筆札。遣老僕往視，女出與語，問家人良苦，無一遺誤。士人略述本末，而隱其發棺一事。馬亦惡其涉怪，不復終詰，亦忌見其女，第遣人問勞之而已。」

明湯顯祖牡丹亭傳奇，柳夢梅與杜麗娘先幽媾而後掘墳開棺，麗娘復生，關目全似上述諸事。清俞樾茶香室叢鈔謂睽車志事乃牡丹亭藍本，絢娘卽麗娘也，而湯氏本人乃明謂麗娘事脫胎於李仲文女、馮孝將男事。牡丹亭題詞云：「傳杜太守事者，彷彿晉武都守李仲文、廣州守馮孝將兒女事，予稍爲更而演之。至於杜守收拷柳生，亦如漢睢陽王收拷談生也。」

白水素女

晉安侯官人謝端〔一〕，少喪父母，無有親屬，爲鄰人所養。至年十七、八，恭謹自守，不履非法。始出居，未有妻，鄰人共愍念之，規〔二〕爲娶婦，未得。端夜臥早起，躬耕力作，不舍晝夜。後於邑下得一大螺，如三升壺〔三〕，以爲異物，取以歸，貯甕中。畜之十數日。端每早至野，還見其戶中有飯飲湯火，如有人爲者。端謂鄰人爲之惠也。數日如此，便往謝鄰人。鄰人曰：「吾初不爲是，何見謝也？」端又以鄰人不喻其意。然數爾如此，後更實問，鄰人笑曰：「卿已自取婦，密著室中炊爨，而言吾爲之炊耶？」端默然心疑，不知其故。

後以雞鳴出去，平早潛歸，於籬外竊窺其家中，見一少女從甕中出，至竈下燃火。端便入門，徑至甕所視螺，但見殼〔四〕。乃到竈下問之曰：「新婦從何所來，而相爲炊？」女大惶惑，欲還甕中，不能得去，答曰：「我天漢中白水素女〔五〕也。天帝哀卿少孤，恭愼自守，故使我權爲守舍炊烹。十年之中〔六〕，使卿居富，得婦，自當還去。而卿無故竊相窺掩，吾形已見，不宜復留，當相委去。雖然，爾後自當少差〔七〕。勤於田作，漁採治生。留此殼去，以貯米穀，常可不乏。」端請留，終不肯。時天忽風雨，翕然而去。

端爲立神座，時節祭祀。居常饒足，不致大富耳。於是鄉人以女妻之，後仕至令長云。今道中素女祠是也。（卷五）

〔一〕晉安，郡名，晉初置，治侯官（今福建福州市）。按原作「晉安帝時」，類聚卷九七引搜神記作「晉安謝端，侯官人」，廣記卷六二引搜神記作「謝端，晉安侯官人也」，述異記亦云「晉安郡」（見附錄），據刪「帝時」二字。謝端，太平寰宇記卷一〇〇引搜神記作「謝瑞」（見附錄），誤。

〔二〕規，計也。

〔三〕三升壺，御覽卷九四一引搜神記作「三升盆」，北戶錄卷二引搜神記作「三斗盆」，類聚引作「如斗許」。

〔四〕殼，原譌作「女」，據明鈔本廣記引正。

〔五〕白水素女，銀河之女神，白水蓋指銀河也。類聚引作「白素女」，脫「水」字。

〔六〕按：此句三洞羣仙錄卷一引搜神記作「數年中」。

〔七〕少差（ㄔㄞ），稍好。

諸書引此事皆作搜神記，似搜神記亦載。

本事出西晉束皙發蒙記。初學記卷八引曰：「侯官謝端，曾於海中得一大螺，中有美女，云：『我天漢中白水素女。天矜卿貧，令我爲卿妻。』」

述異記卷上亦云：「晉安郡有一書生謝端，爲性介潔，不染聲色。嘗於海岸觀濤，得一大螺，大如一石米斛。割之，中有美女，曰：『予天漢中白水素女，天帝矜卿純正，令爲君作婦。』端以爲妖，呵責遣之。女嘆息升雲而去。」

太平寰宇記卷一〇〇福州侯官縣云：「螺江，在州西北二十五里。搜神記云：『閩人謝瑞少孤，于此釣得一螺，大如斗。置之甕中，每日見盤饌甚豐。後歸，忽見一少女美麗，燃竈之次。女曰：「我是白水素女。天帝哀君少孤，遣妾與君具饍。今旣已知，妾當化去。留殼與君，其米常滿。」瑞得其米，資及子孫。因名釣螺江。』」

輿地廣記卷三四福州侯官縣云：「有閩山、螺江。昔閩人謝端釣得異螺，因名之。」

東坡詩集註卷四虔州八景圖「碧溪青嶂遶螺亭」尹師注云：「福州謝端，孑然一身，釣于江上，獲一巨螺，其大如斗，置之於家，不以爲異。出歸則飲食盈案。端潛伺之，有好女子，具饌於室。執而問焉，女曰：『我乃螺女，水神也。天帝閔君之孤，遣爲具食，君已悉，我亦當去。』乃留空螺，曰：『君有所求，當取於螺中。』因出門，不復見。後端有乏，探螺皆如意。傳數世猶在。號江曰螺女江，洲曰螺女洲，廟曰螺女廟。其地在虔州西南。」（按：任昉述異記卷上云：「螺亭在南康郡。昔有五女採螺爲業，曾宿此亭，夜聞空中風雨聲，乃見衆螺張口而至，便亂噉其肉，明日惟有骨存焉，故號此亭爲螺亭。」御覽卷四八引南康記亦載此事，乃稱大石臨水號螺亭，山名螺亭石山。南康郡治卽宋之虔州，今江西贛州也。東坡詩之虔州螺亭，卽南康螺亭。太平寰宇記卷一〇八虔州贛縣云：「螺亭石山在縣南七十里，有大石臨水，號曰螺亭。」尹師以謝端事注螺亭，甚誤）

唐皇甫氏原化記亦載白螺女事，情事相類。廣記卷八三引曰：「常州義興縣有鰥夫吳堪，少孤無兄弟，爲縣吏，性恭順。其家臨荆溪。常於門前，以物遮護溪水，不曾穢汚。每縣歸，則臨水看翫，敬而愛之。積數年，忽於水濱得一白螺，遂拾歸，以水養。自縣歸，見家中飲食已備，乃食之。如是十餘日。然堪爲隣母哀其寡獨，故爲之執爨，乃卑謝隣母。母曰：『何必辭，君近得佳麗修事，何謝老身？』堪曰：『無。』因問其母，母曰：『子每入縣後，便見一女子，可十七八，容顏端麗，衣服輕豔，具饌訖，即却入房。』堪意疑白螺所爲，乃密言於母曰：『堪明日當稱入縣，請於母家自隙窺之，可乎？』母曰：『可。』明旦詐出，乃見女自堪房出，入廚理爨。堪自門而入，其女遂歸房不得。堪拜之，女曰：『天知君敬護泉源，力勤小職，哀君鰥獨，勑余以奉媲。幸君垂悉，無致疑阻。』堪敬而謝之。自此彌將敬洽。閭里傳之，頗增駭異。時縣宰豪士聞堪妻美，因欲圖之。堪爲吏恭謹，不犯笞責。宰謂堪曰：『君熟於吏能久矣，今要蝦蟆毛及鬼臂二物，晚衙須納。不應此物，罪責非輕。』堪唯而走出，度人間無此物，求不可得，顏色慘沮。歸述於妻，乃曰：『吾今夕殞矣！』妻笑曰：『君憂餘物，不敢聞命，二物之求，妾能致矣。』堪聞言，憂色稍解。妻曰：『辭出取之。』少頃而到。堪得以納令，令視二物，微笑曰：『且出。』然終欲害之。後一日又召堪曰：『我要蝸斗一枚，君宜速覓此，若不至，禍在君矣。』堪承命奔歸，又以告妻。妻曰：『吾家有之，取不難也。』乃爲取之。良久，牽一獸至，大如犬，狀亦類之。曰：『此蝸斗也。』堪曰：『何能？』妻曰：『能食火，奇獸也。君速送。』堪將此獸上宰，宰見之怒曰：『吾索蝸斗，此乃犬也。』又曰：『必何所能？』曰：『食火，其糞火。』宰遂索炭燒之，遣食，食訖，糞之於地，皆火也。宰怒曰：『用此物奚為？』令除火埽糞。方欲害堪，吏以物及糞，應手洞然，火飈暴起，焚爇牆宇，煙焰四合，彌亙城門，宰身及一家，皆為煨燼。乃失吳堪及妻。其縣遂遷於西數步，今之城是也。」按此事前半顯以白水素女為本，後半蝸斗云云，乃俚俗之增飾，尤見情趣。或謂螺女故事來自域外，若然，亦當在中古之時。今世民間猶傳田螺姑娘事。小小情事而千載不廢，民間故事之生命力，於此可見。

又廣記卷四七一引集異記鄧元佐，亦為螺女事，第其女非仙而係螺精耳。大略謂鄧元佐於一蝸舍逢女子，女子食之與寢。鄧覺而臥田中，旁有螺大如升，吐所食之物，盡青泥也。

阿香

永和〔一〕中，義興〔二〕人姓周，出都乘馬，從兩人行。未至村，日暮。道邊有一新〔三〕草小屋，一女子出門，年可十六七，姿容端正，衣服鮮潔。望見周過，謂曰：「日已向暮，前村尚遠，臨賀詎得至〔四〕？」周便求寄宿。此女為燃火作食。向一更中，聞外有小兒喚「阿香」聲，女應諾。尋云：「官喚汝推雷車。」女乃辭行，云：「今有事當去〔五〕。」夜遂大雷雨。向曉女還。周既上馬，看昨所宿處，止見一新冢，冢口有馬尿〔六〕及餘草，周甚驚惋。後五年，果作臨賀太守。（卷五）

〔一〕永和，東晉穆帝司馬聃年號，起三四五年訖三五六年。

〔二〕義興，郡名，西晉置，治陽羨（今江蘇宜興）。

〔三〕新，書鈔卷一五二引作「雜」。

〔四〕臨賀，郡名，吳置，治臨賀縣（今廣西賀縣）。此處係用以稱呼周姓者，因其後日官臨賀太守。詎〔七〕，豈也。

〔五〕按：此句御覽卷一三引搜神記作「有官事須去」。

〔六〕尿，珠林卷五九及御覽、事類賦注卷三引搜神記並作「跡」。

增訂漢魏叢書本（據明唐宋叢書本）此條甚略，同類聚卷二、初學記卷一引，文曰：「義興人姓周，永和中出都。日暮，道邊有一新草小屋，有一女出門，望見周曰：『日已暮。』周求寄宿。向一更中，聞外有小兒呼：『阿香，官喚汝推雷車。』女子乃辭去。明朝視宿處，乃見一新塚。」

醉翁談錄小說開闢小說名目，煙粉類中有推車鬼，疑卽演此事。

劉池苟家鬼

樂安劉池苟，家在夏口〔一〕。忽有一鬼，來住劉家。初因闇，彷彿見形如人，著白布袴。自爾後，數日一來，不復隱形，便不去。喜偷食，不以爲患，然且難之，初不敢呵罵。吉翼子者，強粱不信鬼，至劉家謂主人曰：「卿家鬼何在？喚來，今爲卿罵之。」卽聞屋粱作聲。時大有客，共仰視，便紛紜擲一物下，正著翼子面，視之，乃主人家婦女褻衣，惡猶著焉，衆共大笑爲樂。吉大慚，洗面而去。

有人語劉：「此鬼偷食，乃食盡，必有形之物，可以毒藥中之。」劉卽於他家煮野葛〔二〕，取二升汁，密齎還家。向夜，舉家作粥糜〔三〕，食餘一甌，因瀉葛汁著中，置於几上，以盆覆之。人定〔四〕後，聞鬼從外來，發盆啖糜。既訖，便擲破甌走去。須臾間，在屋頭吐，嗔怒非常，便棒打窻戶。劉先已防備，與鬬，亦不敢入。至四更中，然後遂絕。（卷六）

〔一〕樂安，原爲國，東漢置，治臨濟（今山東高青縣高宛鎭西北），魏改郡，移高苑（今博興西南），劉宋又移千乘（今廣饒北）。劉池苟，原作「劉池居」。津逮、百子及增訂漢魏叢書本作「劉池苟」，初學記卷二六引同，據正。書鈔卷一四四、御覽卷八五九引作「劉他苟」，廣記卷三一九引作「劉他」，「他」乃「池」之譌。

夏口，古城，故址在今武漢市黃鵠山上，廣記引作「下口」。

〔二〕野葛，又称冶葛，一名鉤吻，有劇毒。論衡言毒云：「草木之中有巴豆、野葛，食之湊懣，頗多殺人。」又云：「毒螫渥者……在草則爲巴豆、冶葛。」南方草木狀卷上云：「冶葛，毒草也，蔓生，葉如羅勒光而厚，一名胡蔓草。」津逮、百子本及書鈔、廣記諸引均作「冶葛」，初學記卷二六、御覽引及增訂漢魏叢書本並譌作「治葛」。

〔三〕糜，粥也。釋名釋飲食：「糜，煮米使糜爛也。」

〔四〕人定，亥時，卽夜間九時至十一時。古詩焦仲卿妻：「寂寂人定初。」

增訂漢魏叢書本文簡，云：「樂安劉池苟，家在夏口。忽有鬼來劉家，喜偷食。劉卽於他家煮治（當作「冶」）葛，取二升汁，密齎還家。向夜，舉家作粥，食餘一甄（當作「甌」）。因瀉葛汁，著中於瓦上，以盆覆之。人定後聞鬼從外來，發盆啖麋（當作「糜」）。既須臾間，在屋頭吐，於此遂絕。」按文句悉同初學記卷二六引。古今譚概妖異部亦載，文更簡略。

御覽卷九九〇引述異記曰：「晉義熙中，有劉遁者，居江陵。忽有鬼來遁宅上。遁貧無竈，以升鎗煮飯，飯欲熟，輒失之。尋覓，於籬下草中但得餘空鎗。逋密市冶葛，煮以作糜，鬼復竊之。於屋北得鎗，仍聞吐聲，從此寂絕。」

廣記卷三二二引廣古今五行記（唐竇維鋈）曰：「安帝義熙中，劉逋母憂在家，常有一鬼來住逋家，搬徙牀几，傾覆器物，歌哭罵詈。好道人之陰私，僕役不敢爲罪。逋令弟守屋，逋見繩繫弟頭，懸著屋梁，狼狽下之，因失魂，踰月乃差。逋每爨，欲熟輒失之。逋密市野葛煮作糜，鬼復竊之，於屋北乃聞吐聲。從此寂滅。故世傳劉逋藥鬼。逋後爲劉毅參軍，爲宋高祖所殺。」按此乃同一事之別聞，多有異情。

虹丈夫

廬陵巴邱〔一〕人陳濟者，作州吏，其婦秦，獨在家。忽疾病，恍惚發狂，後漸差〔二〕。常有一丈夫，長丈餘〔三〕，儀容端正，著絳碧袍，采色炫燿，來從之。後常相期於一山澗間。至於寢處，不覺有人道相感接，忽忽如眠耳〔四〕。如是數年。春每往期會，不復畏難〔五〕。比隣人觀其所至，輒有虹見。秦云〔六〕至水側，丈夫以金瓶引水共飲。後遂有身，生兒〔七〕如人，多肉，不覺有手足〔八〕。

濟假還，秦懼見之，乃納兒著甕中。因見此丈夫以金瓶與之〔九〕，令覆兒。濟時醉眠，在牖下聞人與秦語，語聲至愴，濟亦不疑也。又丈夫語秦〔一〇〕云：「兒小，未可得將去。不須作衣，我自衣之。」卽與絳囊以裹之，令可時出與乳。於時風雨暝晦，鄰人見虹下其庭，化爲丈夫〔一一〕。復少時〔一二〕，將兒去，亦風雨暝晦，人見二虹出其家。

數年而來省母。後秦適田，見二虹于澗，畏之。須臾見丈夫，云：「是我，無所畏也。」從此乃絕〔一三〕。（卷七）

〔一〕廬陵，郡名，漢末置，治石陽（今江西吉水東北），晉因之。巴邱，縣名，今江西峽江。

〔二〕按：以上三句各本無，據御覽卷一四引搜神記（脫「續」字）補。

〔三〕按：此句御覽引作「長大」。

〔四〕按：此句據御覽引補。

〔五〕按：以上二句據御覽引補。

〔六〕云，原脫，據御覽引補。

〔七〕兒，原誤作「而」，據御覽引正。明鈔本廣記卷三九六引神異錄亦作「兒」，見附錄。

〔八〕按，此句據御覽引補。

〔九〕按：此句「因見」二字據御覽引補，「瓶」字御覽引作「瓮」，誤。

〔10〕按，「濟時醉眠」至此，據御覽引補。

〔一一〕按：御覽引無此四字，而云「秦常能辨佳食肴饌，豐美有異於常」，與上下文不相連屬，有脫誤。

〔一二〕按：此三字上御覽引有「丈夫」二字。

〔一三〕乃絕，御覽引作「遂疎」。按「數年」至「畏也」，御覽引無。

增訂漢魏叢書本該條全同初學記卷二引，蓋據彼而錄。文云：「盧陵巴邱人陳濟者，作州吏，其妻獨在家。常有一丈夫長大，儀貌端正，著絳碧袍，采色炫燿，相期於一山澗間。至於寢處，不覺有人道相感接。比隣人覩其所至，輒有虹見。」

廣記卷三九六引神異錄曰：「盧陵巴丘人陳濟，爲州吏，其婦秦在家。一丈夫長大端正，著絳碧袍，衫色炫耀，來從之。後常相期於一山澗。至於寢處，不覺有人道相感接。如是積年。村人覩其所至，輒有虹見。秦至水側，丈夫有金瓶，引水共飲，後遂有身。生兒如人，多肉。濟假還，秦懼見之，內于盆中。丈夫云：『兒小，未可得我去。自衣。』卽以絳囊盛，時出與乳之。時輒風雨，隣人見虹下其庭。丈夫復少時來，將兒去，人見二虹出其家。數年而來省母。後秦適田，見二虹於澗，畏之。須臾，見丈夫云：『是我，無所畏。』從此乃絕。」

楊生狗

晉太和〔一〕中，廣陵〔二〕人楊生養一狗，甚愛憐之，行止與俱。後生飲酒醉，行大澤草中，眠不能動。時方冬月燎原，風勢極盛，狗乃周章〔三〕號喚，生醉不覺。前有一坑水，狗便走往水中，還以身灑生左右草上。如此數次，周旋跬步，草皆沾濕，火至免焚。生醒方見之。

爾後生因闇行，墮于空井中，狗呻吟徹曉。有人經過，怪此狗向井號，往視見生。生曰：「君可出我，當有厚報。」人曰：「以此狗見與，便當相出。」生曰：「此狗曾活我已死，不得相與，餘卽無惜。」人曰：「若爾，便不相出。」狗因下頭目井，生知其意，乃語路人云：「以狗相與。」人卽出之，繫之而去。却後五日，狗夜走歸。（卷九）

〔一〕太和，東晉廢帝司馬奕年號，起三六六年訖三七〇年。

〔二〕廣陵，西漢置國，治廣陵（今江蘇揚州市），東漢改郡。

〔三〕周章，周旋。增訂漢魏叢書本作「周走」，明鈔本廣記卷四三七引作「周匝」。

增訂漢魏叢書本與此文句稍異，而與類聚卷九四、御覽卷九〇五引相合。廣記卷四三七所引文句亦多所不同，茲移錄於下：「晉太和中，廣陵人楊生者畜一犬，憐惜甚至，常以自隨。後生飲醉，臥於荒草之中。時方冬燎原，風勢極盛，犬乃周匝嘷吠，生都不覺。犬乃就水自濡，還卽臥於草上。如此數四，周旋跬步，草皆沾濕，火至免焚。爾後生因暗行墮井，犬又嘷吠至曉。有人經過，路人怪其如是，因就視之，見生在焉。遂求出己，許以厚報。其人欲請此犬爲酬，生曰：『此狗曾活我於已死，卽不依命，餘可任君所須也。』路人遲疑未答。犬乃引領視井，生知其意，乃許焉。既而出之，繫之而去。却後五日，犬夜走還。」（按：談愷刻本云出記聞，記聞，唐牛肅撰。明鈔本、陳鱣校本作續搜神記）

搜神記卷二〇「李信純犬」條，事與此相似，錄於下：「孫權時李信純，襄陽紀南人也。家養一狗，字曰黑龍，愛之尤甚，行坐相隨，飲饌之間，皆分與食。忽一日，於城外飲酒大醉，歸家不及，臥於草中。遇太守鄭瑕出獵，見田草深，遣人縱火爇之。信純臥處，恰當順風。犬見火來，乃以口拽純衣，純亦不動。臥處比有一溪，相去三五十步，犬卽奔往，入水濕身，走來臥處，周迴以身灑之，獲免主人大難。犬運水困乏，致斃于側。俄爾信純醒來，見犬已死，遍身毛濕，甚訝其事。覩火蹤跡，因爾慟哭。聞于太守，太守憫之曰：『犬之報恩甚于人，人不知恩，豈如犬乎！』卽命具棺槨衣衾葬之。今紀南有義犬冢，高十餘丈。」按八卷本搜神記卷五亦有，文句大同，唯太守作鄧瑕。句道興搜神記亦載，其人名李純，太守名劉遐，情事全同而文句迥異。

伯裘

酒泉郡〔一〕每太守到官，無幾輒死。後有渤海陳斐〔二〕見授此郡，憂恐不樂。將行〔三〕，就卜者占其吉凶，卜者〔四〕曰：「遠諸侯，放伯裘，能解此，則無憂。」斐不解此語，答曰：「君去，自當解之。」

斐既到官，侍醫有張侯，直醫〔五〕有王侯，卒有史侯、董侯等，斐心悟曰：「此謂『諸侯』。」乃遠之。卽臥，思「放伯裘」之義，不知何謂。至夜半後，有物來斐被上。斐覺，以被冒取之，物遂跳踉，訇訇作聲。外人聞，持火入，欲殺之。魅乃言曰：「我實無惡意，但欲試府君耳。能一相赦，當深報君恩。」斐曰：「汝爲何物，而忽干犯太守？」魅曰：「我本千歲狐〔六〕也。今變爲魅，垂化爲神，而正觸府君威怒，甚遭困厄。我字伯裘，若府君有急難，但呼我字，便當自解。」斐乃喜曰：「眞『放伯裘』之義也。」卽便放之。小開被，忽然有光，赤如電，從戶出。

明夜有敲門者，斐問是誰，答曰：「伯裘。」問：「來何爲？」答曰：「白事。」問曰：「何事？」答曰：「北界有賊奴發也。」斐按發則驗。每事先以語斐，於是境界無毫髮之奸，而咸曰「聖府君」〔七〕。

後經月餘，主簿李音共斐侍婢私通。既而懼爲伯裘所白，遂與諸侯〔八〕謀殺斐。伺傍無人，便與諸侯持仗直入，欲格殺之。斐惶怖，卽呼：「伯裘來救我！」卽有物如曳一疋絳，剨然〔九〕作聲。音、侯〔一〇〕伏地失魂，乃以次縛取。考詢皆服，云斐未到官，音已懼失權，與諸侯謀殺斐，會諸侯見斥，事不成。斐卽殺音等。伯裘乃謝斐曰：「未及白音姦情，乃爲府君所召。雖效微力，猶用慚惶。」後月餘，與斐辭曰：「今後當上天去〔一一〕，不得復與府君相往來也。」遂去不見。（卷九）

〔一〕按：「酒泉郡」上原有「宋」字。酒泉郡東晉、劉宋時屬十六國與北朝，東晉、宋無此郡，此沿珠林卷六三引搜神異記誤，廣記卷四四七引搜神記、御覽卷九〇九引續搜神記均不云宋，據刪。

〔二〕渤海，郡名，漢置，治南皮（今河北南皮東北）。陳斐，珠林引作「陳裴」。

〔三〕按：此二字據廣記引補。

〔四〕卜者，廣記引作「日者」，義同，史記有日者列傳。

〔五〕直醫，值日醫生，「直」通「値」。

〔六〕千歲狐，珠林引作「百歲狐」，御覽引作「百年狐」。按廣記卷四四七引玄中記曰：「狐五十歲，能變化爲婦人；百歲爲美女，爲神巫，或爲丈夫，與女人交接，能知千里外事，善蠱魅，使人迷惑失智；千歲卽與天通，爲天狐。」

〔七〕按：此句珠林引作「而咸曰聖君出」，御覽引無「出」字。

〔八〕侯，各本俱作「僕」，據珠林、廣記引正，下同。

〔九〕劃（ㄏㄨㄛˋ）然，象聲詞。

〔一〇〕晉、侯，原作「諸僕」，據珠林、廣記引正。

〔一一〕按：此句珠林引作「今得爲神矣，當上天去」。

蛟子

長沙有人，忘其姓名，家住江邊。有女〔一〕，渚次澣衣，覺身中有異，復〔二〕不以爲患。遂妊身，生三物，皆如鮧魚〔三〕。女以己所生，甚憐異之，乃著澡盤〔四〕水中養之。經三月，此物遂大，乃是蛟子〔五〕。各有字，大者爲當洪，次者爲破阻，小者爲撲岸。天暴雨水，三蛟一時俱去，遂失所在。

後天欲雨，此物輒來。女亦知其當來，便出望之，蛟子亦舉頭望母，良久方去。經年後女亡，三蛟子一時俱至墓所哭之，經日乃去。聞其哭聲，狀如狗嗥。（卷一〇）

〔一〕女，原作「女子」，御覽卷九三〇引同。廣記卷四二五引無「子」字。按此女乃長沙人之女，非別一女子，作「女」爲妥，今從廣記，刪「子」字。

〔二〕復，原作「後」，御覽引作「復」，從正。

〔三〕鮧魚，原注：「音提。」津逮本亦有此注，當爲原輯者所加。御覽亦有注，云：「夷、提二音。」集韻：「鮷，魚名，大鮎也，或作鮧。」鮎即鮎魚。

〔四〕澡盤，洗滌用具。澡，濯也，滌也。

〔五〕蛟子，小蛟。說文虫部：「蛟，龍屬，無角曰蛟。……池魚滿三千六百，蛟來爲之長，能率魚而飛。」

袁山松郡國志載一事彷彿於此，御覽卷五二引曰：「梁州女郎山，張魯女浣衣石上，女便懷孕，魯謂邪淫，乃放之。後生二龍。及女死將殯，柩車忽騰躍昇此山，遂葬焉。其水旁浣衣石猶在，謂之女郎山。」

劉義慶　幽明錄

幽明錄又題作幽冥錄、幽冥記，宋劉義慶撰。是書宋書劉義慶傳未錄，隋志雜傳類著錄幽明錄二十卷，劉義慶撰，兩唐志作三十卷，新志改入小說家類。法琳破邪論卷下、道宣三寶感通錄卷下皆亦有著錄。宋時散佚，洪邁夷堅三志辛序云：「幽明錄今無傳於世。」唐宋書多有徵引，遺文頗夥。類說卷一一、明本說郛卷三、五朝小說、陶珽說郛卷一一七、舊小說甲集錄有少數佚文。專事網羅者乃王仁俊玉函山房輯佚書補編（未刊）及古小說鉤沉之輯本，王輯本未見，鉤沉凡輯二百六十五條，猶有漏收者。

劉義慶，彭城（今江蘇徐州市）人。生於晉安帝元興二年（四〇三年），卒於宋文帝元嘉二十一年（四四四年）。宋宗室，襲封臨川王，累官都督加開府儀同三司，卒贈司空，謚康王。事跡具宋書卷五一、南史卷一三本傳。義慶著述頗富，小說除幽明錄，尚有志怪之宣驗記十三卷及志人之世說八卷、小說十卷。世說今存，作三卷，餘皆佚。義慶小說之作既多，幽明、世說又爲特佳之作，一時作者多難望其項背；若論南朝稗家巨擘，非義慶莫當焉。

藻居

漢武帝與羣臣宴於未央〔一〕，方噉黍臛〔二〕。忽聞人語云：「老臣冒死自訴。」不見其形。尋覓良久，梁上見一老翁，長八九寸，面目赬皺，鬚髮皓白，拄杖僂步，篤老之極。帝問曰：「叟姓字何？居在何處？何所病苦，而來訴朕？」翁緣柱而下，放杖稽首，嘿而不言。因仰頭視屋，俯指帝脚，忽然不見。帝駭愕，不知何等，乃曰：「東方朔必識之。」於是召方朔以告。朔曰：「其名爲『藻居』〔三〕，水木之精。夏巢幽林，冬潛深河。陛下頃日〔四〕頻興造宮室，斬伐其居，故來訴耳。仰頭看屋，殿名未央也；而復俯指陛下脚者，足也，願陛下宮室足于此〔五〕。」帝感之，旣而息役。

幸瓠子河〔六〕，聞水底有弦歌聲，肴饍芬芳〔七〕。前梁上翁及年少數人，絳衣素帶，纓佩甚鮮，皆長八九寸——有一人長尺餘——淩波而出，衣不霑濡，或有挾樂器者。帝方食，爲之輟膳，命列坐於食案前〔八〕。帝問曰：「聞水底奏樂，爲是君耶？」老翁對曰：「老臣前昧死歸訴，幸蒙陛下天地之施，卽息斧斤，得全其居，不勝歡喜，故私相慶樂耳。」帝曰：「可得奏樂否？」曰：「故齎樂來，安敢不奏！」其最長人便治〔九〕弦而歌，歌曰：「天地德兮垂至仁，愍幽魄兮停斧斤。保窟宅兮庇微身，願天子兮壽萬春！」歌聲小大，無異於人，淸徹繞越梁棟。又二人鳴管撫節，調契聲諧。帝歡悅，舉觴並勸曰：「不德不足當雅貺。」老翁等並起拜受爵，各飲數升不醉。獻帝一紫螺殼，中有物狀如牛脂。帝問曰：「朕闇，無以識此物。」曰：「東方生知之耳。」帝曰：「可更以珍異見貽。」老翁顧命取洞穴之寶。一人受命，下沒淵底。倏忽還到，得一大珠，徑數寸，明耀絕世。帝甚愛翫。翁等忽然而隱。

帝問朔：「紫螺殼中何物？」朔曰：「是蛟龍髓。以傅面，令人好顏色；又女子在孕，產之必易。」會後宮產難者，試之，殊有神效。帝以脂塗面，便悅澤。又曰：「何以此珠名洞穴珠？」朔曰：「河底有一穴，深數百丈，中有赤蚌，蚌生珠，故以名焉。」帝既深歎此事，又服朔之奇識。（據廣記卷一一八引幽明錄，又書鈔卷一四四、類聚卷八四、御覽卷二三又卷八五〇又卷八八六、事類賦注卷九並引）

〔一〕按：「與羣臣」三字廣記原引無，據書鈔、御覽卷二二及卷八八六引補；卷八五〇乃作「與近臣」。未央，宮殿名。三輔黃圖卷二漢宮載：高祖七年（公元前二〇〇年）蕭何造未央宮，立東闕、北闕、前殿、武庫、太倉，周迴二十八里。至孝武時又增修。西京雜記卷一云：「未央宮周迴二十二里九十五步五尺，街道周迴七十里。臺殿四十三，其三十二在外，其十一在後宮。池十三，山六，池一、山一亦在後宮；門闥凡七十五。」新莽末毀於兵火，故址在今西安市西北長安故城內西南隅。

〔二〕 黍臛（ㄏㄨㄛˋ），加黍米之肉羹。說文四下肉部：「臛，肉羹也。」七上米部「糂」字段注：「古之羹必和以米。」臛又作「臛」，書鈔、御覽俱引作「臛」。又，御覽卷二二引窮神秘苑引此句作「方食棗」。

〔三〕 藻居，原引作「藻」。御覽卷八八六引曰「其名爲藻，兼水木之精也」，亦名藻；又卷二二引曰「此水木之精，其名藻兼」，蓋以「兼」字屬上句而誤爲「藻兼」耳（鉤沉正誤爲「藻兼」）。按書鈔引祖台之志怪作「其名藻居，兼水木之精」（參見附錄），是其名應作「藻居」，以藻爲居，正合「夏巢幽林，冬潛深河」之性。廣記、御覽皆脫「居」字，今據志怪補正。

〔四〕 頃日，盡日。「頃」通「傾」，盡也。

〔五〕 按：「仰頭」至此御覽卷八八六引作「仰視屋者，殿名未央也；俯視脚者，脚，足也，願止足於此也」，卷二二引作「所視殿名未央，下視脚者，足於此也」。今據御覽前引補「殿名未央也」一句。祖台之志怪云：「曰仰視殿屋，殿名未央，訴陛下方侵其居宅未央也；俯指陛下脚者，足也，願陛下宮殿足於此，不願更造也。」文義較勝。

〔六〕 瓠子河，古水名，自今河南濮陽南分黃河水，東北入今山東注入濟水，後湮。史記卷二六河渠書載：西漢元光中黃河決入瓠子河，元封二年，發卒數萬塞決，漢武帝親臨，作瓠子歌。本文云「幸瓠子河」，指此。西京雜記卷二云：「瓠子河決，有蛟龍從九子自決中逐上入河，噴沫流波數十里。」所記爲河決時之異聞。類聚、事類賦注引作「河渚」，御覽卷八八六譌作「河者」，鮑本作「渚」。祖台之志怪作「河都」。

〔七〕按：此四字據御覽卷八八六引補。

〔八〕前，御覽卷八八六引作「上」。

〔九〕治，原脫，據御覽卷八八六引補。

此事先載於祖台之志怪，書鈔卷一五八引曰：「漢武帝與近臣宴會于未央殿，忽聞人語云：『老臣冒死自陳。』乃見屋梁上有一老翁，長八九寸，拄杖僂步，篤老之極。緣柱而下，放杖稽首，嘿而不言。因仰首視殿屋，俯指帝脚，忽然不見。東方朔曰：『其名藻居，兼水木之精。春巢幽林，冬潛深河。今造宮室，斬伐其居，故來訴於帝。曰仰視殿屋，殿名未央，訴陛下方侵其居宅未央也；俯指陛下脚者，足也，願陛下宮殿足於此，不願更造也。』上爲之息宮寢之役。居少時，帝親幸河都，聞水底有絃歌之聲，又有善芥（按：有脫譌）。須臾，前梁上老翁及年少數人，絳衣素帶，纓佩乘藻，甚爲鮮麗，淩波而出，衣不沾濡。帝問曰：『聞水底奏樂聲，爲君耶？』老翁對曰：『老臣前昧死歸訴，幸蒙陛下天地之施，即止息斧斤，得全其居宅，不勝嘉歡，故私相慶樂耳。』獻帝一紫螺殼，狀如牛脂。帝曰：『朕闇，無以識君，東方生知耳。』君可思以吳□貽之。』老翁乃顧命取洞穴之寶。一人卽受命，下汲泉底，倏忽還到，奉大珠徑寸，明耀絕世。帝甚翫焉。問朔：『何以識此珠爲洞穴之寶？』朔曰『河底有洞穴之寶。』帝以五千萬錢賜朔，取其珠。」

述異記卷下亦云：「漢武宴於未央宮，忽聞人語云：『老臣負自訴。』不見其形。良久見架上一老翁，長八九寸，面皺鬚白，拄杖僂步至前。帝問曰：『叟何姓名？所訴者何？』翁緣柱放杖，叩頭不言。因仰視屋，俯視帝脚，忽不見。帝駭懼，問東方朔，朔曰：『其名爲藻，兼水木之精也。陛下頃來頻興宮室，斬伐其居，故來訴耳。仰頭看屋而後視陛下脚足者，願陛下宮室足於此，不欲更造。』帝乃息役。後帝幸瓠子河，聞水底有絃歌之聲，置肴膳芬芳於帝前。前梁上翁及數人年少，絳衣紫帶佩纓，皆長八寸，一人最長，長尺餘，淩波而出，衣不沾濕，或挾樂器。帝問之曰：『向所聞樂，是公等奏耶？』對曰：『臣前昧死歸訴，蒙陛下息斤斧，得全其居，故相慶樂耳。』遂奏樂，獻帝洞穴珠一枚，遂隱不見。帝問方朔：『何謂洞穴珠？』朔曰：『河底有一穴，深數百丈，中有赤蚌，蚌生此珠，徑寸，明耀絕世矣。』帝遂寶愛此珠，置於內庫。」

唐焦璐窮神秘苑嘗引幽明錄此事，見御覽卷二二。古今譚概荒唐部亦略載之。

古今註卷下載水君，中華古今註卷下作水居，亦藻居之類。曰：「水君（居），狀如人，乘馬，衆魚皆導從之，一名魚伯，大水乃有之，漢末有人於河際見之。」

黃金潭金牛

巴丘縣自金崗以上二十里〔一〕，名黃金潭，莫測其深。上有瀨，亦名黃金瀨。古有人〔二〕釣於此潭，獲一金鎖，引之，遂滿一舡〔三〕。有金牛出，聲貌奔壯〔四〕，釣人波駭〔五〕，牛因奮勇，躍而還潭。鎖將乃盡，釣人以刀斫得數尺。潭、瀨因此取名。（據類聚卷八三引幽明錄，又事類賦注卷九、御覽卷八一一又卷九〇〇並引）

〔一〕巴丘縣，時屬廬陵郡，今江西峽江。金崗，事類賦注、御覽卷八一一引作「百金崗」，乃以「自」字作「百」。二十里，御覽卷九〇〇作「卅里」。

〔二〕按：「人」字原無，據事類賦注引補。

〔三〕舡，御覽卷八一一、事類賦注俱引作「船」，御覽卷九〇〇引作「舩」，「船」之俗字。

〔四〕按：「貌」字據御覽引補。事類賦注引此句作「聲甚壯」。

〔五〕波駭，震動驚駭之意。事類賦注引作「釣人駭」。

幽明錄尙有牛渚津金牛事類此，類聚卷八三引曰：「淮牛渚津水極深，無可筭計。人見一金牛，形甚瑰壯，以金爲鎖絆。」御覽卷七一又卷八一一亦引。

當塗亦有金牛渚。寰宇記卷一〇五太平州當塗縣曰：「牛渚山在縣北三十五里，突出江中，謂爲牛渚圻……輿地志云：『牛渚山首有人潛行，去此處連洞庭，旁通無底，見有金牛狀異，乃驚怪而出。』」又云：「金牛渚，在縣西北十里，東方朔神異記云有銅，與金相似；又云昔有金牛起于此山，入牛渚，坎穴猶存。」

御覽卷八九九引袁喬江賦注曰：「吳時有錢約釣於牛渚，獲一金鎖，引之則金牛，汎然而出，約懼而捨，因以爲名。」五色線卷上亦云：「袁嶠江賦有金牛渚，張安見金牛帶鎖於水上，因名。」亦爲牛渚金牛事。

古傳鎖牛出水事極多，不止巴丘、牛渚。

御覽卷六六引鄧德明南康記曰：「贛潭在郡下。昔有長者於此潭以釣爲事，恆作漁父歌，其聲慷慨。忽聞綸動，須臾一物，形似小水牛，『眼光如鏡，或言水犀，浮躍逐綸，角帶金鏁。釣客因引得鏁出水，數十丈，鏁斷，餘數丈，盡是珍寶。』」

贛潭當在贛縣，其時爲南康郡治。輿地志所載乃作儲潭。御覽卷四八引曰：「儲潭山……常有漁者釣於此潭，得金鎖縈，引舟中，向數百丈。忽一物隨鎖而來，其形如水牛，眼赤角白。及見人驚駭拽走，而漁者以刀斷得數尺，不知其所由然也。」寰宇記卷一〇八虔州贛縣云：「儲潭祠，在縣北二十里。」

御覽卷九○○引郭季產集異記曰：「兖州人船行，忽見水上有浮鎖，牽取得數許丈，乃得一白牛，與常牛無異，而形甚光鮮可愛。知是神物，乃放之，牛于是入水，鎖亦隨去。」兖州今屬山東。

御覽同卷又引劉欣期交州記云：「九眞居鳳山夷人，有一嫗向田，見金牛出食，斫得鼻鎖長丈餘。後人往往見牛夜出，光曜數十里也。」九眞，郡名，在今越南。

又引竺法眞登羅山疏曰：「增城縣南有烈清洲，洲南又有牛潭。漁人見金牛常出水盤石上。義熙中，縣民張安釣此潭，於石上躡得金鏁，大如指，長數十尋，尋之不已。俄有物從水中引之，力不能禁，以刀斫斷，唯得數尺，遂致大富。後義興周靈分亦好釣，嘗見此牛寢伏石上，旁有金鎖，往掩之，得二丈許，遂以財雄，爲南江都尉。」增城縣今屬廣東。

羅浮山記亦載牛潭金牛事，御覽卷六六引曰：「牛潭深洞無極，北岸有石，周圍長三丈許。漁人見牛自水而出，盤於此石。」

唐梁載言十道志亦有記，廣記卷四三四引曰：「增城縣東北二十里，深洞無底；北岸有石，周圍三丈。漁人見金牛自水出，盤于此石。義熙中，縣人常於此潭石得金鏁，尋之不已。俄有牛從水中引之，握不禁，以刀扣斷，得數段，人遂致富。其後義興周靈甫常見此牛宿伏石上，旁有金鏁如繩焉。靈甫素驍勇，往掩之，此牛掣斷其鏁，得二丈許，遂以財雄也。」

寰宇記卷一〇〇福州閩縣云：「金鏁江在州西二十里。閩中記云：昔有漁父垂釣，得金鏁，引鏁盡，見金牛奔涌。漁者急挽至岸，牛斷，猶得鏁長二尺。晉康帝詔于此立廟，其神甚靈。」閩中記，唐林諝撰。

劉敬叔異苑卷二云：「晉康帝建元中，有漁父垂釣，得一金鎖，引鎖盡，見金牛，急挽出，牛斷，猶得鎖長二尺。」未言其地，蓋亦閩縣也。

或但言水中出牛，而不云及金鎖，此等記載亦夥。如御覽卷九〇〇引劉道眞錢塘記云：「明聖湖有金牛，嘗有見者，神化莫測，遂以名湖。」

又引史荅武昌郡記曰：「武昌牛崗，古老相傳云有金牛出此，今牛已崩破，坑大數十丈，牛因躍出，踐崗邊石，遺迹尙在。」

廣記卷四三四引渚宮故事云：「桓玄在南，常出詣殷荆州。於鶴穴逢一老翁，羣驅青牛，形色瓌異。玄卽以所乘牛易取，乘之至靈溪，駿駃非常。玄息駕飲牛，牛走入水不出。桓使覘守，經日絕迹。當時以爲神物。」

又引稽神錄云：「京口居人晚出江上，見石公山下有二青牛，腹嘴皆紅，戲於水際。一白衣老翁長可三丈，執鞭於其旁。久之，翁迴顧見人，卽鞭二牛入水，翁卽跳躍而上。倏忽漸長，一舉足，徑上石公山頂，遂不復見。」

酉陽雜俎續集卷八云：「勾漏縣大江中有潛牛，形似水牛，每上岸鬭，角軟還入江水，角堅復出。」

唐李公佐古岳瀆經所寫楚州龜山下渦水神無支祁，與巴丘等處金牛事頗似，疑據此而衍，惟易牛爲猿耳。略云：「永泰中，李湯任楚州刺史，時有漁人夜釣於龜山之下，其釣因物所制，不復出。漁者健水，疾沉於下五十丈，見大鐵鏁，盤繞山足，尋不知極。遂告湯。湯命漁人及能水者數十，獲其鏁，力莫能制。加以牛五十餘頭，鏁乃振動，稍稍就岸。時無風濤，驚浪翻涌，觀者大駭。鏁之末見一獸，狀有如猿，白首長鬐，雪牙金爪，闖然上岸，高五丈許，蹲踞之狀若猿猴。但兩目不能開，兀若昏昧，目鼻水流如泉，涎沫腥穢，人不可近。久乃引頸伸欠，雙目忽開，光彩若電，顧視人焉，欲發狂怒。觀者奔走，獸亦徐徐引鏁，拽牛入水去，竟不復出。」後公佐得古岳瀆經，知其獸爲無支祁，禹鏁於龜山足下云。

唐李肇國史補卷上亦云：「楚州有漁人，忽於淮中釣得古鐵鎖，挽之不絕。以告官，刺史李陽大集人力引之，鎖窮，有青獼猴躍出水，復沒而逝。後有驗山海經云：『水獸好爲害，禹鎖於軍山之下，其名無支奇。』」

劉晨阮肇

漢明帝永平五年〔一〕，剡縣劉晨〔二〕、阮肇，共入天台山取穀皮〔三〕。迷不得返，經十三〔四〕日，糧乏盡，饑餒殆死。遙望山上有一桃樹，大有子實，而絕巖邃澗〔五〕，永〔六〕無登路。攀緣藤葛，乃得至上。各噉數枚，而饑止體充。復下山，持杯取水，欲盥嗽〔七〕，見蕪菁葉從山腹流出，甚鮮新，復一杯流出，有胡麻飯糝〔八〕。相謂曰：「此必去人徑不遠〔九〕。」便共沒水，逆流行二三里，得度山。出一大溪邊，有二女子，姿質妙絕。見二人持杯出，便笑曰：「劉、阮二郎捉向所失流杯來。」晨、肇既不識之，緣二女便呼其姓，如似有舊，乃相見忻喜〔一〇〕。而悉問來何晚，因邀還家。

其家銅〔一一〕瓦屋，南壁及東壁下各有一大牀，皆施絳羅帳，帳角懸鈴，金銀交錯。牀頭各有十侍婢，勅云：「劉、阮二郎經涉山岨〔一二〕，向雖得瓊實，猶尙虛弊，可速作食。」食胡麻飯、山羊脯、牛肉，甚甘美。食畢行酒。有一羣女來，各持三五〔一三〕桃子，笑而言：「賀汝壻來。」酒酣作樂。劉、阮忻怖交幷〔一四〕。至暮，令各就一帳宿，女往就之。言聲淸婉，令人忘憂。

至十日後，欲求還去。女云：「君已來是，宿福所牽，何復欲還耶〔三五〕？」遂停半年。氣候艸木是春時，百鳥啼鳴，更懷悲思，求歸甚苦。女曰：「罪牽君〔三六〕，當可如何！」遂呼前來女子，有三四十人，集會奏樂，共送劉、阮，指示還路。既出，親舊零落，邑屋改異，無相識。問訊得七世孫，傳聞上世入山，迷不得歸。至晉太元八年〔三七〕，忽復去，不知何所。（據珠林卷四一引幽明錄，又類聚卷七、六帖卷五、御覽卷四一又卷九六七、事類賦注卷二六並引，六帖、御覽卷九六七作幽冥錄）

〔一〕漢明帝，卽劉莊，永平起公元五八年訖七五年，五年乃公元六二年。按「明帝」二字珠林原引無，據六帖、御覽卷四一引補。

〔二〕劉晨，御覽卷九六七引作「劉晟」，注云：「音成。」

〔三〕天台山，在浙江天台縣北，屬仙霞嶺東支。自古傳爲仙山，道徒多集於此。文選卷一一孫綽遊天台山賦序云：「天台山者，蓋山嶽之神秀者也。涉海則有方丈、蓬萊，登陸則有四明、天台，皆玄聖之所遊化，靈仙之所窟宅。」「取穀皮」三字珠林引無，據御覽卷四一又卷九六七引補，卷四一「穀」作「榖」（卽「穀」字）。穀，木名，又稱楮、構，其皮稱穀皮（又作「榖皮」），可製衣，亦可造紙。陸機毛詩草木鳥獸蟲魚疏云：「今江南人績其皮以爲布，又擣以爲紙，謂之穀皮紙。」漢魏六朝時，其皮常用以製巾，稱穀皮巾。隱者服之。後漢書卷八三逸民周黨傳：「建武中，徵爲議郎，以病去職，遂將妻子居黽池。復被徵，不得已，乃著短布單衣、穀皮綃頭待見尚書。」注：「以穀樹皮爲綃頭也。」梁書卷五一處士張孝秀傳：「孝秀性通率，不好浮華，常冠穀皮巾，躡蒲履，手執并櫚皮麈尾，服寒食散，盛冬能臥於石。」南史卷四九劉訏傳：「訏嘗著穀皮巾，披衲衣，每遊山澤，輒流連忘反。」

〔四〕三，御覽卷四一引作「餘」。

〔五〕按：此句據御覽卷四一及卷九六七引補。

〔六〕永，御覽卷四一引作「了」。

〔七〕嗽，通「漱」，御覽卷四一引作「漱」。

〔八〕胡麻，芝麻。神仙家稱作巨勝，以爲仙品。葛洪抱朴子仙藥：「巨勝一名胡麻，餌服之不老。」魏伯陽參同契二土全功章：「巨勝尚延年，還丹可入口。」糝（ㄙㄢˇ），飯粒，又作「糂」。說文七上米部：「糂……粒也。」

〔九〕按：「相謂」至此十字據御覽卷四一引補。

〔一〇〕忻喜，原引無，今據御覽卷四一引補。

〔一一〕銅，御覽卷四一引作「筒」。筒瓦，瓦形如圓筒者。

〔一二〕岨（ㄐㄩ），同「砠」，戴土之石山，一說戴石之土山，此泛言山。御覽卷四一引作「阻」。

〔一三〕三五，原引作「五三」，今從御覽卷四一引。

〔一四〕按：此句據御覽卷四一引補。

〔一五〕按：「至十日後」至此，據御覽卷四一引補。

〔一六〕罪，俗世罪孽；牽，牽挽。

〔一七〕太元八年，公元三八三年。

廣記卷六一引此事作神仙記，書不詳；明鈔本作搜神記，恐誤。其文曰：「劉晨、阮肇入天台採藥，遠不得返。經十三日，饑。遙望山上有桃樹子熟，遂躋險援葛至其下，噉數枚，饑止體充。欲下山，以杯取水，見蕪菁葉流下，甚鮮妍。復有一杯流下，有胡麻飯焉。乃相謂曰：『此近人矣。』遂渡山，出一大溪，溪邊有二女子，色甚美。見二人持盃，便笑曰：『劉、阮二郎捉向杯來。』劉、阮驚。二女遂忻然如舊相識，曰：『來何晚耶？』因邀還家。東南二壁各有絳羅帳，帳角懸鈴，上有金銀交錯，各有數侍婢使令。其饌有胡麻飯、山羊脯、牛肉，甚美。食畢行酒。俄有羣女持桃子，笑曰：『賀汝壻來。』酒酣作樂。夜後各就一帳宿，婉態殊絕。至十日求還，苦留半年。氣候草木，常是春時，百鳥啼鳴，更懷鄉，歸思甚苦。女遂相送，指示還路。鄉邑零落，已十世矣。」

類林雜說卷一五、重修政和證類本草卷二四胡麻、輿地紀勝卷一二台州景物下及仙釋、蒙求注卷中等書引此事並題作續齊諧記。今本無，佚文也。證類本草、紀勝引文俱簡。類林作「永安十五年」，譌。證類本草剡縣譌作「剣縣」。紀勝作「永平中」；後作「晉元康元年」。蒙求注所引特詳，茲移錄如次：「漢明帝時，永平十五年，剡縣有劉晨、阮肇，入天台山採藥，迷失道路，糧食乏盡。望山頭有一桃樹，二人共取桃食，如覺少健。下山得澗水飲之，并各澡洗，又見蔓菁葉從山腹流出，次又有一杯流出，中有胡麻飯屑。二人相謂曰：『去人不遠。』因各入水，水深四尺許。行一里，又度一山，出大溪，見二女子，顏容絕妙。便喚劉、阮姓名，如有交舊，歡悅問曰：『劉郎等來何晚？』因邀過家。廳館服飾，無不精華，東西各有床，帳帷幔七寶瓔珞，非世所有。左右侍直靑衣，並皆端正，都無男兒。須臾，下胡麻飯、山羊脯，食之甚美，又設甘酒。又有數仙客，投三五桃子，至女家，云來慶女婿。各出樂器，歌調作樂。既向暮，仙女各還去。劉、阮就所邀女宿，言語巧美，又行夫婦之道。住十五日，求還。女曰：『今來至此，皆是宿福所招，得與仙女交接，流俗何可樂？』遂住半年。天氣和適，常如二三月中，百鳥哀鳴，能不悲思，求去甚切。女云：『罪根未滅，使君等如此。』更喚諸仙女，作絃歌共送劉、阮，云：『從此山東洞口去不遠，至大道。』隨其言，果得還家鄉。都無相識，鄉里怪異。乃驗七世子孫，云傳聞上世祖翁入山不出，不知所在。今乃是既無親屬棲宿，欲還女家，尋山路不獲。至太康八年，失二人所在。」（佚存叢書本）類說卷六傳記云：「漢明帝時，劉晨、阮肇同入天台，見二女，出胡麻飯、山羊脯，設桃及酒甚美。踰年乃歸，鄉里皆變，推尋其家，已經七代孫也。」（按：傳記卽唐劉餗之隋唐嘉話，今本無此文，內容亦與全書旨向不合，當非出本書。）

五代王松年仙苑編珠卷上云：「劉晨、阮肇，剡縣人也。採藥於天姥岑，迷入桃源洞，遇諸仙。經半年却歸，已見七代孫子。」本幽明錄爲說而又發生演化。

宋羅燁醉翁談錄辛集卷一劉阮遇仙女于天台山、綠窗新話卷上劉阮遇天台女仙亦載，事同。新話注出齊諧記，脫「續」字。眞仙通鑑卷七劉晨，亦以續齊諧記爲據，與蒙求注所引文句大同，從略。情史卷一九情疑類天台二女乃與廣記同。

劉、阮事言神仙者常引爲美談，於天台山等處附會遺跡甚多。又傳天姥峯乃其遇仙處。洞天福地記七十二福地云：「天姥岑，在台州天台南，劉、阮迷路處。」輿地紀勝卷一二台州景物上云：「桃源，在郡圃。守黃㽦植桃百餘，蓋倣劉、阮故事。有詩云：『本自深山老圃來，偶分符竹到天台。漫山幸可容桃李，莫待劉郎去後栽。』」景物下云：「劉阮洞，在天台縣西北二十里。漢永平中，劉晨、阮肇入山採藥失道，見桃食之，覺身輕。行數里至溪滸，有二女方笄，笑迎以歸。留半載謝去，至家子孫已七世矣。見續齊諧記。」又古迹：「劉阮廟，在天台縣西北三十里雙闕下，世傳二仙所至卽其處。」又卷一〇紹興府景物上：「桃源，在嵊縣南三里，舊經云劉、阮剡縣人，入天台山，此其居也，林槩越中詩所謂『桃花源靜客忘歸』是也。」

晚唐曹唐有大遊仙劉晨阮肇遊天台七律五首，咏劉、阮事（才調集卷四），其他詩文題詠者尙多；至取作故實者，尤難盡舉。

宋元以下小說、雜劇、傳奇多有演劉、阮事者。寶文堂書目著錄劉阮仙記，係宋、元話本，已佚。馬致遠、陳伯將均有悞入桃源雜劇（錄鬼簿、錄鬼簿續編），汪元亨撰有桃源洞雜劇（錄鬼簿續編），明佚名有相送出天台雜劇（遠山堂劇品），均佚。又明王子一有悞入桃源（元曲選），楊之炯有天台奇遇（古本戲曲叢刊），悉見存。

聊齋誌異卷三翩翩敍羅子浮入深山洞府，得逢仙女翩翩，結好而生子，後攜子歸，復尋之，洞口雲迷而返。異史氏（蒲松齡）評曰：「……雲迷洞口，無蹟可尋，睹其景況，眞劉、阮返棹時矣。」雖不能謂脫化於劉、阮之事，然蒙其影響，蒲氏亦不諱矣。

黃原

漢時太山〔一〕黃原，平旦開門，忽有一青犬在門外伏，守備如家養。原紲犬，隨隣里獵。日垂夕，見一鹿，便放犬，犬行甚遲，原絕力逐，終不及。行數里，至一穴，入百餘步，忽有平衢，槐柳列植，行牆迴帀。原隨犬入門，列房櫳戶可有數十間，皆女子，姿容妍媚，衣裳鮮麗，或撫琴瑟，或執博碁〔二〕。

至北閣，有三間屋，二人侍直，若有所伺。見原，相視而笑：「此青犬所致妙音壻也。」一人留，一人入閣。須臾，有四婢出，稱太眞夫人白黃郎：「有一女年已弱笄〔三〕，冥數應爲君婦。」既暮，引原入內。內有南向堂，堂前有池，池中有臺，臺四角有徑尺穴，穴中有光映帷席。妙音容色婉妙，侍婢亦美。交禮既畢，宴寢如舊。

經數日，原欲暫還報家。妙音曰：「人神道異，本非久勢。」至明日，解珮分袂，臨階涕泗：「後會無期，深加愛敬。若能相思，至三月旦，可修齋潔。」四婢送出門。半日至家，情念恍惚。每至其期，常見空中有輧車，髣髴若飛。（據珠林卷四一引幽明錄）

〔一〕太山，即泰山，郡名，治奉高（今山東泰安縣東北）。

〔二〕博碁，博戲之棋子，「碁」同「棋」。按博即六博、陸博，古時一種棋類遊戲，凡十二子，六白六黑，兩人相博，每人六子。「博」又作「簙」。

〔三〕弱笄，女子十五歲。弱，年少。按古者女子十五歲結髮插笄表示成人，可以出嫁，其時尚弱，故稱弱笄。

唐人說薈一二集題孫頠神女傳之太眞夫人，卽此文。神女傳係明人僞纂，妄加撰名以實其書耳。情史卷一九亦取入，題妙音。

河伯女

陽羨縣〔一〕小吏吳龕，有主人在溪〔二〕南。嘗以一日乘掘頭舟過水〔三〕，溪內忽見一五色浮石。取內牀頭，至夜化成一女子，自稱是河伯女〔四〕。（據中華書局校古香齋本初學記卷五引劉義慶幽明錄，又書鈔卷一三七、御覽卷五二、事類賦注卷七並引）

〔一〕陽羨縣，秦置，今江蘇宜興，東晉、南朝爲義興郡治。

〔二〕按：陽羨境內多溪，寰宇記卷九二常州宜興縣云：「風土記云陽羨縣小溪九所，是爲三湖九溪，今縣內只有六溪，餘三溪不知其處。」六溪爲荆溪、圻溪、慈湖溪、陽溪、章溪、洑溪。

〔三〕按：「乘」字據書鈔引補。掘頭舟，船頭突起之舟，掘，突也。書鈔、御覽引作「掘頭舡」。

〔四〕按：此句據書鈔引補。

異苑卷二云：「陽羨縣小吏吳龕，於溪中見五色浮石，因取內牀頭，至夜化成女子。」

御覽卷七〇三引續齊諧記佚文云：「武昌小吏吳龕，渡水得五色石。夜化爲女子，稱是龕婦。至家見婦翁，被白羅袍，隱漆几，銅唾壺，狀如天府，自稱河伯（按：脫「女」字）。」述異記卷下云：「陽羨縣小吏吳龕，家在溪南。偶一日以掘頭船過水，溪內忽見一五色浮石，龕遂取歸，置於牀頭。至夜化爲一女子，至曙仍是石。後復投於本溪。」

按：河伯女事，韻致頗佳，惜乎所記均簡，難睹其詳矣。

彭娥

晉永嘉之亂〔一〕，郡縣無定主，強弱相暴。宜陽縣〔二〕有女子，姓彭名娥，父母昆弟十餘口，爲長沙賊所攻〔三〕。時娥負器出汲於溪，聞賊至，走還，正見塢壁〔四〕已破，不勝其哀。與賊相格，賊縛娥，驅出溪邊，將殺之。

溪際有大山，石壁高數十丈，娥仰呼曰：「皇天寧有神不〔五〕？我爲何罪，而當如此？」因奔走向山。山立開，廣數丈，平路如砥。羣賊亦逐娥入山，山遂崩合，泯然如初，賊皆壓死山裏，頭出山外〔六〕。娥遂隱不復出。

娥所捨汲器，化爲石，形似雞，土人因號曰石雞山〔七〕，其水爲娥潭〔八〕。（據珠林卷

四三引幽明錄，又御覽卷八八八、廣記卷一六一又卷三九七並引，廣記卷一六一作幽冥錄）

〔一〕永嘉之亂，西晉惠帝永興元年（三〇四年），匈奴人劉淵起兵建漢，懷帝永嘉五年（三一一年）其子劉聰遣石勒滅晉軍十餘萬，又遣劉曜攻破洛陽，俘懷帝，殺王公士民三萬餘，史稱永嘉之亂。

〔二〕宜陽縣，漢置，今屬河南省。

〔三〕攻，廣記卷一六一引作「殺」，卷三九七引作「擄」。

〔四〕塢（ㄨ）壁，土障，築於村鎮外以爲防禦之用。廣記卷一六一引作「牆壁」。

〔五〕按：以上十字廣記卷三九七引作：「娥仰呼皇天：『山靈有神不？』」

〔六〕外，原譌作「入」，據廣記卷三九七及御覽引正。

〔七〕石鷄山，御覽引作「雞山」。

〔八〕按：原脫「其水」二字，據御覽引補。廣記卷一六一引作「女娥潭」，上無「其水爲」三字，卷三九七引作「溪爲娥潭」。

士人甲

晉元帝世有甲者〔一〕，衣冠族姓，暴病亡。見人將上天詣司命〔二〕，司命更推校，算歷〔三〕未盡，不應枉召，主者發遣令還。甲尤脚痛，不能行，無緣得歸。主者數人共愁，相謂曰：「甲若卒以脚痛不能歸，我等坐枉人之罪。」遂相率具白司命。司命思之良久，曰：「適新召胡人康乙〔四〕者，在西門外，此人當遂死，其脚甚健，易之，彼此無損。」主者承敕出，將易之，胡形體甚醜，脚殊可惡，甲終不肯。主者曰：「君若不易，便長決留此耳。」不獲已，遂聽之。主者令二人並閉目，倏忽，二人脚已各易矣。仍卽遣之。

豁然復生，具爲家人說。發視，果是胡脚，叢毛連結，且胡臭。甲本士，愛翫手足，而忽得此，了不欲見。雖獲更活，每惆悵，殆欲如死。旁人見識此胡者，死猶未殯，家近在茄子浦〔五〕。甲親往視胡尸，果見其脚著胡體，正當殯斂，對之泣。胡兒並有至性，每節朔〔六〕，兒並悲思，馳往抱甲脚號咷；忽行路相逢，便攀援啼哭。爲此每出入時，恆令人守門，以防胡子。終身憎穢，未嘗悮視，雖三伏盛暑，必復重衣，無暫露也。（據廣記卷三七六引幽明錄）

〔一〕晉元帝，卽司馬睿，三一七年至三二二年在位。甲者，某甲。

〔二〕司命，司人世生死之神。古以文昌六星之第四星爲司命，一說三台之上台二星。後演爲文昌帝君。

〔三〕算歷，壽數。

〔四〕按：西域康居國人來華，常以「康」爲姓，如吳僧康僧會即康居人，此胡人康乙，蓋即由康居移居中國者。康居，約在今巴爾喀什湖與鹹海之間。

〔五〕茄子浦，西陽雜俎卷一九：「水經云：石頭西對蔡浦，浦長百里，上有大荻浦，下有茄子浦。」晉書卷六七郗鑒傳載：「陶侃爲盟主，進鑒都督揚州八郡軍事……率衆渡江，與侃會于茄子浦。」即此。

〔六〕節朔，節日、節令，指祭死者之節日，如今之清明節之類。梁書卷三六孔休源傳：「其年五月卒，時年六十四，遺令薄葬，節朔薦蔬菲而已。」

舒禮

晉巴丘縣有巫師舒禮，永昌元年〔一〕病死，土地神〔二〕將送詣太山。俗人謂巫師爲道人〔三〕。路過冥司福舍〔四〕門前，土地神問吏：「此是何等舍？」門吏曰：「道人舍。」土地神曰：「是人亦是道人。」便以相付。禮入門，見數千間瓦屋〔五〕，皆懸竹簾，自然牀榻〔六〕，男女異處。有誦經〔七〕者，唄偈〔八〕者，自然飲食者，快樂不可言。禮文書名已至太山門，而又身不至到。推〔九〕土地神，神云：「道見數千間瓦屋，即問〔一〇〕

吏，言是道人，即以付之。」於是遣神更錄取。禮觀未徧，見有一人八手四眼，捉金杵，逐欲撞之，便怖，走還出門，神已在門迎，捉送太山。

太山府君問禮：「卿在世間，皆何所爲？」禮曰：「事三〔一〕萬六千神，爲人解除、祠祀〔二〕，或殺牛犢、猪羊、雞鴨。」府君曰：「汝佞神殺生，其罪應上熱熬〔三〕。」使吏牽著熬所。見一物，牛頭人身〔四〕，捉鐵叉，叉禮著熬上〔五〕，宛轉，身體燋爛，求死不得。已經一宿二日〔六〕，備極寃楚〔七〕。府君問主者：「禮壽命應盡？爲頓奪其命？」按〔八〕錄籍，餘筭〔九〕八年。府君曰：「錄來！」牛頭人復以鐵叉叉著熬邊。府君曰：「今遣卿歸，終畢餘筭，勿復殺生淫祀〔一〇〕。」禮忽還活，遂不復作巫師。（據珠林卷七八引幽冥記，又御覽卷七三五、廣記卷二八三引幽明錄）

〔一〕永昌，東晉元帝年號，凡一年，即三二二年。按「永昌」上原有「晉」字，與前重出，今刪。

〔二〕土地神，又稱土地，管一方土地之神。本屬中國鬼神系統，佛教亦取之，若泰山神然。

〔三〕按：魏晉時巫師、道徒及僧人皆稱道人，乃道術之人之義，故下文有土地神誤將舒禮送入福舍之事。

〔四〕按：原引無「冥司」二字，據廣記引補。御覽引作「禮舍」。福舍，僧人死後在冥間所住處。幽明錄「趙泰」條云：「人死有三惡道，殺生禱祠最重。奉佛持五戒十善，慈心布施，生在福舍，安穩無爲。」（廣記卷

一〇九引）

〔五〕按：此句廣記引作「見千百間屋」。

〔六〕自然，自由不拘，舒適。牏，同「榻」，御覽引作「榻」。廣記引以上二句作「皆懸簾置榻」。

〔七〕廣記引作「念誦」。

〔八〕唄偈（ㄅㄞˋ ㄐㄧˋ），歌詠頌詞。唄，梵文「唄匿」省稱，唱也；偈，「偈陀」省稱，頌詞。每偈四句，每句三、四、五、六、七言不等。廣記引作「唄唱」，御覽引作「唱偈」。

〔九〕推，推問。

〔一〇〕問，原引譌作「間」，據御覽引正。

〔一一〕三，御覽引作「二」。

〔一二〕解除，禳解祛除災病。按論衡解除云：「世信祭祀，謂祭祀必有福；又然解除，謂解除必去凶。」

〔一三〕按：以上二句中之「佞神殺生其」五字，據廣記引補，下句廣記作「其罪應重」。熱熬，當即鐵牀，參注〔一五〕。按佛教五戒，其首爲戒殺生。

〔一四〕牛頭人身，牛頭人形之獄卒。又有馬面者，俗稱牛頭馬面。楞嚴經：「牛頭獄卒，馬頭羅刹。」

〔一五〕按：此句廣記引作「捉禮投鐵牀上」。

〔一六〕按：此句廣記引作「經累宿」。

〔一七〕按：此句據廣記引補。

〔一八〕校，同「校」，查對。御覽引作「校」。

〔一九〕筭，同「算」，壽算。

〔二〇〕淫祀，不合祀典之濫祀。淫，過度，無節制。禮記曲禮：「非其所祭而祭之，名曰淫祀。」風俗通義祀典引禮記、國語，謂天地、社稷、山川之神皆在祀典，又云至漢平帝時，所祀者「天地六宗已下及諸小神凡千七百所」，數目大增。至民間所祀之神尤多，因地因時而異，往往不在祀典，此之謂淫祀。巫祝借淫祀蠱惑百姓。如風俗通怪神云：「會稽俗多淫祀，好卜筮，民一以牛祭。巫祝賦斂受謝，民畏其口，懼被祟，不敢拒逆。是以財盡於鬼神，產匱於祭祀。」

參軍鸜鵒

晉司空桓豁在荆〔一〕，有參軍剪五月五日鸜鵒舌〔二〕，教令學語，遂無所不名，與人相問〔三〕。顧參軍善彈琵琶，鸜鵒每立聽移時，又善能效人語聲。司空大會吏佐，令悉效四坐語，無不絕似。有生齆鼻〔四〕，語難學，學之不似，因內頭於瓮中以效焉，遂與齆者語聲不異。

主典人〔五〕於鸜鵒前盜物，參軍如廁，鸜鵒伺無人，密白主典人盜某物，參軍銜之而未發〔六〕。後盜牛肉，鸜鵒復白，參軍曰：「汝云盜肉，應有驗〔七〕。」鸜鵒曰：「以新荷裹着屏風後。」檢之果獲，痛加治。而盜者患之，以熱湯灌殺。參軍爲之悲傷累日，遂請殺此人，以報其怨。司空言〔九〕曰：「原殺鸜鵒之痛，誠合治殺；不可以禽鳥故，極之於法。」令止五歲刑也。（據御覽卷九二三引幽明錄，又類聚卷四四、六帖卷九五、北戶錄卷一注、廣記卷四六二、御覽卷五八三又卷七四〇並引）

〔一〕桓豁，字朗子，東晉權臣桓溫弟。簡文時爲右將軍，桓溫以豁監荆、揚、雍州軍事，領護南蠻校尉、荆州刺史。孝武時遷征西大將軍、開府。卒贈司空。晉書卷七四有傳。司空，又稱大司空，三公之一（餘爲大司馬、大司徒），掌國務。荆，荆州，類聚、六帖、廣記、御覽卷五八三又卷七四〇並引作「荆州」。西漢置荆州刺史部，東漢治漢壽（今湖南常德市東北），劉表刺荆州，徙襄陽（今湖北襄樊市），吳又置於南郡（今湖北江陵縣）。晉時州治屢遷。晉初治襄陽，後徙江陵。陶侃爲荆州刺史，嘗移鎮沌口（今湖北漢陽東南），王敦治武昌，或又在夏口。桓溫平蜀，復鎮江陵。太元初桓沖又移上明（今湖北松滋縣西），十四年王忱還江陵。（以上據南齊書卷一四州郡志下）桓豁鎮荆在桓溫後，桓沖前，州治當在江陵。

〔二〕參軍，諸王及將軍開府者之幕僚，參謀軍事。桓豁時爲荆州刺史，亦開設府署，自選幕僚，故有參軍。鸜鵒（ㄑㄩˊ ㄩˋ），類聚、北戶錄注引作「鴝鵒」，即八哥，剪舌可使學人語。北戶錄注引淮南萬畢術曰：「寒皋斷舌，可使語。寒皋一曰鴝鵒。」禽經曰：「鴝鵒剔舌而語。」注：「山海經謂之鸛鵒。今人育其雛，以竹刀剔舌本，發之言語。謝尙能作鴝鵒舞之。」荆楚歲時記云：「五月五日……取鴝鵒教之語。」注：

「此月鴝鵒子毛羽新成，俗好登巢取養之，以教其語也。」異苑卷三亦云：「五月五日翦鴝鵒舌，教令學人語，聲尤清越，雖鸚鵡不能過也。」

〔三〕按：此四字據類聚、御覽卷五八三引補；類聚「問」譌作「閔」。

〔四〕按：此句廣記引作「時有參佐齆鼻」，北戶錄注引作「有一佐䶑鼻」。「齆」、「䶑」同。廣韻去聲送韻：「鼻塞曰䶑。」音 ㄨㄥˋ。

〔五〕主典人，管事。

〔六〕按：「密白」至此，影宋本御覽原引作「密白主典人流如千種一二條列銜之而未發」，字多脫譌，茲從鮑本引。

〔七〕驗，證也。

〔八〕言，鮑本作「教」。

此事異苑卷三亦載，僅至「移時」。同卷「白鸜鵒」條記張華有白鸜鵒，常說僮僕善惡，亦此類。

獨異志卷上曰：「晉桓豁鎮荆州，有一參軍五月五日採鴝鵒鶵，剪其舌，令學人語，經年遂能言。後因大會，豁出之，令遍學座客話。有一人患齆鼻，鴝乃遽飛入甕中，語與患者無異，舉座皆笑。」本幽明錄。

聊齋誌異卷三鴝鵒，亦爲鴝鵒善語故事。

賈弼

河東賈弼〔一〕，小名醫兒，具諳究世譜〔二〕。義熙中，爲琅邪府〔三〕參軍。夜夢有一人，面鱕皰〔四〕，甚多鬚〔五〕、大鼻、瞷目〔六〕，請之曰：「愛君之貌，欲易頭，可乎？」弼曰：「人各有頭面，豈容此理！」明晝又夢，意甚惡之〔七〕，乃於夢中許易。明朝起，自不覺，而人悉驚走藏，云：「那漢何處來〔八〕？」琅邪王大驚，遣傳教呼視，弼到，琅邪遙見，起還內。弼取鏡自看，方知怪異。因還家，家人〔九〕悉驚入內，婦女走藏，曰：「那得異男子〔一〇〕？」弼坐，自陳說良久，并遣人至府檢問〔一一〕，方信。後能半面啼，半面笑〔一二〕；兩手〔一三〕各捉一筆俱書，辭意皆美〔一四〕：此爲異也，餘并如先。俄而安帝崩，恭帝立〔一五〕。（據御覽卷三六四引幽明錄，又類聚卷一七、六帖卷二三、廣記卷二七六又卷三六〇、海錄碎事卷九並引，廣記卷三六〇譌作西明雜錄）

〔一〕賈弼，平陽（今山西臨汾西南）人，東晉孝武帝太元中官員外散騎侍郎（詳見下）。按平陽本屬河東郡，魏正始八年分河東郡置平陽郡，治平陽。此稱其爲河東人，乃用舊所屬郡名。類聚、廣記卷三六〇均引作「賈弼之」，獨異志同（見附錄）。按東晉、南朝人姓名，雙名者末字常用「之」。唐宋類書引其名，常或脫「之」字，如稱祖台之爲祖台，王韶之爲王韶，或又誤加「之」字，曰賈弼之者，即此。錄異傳鄒覽之謝邈，廣記作謝邈之，亦屬此類（見後）。

〔二〕世譜，世族之譜牒，世族又稱士族。按魏晉特重門閥，研究世族譜系之譜學，時爲專學。賈弼即爲東晉著名譜家。南史卷五九王僧孺傳云：「始晉太元中，員外散騎侍郎、平陽賈弼篤好簿狀，乃廣集衆家，大搜羣族，所撰十八州一百一十六郡，合七百一十二卷。凡諸大品，略無遺闕，藏在祕閣，副在左戶。及弼子、太宰參軍匪之，匪之子、長水校尉深，世傳其業。」唐柳芳姓系論亦云。

〔三〕琅邪府，琅邪王之府。安帝時，琅邪王乃司馬德文，安帝（司馬德宗）胞弟。見晉書卷一〇安帝紀及恭帝紀。

〔四〕皻（ㄓㄚ），面上小瘡。又作「齇」。集韻平聲三麻部：「皻、齇、䶥、皶，鼻上皰，或从鼻从肉，亦作皶。」類聚、廣記卷三六〇作「査」，廣記卷二七六作「𤻲」，皆譌。皰，御覽原引作「皰」，按「皰」同「勨」、「皶」，疲也，字譌，類聚引作「靤」（廣記卷二七六譌作「鮑」），據正。靤，同「皰」，亦即「疱」。廣記卷三六〇引作「醜」。

〔五〕鬖，據廣記卷三六〇引補，類聚引作「鬘」。

〔六〕瞯（ㄒㄧㄢˊ）目，目向上翻視。類聚引作「瞷」，廣記卷二七六引作「瞯」，字同。說文四上目部：「瞯，戴目也。」又斜視亦曰矙，方言：「矙、睇、睎、略，眄也。……吳揚江淮之間或曰矙。」說文：「江淮之間謂眄曰矙。」「眄……一曰衺(斜)視也。」

〔七〕按：以上十九字據廣記卷三六〇引補。

〔八〕按：以上七字據類聚引補。

〔九〕按：「人」字據類聚、廣記卷三六〇引補。

〔一〇〕按：以上六字據廣記卷三六〇引補，類聚引作「云那得男子」。

〔一一〕按：此句廣記卷三六〇引作「幷遺至府檢閱」。

〔一二〕按：類聚、廣記卷三六〇引無「半面啼」，廣記卷二七六引作「自此後能半面笑啼」，六帖、海錄碎事引「半面笑」在「半面啼」之上。

〔一三〕兩手，類聚引作「兩足手口」，廣記卷二七六引作「兩手足及口中」。

〔一四〕按：此句六帖、海錄碎事引作「文詞各異」，廣記卷二七六引作「詞翰俱美」。

〔一五〕按：以上二句據廣記卷三六〇引補。晉書恭帝紀：「恭帝諱德文，字德文，安帝母弟也。初封琅邪王……(義熙)十四年十二月戊寅，安帝崩……即帝位。」

六帖卷二三、海錄碎事卷九、廣記卷二七六皆略引大意，文簡，詞句多異。

獨異志卷上曰：「賈弼之夜夢一人，面貌極䶩醜，謂弼之曰：『思以易之，可乎？』夢中微有所諾。及覺，臨鏡大驚，一如夢中見者。左右家人見之，皆奔走。其所異者，兩手各執一筆，書之於紙，俱有理例。徐說之，親戚然後乃信。」

宋洪邁夷堅三志辛序曰：「予固嘗立說，謂古今神奇之事，莫有同者。豈無頗相類？要其歸趣則殊，今乃悟爲不廣。前志書蜀士孫斯文，因謁靈顯王廟，慕悅夫人塑像，夢人持鋸截其頭，別以一頭綴頸上，覺而大駭，呼妻燭視，妻驚怖即死。予嘗識其面於臨安。比讀太平御覽所編幽明錄云：『河東賈弼，小名醫兒，爲瑯琊府參軍。夜夢一人，面齇皰甚多，大鼻瞯目，請之曰：「愛君之貌，願易頭，可乎？」夢中許易之。明朝起，自不覺，而人悉驚走。琅邪王呼視，遙見，起還內。弼取鏡自照，方知怪異。因還家，婦女走藏。弼坐自陳說良久，遣人至府檢問，方信。後能半面啼、半面笑，兩手各捉一筆俱書。』然則此兩事豈不甚同？謂之古所無則不可也。幽明錄今無傳於世，故用以序志辛云。」

按：孫斯文事載夷堅丙志卷四，題曰孫鬼腦：「眉山人孫斯文，文懿公抃曾孫也，生而美風姿。嘗謁成都靈顯王廟，視夫人塑像端麗，心慕之。私自言曰：『得妻如是，樂哉！』是夕還舍，夢人持鋸截其頭，別以一頭綴項上。覺而摸索其貌，大駭。取燭自照，呼妻視之，妻驚怖即死。紹興二十八年，斯文至臨安，予屢見之於景靈行香處，醜狀駭人，面絕大，深目倨鼻，厚脣廣舌，鬢髮鬅鬙如蠆。每啖物時，伸舌捲取，咀嚼如風雨聲，赫然一士偶判官也。畫工圖其形，鬻於市廛以為笑。斯文深諱前事，人問者，輒曰：『道與之貌也。』楊公全識其未換首時，曰：『與今不類。』蜀人目之為孫鬼腦云。」

呂球

東平呂球，豐財美貌。乘船至曲阿湖〔一〕，值風不得行，泊菰〔二〕際。見一少女乘船採菱，舉體皆衣荷葉。因問：「姑非鬼耶？衣服何至如此？」女則有懼色，答云：「子不聞『荷衣兮蕙〔三〕帶，倏而來兮忽而逝〔四〕』乎？」然有懼容，迴舟理棹，逡巡而去。球遙射之，卽獲一獺。向者之船，皆是蘋蘩薀藻〔五〕之葉。見老母立岸側，如有所候望。見船過，因問云：「君向來，不見湖中採菱女子耶？」球云：「近在後。」尋射，復獲老獺。居湖次者咸云：湖中常有採菱女，容色過人，有時至人家，結好者甚衆。（據類聚卷八二引幽明錄）

〔一〕曲阿湖，卽練湖，又名後湖，在丹陽，丹陽原稱曲阿，故名。寰宇記卷八九潤州丹陽縣云：「後湖，亦名練湖，在縣北百二十步。」輿地紀勝卷七鎭江府景物上云：「練塘，卽練湖也，在丹陽城一里。……李華爲頌曰：『練塘幅員四十里，菰蒲菱芡之多，龜魚螺蠯之生，厥沃江淮，膏潤數州。』」宋孝武帝劉駿有曲阿後湖詩，詩曰：「宵登眦陵路，且過雲陽郛。平湖曠津濟，菰渚迭明蕪。和風翼歸采，夕氛晦山嵎。鶩瀾鯈魚藻，赬霞照桑楡。」（類聚卷九引）

〔二〕菰，多年生水草，莖基部肥嫩，可爲蔬菜，稱茭白。果實名菰米，一名雕胡米，可煮食。

〔三〕蕙，一名薰草，香草名。莖方形，葉橢圓，夏開花，味極香。古人常以爲佩，故又稱佩蘭。湖南零陵多產，故又稱零陵香。

〔四〕按：引詩出九歌少司命，「倏」原作「儵」，王逸注：「儵，一作倏」，按「倏」、「倐」、「儵」字同，忽也。

〔五〕蘋，水生草本植物，又名田字草。蘩：白蒿。蘊（ㄨㄣ），水草，又名金魚藻。藻，水藻。按此四者古皆用爲食物。左傳隱公三年：「苟有明信……蘋蘩薀藻之菜……可薦於鬼神，可羞於王公。」

蘇瓊

晉安帝元興〔一〕中，一人年出二十，未婚對，然目不干色，曾無穢行。嘗行田，見一女甚麗，謂少年曰：「聞君自以柳季〔二〕之儔，亦復有桑中之歡〔三〕耶？」女便歌。少年微有動色。後復重見之，少年問姓，云：「姓蘇名瓊，家在涂中〔四〕。」遂要還盡

歡。從弟便突入，以杖打女，即化成雌白鵠〔五〕。（據廣記卷四六〇引劉義慶幽冥錄）

〔一〕元興，起四〇二年訖四〇四年，四〇三年曾改號爲大亨。

〔二〕柳季，柳下惠，本名展獲，字禽，一字季，食邑柳下，諡惠，故稱。柳下惠爲春秋魯國士師，古傳其不近女色，坐懷不亂。詩小雅巷伯：「哆兮侈兮，成是南箕。」傳：「魯人有男子獨處于室，鄰之釐婦又獨處于室。夜暴風雨至而室壞，婦人趨而託之，男子閉戶而不納。婦人自牖與之言曰：『子何爲不納我乎？』男子曰：『吾聞之也，男子不六十不閒居，今子幼，吾亦幼，不可以納子。』婦人曰：『子何不若柳下惠然！嫗不逮門之女，國人不稱其亂。』」嫗，抱持於懷，以體暖之。不逮門，不及城門而閉，無宿處也。荀子大略：「柳下惠與後門者同衣而不見疑，非一日之聞也。」後門，即「不逮門」之義。呂氏春秋長利：「戎夷違齊如魯，天大寒而後門。」高注：「後門，日夕門已閉也。」陶宗儀輟耕錄卷四不亂附妾：「夫柳下惠夜宿郭門，有女子來同宿，恐其凍死，坐之於懷，至曉不爲亂。」即據「嫗不逮門之女」爲說。

〔三〕桑中之歡，指男女幽會。詩鄘風桑中：「爰采唐矣，沬之鄉矣。云誰之思，美孟姜矣。期我乎桑中，要我乎上宮，送我乎淇之上矣。」桑中、上宮皆衛國沬邑（一作妹，即今河南淇縣）之地名。毛傳：「桑中、上宮，所期之地。淇，水名也。」

〔四〕涂中，原譌作「塗中」。涂（ㄔㄨˊ），涂水，即今滁河，在今江蘇六合縣。涂水流域，古稱涂中。晉書武帝紀：「（咸寧五年）十一月，大舉伐吳，遣鎮軍將軍、琅邪王伷出涂中。」

〔五〕白鵠，白鶴，涉禽，又天鵝也。按白鵠色白，故其精名瓊，瓊者，玉也。其姓蘇者，蘇爲鳥尾，集韻平聲二模韻：「蘇……搫虞曰鳥尾也。」毛羽潔白如瓊，故自稱蘇瓊也。

雨中小兒

元嘉〔一〕初，散騎常侍劉雋〔二〕家在丹陽。後嘗閑居，而天大驟雨〔三〕，見門前有三小兒，皆可六七歲，相牽狡獪，而並不沾濡，雋疑非人〔四〕。俄見共爭一匏壺子〔五〕，雋引彈彈之，正中壺，霍然不見。雋得壺，因掛閣邊。明日，有一婦人入門，執壺而泣。雋問之，對曰：「此是吾兒物，不知何由在此？」雋具語所以。婦持壺埋兒墓前。間一日，又見向小兒持來門側，舉之笑語雋曰：「阿儂已復得壺矣！」言終而隱。（據廣記卷三二四引幽明錄，又御覽卷三五〇引）

〔一〕元嘉，宋文帝劉義隆年號，起四二四年訖四五三年。

〔二〕散騎常侍，魏始置，侍從皇帝左右，掌規諫、表詔等。御覽引作「散騎」，省稱也。劉雋，御覽引作「劉儁」。「雋」、「儁」字同。

〔三〕按：以上二句原引作「後嘗遇驟雨」，此從御覽引。

〔四〕按：此句據御覽引補。

〔五〕匏（ㄆㄠˊ）壺子，卽瓢葫蘆。御覽引「匏」作「瓠」。詩邶風匏有苦葉：「匏有苦葉。」毛傳：「匏謂之瓠。」

新死鬼

有新死鬼，形疲瘦頓。忽見生時友人，死及二十年，肥健，相問訊曰：「卿那爾？」曰：「吾飢餓，殆不自任，卿知諸方便〔一〕，故當以法見教。」友鬼云：「此甚易耳，但爲人作怪，人必大怖，當與卿食。」

新鬼往入大墟〔二〕東頭，有一家奉佛精進〔三〕，屋西廂有磨，鬼就推〔四〕此磨，如人推法。此家主語子弟曰：「佛憐吾家貧，令鬼推磨。」乃輦麥與之。至夕磨數斛，疲頓乃去。遂罵友鬼：「卿那誑我？」又曰：「但復去，自當得也。」

復從墟西頭入一家，家奉道〔五〕，門傍有碓，此鬼便上碓，如人舂狀。此人言：「昨日鬼助某甲，今復來助吾，可輦穀與之。」又給婢簸篩。至夕力疲甚，不與鬼食。鬼暮歸，大怒曰：「吾自與卿爲婚姻，非他比，如何見欺？二日助人，不得一甌飲食。」友鬼曰：「卿自不偶〔六〕耳。此二家奉佛事道，情自難動，今去，可覓百姓家作怪，則無不得。」

鬼復去，得一家，門首有竹竿。從門入，見有一羣女子，窗前共食；至庭中，有一白狗，便抱令空中行。其家見之大驚，言自來未有此怪。占云：「有客鬼索食，可殺狗，並甘果酒飯，于庭中祀之，可得無他。」其家如師〔七〕言，鬼果大得食。自此後恆作怪，友鬼之教也。（據廣記卷三二一引幽明錄）

〔一〕方便，佛家語，其義爲隨方覓便、見機行事，此處猶言竅門、方法。
〔二〕墟，村落。
〔三〕精進，佛家語，誠心盡力之謂。慈恩上生經疏：「精謂精純無惡雜也，進謂升進不懈怠故。」
〔四〕按：談本此字空闕，明鈔本作「推」，黃曉峯本作「捱」，今從明鈔本。
〔五〕道，此指佛教，六朝佛教亦稱道。
〔六〕不偶，指運氣不佳。偶，遇也。
〔七〕師，巫師。

唐釋法琳辯正論卷七陳子良注引遍略云：「有新鬼不得飲食，形瘦疲頓。忽逢故友，死來積年，形體肥健，便相問訊，請示活方。久鬼答曰：『爲人作怪，人必大怖，因致飲食，爾乃肥健也。』新鬼便入事佛之家，其家精進，常修善業。屋西有磨，鬼往推之。家主大喜，勅子弟曰：『吾家至貧，善神助磨。』急輦麥與之。至暮，磨數十斛麥，旣不得食，疲頓乃去。復到一家，上碓而舂。其家正信，相與喜曰：『昨日某甲家磨，今復來助我舂。』益更輦穀，使婢簸之。至暮，得五十斛米，如是疲弊，又不得食。心中忿怒，不自堪任。夜見久鬼，亟申怨責。久鬼曰：『君自不慮耳。此二家奉佛正信，其心難動，用心一至，亦能感徹，空冥我輩，正當其使。今去可覓門前有竹竿懸斷索灌口者，往彼爲怪。』新鬼用語，至一家，門有竹竿。見一羣女子窗前共食，中庭有一白狗，鬼便令狗在空中行。其家惶怖，競唱云：『生來未見此怪！』卜占云：『客鬼索食，可殺狗煮餅果，於庭中祠之，可得無他。』便如師言。鬼遂得食，復恆飽滿也。』」

明人僞纂託名唐杜青荑之奇鬼傳，採入此文，題爲新鬼（見唐人說薈一五集）。

代郡亭

代郡〔一〕界有一亭，常有怪，不可詣止。有諸生壯勇，行歌止宿〔二〕。亭吏止之，諸生曰：「我自能消此。」乃住宿食〔三〕。

至夜，鬼吹五孔笛，有一手〔四〕，都不能得攝笛。諸生不耐，忽便笑謂鬼曰〔五〕：

「汝止有一手，那得遍笛？我為汝吹來。」鬼云：「為我少指耶？」乃復引手，卽有數十指出〔六〕。諸生知其可擊，拔劍斫之，得一老雄雞，從者幷雞鶵耳〔七〕。（據御覽卷五八〇引幽明記，又廣記卷四六一、事類賦注卷一一並引，作幽明錄）

〔一〕代郡，戰國趙置，秦、西漢治代縣（今河北蔚縣西南），東漢移治高柳（今山西陽高西南），西晉末廢。北魏復置代郡，治平城（今山西大同市北）。

〔二〕止，原譌作「正」，據事類賦注引正。廣記引此句作「暮行，欲止亭宿」。

〔三〕按：「亭吏」至此，據廣記引補。

〔四〕按：以上三句廣記引作「夜諸生前坐，出一手，吹五孔笛」，事類賦注引作「至夜，忽見一手，吹五孔笛」。今據事類賦注補「至夜」二字。

〔五〕按：「鬼曰」二字據廣記引補。

〔六〕按：以上二句原引作「乃數十指出」，今從廣記引，事類賦注引無「復」字，餘同廣記。

〔七〕鶵，同「雛」，事類賦注引作「雛」。「耳」字原無，據事類賦注引補。

焦湖廟祝

焦湖廟祝〔一〕有柏枕，三十餘年，枕後一小坼孔。縣民湯林〔二〕行賈，經廟祈福，祝曰：「君婚姻未？可就枕坼邊。」令林入坼內。見朱門瓊宮瑤臺，勝於世。見趙太尉，爲林婚，育子六人，四男二女。選林秘書郎，俄遷黃門郎。林在枕中，永無思歸之懷，遂遭違忤之事。祝令林出外間，遂見向枕。謂枕內歷年載，而實俄忽之間矣。（據孔廣陶校註本北堂書鈔卷一三四引幽明錄，又廣記卷二八三、太平寰宇記卷一二六並引）

〔一〕焦湖，即巢湖，因其地本爲巢縣地，後陷爲湖，故名。在今安徽合肥市東南、巢縣西。廟祝，祠廟中掌香火者，俗稱香火。

〔二〕湯林，廣記及太平寰宇記引作「楊林」，上有「單父縣人」四字，見附錄。單父縣，秦置，今山東單縣。

廣記引文多異，移錄於下：「宋世，焦湖廟有一栢枕，或云玉枕，枕有小坼。時單父縣人楊林爲賈客，至廟祈求。廟巫謂曰：『君欲好婚否？』林曰：『幸甚！』巫卽遣林近枕邊，因入坼中，遂見朱樓瓊室。有趙太尉在其中，卽嫁女與林，生六子，皆爲秘書郎。歷數十年，並無思歸之志。忽如夢覺，猶在枕傍，林愴然久之。」

太平寰宇記卷一二六廬州合肥縣焦湖廟下引搜神記、幽明錄，文同廣記，唯「或云」之「云」作「名」，「玉枕」下無「枕」字，「思歸」作「思鄉」，且首無「宋世」二字耳。鈎沉注云：「云玉枕者，搜神記說也。」檢今本搜神記無此文。

唐人沈旣濟採此撰爲枕中記，後世戲曲亦多演之。如明谷子敬枕中記雜劇（錄鬼簿續編，佚），車任遠邯鄲夢雜劇（呂天成曲品，佚），佚名三化邯鄲（孤本元明雜劇），徐霖枕中記傳奇（古典戲曲存目彙考卷九，佚），湯顯祖邯鄲記傳奇（古本戲曲叢刊）等，皆演沈氏枕中記。元馬致遠、花李郎、李時中各撰有黃粱夢（元曲選），亦脫化於此。聊齋誌異卷四又有續黃粱。

五代王仁裕開元天寶遺事卷上遊仙枕亦載一奇枕，云：「龜茲國進奉枕一枚，其色如碼碯，溫溫如玉，其製作甚樸素。若枕之，則十洲三島、四海五湖，盡在夢中所見。帝因立名爲遊仙枕。後賜與楊國忠。」

買粉兒

有人家甚富，止有一男，寵恣過常。遊市，見一女子美麗，賣胡粉〔一〕，愛之。無由自達，乃託買粉，日往市，得粉便去，初無所言。積漸久，女深疑之。明日復來，問曰：「君買此粉，將欲何施？」答曰：「意相愛樂，不敢自達，然恆欲相見，故假此以觀姿耳。」女悵然有感，遂相許以私，尅以明夕。

其夜，安寢堂屋，以俟女來。薄暮果到，男不勝其悅，把臂曰：「宿願始伸於此！」歡踴遂死。女惶懼，不知所以，因遯去，明還粉店。至食死，父母怪男不起，往視，已死矣。當就殯斂。

發篋笥〔二〕中，見百餘裹胡粉，大小一積。其母曰：「殺吾兒者，必此粉也！」入市遍買胡粉，次此女，比之，手跡如先。遂執問女曰：「何殺我兒？」女聞嗚咽，具以實陳。父母不信，遂以訴官。女曰：「妾豈復恡死？乞一臨尸盡哀。」縣令許焉。徑往，撫之慟哭曰：「不幸致此，若死魂而靈，復何恨哉！」男豁然更生，具說情狀。遂爲夫婦，子孫繁茂。（據廣記卷二七四引幽明錄）

〔一〕胡粉，鉛粉，古人用以搽面。釋名釋首飾：「胡粉，胡，餬也，脂和以塗面也。」按賣胡粉者乃小本經紀。書鈔卷一三五引魏名臣奏云：「今官販賣胡粉，與百姓爭錐刀之末利，宜乞停之。」

〔二〕篋笥（ㄑㄧㄝˋ ㄙˋ），盛物器具。篋，小箱，大曰箱，小曰篋；笥，方形竹器，圓者曰簞。

綠窗新話卷上郭華買脂慕粉郎演此事，云：「郭華家富好學，求名不達，遂負販爲商。游京城，入市，見市肆中一女子美麗，賣胭脂粉。華私慕之，朝夕就買。經半年，脂粉堆積房內，財本空竭。此女疑之而問曰：『君買此脂粉，將欲何用？』答曰：『意相愛慕，恨無緣會合，故假此覩姿容耳。然每一歸，必形諸夢寐。』女悵然有感曰：『郎君果有意相憐，妾豈木偶人耶？明日父母偶往親戚處會宴，妾託疾守家，君可從東街多景樓側小門直入，卽我屋後花園也，有小亭寂靜，可敍綢繆。』及期，華因遇親友話，至已二鼓矣。女久候不來，乃留一鞋而入。華覘門扃，扉左得鞋，哽愴歸去，以口呑之，氣噎而絕。翌晨，主人見華尙有餘息，於喉中得鞋，又見胭脂粉多，遂挑鞋於粉肆詢之。其父問女，女不敢隱。父乃同主人歸店覘之，華已甦矣。遂命主人爲媒，因嫁爲夫婦。」（按：未注出處。）

醉翁談錄小說名目神仙類有粉合兒，疑與此有關，而又涉及神仙。輟耕錄卷二五院本名目，衝撞引首中有憨郭郎，頗疑卽郭華事。此事元明戲曲屢採之。元曲選有無名氏王月英元夜留鞋記；南詞敍錄著錄王月英月下留鞋，乃元南戲，佚；錄鬼簿續編著錄明郝經雜劇胭脂女子鬼推門，無名氏悞佳期元夜留鞋記，均佚；明徐霖有傳奇留鞋記，佚（古典戲曲存目彙考卷九）；童養中有傳奇胭脂記，今存，載古本戲曲叢刊。豔異編卷二〇、情史卷一〇有買粉兒，蓋自廣記採入。聊齋誌異卷七阿繡，前半云海州劉子固見雜貨肆中一女子姣麗而慕之，日趨肆買香帕、脂粉等類，情事絕似買粉兒，殆襲用而運化者也。

石氏女

鉅鹿〔一〕有龐阿者，美容儀。同郡石氏有女，曾內覩阿，心悅之。未幾，阿見此女來詣阿，阿妻極妒，聞之，使婢縛之，送還石家，中路遂化爲煙氣而滅。婢乃直詣石家，說此事。石氏之父大驚曰：「我女都不出門，豈可毀謗如此！」阿婦自是常加意伺察之。居一夜，方值女在齋中，乃自拘執，以詣石氏。石氏父見之愕眙〔二〕，曰：「我適從內來，見女與母共作，何得在此？」卽令婢僕於內喚女出，向所縛者奄然滅焉。父疑有異故，遣其母詰之。女曰：「昔年龐阿來廳中，曾竊視之，自爾彷彿卽夢詣阿，及入戶，卽爲妻所縛。」石曰：「天下遂有如此奇事！夫精情所感，靈神爲之冥著〔三〕，滅者蓋其魂神也。」既而女誓心不嫁。經年，阿妻忽得邪病，醫藥無徵〔四〕，阿乃授幣石氏女爲妻。

（據廣記卷三五八引幽明錄）

〔一〕鉅鹿，郡名，秦始置，治鉅鹿（今河北平鄉縣）。

〔二〕愕眙（ㄔ），驚愕。文選西都賦：「猶愕眙而不能階。」李善注：「字林曰：眙，驚貌。」按廣記原引譌作「貽」，今正。

〔三〕靈神，靈魂，亦即下文所云魂神。冥著，不知不覺而顯露也。

〔四〕徵，效也。

此爲最早之離魂故事，爲唐陳玄祐離魂記所本。元鄭光祖倩女離魂雜劇（元曲選）、明瞿佑剪燈新話卷一金鳳釵記、初刻拍案驚奇卷二三大姐魂遊完宿願小妹病起續前緣、聊齋誌異卷二阿寶等皆有離魂情事。

馮夢龍情史類略卷九情幻類據廣記採入此事。末按云：「離魂之事往往有之，況神情所注，忽然而翔。自然之理，又何怪也。」

劉義慶 宣驗記

宣驗記，劉義慶撰。隋志雜傳類著錄十三卷，破邪論卷下、三寶感通錄卷下亦並有目，無卷數。書佚於宋。五朝小說、陶珽說郛卷一一八輯宣驗記三則，古小說鉤沉輯三十五則，有遺。

義慶晚節好佛，法琳辯正論十代奉佛上篇謂「著宣驗記，贊述三寶」，乃「釋氏輔教之書」（周氏中國小說史略第六篇語）。此等輔教性志怪書，晉、宋之際已有謝敷、傅亮之觀世音應驗記（均佚），義慶宣驗實非首創；然其書卷帙繁夥，內容廣泛，南朝小說盛談因果，不可謂非義慶所倡導也。

鸚鵡

有鸚鵡飛集他山，山中禽獸〔一〕輒相愛重。鸚鵡自念：雖樂，不可久也，便去。後數月，山中大火。鸚鵡遙見，便入水霑羽，飛而灑之。天神〔二〕言：「汝雖有志意，何足云也！」對曰：「雖知不能救，然嘗僑居是山，禽獸行善，皆爲兄弟，不忍見耳。」

天神嘉感，卽爲雨〔三〕滅火。（據類聚卷九一引宣驗記，又初學記卷三〇、六帖卷九四、御覽卷九二四並引，六帖譌作靈驗記）

〔一〕按：「獸」字類聚引無，據初學記、六帖、御覽引補。

〔二〕天神，梵語「泥縛多」之意譯，指梵天、帝釋等。

〔三〕按：「雨」字據六帖引補。

鸚鵡救火事出吳康僧會譯舊雜譬喩經卷上第二十三條，云：「昔有鸚鵡，飛集他山中，山中百鳥畜獸轉相重愛，不相殘害。鸚鵡自念：雖爾不可久也，當歸耳，便去。却後數月，大山失火，四面皆然。鸚鵡遙見，便入水，以羽翅取水，飛上空中，以衣毛間水灑之，欲滅大火，如是往來往來（按：衍二字）。天神言：『咄！鸚鵡，汝何以癡！千里之火，寧爲汝兩翅水滅乎？』鸚鵡曰：『我由知而不滅也。我曾客是山中，山中百鳥畜獸，皆仁善，悉爲兄弟，我不忍見之耳。』天神感其至意，則雨滅火也。」異苑卷三亦載，文同宣驗記。

御覽卷九一七引宣驗記另事曰：「野火焚山，林中有一雉，入水漬羽，飛以滅火，往來疲乏，不以爲苦。」與鸚鵡事絕似。按雉事亦係佛敎傳說，玄奘大唐西域記卷六云：「拘尸那揭羅國城郭頹毀，邑里蕭條，故城甎基周十餘里，居人稀曠，閭巷荒蕪。城內東北隅有窣堵波，無憂王所建，準陀之故宅也。……城西北三四里，渡阿恃多伐底河西岸不遠，至娑羅林，其樹類槲，而皮青白，葉甚光潤，四樹特高，如來寂滅之所也。其大甎精舍中，作如來涅槃之像，北首而臥。傍有窣堵波，無憂王所建。……精舍側不遠，有窣堵波，是如來修菩薩行時，爲羣雉王救火之處。昔於此地有大茂林，毛羣羽族巢居穴處。驚風四起，猛焰飈逸。時有一雉，有懷傷愍，鼓濯清流，飛空奮灑。時天帝釋俯而告曰：『汝何守愚，虛勞羽翮！大火方起，焚燎林野，豈汝微軀所能撲滅！』雉曰：『說者爲誰？』曰：『我天帝釋耳。』雉曰：『今天帝釋有大福力，無欲不遂，救災拯難，若指諸掌，反詰無功，其咎安在？猛火方熾，無得多言！』尋復奮飛，往趣流水。天帝遂以掬水泛灑其林，火滅煙消，生類全命。故今謂之救火窣堵波也。」

吳唐

吳唐，廬陵〔一〕人也。少好驅媒〔二〕獵射，發無不中，家以致富。後春月，將兒出射，正値麀鹿將麑〔三〕。鹿母〔四〕覺有人氣，呼麑漸〔五〕出。麑不知所畏〔六〕，逕前就媒。唐射麑，卽死。鹿母驚還，悲鳴不已〔七〕。唐乃自藏於草中，出麑置〔八〕淨地。

鹿母直來地，俯仰頓伏，絕而復起。唐又射鹿母，應弦而倒。至前場〔九〕，復逢一鹿，上弩將放，忽發箭反激，還中其子。唐擲弩抱兒，撫膺而哭。聞空中呼曰：「吳唐，鹿之愛子，與汝何異？」唐驚聽，不知所在。（據御覽卷九〇六引宣驗記，又事類賦注卷二三引冥驗記〔一〇〕）

〔一〕廬陵，郡名，晉宋時治石陽（今江西吉水東北）。

〔二〕媒，獵者用以誘引獵物之動物。

〔三〕麀，牝鹿，即母鹿，引伸爲牝。說文十上鹿部：「麀，牝鹿也。从鹿牝省。」段注：「按引伸爲凡牝之偁。」御覽原引作「麌」，今從事類賦注引。麑（ㄋㄧˊ），小鹿。

〔四〕鹿母，原引作「母」，據事類賦注引補「鹿」字。

〔五〕漸，通「潛」。

〔六〕畏，原譌作「猥」，據事類賦注引正。

〔七〕按：「不已」二字據事類賦注引補。

〔八〕置，原引作「致」，事類賦注引作「置」，較勝，據改。

〔九〕場，事類賦注引作「邑」。

〔一〇〕按：唐臨冥報記序云：「齊竟陵王蕭子良作冥驗記。」是書已佚。吳淑事類賦注卷一九引沛國周氏事及卷二二三引此吳唐事，皆舉書名作冥驗記，然御覽卷九二二、卷九〇六俱作宣驗記，「宣」、「冥」二字形近，必有一譌。今姑從御覽。

劉敬叔　異苑　據學津討原本

隋志雜傳類著錄異苑十卷，宋給事劉敬叔撰。唐志以下史志無目。明萬歷中胡震亨獲宋本，刻入秘册彙函，後津逮秘書、學津討原、說庫、古今說部叢書皆收之，俱爲十卷。唐宋叢書、五朝小說、陶珽說郛卷一一七皆收一卷，係節本。說郛卷一一三錄梁清傳一篇，實亦出本書卷六。舊小說甲集錄七條。王仁俊經籍佚文輯佚文一卷。

敬叔史書無傳。胡震亨匯其事之散見史書者爲劉敬叔傳，云劉敬叔彭城（今江蘇徐州市）人。起家中兵參軍，司徒掌記，義熙中拜南平國郎中令，免。宋初召爲征西長史，元嘉三年（四二六年）入爲給事黃門郎。泰始中卒於家。按本書卷三「黃牛」條云，義熙十三年（四一七年）敬叔爲長沙景王（劉道憐）驃騎參軍，傳未載。

異苑取材雖博而大率簡破，四庫提要讚其「詞旨簡澹，無小說家猥瑣之習」，然此正其書之弊耳。

大客〔一〕

始興郡陽山縣〔二〕有人行田，忽遇一象，以鼻捲之。遙入深山，見一象，脚有巨刺。此人牽挽得出，病者卽起，相與躅陸〔三〕，狀若歡喜。前象復載人，就一汚濕地，以鼻掘出數條長牙〔四〕，送還本處。

彼境田稼〔五〕常爲象所困，其象俗呼爲「大客」。因語云：「我田稼在此，恆爲大客所犯，若念我者，勿復見侵。」便見躑躅，如有馴解。於是一家業田，絕無其患。

（卷三）

〔一〕按：學津討原本目錄各條加有小題，茲參酌之而另行擬題。

〔二〕始興郡，孫吳甘露元年分桂陽郡置，治曲江（今廣東韶關市南）。陽山縣，今廣東陽山縣西南。

〔三〕躅陸，足踏地也。御覽卷四七九引作「蹋陸」，義同。

〔四〕按：古傳象惜其牙，掘地而藏。御覽卷八九〇引異物志曰：「俗傳象牙歲脫，猶愛惜之，掘地而藏之。人欲取，當作假牙，潛往易之，覺則不藏。」又引沈懷遠南越志曰：「象牙長一丈餘，脫其牙，則深藏之　削木代之可得；不爾，窮其主，得乃已也。」

〔五〕田稼，御覽引作「苗稼」。

唐張鷟朝野僉載卷五曰：「上元中，華容縣有象入莊家中庭臥。其足下有槎，人爲出之。象乃伏，令人騎，入深山，以鼻掊土，得象牙數十，以報之。」

廣記卷四四一引廣異記曰：「閬州莫傜以樵採爲事。常於江邊刈蘆，有大象奄至，捲之上背，行百餘里，深入澤中。澤中有老象，臥而喘息，痛聲甚苦。至其所，下于地，老象舉足，足中有竹丁。莫傜曉其意，以腰繩係竹丁，爲拔出，膿血五六升許。小象復鼻捲青艾，欲令塞瘡，莫傜摘艾熟挼，以夾塞之，盡艾方滿。久之，病象能起，東西行立。已而復臥，回顧小象，以鼻指山，呦呦有聲。小象乃去，須臾得一牙至，病象見牙大吼，意若嫌之。小象持牙去，頃之，又將大牙。莫傜呼象爲『將軍』，言未食患饑，象往折山栗數枝食之，乃飽。然後送人及牙還。行五十里，忽爾却轉，人初不了其意，乃還取其遺刀，人得刀畢，送至本處。以頭抵人，左右搖耳，久之乃去。其牙酷大，載至洪州，有商胡求買，累自加直，至四十萬。……」

按：以上二事與「大客」事殊類。象以其牙報恩事古書猶有記，惟報恩情由不同，今並錄於下，以爲參考：

廣記卷四四一引廣異記曰：「安南人以射獵爲業，每藥附箭鏃，射鳥獸，中者必斃。開元中，其人曾入深山，假寐樹下。忽有物觸之，驚起，見是白象，大倍他象——南人呼之爲『將軍』——祝之而拜。象以鼻捲人上背，復取其弓矢藥筒等以授之。因爾遂騁行百餘里，入邃谷，至平石，迴望十里許，兩崖悉是大樹，圍如巨屋，森然隱天。象至平石，戰懼，且行且望，經六七里，往倚大樹，以鼻仰拂人。人悟其意，乃攜弓箭緣樹上，象于樹下望之。可上二十餘丈，欲止，象鼻直指，意如導令復上，人知其意，遥上六十丈。象視畢走去，其人夜宿樹上。至明，見平石上有二目光，久之，見巨獸，高十餘丈，毛色正黑。須臾清朗，昨所見大象，領凡象百餘頭，循山而來，伏于其前。巨獸躩食二象，食畢，各引去。人乃思象意，欲令其射，因傅藥矢端，極力射之，累中二矢。獸視矢吼奮，聲震林木，人亦大呼引獸。獸來尋人，人附樹，會其開口，又當口中射之。獸吼而自擲，久之方死。俄見大象從平石入，一步一望，至獸所，審其已死，以頭觸之，仰天大吼。頃間，羣象五六百輩，雲萃吼叫，聲徹數十里。大象來至樹所，屈膝再拜，以鼻招人，人乃下樹，上其背。象載人前行，羣象從之，尋至一所，植木如隴。大象以鼻揭櫨，羣象皆揭，日旰而盡，中有象牙數萬枚。象載人行，數十步內，必拔一枝，蓋示其路。訖，尋至昨寐之處，下人於地，再拜而去。其人歸白都護，都護發使隨之，得牙數萬，嶺表牙爲之賤。使人至平石所，巨獸但餘骨存。都護取一節骨，十人舁致之，骨有孔，通人來去。」

又引紀聞（唐牛肅）曰：「張景伯之爲和州，淮南多象。州有獵者，常逐獸山中。忽有羣象來圍獵者，令不得去。有大象至獵夫前，鼻絞獵夫，置之於背；獵夫刀仗墜者，象皆爲取送還之。於是馱獵夫徑入深山，羣象送於山口而返。入山五十里，經大磐石，石際無他物，盡象之皮革，餘血肉存焉。獵夫念曰：『得無於此啗我乎？』象負之且過。去石五十步，有大松樹，象以背依樹，獵夫因得登木焉；弓墜於地，象又鼻取，仰送之。獵夫深怪其故。象旣送獵夫訖，因馳去。俄而有一青獸，自松樹南細草中出，毿毛鬆鬈，爪牙可畏，其大如屋，電目雷音，來止磐石，若有所待。有頃，一次象自北而來，遙見猛獸，俯伏膝行，旣至磐石，恐懼戰慄。獸見之喜，以手取之，投於空中，投已接取，猶未食噉。獵夫望之嘆曰：『畜獸之愚，猶請救於人，向來將予於山，欲予斃此獸也。予善其意，曷可不救！』於是引滿，縱毒箭射之，洞其左腋。獸旣中箭，來趨獵夫，又迎射貫心，獸踣焉，宛轉而死。小象乃馳還。俄而諸象二百餘頭來至樹下，皆長跪，展轉獵夫下。前所負象，又以背承之，負之出山，諸象圍繞喧號。將獵夫至一處，諸象以鼻破阜，而出所藏之牙焉，凡三百餘莖，以示獵夫。又負之至所遇處，象又皆跪，謝恩而去。獵夫乃取其牙，貨得錢數萬。」（按：淮南不當有象，此事係前事之譌傳。）

又引傳奇（唐裴鉶）曰：「寶歷中，有蔣武者，循州河源人也，魁梧偉壯，膽氣豪勇，獨處山巖，唯求獵射而已。善於蹶張，每賫弓挾矢，遇熊羆虎豹，靡不應弦而斃，剖視其鏃，皆一一貫心焉。忽有物叩門，甚急速，武隔扉而窺之，見一猩猩跨白象。武知猩猩能言，而詰曰：『與象叩吾門何也？』猩猩曰：『象有難，知我能言，故負吾而相投耳。』武曰：『汝有何苦？請話其由。』猩猩曰：『此山南二百餘里，有嵌空之大巖穴，中有巴蛇，長數百尺，電光而閃其目，劍刃而利其牙。象之經過，咸被吞噬，遭者數百，無計避匿。今知山客善射，願持毒矢而射之，除得此患，衆各思報恩矣。』其象乃跪地，灑涕如雨。猩猩曰：『山客若許行，便請挾矢而登。』武感其言，以毒淬矢而登。果見雙目在其巖下，光射數百步。猩猩曰：『此是蛇目也。』武怒，蹶張端矢，一發而中其目，象乃負而奔避。俄若穴中雷吼，蛇躍出蜿蜒，或掖或踴，數里之內，林木草芥如焚。至暝蛇殞。乃窺穴側，象骨與牙其積如山。於是有十象，以長鼻各捲其紅牙一枝，跪獻於武，武受之。猩猩亦辭而去。遂以前象負其牙而歸，武乃大有資產。」按：此增猩猩，又易獸爲蛇，蓋採山海經海內南經「巴蛇食象，三歲而出其骨」爲說耳。

竹王神

漢武帝時，夜郎〔一〕竹王神者，名興〔二〕。初，有女子浣於豚水〔三〕，見三節大竹流入足間，推之不去。聞其中有號聲，持破之，得一男兒。及長，有才武，遂雄夷獠氏〔四〕，自立爲夜郎侯，以竹爲姓。所破之竹，棄之於野，卽生成林。王嘗從人止石上，命作羹，從者曰：「無水。」王以劍擊石，泉便涌出。今竹王水及破竹成林〔五〕並存。

後漢使唐蒙開牂柯郡〔六〕，斬竹王首。夷獠咸訴，以竹王非血氣所生，甚重之，求爲立後。太守吳霸〔七〕以聞帝，封三子爲侯。死，配食父廟。今夜郎縣有竹王三郎祠〔八〕，是其神也。（卷五）

〔一〕夜郎，秦漢時西南夷之國，在今貴州西部與北部一帶。史記卷一一六西南夷列傳云：「西南夷君長以什數，夜郎最大。」後漢書卷八六西南夷傳云：「西南夷者，在蜀郡徼外。有夜郎國，東接交阯，西有滇國，北有邛都國，各立君長。其人皆椎結左衽，邑聚而居，能耕田。」武帝建元六年（前一三五年）於其地置犍爲郡，元鼎六年（前一一一年），復於其地置牂柯郡，並置夜郎縣（今貴州關嶺）。夜郎侯臣服漢朝，封夜郎王。

〔二〕按：據史記、漢書，建元六年初通西南夷時，夜郎侯名多同。其名爲興者，乃成帝時之夜郎王。漢書卷九五西南夷傳載：成帝河平中，夜郎王興反，王鳳以陳立爲牂柯太守，誅殺興，夜郎遂平。此處年代人名均與史書不合。

〔三〕豚水，又作⿰氵遯水、遯水，法苑珠林卷七九又引作「⿰月遂水」。在夜郎縣境內，下游曰牂柯水。漢書地理志上云：「豚水東至廣鬱。」水經注卷三六溫水云：「鬱水卽夜郎豚水也。……東徑牂柯郡且蘭縣謂之牂柯水。」今多以爲豚水、牂柯水卽今北盤江。

〔四〕夷獠氏，指西南少數民族。史記、漢書謂西南夷爲羌族、氐族。華陽國志又稱爲夷狄氏、夷濮（見附錄）。

〔五〕破竹成林，珠林引作「破石竹枝」。

〔六〕唐蒙，史、漢之西南夷列傳載：建元六年，番陽（今江西波陽東北）令唐蒙上書請開夜郎道，武帝許之，拜蒙爲郎中將，將千人，食重萬餘人，從巴蜀筰關入，遂見夜郎侯多同，厚賜之，以爲犍爲郡。開牂柯郡係武帝元鼎六年之事，史、漢未云何人所開。華陽國志乃云：「武帝轉拜唐蒙爲都尉，開牂柯……斬竹王，置牂柯郡。」此用華陽國志說。牂柯郡，「牂」（ㄗㄤ），又作「牂」，「柯」又作「牱」、「牁」（ㄍㄜ）。漢書地理志上云：「牂柯郡，武帝元鼎六年開，縣十七。」治所爲故且蘭（今貴州凱里西北），夜郎爲屬縣之一，郡尉治。王莽更名同亭。牂柯郡得名於牂柯江（又稱牂柯水）。史記西南夷列傳：「夜郎者，臨牂柯江。」

〔七〕吳霸，漢書無此人。華陽國志云唐蒙置牂柯郡，以吳霸爲太守。

〔八〕竹王三郎祠，珠林引作「竹王節廟」，譌「三郎」爲「節」。

竹王傳說始載於晉常璩華陽國志卷四南中志，云：「有竹王者，興於遯水。有一女子浣於水濱，有三節大竹流入女子足間，推之不肯去。聞有兒聲，取持歸，破之，得一男兒。長養有才武，遂雄夷狄氏。以竹爲姓。捐所破竹於野，成竹林，今竹王祠竹林是也。王與從人嘗止大石上，命作羹，從者曰：『無水。』王以劍擊石，水出。今王水是也，破竹存焉。後漸驕恣。……帝(武帝)乃拜(唐)蒙中郎將，發巴、蜀兵千人，奉幣帛見夜郎侯，喻以威德，爲置吏。旁小邑皆貪漢繒帛，以爲道遠，漢終不能有也，故皆且聽命。……後西南夷數反，發運興役費甚多……武帝轉拜唐蒙爲都尉，開牂柯，以重幣喻告諸種侯王，侯王服從，因斬竹王。置牂柯郡，以吳霸爲太守，及置越嶲、朱提、益州四郡。後夷濮阻城，咸怨訴竹王非血氣所生，求立後嗣。霸表其三子列侯。死，配食父祠，今竹王三郎神是也。」

又云：「夜郎郡，夜郎國也，屬縣二，戶千。夜郎縣，郡治。有遯水通廣鬱。林有竹王三郎祠，甚有靈響也。」(按：西晉永嘉五年，分牂柯、朱提、建寧三郡置夜郎郡。)

嗣後記載猶多。後漢書卷八六西南夷傳云：「夜郎者，初有女子浣於遯水，有三節大竹流入足閒，聞其中有號聲，剖竹視之，得一男兒，歸而養之。及長，有才武，自立爲夜郎侯，以竹爲姓。武帝元鼎六年，平南夷，爲牂柯郡，夜郎侯迎降，天子賜其王印綬。後遂殺之。夷獠咸以竹王非血氣所生，甚重之，求爲立後。牂柯太守吳霸以聞，天子乃封其三子爲侯。死，配食其父。今夜郎縣有竹王三郎神是也。」

水經注卷三六溫水云：「縣(夜郎縣)故夜郎侯國也，唐蒙開以爲縣，王莽名曰同亭矣。」又云：「鬱水卽夜郎豚水也。漢武帝時，有竹王興于豚水。有一女子浣于水濱，有三節大竹流入女子足間，推之不去。聞有聲，持歸破之，得一男兒。遂雄夷濮氏，竹爲姓。所捐破竹，于野成林，今竹王祠竹林是也。王嘗從人止大石上，命作羹，從者白無水，王以劒擊石出水，今竹王水是也。後唐蒙開牂柯，斬竹王首。夷獠咸怨，以竹王非血氣所生，求爲立祠。帝封三子爲侯，及死，配父廟，今竹王三郎祠，其神也。」

金樓子志怪篇云：「水濱浣嫗得子於流竹之裏。」又云：「遯水竹王以劍擊石而出水。」

述異記卷下云：「夜郎縣者，西南遠夷國名也。其先有女子浣紗，忽三節竹流入足間。聞其中有號聲，剖竹視之，得一男，歸而養之。及長，有武略，自立爲夜郎侯，以竹爲姓。漢武帝元鼎六年，征西南夷，改爲牂柯郡，夜郎侯迎降，天子賜以玉印綬。後卒，夷獠咸以竹王非血氣所生，衆爲立廟。今夜郎縣有竹王神是也。」

獨異志卷中云：「華陽國志：夜郎者，有一女子浣服水濱，忽見三節大竹筒至女前，聞竹中兒啼，剖而視之，得一男，收養。及長，甚有武才，自立爲夜郎侯，以竹爲姓。」

按：上述諸記皆云竹王祠在夜郎，寰宇記卷七五乃謂邛州大邑縣有竹王廟。蜀中亦祠竹王，足見其影響之廣。宋贊寧筍譜亦載竹王事略，且稱竹王林：「其筍密密冒土，南地熱，其筍多冬生。」

紫姑神

世有紫姑神〔一〕，古來相傳云是人家妾，爲大婦所嫉〔二〕，每以穢事相次役，正月十五日感激而死。故世人以其日作其形，夜於廁間或猪欄邊迎之，亦必須淨潔〔三〕。祝曰：「子胥不在——是其壻名也〔四〕，——曹姑亦歸——曹即其大婦也〔五〕，——小姑可出戲〔六〕。」捉者覺重，便是神來。奠設酒果，亦覺貌〔七〕輝輝有色，即跳躞〔八〕不住。能占衆事，卜未來〔九〕蠶桑。又善射鉤〔一〇〕，好則大儛，惡便仰眠。平昌〔一一〕孟氏恆不信，躬試往捉，便自躍茅屋而去〔一二〕，永失所在也。（卷五）

〔一〕紫姑神，玉燭寶典卷一、北戶錄卷二引作「紫女」。廣記卷二九二引此文題作阿紫。

〔二〕嫉，原校云：「一作妬。」按寶典、荆楚歲時記俱引作「妬」。御覽卷八八四又引作「姤誣」，姤(gòu)，惡也。

〔三〕按：此句原無，唯歲時廣記卷一一引有，歲時廣記所引頗，同今本，蓋據原文而錄，故疑此句亦在原文中，今據補。

〔四〕按：此句歲時記引作「云是其壻」，寶典引作「云是其夫」。

〔五〕按：以上二句歲時記引作「曹夫人已行，云是其婦」（一本作「姑」，御覽卷三〇引荊楚歲時記亦作「姑」，姑，婆母，誤）；寶典引同，脫「人」字，「婦」亦作「姑」。北戶錄引作「曹夫人亦歸去，即其大婦也」；廣記引作「曹姑亦歸去，即其大婦也」；御覽卷八八四上句引作「曹夫亦歸」，脫「人」字。

〔六〕按：此句歲時記、寶典並引作「小姑可出」；御覽卷三〇引歲時記乃作「紫姑可出」。寶典注曰：「南方多名婦人爲姑。仙有麻姑，云東海三爲桑田。古樂府云：『黃姑織女遙相見。』吳雲淑女總角時喚作小姑子。續齊諧記有青溪姑。」按搜神記亦有丁姑（見前）。

〔七〕貌，歲時廣記引作「面」，北戶錄引作「面貌」。

〔八〕跳躞（ㄒ一ㄝ），跳而行也；躞，躞蹀，行貌。北戶錄、御覽卷三〇又卷八八四俱引作「跳躁」。

〔九〕未來，原校云：「一作行年。」按廣記乃引作「行年」，御覽卷八八四引作「行來」。

〔一〇〕射鉤，即藏鉤，射，猜也。藏鉤於手令人猜，是古時一種遊戲。李商隱無題：「隔座送鉤春酒暖，分曹射覆蠟燈紅。」即此。相傳藏鉤之戲源於漢武帝鉤弋夫人（又作「鉤翼」）。列仙傳卷下云：「鉤翼夫人者，齊人也，姓趙。少時好清淨，病臥六年，右手拳屈，飲食少。望氣者云東北有貴人氣，推而得之，召到，姿色甚偉。武帝披其手，得一玉鉤，而手尋展。」初學記卷四引辛氏三秦記云：「昭帝母鉤弋夫人手拳而國色，今人學藏鉤亦法此。『鉤』亦作『彄』。」荊楚歲時記云：「歲前又爲藏彄之戲。」注：「按周處風土記曰：『醇以告蜡，竭恭敬于明祀，乃有藏彄。臘日之後，叟嫗各隨其儕爲藏彄，分二曹以校勝負。』辛氏三秦記以爲鉤弋夫人所起。周處、成公綏並作『彄』字，藝經、庾闡則作『鉤』字，其事同也。俗云此戲令人生離，有禁忌之家，則廢而不脩。」

〔二〕平昌，郡名，治安丘（今山東安丘西南），又縣名，屬平昌郡，今安丘東南。

〔三〕茅屋，原校云：「一作穿。」按歲時記、寶典、廣記俱引作「穿屋」，御覽卷三〇引作「穿頂」，又卷八八四引作「穿帳頂」。

荊楚歲時記（寶顏堂秘笈本）云：「（正月十五）其夕迎紫姑，以卜將來蠶桑，并占衆事。」注：「按劉敬叔異苑云：『紫姑本人家妾……遂穿屋而去。』自爾廁中（一本無「廁中」二字）著以敗衣，蓋爲此也。洞覽云是帝嚳女，將死，云生平好樂，至正月半可以衣見迎，又其事也。雜五行書廁神名後帝。異苑云：『陶侃如廁，見人云後帝，著單衣，平上幘，謂侃曰：「三年莫說，貴不可言。」』（按：見卷五）將後帝之靈，憑紫姑而言乎？俗云溷廁之間必須靜，然後致紫姑。」

按：玉燭寶典卷一於「遂穿屋而去」之後亦云：「自爾正着以敗衣，蓋爲此也。」此非異苑語，乃歲時記注增飾之詞，寶典因之。迎紫姑者爲紫姑像著以破衣，其故似因紫姑生前遭虐待，自不得著新衣，此云因其穿屋而去，衣致破敗，亦爲一解。注又引洞覽，歲時廣記卷一一亦引時鏡洞覽記曰：「帝嚳女將死，云生平好樂，正月十五日可來迎我。」惟歲時廣記有按語云：「二說未知孰是。」洞覽以所迎者爲帝嚳女，此說未見流行。紫姑爲大婦害死，死而爲廁神，此頗符合善良百姓之心理，較之荒邈古老之帝嚳女尤爲切實，是故二說中紫姑獨傳。異苑又稱廁神爲後帝，按廁神除後帝、紫姑，猶有其他名目。御覽卷八八六引白澤圖：「廁之精名曰依倚，青衣，持白杖，知其名呼之者除，不知其名則死。」酉陽雜俎諸皐記上：「廁鬼名頊天竺。」「竺」下注：「一曰笙。」柳河東集卷一七李赤傳云李赤入廁遭廁鬼，然未言廁鬼爲誰。佛教乃以烏芻瑟摩明王爲廁神，該明王能除穢，化不潔淨爲潔淨，故佛家於廁中祠之。

紫姑事唐、宋頗傳。李商隱詩多用紫姑事，如聖女祠：「逢迎異紫姑。」昨日：「昨日紫姑神去也。」正月十五夜聞京有燈恨不得觀：「羞逐鄉人賽紫姑。」所謂賽紫姑，即請紫姑神而行占卜，唐人稱作「紫姑卜」。北戶錄卷二雞卵卜云：「卜之流雜書傳虎卜、紫姑卜、牛蹄卜……」

宋人請紫姑之俗頗盛。沈括夢溪筆談卷二一云：「舊俗，正月望夜迎廁神，謂之紫姑。亦不必正月，常時皆可召。予少時，見小兒輩等閑則召之，以爲嬉笑。親戚間曾有召之而不肯去者，兩見有此，自後遂不敢召。景祐中，太常博士王綸家因迎紫姑，有神降其閨女，自稱上帝後宮諸女，能文章，頗清麗，今謂之女仙集，行於世。其書有數體，甚有筆力，然皆非世間篆隸，其名有『藻牋篆』、『茁金篆』十餘名。綸與先君有舊，予與其子弟遊，親見其筆跡。其家亦時見其形，但自腰以上見之，乃好女子，其下常爲雲氣所擁。善鼓箏，音調淒婉，聽者忘倦。嘗謂其女曰：『能乘雲與我遊乎？』女子許之，乃自其庭中涌白雲如蒸，女子踐之，雲不能載。神曰：『汝履下有穢土，可去履而登。』女子乃韈而登，如履繒絮，冉冉至屋復下。曰：『汝未可往，更期異日。』後女子嫁，其神乃不至。其家了無禍福。爲之記傳者甚詳。此予目見者，粗志於此。近歲迎紫姑仙者極多，大率多能文章歌詩，有極工者，予屢見之。多自稱『蓬萊謫仙』，醫卜無所不能，棊與國手爲敵。然其靈異顯著，無如王綸家者。」

張世南游宦紀聞卷三云：「世南少小時，嘗見親朋間，有請紫姑仙。以筯插筲箕，布灰桌上畫之。有能作詩詞者，初間必先書姓名，皆近世文人，如于湖、石湖、止齋者。亦有能作詩賦、時論、記跋之類者，往往敏而工。言禍福，却多不驗。」

洪邁夷堅支乙卷五紫姑詠手云：「吉州人家邀紫姑，正作詩，適有美女子在其旁，因請詠手，卽書云：『笑折夭桃力不禁，時攀楊柳弄春陰。管絃曲裏傳聲慢，星月樓前斂拜深。綉幕偷回雙舞袖，綠衣閑整小眉心。秋來幾度挑羅襪，爲憶相思放却針。』信筆而成，殊不思索，頗有雅致也。」又夷堅支庚卷二新建信屠載：屠者信生殺一女子，投尸江中，以鋸屑糝頸血，抛首於道側。官府命三排岸究詰。有栗七官人善邀紫姑神，得詩曰：「木屑塡頭事已深，三君何用苦索心，首身異處分江漢，三七之時得好音。」遂獲殺人者。同卷蓬瀛眞人亦云祝氏子善邀紫姑。許彥周詩話亦載紫姑神作詩事。

郭彖睽車志云：「岳侯死後，臨安雨溪寨軍將子弟，因請紫姑神，而岳侯降之，大書其名，衆皆驚愕。……」又龐元英文昌雜錄卷一載有迎紫姑問官祿事。

宋人之請紫姑，乃扶乩之術，紫姑變爲乩仙，已與俗間於廁中迎紫姑者不同。宋人並附會出紫姑詳細身世。後世又傳紫姑爲坑三姑。

東坡續集卷一二子姑神記云：「元豐三年正月朔日，予始去京師來黃州，二月朔至郡。至之明年，進士潘丙謂予曰：『異哉！公之始受命，黃人未知也。有神降于州之僑人郭氏之第，與人言如響，且善賦詩。曰：「蘇公將至而吾不及見也。」已而公以是日至而神以是日去。』其明年正月，丙又曰：『神復降于郭氏。』予往觀之，則衣草木爲婦人，而置筯手中，二小童子扶焉，以筯畫字曰：『妾壽陽人也，姓何氏名媚，字麗卿。自幼知讀書屬文，爲伶人婦。唐垂拱中，壽陽刺史害妾夫，納妾爲侍妾。而其妻妬悍甚，見殺於廁，妾雖死不敢訴也。而天使見之，爲直其寃，且使有所職於人間。蓋世所謂子姑神者，其類甚衆，然未有如妾之卓然者也。公少留，而爲賦詩且舞，以娛公。』詩數十篇，敏捷立成，皆有妙思，雜以嘲笑。問神仙鬼佛變化之理，其答皆出於人意外。坐客撫掌，作道調梁州，神起舞中節。曲終再拜以請曰：『公文名於天下，何惜方寸之紙，不使世人知有妾乎？』予觀何氏之生見掠於酷吏，而遇害於悍婦，其怨深矣，而終不指言刺史之姓名，似有禮者。客至逆知其平生，而終不言人之陰私與休咎，可謂智矣。又知好文字而恥無聞於世，皆可賢者。粗爲錄之，答其意焉。」

又天篆記云：「江淮間俗尙鬼，歲正月必衣服箕箒爲子姑，或所能數數畫字。黃州郭氏神最異，予去歲作何氏錄（按：指子姑神記）以記之。」

佚名顯異錄亦載紫姑身世，淸翟灝通俗編卷一九紫姑引云：「紫姑，萊陽人，姓何名媚，字麗卿，壽陽李景納爲妾。爲大婦曹氏所嫉，正月十五夜陰殺之廁間。上帝憫之，命爲廁神。故世人以其日作其形于廁間，迎祀以占衆事。」翟灝按云：「俗呼爲坑三姑，三之行次，未見所出。」古今圖書集成神異典卷四〇雜鬼神部、俞正燮癸巳存稿卷一三紫姑神並亦引。明人贋作而題唐孫頠撰之神女傳（唐人說薈），有紫姑一篇，卽節取廣記所引者。淸陳棟有雜劇紫姑神，載淸人雜劇。

陸機陸雲

晉淸河陸機初入洛〔一〕，次河南之偃師〔二〕。時久結陰〔三〕，望道左若有民居，因往投〔四〕宿。見一年少，神姿端遠〔五〕，置易投壺。與機言論，妙得玄微〔六〕。機心服其能，無以酬抗〔七〕，乃提緯古今，總驗名實，此年少不甚欣解。既曉便去，稅驂逆旅，問逆旅嫗，嫗曰：「此東數十〔八〕里無村落，止有山陽王家冢爾。」機乃怪悵。還睇昨路，空野霾雲，拱木蔽日。方知昨所遇者，信王弼〔九〕也。

一說陸雲獨行，逗宿故人家，夜暗迷路，莫知所從。忽望草中有火光，雲時飢乏，因而詣。前至一家，牆院甚整，便寄宿。見一年少，可二十餘，丰姿甚嘉，論敘平生，不異于人，尋共說老子，極有辭致。雲出，臨別語云：「我是山陽王輔嗣。」雲出門，迴望向處，止是一塚。雲始謂俄頃，已經三日，乃大怪悵。（卷六）

〔一〕陸機，字士衡，吳郡人。太康末，與弟雲入洛，歷仕著作郎、中書郎等。後投成都王司馬穎，穎表爲平原內史。太安初，穎討長沙王乂，以機爲後將軍、河北大都督，兵敗遭讒，被穎所殺，時年四十三。其弟陸雲字士龍，與兄並稱「二陸」，成都王表爲清河內史，機敗，同時遇害，時年四十二。晉書卷五四有傳。按此稱「清河陸機」，誤，應作「平原陸機」。平原，西晉爲國，治平原（今山東平原縣西南）；清河，時亦爲國，治清河（今河北清河縣東南）。

〔二〕河南，郡名，治洛陽；偃師爲其屬縣。類聚卷七九引作「郾師」。

〔三〕按：此句類聚、御覽卷八八四引作「時夕」，廣記卷三一八引作「時陰晦」。

〔四〕投，類聚、御覽卷八八四引作「逗」。逗，止也。

〔五〕端遠，端凝閑遠。類聚、御覽卷八八四引作「端達」。

〔六〕按：以上二句類聚、御覽卷八八四引作「與機言玄門妙物」。按魏、晉時玄學家以易、老、莊爲「三玄」。

〔七〕酬抗，「酬」原作「酧」，按酧者以酒沃地，於義無解；類聚、廣記、御覽卷六一七又卷八八四俱引作「酬」（類聚作「訓」，字通），據正。

〔八〕數十，廣記引作「十數」。

〔九〕王弼，字輔嗣，山陽（今河南焦作市東）人。魏時著名玄學家，好論儒道，辭才逸辯，曾注易經、老子，官尚書郎。正始十年（二四九年）病卒，年二十四。見三國志卷二八鍾會傳及注。關於王弼病卒，幽明錄載有一異聞：「王輔嗣注易，輒笑鄭玄爲儒，云：『老奴甚無意。』于時夜分，忽然聞門外閣有著屐聲，須臾進，自云鄭玄，責之曰：『君年少，何以輕穿文鑿句，而妄譏誚老子邪？』極有忿色，言竟便退。輔心生畏惡，經少時，遇厲疾卒。」（鈎沉）類聚引作「王弼墓」。

晉書卷五四陸雲傳曰：「初，雲嘗行，逗宿故人家，夜暗迷路，莫知所從。忽望草中有火光，於是趣之。至一家，便寄宿，見一年少，美風姿，共談老子，辭致深遠。向曉辭去，行十許里，至故人家，云此數十里中無人居，雲意始悟。却尋昨宿處，乃王弼冢。雲本無玄學，自此談老殊進。」

梁清

安定〔一〕梁清，字道修，居揚州右尚方間桓徐州故宅〔二〕。元嘉十四年〔三〕二月，數有異光，仍聞擊䃘〔四〕聲。令婢子松羅往看，見一〔五〕人，問，云姓華名芙蓉，爲六甲至尊〔六〕所使，從太微紫宮下〔七〕，來過舊居。乃留不去。或鳥頭人身，舉面是毛〔八〕，擲灑糞穢〔九〕。清引弓射之〔一〇〕，應絃而滅，並有絳汁〔一一〕染箭。

又覩一物，形如猴，懸在樹標〔一二〕。令人刺，中其髀，墮地淹沒〔一三〕。經日，反〔一四〕從屋上跛行，就婢乞食，團飯授之，頓造〔一五〕二升。經〔一六〕日，衆鬼羣至，醜惡不可稱論。拉攞牀帳〔一七〕，塵石飛揚，累晨不息。

婢採菊，路逢一鬼，著衣幘，乘馬，衞從數十。謂採菊曰：「我是天上仙人，仍名作鬼。」問：「何以恆擲穢汚？」答曰：「糞汚者，錢財之象也；投擲者，速遷之徵也。」頃之，清果爲揚武將軍〔一八〕、北魯郡〔一九〕太守。

清厭毒既久，乃呼外國道人波羅氎〔二〇〕誦呪文。見諸鬼怖懼，踰垣穴壁而走，皆作鳥聲，於此都絕。

在郡少時，夜中松羅復見威儀器械，人衆數十〔三一〕。一人戴幘，送書粗紙，有七十許字，筆跡婉媚，遠擬羲、獻〔三二〕。又歌云：「坐儂〔三三〕孔雀樓，遙聞鳳凰鼓。下我鄒山〔三四〕頭，彷彿見梁魯〔三五〕。」鬼有叔操喪，哭泣答吊〔三六〕，不異世人。鬼傳教曾乞〔三七〕松羅一函書，題云「故孔修之死罪白箋」，以吊其叔喪，敍致哀情，甚有詮次。復云：「近往西方，見一沙門，自名大摩剎，問君消息，寄五丸香以相與之。」清先奉使燉煌〔三八〕，憶見此僧。

清有婢產，於此遂絕。（卷六）

〔一〕安定，郡名，時治安定（今甘肅涇川北）。

〔二〕揚州，西漢至南朝爲刺史部，晉治建鄴，後改建康（今南京），宋因之。此揚州即指建康。右尙方，珠林卷四二引作「右尙坊」，誤。按漢魏以降有左中右三尙方，屬少府監，掌刀劍器物製造。通典卷二七職官九諸卿下少府監云：「中尙署，周官爲玉府，秦置尙方令，漢因之，後漢掌上手工作御刀劍玩好器物及寶玉作器……漢末分尙方爲左中右三尙方，魏晉因之。自過江唯置一尙方，哀帝以隸丹陽尹。宋武帝踐祚，以相府作部配臺謂之左尙方，而本署謂之右尙方，並掌造軍器。」據宋書州郡志一，丹陽尹屬揚州刺史，原爲郡，晉元帝太興元年改爲尹，治建康，是則右尙方在建康。此云揚州右尙方，正指建康之右侚方官署。桓徐州，當指東晉桓沖。晉書卷七四桓沖傳載：沖字幼子，桓溫弟。溫薨，孝武帝詔沖爲中軍將軍、都督揚江豫三州軍事、揚豫二州刺史，寧康二年，解揚州，改授都督徐兗豫靑揚五州之六郡軍事、車騎將軍、徐州刺史。

〔三〕元嘉十四年，公元四三七年。元嘉爲宋文帝年號。

〔四〕擘蘿，廣記卷三二四（闕出處）引作「擗籮」，「擗」（ㄆㄧˋ）義同「擘」（ㄅㄛˋ），剖也，裂也；「籮」爲「蘿」之譌。珠林「蘿」作「籮」。

〔五〕一，廣記引作「二」，誤。

〔六〕六甲，道教神名，又有六丁，合稱六丁六甲。六丁爲丁卯、丁巳、丁未、丁酉、丁亥、丁丑，陰神；六甲爲甲子、甲戌、甲申、甲午、甲辰、甲寅，陽神。道藏洞眞部無上九霄雷霆玉經云：「六丁玉女，六甲將軍。」至尊，對六甲神之尊稱。

〔七〕太微紫宮，史記天官書：「南宮朱鳥，權、衡。衡，太微，三光之廷。」索隱：「宋均曰：太微，天帝南宮也。」按：此句廣記引作「從太微紫室仙人」，與下句連讀。

〔八〕按：此句珠林引作「舉覗眼摶」，含義不明，有譌。

〔九〕按：廣記引無此句，而作「松羅驚」。

〔一〇〕按：此句原無「淸」字，珠林引作「淸射之」，據補一「淸」字。

〔一一〕汗，廣記引作「汙」。

〔一二〕按：以上七字廣記引作「彷彿如人行樹摽」。標，樹梢，「摽」同「標」。

〔一三〕淹沒，沉沒。珠林引作「奄沒」，奄，忽也。

〔一四〕反，廣記引作「又」。

〔一五〕造，進也。珠林引作「進」。

〔一六〕經，珠林、廣記俱引作「數」。

〔一七〕拉攞，原作「松羅」，於義未洽，廣記引作「拉攞牀障」，據改。攞（luǒ），裂也。原校：「帳」一作「障」，按珠林亦引作「障」。

〔一八〕揚武將軍，將軍名號。宋書百官志上：「揚武將軍，光武建武中，以馬成爲之。」珠林引無「揚」字。

〔一九〕北魯郡，即魯郡，宋時屬兗州，因南徐州有南魯郡，故稱此爲北魯郡，治魯縣（今山東曲阜）。

〔二〇〕氎（ㄉㄧㄝˊ），廣記引作「疊」。

〔二一〕數十，珠林引作「數萬」，誤。

〔二二〕羲，王羲之；獻，王獻之，羲之子。父子俱爲東晉著名書法家，事跡具晉書卷八〇本傳。

〔二三〕坐儂，珠林引作「登阿儂」，「阿」字衍。

〔二四〕鄒山，又名嶧山、鄒嶧山，在今山東鄒縣東南。古者或以鄒山、嶧山爲二山，誤。

〔二五〕梁魯，指魯郡地區，以其地古屬魯國，魯地又有梁丘（在今山東成武東北），故稱。

〔二六〕按：以上九字廣記引作「鬼有敍弔」。

〔三七〕 會（ㄗㄥ），乃也。乞（ㄑㄧ），與也。左傳昭公十六年「毋或匄奪」疏：「『乞』之與『乞』，一字也，取則入聲，與則去聲也。」

〔三八〕 燉煌，「燉」又作「敦」，郡名，時屬北魏。

廣記卷三二三引述異記，載梁清別事：「宋文帝世，天水梁清，家在京師新亭。臘月將祀，使婢于爨室造食，忽覺空中有物，操杖打婢。婢走告清，清遂往，見甌器自運，盛飲斟羹，羅列案上，聞哺餟之聲。清曰：『何不形見？』乃見一人，著平上幘，烏皮袴褶，云：『我京兆人，亡沒飄寄。聞卿好士，故來相從。』清便席地共坐，設肴酒。鬼云『卿有祀事』云云。清圖某郡，先以訪鬼。鬼云：『所規必諧，某月某日除出。』果然。鬼云：『郡甚優閒，吾願周旋。』清答：『甚善。』後停舟石頭，待之五日，鬼不來。于是引路，達彭城，方見至。同在郡數年。還都，亦相隨而返。」

牛渚燃犀

晉溫嶠至牛渚磯〔一〕，聞水底有音樂之聲，水深不可測。傳言下多怪物，乃燃犀角而照之〔二〕。須臾，見水族覆滅，奇形異狀，或乘馬車，著赤衣幘。其夜夢人謂曰：

「與君幽明道隔，何意相照耶？」嶠甚惡之，未幾卒。（卷七）

〔一〕溫嶠（ㄑㄧㄠˊ，又ㄐㄧㄠˋ），字太眞，太原祁（今山西祁縣）人。晉成帝咸和初爲江州刺史，鎭武昌，三年歷陽太守蘇峻反，據建康，嶠與陶侃擊滅之，拜驃騎將軍、開府儀同三司，封始安郡公。四年（三二九年）還鎭，中風而卒，年四十二。晉書卷六七有傳。牛渚磯，卽牛渚山，在今安徽當塗縣西北，突入江中。志怪作「湓口」（見附錄）。湓口，一名湓城，地當湓水入江處，故址在今江西九江市。

〔二〕按：古傳犀角有光。御覽卷八九〇引萬震南州異物志曰：「犀有特神者，角有光曜。白日視之如角，夜暗之中理皆燦然，光由中出，望如火炬。」

廣記卷二九四引志怪，頗異於此，迻錄如下：「古今相傳，夜以火照水底，悉見鬼神。溫嶠平蘇峻之難，及於湓口，乃試照焉。果見官寺赫奕，人徒甚盛。又見羣小兒兩兩爲偶，乘軺車，駕以黃羊，睢盱可惡。溫卽夢見神怒曰：『當令君知之！』乃得病也。」

晉書本傳所載，乃取異苑，云：「嶠……旋于武昌，至牛渚磯，水深不可測。世云其下多怪物，嶠遂燬犀角而照之。須臾，見水族覆滅，奇形異狀，或乘馬車，著赤衣者。嶠其夜夢人謂己曰：『與君幽明道別，何意相照也？』意甚惡之。嶠先有齒疾，至是拔之，因中風，至鎭未旬而卒，時年四十二。」

唐李吉甫元和郡縣圖志卷二八江南道宣州當塗縣云：「牛渚山在縣北三十五里，山突出江中，謂之江渚圻，津渡處也……溫嶠至牛渚，燃犀照諸靈怖，亦在於此。」

唐康軿劇談錄卷下崔道樞食井魚條末注云：「舊傳夔州及牛渚磯皆是水府。」

全唐詩卷一三三李頎雜興云：「沈沈牛渚磯，舊說多靈怪。行人夜秉生犀燭，洞照洪深闢滂湃。乘車駕馬往復旋，赤紱朱冠何偉然。浪驚海若潛幽石，龍抱胡髯臥黑泉。水濱丈人曾有語，物或惡之當害汝。武昌妖夢果爲災，百代英威埋鬼府。……」

宋歐陽忞輿地廣記卷二四太平州當塗縣云：「當塗縣……有牛渚山，一名採石，在縣北大江中。晉溫嶠回軍至牛渚磯，聞鼓樂之音，水深不可測，乃燬犀角照之，見水族奇形異狀，朱衣躍馬。夜見夢嶠曰：『與君幽明道別，何得相照？』」

輿地紀勝卷一八太平州景物下有燃犀浦，引郭祥正送馬東玉還臺詩曰：「臨高送遠發，況復瞰牛渚，崔嵬水帝宮，半出燃犀浦。」

明清有佚名傳奇燃犀記（讀書樓目錄），已佚，疑衍溫嶠事。

徐爽

晉懷帝永嘉中〔一〕，徐奭出行田，見一女子姿色鮮白。就奭言調，女因吟曰：「疇昔聆好音，日月心延佇。如何遇良人，中懷邈無緒。」奭情既諧，欣然延至一屋，女施設飲食而多魚。遂經日不返。兄弟追覓至湖邊，見與女相對坐。兄以藤杖擊女，即化成白鶴，翻然高飛。奭恍惚，年餘乃差。（卷八）

〔一〕晉懷帝，即司馬熾，三〇六年至三一二年在位，所用年號爲永嘉。

桓謙

桓謙字敬祖〔一〕。晉太元中，忽有人皆長寸餘，悉被鎧持槊，乘具裝馬，從凹〔二〕中出，精光耀日，遊走宅上。數百爲羣，部障〔三〕指麾，更相撞刺。馬既〔四〕輕快，人亦便捷。能緣几〔五〕登竈，尋飲食之所。或有切肉，輒來叢聚；力所能勝者，以槊刺取，逕入穴中〔六〕。

蔣山〔七〕道士朱應子，令作沸湯澆所入處，寂不復出。因掘之，有斛許大蟻死在

穴中。謙後以門釁同滅〔九〕。（卷八）

〔一〕按：此句原在「晉太元中」下，類聚卷九七、御覽卷九四七、廣記卷四七三、事類賦注卷三〇所引皆爲首句，下接云「太元中」（無「晉」字），據正。桓謙，桓沖子，譙國龍亢（今安徽懷遠縣西）人。以父功封宜陽縣開國侯，其從弟桓玄用事，謙爲侍中等。玄篡位，封新安王。劉裕、劉毅起兵討伐，義熙三年（四〇七年）爲荆州刺史劉道規所斬。桓氏諸黨先後皆被誅滅。晉書卷七四有傳。

〔二〕岊（jié），山角。說文九下山部：「岊，陬隅。」集韻入聲屑韻作「岊」、「𡶒」，類聚引亦作「岊」。此字下原有校語，云：「一作埳。」按廣記、御覽、並引作「埳」。玉篇卷二土部：「埳，苦感切，陷也，亦與『坎』同。」說文十三下土部：「坎，陷也。」地面低陷之處。

〔三〕部障，部防。部，部署；障，防也。廣記引作「部陣」。

〔四〕旣，原作「卽」，津逮本及類聚、廣記引並作「旣」，據正。

〔五〕几，類聚、御覽引作「机」，事類賦注引作「機」，字通。

〔六〕按：此句後廣記引有「寂不復出，出還入穴」二句，下文「寂不復出」四字廣記引無。

〔七〕蔣山，卽鍾山，孫權避祖諱，以漢末秣陵尉蔣子文死於此而改名，又名紫金山，在今南京市東北。

〔八〕釁，同「衅」，事端，此指叛逆之事。此句事類賦注引「同」作「誅」，類聚、廣記引作「謙後誅滅」。按諸桓篡晉，事敗皆被誅滅。

章沉

臨海樂安章沉〔一〕，年二十餘死，經數〔二〕日，將斂〔三〕而蘇。云被錄到天曹，天曹主者是其外兄，斷〔四〕理得免。初到時，有少年女子同被錄送，立住門外。女子見沉事散，知有力助，因泣涕，脫金釧一隻〔五〕及臂上雜寶，託沉與主者，求見救濟。沉卽爲請之，并進釧物。良久出，語沉已論〔六〕，秋英亦同遣去——秋英卽此女之名也。

於是俱去，脚痛疲頓，殊不堪行。會日亦暮，止道側小窟，狀如客舍，而不見主人。沉共宿嬿接，更相問次，女曰：「我姓徐，家在吳縣烏門〔七〕，臨瀆爲居，門前倒棗樹卽是也。」明晨各去，遂並活。

沉先爲護府軍吏〔八〕，依假出都，經吳，乃到烏門，依此尋索，得徐氏舍。與主人敍闊〔九〕，問秋英何在。主人云：「女初不出入，君何知其名？」沉因說昔日魂相見之由。秋英先說之，所言因得〔一〇〕，主人乃悟。惟〔一一〕羞不及寢嬿之事，而其鄰人或知，以語徐氏。徐氏試令侍婢數人遞出示沉，沉曰：「非也。」乃令秋英見之，則如舊識。

徐氏謂爲天意，遂以妻沉，生子名曰天賜。（卷八）

〔一〕臨海，郡名，吳置，始治臨海縣，旋徙章安（今浙江臨海縣東南）。樂安，晉康帝時置，今浙江仙居縣。章沉，原校云：「一作汎。」廣記卷三八六引作「章汎」。

〔二〕按：廣記引無「數」字。

〔三〕將歛，廣記引作「未殯」。按「歛」通「殮」，爲死者著衣入棺；殯，停喪，即停棺於靈堂，又出葬亦曰殯。

〔四〕斷，廣記引作「料」。

〔五〕一隻，廣記引作「三隻」，甄異傳作「二雙」，見附錄。

〔六〕論，判決。

〔七〕吳縣，今蘇州市。烏門，陸廣微吳地記、范成大吳郡志皆無此門。按吳縣城北門有平門，一名巫門，以有巫咸墓而得名，疑烏門乃巫門之音譌。

〔八〕護府，護軍府。魏晉設護軍將軍，與領軍將軍同掌禁軍，而以軍職選用爲專司。廣記引作「護軍府吏」。

〔九〕闊，契闊，久別也。久別重逢，陳敍分離曰敍闊。引申爲見面後之寒暄。

〔一〇〕得，合也。明鈔本廣記引作「符」。

〔一一〕惟，原作「甚」，明鈔本廣記作「惟」，於義爲長，據改。

本事出戴祚甄異傳。御覽卷七一八引甄異記曰：「樂安章沉病死，未殯而蘇。云被錄到天曹，主者是其外兄，斷理得免。見一女子同時被錄，乃脫金釧二雙，託沉以與主者，亦得還。遂共讌接。女云家在吳，姓徐名秋英。沉後尋問，遂得之，女父母因以女妻沉。」按分門古今類事卷一六婚兆門下引眞異記載此事，作章沉，文句與異苑大同，疑眞異記卽甄異記之譌。情史卷二情緣類亦載，文同廣記。末云：「先以幽遘，遂及明婚，較諸尋常恩情，更當十倍。」

郭季產　集異記

太平御覽引書目有郭季產集異記，佚文凡引十則，北堂書鈔、藝文類聚、太平廣記亦有引。廣記引集異記多爲唐人薛用弱者，少數不類薛書，當出郭書。古小說鉤沉輯得十一則，有遺漏。

郭季產著有續晉紀五卷，宋新興太守，見隋志古史類著錄；宋書、南史之蔡興宗傳云前廢帝時領軍王玄謨有所親故吏郭季產，殆卽其人。

劉玄

宋中山劉玄，居越城〔一〕。日暮，忽見一人〔二〕，著烏袴褶〔三〕來。取火照之〔四〕，面首無七孔，面莽黨〔五〕然。乃請師筮之。師曰：「此是君家先世物〔六〕，久則爲魅，殺人。及其未有眼目，可早除之。」劉因執縛，刀斷〔七〕數下，乃變爲一枕，此乃是祖父時枕也〔八〕。（據廣記卷三六八引集異記，又御覽卷七〇七亦引）

〔一〕越城，在建康，爲春秋越國所築故城。寰宇記卷九〇昇州上元縣：「故越城在縣西南七里。越絕書云東甌越王所立也，卽周元王四年越相范蠡所築，今瓦官門東南國門橋西北。又曹氏記云：在秣陵十五里，昔句踐平吳後遣兵戍之，仍築此城，去舊建康宮八里。晉初移丹陽郡，自蕪湖遷城之南。」按上元縣、秣陵、丹陽，皆今南京，劉宋時名建康。

〔二〕按：「人」字據御覽引補。

〔三〕烏袴褶，黑色連衣袴，爲戎服。通雅衣服：「古袴上連衣，故戎衣謂之袴褶。」

〔四〕按：「照之」二字據御覽引補。

〔五〕莽黨，猶儻莽，「黨」通「儻」。文選卷一七洞簫賦：「彌望儻莽，聯延曠盪。」善注：「儻莽、曠盪，寬廣之貌。儻，佗朗切。」

〔六〕按：此句廣記原引作「此是家先代時物」，今從御覽引。廣記引脫「君」字；「世」之作「代」，乃唐人傳鈔時避李世民諱改，而廣記仍之。

〔七〕斷，御覽引作「斫」。

〔八〕按：此句御覽引作「乃是其先祖時枕也」。

東陽無疑　齊諧記

隋志雜傳類著錄齊諧記七卷，宋散騎侍郎東陽無疑撰。兩唐志同，新志入小說家。廣韻卷一「東」字釋云：「宋有員外郎東陽無疑撰齊諧記七卷。」是書宋時僅廣記、御覽有引，陳振孫直齋書錄解題卷一一云：「唐志又有東陽無疑齊諧記，今不傳。」是佚於宋。類說卷五、舊小說甲集錄數條，陶珽說郛卷一一五有目無文。馬國翰玉函山房輯佚書輯一卷，凡十五條，又載續金華叢書。古小說鉤沉全同馬本。

東陽無疑不見史傳。冥祥記（鉤沉本）「劉齡」條記元嘉九年劉齡與道士魏叵不敬佛遭報事，末云：「其鄰人東安太守水丘和傳於東陽無疑。」是無疑爲晉、宋間人。書中多記東陽郡事，殆東陽人氏。書曰齊諧，蓋取莊子齊諧志怪之義也。

薛道恂

太元元年〔一〕，江夏郡安陸縣薛道恂〔二〕，年二十二。少來了了〔三〕。忽得時行病，差後發狂，百藥治救不損〔四〕，乃復病，狂走猶劇〔五〕。忽失蹤跡，遂變作虎，食人不可復數。有一女子，樹下採桑，虎往取之食。食竟，乃藏其釵釧著山石間〔六〕——後還作人，皆知取之。

經一年，還家爲人。遂出都仕官，爲殿中令史〔七〕。夜共人語，忽道天地變怪之事。道恂自云：「吾昔常得病發狂，遂化作虎，噉人一年。」中兼便敍其處所并人姓名〔八〕。其同坐人，或有食其〔九〕父子兄弟者，於是號泣。捉以付官，遂餓死建康獄中。（據御覽卷八八八引齊諧記，又廣記卷四二六引）

〔一〕太元，東晉孝武帝年號，元年爲三七六年。

〔二〕江夏郡，西漢始置，治安陸（今湖北雲夢縣）。薛道恂，鮑本「恂」作「詢」，廣記引作「師道宣」。

〔三〕來，廣記引作「未」。了了，魏晉口語，聰明之謂。世說言語：「小時了了，大未必佳。」

〔四〕損，說文十二上手部：「損，減也。」

〔五〕按：「百藥」至此，鮑本作「百治救不痊，乃服散狂走，猶多劇」。

〔六〕間，原譌作「門」，據廣記引正。

〔七〕殿中令史，殿中尚書之屬官，掌文書。

〔八〕按：此句鮑本作「中兼道其處所噉人姓名」。

〔九〕其，原脫，據廣記引補。

人化虎事，最早見記於西漢。淮南子俶眞訓云：「昔公牛哀轉病也，七日化爲虎，其兄掩戶而入覘之，則虎搏而殺之。」高誘注：「江淮之閒公牛氏，有易病化爲虎，若中國有狂疾者，發作有時也。其爲虎者，便還食人，食人者因作眞虎，不食人者更復化爲人。公牛氏，韓人。」御覽卷八九二引括地圖云：「越俚之民，老者化爲虎。」又張華博物志卷二異人曰：「江陵有猛人，能化爲虎。俗又曰虎化爲人，好著紫葛衣，足無踵。」其後記載愈多，至唐尤盛。醉翁談錄靈怪類小說人虎傳，醉醒石第六回高才生傲世失原形義氣友念孤分半俸，此皆爲通俗小說之演人化虎事者。延至聊齋誌異，亦有向杲化虎復仇故事。惟其旨趣已大異耳。

呂思

國步山有廟，又一亭。呂思與少婦投宿，失婦。思遂覓，見一大城，廳事一人紗帽馮〔一〕几。左右競來擊之，思以刀斫，計當殺百餘人，餘者便乃大走，向人盡成死狸。看向廳事，乃是古始大冢。冢上穿，下甚明，見一羣女子在冢裏，見其婦如失性人。因抱出冢口，又入抱取於先女子，有數十，中有通身已生毛者，亦有毛脚、面成狸者。

須臾天曉，將婦還亭。亭吏問之，具如此答。前後有失兒女〔二〕者，零丁〔三〕有數十。吏便斂此零丁，至冢口迎此羣女，隨家遠近而報之，各迎取於此。後一二年，廟無復靈。（據御覽卷五九八引齊諧記）

〔一〕馮，「憑」之古字。

〔二〕兒女，此指女兒。按兒女又曰子女，子女常作「女子」解，漢書武帝紀：「朕飾子女以配單于」。

〔三〕零丁，尋人啓事。明方以智通雅卷五云：「升庵（楊慎）引齊諧曰有失兒女零丁，謝承後漢書戴良有失父零丁，猶今之尋人招子也。蓋古以紙書之，懸於一竿，其狀零丁然。」方氏以爲尋人招子懸於竹竿，零丁獨立，故以爲名。按說文十四上金部：「鈴，令丁也。」零丁卽令丁，尋人者振鈴於途，遍告人衆，而尋人招帖遂亦稱「零丁」矣。

祖沖之　述異記

隋志雜傳類著錄述異記十卷，祖沖之撰，兩唐志同，新志改入小說家。書佚於宋，舊小說甲集輯八條，鉤沉輯九十條，其中有誤收任昉同名書者。

祖沖之字文遠，東晉侍中祖台之（撰有志怪二卷）曾孫。范陽薊（今北京城西南）人，一說范陽遒（今河北淶水縣北）人。宋文帝元嘉六年（四二九年）生，齊東昏侯永元二年（五〇〇年）卒。歷仕宋、齊二朝，累官長水校尉，爲著名科學家。事跡具南齊書卷五二、南史卷七二文學傳。

張氏少女

潁川庾某〔一〕，宋孝建〔二〕中遇疾亡，心下猶温，經宿未殯。忽然而寤，說初死有兩人黑衣，來收縛之。驅使前行，見一大城，門樓高峻，防衞重複。將庾入廳前，同入者甚衆。廳上一貴人南向坐，侍直數百，呼爲府君。府君執筆，簡閱到者，次至庚，曰：「此人算尙未盡。」催遣之。一人階上來，引庚出。

至城門，語吏差人送之。門吏云：「須覆白，然後得去。」門外一女子，年十五六，容色閑麗，曰：「庚君幸得歸，而留停如此，是門司求物。」庚云：「向被錄輕來，無所齎持。」女脫左臂三隻金釧，投庚云：「并此與之。」庚問女何姓，云姓張，家在茅渚，昨霍亂亡。庚曰：「我臨亡，遣齎五千錢，擬市材，若更生，當送此錢相報。」女曰：「不忍見君艱厄，此我私物，不煩還家中也。」庚以釧與吏，吏受，竟不覆白，便差人送去。庚與女別，女長歎泣下。

庚既恍惚蘇，至茅渚尋求，果有張氏新亡少女云。（據廣記卷三八三引還冤記〔三〕）

〔一〕潁川，郡名，秦置，郡治陽翟（今河南禹縣）。庚某，廣記題作庚申，疑「申」乃「甲」之譌，「庚甲」猶言「庚某」，不曉其名，故以「某」、「甲」呼之也。

〔二〕孝建，宋孝武帝年號，起四五四年訖四五六年。

〔三〕按：此事非冤報者，當不出顏之推還冤記。談愷本、黃曉峯本俱作還異記，中華書局校談本校作還冤記，蓋以「異」乃「冤」之字譌，誤甚。許自昌本作述異記，是「還」乃「述」之形譌。鉤沉述異記輯入此條，是也。

王瑤家鬼

王瑤，宋大明三年〔一〕在都病亡。瑤亡後，有一鬼細長黑色，袒著犢鼻褌〔二〕，恆來其家。或歌嘯，或學人語，常以糞穢投人食中。又于東鄰庾家犯觸人，不異王家時。庾語鬼：「以土石投我，了非所畏；若以錢見擲，此眞見困。」鬼便以新錢數十，正擲庾額。庾復言：「新錢不能令痛，唯畏烏錢〔三〕耳。」鬼以烏錢擲之，前後六七過，合得百餘錢。（據廣記卷三二五引述異記）

〔一〕大明，宋孝武帝年號，起四五七年訖四六四年，三年乃四五九年。

〔二〕犢鼻褌（ㄎㄨㄣ），類似今之圍裙，自胸至腿蔽於前而反繫於後，形似牛鼻，故名。史記司馬相如列傳：「相如身自著犢鼻褌，與保庸雜作，滌器於市中。」裴駰集解引韋昭曰：「今三尺布作，形如犢鼻矣。」

〔三〕烏錢，舊錢日久色烏也。其成色當重於新錢，故復令鬼擲烏錢也。

崔基

清河〔一〕崔基，寓居青州〔二〕。朱氏女姿容絕倫，崔傾懷招攬〔三〕，約女爲妾。後三更中，忽聞扣門外，崔披衣出迎，女雨淚嗚咽，云：「適得暴疾喪亡，忻愛永奪。」悲不自勝。女於懷中抽兩疋絹，與崔曰：「近自織此絹，欲爲君作褌〔四〕衫，未得裁縫，今以贈離。」崔以錦八尺答之。女取錦曰：「從此絕矣！」言畢，豁然而滅。

至旦，告其家。女父曰：「女昨夜忽心痛〔五〕，夜亡。」崔曰：「君家絹帛無零失耶？」答云：「此女舊織餘兩疋絹，在箱中。女亡之始，婦出絹，欲裁爲送終衣，轉眄〔六〕失之。」崔因此具說事狀。（據御覽卷八一七引述異記）

〔一〕清河，漢初置郡，治清陽（今河北清河東南），東漢改國，移治甘陵（今山東臨清東），晉仍之，北魏復爲郡。

〔二〕青州，東晉僑置，在廣陵縣（今江蘇揚州市西北），宋初併入南兗州，泰始中又僑置於鬱州（今江蘇連雲港市東），齊因之。

〔三〕按：此句「傾」、「攬」原作「頃」、「賢」，誤，據鮑校本正。

〔四〕褌，古者無襠曰袴，有襠曰褌。

〔五〕按：鮑校本作「忽然病」。

〔六〕轉眄（ㄇㄧㄢˋ），轉眼，「眄」原譌作「眄」。鮑校本「眄」作「盻」，同「盼」。

比肩人

吳黃龍〔一〕年中，吳都海鹽〔二〕有陸東美，妻朱氏，亦有容止。夫妻相重，寸步不相離，時人號為「比肩人」〔三〕。夫婦云皆比翼，恐不能佳也〔四〕。後妻卒，東美不食求死。家人哀之，乃合葬。未一歲，冢上生梓樹，同根二身，相抱而合成一樹。每有雙鴻，常宿於上〔五〕。孫權聞之嗟歎，封其里曰比肩，墓又曰雙梓。後子弘與妻張氏，雖無異，亦相愛慕，吳人又呼為「小比肩」。（據廣記卷三八九引述異記）

〔一〕黃龍，吳大帝孫權年號，起二二九年訖二三一年。

〔二〕海鹽，縣名，漢置，順帝時陷為湖。今屬浙江。

〔三〕比肩人，爾雅釋地云：「西方有比肩獸焉，與邛邛岠虛比，為邛邛岠虛齧甘草，即有難，邛邛岠虛負而走，其名謂之蹷。北方有比肩民焉，迭食而迭望。」此「比肩」之所出。

〔四〕按：此二句文義欠明，疑有脫訛，無以據校，姑依原文。

〔五〕按：鴻為水禽，不得宿於樹上。蘇軾卜算子有「縹緲孤鴻影」，「揀盡寒枝不肯棲」之語，人或譏之曰：

「鴻雁未嘗棲宿樹枝，惟在田野葦叢間，此亦語病也。」（苕溪漁隱叢話前集卷三九）然孔雀東南飛「東西植松柏，左右植梧桐，枝枝相覆蓋，葉葉相交通，中有雙飛鳥，自名爲鴛鴦」云云，亦以水鳥棲於樹上。此乃民間文學習見手法，難以常理拘求之也。

元林坤誠齋雜記卷上云：「海鹽陸東美，妻朱氏有容止，夫妻相重，寸步不相離，時人號爲『比肩人』。後死合葬，塚上生梓樹同根，二身相抱，而合成一樹，每有雙雁常宿于上。孫權封其里曰比肩，墓曰雙梓。後子弘與妻張氏，亦相愛慕，吳人又呼爲『小比肩』。」情史亦載。

黃苗

宋元嘉中，南康平固〔一〕人黃苗，爲州吏。受假違期，方上行，經宮亭湖〔二〕。入廟下願，希免罰坐，又欲還家，若所願並遂，當上猪酒。苗至州，皆得如志，乃還。資裝既薄，遂不過廟。

行至都界，與同侶並船泊宿。中夜，船忽從水自下，其疾如風介〔三〕。夜四更，苗至宮亭，始醒悟。見船上有三人，並烏衣，持繩收縛苗。夜上廟階下，見神年可四十，黃面，披錦袍。梁下懸一珠，大如彈丸，光輝照屋。一人戶外白：「平固黃苗，上願猪酒，遯回家，教錄今到。」命謫三年，取三十人。

遣吏送苗窮山林中，鏁腰繫樹，日以生肉食之。苗忽忽憂思，但覺寒熱，身瘡，舉體生斑毛。經一旬，毛蔽身，爪牙生，性欲搏噬。吏解鏁放之，隨其行止。三年，凡得二十九人。次應取新淦〔四〕一女，而此女士族，初不出外。後値與娣妹從後門出，詣親家，女最在後，因取之。爲此女難得，涉五年，人數乃充。

吏送至廟，神教放遣。乃以鹽飯飮之，體毛稍落，鬚髮悉出，爪牙墮，生新者。經十五日，還如人形，意慮復常，送出大路。縣令呼苗具疏事，覆前後所取人，遍問其家，並符合焉。髀爲戟所傷，創瘢尙在。苗還家八年，得時疾死。（據廣記卷二九六引述異記）

〔一〕南康，郡名，晉初置，治雩都（今江西于都東北），東晉移贛縣（今贛州市）。平固，縣名，今江西興國南。

〔二〕宮亭湖，古又名彭蠡澤、彭湖，在廬山東，今爲鄱陽湖之一部份。廬山下有廟曰宮亭廟。初學記卷七引荆州記云：「宮亭卽彭蠡澤也，謂之彭澤湖，一名匯澤。」水經注卷三九云：「山下有神廟，號曰宮亭廟，故彭湖亦有宮亭湖之稱焉。……山廟甚神，能分風擘流，住舟遣使。行旅之人過必敬祀，而後得去。」宋陳舜俞廬山記卷三云：「宮亭湖，湖上宮亭神廟，寰宇記（卷一一一）云周武王十五年置，其神能分風擘流，行旅過之，必敬祀而後得去。」按宮亭神靈驗事，六朝志怪多載之。異苑卷五云：「宮亭湖廟神甚有靈驗，商旅經過，若有禱請，則一時能使湖中分風，沿泝皆舉帆，利涉無虞。」搜神記卷四「宮亭廟」二條（後條又載幽明錄）、神異記「陳敏」條（又載述異記）、幽明錄「石鏡」條、「晉武世沙門」條等，皆寫其神驗。

〔三〕介，助也。詩七月：「以介眉壽。」傳：「介，助也。」

〔四〕新淦，縣名，今江西清江。

任昉 述異記 據明程榮漢魏叢書本

今存，二卷，梁任昉撰。崇文總目小說類始著其目，中興館閣書目云：「任昉天監三年撰。昉家書三萬卷，多異聞，又採於秘書，撰此記。」漢魏叢書、廣漢魏叢書、增訂漢魏叢書、龍威秘書、百子全書、說庫及稗海收有此書，皆上下二卷；稗海本爲別一系統。又類說卷八、說郛卷四又卷二〇、五朝小說及陶珽說郛卷六五俱有節錄，少則二十餘條，多則近百條不等。

此書多有隋、唐地名，卷下「地生毛」、「洛子淵」條皆任昉身後事，是則經唐人改竄，非復舊貌。或以爲後人僞托任昉，說非。考梁書本傳云昉著雜傳二百四十七卷，隋志雜傳類作三十六卷，注云「本一百四十七卷，亡」，意此書卽在雜傳中，故隋、唐志皆不著錄。且書中多有「昉按」字樣，的是任氏口氣。唐蘇師道司空山記已稱引梁任彥昇述異記，亦可爲證。

任昉，梁書卷一四、南史卷五九有傳。昉字彥升，樂安博昌（今山東壽光）人。生於宋孝武帝大明四年（四六〇年），卒於梁武帝天監七年（五〇八年）。仕宋、齊、梁三朝，官終新安太守，卒贈太常卿。昉長散文，時有「任筆沈（約）詩」之譽。其述異記內容雜駁而語碎言瑣，彷彿於博物志，故四庫全書總目入於小說類瑣語之屬。

鬼母

南海小虞山中，有鬼母，能產天地〔一〕鬼。一產十〔二〕鬼，朝產之，暮食之。今蒼梧〔三〕有鬼姑神是也，虎頭、龍足、蟒目、蛟眉〔四〕。（卷上）

〔一〕天地，說郛卷二〇作「天下」。

〔二〕十，類說、說郛作「千」。

〔三〕蒼梧，郡名，漢始置，治廣信（今廣西梧州市）。隋廢。

〔四〕按：「蛟眉」下原有注，云：「蟒，虵，目圓；蛟眉連生。」說郛作「蟒是蛇」，多一「是」字。又按：此句下原有「今吳越間防風廟，土木作其形，龍首、牛耳、連眉、一目」數語，類說無，說郛以之與下條防風氏事連爲一條。說郛是也，今本誤耳。

懶婦魚

淮南〔一〕有懶婦魚。俗云：昔楊氏家婦，爲姑所溺而死，化爲魚焉〔二〕。其脂膏可燃燈燭，以之照鳴琴博弈，則爛然有光；及照紡績，則不復明焉。（卷上）

〔一〕淮南，原作「在南」，何允中廣漢魏叢書本同；王謨增訂漢魏叢書本作「江南」，事類賦注卷二九引同；稗海本、類說、廣記卷四六五引並作「淮南」，茲從之。淮南，東晉咸和初僑置，治于湖縣（今安徽當塗南）。

〔二〕按：「爲姑」至此廣記引作「爲姑所怒，溺水死爲魚」。

懶婦魚究爲何物，古有二說：一爲大鯢，即俗呼娃娃魚者，或又稱人魚，史記秦始皇本紀：「以人魚膏爲燭。」即此。二爲江豚，即江猪，古稱奔䱐，又作鯆䱐、溥浮。事類賦注卷二九引異物記曰：「鯢之大者爲鰕，實四足而有魚名，頭尾類鯷，岐岐而行，云是嬾婦怨勤，自投於水所化，一名人魚。」大鯢說獨出異物記。自東漢楊孚以降，撰異物志者頗多，此書不知出誰手。寰宇記卷一六五引異物志略同述異記，然未云其爲大鯢。酉陽雜俎前集卷一七鱗介篇曰：「奔䱐，奔䱐一名瀱，非魚非蛟，大如船，長二三丈，色如鮎，有兩乳在腹下，雄雌陰陽類人。取其子著岸上，聲如嬰兒啼。頂上有孔通頭，氣出嚇嚇作聲，必大風，行者以爲候。相傳懶婦所化。殺一頭得膏三四斛，取之燒燈，照讀書紡績輒暗，照歡樂之處則明。」類林雜說卷一三鐙燭篇引紀異曰：「東海有魚，其肉可以爲油。然之，爲飲燕之鐙則明，以爲織紝婦功之鐙則闇，故謂嬾婦魚。」開元天寶遺事乃稱其魚在南中，燈號饞魚燈。

本草綱目卷四四鱗四海豚魚釋名曰：「海豨（文選），生江中者名江豚（拾遺），江豬（綱目），水豬（異物志），鱀魚（音志），饞魚（音讒），䱐魳（音敷沛）。時珍曰：海豚、江豚，皆因形命名，郭璞賦『海豨江豚』是也。魏武食制謂之䱐魳，南方異物志謂之水豬。又名饞魚，謂其多涎也。」集解：「藏器（按：唐陳藏器本草拾遺）曰：……江豚生江中，狀如海豚而小，出沒水上，舟人候之占風。其中有油脂，點燈照樗蒱卽明，照讀書工作卽暗。俗言懶婦所化也。時珍曰：其狀大如數百斤豬，形色青黑如鮎魚，有兩乳，有雌雄類人。數枚同行，一浮一沒，謂之拜風。其骨硬，其肉肥不中食，其膏最多，和石灰艌船最良。」

明鄺露赤雅卷下曰：「嬾婦，似豪豬而小，好食禾黍。田畯以機杼織紝懸於壂塍，望之而走。齒長，入海化爲巨魚，其名奔䱐，其狀蛟螭，雙乳垂腹。取以煎油，其膏百斛，澆蠟作燭。取以飲酒，紫燄生花，令人發興；取以讀書，昬昧泯墨，必至黑甜。作詩自嘲曰：『丁年誤買奔䱐燭，丙夜誰傳太乙書。』」清王士禛居易錄卷一六亦取其說云：「懶婦，狀如豪猪而小，好食黍，以機杼織紝掛於田中，則望之却走。齒長，入海化爲巨魚，名奔䱐。取以煎油，其膏百斛，澆蠟作燭，取以飲酒則明，讀書則暗。」赤雅以懶婦爲獸，其齒入海化奔䱐，其說愈誕。

封使君

漢宣城郡〔一〕守封邵，一日忽〔二〕化爲虎，食郡民，呼之曰封使君，因去不復來。故時語云：「無作封使君，生不〔三〕治民死食民。」夫人無德而壽則爲虎〔四〕。虎不食人，人化虎則食人，蓋恥其類而惡之。（卷上）

〔一〕宣城郡，始置於東漢順帝時，治宛陵（今安徽宣城）。說郛卷六五作「宜城」，誤。

〔二〕按：「一日忽」原作「亘」，稗海本作「一日忽」，廣記卷四二六、御覽卷八九二引同，據正。

〔三〕不，原作「來」，據稗海本、類說本及廣記、御覽引正。

〔四〕按：譚子化書心變云：「至淫者化爲婦人，至暴者化爲猛虎。心之所變，不得不變。」

楊升庵全集卷六〇封使君云：「古傳記言，漢宣城郡守封邵一日化爲虎，食郡民，民呼曰封使君，卽去不復來。其地謠曰：『莫學封使君，生不治民死食民。』張禺山詩曰：『昔者漢使君，化虎方食民；今日使君者，冠裳而吃人。』又曰：『昔日虎使君，呼之卽慚止；今日虎使君，呼之動牙齒。』又曰：『昔時虎伏草，今日虎坐衙，大則呑人畜，小不遺魚蝦。』或曰此詩太激，禺山曰：『我性然也。』余嘗戲之曰：『東坡嬉笑怒罵皆成詩，公詩無嬉笑，但有怒罵耳。』」

王質

信安縣石室山〔一〕，晉時王質伐木至，見童子數人棊而歌，質因聽之。童子以一物與質，如棗核，質含之，不覺饑。俄頃，童子謂曰：「何不去？」質起，視斧柯〔二〕爛盡。既歸，無復時人。（卷上）

〔一〕按：各本俱作「信安郡」，按隋書地理志下，信安郡隋改端州置，治高要（今廣東肇慶市），時在任昉後，必爲唐人妄改。宋鄭緝之東陽記作「信安縣」（見附錄），據正。信安縣，晉始置，今浙江衢縣，唐改西安。路史發揮卷三注云：「爛柯事，述異記則云王質入信都石室山遇童子棊。」乃作「信都」，誤，信都縣即今河北冀縣。石室山，又名石橋山、爛柯山，在衢縣南。按王質事多處有傳，石室山亦非一處，參附錄。

〔二〕柯，斧柄。詩豳風伐柯：「伐柯如何？匪斧不克。」傳：「柯，斧柄也。」

王質事以晉袁山松郡國志所記爲早，以後屢見於他書。御覽卷四七引郡國志曰：「石室山，一名石橋山，一名空石山。晉中朝時，有王質者嘗入山伐木，至石室，有童子數四，彈琴而歌，質因放斧柯而聽之。童子以一物與質，狀如棗梅，含之不復飢，遂復小停。亦謂俄頃，童子語曰：『汝來已久，何不速去？』質應聲而起，柯已爛盡。」

水經注卷四〇漸江水引東陽記（宋鄭緝之）云：「信安縣有懸室坂。晉中朝時，有民王質伐木至石室中，見童子四人彈琴而歌。質因留，倚柯聽之。童子以一物如棗核與質，質含之，便不復饑。俄頃童子曰：『其歸！』承聲而去，斧柯漼然爛盡。既歸，質去家已數十年，親情凋落，無復向時比矣。」任昉此記蓋取乎郡國志、東陽記也。東陽郡吳始置，信安是其屬縣。

雲笈七籤卷一一〇洞仙傳（見素子）云：「王質者，東陽人也。入山伐木，遇見石室中有數童子圍碁歌笑，質聊置斧柯觀之。童子以一物如棗核與質，令含咽其汁，便不覺飢渴。童子云：『汝來已久，可還。』質取斧，柯爛已盡。質便歸家，計已數百年。」

唐丘光庭兼明書云：「爛柯山，相傳云昔人採樵於山中，見二人弈棋於松下，因坐而看之。及棋罷而歸，斧柯已爛，至家三歲矣。因名其山曰爛柯。」（說郛卷八，今本無）

全唐詩卷三八〇孟郊爛柯石詩云：「仙界一日內，人間千載窮。雙棋未偏局，萬物皆爲空。樵客返歸路，斧柯爛從風。唯餘石橋在，猶自凌丹虹。」

杜佑通典卷一八二州郡十二云：「信安……石橋山，晉王質爛柯處。」

三洞羣仙錄卷六引王氏神仙傳（杜光庭）云：「王質，東陽人。時入山伐木，偶於石室中見數童子下棋，質坐斧柯上觀之。童子將棗，與質食之，無飢渴。童子下棋未終，一童子曰：『子可去，來已久矣。』質起，視斧柯已爛矣。還家，親戚無有存者。後入山昇天。今衢州有爛柯山。」

王松年仙苑編珠卷中云：「傳云王質者，西安鄉里人也，性頗好棋。因入山採樵，見二仙人於石橋下棋，質乃以斧柯磹坐觀。棋局終乃起，斧柯已爛，歸家數百載矣。今衢州爛柯山是也。」

太平寰宇記卷九七衢州西安縣云：「石室山，一名石橋山，一名空石山。晉中朝時，有王質者常入山伐木，至石室，見有童子數四彈琴而歌，質因放斧柯而聽之。童子以一物與質，狀如棗核，含之不復饑，遂復得少停。俄頃童子語曰：『汝來已久，何不速去？』質應聲而起，柯灌然爛盡。」

歐陽忞輿地廣記卷二三衢州西安縣云：「西安縣本漢太末縣地……晉太康元年改曰信安……有石室山。晉民王質伐木至石室中，見童子四人彈琴而歌，質倚斧柯聽之。俄頃而去，斧柯爛盡。既歸已數十年，親戚凋落，無復向時矣。」

爛柯山又傳在端州高要縣。寰宇記卷一五九端州高要縣云：「爛柯山，在縣東三十六里，一名斧柯山，在峽石南。郡國志：『昔有道士王質，負斧入山採桐爲琴，遇赤松子、安期先生棋，而斧柯爛處。』」所引郡國志與御覽引大異。

眞仙通鑑卷二八云：「王質，晉時東陽人也。入山伐木，至信安郡石室山，遇見石室中有數童子圍棋歌笑（原注：一云遇赤松子與安期生弈棋），質置斧柯觀之。童子以物如棗核與質，令含咽其汁，便不覺飢渴。童子云：『汝來已久，可還。』質取斧，柯爛已盡。質便歸家，計已數百年，親舊零落，無復存者。復入山得道，百餘年，人往往見之，後亦昇天而去。浙東信安有爛柯山，卽其地也，一名斧柯山，今屬衢州西安縣。又廣東信安亦有爛柯山，今屬肇慶府。」

又傳爲巂州（今四川西昌）事。寰宇記卷八〇巂州越巂縣云：「石室山，按九州要記云山在汶江之北。昔樵人王質入山，見二仙人圍棋，質乃坐斧而觀。二仙棋訖，質亦起，見斧柯已爛，方悟是二仙人。」

宋人又於達州（今四川達縣）附會而生爛柯亭。吳曾能改齋漫錄卷九云：「李宗諤云：『達州爛柯亭，在州治之西四里。古有樵者，觀仙弈碁不去，至斧柯爛於腰間，卽此地也。』乃知觀碁爛柯，不止衢州。」

異苑卷五「樗蒱仙」條，情事亦相類：「昔有人乘馬山行，遙望岫裏，有二老翁相對樗蒱，遂下馬造焉。以策拄地而觀之，自謂俄頃，視其馬鞭摧然已爛，顧瞻其馬，鞍骸枯朽。既還至家，無復親屬，一慟而絕。」

唐廣異記（類說卷八）亦載：「有人乘馬山行，見洞中二老樗蒱，乃以鞭柱地而觀，俄忽鞭爛而鞍朽。」

宋元戲文有王質（見錢南揚宋元戲文輯佚）。寶文堂書目有爛柯山王質觀棋，爲明無名氏雜劇，佚。

黃鶴樓

荀瓌字叔偉〔一〕，潛棲却粒〔二〕。嘗東遊，憩江夏黃鶴樓〔三〕上。望西南有物，飄然降自霄漢，俄頃已至，乃駕鶴之賓也。鶴止戶側，仙者就席，羽衣虹裳，賓主歡對。已而辭去，跨鶴騰空，眇然而滅〔四〕。（卷上）

〔一〕荀瓌，類說「瓌」作「環」，事類賦注卷一八引同。瓌，音ㄍㄨㄟ。叔偉，御覽卷九一六引作「叔瑋」。類聚卷六三引述異傳此句下有「寓居江陵」一句；又卷九〇引述異傳無「字叔偉」，作「荀瓌事母孝，好屬文及道術」。

〔二〕却粒，程榮、何允中、王謨漢魏叢書本及稗海本，俱譌作「郎粧」，百子全書本及類聚卷九〇、事類賦注、御覽引並作「却粒」，據正。却粒，即辟穀，修道者不食五穀也。

〔三〕江夏，郡名，漢置，初治安陸（今湖北雲夢），劉宋始移治夏口（今武漢市武昌）。黃鶴樓，故址在武昌黃鶴山西北部之黃鵠磯上，今爲武漢長江大橋武昌橋頭。黃鶴山一名黃鵠山，俗名蛇山。元和郡縣圖志卷二七鄂州云：「城西臨大江，西南角因磯爲樓，名黃鶴樓。」寰宇記卷一一二鄂州江夏縣云：「黃鶴樓在縣西二百八十步。」輿地紀勝卷六六鄂州上景物下云：「黃鶴樓，在子城西南隅黃鵠磯山上，自南朝已著，因山得名。『鵠』、『鶴』古通用字。」又云：「黃鵠山在江夏縣，起東九里，至縣西北林間，甚美，戴仲若野服居之。山下曰黃鵠岸，有灣曰黃鵠灣。又黃鵠磯在縣西北二里，臨大江。」（參見附錄。）黃鶴，又作「黃鵠」，古傳爲仙禽。說文四上鳥部：「鵠，黃鵠也。」玉篇卷二四鳥部：「黃鵠，仙人所乘。」任昉述異記上：「鵠生五百年而紅，五百年而黃，又五百年而蒼，又五百年而白，壽三千歲。」

〔四〕眇然，按此二字原缺，據稗海本、類說補，類說「眇」作「渺」，字通。又類聚、御覽、事類賦注引全句作「眇然煙滅」。

黃鶴樓仙人，或傳爲子安（後世或又謂其姓黃），或傳爲費禕，他說尚多。蓋事本屬縹緲，宜其傳聞紛紜也。

南齊書卷一五州郡志下云：「郢州，鎮夏口……夏口城據黃鵠磯，世傳仙人子安乘黃鵠過此上也。」此爲子安說所起。按列仙傳有子安其人，卷下陵陽子明云：「陵陽子明者，銍鄉人也。好釣魚，於旋溪釣得白龍，子明懼，解鉤拜而放之。後得白魚，腹中有書，教子明服食之法。子明遂上黃山，採五石脂，沸水而服之。三年龍來迎去，止陵陽山上百餘年。山去地千餘丈，大呼下人，令上山半言。谿中子安當來，問子明釣車在否。後二十餘年，子安死，人取葬石山下。有黃鶴來，棲其塚邊樹上，鳴呼子安云。」事又載水經注卷二九沔水。李太白全集卷一二登敬亭山南望懷古贈竇主簿：「白龍降陵陽，黃鶴呼子安。」即用此典。意南齊書州郡志所云，乃此事之譌傳也。

費禕之說起於唐。閻伯瑾黃鶴樓記云：「州城西南隅有黃鶴樓者，圖經云費禕登仙，嘗駕黃鶴返，憩於此，遂以名樓。事列神仙之傳，迹存述異之志。……於是極長川之浩浩，見衆山之壘壘。王室載懷，思仲宣之能賦；儷蹤可揖，嘉叔偉之芳塵。」（按：閻伯瑾，永泰時人，此記載全唐文卷四四〇）羅隱詩遊江夏口中云：「魚聽建業歌聲過，水看瞿塘雪影來。黃祖不能容賤客，費禕終是負仙才。」（全唐詩卷六六〇）乃用此典。按三國志卷四四蜀志費禕傳，費禕字文偉，江夏鄳人也。少遊學入蜀，先主時爲舍人、庶子。後主踐位爲黃門侍郎、侍中、中護軍、司馬。諸葛亮卒爲後軍師、尚書令，遷大將軍，錄尚書事。禦魏有功，封成鄉侯，領益州刺史。延熙十六年（二五三年）爲魏降人郭循所害，謚敬侯。費禕未聞有學仙事，豈其字與荀瓌字相似，且禕爲武昌人，遂譌傳耶？觀閣記稱費禕迹存述異之志（卽任昉述異記），又云「嘉叔偉之芳塵」，卽露涸費、荀爲一人之消息矣。

然費禕事後世頗傳，幾致荀瓌事爲之湮沒。太平寰宇記卷一一二鄂州江夏縣云：「黃鶴山在縣東九里，其山斷絕。耆舊傳云，昔有仙人控黃鶴從天而夜饗。黃鶴樓在縣西二百八十步。昔費禕登仙，每乘黃鶴於此憩駕，故號爲黃鶴樓。唐崔顥有登黃鶴樓詩云：『昔人已乘白雲去，此地空餘黃鶴樓。黃鶴一去不復返，白雲千載空悠悠。晴川歷歷漢陽樹，芳草萋萋鸚鵡洲。日暮鄉關何處是，煙波江上使人愁。』」按前說乃採江夏圖經，不云仙人爲誰氏。御覽卷四八引江夏圖經云：「黃鶴山，在縣東九里，其山斷絕，無連接。舊傳云，昔有仙人控黃鶴於山，因以爲名。故梁湘東王晉安寺碑云『黃鶴從天之夜饗』是也。」

分類補註李太白詩卷一九酬岑勛見尋就元丹丘對酒相待以詩見招「黃鶴東南來，寄書寫心曲」楊齊賢注云：「鄂州有黃鶴樓，因黃鶴山以名。相傳費文禕（按：名譌）得仙駕鶴憩此。」陸游入蜀記五云：「黃鶴樓，舊傳費禕飛昇於此，後忽乘黃鶴來歸，故以名樓，號爲天下絕景。……今樓已廢，故址亦不復存。問老吏，云在石鏡亭南樓之間，正對鸚鵡洲，猶可想見其地。」（渭南文集卷四七）

宋人詩詠黃鶴樓者亦多用費禕事。如李宗孟：「空遺費仙跡，不見庾公游。」（輿地紀勝卷

六七總鄂州詩引）楊繪：「高駿黃鶴望天飛，千載誰能繼費禕。」喻陟：「費禕丁令亦何之。」（同上黃鶴樓詩引）

明世陳繼儒羣碎錄亦持是說，云：「黃鶴樓，舊傳費禕飛昇於此，後忽乘黃鶴來歸。」宋人詩亦有用荀瓌事者，如蔣之奇：「叔偉不見空締建，正平何在獨滄洲。」（輿地紀勝卷六七引）傳聞之事本無定說，非史實可比，宋人每每喜辨其是非，苕溪漁隱叢話後集卷一七唐人雜紀下引江夏辨疑，以述異記斥閻伯理（按：名異於全唐文）說之非，迂之甚矣。

亦或有兼採數說者。輿地紀勝卷六六鄂州上景物下云：「黃鶴樓……南齊志以爲世傳仙人子安乘黃鶴過此。唐圖經又云費禕文偉登仙，駕黃鶴返憩于此。閻伯珪（按：名譌）作記以費禕事爲信，王得臣、張栻辨之。」又古迹云：「費禕洞，皇朝郡縣志云在江夏縣東十里黃鵠山後，舊經云費禕昇仙之後洞也。」又卷六七鄂州下仙釋云：「黃鶴仙，或云費禕，王得臣黃鶴樓詩以爲荀瓌，字叔偉，未知孰是。」

明曹學佺明一統名勝志湖廣名勝志卷一武昌府江夏縣云：「黃鵠山，在城西南隅，山形蜿蜒，俗呼蛇山。昔仙人黃子安騎黃鶴憩此。有費禕洞在山陰，亦傳其爲駕黃鶴仙去者。梁任昉記以昇仙事乃荀瓌，字叔瑋（按應作「偉」），非費文禕（按：應作「偉」）也。」

黃鶴樓猶有一異說，金王朋壽增廣類林雜說卷一二神仙下篇云：「江夏郡人幸氏，酤酒爲業。一日，有一道人形皃魁偉，衣服藍縷，掉臂入門就座，殊無禮皃。顧謂幸曰：『能以一杯好酒飲吾否？』幸氏子雖年少，雅亦好道擧，常與方外之士爲友，聞之欣然許諾，卽以上尊一杯奉之。道人一擧盡之，亦不相謝，拂袖出門去。至來日，如期而來。幸不待其求，卽以飲之，飲已輒徑去。似此者僅半年。道人初無一言，幸氏子亦無倦色。一日，忽呼幸氏子謂曰：『我多負爾酒資也，屬此行無錢奉酬。』遂探所攜一藥籃中，得橘皮少許，於壁畫一仙鶴。畫畢，指示幸云：『以此奉答。但有客飲酒，卽唱歌拍手以爲節，招此鶴，當爲君舞，以佐尊。』言訖遂去。幸亦未甚信之。繼而有客三數人來，見所畫鶴，問其所以，幸以實告。客於是依其言，唱拍以招之，其鶴倏已蹁躚而舞，回翔宛轉，良中音節。以其橘皮所畫，其毛羽帶黃。人莫不驚異。當其舞時，宛然素壁也，舞罷而去，則依然畫鶴也。自是人人爭欲來觀，幸氏遂限之以酤酒之價，非數千不能得觀也。十年之閒，家貲危累千萬。一日，其道人惠然而來，謂幸氏子曰：『嚮時貧道飲公酒，所答薄否？』幸見之拜，且跪謝曰：『賴先生所畫鶴，今事產方之昔日，何啻百倍！未嘗一日敢忘恩德，但恨不知先生所居。今者承蒙不棄凡俗，復此榮過。若能少留，當擧家具廁役之職，供備灑埽。先生有意終惠之乎？』先生笑曰：『吾豈久此者耶！』於藥籃中取一短笛，作數弄，須臾有白雲自空而下，垂簷楹閒，所畫鶴飛下。先生跨鶴乘雲，冉冉而去。闔郡望之，杳杳然沒於霄漢，猶聞笛聲。幸氏於是就其處建一樓，榜之曰黃鶴樓。後崔影（按：名譌）題詩云：『昔人已乘白雲去，此地空餘黃鶴樓。』」（按：未著出處，俟考。）

宮人草

楚中有宮人草〔一〕，狀如金䔲〔二〕，而甚氛氳，花色紅翠。俗說楚靈王〔三〕時，宮人數千，皆多愁曠，有囚〔四〕死於宮中者。葬之後，墓上悉生此花〔五〕。（卷下）

〔一〕按：「有」字上廣記卷四〇八引有「往往」二字。

〔二〕金䔲（ㄉㄥ），草名。集韻平聲登韻：「䔲，金䔲，艸名。」又廣韻：「䔲，金䔲草。」

〔三〕楚靈王，即熊圍，共王庶子，前五四〇年至前五二九年在位。史載靈王暴虐，後自縊死。

〔四〕囚，廣記引作「因」。

〔五〕花，廣記引作「草」。

王琰　冥祥記

隋志雜傳類著錄冥祥記十卷，王琰撰。兩唐志同，新志入小說家。慧皎高僧傳序、法琳破邪論卷下、道宣三寶感通錄卷中及卷下、唐臨冥報記序、道世法苑珠林卷一一九均稱王琰撰冥祥記，三寶感通錄卷下書名作冥祥傳。該書唐志以後不見著錄，宋時唯有廣記、御覽等徵引，蓋佚於宋。類說卷五錄四條，明本說郛卷四錄一條，陶珽說郛卷一一八凡八條，然竄入唐事，又誤爲晉人，舊小說甲集五條，古小說鈎沉輯序一篇及正文一百三十一條，絕大部份取自法苑珠林。

王琰史書無傳。據高僧傳序、隋志古史類、萬歲通天帖（三希堂法帖）等，知琰太原人，仕齊爲太子舍人，梁爲吳興令。自序稍敍及經歷，云稚年在交阯，從賢法師受五戒。後還都，泰始末移居烏衣，後又遊江都，昇明末遊躓峽表，齊建元元年還京師。據自序所敍，王琰約生於宋孝建元年（四五四年），卒年不詳，估計在梁天監、普通間。冥祥記成於梁初，「釋慧進」條云「前齊永明中」可證，然無梁事。

是書係感於觀世音金像顯驗而作，所謂「循復其事，有感深懷，沿此徵覿，綴成斯記」（自序)，所記皆爲佛事，乃「釋氏輔教之書」。然文筆委曲，描摹細密，時有可觀焉。

趙泰

晉趙泰，字文和，清河貝丘〔一〕人也，祖父京兆太守〔二〕。泰郡舉孝廉，公府辟不就。精思典籍，有譽鄉里。當晚乃膺仕〔三〕，終於中散大夫。泰年三十五時，嘗卒心痛，須臾而死。下屍於地，心煖不已〔四〕，屈伸隨人。留屍十日，平旦喉中有聲如雨〔五〕，俄而穌〔六〕活。

說初死之時，夢有一人，來近心下。復有二人乘黃馬，從者二人，夾扶泰掖〔七〕，徑將東行。不知可幾里，至一大城，崔嵬高峻，城邑青黑狀錫。將泰向城門入，經兩重門，有瓦屋可數千間；男女大小，亦數千人，行列而立。吏著皂衣，有五六人，條疏姓字，云當以科呈府君。泰名在三十。須臾，將泰與數千人男女一時俱進。府君西向坐，簡視名簿訖，復遣泰南入黑〔八〕門。有人著絳衣，坐大屋下，以次呼名，問生時所事：「作何罪？行何福善？諦汝等辭，以實言也。此恆遣六部使者常在人間，疏記善惡，具有條狀，不可得虛。」泰答：「父兄仕宦皆二千石，我少在家，修學而已〔九〕，無所事也，亦不犯惡。」乃遣泰爲水官監作使〔一〇〕，將二千餘人，運沙裨岸，晝夜勤苦。後轉泰水官都督，知諸獄事。給泰馬兵，令案行地獄。

所至諸獄，楚毒各殊。或針貫其舌，流血竟體，或被頭露髮，裸形徒跣，相牽而行，有持大杖，從後催促。鐵牀銅柱，燒之洞然，驅迫此人，抱臥其上，赴卽焦爛，尋復還生。或炎爐巨鑊，焚煑罪人，身首碎墜，隨沸翻轉。有鬼持叉，倚于其側。有三四百人，立于一面，次當入鑊，相抱悲泣。或劍樹高廣〔一一〕，不知限量，根莖枝葉，皆劍爲之。人衆相訾，自登自攀，若有欣意〔一二〕，而身首割截，尺寸離斷〔一三〕。泰見祖父母及二弟在此獄中，相見涕泣。

泰出獄門，見有二人賫文書來，語獄吏，言有三人，其家爲其於塔寺中懸旛燒香，救解其罪，可出福舍。俄見三人自獄而出，已有自然衣服，完整在身。南詣一門，云名開光大舍〔一四〕，有三重門，朱采照發，見此三人卽入舍中，泰亦隨入。前有大殿，珍寶周飾，精光耀目，金玉爲牀。見一神人，姿容偉異，殊好非常，坐此座上，邊有沙門立侍甚衆。見府君來，恭敬作禮。泰問：「此是何人，府君致敬？」吏曰：「號名世尊〔一五〕，度人之師。有願，令惡道〔一六〕中人皆出聽經。時云有百〔一七〕萬九千人皆出地獄，入百里城。在此到者，奉法衆生也，行雖虧殆，尙當得度，故開經法。七日之中，隨本所作善惡多少，差次免脫。」泰未出之頃，已見十人升虛而去。

出此舍，復見一城，方二百餘里，名爲受變形城。地獄考治已畢者，當於此城更受變報。泰入其城，見有土瓦屋數千區，各有坊巷〔八〕。正中有瓦屋高壯，欄檻采飾，有數百局吏，對校文書。云殺生者當作蜉蝣，朝生暮死；劫盜者當作豬羊，受人屠割；婬泆者作鶴鶩麞〔九〕麋；兩舌者作鵄梟鵂鶹〔一〇〕；捍債者爲驢騾牛馬〔一一〕。

泰案行畢，還水官處。主者語泰：「卿是長者子，以何罪過而來在此？」泰答：「祖父兄弟皆二千石，我舉考〔一二〕，公府辟不行。修志念善，不染衆惡。」主者曰：「卿無罪過，故相使爲水官都督。不爾，與地獄中人無以異也。」泰問主者曰：「人有何行，死得樂報？」主者言：「唯〔一三〕奉法弟子精進持戒得樂報，無有謫罰也。」泰復問曰：「人未事法時所行罪過，事法之後得除以不？」答曰：「皆除也。」語畢，主者開縢篋〔一四〕，檢泰年紀，尙有餘算三十年在，乃遣泰還。臨別，主者曰：「已見地獄罪報如是，當告世人，皆令作善。善惡隨人，其猶影響，可不愼乎？」

時親表內外候視泰五六十人，同聞泰說。泰自書記，以示時人。時晉太始五年〔二五〕七月十三日也。乃爲祖父母二弟延請僧衆，大設福會。皆命子孫改意奉法，課勸〔二六〕精進。時〔二七〕人聞泰死而復生，多見罪福，互來訪問。時有太中大夫武城〔二八〕孫豐、關內侯常山〔二九〕郝伯平等十人，同集泰舍，欵曲尋問，莫不懼然，皆卽奉法也。（據珠林卷一二引冥祥記，又廣記卷三七七引）

〔一〕貝丘，縣名，漢置，晉屬清河國，今山東臨清東南。

〔二〕京兆，漢置，三輔之一，治長安（今陝西西安市西北）。魏晉改稱京兆郡，長官亦由尹改爲太守。

〔三〕當，原作「嘗」，據廣記引正。膺仕，受任。

〔四〕不已，心跳未止也。廣記引作「不冷」。

〔五〕雨，幽明錄作「雷」（見附錄）。

〔六〕穌，同「蘇」，廣記引作「蘇」。

〔七〕掖，通「腋」，廣記引作「腋」。

〔八〕黑，廣記引作「里」。

〔九〕已，原作「日」，誤，據廣記引正。

〔一〇〕水官監作使，下文水官都督之屬官。按法苑珠林卷一二云地獄有五官：「一者鮮官，禁殺；二者水官，禁盜；三者鐵官，禁婬；四者土官，禁兩舌；五者天官，禁酒。」

〔一一〕廣，原脫，據廣記引補。

〔一二〕意，廣記引作「競」。

〔一三〕按：法苑珠林卷一一地獄部云：「夫論地獄，幽酸特爲痛切。刀林聳日，劍嶺參天，沸鑊騰波，炎爐起焰，鐵城晝掩，銅柱夜然。如此之中，罪人遍滿，周慞困苦，悲號叫喚。牛頭惡眼，獄卒凶牙，長叉拄肋，肝心碓擣，猛火逼身，肌膚淨盡。或復舂頭擣脚，煮魄烹魂，裂膽抽腸，屠身膾肉。如斯之苦，何可言念。於是沉浮鑊湯之裏，偃仰爐炭之中，肉盡戈劍之端，骨碎枯形之側。鐵床之上，詎可安眠；銅柱之間，何宜久附。眼中帶火，啼淚不垂；口裏含煙，叫聲難出。」描寫地獄景況，可爲參證。

〔一四〕開光大舍，佛家於佛像落成後擇日供奉，稱開光、開光明、開眼，此舍有佛，故用開佛光明之義以爲舍名。

〔一五〕世尊，梵語「薄伽梵」之意譯，對佛之尊稱。隋慧遠無量壽經義疏卷上云：「佛備衆德，爲世欽仰，故號世尊。」按佛本指釋迦牟尼，後用爲泛稱，指一切佛。

〔一六〕惡道，佛家以地獄、餓鬼、畜生爲三惡道，意謂生前作惡，死後入此三途不得超生，又云惡趣。大乘義章云：「乘惡行往，名爲惡道。」無量壽經卷下云：「但作衆惡，不修善本，皆悉自然入諸惡趣。」

〔一七〕按：「百」字廣記引無。

〔一八〕坊巷，街巷。廣記引作「房舍」。

〔一九〕壘，廣記引作「廬」。

〔三〇〕兩舌，挑撥離間，播弄是非。鵄梟，廣記「鵄」作「鴟」，字同，「梟」又作「鴞」，貓頭鷹。鵂鶹（ㄒㄧㄡ ㄌㄧㄡˊ），亦爲貓頭鷹。古以鴟梟爲惡鳥。

〔三一〕捍債，抗賴債務。按以上謂作惡受變報者來世轉爲畜生，不得爲人。珠林卷八七惡報部云：「以此殺生，故於地獄中窮年極劫，具受劇苦。受苦旣畢，復墮畜生，作諸牛馬猪羊、驢騾駱駝、鷄狗魚鳥、車螯蛤蜊，爲人所殺；螺蜆之類，不得壽終，還以身肉，供充肴俎。在此禽獸，無量生死，若無微善，永無免期。」又引地持經等云殺生、劫盜、邪婬、妄語、兩舌、惡口、無義語、貪欲、瞋恚、邪見等十罪能令衆生墮三惡道。

〔三二〕舉考，廣記引作「舉孝廉」。

〔三三〕按：「唯」字原誤植於「晉」字上，據廣記引正。

〔三四〕縢（ㄊㄥˊ），纏也，封也。廣記引作「藤篋」。

〔三五〕太始，即泰始，晉武帝司馬炎年號，起二六五年訖二七四年，五年爲二六九年。

〔三六〕課勸，廣記引作「課觀」。

〔三七〕時，廣記引作「士」。

〔三八〕武城，縣名，原名東武城，漢置，屬清河郡，晉太康時去「東」字，今山東武城西北。

〔三九〕常山，郡名，西漢置，治元氏（今河北元氏縣西北），西晉移治眞定（今正定南）。

趙泰事此前亦見幽明錄，較此爲短，今據廣記卷一〇九引移錄於下：「趙泰字文和，清河貝丘人。公府辟不就，精進典籍，鄉黨稱名。年三十五，宋（當作「晉」）太始五年七月十三日夜半，忽心痛而死，心上微煖，身體屈伸。停屍十日，氣從咽喉如雷鳴，眼開，索水飲，飲訖便起。說初死時，有二人乘黃馬，從兵二人，但言『捉將去』，二人扶兩腋東行。不知幾里，便見大城，如錫鐵崔嵬。從城西門入，見官府舍，有二重黑門，數十梁瓦屋，男女當五六十，主吏著皁單衫。將泰名在第三十，須臾將入，府君西坐，斷勘姓名。復將南入黑門，一人絳衣坐大屋下，以次呼名前，問生時所行事，有何罪過，行（脫「何」字）功德，作何善行，言者各各不同。主者言：『許汝等辭。』恆遣六師督錄使者，常在人間，疏記人所作善惡，以相檢校。人死有三惡道，殺生禱祠最重。奉佛持五戒十善，慈心布施，生在福舍，安穩無爲。』泰答：『一無所爲，上不犯惡。』斷問都竟，使爲水官監作吏，將千餘人，接沙著岸上，晝夜勤苦，啼泣悔言：『生時不作善，今墮在此處。』後轉水官都督，總知諸獄事，給馬，東到地獄按行。復到泥犂地獄，男子六千人。有火樹，縱廣五十餘步，高千丈，四邊皆有劍。樹上然火，其下十十五五，墮火劍上，貫其身體。云：『此人呪詛罵詈，奪人財物，假傷良善。』泰見父母及一弟，在此獄中涕泣。見二人賫文書來，敕獄吏，言有三人，其家事佛，爲有寺中懸幡蓋燒香，轉法華經，呪願救解生時罪過，出就福舍。已見自然衣服，往詣一門，云開光大舍。有三重黑門，皆白壁赤柱，此三人即入門。見大殿珍寶燿日，堂前有二獅子併伏，負一金玉牀，云名獅子之座。見一大人，身可長丈餘，姿顏金色，項有日光，坐此牀上，沙門立侍甚衆，四座名眞人菩薩。見泰山府君來作禮。泰問吏何人，吏曰：『此名佛，天上天下度人之師。』便聞佛言：『今欲度此惡道中及諸地獄人。』皆令出，應時云有萬九千人，一時得出，地獄卽空。見呼十人，當上生天，有車馬迎之，升虛空而去。復見一城，云縱廣二百餘里，名爲受變形城。云生來不聞道法，而地獄考治已畢者，當於此城受更變報。入北門，見數千百土屋，中央有大瓦屋，廣五十餘步。下有五百餘吏，對錄人名，作善惡事狀，受是變身形之路，從其所趣去。殺者云當作蜉蝣蟲，朝生夕死，若爲人，常短命；偷盜者作猪羊身，屠肉償人；淫逸者作鵠鶩蛇身；惡舌者作鴟鵂鵂鶹，惡聲，人聞皆咒令死；抵債者爲驢馬牛魚鱉之屬。大屋下有地房北向，一戶南向，呼從北戶又出南戶者，皆變身形作鳥獸。又見一城，縱廣百里，其瓦屋安居快樂。云生時不作惡，亦不爲善，當在鬼趣，千歲得出爲人。又見一城，廣有五千餘步，名爲地中，罰謫者不堪苦痛。男女五六萬，皆裸形無服，飢困相扶，見泰叩頭啼哭。泰按行畢還，主者問：『地獄如法否？卿無罪，故相挽爲水官都督，不爾，與獄中人無異。』泰問：『人生何以爲樂？』主者言：『唯奉佛弟子精進不犯禁戒爲樂耳。』又問：『未奉佛時罪過山積，今奉佛法，其過得除否？』曰：『皆除。』主者又召都錄使者，問趙泰何故死來，使開縢檢年紀之籍，云：『有算三十年，橫爲惡鬼所取，今遣還家。』由是六小發意奉佛，爲祖及弟懸旛蓋、誦法華經作福也。」

又法苑珠林卷一〇引趙泰傳曰：「泰曾死而絕，有使二人，扶而從西入趣宮治，合有三重黑門，周帀數千里，高梁瓦屋。是日亦有同死者，男女五六千人，皆在門外。有吏著帛單衣，持筆抄人姓名，男女左右別記。謂曰：『莫動。當將汝入，呈太山府君。』名簿在第二十。須臾便至。府君西向坐，邊有持刀直衛左右。主者按名一一呼入，至府君所，依罪輕重，斷之入獄。」（按：此文係節錄，非全文。似非取自幽明錄、冥祥記之「趙泰」條，當別有一趙泰傳，撰人不詳。）

慧達

晉沙門慧達，姓劉名薩荷，西河離石〔一〕人也。未出家時，長於軍旅，不聞佛法，尙氣武，好畋獵。年三十一，暴病而死。體尙溫柔，家未殮。至七日而穌。說云：將盡之時，見有兩人執縛將去，向西北行。行路轉高，稍得平衢，兩邊列樹。見有一人，執弓帶劍，當衢而立，指語兩人，將荷西行。見屋舍甚多，白壁赤柱。荷入一家，有女子美容服，荷就乞食，空中聲言：「勿與之也。」有人從地踊出，執鐵杵〔二〕，將欲擊之。荷遽走，歷入十許家皆然，遂無所得。復西北行，見一嫗乘車，與荷一卷書，荷受之。西至一家，館宇華整，有嫗坐于戶外，口中虎牙。屋內牀帳光麗，竹席青几，復有女子處之。問荷：「得書來不？」荷以書卷與之，女取餘書比之。俄見兩沙門，謂荷：「汝識我不？」荷答：「不識。」沙門曰：「今宜歸命釋迦文佛〔三〕。」荷如言發念，因隨沙門俱行。

遙見一城，類長安城，而色甚黑，蓋鐵城也。見人，身甚長大，膚黑如漆，頭髮曳地。沙門曰：「此獄中鬼也。」其處甚寒，有氷如席，飛散著人頭，頭斷，著腳，腳斷。二沙門云：「此寒冰獄〔四〕也。」荷便識宿命，知兩沙門，往維衞佛〔五〕時，並其師也。作沙彌〔六〕時，以犯俗罪，不得受戒〔七〕。世雖有佛，竟不得見從。再得人身，一生羌中，今生晉中。又見從伯，在此獄裏。謂荷曰：「昔在鄴時，不知事佛。見人灌像，聊試學之，而不肯還直，今故受罪。猶有灌福，幸得生天。」次見刀山地獄。次第經歷，觀見甚多。獄獄異城，不相雜廁；人數如沙，不可稱計。楚毒科法，略與經說相符。

自荷履踐地獄，示有光景〔八〕。俄而忽見金色，暉明皎然。見人長二丈許，相好嚴華，體黃金色。左右竝曰：「觀世大士也。」皆起迎禮。有二沙門，形質相類，竝行而東。荷作禮畢。菩薩具爲說法，可千餘言，末云：「凡爲亡人設福，若父母兄弟，爰至七世姻媾親戚、朋友路人，或在精舍，或在家中，亡者受苦，卽得免脫。七月望日〔九〕，沙門受臘〔一〇〕，此時設供，彌爲勝也。若制器物，以充供養，器器摽題，言爲某人親奉上三寶〔一一〕，福施彌多，其慶逾速。沙門、白衣，見身爲過，及宿世之罪，種種惡業，能於衆中盡自發露，不失事條，勤誠懺悔者，罪卽消滅；如其弱顏羞慚，耻於大衆露其過者，可在屛處，默自記說，不失事者，罪亦除滅。若有所遺漏，非故隱蔽，雖不獲免，受報稍輕。若不能悔，無慚愧心，此名執過不反，命終之後，剋墜地獄。又他造塔及與堂殿，雖復一土一木，若染若碧，率誠供助，獲福甚多。若見塔殿或有草穢，不加耘除，蹈之而行，禮拜功德，隨卽盡矣。」又曰：「經者尊典，化導之津。波羅蜜經〔一二〕功德最勝，首楞嚴〔一三〕亦其次也。若有善人讀誦經處，其地皆爲金剛，但肉眼衆生，不能見耳。能勤諷持，不墮地獄。般若定本及如來鉢〔一四〕，後當東至漢地。能立一善於此經鉢，受報生天，倍得功德。」所說甚廣，略要載之。荷臨辭去，謂曰：「汝應歷劫，備受罪報；以嘗聞經法，生歡喜心〔一五〕，今當見受輕報，一過便免。汝得濟活，可作沙門。洛陽、臨淄〔一六〕、建業、鄮陰〔一七〕、成都五處，竝有阿育王塔〔一八〕，又吳中兩石像，育王所使鬼神造也，頗得眞相。能往禮拜者，不墮地獄。」語已東行，荷作禮而別。

出南大道，廣百餘步，道上行者，不可稱計。道邊有高座，高數十丈，有沙門坐之，左右僧衆，列倚甚多。有人執筆北面而立，謂荷曰：「在襄陽時，何故殺鹿？」跪答曰：「他人射鹿，我加創耳，又不噉肉，何緣受報？」時卽見襄陽殺鹿之地，艸樹山澗，忽然滿目。所乘黑馬竝皆能言，悉證荷殺鹿年月時日。荷懼然無對。須臾，有人以叉叉之，投鑊湯中，自視四體，潰然爛碎。有風吹身，聚小岸〔一九〕邊，忽然不覺還復全形。執筆者復問：「汝又射雉，亦嘗殺鴈。」言已，又投鑊湯，如前爛法。受此報已，乃遣荷去。入一大城，有人居焉。謂荷曰：「汝受輕罪，又得還生，是福力所扶。而今以後，復作罪不？」乃遣人送荷。遙見故身，意不欲還，送人推引，久久乃附形，而得穌活。

奉法精勤，遂卽出家，字曰慧達。太元末，尚在京師。後往許昌，不知所終。（據珠林卷一〇三引冥祥記）

〔一〕西河，郡名，西漢置，治平定(今內蒙東勝縣)，東漢移治離石，魏復移茲氏，晉改名隰城(今山西汾陽)。離石，今山西離石縣。

〔二〕鐵杵，佛教之法器，卽金剛杵，又稱金剛。執杵者乃護法神，卽所謂金剛力士。亦稱金剛。

〔三〕釋迦文佛，卽釋迦牟尼。釋迦，種族名，義爲能；牟尼，尊稱，義爲仁、儒、忍、寂，或譯爲文。釋迦牟尼乃佛教創始人，死後被信徒尊爲佛。

〔四〕寒冰獄，地獄之一。珠林卷一二云：「問地獄經云：『十八王者，卽主領十八地獄。一，迦延典泥犂；二，屈遵典刀山；三，沸進壽典沸沙；四，沸屎典沸屎；五，迦世典黑耳；六，𡾊嵯典火車；七，湯謂典鑊湯；八，鐵迦然典鐵牀；九，惡生典𡾊山；十，寒冰(原注：經闕王名)；十一，毗迦典剝皮；十二，遙頭典畜生；十三，提薄典刀兵；十四，夷大典鐵磨；十五，悅頭典冰地獄；十六，典鐵篇(原注：經闕王名)；十七，名身典蛆蟲；十八，觀身典洋銅。』又淨度三昧經云復有三十地獄，各有主典。」

〔五〕維衛佛，卽毘婆尸佛，義爲勝觀，過去七佛之第一佛。

〔六〕沙彌，未受具足戒之小和尚。女曰沙彌尼。

〔七〕受戒，指受具足戒。沙彌只受十戒，滿二十歲始受具足戒，又稱大戒，戒條極繁。受具足戒後，始具僧尼資格。

〔八〕示，視也，見也。光景，光影。

〔九〕望日，原譌作「望月」。

〔一〇〕臘，卽安居，又稱雨安居、夏安居。天竺僧尼於雨期（自五月至八月）禁外出，於寺中修禪，受人供養，是謂安居。在華，安居期在四月十六日至七月十五日。安居爲僧尼一歲之終，猶俗世之臘月也，故又稱臘。

〔一一〕三寶，佛、法、僧。翻譯名義集卷一十種通號：「福田論敍三寶曰：『功成妙智，道登圓覺，佛也；玄理幽微，正教精誠，法也；禁戒守眞，威儀出俗，僧也。皆是四生導首，六趣舟航，故名爲寶。』」

〔一二〕波羅蜜經，全稱般若波羅蜜多心經，或省稱心經，一卷。波羅蜜多（省稱波羅蜜）乃「到彼岸」、「度無極」（省稱「度」）之意。

〔一三〕首楞嚴，經名，今存者乃唐時所譯，全稱大佛頂如來密因修證了義諸菩薩萬行首楞嚴經。首楞嚴義爲「一切事究竟堅固」。

〔一四〕般若，般若經，大乘空宗之經典。般若一譯「般羅若」、「波若」，義爲智慧。定本，經校訂之本。如來，釋迦牟尼之號。

〔一五〕歡喜，「波牟提陀」之意譯。生歡喜心，謂接於順情之境而身心喜悅也。

〔一六〕臨淄，又作「臨菑」，城臨菑水，故名，故址在今山東淄博市東南。「淄」原譌作「緇」，今正。

〔一七〕鄮陰，卽鄮縣，在今浙江鄞縣東。寰宇記卷九八明州：「鄮縣，漢舊縣，居鄮山之陰。」

〔一八〕阿育王塔，奉祀阿育王之塔。阿育王，又譯阿輸迦，意譯無憂王。紀元前三世紀印度摩揭陀國孔雀王朝國王，扶持佛教頗力，佛徒尊奉之。

〔一九〕小岸，似指湯鑊之邊沿。

梁慧皎高僧傳卷一三興福云：「釋慧達，姓劉，本名薩河，并州西河離石人。少好田獵。年三十一，忽如暫死，經日還蘇。備見地獄苦報。見一道人，云是其前世師，爲其說法訓誨，令出家，往丹陽、會稽、吳郡覓阿育王塔像，禮拜悔過，以懺先罪。既醒，卽出家學道，改名慧達，精勤福業，唯以禮懺爲先。晉寧康中至京師。先是簡文皇帝於長干寺造三層塔，塔成之後每夕放光。達上越城，顧望見此刹杪獨有異色，便往拜敬，晨夕懇到。夜見刹下時有光出，乃告人共掘。掘入丈許，得三石碑。中央碑覆中有一鐵函，函中又有銀函，銀函裏金函，金函裏有三舍利；又有一爪甲及一髮，髮申長數尺，卷則成螺，光色炫燿。乃周敬王時阿育王起八萬四千塔，此其一也。既道俗歎異。乃於舊塔之西更豎一刹，施安舍利。晉太元十六年，孝武更加爲三層。又昔晉咸和中，丹陽尹高悝，於張侯橋浦裏掘得一金像，無有光趺，而製作甚工。前有梵書，云是育王第四女所造。悝載像還至長干巷口，牛不復行，非人力所御。乃任牛所之，徑趣長干寺。爾後年許，有臨海漁人張係世，於海口得銅蓮華趺，浮在水上，卽取送縣。縣表上上臺，敕使安像足下，契然相應。後有西域五僧詣悝云：『昔於天竺得阿育王像，至鄴遭亂，藏置河邊，王路既通，尋覓失所。近得夢云，像已出江東，爲高悝所得。故遠涉山海，欲一見禮拜耳。」悝卽引至長干，五人見像，歔欷涕泣。像卽放光，照于堂內。五人云：『本有圓光，今在遠處，亦尋當至。』晉咸安元年，交州合浦縣採珠人董宗之，於海底得一佛光。刺史表上，晉簡文帝勅施此像，孔穴懸同，光色一重。凡四十餘年，東西祥感光趺方具。達以刹像靈異，倍加翹勵。後東遊吳縣，禮拜石像。以（一本作「此」）像於西晉將末、建興元年癸酉之歲，浮在吳松江滬瀆口。漁人疑爲海神，延巫祝以迎之，於是風濤俱盛，駭懼而還。時有奉黃老者，謂是天師之神，復共往接，飄浪如初。後有奉佛居士、吳縣民朱應，聞而歎曰：『將非大覺之垂應乎？』乃潔齋，共東雲寺帛尼及信者數人，到滬瀆口，稽首盡虔，歌唄至德。卽風潮調靜，遙見二人浮江而至，乃是石像。背有銘誌，一名惟衛，二名迦葉。卽接還，安置通玄寺。吳中士庶嗟其靈異，歸心者衆矣。達停止通玄寺，首尾三年，晝夜虔禮，未嘗暫廢。頃之，進（疑爲「達」）適會稽禮拜鄮塔。此塔亦是育王所造，歲久荒蕪，示存基蹠。達翹心東想，乃見神光焰發，因是修立龕砌。羣鳥無敢棲集，凡近寺側畋獵者必無所獲，道俗傳感，莫不移信。後郡守孟顗，復加開拓。達東西觀禮，屢表徵驗，精勤篤勵，終年無改。後不知所之。」（大正新修大藏經卷五〇）

耆域

晉沙門耆域者，天竺人也。自西域浮海而來，將遊關洛〔一〕，達舊襄陽，欲寄載船北渡。船人見梵沙門〔二〕衣服弊陋，輕而不載。比船達北岸，耆域亦上，舉船皆驚。域前行，有兩虎迎之，弭耳掉尾，域手摩其頭，虎便入艸。於是南北岸奔往請問，域日無所應答。及去，有數百人追之。見域徐行，而衆走猶不及。

惠帝末，域至洛陽，洛陽道士悉往禮焉。域不爲起，譯語〔三〕譏其服章曰：「汝曹分流佛法〔四〕，不以眞誠，但爲浮華，求供養耳。」見洛陽宮，曰：「忉利天宮〔五〕髣髴似此。當以道力成就，而生死力爲之，不亦勤苦乎！」沙門支法淵、竺法興〔六〕，並年少，後至。域爲起立。法淵作禮訖，域以手摩其頭曰：「好菩薩，羊中來〔七〕。」見法興入門，域大欣笑，往迎作禮。捉法興手，舉箸〔八〕頭上曰：「好菩薩，從天、人中來〔九〕。」

尙方中有一人，廢病數年，垂死。域往視之，謂曰：「何以墮落，生此憂苦？」下病人於地，臥單席上，以應器〔一〇〕置腹上，紵布覆之。梵唄三偈訖，爲梵呪可數千語。尋有臭氣滿屋，病人曰：「活矣！」域令人舉布，見應器中如汙泥者。病人遂瘥。長沙太守滕永文〔一一〕，先頗精進，時在洛陽，兩脚風攣經年。域爲呪，應時得申〔一二〕，數日起行。

滿水寺中有思惟樹〔三〕，先枯死，域向之呪，旬日樹還生茂。時寺中有竺法行〔四〕，善談論，時以比樂令〔五〕。見域，稽首曰：「已見得道證，願當稟法。」域曰：「守口攝意身莫犯，如是行者度世去。」法行曰：「得道者當授所未聞，斯言八歲沙彌亦以之誦，非所望於得道者。」域笑曰：「如子之言，八歲而致誦，百歲不能行。人皆知敬得道者，不知行之卽自得。以我觀之，易耳。妙當在君，豈愠未聞！」

京師貴賤，贈遺衣物，以數千億萬，悉受之。臨去，封而留之，唯作旛八百枚，以駱駝負之先遣，隨估客西歸天竺。又持法興一納袈裟隨身，謂法興曰：「此地方大爲造新之罪，可哀如何！」域發，送者數千人。於洛陽寺中中食〔六〕訖，取道。人有其日發長安來，見域在長安寺中。又域所遣估客及駱駝奴達燉煌河上，逢估客弟於天竺來，云近燉煌寺中見域。弟子潔登者，云於流沙〔七〕北逢域，言語欵曲。計其旬日，又域發洛陽時也。而其所行，蓋已萬里矣。（據珠林卷三七引冥祥記）

〔一〕關洛，關中與洛陽。晉書卷一四地理志序云：「魏武定霸，三方鼎立，生靈版蕩，關洛荒蕪。」

〔二〕梵沙門，印度沙門。梵，梵土，卽天竺，指古印度。

〔三〕譯語，操外語而由人譯爲華語也。

〔四〕分流佛法，取佛法入東土，猶水之分流也。

〔五〕忉利天，卽三十三天，在須彌山之上，山頂有宮，天帝釋居之。珠林卷五諸天部引起世經云：「須彌山半高四萬二千由旬（按：三十里），有四大天王所居宮殿；須彌山上有三十三天宮殿，帝釋所居。」

〔六〕按：高僧傳卷四于法蘭云：「又有竺法興、支法淵、于法道，與蘭同時比德。興以洽見知名，淵以才華著稱，道以義解馳聲矣。」

〔七〕羊中來，謂前身爲羊也。

〔八〕箸，通「著」。集韻入聲藥韻：「箸、著……一曰置也，或從艸。」

〔九〕按：佛教有六道輪迴之說，六道又稱六趣，卽地獄、餓鬼、畜生、人、天等五趣及阿修羅（惡神）。衆生依其善惡，於六趣中輪迴循環。前言法淵從羊中來，卽前世墮入畜生道；此言法興從天、人中來，卽前世在天界或在人世。入天趣與人趣者，皆爲行善之人。

〔一〇〕應器，卽鉢，鉢爲梵音「鉢多羅」之省。翻譯名義集卷七犍椎道具篇：「鉢多羅，此云應器。發軫云：應法之器也。謂體、色、量，三皆須應法。體者，大要有二，泥及鐵也；色者，熏作黑赤色或孔雀咽色、鴿色；量者，大受三斗，小受半斗，中品可知。」

〔一一〕滕永文，晉書卷一〇〇杜弢傳載：西晉末杜弢反，稱湘州刺史，下長沙、湘州等地而據之。弢遺應詹書，中云「欲遣滕永文、張休豫詣大府，備列起事以來本末」。卽此人也。蓋滕永文初守長沙，弢起事後，遂投弢也。

〔一二〕申，通「伸」。

〔一三〕思惟樹，卽菩提樹，常綠亞喬木，實可作念珠。佛教謂佛於此樹下思惟得道，故又名思惟樹。酉陽雜俎前集卷一八木篇云：「菩提樹，出摩伽陀國，在摩訶菩提寺，蓋釋迦如來成道時樹，一名思惟樹。莖幹黃白，枝葉青翠，經冬不凋。至佛入滅日，變色凋落，過已還生。……此樹梵名有二，一曰賓撥梨婆力叉，二曰阿濕曷咃婆力叉。西域記謂之卑鉢羅，以佛於其下成道，卽以道爲稱，故號菩提。婆力叉，漢翻爲樹。」或言思惟樹乃貝多樹，御覽卷九六〇引嵩高山記曰：「嵩高寺中有思惟樹，卽貝多也。如來坐貝多下思惟，因以爲名焉。」按此乃以貝多與菩提相混，誤也。雜俎云：「貝多出摩伽陀國，長六七丈，經冬不凋。此樹有三種，一者多羅婆力叉貝多，二者多梨婆力叉貝多，三者部婆力叉多羅多梨，並書其葉，部闍一色取其皮書之。貝多是梵語，漢翻爲葉，貝多婆力叉者，漢言葉樹也。西域經書，用此三種皮葉，若能保護，亦得五六百年。嵩山記稱嵩高寺中有思惟樹，卽貝多也，釋氏有貝多樹下思惟經，顧徽廣州記稱貝多葉似枇杷，並謬。」

〔一四〕竺法行，高僧傳卷四竺法乘云：「乘同學竺法行、竺法存，並山棲履操，知名當世矣。」

〔一五〕樂令，指西晉尙書令樂廣。晉書卷四三本傳載：樂廣字彥輔，南陽淯陽人，累遷侍中、河南尹、右僕射、尙書令。廣善談論，每以約言析理，以厭人之心。由此名重於時，與王衍並稱天下風流之首云。按樂廣官尙書令，故人稱樂令。世說文學云：「客問樂令『旨不至』者，樂亦不復剖析文句，直以麈尾柄確几曰：『至不？』客曰：『至。』樂因又舉麈尾曰：『若至者，那得去？』於是客乃悟服。樂辭約而旨達，皆此類。」又賞譽上云：「王夷甫（王衍）自嘆：『我與樂令談，未嘗不覺我言爲煩。』」樂令逸事，世說所載頗多。

〔一六〕中食，卽齋食，日中而食，故稱中食。

〔一七〕流沙，水經注卷四〇禹貢山水澤地所在，經云：「流沙，地在張掖居延縣東北。」注云：「居延澤在其縣故城東北，尙書所謂流沙者也，形如月生五日也。弱水入流沙，流沙，沙與水流行也。」按古書言流沙，地占莫一，要之皆西北之沙漠也。

高僧傳卷九神異耆域云：「耆域者，天竺人也。周流華戎，靡有常所。而倜儻神奇，任性忽俗，迹行不恆，時人莫之能測。自發天竺，至于扶南，經諸海濱，爰及交、廣，並有靈異。既達襄陽，欲寄載過江。船人見梵沙門衣服弊陋，輕而不載。船達北岸，域亦已度。前行見兩虎，虎弭耳掉尾，域以手摩其頭，虎下道而去。兩岸見者，隨從成羣。以晉惠之末，至于洛陽。諸道人悉爲作禮，域胡跪（一本作「踞」）晏然，不動容色。時或告人以前身所更，謂支法淵從牛（一本作「羊」）中來，竺法興從人中來。又譏諸衆僧，謂衣服華麗，不應素法。見洛陽宮城，云：『髣髴似忉利天宮，但自然之，與人事不同耳。』域謂沙門耆闍蜜曰：『匠此宮者，從忉利天來，成便還天上矣。屋脊瓦下，應有千五百作器。』時咸云昔聞此匠實以作器著瓦下，又云宮成之後尋被害焉。時衡陽太守南陽滕永文在洛，寄住滿水寺，得病經年不差，兩脚攣屈，不能起行。域往看之，曰：『君欲得病疾差不？』因取淨水一杯，楊柳一枝，便以楊柳拂水，舉手向永文而呪。如此者三。因以手搦永文兩膝令起，卽起，行步如故。此寺中有思惟樹數十株枯死。域問永文：『此樹死來幾時？』永文曰：『積年矣。』域卽向樹呪，如呪永文法，樹尋荑發，扶疎榮茂。尙方暑（應作「署」）中，有一人病癥將死，域以應器著病者腹上，白布通覆之，呪願數千言。卽有臭氣，薰徹一屋。病者曰：『我活矣！』域令人舉布，應器中有若垽淤泥者數升，臭不可近。病者遂活（一本作「瘥」）。洛陽兵亂，辭還天竺。洛中沙門竺法行者，高足僧也，時人方之樂令，因請域曰：『上人既得道之僧，願留一言，以爲永誡。』域曰：『可普會衆人也。』衆既集，域昇高座曰：『守口攝身意，愼莫犯衆惡，修行一切善，如是得度世。』言訖便禪默。行重請曰：『願上人當授所未聞。如斯偈義，八歲童子亦已諳誦，非所望於得道人也。』域笑曰：『八歲雖誦，百歲不行，誦之何益！人皆知敬得道者，不知行之自得道，悲夫！吾言雖少，行者益多也。』於是辭去。數百人各請域中食，域皆許往。明旦，五百舍皆有一域，始謂獨過，後相讎問，方知分身降焉。既發，諸道人送至河南城。域徐行，追者不及，域迺以杖畫地曰：『於斯別矣。』其日有從長安來者，見域在彼寺中。又賈客胡濕登者，卽於是日將暮，逢域於流沙，計已行九千餘里。既還西域，不知所終。」

潁陰民婦

晉濟陰〔一〕丁承，字德慎，建興中爲潁陰令〔二〕。時北界居民婦，詣外井汲水，有胡人長鼻深目，左〔三〕過井上，從婦人乞飲。飲訖，忽然不見。婦則腹痛，遂加轉劇。啼呼有頃，卒然起坐，胡語指麾。邑中有數十家，悉共觀視。婦呼索紙筆來，欲作書，得筆，便作胡書，横行，或如乙，或如己。滿五紙，投著地，教人讀此書，邑中無能讀者。有一小兒十餘歲，婦卽指此小兒能讀。小兒得書，便胡語讀之。觀者驚愕，不知何謂。婦教小兒起儛，小兒卽起，翹足，以手弄相和。須臾各休。

卽以白德慎，德慎召見婦及兒，問之，云當時忽忽不自覺知。德慎欲驗其事，卽遣吏齎書詣許下寺，以示舊胡〔四〕。胡大驚，言佛經中間亡失，道遠憂不能得，雖口誦不具足，此乃本書。遂留寫之。（據珠林卷二六引冥祥記）

〔一〕濟陰，郡名，漢置，治定陶（今山東定陶縣西北），北齊廢。

〔二〕建興，西晉愍帝年號，起三一三年訖三一六年。按原引作「建安」，誤。西晉紀元有建武、建興，建武僅行四月即廢，疑作「建興」爲近。古小說鉤沉疑爲「建元」之誤，按建元乃東晉康帝年號，此文地名皆屬西晉，必爲西晉事。故作「建元」亦不妥，今姑正作「建興」。潁陰，原引作「凝陰」，按古無此縣，必誤。下文云縣令遣吏詣許下寺，許即許昌（今河南許昌縣東），爲潁川郡郡治，該縣當屬是郡，檢晉書地理志上，潁川所領九縣有潁陰，疑珠林誤「潁」爲「凝」，故正。

〔三〕左，旁也，側也。

〔四〕舊胡，久住中國之胡人。魏、晉時西域胡僧來中土者特多，居於各地寺院。

陳秀遠

宋陳秀遠者，潁川人也。嘗爲湘州西曹〔一〕，客居臨湘縣〔二〕。少信奉三寶，年過耳順，篤業不衰。元徽二年〔三〕七月中，於昏夕間閑臥未寢，歎念萬品死生，流轉無定，自惟己身將從何來。一心祈念，冀通感夢。

時夕結陰，室無燈燭。有頃，見枕邊如螢火者，冏然明照，流飛而去。俄而一室盡明，爰至空中，有如朝晝〔四〕。秀遠遽起坐，合掌喘念〔五〕，頂見中宇〔六〕四五丈上，有一橋閣焉，又欄檻朱彩〔七〕，立於空中。秀遠了不覺升動之時，而已自見平坐橋側。見橋上士女往還填衢，衣服粧束，不異世人。末有一嫗，年可三十許，上著青襖，下服白布裳，行至秀遠左邊而立。有頃，復有一婦人，通體衣白布，爲偏環髻，手持華香〔八〕，當前而立。語秀遠曰：「汝欲覩前身，即我是也。以此華供養佛故，故得轉身作汝。」迴指白嫗曰：「此即復是我先身也。」言畢而去。去後，橋亦漸隱〔九〕。秀遠忽然不覺還下之時，光亦尋滅也。（據珠林卷四四引冥祥記，又廣記卷一一四引）

〔一〕湘州，西晉分荊、廣二州置，治臨湘。西曹，本太尉官府屬員，主府吏署用，尚有東曹、戶曹等。晉、宋諸州刺史皆爲重臣或宗室諸王，屬下亦設東西曹。

〔二〕臨湘縣，秦置，今湖南長沙市，西晉後爲長沙郡及湘州治所。

〔三〕元徽，宋後廢帝劉昱年號，起四七三年訖四七六年，二年爲四七四年。「元徽」上原有「宋」字，與篇首「宋」字重，廣記引無，據刪。

〔四〕按：以上二句廣記引作「連空如畫」。

〔五〕喘念，廣記引作「喘息」。

〔六〕宁（ㄓㄨˋ），即「宁」字，門、屏之間曰宁。「中宁」廣記引作「庭中」。

〔七〕按：此四字廣記引作「危欄彩檻」。

〔八〕華香，花與香，「華」同「花」，廣記引作「香花」。佛徒以花、香供佛。珠林卷四九華香篇云：「名香鬱馥，似輕雲而散霧；寶華含彩，若倒藕而垂蓮。虔誠供養，同趣法筵，叩頭彈指，俱霑福利也。」

〔九〕按：廣記引作「後指者亦漸隱」，前無「去後」二字。

吳均 續齊諧記　據廣漢魏叢書本

隋志雜傳類著錄續齊諧記一卷，吳均撰，舊唐志同，新唐志入小說家，撰名譌作吳筠（筠乃唐道士）。日本國見在書目、崇文總目俱作三卷，疑誤書。今本一卷，十七則，有亡。琱玉集卷一二，御覽卷五七九、卷七〇三、卷七五七、卷七六一、卷八六二，事類賦注卷一一，蒙求注卷中，證類本草卷二四，分類補註李太白詩卷一三，韓昌黎全集卷二注，樂府詩集卷六〇，輟耕錄卷一四所引王敬伯（一作王彥伯）、劉阮、武昌小吏、伍子胥、萬文娘諸事，並出今本之外。版本有虞初志、古今逸史、顧氏文房小說、廣漢魏叢書、五朝小說、陶珽說郛、秘書二十一種、增訂漢魏叢書等本；類說卷六、明本說郛卷六五、舊小說甲集亦有節錄。

吳均，字叔庠，吳興故障（今浙江安吉）人，生於宋明帝泰始五年（四六九年），卒於梁武帝普通元年（五二〇年），梁時官至奉朝請。事跡具見梁書卷四九、南史卷七二本傳。均長文學，尤擅散文，文體清拔有古氣，時號「吳均體」。續齊諧記爲東陽無疑齊諧記續書，雖寥寥一二十條，然清拔雅雋，卓然可觀。四庫提要贊其「亦小說之表表者」，信然。

金鳳轄

漢宣帝〔一〕以皁蓋車一乘，賜大將軍霍光〔二〕，悉以金鋑具〔三〕。至夜，車轄上金鳳凰輒亡去，莫知所之，至曉乃還，如此非一。守車人亦嘗見。後南郡黃君仲〔四〕北山羅鳥，得鳳凰〔五〕，入手卽化成紫金，毛羽冠翅，宛然具足，可長尺餘。守車人列〔六〕云：「今月十二日夜，車轄上鳳凰俱飛去，曉則俱還。今則不返，恐爲人所得。」光甚異之，具以列上。

後數日，君仲詣闕，上金〔七〕鳳凰子，云：「今月十二夜，北山羅鳥所得。」帝聞而疑之。置承露盤上，俄而飛去。帝使尋之，直入光家，止車轄上，乃知信然。帝取其車，每遊行卽乘御之。至帝崩，鳳凰飛去，莫知所在。故嵇康遊仙詩云「翩翩鳳轄，逢此網羅」是也〔八〕。

〔一〕漢宣帝，卽劉詢，前七四年至前四九年在位，霍光所立。
〔二〕霍光，字子孟，河東平陽（今山西臨汾西南）人，霍去病異母弟。仕武、昭、宣三朝，任大司馬大將軍等，封博陸侯，卒謚宣成。見漢書卷六八本傳。

〔三〕鉸，鉸釘。此句廣記卷四〇〇引作「悉以金鉸飾之」。

〔四〕南郡，戰國秦置，西漢治江陵（今屬湖北）。黃君仲，漢書無此人。

〔五〕按：此句廣記引作「得一小鳳子」。

〔六〕列，陳也。按「列」下原有「上」字，霍光爲臣，非得曰上，廣記引無，據刪。

〔七〕按：「金」字原無，據廣記引補。

〔八〕按：「故」字以下十七字，原爲注文（無「故」、「遊仙」、「是也」五字），廣記引在正文中，今從廣記。嵇康此詩，今本嵇康集無，魯迅校嵇康集輯入逸詩中。

唐韋絢劉賓客嘉話錄云：「傳記所傳，漢宣帝以皂蓋車一乘賜大將軍霍光，悉以金較具。至夜，車轄上金鳳皇輒亡去，莫知所之，至曉乃還，如此非一。守車人亦嘗見。後南郡黃君仲北山羅鳥，得鳳皇子，入手即化成紫金，毛羽冠翅，宛然具足，可長尺餘。守車人列云：『今月十二日夜，車轄上鳳皇俱飛去，曉則俱還，今日不返，恐爲人所得。』光甚異之，具以列上。後數日，君仲詣闕，上金鳳皇子，云今月十二日夜，北山羅鳥所得。帝聞而疑之。以置承露盤上，俄而飛去。帝使尋之，直入光家，止車轄上，乃知信然。帝取其車，每遊行輒乘御之。至帝崩，鳳皇飛去，莫知所在。嵇康詩云：『翩翩鳳轄，逢此網羅。』正謂此也。」

紫荆樹

京兆田眞兄弟三人〔一〕，共議分財，生貲皆平均〔二〕，惟堂前一株紫荆樹，花葉美茂〔三〕，共議欲破三片〔四〕。明日就截之，其樹卽枯死〔五〕，狀如火然〔六〕。眞往見之〔七〕，大驚，謂諸弟曰：「樹本同株，聞將分斫〔八〕，所以顦顇。況人兄弟孔懷，而可離異〔九〕，是人不如木也。」因悲不自勝，不復解樹，樹應聲榮茂〔一〇〕。兄弟相感，合財寶，遂爲孝門〔一一〕。眞仕至太中大夫〔一二〕。陸機詩云：「三荆歡同株〔一三〕。」

〔一〕田眞兄弟三人，草堂詩箋卷九謂田廣、田眞、田慶，見附錄。

〔二〕按：以上二句御覽卷四二一引作「家巨富，而殊不睦，忽共議分財，金銀珍物各以斛量，田業生貲平均如一」，文繁於此。

〔三〕按：此句原無，御覽卷四二一、草堂詩箋卷九引有此句，又御覽卷四八九引作「花葉茂異」，初學記卷一八引作「華甚茂」，似原應有此句，今從補。

〔四〕按：此句下御覽卷四二一引有「人各一分」一句。

〔五〕按：此句初學記引作「一夕樹卽枯死」，御覽卷四二一引作「爾夕」，餘同。

〔六〕按：此句下御覽卷四二一引有「葉萎枝摧，根莖燋瘁」二句。

〔七〕按：此句御覽卷四二一引作「直至携門而往之」，有誤。

〔八〕斫，初學記、御覽卷四二一並引作「析」，類說卷六作「砍」。

〔九〕按：以上二句原無，初學記、御覽卷四八九引有（御覽「可」譌作「少」），據補。兄弟孔懷，出詩小雅常棣：「死喪之威，兄弟孔懷。」朱熹注曰：「威，畏；懷，思。」（詩集傳卷九）

〔一〇〕按：此句御覽卷四二一引作「樹應聲遂更青翠，華色繁美」。

〔一一〕孝門，御覽卷四二一引作「純孝之門」。

〔一二〕按：此句御覽卷四二一引作「眞以漢成帝時爲太中大夫」。太中大夫，掌議論之官。虞初志本、古今逸史本、秘書二十一種本、王謨漢魏叢書本作「大中大夫」，「大」通「太」。

〔一三〕按：「陸機」以下九字原爲注文，類說作正文，疑是，今從類說。陸機詩出豫章行：「三荊歡同株，四鳥悲異林。」（全晉詩卷三）

本事出琱玉集卷一二感應篇引前漢書：「田眞，前漢京兆人也。兄弟三人，二親並沒，共議分居。家之資產分之悉訖，唯有庭前三株紫荊，華葉美茂，眞兄弟等議欲分之。明旦即伐斫其荊，逕宿花葉枯萎，根莖燋顇。眞且攜鋸而往，見之大驚，謂諸弟曰：『樹木無情，尙惡分別，况人兄弟孔懷，可離哉！是人不如樹木也。』因對悲泣，不復解樹，樹即應聲青翠如故。兄弟相感，便合財產，遂成純孝之門也。」（按：此前漢書已佚，非班固書。）

草堂詩箋卷九得舍弟消息注云：「陸士衡豫章行：『三荊歡同株。』劉良注：『昔有田廣、田眞、田慶，兄弟三人將別，明日欲分，庭有荊樹，經宿萎黃。乃相謂曰：「荊樹尙然，況我兄弟乎！」遂不分。』」又引周景式孝子傳：「古有兄弟忿，欲分異，出門見三荊因株，接葉連陰，歎曰：『木猶欣聚，況我而殊哉！』」（按：又見類聚卷八九引，「忿」作「忽」，「因」作「同」，末有「還爲雍和」一句。）

元楊訥撰雜劇田眞泣樹，又名三田分樹，演此事。已佚，見錄鬼簿、錄鬼簿續編、太和正音譜著錄。明人擬話本醒世恆言中之三孝廉讓產立高名，取此故事以爲「入話」。

楊寶

弘農楊寶〔一〕，性慈愛。年九歲，至華陰山〔二〕，見一黃雀爲鴟梟所搏〔三〕，墜樹下〔四〕，傷瘢甚多，宛轉，復爲螻蟻所困。寶懷之以歸〔五〕，置諸梁上。夜聞啼聲甚切，親自照視，爲蚊所嚙〔六〕。乃移置巾箱中，啖以黃花〔七〕。逮百餘日〔八〕，毛羽成，飛翔，朝去暮來，宿巾箱中。如此積年。忽與羣雀俱來，哀鳴遶堂，數日乃去。

是夕，寶三更讀書。有黃衣童子向寶再拜〔九〕曰：「我王母使者〔一〇〕。昔使蓬萊，不愼爲鴟梟所搏〔一一〕，蒙君之仁愛見救。今當受賜南海〔一二〕。」別以四玉環〔一三〕與之，曰：「令君子孫潔白，且從登三公事，如此環矣〔一四〕。」

寶之孝大聞天下，名位日隆。子震〔一五〕，震生秉〔一六〕，秉生賜，賜生彪〔一七〕，四世名公〔一八〕。及震葬時，有大鳥降〔一九〕，人皆謂眞孝招〔二〇〕也。蔡邕論云：「昔日黃雀，報恩而至〔二一〕。」

〔一〕弘農，郡名，西漢置，治弘農（今河南靈寶縣北）。楊寶，後漢書卷五四楊震傳云，楊寶，弘農華陰（今屬陝西）人，「習歐陽尙書。哀、平之世，隱居教授。居攝二年（公元七年），與兩龔（龔勝、龔舍）、蔣詡俱徵，遂遁逃，不知所處。光武高其節。建武中，公車特徵，老病不到，卒於家」。按類聚卷九二「楊」引作「揚」，誤。御覽卷九二二此句下引有「字文淵，後漢名士也」八字。

〔二〕華陰山，卽華山，一名太華山。水經注卷四〇：「華山爲西嶽，在弘農華陰縣西南。」華陰縣因山而得名，其山又以縣爲名也。後漢書楊震傳注、御覽卷四〇三「山」下引有「北」字，御覽卷九二二引作「華陰北」，事類賦注卷一九引作「華陰」。

〔三〕黃雀，類說作「黃鳥」。鴟梟，御覽卷九二二引作「鵄梟」，「鵄」同「鴟」；御覽卷四〇三乃引作「鵄梟」，誤。

〔四〕墜，原作「逐」。按後漢書注、類聚、御覽卷四〇三又卷九二二、事類賦注並引作「墜於樹下」，蒙求注卷下引作「墜地」，是「逐」乃「墜」字之譌，據正。

〔五〕按：此句御覽卷九二二引作「寶見之愍然，命左右取之歸」。

〔六〕嚙，原作「齒」，王謨本同，古今逸史、顧氏文房小說、秘書二十一種等本俱作「嚙」，今從正。

〔七〕黃花，菊花。禮記月令：「菊有黃華（花）。」

〔八〕百餘日，「百」原作「十」。按類聚、後漢書注、事類賦注、御覽卷四〇三又卷九二二俱引作「百餘日」，且無「逮」字；御覽卷四七九引作「養之百餘日」。作「百」是也，據正。

〔九〕按：「向寶再拜」四字原無，據類聚、後漢書注、御覽卷四〇三又卷四七九引補；御覽卷九二二引作「向寶拜」，事類賦注引作「拜」。

〔一〇〕王母，後漢書注及事類賦注引作「西王母」。使者，類聚、御覽卷四七九又卷九二二引作「使臣」。按酉陽雜俎前集卷一六羽篇云：「王母使者，齊郡函山有鳥，足青嘴赤，黃素翼，絳顙，名王母使者。昔漢武登此山得玉函，長五寸。帝下山，玉函忽化爲白鳥飛去。世傳山上有王母藥函，常令鳥守之。」又山海經之三青鳥，此皆爲王母之使也。

〔一一〕按：「不愼」二字原無，事類賦注、御覽卷四七九又卷九二二引有，據補。

〔一二〕賜，類聚、御覽卷四七九又卷九二二引作「使」，類聚同，前無「受」字。又此句下類聚引有「不得復往，極以悲傷」二句，御覽卷九二二「復往」作「奉侍」，御覽卷四七九同，然無「極以悲傷」四字。

〔一三〕玉環，類聚、後漢書注、事類賦注、御覽卷四〇三又卷四七九俱引作「白環」。

〔一四〕按：以上二句，類聚引作「位登三事，於此遂絕」；後漢書注引作「位登三事，當如此環矣」，御覽卷四七九引同，惟「位」前多一「且」字，御覽卷九二二引又多「於此遂絕」一句，餘同卷四七九引，卷四〇三乃引作「位登三公事，當如此數矣」；事類賦注引作「位登三公，當如此環」。「是夕」以下一段，蒙求注引頗異，云：「忽一朝變爲黃衣年少，持玉環一雙報曰：『好掌此環，子孫累世爲三公。』」蓋略述其意，非原文耳。

〔一五〕震，字伯起，安帝永寧元年（公元一二〇年）任司徒，延光二年（一二三年）爲太尉，次年被譖免官，飲酖而卒，年七十餘。按蒙求注引作「寶生震，漢明帝時爲太尉」，誤。

〔一六〕秉，震中子，字叔節。桓帝延熹五年（一六二年）冬爲太尉，八年薨，時年七十四。按蒙求注引作「震生秉，和帝時爲太尉」，誤。

〔一七〕按：原作「秉生彪」，各本皆誤。類聚、事類賦注、御覽卷九二二並引作「秉生賜，賜生彪」是也，據正。賜，字伯獻，靈帝熹平二年（一七三年）爲司空，五年爲司徒，光和五年（一八二年）拜太尉，免，中平二年（一八五年）九月復爲司空，其月薨。彪字文先，中平六年代董卓爲司空，冬爲司徒，明年因遷都事迕卓被免。獻帝初平三年（一九二年）復爲司空，興平元年（一九四年）爲太尉，錄尚書事。魏文受禪，以彪爲太尉，固辭不就。黃初六年（二二五年）卒於家，年八十四。其子脩，爲曹操所殺。此二句蒙求注引作「秉生賜，安帝時爲司徒，賜生彪，靈帝時爲司徒」，誤。按楊氏四世位至三公，以淸正稱譽當時。後漢書楊彪傳云：「自震至彪，四世太尉，德業相繼。」

〔一八〕按：此句下御覽卷九二二引有「爲東京盛族」一句，蒙求注乃引作「震至彪四世三公，德業相繼。」

〔一九〕按：後漢書楊震傳載：「順帝即位……以禮改葬於華陰潼亭，遠近畢至。先葬十餘日，有大鳥高丈餘，集震喪前，俯仰悲鳴，淚下霑地。葬畢，乃飛去。……於是時人立石鳥象於其墓所。」注引續漢書曰：「大鳥來止亭樹，下地安行到柩前，正立低頭淚出，衆人更共摩撫抱持，終不驚駭。」又引謝承書曰：「其鳥五色，高丈餘，兩翼長二丈三尺，人莫知其名也。」

〔二〇〕招，古今逸史本、秘書二十一種本作「昭」。

〔二一〕按：「蔡邕」以下原爲注文，依前例改作正文。蔡邕，字伯喈，陳留圉（今河南杞縣南）人。董卓時官左中郎將，卓誅，爲王允繫獄，卒。事跡具見後漢書卷六〇下本傳。蔡邕此語不見蔡中郎集，嚴可均全後漢文蔡邕卷（卷六九至卷八〇）亦未輯入。

本事出搜神記卷二〇：「漢時弘農楊寶，年九歲時，至華陰山北，見一黃雀爲鴟梟所搏，墜於樹下，爲螻蟻所困。寶見愍之，取歸置巾箱中，食以黃花。百餘日毛羽成，朝去暮還。一夕三更，寶讀書未臥，有黃衣童子向寶再拜曰：『我西王母使者，使蓬萊，不慎爲鴟梟所搏，君仁愛見拯，實感盛德。』乃以白環四枚與寶曰：『令君子孫潔白，位登三事，當如此環。』」宋陳錄善誘文楊寶黃雀載入此事。

陽羨書生

陽羨許彥〔一〕，于綏安〔二〕山行，遇一書生，年十七八〔三〕，臥路側，云脚痛，求寄鵝籠中。彥以爲戲言〔四〕。書生便入籠，籠亦不更廣，書生亦不更小，宛然與雙鵝並坐，鵝亦不驚。彥負籠而去，都不覺重。

前行息樹下，書生乃出籠，謂彥曰：「欲爲君薄設。」彥曰：「善。」乃口中吐出一銅奩子〔五〕，奩子中具諸餚饌〔六〕，珍羞方丈〔七〕。其器皿皆銅物，氣味香旨，世所罕見。酒數行，謂彥曰：「向將一婦人自隨，今欲暫邀之。」彥曰：「善。」又於口中吐一女子，年可十五六，衣服綺麗，容貌殊絕，共坐宴。俄而書生醉臥，此女謂彥曰：「雖與書生結妻〔八〕，而實懷怨〔九〕。向亦竊得一男子同行，書生既眠，暫喚之，君幸勿言。」彥曰：「善。」女子於口中吐出一男子，年可二十三四，亦穎悟可愛，乃與彥敍寒温〔一〇〕。書生臥欲覺，女子口吐一錦行障遮書生，書生乃留女子共臥。男子謂彥曰：「此女子雖有心，情亦不甚〔一一〕。向復竊得一女人同行，今欲暫見之，願君勿洩。」彥曰：「善。」男子又於口中吐一婦人，年可二十許，共酌戲談甚久〔一二〕。聞書生動聲，男子曰：「二人眠已覺。」因取所吐女人，還納口中。須臾，書生處女乃出，謂彥曰：「書生欲起。」乃呑向男子，獨對彥坐。然後書生起，謂彥曰：「暫眠遂久，君獨坐，當悒悒邪？日又晚，當與君別。」遂呑其女子、諸器皿，悉納口中，留大銅盤，可二尺廣，與彥別曰：「無以藉君〔一三〕，與君相憶也。」

彥大元〔一四〕中，爲蘭臺令史，以盤餉侍中張散〔一五〕。散看其銘，題云是永平三年〔一六〕作。

〔一〕按：廣記卷二八四引前有「東晉」二字。陽羨，縣名，秦置，今江蘇宜興縣。

〔二〕綏安，縣名，宋置，在今宜興縣西南。

〔三〕按：酉陽雜俎續集卷四引作「年二十餘」。

〔四〕按：酉陽雜俎引此句作「彥戲言許之」。

〔五〕奩（lián），盛物小器。酉陽雜俎引及類說作「銅盤」，廣記引作「銅盤奩子」。

〔六〕餚，諸本皆誤作「飾」，類說作「具餚饌」，廣記引作「具諸饌殽」，據正。

〔七〕按：廣記引「珍羞」上多「海陸」二字。方丈，一丈見方，形容珍羞豐盛。

〔八〕結妻，明鈔本廣記引作「結好」。

〔九〕怨，廣記引作「外心」。

〔一〇〕按：此句下酉陽雜俎引有「揮觴共飲」一句。

〔一一〕甚，廣記引作「盞」。

〔一二〕按：此句廣記引作「共讌酌，戲調甚久」。

〔一三〕藉，獻也。酉陽雜俎引作「藉意」。

〔一四〕大元，即太元，晉孝武帝年號。

〔一五〕張散，晉書無此人，類說譌作「張敞」，張敞爲西漢人。

〔一六〕永平，東漢明帝年號，三年是公元六〇年。

酉陽雜俎續集卷四貶誤云：「續齊諧記云……釋氏譬喻經云：『昔梵志作術，吐出一壺，中有女與屛處作家室。梵志少息，女復作術，吐出一壺，中有男子，復與共臥。梵志覺，次第互吞之，柱杖而去。』余以吳均嘗覽此事，訝其說，以爲至怪也。」按吳均此記及靈鬼志外國道人事，皆演自梵志吐壺事，參見靈鬼志外國道人及其附錄。豔異編卷二五幻異部採入此文。

清袁棟雜劇鵝籠書生演此事，今存（傅惜華清代雜劇全目）。

成武丁

桂陽成武丁〔一〕，有仙道，常在人間。忽謂其弟〔二〕曰：「七月七日織女〔三〕當渡河，諸仙悉還宮。吾向已被召，不得停，與爾別矣。」弟問曰：「織女何事渡河去？當何還？」答曰：「織女暫詣牽牛。吾復三年當還〔四〕。」明日，失武丁〔五〕。世人至今猶云七月七日織女嫁牽牛〔六〕。

〔一〕桂陽，郡名，漢置，治郴縣（今湖南郴縣），隋廢。成武丁，神仙傳卷九成仙公載：成武丁後漢桂陽臨武烏里人，少爲縣小吏，遇異人與藥二丸服之，遂有仙術，後尸解仙去。文選卷三〇謝惠連七月七日夜詠牛女注（引作齊諧記）、類聚卷四、初學記卷四、六帖卷四（引作吳均齊記）、草堂詩箋卷九一百五夜對月注、又卷二九牽牛織女（引作吳均齊諧記）注並引作「城武丁」（初學記「丁」譌作「下」）。分門集註杜工部詩卷一天河注引齊諧記作「武丁」。

〔二〕弟，類說作「弟子」，誤。按神仙傳云成武丁有母、一小弟及兩小兒。

〔三〕織女，歲時廣記卷二六引續齊諧記曰：「織女，天之眞女也。」

〔四〕按：此句文選注、草堂詩箋卷二九注、東坡詩集註卷四芙蓉城注並引作「吾去後三千年當還耳」（草堂詩箋「耳」作「爾」）。歲時廣記卷二六引梁吳均齊諧記作「一去後三千年當還」。

〔五〕按：以上五字文選注、草堂詩箋卷二九注、歲時廣記並引作「明旦失武丁所在」。東坡詩集註引作「明旦失武所在」，草堂詩箋卷一四天河注引齊諧記作「明日失丁所在」，杜工部詩注同。

〔六〕按：此句原作「至今云織女嫁牽牛」。文選注、歲時廣記引作「世人至今猶云七月七日織女嫁牽牛」，草堂詩箋卷二九注引同，唯末多一「焉」字；又卷九注引作「世人至今言織女嫁牛郎也」；又卷三四奉酬薛十二丈判官見贈注引作「世人至今云織女嫁牽牛也」，初學記、御覽卷三一引梁吳均齊諧記同，類聚「也」前多「是」字，六帖「世」作「代」；玉燭寶典卷七引作「今云七日織女嫁牽牛是也」。今據文選注、歲時廣記補七字。

牛郎織女傳說及七夕節之風俗，由來甚古。除吳均此記，茲將歷世有關資料摘錄若干於左，以爲參考。

詩小雅大東：「維天有漢，監亦有光。跂彼織女，終日七襄。雖則七襄，不成報章。睆彼牽牛，不以服箱。」朱熹集傳：「漢，天河也。跂，隅貌。織女，星名，在漢旁，三星跂然如隅也。七襄未詳，傳曰反也，箋云駕也。駕謂更其肆也，蓋天有十二次，日月所止舍，所謂肆也。經星一晝一夜，左旋一周而有餘，則終日之間，自卯至酉，當更七次也。」又：「睆，明星貌。牽牛，星名。服，駕也。箱，車箱也。……言彼織女不能成報我之章，牽牛不可以服我之箱。」

白居易六帖卷九橋引淮南子佚文：「烏鵲塡河成橋，而渡織女。」又卷九五鵲引，無「而」字。

蔡夢弼杜工部草堂詩箋卷二一玉臺觀注引，「而」作「以」。

唐韓鄂歲華紀麗卷三引風俗通義佚文：「織女七夕當渡河，使鵲爲橋。」

古詩十九首其一〇：「迢迢牽牛星，皎皎河漢女。纖纖擢素手，札札弄機杼。終日不成章，泣涕零如雨。河漢淸且淺，相去復幾許。盈盈一水間，脈脈不得語。」（文選卷二九）

三輔黃圖卷四苑囿：「關輔古語曰：『昆明池中有二石人，立牽牛、織女於池之東西，以象天河。』張衡西京賦曰：『昆明靈沼，黑水玄沚，牽牛立其右，織女居其左。』」（按文選卷二西京賦原文作：「廼有昆明靈沼，黑水玄阯，周以金堤，樹以柳杞，豫章珍館，揭焉中峙，牽牛立其左，織女處其右。」漢賦言及昆明池牽牛、織女石像者除此篇外，尙有如文選卷一班固西都賦：「左牽牛而右織女，似雲漢之無涯。」注引漢宮闕疏：「昆明池有二石人，牽牛、織女象。」）

西京雜記卷一：「漢彩女常以七月七日穿七孔鍼於開襟樓，俱以習之。」又卷三云：「戚夫人侍兒賈佩蘭，後出爲扶風人段儒妻，說在宮內時……至七月七日，臨百子池，作于闐樂。樂畢，以五色縷相羈，謂爲相連愛。」按既曰「連愛」，恐此俗亦與牛、女相涉。

隋杜台卿玉燭寶典卷七引陳思王（曹植）九詠：「乘回風兮浮漢渚，目牽牛兮眺織女，交有際兮會有期。」注：「牽牛爲夫，織女爲婦，雖爲匹偶，歲一會也。」又：「織女、牽牛之星，各處河之旁，七月七日得一會同也。」

文選卷一九曹植洛神賦：「歎匏瓜之無匹兮，詠牽牛之獨處。」善注：「史記曰『四星在危南，匏瓜、牽牛爲犧牲，其北織女，織女，天女孫也。』天官星占曰：『匏瓜，一名天雞，在河鼓東。牽牛，一名天鼓，不與織女值者，陰陽不和。』曹植九詠注曰：『牽牛爲夫，織女爲婦，織女、牽牛之星，各處河鼓（按：「鼓」字衍）之旁，七月七日乃得一會。』阮瑀止慾賦曰：『傷匏瓜之無偶，悲織女之獨勤。』俱有此言。然無匹之言，未詳其始。」

文選卷三〇陸機擬迢迢牽牛星：「昭昭清漢暉，粲粲光天步。牽牛西北迴，織女東南顧。華容一何冶，揮手如振素。怨彼河無梁，悲此年歲暮。跂彼無良緣，睆焉不得度。引領望大川，雙涕如霑露。」

晉傅玄擬天問：「七月七日，牽牛織女，時會天河。」（全晉文卷四六）

文選卷三〇謝惠連七月七日夜詠牛女：「落日隱櫩楹，升月照簾櫳。團團滿葉露，析析振條風。蹀足循廣除，瞬目矖曾穹。雲漢有靈匹，彌年闕相從。遐川阻昵愛，脩渚曠清容。弄杼不成藻，聳轡騖前蹤。昔離秋已兩，今聚夕無雙。傾河易迴斡，款顏難久悰。沃若靈駕旋，寂寥雲幄空。留情顧華寢，遙心逐奔龍。沈吟爲爾感，情深意彌重。」

梁庾肩吾七夕詩：「玉匣卷懸衣，針樓開夜扉。姮娥隨月落，織女逐星移。離前忿促夜，別後對空機。倩語雕陵鵲，塡河未可飛。」（全梁詩卷七）

六帖卷九引風俗記：「織女七夕當渡河，使鵲爲橋。相傳七日鵲首無故皆髡，因爲梁以渡織女故也。」

御覽卷三一引日緯書：「牽牛星，荆州呼爲河鼓，主關梁，織女星主瓜果。嘗見道書云：牽牛娶織女，取天帝錢二萬備禮，久而不還，被驅在營室是也。言雖不經，有是爲怪也。」

明馮應京月令廣義卷一四七月令引小說：「天河之東有織女，天帝之子也，年年機杼勞役，織成雲錦天衣，容貌不暇整。帝憐其獨處，許嫁河西牽牛郎。嫁後遂廢織紝，天帝怒，責令歸河東，但使一年一度相會。」（按：梁殷芸、唐劉餗均撰有小說，劉者又稱隋唐嘉話，此記不類二書文。清褚人穫堅瓠二集卷二牽牛織女述此事乃引作述異記，云：「天河之東有美女，天帝女孫也，機杼勞役，織成雲霧天衣，容貌不暇整理。帝憐之，嫁與河西牽牛。自後竟廢織紝，帝怒，責歸河東，使一年一度與牽牛相會。」今本任昉書無此，亦不見淸東軒主人之述異記，疑書名有誤。）

梁宗懍荆楚歲時記（寶顏堂秘笈本）：「七月七日，爲牽牛、織女聚會之夜。是夕，人家婦女結綵縷，穿七孔針，或以金銀鍮石爲針，陳几筵酒脯瓜菓於庭中以乞巧。有喜子網於瓜上，則以爲符應。」隋杜公瞻注：「按戴德夏小正云：『是日織女東向。』蓋言星也。春秋斗運樞云：『牽牛神名略。』石氏星經云：『牽牛名天關。』佐助期云：『織女神名收陰。』史記天官書云：『是天帝外孫。』傅玄擬天問云：『七月七日，牽牛、織女會天河。』此則其事也。……牽牛星，荆州呼爲河鼓，主關梁，織女則主瓜果。嘗見道書云：『牽牛娶織女，借天帝二萬錢下禮，久不還，被驅在營室中。』河鼓、黃姑，牽牛也，皆語之轉。」又注：「按世王傳曰：『竇后少小頭禿，不爲家人所齒。遇七月七日夜，人皆看織女，獨不許后出。乃有神光照室，爲后之瑞。』宋孝武七夕詩云『迎風披彩縷，向月貫玄針』是也。周處風土記曰：『七月七日其夜，灑掃庭中，露施几筵，設酒脯時菓，散香粉于筵上，以祀河鼓（原注：即牽牛也）、織女。言此二星神當會，守夜者咸懷私願。或云見天漢中奕奕白氣，或光輝五色，以爲徵應，便拜得福。』然則中庭祈願，其舊俗乎！」

御覽卷三一引輿地志：「齊武帝起層城觀，七月七日，宮人多登之穿針，世謂之穿針樓。」唐沈下賢文集卷二爲人撰乞巧文：「邯鄲人妓婦李容子，七夕祀織女，作穿針戲。取若篁芙蓉，雜致席上，以望巧所降。」

柳河東集卷一八乞巧文：「柳子夜歸自外庭，有設祠者，饗餌馨香，蔬果交羅，插竹垂綏，剖瓜犬牙，且拜且祈。怪而問焉，女隸進曰：『今茲秋孟七夕，天女之孫將嬪於河鼓。邀而祠者，幸而與之巧，驅去蹇拙，手目開利，組紝縫製，將無滯於心焉，爲是禱也。』」

三洞羣仙錄卷七引仙傳拾遺（杜光庭）：「成武丁，桂陽人也。……一日謂弟曰：『七月七日牽牛詣織女，吾被召還宮，不得久留。』言訖而卒。後葬，太守使人發棺，不復見尸，但有青竹杖幷舄而已。」

馬縞中華古今註卷下：「鵲一名神女。俗云七月塡河成橋。」

王仁裕開元天寶遺事卷下蛛絲卜巧：「帝與貴妃，每至七月七日夜在華淸宮遊宴時，宮女輩陳瓜花酒饌，列於庭中，求恩於牽牛、織女星也。又各捉蜘蛛，閉於小合中。至曉開視蛛網稀密，以爲得巧之候。密者言巧多，稀者言巧少。民間亦效之。」又乞巧樓：「宮中以錦結成樓殿，高百尺，上可以勝數十人。陳以瓜果酒炙，設坐具，以祀牛女二星。嬪妃各□九孔針、五色線，向月穿之，過者爲得巧之候。動淸商之曲，宴樂達旦。士民之家皆效之。」（按：廣記卷四八六引唐陳鴻長恨歌傳云：「秋七月，牽牛、織女相見之夕，秦人風俗，夜張錦繡，陳飲食，樹花燔香於庭，號爲乞巧，宮掖間尤尚之。時夜始半，休侍衞於東西廂。獨侍上，上憑肩而立。因仰天感牛女事，密相誓心，願世世爲夫婦。言畢，執手各嗚咽。」白居易長恨歌：「七月七日長生殿，夜半無人私語時，在天願作比翼鳥，在地願爲連理枝。」此皆言玄宗、楊妃七夕之事。）

廣記卷六八引靈怪集（唐張薦）：「太原郭翰，少簡貴，有清標，姿度美秀，善談論，工草隸，早孤獨處。當盛暑，乘月臥庭中，時有清風，稍聞香氣漸濃。翰甚怪之，仰視空中，見有人冉冉而下，直至翰前，乃一少女也。明豔絕代，光彩溢目，衣玄綃之衣，曳霜羅之帔，戴翠翹鳳凰之冠，躡瓊文九章之履。侍女二人，皆有殊色，感蕩心神。翰整衣巾，下牀拜謁曰：『不意尊靈迴降，願垂德音。』女微笑曰：『吾天上織女也，久無主對，而佳期阻曠，幽態盈懷。上帝賜命遊人間，仰慕清風，願託神契。』翰曰：『非敢望也。』益深所感。女爲勑侍婢淨掃室中，張霜霧丹縠之幃，施水晶玉華之簟，轉會風之扇，宛若清秋。乃攜手昇堂，解衣共臥。其襯體輕紅綃衣，似小香囊，氣盈一室。有同心龍腦之枕，覆雙縷鴛文之衾。柔肌膩體，深情密態，妍豔無匹。欲曉辭去，面粉如故，爲試拭之，乃本質也。翰送出戶，凌雲而去。自後夜夜皆來，情好轉切。翰戲之曰：『牽郎何在？那敢獨行？』對曰：『陰陽變化，關渠何事！且河漢隔絕，無可復知；縱復知之，不足爲慮。』因撫翰心前曰：『世人不明瞻矚耳。』翰又曰：『卿已託靈辰象，辰象之門可得聞乎？』對曰：『人間觀之，只見是星，其中自有宮室居處，羣仙皆遊觀焉。萬物之精，各有象在天，成形在地，下人之變，必形於上也。吾今觀之；皆了了自識。』因爲翰指列宿分位，盡詳紀度。時人不悟者，翰遂洞知之。後將至七夕，忽不復來。經數夕方至，翰問曰：『相見樂乎？』笑而對曰：『天上那比人間！正以感運當爾，非有他故也，君無相忌。』問曰：『卿來何遲？』答曰：『人中五日，彼一夕也。』又爲翰致天廚，悉非世物。徐視其衣並無縫，翰問之，謂翰曰：『天衣本非針綫爲也。』每去，輒以衣服自隨。經一年，忽於一夕顏色悽惻，涕流交下，執翰手曰：『帝命有程，便可永訣。』遂嗚咽不自勝。翰驚惋曰：『尙餘幾日在？』對曰：『只今夕耳。』遂悲泣，徹曉不眠。及旦，撫抱爲別，以七寶椀一留贈，言明年某日，當有書相問，翰答以玉環一雙，便履空而去，迴顧招手，良久方滅。翰思之成疾，未嘗暫忘。明年至期，果使前者侍女，將書函致。翰遂開封，以靑縑爲紙，鉛丹爲字，言詞淸麗，情意重疊。書末有詩二首，詩曰：『河漢雖云闊，三秋尙有期。情人終已矣，良會更何時。』又曰：『朱閣臨淸漢，瓊宮御紫房。佳期情在此，只是斷人腸。』翰以香牋答書，意甚慊切，並有酬贈詩二首，詩曰：『人世將天上，由來不可期。誰知一迴顧，交作兩相思。』又曰：『贈枕猶香澤，啼衣尙淚痕。玉顏霄漢裏，空有往來魂。』自此而絕。是年，太史奏織女星無光。翰思不已，凡人間麗色，不復措意。復以繼嗣，大義須婚，強娶程氏女。所不稱意，復以無嗣，遂成反目。翰後官至侍御史而卒。」

（按：唐世士子喜冶遊，遂造此說，輕薄爲文，舊趣全失。其事又載墨莊冗錄，見六帖卷四七月七日。歲時廣記卷二七七夕中留寶枕引。又類說卷三七神異經織女降云：「郭翰遇織女降其室，衣玄綃之衣，曳霜羅之帔，戴翹鳳之冠，躡瓊元之履，張丹轂之幬，施九晶玉華之簟，轉會風之扇，有同心龍枕。翰曰：『牽牛郎何在？』曰：『河漢阻隔，不復相聞。』翌日，丹鉛書靑縑一幅，以寄翰。」此神異經非漢世者，亦非王浮神異記，疑乃唐人之神異錄，而羼入神異經之尺郭（作「赤郭」）條。陶珽重編說郛卷一一八晉王韶之太清記河漢：「翰曰：『牽牛郎何在？』女曰：『河漢阻隔，不復相聞。』」又採類說文。王韶之係南朝宋人，非晉也，太清記者乃雜採諸書而成，韶之未有是書也。）

宋吳淑秘閣閑談（類說卷五二）：「蔡州丁氏精於女工，每七夕禱以酒果。忽見流星墜筵中，明日瓜上得金梭，自是巧思益進。」

龔明之中吳紀聞卷四黃姑織女：「崑山縣東三十六里，地名黃姑。古老相傳云：嘗有織女、牽牛星降于此地，織女以金篦劃河，水湧溢，牽牛因不得渡。今廟之西有水名百沸河，鄉人異之，爲之立祠。……祠中列二像。建炎兵火，時士大夫多避地。東岡有范姓者，經從祠下，題于壁間云：『商飆初至月埋輪，烏鵲橋邊綽約身。聞道佳期唯一夕，因何朝暮對斯人？』鄉人遂去牽牛像，今獨織女存焉。禱祈之間，靈跡甚著。每至七夕，人皆合錢爲青苗會，所收之多寡，持杯珓問之，無毫釐不驗，一方甚敬之。上有廟記，今不復存矣。」（按、吳郡志卷一三祠廟下亦載。後世傳王母娘娘以金釵畫空成天河，以阻隔牛郎、織女，似以此爲本。）

羅願爾雅翼卷一三釋鳥鵲：「秋七日，首無故皆髡，相傳以爲是日河鼓與織女會於漢東，役烏鵲爲梁以度，故毛皆脫去。」

醉翁談錄己集卷二郭翰感織女爲妻，全取廣記所引，豔異編卷一、情史卷一九亦取之。眞仙通鑑卷七武丁：「桂陽城武丁有仙道，常在人間。忽謂其弟曰：『七月七日織女渡河，諸仙悉還宮。吾已被召，不得停，與爾別矣。』弟問：『織女何事渡河？兄何時當還？』答曰：『織女暫詣牽牛。吾去後，三千年當還耳。』明旦，失武丁所在。世人至今猶云七月七日織女嫁牽牛云。」

明馮夢龍情史卷一九：「牽牛、織女星，隔河相望，至七夕，河影沒，常數日相見。相傳織女者上帝之孫，織勤日夜不息。天帝哀之，使嫁牛郎。女樂之，遂罷織。帝怒，乃隔絕之，一居河東，一居河西，每年七月七夕方許一會。會則烏鵲塡橋而渡，故鵲毛至七夕盡脫，爲成橋也。」下引列仙傳成武丁事，同吳記。又古今譚概荒唐部亦載牽牛借天帝錢事。

牛郎織女事至今民間盛傳，不知起於何時。謂牛郎早孤，見棄於兄嫂，與老牛爲伴。織女與諸天女下凡，於河中洗澡。老牛使牛郎竊得織女天衣，遂爲夫婦，生一兒一女。天帝知之，命王母娘娘下凡，押解織女回天。牛郎悲憤萬狀，老牛教之披以己皮，可得上天。牛死，牛郎剝其皮而服之，以籮筐擔兒女，上天追之。王母娘娘拔頭上金簪，畫空成天河。牛郎、織女對河而泣，天帝感之，令以每歲七夕於鵲橋相會。思致之深刻，情韻之優美，遠勝於往昔載籍所具。

古時演爲通俗小說者，有明世朱明世之牛郎織女傳四卷，見孫楷第中國通俗小說書目卷五；又據戴不凡舊本牛郎織女（小說見聞錄），復有牛郎織女鵲橋相會一書，凡十二回。演爲戲曲者尤夥，寶文堂書目著錄有渡天河織女會牽牛，蓋明人所撰雜劇，清代雜劇全目有無名氏銀河鵲橋、雙渡銀河等，今有天河配、鵲橋相會等。

屈原

屈原五月五日投汨羅水〔一〕，楚人哀之。至此日〔二〕，以竹筒子貯米〔三〕，投水以祭之。漢建武中〔四〕，長沙區曲白日忽見一士人〔五〕，自云三閭大夫〔六〕，謂曲曰：「聞君常〔七〕見祭，甚善。但常年所遺，並爲蛟龍所竊〔八〕；今若有惠，當以楝葉〔九〕塞其上，以綵絲〔一〇〕纏之，此二物蛟龍所憚。」曲依其言〔一一〕。今五月五日作粽〔一二〕，并帶楝葉、五花絲〔一三〕，皆汨羅之遺風也〔一四〕。

〔一〕屈原，名平，戰國楚人。仕懷王爲左徒、三閭大夫，頃襄王時遭讒被放逐，後投汨羅江而死。作有離騷、九歌、九章等。史記卷八四有傳。汨羅水，今稱汨羅江。由汨水、羅水兩水相合，西入洞庭湖。按此句歲時廣記卷二一引作「屈原，楚人也，遭讒不見用，以五月五日投汨羅之江而死」。

〔二〕此日，事類賦注卷四引作「午日」。午日，端午之日。端，始也，初也；午，通「五」，五月亦稱午月。故五月五日稱端午，又稱端五、端陽、重午、重五。

〔三〕米，御覽卷九三〇引作「粉米」。

〔四〕建武，東漢光武帝劉秀年號，起公元二五年訖五七年。事類賦注引作「漢武帝中」。

〔五〕區曲，玉燭寶典卷五、御覽卷八五一引作「區廻」，史記屈原列傳正義、御覽卷九三〇、歲時廣記、類林雜說卷三引作「區回」，類聚卷四、初學記卷四、御覽卷三一、事類賦注引作「歐回」。「白日」二字各本均無，類聚、史記正義、廣記卷二九一、御覽卷八五一又卷九三〇、歲時廣記並引有（歲時廣記在「忽」後），據補。

〔六〕三閭大夫，楚國官名，楚辭漁父：「屈原既放，遊於江潭，行吟澤畔。顏色憔悴，形容枯槁。漁父見而問之：『子非三閭大夫歟？何故至於斯？』」此屈原爲三閭大夫之所出。王逸離騷序云：「屈原與楚同姓，仕於懷王，爲三閭大夫。三閭之職，掌王族三姓，曰昭、屈、景。」

〔七〕常，各本俱作「當」，類聚、廣記、歲時廣記引亦作「當」。史記正義、御覽卷八五一又卷九三〇乃引作「常」，又御覽卷三一、事類賦注、分門集註杜工部詩卷三夢李白注引作「嘗」。按作「常」義勝，據改。

〔八〕按：以上二句原作「常年爲蛟龍所竊」，各本俱同。史記正義引作「但常年所遺，並爲蛟龍所竊」，廣記引同，「並」作「恆」，又御覽卷八五一引作「俱」。今從史記正義引，補「但」、「所遺」、「並」四字。

〔九〕楝，原譌作「棟」。類聚、廣記、歲時廣記、事類賦注、分門集註杜工部詩並引作「楝」，是也，據正。楝，即苦楝，楝科落葉喬木，葉小。古人以爲楝葉可辟邪。政和證類本草卷一四引陶隱居曰：「(楝)處處有，俗人五月五日皆取葉佩之，云辟惡。」又引荊楚歲時記曰：「蛟龍畏楝。」(今本無)又玉燭寶典、史記正義、御覽各引、類林雜說、類說俱作「練」，今本荊楚歲時記注亦作「練葉」，練非樹木，不應有葉，係「楝」字之譌。按藝苑雌黃云：「初學記說筒粽事，引續齊諧記曰……東坡嘗作皇太后閤端午帖子云：『翠筒初窒練，薌黍復纏菰。水殿開冰鑑，瓊漿凍玉壺。』注云：『新筒裹練，明皇端午詩序(按：見全唐詩卷三)也，蓋取吳筠(均)續齊諧記，今行於世，與明皇所用蓋同。徐堅集初學記，引筠此記，乃作楝葉，豈傳寫之誤邪？』東坡之意，蓋謂『楝』當作『練』也。」(苕溪漁隱叢話後集卷一二引)玄宗稱「新筒裹練」，已開誤端，東坡又承其誤，而唐、宋傳本多已譌，故史記正義、御覽及類說皆作「練」也。又，今本初學記引作「菰葉」，按周處風土記云「以菰葉裹黏米」(初學記卷四引)，此誤用周說，非原文耳。

〔一〇〕綵絲，類聚、事類賦注、御覽卷三一引作「五綵絲」；類說作「綵繩」，類林雜說引作「練絲」。

〔一一〕按：此句後御覽卷三一引有「後乃復見，感之」六字，歲時廣記引作「後復見原，感之」。

〔一二〕粽，史記正義引作「糉」，事類賦注、御覽卷三一引作「糉子」，御覽卷八五一及歲時廣記引作「糉」，「糭」、「糉」同「粽」。按粽又名角黍。御覽卷三一引風土記曰：「仲夏端五，端，初也，俗重五日，與夏至同。先節一日，又以菰葉裹黏米，以栗棗灰汁煮令熟，節日啖……一名糉，一曰角黍。蓋取陰陽尚包裹，未分散之象也。」又荊楚歲時記云：「夏至節日食糉。」注：「周處謂爲角黍。人竝以新竹爲筒糉，練(楝)葉插，五綵繫臂，謂爲長命縷。」

〔三〕五花絲，史記正義、類聚、廣記、御覽卷三一又卷九三〇、歲時廣記並引作「五色絲」，御覽卷八五一引作「五綵絲」。按御覽卷三一引風俗通佚文曰：「五月五日以五彩絲繫臂者，辟兵及鬼，令人不病瘟。亦因屈原。一名長命縷，一名續命縷，一名辟兵繒，一名五色絲，一名朱索。」荆楚歲時記亦云：「五月五日……以五綵絲繫臂，名曰辟兵，令人不病瘟。」注：「一名長命縷，一名續命縷，一名辟兵繒，一名五色絲，一名朱索，名擬甚多。青赤白黑以爲四方，黃爲中央，襞方綴於胸前，以示婦人計功也。」

〔四〕按：此句原作「遺風也」，史記正義、玉燭寶典、御覽卷八五一皆引作「皆汨羅之遺風」，類聚引末多「也」字，御覽卷三一引末亦有「也」，又「皆」下有「是」字，廣記引作「皆汨羅水之遺風」，歲時廣記引同，唯末有「也」字。今據補四字。

書鈔卷一三七引抱朴子佚文云：「屈原没汨羅之日，人並命舟楫以迎之。至今以爲競渡，或以水軍爲之，謂之飛鳧，亦曰水馬。州將士庶，悉臨觀之。」

寰宇記卷一四五襄州風俗引襄陽風俗記云：「屈原五月五日投汨羅江，其妻每投食於水以祭之。原通夢告妻，所祭食皆爲蛟龍所奪。龍畏五色絲及竹，故妻以竹爲粽，以五色絲纏之。今俗，其日皆帶五色絲，食粽，言免蛟龍之患。又原五日先沉，十日而出，楚人於水次迅檝爭馳，櫂歌亂響，有悽斷之聲，意存拯溺，喧震川陸。風俗遷流，遂有競渡之戲。人多偷墮，信鬼神，崇釋教。」（按：此文王謨輯入晉習鑿齒襄陽記，見漢唐地理書鈔。）

王嘉拾遺記卷一〇云：「屈原以忠見斥，隱於沅湘，披蓁茹草，混同禽獸，不交世務，採柏實以合桂膏，用養心神。被王逼逐，乃赴清泠之水。楚人思慕，謂之水仙。其神遊於天河，精靈時降湘浦。楚人爲之立祠，漢末猶在。」

漢書地理志下「長沙國」注引盛弘之荊州記云：「縣（羅縣）北帶汨水，水原出豫章艾縣界，西流注湘。淤汨西北去縣三十里，名屈潭，屈原自沉處。」

異苑卷一云：「長沙羅縣（今湖南汨羅縣北），有屈原自投之川，山明水淨，異於常處。民爲立廟，在汨潭之西岸側，盤石馬跡尚存。相傳云原投川之日，乘白驥而來。」又御覽卷八五一引異苑佚文曰：「糭，屈原婦所作也。」

水經注卷三八湘水云：「汨水又西逕羅縣北，本羅子國也，故在襄陽宜城縣西，楚文王移之於此。秦立長沙郡，因以爲縣，水亦謂之羅水。汨水又西逕玉笥山。羅含湘中記云：『屈潭之左，有玉笥山。道士遺言，此福地也。一曰地腳山。汨水又西，爲屈潭，卽汨羅淵也。屈原懷沙自沈於此，故淵潭以屈爲名。昔賈誼、史遷皆嘗逕此，弭檝江波，投弔於淵。淵北有屈原廟，廟前有碑。』」

荊楚歲時記云：「五月五日……是日競渡。」注：「按五月五日競渡，俗爲屈原投汨羅日，傷其死，故竝命舟檝以拯之。舸舟取其輕利，謂之飛鳧，一自以爲水軍，一自以爲水馬。州將及土人，悉臨水而觀之。」

史記卷八四屈原列傳正義云：「岳州湘陰縣……北有汨水及屈原廟。」

劉餗隋唐嘉話卷下云：「俗五月五日爲競渡戲。自襄州已南，所向相傳云：屈原初沉江之時，其鄉人乘舟求之，意急而爭前，後因爲此戲。」

元和郡縣圖志卷二七岳州湘陰縣云：「玉笥山在縣東北七十五里，屈原放逐，居此山下，而作九歌焉。」又云：「汨水東北自洪州建昌縣界流入，西經入玉笥山，又西經羅國故城，爲屈潭，卽屈原懷沙自沉之所，又西流入于湘水。」又云：「屈原冢在縣北七十一里。」

輿地紀勝卷六九岳州景物上云：「羅洲，湘水山水記：卽屈原自沉處。又有屈潭。羅洲亦云屈原懷沙處。」又古跡云：「屈原寓居，太平興國寺在城南，本開元寺，世傳爲屈原寓居。」又云：「三閭大夫廟，青瑣（劉斧青瑣高議）云唐末有洪州將軍題詩云：『蒼藤古木幾經春，舊日祠堂小水濱。行客謾陳三酹酒，大夫元是獨醒人。』」

後世方志地書載屈原遺跡者猶多，今舉漢以後至唐宋者於上，以觀大概也。

元以降，屈原事演爲戲曲者時見之。元人睢景臣、吳弘道均有屈原投江雜劇，見錄鬼簿及太和正音譜，均佚。明徐應乾有汨羅記傳奇，亦佚，見遠山堂曲品。清尤侗有讀離騷雜劇（清人雜劇），周樂清有屈大夫魂返汨羅江雜劇（清代雜劇全目），張堅有懷沙記傳奇（玉燕堂四種），俱存。

趙文韶

會稽趙文韶〔一〕，爲東宮扶侍〔二〕，住清溪中橋〔三〕，與尚書王叔卿家隔一巷，相去二百步許。秋夜嘉月，悵然思歸，倚門唱西夜烏飛〔四〕，其聲甚哀怨。忽有青衣婢，年十五六，前曰：「王家娘子白扶侍，聞君歌聲，有關人者〔五〕。逐月遊戲，遣相聞耳。」時未息，文韶不之疑，委曲答之，亟邀相過。

須臾女到，年十八九，行步容色可憐，猶將兩婢自隨。問家在何處，舉手指王尚書宅，曰：「是聞君歌聲，故來相詣。豈能爲一曲邪？」文韶即爲歌草生盤石〔六〕，音韻清暢，又深會女心。乃曰：「但令有瓶，何患不得〔七〕水。」顧謂婢子：「還取箜篌，爲扶侍鼓之。」須臾至，女爲酌〔八〕兩三彈，泠泠更增楚絕〔九〕。乃令婢子歌繁霜，自解裙帶繫箜篌腰，叩之以倚歌。歌曰：「日暮風吹，葉落依枝。丹心寸意，愁君未知。歌繁霜〔一〇〕，繁霜侵曉幕，何意空相守。坐待繁霜落，歌闋夜已久。」遂相佇燕寢。竟四更別去，脫金簪以贈文韶，文韶亦答以銀椀、白琉璃匕各一枚。

旣明，文韶出，偶至清溪廟歇。神坐上見椀，甚疑而悉委之〔二〇〕，屏風後則琉璃匕在焉，箜篌帶縛如故。祠廟中惟女姑神像〔二一〕，青衣婢立在前，細視之，皆夜所見者。於是遂絕。當宋元嘉五年〔二二〕也。

〔一〕趙文韶，御覽卷七六〇引作「趙文詔」，八朝窮怪錄、續博物志均作「趙文昭」，見附錄。

〔二〕東宮扶侍，太子屬官。窮怪錄作「東宮侍講」。

〔三〕住，原作「坐」，按類說作「住青溪」，御覽、樂府詩集卷四七引作「廨在青溪中橋」，則當爲「住」，據正。清溪，又作青溪，在今南京市。寰宇記卷九〇昇州上元縣云：「清溪在縣北六里，闊五尺，深八尺，以洩玄武湖水，南入秦淮。……溪口其埭側有清溪祠，其溪因祠爲名，又云按水爲言，故名清溪。」溪上古有七橋。輿地紀勝卷一七建康府景物下云：「青溪七橋，按建康志：『青溪舊有七橋：一曰東門，二曰尹橋，三曰雞鳴，四曰募士，五曰菰首，六曰中橋，七曰大橋。』」

〔四〕西夜烏飛，類說作「栖夜烏西飛」，樂府詩集引作「烏飛曲」。按樂府詩集卷四九清商曲辭西曲歌有西烏夜飛，疑卽此。題解引古今樂錄曰：「西烏夜飛者，宋元徽五年荊州刺史沈攸之所作也。攸之舉兵發荊州東下，未敗之前，思歸京師，所以歌。和云：『白日落西山，還去來。』送聲云：『折翅烏飛，何處被彈歸？』」宋書卷一九樂志一云：「荊州刺史沈攸之又造西烏夜飛哥(歌)曲，並列於樂官，哥詞多淫哇不典正。」通典卷一四五樂五，曲名又作棲烏夜飛，歌詞無「白」字，名皆異於古今樂錄。據古今樂錄，歌成於元徽五年（四七七年），時在文詔事前，然小說家言，不得泥執以求也。

〔五〕有關人者，原作「有門人」，不可解，今據類說正，樂府詩集引作「有悅人者」。

〔六〕草生盤石，樂府詩集引作「草生盤石下」。此歌不詳。

〔七〕不得，類說作「無」。

〔八〕酌，行也。

〔九〕泠泠（ㄌㄧㄥˊ），泉聲，又樂聲。陸機文賦：「音泠泠而盈耳。」此句樂府詩集引作「泠泠似楚曲」。

〔一〇〕按：「繁霜」二字原脫，據樂府詩集引補。

〔一一〕按：此句有脫譌，難以成解。

〔一二〕按：樂府詩集卷四七吳聲歌曲有青溪小姑曲，其曲曰：「開門白水，側近橋梁，小姑所居，獨處無郎。」郭茂倩題解引青溪神女事，又按云：「異苑曰：青溪小姑，蔣侯第三妹也。」（原文見附錄）蔣侯，又稱蔣侯神、蔣山神，本名蔣子文，吳秣陵尉，死後爲神。見搜神記卷五。

〔一三〕元嘉五年，四二八年。窮怪錄作元嘉三年八月。

異苑卷五云：「青谿小姑廟，云是蔣侯第三妹。廟中有大穀扶疎，鳥嘗産育其上。晉太元中，陳郡謝慶執彈乘馬，繳殺數頭，即覺體中慄然。至夜夢一女子，衣裳楚楚，怒云：『此鳥是我所養，何故見侵？』經日謝卒。慶名奐，靈運父也。」

搜神後記卷五云：「晉太康中，謝家沙門竺曇遂，年二十餘，白皙端正，流俗沙門，長行經清溪廟前過，因入廟中看。暮歸，夢一婦人來，語云：『君當來作我廟中神，不復久。』曇遂夢問婦人是誰，婦人云：『我是清溪廟中姑。』如此一月許，便病。臨死，謂同學年少曰：『我無福，亦無大罪，死乃當作清溪廟神。諸君行便，可過看之。』既死後，諸年少道人詣其廟。既至，便靈語相勞問，聲音如昔時。臨去云：『久不聞唄聲，思一聞之。』其伴慧覲便為作唄，訖，其神猶唱讚。語云：『歧路之訣，尚有悽愴，況此之乖，形神分散。窈冥之歎，情何可言！』既而歔欷不自勝，諸道人等皆為流涕。」

按：上所載清溪小姑，性烈一似乃兄，至吳均此記，婉約少女也。小姑獨處而慕夫婦之好，遂去鬼神之嚴而具人情之味矣。其與趙文韶相戀事，後亦有載，今錄於左：

廣記卷二九五引八朝窮怪錄云：「宋文帝元嘉三年八月，吳郡趙文昭，字子業，為東宮侍講。宅在清溪橋北，與吏部尚書王叔卿隔牆南北。嘗秋夜對月臨溪，唱烏棲之詞，音旨閑怨。忽有一女子，衣青羅之衣，絕美，云：『王尚書小娘子，欲來訪君。』文昭問其所以，答曰：『小娘子聞君歌詠，有怨曠之心，著清涼之恨，故來願薦枕席。』言訖而至，姿容絕世。文昭迷悞恍惚，盡忘他志，乃揖而歸。從容密室，命酒陳筵，遞相歌送，然後就寢。至曉請去，女解金纓留別，文昭答琉璃盞。後數夜，文昭思之不已。偶遊清溪神廟，忽見所與琉璃盞，在神女之後。及顧其神與畫侍女，並是同宿者。」情史卷一九淸溪小姑，乃檃栝吳記及窮怪錄而成。

范成大吳郡志卷四七異聞引續博物志曰：「永嘉中，吳郡趙文昭，宅在淸溪橋，與吏部尙書文叔卿宅相近。秋夜對月臨溪，唱烏栖之詞，音旨淒然。忽有一女子從女婢來，姿態端麗，云是文尙書家人。比去，解金纓留贈文昭，答以琉璃盃。後遊淸溪廟，忽見琉璃盃在神女前，又顧其壁畫侍女，並是偕來者。」（按：此續博物志非宋李石之書，似爲唐林登所撰。）

他書亦有載小姑跡者。輿地紀勝卷一七建康府景物下云：「靑溪姑，金陵覽古云在上元縣東六里。輿地志云：『靑溪岸側有神祠，謂之靑溪小姑，南朝甚有靈驗，長見形於人。』」（又見同卷古跡）

宋張敦頤六朝事迹卷下廟宇門靑溪夫人廟云：「按輿地志：『靑溪岸側有神祠，世謂靑溪姑，南朝甚有靈驗，嘗見形于人。』祠今與上水閘相近。說者云隋平陳，斬張麗華、孔貴妃於靑溪柵下。今祠像有三婦人，乃靑溪姑與二妃也。」

王敬伯〔一〕

晉有王敬伯〔二〕者，會稽餘姚人。少好學，善鼓琴。年十八，仕於東宮，爲衞佐〔三〕。休假還鄉，行至吳通波亭〔四〕，維舟中渚。登亭望月，悵然有懷，乃倚琴歌泫露〔五〕之詩。

俄聞戶外有嗟賞聲，見一女子雅有容色，謂敬伯曰：「女郎悅君之琴，願共撫之。」敬伯許焉。既而女郎至，姿質婉麗，綽有餘態，從以二少女，一則向先至者。施錦席於東牀，設銀鐺、雜果。乃就坐，命大婢酌酒，相獻酬。

女郎乃撫琴揮弦，調韻哀雅，類今之登歌〔六〕。女郎曰：「子識此聲否？」敬伯曰：「所未曾聞。」女曰：「古所謂楚明君〔七〕也，唯嵇叔夜能爲此聲，自茲已來，傳習數人而已。」敬伯欲受之，女曰：「此非豔俗所宜，唯岩栖谷隱，可以自娛耳。當更爲子彈之，幸復聽之。」乃鼓琴，且歌遲風〔八〕之詞。因歎息久之。

乃令小婢取箜篌，作宛轉歌〔九〕。婢甚羞，低回殊久，乃解裙，中出黃帶，長二尺許，以挂箜篌。彈弦作歌，女郎脫頭上金釵，扣琴弦而和之，意韻繁諧。歌凡八曲，敬伯唯憶二曲。歌曰：「月既明，西軒琴復淸。寸心斗酒事〔一〇〕芳夜，千秋萬歲同一情。歌宛轉，宛轉凄以哀〔一一〕。願爲星與漢，光景共徘徊。」又曰：「悲且傷，參差淚成〔一二〕行。低紅掩翠方無色，金徽玉軫〔一三〕爲誰鏘？歌宛轉，宛轉情復悲〔一四〕。願爲煙與霧，氤氳對〔一五〕容姿。」歌畢，止於東榻。

遲明將別，各深怨慕。女留錦四端〔一六〕、臥具、繡枕、腕囊并佩一雙，贈敬伯。敬伯報以牙火籠、玉琴軫〔一七〕。女郎悵然不忍別，且曰：「深閨獨處，十有六年矣。邂逅旅館，盡平生之志。蓋冥契，非人事也。」言竟便去。

來日，敬伯船至虎牢戍〔一八〕。聞吳令劉惠明〔一九〕者，亡女〔二〇〕船中失錦及臥具等。令撿括諸同行，至敬伯船獲之。敬伯具以告夜來事及與從者、女儀粧，并所贈答物。令使撿之，果於帳後得牙火籠，巾箱內奩中得玉琴軫。令乃以壻禮敬伯，厚加贈遺而別。

敬伯訪部伍，人云：女郎年十六，名妙容，字雅華〔二一〕，去年遇病逝。未亡之前，有大婢名春條，年二十許，小婢名桃枝，年十五。皆能彈箜篌，又善宛轉歌，相繼俱卒。

〔一〕按：此條今本脫載。茲據宋郭茂倩樂府詩集卷六〇宛轉歌題解、范成大吳郡志卷四七異聞及御覽卷五七九引續齊諧記（吳郡志脫出處）互校釐定。琱玉集卷一二感應篇、御覽卷七五七又卷七六一、事類賦注卷一一、分類補註李太白詩卷一三宿白鷺洲寄楊江寧楊齊賢注亦並引，文簡。

〔二〕王敬伯，事類賦注、御覽卷五七九、李太白詩注俱引作「王彥伯」。山河別記作「王恭伯」。疑宋人避諱改。

〔三〕按：吳郡志引作「仕爲東宮扶侍」，御覽卷五七九引同。

〔四〕通波亭，吳郡志卷九古蹟云：「吳國故館三：曰昇月，曰烏鵲，曰江風。昇月在帶城橋東；烏鵲在烏鵲橋，今爲營寨；江風在渴烏巷。又新館二：曰通波，曰全吳。（按：以上係引吳地記。）又續圖經載：舊傳古館八，曰全吳、通波、龍門、臨頓、烏鵲、昇羽、江風、夷亭。云昇月疑卽昇羽，今此亭尙存。」按亭卽郵亭，來往官宦所止宿，又稱館。

〔五〕泫露，不詳。泫露義爲降露、垂露。文選卷二二謝靈運從斤竹澗越嶺溪行：「巖下雲方合，花上露猶泫。」周翰注云：「泫，露垂貌。」

〔六〕登歌，又稱升歌，堂上所奏之樂，用於祭祀與宴饗。樂府詩集所收郊廟歌、燕射歌中所載登歌頗多。登歌之名得之周禮春官大師：「大祭祀，帥瞽登歌，令奏擊拊。」注：「鄭司農（鄭衆）云：『登歌，歌者在堂也。』」

〔七〕楚明君，疑卽樂府詩集卷五八琴曲歌中之楚明妃曲，明妃，王昭君；晉避司馬昭諱改明君。事類賦注、御覽卷五七九引作「楚明光」，李太白詩注引作「楚光明曲」，並誤。

〔八〕遲風，不詳。遲風之義，徐風也。

〔九〕宛轉歌，樂府詩集題解云：「一曰神女宛轉歌。」

〔一〇〕事，樂府詩集作「爭」，今從吳郡志。

〔一一〕按：此句吳郡志引作「姸以哀」，今從樂府詩集。

〔一二〕按：樂府詩集於「成」字下注云：「一作『幾』。」

〔一三〕徽，琴徽，琴面指示音節之標誌。漢書卷八七下揚雄傳：「今夫弦者，高張急徽。」注：「徽，琴徽也，所以表發撫抑之處。」軫，琴軫，琴下旋弦之具。

〔一四〕按：此句吳郡志作「淸復悲」，今從樂府詩集。

〔一五〕對，吳郡志引作「共」。

〔一六〕端，度名。左傳昭公二十六年「以幣錦二兩」注：「二丈爲一端，二端爲一兩，所謂匹也。」集韻平聲二桓韻：「布帛六丈曰端。」

〔一七〕牙火籠，似爲象牙裝飾之燈籠，古或稱燈籠爲籠燭。玉琴軫，吳郡志引作「玉琴爪」，琴爪，琴足也。

〔一八〕虎牢戍，此在吳者，非成皐之虎牢（在今河南滎陽汜水鎭）。

〔一九〕劉惠明，琱玉集引作「劉惠卿」，吳郡志引作「劉惠時」，此從樂府詩集。

〔二〇〕亡女，吳郡志原作「妄」，當爲「亡女」之譌，今正。

〔二一〕雅華，吳郡志引作麗華，此從樂府詩集。

諸書引此記，詳略不一，今將諸引並移錄如左：

琱玉集引曰：「敬伯姓王，晉末會稽餘姚人也。曾舟中渚，升亭而宿。是夜朗淸輝，經風美，敬伯乃撫琴靜調，聊以自娛。時劉惠卿下郡，亦維舟停泊，惠卿亡女之柩在於船上。既聞敬伯琴聲，愛戀無已，乃將從婢兩人，往就敬伯。如生不異，相和爲歌，盡情眷悅申意，意（按：疑「竟」字之譌）夕始乃分離也。」

御覽卷五七九引曰：「王彥伯，會稽餘姚人也，善鼓琴，仕爲東宮扶侍。赴告還都，行至吳郵亭，維舟中渚，秉燭理琴。見一女子披幃而進，二女從焉。先施錦席於東床，乃就坐。女取琴調之，似琴而聲甚哀雅，有類今之登歌。女子曰：『子識此聲否？』彥伯曰：『所未曾聞。』女曰：『此曲所謂楚明光者也，唯嵇叔夜能爲此聲，自此以外，傳習數人而已。』彥伯欲受之，女曰：『此非豔俗所宜，唯岩栖谷隱，可以自娛耳。當更爲子彈之，幸復聽之。』乃鼓琴，且歌。歌畢，止於東榻。遲明將別，各深怨慕。女取四端錦、臥具、繡臂囊一，贈彥伯爲別，彥伯以大籠幷玉琴以答之而去。」事類賦注所引同此而文略。情史卷二一引齊諧記同事類賦注。

又卷七五七引曰：「王敬伯夜見一女子，命婢取酒，須臾持一銀酒鎗。」

又卷七六一引曰：「王敬伯夜見一女，命婢取酒，提一淥沉漆榼。」

李太白詩注引曰：「王彥伯善琴。至吳郵亭，維舟中渚，秉燭理琴。見一女坐於東床，取琴調之，乃楚光明曲。遲明，女取錦綉贈別，彥伯以玉琴答之而去。」

樂府詩集引曰：「晉有王敬伯者，會稽餘姚人。少好學，善鼓琴。年十八，仕於東宮，爲衞佐。休假還鄉，過吳，維舟中渚。登亭望月，悵然有懷，乃倚琴歌泫露之詩。俄聞戶外有嗟賞聲，見一女子，雅有容色，謂敬伯曰：『女郎悅君之琴，願共撫之。』敬伯許焉。既而女郎至，姿質婉麗，綽有餘態。從以二少女，一則向先至者。女郎乃撫琴揮弦，調韻哀雅，類今之登歌。曰：『古所謂楚明君也，唯嵇叔夜能爲此聲，自茲已來，傳習數人而已。』復鼓琴，歌遲風之詞，因歎息久之。乃命大婢酌酒，小婢彈箜篌，作宛轉歌，女郎脫頭上金釵，扣琴弦而和之，意韻繁諧。歌凡八曲，敬伯唯憶二曲。將去，留錦臥具、繡香囊幷佩一雙，以遺敬伯，敬伯報以牙火籠、玉琴軫。女郎悵然不忍別，且曰：『深閨獨處，十有六年矣。邂逅旅館，盡平生之志。蓋冥契，非人事也。』言竟便去。敬伯船至虎牢戍。吳令劉惠明者，有愛女早世。舟中亡臥具，於敬伯船獲焉。敬伯具以告，果於帳中得火籠、琴軫。女郎名妙容，字雅華。大婢名春條，年二十許，小婢名桃枝，年十五，皆善彈箜篌及宛轉歌，相繼俱卒。」（按：下爲宛轉歌二首，從略。）

吳郡志引曰：「王敬伯年十八，仕爲東宮扶侍。赴假還都，行至吳通波亭，維舟中流，月夜理琴。有一美人，從二小女，披帷而入。施錦席於東牀，設銀鐺、雜果，命綰髮者酌酒相獻酬。令小婢取箜篌，作宛轉歌。婢甚羞，低回殊久，乃解裙，中出黃帶，長二尺許，以挂箜篌。彈弦作歌，女脫金釵，扣琴和之。歌曰（略）。又曰（略）。天明分別，女留錦四端、臥具、繡枕、腕囊幷佩各一雙，贈敬伯。生以牙火籠、玉琴爪答之。來日，聞吳令劉惠時妾船中失錦及臥具等，檢括諸同行，至敬伯船獲之。敬伯具夜來事及與從者、女儀粧，幷所贈答物。令使檢之，於帳後得牙火籠，巾箱內奩中得玉琴爪。令乃以壻禮敬伯，厚加贈遺而別。敬伯訪部伍，人云女郎年十六，字麗華，去年遇病逝。未亡之前，有婢名春條，年二十許，一婢名桃枝，年十五。皆能彈箜篌，又善宛轉歌，相繼而死。」

唐李端王敬伯歌（樂府詩集卷六〇）云：「妾本舟中客，聞君江上琴。君初感妾歎，妾亦感君心。遂出合歡被，同爲交頸禽。傳杯唯畏淺，接膝猶嫌遠。侍婢奏箜篌，女郎歌宛轉。宛轉怨如何，中庭霜漸多。霜多葉可惜，昨日非今夕。徒結萬里歡，終成一宵客。王敬伯，淥水青山從此隔。」

北齊邢子才（邵）山河別記亦載此事，人名皆異於續齊諧記。廣記卷三一八引云：「晉世王恭伯，字子升，會稽人。美姿容，善鼓琴，爲東宮舍人。求假休吳，到閶門郵亭，望月鼓琴。俄有一女子，從一女，謂恭伯曰：『妾平生愛琴，願共撫之。』其姿質甚麗，恭伯留之宿。向曉而別，以錦褥、香囊爲訣，恭伯以玉簪贈行。俄而天曉，聞鄰船有吳縣令劉惠基，亡女靈前失錦褥及香囊。斯須，有官吏遍搜鄰船，至恭伯船獲之。恭伯懼，因還之（按：此二字談本作『述其』，此從明鈔本），言：『我亦贈其玉簪。』惠基令檢，果於亡女頭上獲之。惠基乃慟哭，因呼恭伯以子壻之禮。其女名稚華，年十六而卒。」事類賦注卷一一引世說王敬伯事亦有異。

又句道興搜神記云：「昔有王景伯者，會稽人也。乘船向遼水興易。時會稽太守劉惠明當官孝滿，遂將死女屍靈歸來，共景伯一處。上宿憂思，月明夜靜，取琴撫弄，發聲哀切。時太守死女聞琴聲哀怨，起屍聽之，來於景伯船外，發弄釵釧。聞其笑聲，景伯停琴曰：『似有人聲，何不入船而來？』鬼女曰：『聞琴聲哀切，故來聽之，不敢輒入。』景伯曰：『但入，有何所疑。』向前便入，並將二婢，形容端正，或(惑)亂似生人。便卽賜坐，溫涼以訖，景伯問曰：『女郎因何單夜來至此間？』女曰：『聞君獨弄哀琴，故來看之，女亦小解撫弄。』卽遣二婢取其氈被，並將酒肉飮食來，共景伯宴會。旣訖，景伯還琴撫弄，出聲數曲，卽授與鬼女。鬼女得琴，卽嘆哀聲甚妙。二更向盡，亦可綢繆，鬼女歌訖還琴。景伯遂與彈，作詩曰：『今夜嘆孤愁，哀怨復難休。嗟娘有聖德，單夜共綢繆。』女郎云：『實若愁妾恩，當別報道得。』停琴煞(然)燭，遣婢出船，二人盡飮，不異生人。向至四更，其女遂起梳頭，悲傷泣淚，更亦不言。景伯問曰：『女郎是誰家之女？姓何字誰？何時更來相見？』女曰：『妾今泉壤，不覩已來，今經七載。聞君獨弄哀琴，故來解釋。如今一去，後會難期。』執手分別，忽然不見。景伯雙淚衝目，慷慨畏辭，思憶花容，悲情哽咽。良久歎訖，卽入船中而坐。漸欲天明，惠女屍邊遂失衣裳雜物。尋覓搜求，遂向景伯船上得。卽欲論官，景伯曰：『昨夜孤愁夜靜，月下撫弄，忽有一女郎並將二婢，來入我船，鼓琴戲樂，四更辭去。卽與我行帳一具，縷繩一雙，錦被一張，與我爲信。我與他牙梳一枚，白骨籠子一具，金釧一雙，銀指環一雙。願女屍邊檢看，如無此物，一任論官。』

惠明聞夫婦之禮，於後吉凶逆牙相追。聞者皆稱異哉。」所記又與上述諸記迥異。

附誌：余復自宋周守忠姬侍類偶卷下、永樂大典卷七三二八撿得本篇佚文（文同）。惜已不及改版校輯，特附於末：「王敬伯，年十八，仕爲東宮扶侍。赴假還都，行至吳通波亭，維舟中流，月夜理琴。有一美女子，從二少女，披幃而入。施錦席於東床，設雜果，命綰髮者酌酒相獻酬。令小婢取箜篌，作宛轉歌。婢甚羞澁，低回殊久，云：『昨宵在霧氣中彈，今夕聲不能暢。』女迫之，乃解裙，中出黃帶，長二尺許，以掛箜篌，彈絃作歌。女脫頭上金釵，扣琴和之。歌曰：『月既明，西軒琴復清。秋萬歲同人情。歌宛轉，宛轉姸以哀。願爲星與漢，光景共徘徊。』又曰：『悲且傷，參差淚成行。低紅掩翠芳無色，金徽玉軫爲誰鏘。歌宛轉，宛轉情復悲。願爲烟與霧，氤氳共容姿。』天明，女留錦四端、臥具、綉枕、腕囊幷佩各一雙贈敬伯，敬伯以牙火籠、玉琴爪答之。來日，聞吳令劉惠明亡女船中失錦四端，及女郎臥具、綉枕、腕囊、佩等。檢括諸同行，至敬伯船而獲之。敬伯具言夜來之事，及女儀狀、從者容質，幷所答贈物。令使檢之，於帳後得牙火籠，箱內篋中得玉琴爪。令乃以婿禮敬伯，厚加贈遺而別。敬伯訪部伍，人云女郎年十六，字麗華，去冬遇疾而逝。未亡之前，有婢名春條，年十六，一婢名桃枝，年十五。皆能彈箜篌，又善宛轉歌，相繼而死，並有姿容，昨從者是此婢也。」梅鼎祚才鬼記、題唐鄭蕡才鬼記、豔異編、情史並有王敬伯，要皆本此而小有增易也。

蕭繹 金樓子志怪篇

據清鮑廷博知不足齋叢書本

金樓子，南史卷八梁元帝紀不云卷數，隋志雜家著錄十卷，兩唐志同。今存六卷十四篇，係自永樂大典輯出。常見版本有知不足齋叢書、百子全書、龍谿精舍叢書、叢書集成初編諸本。五朝小說、說郛卷二三、龍威祕書本僅一卷，一兩語一條，寥寥三十二事耳。

金樓子係蕭繹爲湘東王時自號，取以名書。繹字世誠，小字七符，武帝衍第七子，南蘭陵（今江蘇武進西北）人。天監七年（五〇八年）生，十三年封湘東王，承聖元年（五五二年）即位，是爲元帝，三年（五五四年），西魏破江陵，被殺。事跡具梁書卷五元帝紀及南史卷八梁本紀下。繹博學好文，著述極富。金樓子著書篇所錄仙異傳三卷、研神記一卷（按：隋、唐志作十卷，疑誤書），均爲志怪書，已佚。

志怪篇在卷五，篇居十二。前有序，自謂不以耳目之外無有怪者之說爲然，然則證萬物變怪，此其旨也。至其所載，乃多採舊文，粗陳妖祥而文采殊乏耳。

優師木人

有人以優師〔一〕獻周穆王，甚巧。能作木人，趨走俯仰如人。顉〔二〕其頤，則可語；捧其手，則可舞。王與盛姬〔三〕共觀，木人瞚〔四〕其目，招王左右侍者。王大怒，欲誅優師。優師大怖，乃剖木以示王，皆附會革木所爲，五臟完具。王大悅。乃廢其肝，則目不能瞚；廢其心，則口不能語；廢其脾，則手不能運。王厚賜之。

〔一〕優師，卽俳優，以戲弄之事事君王者，又曰倡。說文八上人部：「優……一曰倡也。」按列子作「偃師」，乃工人之名，見附錄。

〔二〕顉（ㄑㄧㄣ），同「頷」。文選卷四五揚雄解嘲：「頷頤折頞。」注：「韋昭曰：曲上曰頷，欺甚切。」按顉頤卽搖頭。

〔三〕盛姬，穆王妃，姬姓，盛柏之女，早卒，謚哀淑人。見穆天子傳卷六。

〔四〕瞚（ㄕㄨㄣˋ），同「瞬」，目眨也。

本事出列子湯問：「周穆王西巡狩，越崑崙，不至弇山，反還。未及中國，道有獻工人，名偃師。穆王薦之（原注：「薦」當作「進」），問曰：『若有何能？』偃師曰：『臣唯命所試。然臣已有所造，願王先觀之。』穆王曰：『日以俱來，吾與若俱觀之。』翌日，偃師謁見王，王薦之曰：『若與偕來者何人邪？』對曰：『臣之所造能倡者。』穆王驚視之，趨步俯仰，信人也。巧夫顉其頤，則歌合律；捧其手，則舞應節。千變萬化，惟意所適。王以爲實人也，與盛姬內御竝觀之。技將終，倡者瞬其目，而招王之左右侍妾。王大怒，立欲誅偃師。偃師大懾，立剖散倡者以示王，皆傅會革木、膠漆、白黑丹青之所爲。王諦料之，內則肝膽、心肺、脾腎、腸胃，外則筋骨、支節、皮毛、齒髮，皆假物也，而無不畢具者，會合復如初見。王試廢其心，則口不能言；廢其肝，則目不能視；廢其腎，則足不能步。穆王始悅而歎曰：『人之巧乃可與造化者同功乎！』詔貳車載之以歸。」

按：木人事乃吾民關於機器人之卓越幻想。除木人，尚有木鳶等。韓非子外儲說左上云：「墨子爲木鳶，三年而成，飛一日而敗。」抱朴子應嘲云：「墨子刻木雞以厲天。」述異記卷下云：「昔魯班刻木爲鶴，一飛七百里。」酉陽雜俎續集卷四引朝野僉載佚文云：「魯般者……作木鳶，每擊楔三下，乘之以歸。」又云：「六國時，公輸般亦爲木鳶，以窺宋城。」錄異傳載有吳客作木雕事（御覽卷九一六引），異苑卷一〇亦載之，茲將異苑所載移錄於左：

「魏安釐王觀翔雕而樂之，曰：『寡人得如雕之飛，視天下如芥也。』吳客有隱游者，聞之，作木雕而獻之王。王曰：『此有形無用者也。夫作無用之器，世之奸民也。』召隱游欲加刑焉。隱游曰：『臣聞大王之好飛也，故敢獻雕，安知大王之惡此也。可謂知有用之雕鳥，未悟無用之雕鳥也。今臣請爲大王翔之。』乃取而騎焉，遂翩然飛去，莫知所之。」

稽神異苑

據文學古籍刊行社影印宋曾慥類說本

稽神異苑首見於南宋晁公武郡齋讀書志卷一三著錄，凡十卷，云：「右題云南齊焦度撰。雜編傳記鬼神變化及草木禽獸妖怪譎詭事。按焦度，南安氐也，質訥樸戇，以勇力事高帝，決不能著書，又卒於建元四年（按：實卒於永明元年，晁氏蓋誤記），而所記有梁天監中事，必非也。唐志有焦路（按：應作「璐」）窮神祕苑十卷，豈即此書而相傳之譌歟？」按焦度事迹見南齊書卷三〇及南史卷四六，一介武夫，未聞有操觚之事，晁氏謂稽神異苑不出度手，極是。然亦非焦璐之窮神祕苑，璐唐末徐州從事（新唐志編年類），廣記引窮神祕苑十一條，無一與稽神異苑相合，自是二書無疑。要之該書係梁、陳間人爲之耳。文獻通考卷二一五亦有稽神異苑十卷，無撰名，宋志小說類書名、卷帙同，撰人作焦潞，殆沿晁公武之誤。

書已散佚，類說卷四〇節錄十四條。又吳郡志、施註蘇詩、永樂大典等引佚文十四條。是書鈔撮舊籍而成，大都標擧引書，計有搜神記、博物志、三吳記、三齊記、九江記、江表記（江表錄）、六朝錄、征途記、洞冥記等。中多取異苑文。其事後又多爲窮怪錄所取。故事頗有佳者，惜乎斷簡殘編，舊觀不存矣。

白魚江郎〔一〕

三吳記〔二〕曰：餘姚百姓王素有一女，姿色殊絕。有少年，自稱江郎，求婚。經年，女生一物，狀若絹囊。母以刀割之，悉是魚子。乃伺江郎就寢細視，所着衣衫皆鱗甲之狀，乃以石碪〔三〕之。曉見床下一魚，長六七尺。素持刀斷之，命家人賚食。其女後適於人。

〔一〕按：題係類說所加。
〔二〕三吳記，不詳撰人。廣記引有佚文四條，卷一一八引「劉樞」條，爲劉宋時事，知書出南朝。文廷式補晉書藝文志卷三有顧長生三吳土地記，非此書。
〔三〕碪（ㄓㄣ），同「砧」，擣衣石，此用爲鎮壓之義。廣記引三吳記作「鎮」（見附錄）。

廣記卷四六八引三吳記，敍事特詳，乃三吳記原文。稽神異苑既引三吳記，其文自不應簡陋如此，乃類說節錄所致。茲將廣記引三吳記文迻錄於下：「吳少帝五鳳元年四月，會稽餘姚縣百姓王素，有室女，年十四，美貌。隣里少年求娶者頗衆，父母惜而不嫁。嘗一日，有少年姿貌玉潔，年二十餘，自稱江郎，願婚此女。父母愛其容質，遂許之。問其家族，云居會稽。後數日，領三四婦人，或老或少者，及二少年，俱至家。因持賫財以爲聘，遂成婚媾。已而經年，其女有孕，至十二月，生下一物如絹囊，大如升，在地不動。母甚怪異，以刀割之，悉白魚子。素因問江郎：『所生皆魚子，不知何故？素亦未悟。』江郎曰：『我所不幸，故產此異物。』其母心獨疑江郎非人，因以告素。素密令家人，候江郎解衣就寢，收其所著衣視之，皆有鱗甲之狀。素見之大駭，命以巨石鎮之。及曉，聞江郎求衣服不得，異常詬罵；尋聞有物偃踣，聲震於外。家人急開戶視之，見牀下有白魚，長六七尺，未死，在地撥刺。素砍斷之，投江中。女後別嫁。」

情史卷二一情妖類亦載，題曰白魚怪。

續異記

是書史志無目，散見於初學記、六帖、廣記、御覽、事類賦注徵引。古小說鉤沉輯十一條。所記爲漢至梁事，作者當是梁、陳間人。是書爲異記續書。異記亦不見著錄，佚文不存，係宋人齊諧撰。

徐邈

徐邈〔一〕，晉孝武帝時，爲中書侍郎〔二〕。在省直，左右人恆覺邈獨在帳內，以與人共語。有舊門生，一夕伺之，無所見。天時微有光，始開窗戶，瞥觀一物從屏風裏飛出，直入前鐵鑊中。仍逐視之，無餘物，唯見鑊中聚菖蒲根，下有大青蚱蜢，雖疑此爲魅，而古來無聞，但摘除其兩翼。

至夜，遂入邈夢云：「爲君門生所困，往來道絕，相去雖近，有若山河。」邈得夢，甚悽慘。門生知其意，乃微發其端。邈初時疑，不卽道。語之曰：「我始來直者，便見一靑衣女子從前度，猶作兩髻，姿色甚美。聊試挑謔，卽來就己。且愛之，仍溺情。亦不知其從何而至此。」兼告夢。門生因具以狀白，亦不復追殺蚱蜢。（據廣記卷四七三引續異記）

〔一〕徐邈，字仙民，孝武時爲中書舍人、散騎常侍，安帝時拜驍騎將軍。晉書卷九一儒林有傳。

〔二〕中書侍郎，中書省官員，爲中書監、中書令之副，掌機要政令等，始設於晉。本傳作中書舍人，即中書通事舍人，掌傳詔，亦屬中書省。

情史卷二一情妖類亦載，題蚱蜢。

朱法公

山陰〔一〕朱法公者，嘗出行，憩於臺城〔二〕東橘樹下。忽有女子，年可十六七，形甚端麗。薄晚，遣婢與法公相聞，方夕欲詣宿。至人定後乃來，自稱姓檀，住在城側。因共眠寢，至曉而去，明日復來。如此數夜。每曉去，婢輒來迎。復有男子，可六七歲，端麗可愛，女云是其弟。後曉去，女衣裙開，見龜尾及龜脚。法公方悟是魅，欲執之。向夕復來，卽然火照覓，尋失所在。（據廣記卷四六九引續異記）

〔一〕山陰，縣名，秦始置，今浙江紹興，東漢後爲會稽郡郡治。

〔二〕臺城，本孫吳後苑城，東晉、南朝時爲臺省所在地，故名。故址在今南京市雞鳴山南乾河沿北。

錄異傳

或又作錄異記。史志無目，佚文散見書鈔、類聚、初學記、廣記、御覽等，鈎沉輯二十七條。其「張君林」條稱「隆安中」，當出晉末或南朝。

胡熙女鬼子

吳左中郎、廣陵相〔一〕胡熙，字元光。女名中，許嫁當出，而欻〔二〕有身，女亦不自覺。熙父信，嚴而有法，乃遣熙妻丁氏殺之。欻有鬼語腹中，音聲嘖嘖，曰：「何故殺我母？我某月某日當出。」左右驚怪，以白信。信自往聽，乃捨之。及產兒遺地，則不見形，止聞兒聲在於左右。及長大，言語亦如人。熙妻別爲施帳，時自言當見形，使姥見。熙妻視之，在丹帷裏，前後釘金釵，好手臂。善彈琴。時問姥及母所嗜欲，爲得酒脯棗之屬以還。母坐作衣，兒來抱膝緣背數戲。中不耐之，意竊怒曰：「人家豈與鬼子相隨！」卽於旁怒曰：「就母戲耳，乃駡作鬼子。今當從母指中入於母腹，使母知之。」中指即直而痛，漸漸上入臂髀，若有貫刺之者，須臾欲死。熙妻乃設饌，祝請之，有頃而止。（據廣記卷三一七引錄異傳）

〔一〕左中郎，左署中郎。秦漢設郎中令，下設五官、左、右三中郎署，各署長官稱中郎將。左中郎爲左中郎署屬官，以護衞侍從爲職。廣陵，西漢爲國，東漢改郡，治廣陵（今揚州）。相，王侯之佐，位當郡守。按三國志吳志有廣陵太守，無廣陵相。

〔二〕歘（ㄒㄩ），同「欻」，忽也。

鄒覽

謝邈爲吳興郡〔一〕，帳下給使鄒覽，乘樵船在部伍後。至平望亭〔二〕，夜風雨，前部伍頓住。覽露船無所庇宿，顧見塘下有人家燈火，便往投之。至，有一茅屋，中有一男子，年可五十，方織薄〔三〕；別牀有小兒，年十歲許〔四〕。覽求寄宿，此人欣然相許。小兒啼泣歔欷，此人喻止之不住。啼遂至曉。覽問何意，曰：「是僕兒，以〔五〕其母當嫁，悲戀故啼耳。」

將曉覽去，顧視不見向屋，唯有兩塚，草莽湛深〔六〕。行逢一女子乘船，謂覽曰：「此中非人所行，君何故從中出？」覽具以昨夜所見事告之。女子曰：「此是我兒。實欲改適，故來辭墓。」因哽咽，至塚號咷。不復嫁。（據廣記卷三一八引錄異傳，又吳郡志卷四七引錄異記）

〔一〕謝邈，字茂度，東晉孝武時爲吳興太守，晉書卷七九有傳。按廣記、吳郡志俱引作「謝邈之」，誤，今正。吳興郡，孫吳置，治烏程（今浙江吳興南）。

〔二〕平望亭，時屬吳郡，今爲鎮，在江蘇吳江縣西南四十五里。

〔三〕方，廣記引作「夜」，此從吳郡志引。薄，通「箔」，簾也。

〔四〕按：「許」字據吳郡志引補。

〔五〕按：「以」字據吳郡志引補。

〔六〕草，吳郡志引作「榛」；湛，吳郡志引作「甚」。

江巖

江巖常到吳採藥，及富春縣〔一〕清泉山南，遙見一美女，紫衣，獨踞石而歌，聲有碣石〔二〕之音。巖往，未及數十步輒去，女處唯見所踞石耳。如此數日。巖乃擊破石，遂從石中得一紫玉，廣長一尺。後不復見女。（據御覽卷八〇五引錄異傳，又事類賦注卷九引）

〔一〕富春縣，秦始置，今浙江富陽縣。東晉太元中避鄭太后諱改富陽，此沿用舊名。

〔二〕碣石，古樂府名。樂府詩集卷五四舞曲歌辭碣石篇云：「南齊書樂志：『碣石，魏武帝辭，晉以爲碣石舞。其歌四章，一曰觀滄海，二曰冬十月，三曰土不同，四曰龜雖壽。』……按相和大曲步出夏門行亦有碣石篇，與此並同，但曲前更有豔爾。」

此事先已載於列異傳，廣記卷四〇一引曰：「江嚴於富春縣清泉山，遙見一美女，紫衣而歌。嚴就之，數十步，女遂隱，唯見所據石。如此數四。乃得一紫玉，廣一尺。」下又接云邴浪事：「又邴浪於九田山見鳥，狀如雞，色赤，鳴如吹笙。射之中，卽入穴。浪遂鑿石，得一赤玉，如鳥形狀也。」（按：御覽卷八〇五亦引，作錄異傳。）二事相類，唯一女一雞耳。

如願

昔廬陵邑子歐明者〔一〕，從客賈〔二〕。道經彭澤湖〔三〕，每輒以舡中所有多少〔四〕投湖中，云以爲禮。積數年。後復〔五〕過，忽〔六〕見湖中有大道，道上多風塵，有數吏着單衣〔七〕，乘車馬來候，云是青洪君〔八〕使要。明知是神，然不敢不往。須臾達，見有府舍，門下吏卒。明〔九〕甚怖，問吏，恐不得還。吏曰：「無可怖。青〔一〇〕洪君以君前後有禮，故要君。必有〔一一〕重送君者，皆勿收，獨求如願爾。」去，果以繒帛送。明辭之，乃求如願〔一二〕。神大怪明知之，意甚惜，不得已，呼如願使隨去。如願者，青洪君侍婢〔一三〕也，常使之取物。青洪君語明曰：「君領取至家，如要物，但就如願，所須皆得〔一四〕。」

明將如願歸，所欲輒得之，數年大成富人。意漸驕盈，不復愛如願。歲朝〔一五〕，雞一鳴，呼如願，如願不起。明大怒，欲捶之，如願乃走。明逐之於糞上。糞上有昨日故歲掃除聚薪，如願乃於此得去。明不知，謂逃在積薪糞中，乃以杖捶使出。久無出者，乃知不能，因〔一六〕曰：「汝但使我富，不復捶汝。」

今世人歲朝雞鳴時，轉往捶糞，云使人富也。（據御覽卷四七二引錄異傳，又荆楚歲時記注、初學記卷一八、御覽卷二九又卷五〇〇、海錄碎事卷二、增廣分門類林雜說卷八並引，歲時記、御覽卷二九、

類林等作錄異記，御覽卷五〇〇譌作異錄傳）

〔一〕歐明，原譌作「甌明」，據初學記、御覽卷五〇〇、類林引正；歲時記注、御覽卷二九引作「區」，歲時記注校云：「一作『歐』。」

〔二〕按：「客」原引譌作「容」，據鮑本正。初學記、類林引作「從賈客」，御覽卷五〇〇引作「商行」。

〔三〕彭澤湖，類說卷六荆楚歲時記引異記（脫「錄」字）作「清湖」，海錄碎事引作「清明湖」，並誤。

〔四〕按：以上九字初學記引作「每以舟中所有多少」，類林引作「每以珍寶」。

〔五〕按：「復」字據初學記、類林引補。

〔六〕按：「忽」字據初學記、類林引補。

〔七〕按：「着單衣」三字據御覽卷五〇〇引補。

〔八〕青洪君，寶顏堂秘笈本、歲時記注引作「靑湖君」，類說本「青」作「淸」；海錄碎事引作「清明君」。

〔九〕按：以上十二字據初學記引補，類林引同，惟「達」作「遙」。

〔一〇〕青，原譌作「責」，今正。

〔一一〕按：「有」字據初學記、類林、御覽卷五〇〇引補。

〔一二〕按：以上十三字初學記引作「明既見青洪君，乃求如願」，類林引作「明既見青洪君，君問所須，明曰欲求如願」。

〔三〕按：「君侍」二字據類林引補。

〔四〕按：以上二十二字據歲時記注引補，「洪」字原作「湖」。

〔五〕歲朝，正月初一，歲時記注引作「正旦」。

〔六〕因，原譌作「困」，鮑本引作「因」，據正。

如願事搜神記卷四已有，云：「廬陵歐明，從賈客，道經彭澤湖。每以舟中所有多少投湖中，云以爲禮。積數年。後復過，忽見湖中有大道，上多風塵，有數吏乘車馬來候明，云是青洪君使要。須臾達，見有府舍，門下吏卒。明甚怖，吏曰：『無可怖。青洪君感君前後有禮，故要君。必有重遺君者，君勿取，獨求如願耳。』明既見青洪君，乃求如願。使逐明去。如願者，青洪君婢也。明將歸，所願輒得，數年大富。」（按：文句與初學記引錄異傳幾全同。）

荆楚歲時記云：「正月一日……又以錢貫繫杖脚，迴以投糞掃上，云令如願。」注：「按錄異記云：『有商人區明者，過彭澤湖。有車馬出，自稱青湖君，要明過家，厚禮之。問何所須。有人教明，但乞如願。』及問，以此言答。青湖君甚惜如願，不得已許之，乃是一少婢也。青湖君語明曰：『君領取至家，如要物，但就如願，所須皆得。』自爾商人或有所求，如願並爲卽得。數年遂大富。後至正旦，如願起晚，商人以杖打之。如願以頭鑽入糞中，漸沒失所。後商人家漸漸貧。今北人正旦夜，立于糞掃邊，令人執杖打糞堆，以答假痛；又以細繩繫偶人，投糞掃中，云『令如願』，意者亦爲如願故事耳。」（按：此引頗異他書，惟海錄碎事所引與此近似。）

淸初有求如願雜劇，言歐陽明累世淸廉，誦法華經甚虔，靑湖龍王女如願亦奉此經，感呂純陽指示結婚，飛升仙去，正影借此也。（見蔣瑞藻小說考證續編卷二）

神鬼傳

史志無目，撰人不詳。廣記引九條，又作神鬼錄。文選思玄賦注引鬼神志一條，似屬同書。隋釋彥琮有鬼神錄（見續高僧傳卷二），然神鬼傳佚文佛事極少，又多涉晉、宋地名，當爲南朝人作。彥琮書亦佚，不見遺文。

曲阿神

曲阿當大埭〔一〕下有廟。晉孝武世，有一逸劫，官司十人追之。劫逕至廟，跪請求救，許上一豬，因不覺忽在牀下。追者至，覓不見。羣吏悉見入門，又無出處，因請曰：「若得劫者，當上大牛。」少時劫形見，吏卽縛將去。劫因云：「神靈已見過度〔二〕，云何有牛豬之異，而乖前福！」言未絕口，覺神像面色有異。既出門，有大虎張口而來，逕奪取劫，銜以去。（據廣記卷二九五引神鬼傳）

〔一〕埭（ㄉㄞˋ），土壩。

〔二〕度，度脫，使脫離。

志怪

六朝以「志怪」名書者極多，孔約、曹毗、祖台之等均有志怪，殖氏有志怪記。諸書尚有引志怪、怪志、志怪集、志怪錄、志怪傳者，約二十條左右。除少數可考知撰人外，餘皆莫詳所出。其中一兩條似出隋、唐人手，其餘均出東晉南朝。周氏一併輯入雜鬼神志怪，然雜鬼神志怪自有專書。今姑別爲志怪一書，以統屬之，列於南朝志怪之末。

張禹

永嘉中，黃門將〔一〕張禹曾行經大澤中。天陰晦，忽見一宅門大開，禹遂前至廳事。有一婢出問之，禹曰：「行次遇雨，欲寄宿耳。」婢入報之。尋出，呼禹前。見一女子年三十許，坐帳中，有侍婢二十餘人，衣服皆燦麗。問禹所欲，禹曰：「自有飯，唯須飲耳。」女敕取鐺與之，因燃火作湯。雖聞沸聲，探之尚冷。女曰：「我亡人也。塚墓之間無以相共〔二〕，慚愧而已。」因歔欷告禹曰：「我是任城縣〔三〕孫家女，父爲中山太守，出適頓丘〔四〕李氏。有一男一女，男年十一，女年七歲。亡後，李氏幸我舊使婢承貴者。今我兒每被捶楚，不避頭面，常痛極心髓。欲殺此婢，然亡人氣弱，須有所憑。託君助濟此事，當厚報君。」禹曰：「雖念夫人言，緣殺人事大，不敢承命。」婦人曰：「何緣令君手刃！唯欲因君爲我語李氏家，說我告君事狀，李氏念惜承貴，必作禳除。君當語之，自言能爲厭斷〔五〕之法。李氏聞此，必令承貴莅事，我因伺便殺之。」禹許諾。

及明而出，遂語李氏，具以其言告之。李氏驚愕，以語承貴，大懼，遂求救於禹。既而禹見孫氏自外來，侍婢二十餘人，悉持刀刺承貴，應手仆地而死。未幾，禹復經過澤中，此人遣婢送五十匹雜綵以報禹。（據廣記卷三一八引志怪）

〔一〕黃門將，守衛禁門之郎將。禁門色黃，故曰黃門。

〔二〕共，通「供」，奉也。

〔三〕任城縣，漢置，今山東濟寧市。

〔四〕頓丘，縣名，西漢置，在今河南清豐西南，晉時爲頓丘郡治所。

〔五〕厭（一丫）斷，即厭勝，以符呪法物驅邪或制人伏物。

夏侯弘

夏侯弘常自云見鬼神〔一〕，與其言語委曲，衆未之信。鎭西將軍謝尙〔二〕，常所乘馬忽暴死。會弘詣尙，尙憂惱甚至〔三〕。弘謂尙曰：「我爲公活馬何如？」尙常不信弘，答曰：「卿若能令此馬更生者，卿眞實通神矣〔四〕。」弘於是便下床去，良久還，語尙曰：「廟神愛樂君馬，故取之〔五〕耳。向我詣神請之，初殊不許，後乃見聽，馬卽爾〔六〕便活。」尙時對死馬坐〔七〕，甚不信，怪其所言。須臾，其馬忽從門外走還，衆咸見之，莫不驚惋。既至馬屍間便滅〔八〕。應時能動，有頃，奮迅呼鳴。尙於是歎息〔九〕。

謝曰：「我無嗣，是我一生之罰。」弘經時無所告，曰：「頃所見小鬼耳，必不能辨此源由。」後忽逢一鬼，乘新車，從十許人，着青絲布袍。弘前提牛鼻，車中人謂弘曰：「何以見阻？」弘曰：「欲有所問。鎭西將軍謝尙無兒，此君風流令望，不可使之絕祀。」車中人動容曰：「君所道正是僕兒。年少時與家中婢通，誓約不再婚而違約。今此婢死，在天訴之，是故無兒。」弘具以告，尙曰：「吾少時誠有此事。」

弘于江陵見一大鬼，提矛戟急走〔一〇〕，有小鬼隨從數人〔一一〕。弘畏懼，下路避之。大鬼過後，捉得一小鬼，問：「此何物？」曰：「廣州大殺。」弘曰：「以此矛戟何爲〔一二〕？」曰：「殺人以此矛戟，若中心腹者，無不輒死；中餘處，不至於死〔一三〕。」弘曰：「治此病有方否？」鬼曰：「殺烏雞薄心〔一四〕，即差。」弘又曰：「今欲何行也？」鬼曰：「當至荆、揚二州。」爾時比日〔一五〕行心腹病，無有不死者。弘在荆州〔一六〕，乃教人殺烏雞以薄之，十不失八九。今有中惡，輒用烏雞薄之，弘之由也〔一七〕。（據御覽卷八九七引志怪集及廣記卷三二二引志怪錄，又類聚卷九三引怪志，御覽卷八八四引志怪）

〔一〕夏侯弘，御覽卷八九七原引作「孫弘」，廣記引作「夏侯弘自云見鬼」，類聚亦作「夏侯弘」，據正。

〔二〕謝尙，字仁祖，豫章太守謝鯤子。穆帝永和中，拜尙書僕射，都督豫、揚五郡軍事，尋進號鎭西將軍（時在永和十一年，見晉書穆帝紀），鎭壽陽。升平初卒於歷陽，年五十，無嗣。晉書卷七九有傳。

〔三〕按：此句原引作「尙愛惜至甚」，類聚引作「尙甚愛惜之」，今從廣記引，原無「尙」字。

〔四〕按：此句廣記引作「卿眞爲見鬼也」。

〔五〕按：「取之」二字據廣記引補。

〔六〕按：「爾」字原闕，據鮑本御覽補，原譌作「耳」。

〔七〕按：御覽原引「倘時」下闕四字，鮑本作「倘對死馬生（坐）」，廣記引作「倘對死馬坐」，今補四字。

〔八〕按：「間便滅」三字據廣記引補。

〔九〕按：開首至此據御覽卷八九七引。

〔一〇〕按：此句廣記原引作「提矛戟」，御覽卷八八四引作「投弓戟急走」，據補「急走」二字。

〔一一〕按：此句御覽引作「小鬼數百從之」。

〔一二〕按：以上十三字廣記引無，據御覽引補。

〔一三〕按：以上七字據御覽引補。

〔一四〕按：此句廣記引作「以鳥雞薄之」，今從御覽引。薄，着也，附也。

〔一五〕比日，連日。御覽引作「此二州皆」。

〔一六〕按：「在荆州」三字據御覽引補。

〔一七〕按：自「謝曰我無嗣」至此據廣記引。

此事載於搜神記卷二，全同廣記引，係胡應麟誤輯。五朝小說魏晉小說傳奇家、舊小說甲集又取之，妄加撰人爲晉孔曄（舊小說無「晉」字），以欺世惑人。陶珽重編說郛卷一一七以入祖台之志怪錄，亦無據。

又傳郭璞活趙固馬事，見搜神記卷三、搜神後記卷二、晉書郭璞傳、獨異志卷上。後記文詳，今錄下資參：「趙固常乘一匹赤馬以戰征，甚所愛重。常繫所住齋前。忽腹脹，少時死。郭璞從北過，因往詣之。門吏云：『將軍好馬，甚愛惜，今死，甚懊惋。』璞便語門吏云：『可入通，道吾能活此馬，則必見我。』門吏聞之驚喜，卽啓固。固踴躍，令門吏走往迎之。始交寒溫，便問：『卿能活我馬乎？』璞曰：『我可活爾。』固欣喜，卽問：『須何方術？』璞云：『得卿同心健兒二三十人，皆令持竹竿，於此東行三十里，當有邱陵林樹，狀若社廟。有此者，便當以竹竿攪擾打拍之。當得一物，便急持歸，既得此物，馬便活矣。』於是左右驍勇之士五十人使去。果如璞言，得大叢林，有一物似猴而非，走出。人共逐得，便抱持歸。此物遙見死馬，便跳梁欲往。璞令放之，此物便自走往馬頭間，噓吸其鼻。良久，馬起，噴奮奔迅，便不見此物。固厚貲給，璞得過江左。」

顧邵

顧邵〔一〕爲豫章，崇學校，禁淫祀，風化大行。歷毀諸廟，至廬山廟，一郡悉諫，不從。夜忽聞有排大門聲，怪之。忽有一人，開閤逕前，狀若方相〔二〕，自說是廬君〔三〕。

邵獨對之，要進上牀，鬼卽入〔四〕坐。邵善左傳，鬼遂與邵談春秋，彌夜不能相屈。邵歎其積辯，謂曰：「傳載晉景公所夢大厲者〔五〕，古今同有是物也。」鬼笑曰：「今大則有之，厲則不然。」燈火盡，邵不命取，乃隨燒左傳以續之。

鬼頻請退，邵輒留之。鬼本欲凌邵，邵神氣湛然，不可得乘。鬼反和遜，求復廟，言旨懇至。邵笑而不答，鬼發怒而退，顧謂邵曰：「今夕不能讐君，三年之內，君必衰矣，當因此時相報。」邵曰：「何事怱怱？且復留談論。」鬼乃隱而不見。視門閤，悉閉如故。

如期，邵果篤疾，恆夢見此鬼來擊之。並勸邵復廟，邵曰：「邪豈勝正！」終不聽。後遂卒。（據廣記卷二九三引志怪，又續談助卷四殷芸小說引）

〔一〕顧邵，小說引作「顏邵」，誤，類說卷四九殷芸小說乃作「顧劭」。邵字孝則，吳郡吳人，吳丞相顧雍長子，孫策女壻。邵博覽書傳，風聲流聞。二十七歲起家爲豫章太守，在郡五年，卒官。見三國志卷五二吳志本傳。

〔三〕方相，古時頭蒙熊皮以驅疫者。周禮夏官方相氏曰：「方相氏，掌蒙熊皮，黃金四目，玄衣朱裳，執戈揚盾，帥百隸而時難（儺），以索室毆疫。」鄭注：「蒙，冒也，冒熊皮者，以驚毆疫癘之鬼，如今之魌頭也。時難，四時作方相氏以難，郤凶惡也。」

〔三〕廬君，小說引作「廬山君」，廬山之神也。

〔四〕入，廣記引作「人」，今據類說本小說正。

〔五〕按：左傳成公十年載：「晉侯（景公）夢大厲，被髮及地，搏膺而踊曰：『殺余孫不義，余得請於帝矣。』壞大門及寢門而入。公懼，入于室，又壞戶。」杜注：「厲，鬼也，趙氏之先祖也。八年晉侯殺趙同、趙括，故怒。」

侯白　旌異記

隋志雜傳類著錄旌異記十五卷，侯君素撰，卷帙與隋書、北史本傳合。新唐志改入小說家類，舊唐志撰名譌作侯君集（唐人）。道宣續高僧傳卷二乃作二十卷，「記」作「傳」，法苑珠林卷一一九亦稱：「旌異傳一部二十卷，隋朝相州秀才儒林郎侯君素奉文皇帝敕撰。」隋費長房歷代三寶記卷一二題作積異傳，卷帙爲十卷，日本國見在書目錄亦云旌異記十卷。顧況戴氏廣異記序書名又作精異記。書不存，當佚於宋。陶珽說郛卷一一八錄旌異記十條，皆爲宋事，又題撰人爲宋侯君素，誤甚。鈎沉凡輯十條。是書亦爲「釋氏輔教之書」。

侯君素名白，魏郡鄴（今河北臨漳西南鄴鎮）人。開皇中舉秀才，爲儒林郎，文帝令於祕書修國史。後給五品食，月餘而卒。白有捷才，性滑稽，好俳諧雜說，撰有啓顏錄十卷（已佚）。隋書卷五八陸爽傳、北史卷八三文苑李文博傳、續高僧傳卷二達摩笈多傳附其事跡。

靈芝寺

高齊〔一〕初，沙門實公〔二〕者，嵩山〔三〕高棲士也。且從林慮向白鹿山〔四〕，因迷失道。日將禺中〔五〕，忽聞鐘聲，尋響而進，巖岫重阻，登陟而趣〔六〕，乃見一寺，獨據深林。三門〔七〕正南，赫奕輝煥。前至門所看額，云靈芝之寺〔八〕。門外五六犬，其犬如牛，白毛黑喙，或踊或臥，以眼眄實。實怖將返。須臾，胡僧外來，實喚不應，亦不迴顧，直入門內，犬亦隨入。良久，實見無人，漸入次門〔九〕。屋宇四周，房門並閉。進至講堂，唯見牀榻高座儼然。實入西南隅牀上坐。

久之，忽聞棟〔一〇〕間有聲，仰視，見開孔如井大，比丘前後從孔飛下，遂至五六十人。依位坐訖，自相借問：「今日齋時，何處食來？」或言豫章、成都、長安、隴右〔一一〕、薊北〔一二〕、嶺南〔一三〕、五天竺〔一四〕等。無處不至，動卽千萬餘里。末後一僧從空而下，諸人競問來何太遲，答曰：「今日相州〔一五〕城東彼岸寺鑒禪師講會，各各豎〔一六〕義。有一〔一七〕後生聰俊，難問詞旨鋒起，殊爲可觀，不覺遂晚而至。」實本事鑒爲和上〔一八〕，既聞此語，望得參話，希展上流〔一九〕。整衣將起，咨〔二〇〕諸僧曰：「鑒是實和上。」諸僧直視。忽隱寺所，獨坐磐石柞木之下，向之寺宇一無所見，唯覩巖谷，禽鳥翔集，喧亂切心。

出以問尚統法師，尚曰：「此寺石趙時佛圖澄法師所造〔二一〕，年歲久遠，賢聖居之，非凡所住。或汎〔三〕或隱，遷徙無定，今山行者猶聞鐘聲。」（據珠林卷一〇九引侯君素旌異記錄，又廣記卷九九引侯君素旌異記）

〔一〕高齊，卽北齊，五五〇年高歡子高洋代東魏稱帝，國號齊，史家稱爲北齊或高齊，以別於南朝蕭氏所建者。五五七年滅於北周，凡二十八年。

〔二〕寶公，廣記引作「竇公」。

〔三〕嵩山，又名嵩高山、嵩室山，古爲中嶽，在今河南登封縣北。歷代隱者僧道多棲於此。

〔四〕林慮，山名，本名隆慮，避東漢殤帝諱改，在河南林縣西。白鹿山，在今河南輝縣西，有石成鹿形，故名。輝縣在林縣南。

〔五〕禺中，卽「隅中」，將近午時。淮南子天文訓：「日……至于衡陽是謂隅中，至于昆吾，是謂正中。」

〔六〕趍，通「趨」，疾行。廣記引作「趨」。

〔七〕三門，廣記引作「山門」，佛寺大門。按佛寺大門曰「山門」曰「三門」均可。清梁章鉅浪跡續談卷六三門云：「有優人以牙牌呈請點戲者，中有三門一齣，客詰之，優人曰：『此卽魯智深醉酒耳。』坐中皆大笑曰：『何以誤山門爲三門？』余解之曰：『此殆非誤也。釋氏要覽云：寺宇開三門者佛地。論云：謂空門、無相門、無作門，故名三門。』然則作山門者轉誤，特非優人所能見及耳。然山門亦自有出處。高僧傳云：『支遁於石城山立棲光寺，宴坐山門，游心禪苑。』蘇文忠公留佛印、玉帶於金山，亦有『永鎭山門』語。」

〔八〕靈芝寺，廣記引作「靈隱寺」，誤。

〔九〕按：以上二句廣記引作「寶見人漸次入門」。

〔一〇〕棟，廣記引作「東」，誤。

〔一一〕隴右，隴山以西地區，面南右方爲西。隴山，在陝西隴縣西北。

〔一二〕薊北，指幽州一帶。幽州治薊縣（今北京西南），在北部，故名。

〔一三〕嶺南，亦稱嶺表，五嶺以南地區。

〔一四〕五天竺，即古印度，時分五部，故稱五天竺，又稱五天、五印度。

〔一五〕相州，北魏分冀州置，治鄴，北周、隋徙治安陽（今河南安陽市）。

〔一六〕豎，廣記引作「屋」，古「居」字。

〔一七〕按：「有一」原引作「大有」，今從廣記引。

〔一八〕和上，即和尚，廣記引作「和尚」。原爲「博士」、「親教師」之義，後用爲僧人通稱。此指親教師（親承教誨之師），猶言師父。

〔一九〕展，陳述。上流，上等人，此指諸比丘。

〔二〇〕咨，廣記引作「白」。

〔二一〕石趙，原譌作「名趙」，據廣記引正。三二九年羯人石勒滅前趙，次年稱帝，建都襄國（今河北邢臺西南），後遷鄴。史稱後趙或石趙，以別匈奴人劉曜之前趙。佛圖澄，本天竺人，永嘉四年東至洛陽。投石勒，號大和尚，又爲石季龍所重。晉書卷九五藝術有傳。

〔三〕汎，浮現。廣記引作「沈」，誤，沈亦隱也。

顏之推　冤魂志

據明陳繼儒寶顏堂秘笈本及太平廣記

隋志雜傳類著錄冤魂志三卷，顏之推撰。兩唐志同，新志入小說家。或又題作還冤記、還冤志、冤報記、北齊還冤志，並誤。今常見版本，有寶顏堂祕笈、續百川學海、唐宋叢書、五朝小說、陶珽說郛（卷七二）、古今說部叢書等本，皆一卷，凡三十六事。王謨增訂漢魏叢書本脫四事。書名皆作還冤記（「記」或作「志」）。據王重民敦煌古籍敍錄，敦煌寫本有此書殘卷，凡十五事，誤題作冥報記，與唐人唐臨書同名，其事皆見今本。四庫收有還冤志三卷，提要云此本乃何鏜漢魏叢書所刻，猶爲完帙，惜未見耳。珠林、廣記引此書佚文頗夥，凡二十三事，合以通行本，其大較亦可見矣。舊小說甲集選錄二十四條，其中「杜伯」等五條，蓋從廣記輯出者。

顏之推，字介，琅邪臨沂（今屬山東）人。生於梁中大通三年（五三一年），卒於隋開皇十一年（五九一年）之後。梁時爲散騎侍郎，西魏破江陵，奔北齊，任黃門侍郎等。齊亡入周，又仕隋爲東宮學士。事跡具見北齊書卷四五、北史卷八三文苑傳。

之推篤信佛法，辨正論十代奉佛上篇曾有贊譽，其於隋文弘佛之際撰此因果報應之書，不爲無故。然此書多涉現實，揭露時亦深刻，非一般「釋氏輔教書」所能及。顏氏又有志怪書集靈記二十卷，僅存一條，周氏輯入鈎沉。

諸葛元崇

瑯琊諸葛覆，永嘉年爲九眞太守〔一〕，家累悉在揚都〔二〕，唯將長子元崇送〔三〕職。覆於郡病亡，元崇年始十九，送喪欲還。覆門生何法僧，貪其資貨，與伴共推元崇墮水而死，因分其財。

爾夜，元崇母陳氏夢元崇還，具敍亡父事及身被殺委曲：「屍骸流漂，怨酷無雙，違奉累載。一旦長辭，銜悲茹恨，如何可說！」歔欷不能自勝。又云：「行速疲極，困臥窗下牀上，以頭枕窗。母〔四〕視兒眠處，足知非虛矣。」陳氏悲怛驚起，把火照兒眠處，沾濕猶如人形。於是舉家號泣。便如問〔五〕。

于時徐森之始除交州，徐道立爲長史，道立卽陳氏從姑兒也。具疏所夢，托二徐檢〔六〕之。二徐〔七〕道遇諸葛喪船，驗其父子亡日，如鬼語。乃收其行凶二人，卽皆款服，依法殺之。更差人送喪達都〔八〕。

〔一〕按：珠林卷四四、廣記卷一二七「永嘉」上引有「宋」字，珠林引「瑯琊」上亦有「宋」字，永嘉爲晉年號，引誤。九眞，各本俱譌作「元眞」，珠林引同，今據廣記引正。九眞，郡名，屬交州，在今越南。
〔二〕家累，家眷、家業。揚都，即揚州，大邑曰都。西晉時治建鄴，此卽指建鄴，今南京也。
〔三〕送，廣記引作「赴」。
〔四〕母，廣記引作「明日」。
〔五〕如，往也；問，告也，訊也。說郛、王謨漢魏叢書、古今說部叢書本俱作「便發聞」，廣記引作「便如發聞」，發聞，揭發也。
〔六〕檢，他本俱作「驗」，廣記引同；珠林引作「撿」，通「檢」。
〔七〕二徐，廣記引作「徐道立」。
〔八〕達都，他本俱作「揚都」，廣記引作「還揚都」。

太樂伎

宋元嘉中，李龍等夜行劫掠。于時丹陽陶繼之爲秣陵縣令，微密尋捕，遂擒龍等。取龍引〔一〕一人，是太樂伎〔二〕，忘其姓名。劫發之夜，此伎推〔三〕同伴往就人宿，共奏音聲。陶不詳審，爲作款列〔四〕，隨例申上。及所宿主人士貴賓客並相明證，陶知枉濫。但以文書已行，不欲自爲通塞〔五〕，遂并諸劫十人，于郡門斬之。此伎聲伎精能，又殊辯慧。將死之日，親隣知識看者甚衆。伎曰：「我雖賤隸，少懷慕善，未嘗爲非，實不作劫。陶令已當具知，枉見殺害。若死無鬼則已，有鬼必自陳訴。」因彈琵琶，歌曲〔六〕而就死。衆知其枉，莫不殞泣。

月餘日，陶遂夜夢伎來，至案前云：「昔枉見殺，實所不忿〔七〕。訴之〔八〕得理，今故取君。」便入陶口，仍落腹中。陶卽驚寤，俄而倒絕，狀若風顛。良久方醒。有時而發，輒夭矯〔九〕頭反着背。四日而亡。亡後家便貧顇，一〔一〇〕兒早死，餘有一孫，窮寒路次。

〔一〕引，牽引，指罪犯引發同夥。

〔二〕太樂，秦、漢以下設太樂令，掌樂人及諸樂事。伎，藝人、樂工。按以上九字廣記卷一一九引作「引人是太樂伎」，珠林卷八四引作「龍所引一人是太樂妓」。

〔三〕推，求也。廣記引作「與」。

〔四〕款列，陳列案情。廣記引作「款引」。

〔五〕通塞，指呈報糾正。

〔六〕曲，廣記引作「數曲」。

〔七〕不忿，氣不服。古今說部叢書本「不」作「深」。

〔八〕之，珠林、廣記引作「天」。

〔九〕夭矯，屈曲。

〔10〕一，廣記引作「二」。

祖沖之述異記（鈎沉輯本）曰：「陶繼之元嘉末爲秣陵令，殺劫，其中一人是大樂伎，不爲劫，而陶逼殺之。將死曰：『我實不作劫，遂見枉殺，若見鬼，必自訴理。』少時，夜夢伎來云：『昔枉見殺，訴天得理，今故取君。』遂跳入陶口，仍落腹中，須臾復出，乃相謂云：『今直取陶秣陵，亦無所用，更議王丹陽耳。』言訖遂沒。陶未幾而卒，王丹陽果亡。」

徐鐵臼

宋東海徐某甲，前妻許氏，生一男，名鐵臼，而許亡。某甲改娶陳氏。陳氏凶虐，志滅鐵臼〔一〕。陳氏產一男，生而咒〔二〕之曰：「汝若不除鐵臼，非吾子也。」因名之曰鐵杵，欲以杵擣鐵臼也。於是捶打鐵臼，備諸苦毒，飢不給食，寒不加絮。某甲性闇弱，又多不在舍〔三〕，後妻恣意行其暴酷。鐵臼竟以凍餓病杖而死，時年十六。

亡後旬餘，鬼忽還家，登陳牀曰：「我鐵臼也，實無片罪，橫見殘害。我母訴怨于天，今得天曹符，來取鐵杵。當令鐵杵疾病，與我遭苦時同。將去自有期日，我今停此待之。」聲如生時，家人賓客不見其形，皆聞其語。于是恆在屋梁上住。陳氏跪謝摶〔四〕頰，爲設祭奠，鬼云：「不須如此，餓我令死，豈是一餐所能對謝〔五〕！」陳夜中竊語道之，鬼厲聲曰：「何敢道我！今當斷汝屋棟。」便聞鋸聲，屑亦隨落，拉然有響，如棟實崩，舉家〔六〕走出。炳燭照之，亦了無異。鬼又罵鐵杵曰：「汝既殺我，安坐宅上以爲快也！當燒汝屋。」卽見火然，烟焰大猛，內外狼狽〔七〕。俄尔自滅，茅茨儼然，不見虧損。日日罵詈，時復歌云：「桃李花，嚴霜落奈何！桃李子，嚴霜早落已〔八〕！」聲甚傷切，似是自悼不得長成也。

于時鐵杵六歲，鬼至便病，體痛腹〔九〕大，上氣妨食。鬼屢打之，處處靑黶〔一〇〕，月餘而死。鬼便寂然無聞。

〔一〕按：此句廣記卷一二〇引作「欲殺前妻之子」。

〔二〕咒，廣記引作「祝」。

〔三〕按：「舍」字原無，據諸本及廣記引補。

〔四〕搏，拍也。諸本作「搏」。

〔五〕對謝，諸本及廣記引並作「酬謝」，義同。

〔六〕家，原作「身」，諸本及廣記、珠林卷九二引並作「家」，據改。

〔七〕按：以上二句廣記引作「煙爛火盛，內外狼籍」。

〔八〕早落已，諸本作「早已落」，廣記引作「落早已」。

〔九〕腹，原譌作「腸」，珠林引同，諸本及廣記引並作「腹」，據改。

〔一〇〕黝（ㄧㄡˇ），深黑色。諸本及廣記引此句並作「打處靑黶」，黶，黑也。

孫元弼

晉富陽縣〔一〕令王範，有妾桃英，殊有姿色，遂與閣下丁豐、史華期二人姦通。範嘗出行不還。帳內都督〔二〕孫元弼，聞丁豐戶內有環珮聲，覘視，見桃英與同被而臥。元弼叩戶扇〔三〕叱之，桃英即起，攬裙理鬢，躡履還內。元弼又見華期帶珮桃英麝香。二人懼元弼告之，乃共謗元弼與桃英有私。範不辨察，遂殺元弼。

有陳超者，當時在座，勸成元弼罪。後範代還，超亦出都看範。行至赤亭山〔四〕下，值雷雨日暮。忽然有人扶超腋，徑曳將去，入荒澤中。電光照見一鬼，面甚青黑，眼無瞳子，曰：「吾孫元弼也。訴怨皇天，早見申理。連時候汝，乃今相遇。」超叩頭流血。鬼曰：「王範既爲事主，當先殺之。賈景伯、孫文度在太山玄堂下，共定死生名錄。桃英魂魄，亦收在女青亭者，是第三地獄名，在黃泉下，專治女鬼。」投〔五〕至天明，失鬼所在。

超至楊都〔六〕詣範，未敢說之。便見鬼從外來，逕入範帳。至夜，範始眠，忽然大魘，連呼不醒。家人牽青牛臨範〔七〕，上幷加桃人左索〔八〕。向明小蘇。十許日而死，妾亦暴亡。

超逃走長干寺〔九〕，易姓名爲何規。後五年三月三日〔一〇〕，臨水酒酣，超云：「今當不復畏此鬼也。」低頭，便見鬼影已在水中，以手搏〔一一〕超鼻，血大出，可一升許。數日而殂。

〔一〕富陽縣，原名富春，東晉太元中避鄭太后諱改富陽。今在浙江。

〔二〕都督，此指差役頭目，猶後世之都頭。廣記卷一二九引作「督」。

〔三〕扇，原作「面」，據珠林卷一一〇引正。廣記引無此字。

〔四〕赤亭山，在富陽縣東九里，一名雞籠山、赤松子山、華蓋山。

〔五〕投，至也。古今說部本作「役」，連上讀。

〔六〕楊都，即揚都，「楊」通「揚」。

〔七〕按：古者常以青牛爲神物。玄中記云：「萬歲樹精爲青牛。」又云：「漢桓帝時，出遊河上，忽有一青牛從河中出，直走蕩桓帝邊，人皆驚走。……此青牛是萬年木精也。」（鈎沉）列異傳云：「武都故道縣有怒特祠，云神本南山大梓也。昔秦文公二十七年伐之……樹斷，化爲牛，入水。」（鈎沉）玄中記、搜神記亦載，俱云是青牛。類聚卷九四引風俗通佚文載，蜀守李冰化蒼牛與江神蒼牛相鬭。廣記卷四三四引渚宮故事，云荆州老翁驅青牛，桓玄以己牛易之，牛入水不出；又引稽神錄云京口石公山下二青牛戲於水，有白衣老翁長可三丈，執鞭於其旁。仙者亦常以青牛爲乘。初學記卷二九引關令傳云老子乘青牛車度關。神仙傳卷一〇云：「封衡，字君達……常駕一青牛，人莫知其名，因號青牛道士。」由是遂以青牛爲辟邪之物。裴啓語林云鬼謂宗岱曰：「君絕我輩血食二十餘年，君有青牛、髯奴，所以來得相困耳。」（鈎沉）梁劉孝威有辟厭青牛畫贊（類聚卷九四引）。又有以白牛辟邪者。初學記卷二九引郭璞洞林曰：「義興方叔保得傷寒垂死，令璞占之，不吉，令求白牛猒之。」

〔八〕桃人，桃木所刻之人像。左索，繩索。南史卷七六釋寶誌傳：「直解杖頭左索繩擲與之，莫之解。」此處之左索指葦索。桃人葦索皆辟邪之物，見玄中記桃都山及附錄。

〔九〕長干寺，在建康長干巷。

〔一〇〕三月三日，上巳節，屆日士民臨水爲流杯之飲。荆楚歲時記：「三月三日，四民並出江渚池沼間，臨清流，爲流杯曲水之飲。」廣記引作「二月三日」，誤。

〔一一〕撏（ㄒㄧㄣˊ又ㄔㄢˊ），取也。方言：「撏、攓、摭、挻，取也。南楚曰攓，陳、宋之間曰摭，衞、魯、揚、徐、荆、衡之郊曰撏。」珠林引作「搏」，廣記引作「博」，博亦取也。

御覽卷三五九引謝氏鬼神列傳曰：「下邳陳超爲鬼君弼所逐，改名何規。從餘杭步道還家；求福，絕不敢出入。五年後，意漸替懈。與親舊臨水戲，酒酣，共說往事，超云：『不復畏此鬼也。』小俛首，乃見鬼影在水中。超驚怖。時亦有乘馬者，超借馬騎之，下鞭奔驅。此鬼與超遠近常如初。微聞鬼云：『汝何規耶？急急就死！』」

張絢

梁武昌太守張絢，嘗乘船行。有一部曲，役力小不如意，絢便躬捶之。杖下臂折，無復活狀，絢遂推江中。須臾，見此人從水而出，對絢撫手曰：「罪不當死，官枉

見殺，今來相報。」卽跳入絢口。因得病，少日而殂。（據廣記卷一二〇引還寃記）

弘氏

梁武帝欲爲文皇帝陵上起寺〔一〕，未有佳材，宣意有司，使加採訪。先有曲阿人姓弘，家甚富厚。乃共親族，多齎財貨，往湘州〔二〕治生。經年營得一栰，可長千步，材木壯麗，世所稀有。還至南津〔三〕，南津校尉孟少卿，希朝廷旨，乃加繩墨。弘氏所賫衣裳繒綵，猶有殘餘，誣以涉道刧掠所得，并造作過制，非商賈所宜。結正處死，沒入其財充寺用，奏遂施行。弘氏臨刑之日，敕其妻子：「可以黄紙筆墨置棺中，死而有知，必當陳訴。」又書少卿姓名數十呑之。經月，少卿端坐，便見弘來。初猶避捍，後乃款服，但言乞恩，嘔血而死。凡諸獄官及主書舍人，預此獄事署奏者，以次殂歿。未及一年，零落皆盡。其寺營搆始訖，天火燒之，略無纖芥。所埋柱木，亦入地成灰。（據廣記卷一二〇引還寃記）

〔一〕梁武帝，梁開國君主蕭衍，五〇二年至五四九年在位。文皇帝，卽蕭衍父蕭順之，仕齊爲鎭北將軍，封臨湘縣侯，蕭衍卽位後尊爲文皇帝。梁武崇法，廣修佛事，史稱「溺於釋教，弛於刑典」（南史卷七梁本紀中）。

〔二〕湘州，晉始置，治臨湘（今湖南長沙市）。

〔三〕南津，地名，在臨湘西。水經注卷三八湘水：「湘水又北逕南津城西，西對橘洲，或作『吉』字，爲南津洲。」

江陵士大夫

江陵陷時〔一〕，有關內人梁元暉，俘獲一士大夫，姓劉。此人先遭侯景喪亂〔二〕，失其家口，唯餘小男，始數歲。躬自擔負，又值雪泥，不能前進。梁元暉監領入關，逼令棄兒。劉甚愛惜，以死爲請。遂彊奪取，擲之雪中，杖棰交下，驅蹙使去。劉乃步步迴顧，號叫斷絕。辛苦頓斃〔三〕，加以悲傷，數日而死。死後，元暉日見劉伸手索兒，因此得病，雖復悔謝，來殊不已。元暉載病，到家而卒。（據廣記卷一二〇引還冤記）

〔一〕按：梁書卷五元帝紀載：承聖三年（五五三年）十一月，西魏攻破梁都江陵（今湖北江陵縣），元帝蕭繹被俘，次月遭害。西魏兵「選百姓男女數萬口，分爲奴婢，驅入長安，小弱者皆殺之」。

〔二〕侯景，字萬景，朔方（今內蒙杭錦旗北）人，或云雁門（今山西代縣西）。本爲北魏爾朱榮、東魏高歡部將，梁武帝末降梁，爲河南王。太清二年（五四八年）叛，攻破建康，次年破臺城，縱兵殺掠，死人無算。五五二年被陳霸先等擊破，爲部下所殺。梁書卷五六有傳。

〔三〕頓斃，萎頓疲敝。「斃」通「敝」。

珠林卷一一〇引冥祥記曰：「梁江陵陷時，有關內人梁元暉，俘獲一士大夫，姓劉，位（當作「住」）日新城，失其名字。先（字衍）此人先遭侯景亂，喪失家口，唯餘小男，年始數歲。躬自擔抱，又著連枷，值雪塗不能進。元暉逼令棄去，劉君愛惜，以死爲請。遂強奪取，擲之雪中，杖拍交下，駈蹙使去。劉乃步步迴首，號叫斷絕。辛苦頓斃，加以悲傷，數日而死。死後，元暉日日見劉曳手索兒，因此得病，雖復對之悔謝，來殊不已。元暉載病，到家卒終。」（按：此乃王琰身後事，非出冥祥記，疑書名有誤。或唐人據冤魂志而增益王書，抑或唐人別有同名書，採入顏記。）

後周女子

後周宣帝在東宮時〔一〕，武帝訓督甚嚴〔二〕。恆使宦者成愼監察之，若有纖毫罪失而不奏，愼當死。於是愼常陳太子不法之事，武帝杖之百餘。及卽位，顧見髀上杖瘢，問及愼所在。愼于時已出爲郡，遂敕追之。至便賜死，愼奮厲曰：「此是汝父爲，成愼何罪！悖逆之餘，濫以見及，鬼若有知，終不相放！」

於時宮掖禁忌，相逢以目，不得轉共言笑。分置監官，記錄愆罪〔三〕。左皇后〔四〕下有女子，欠伸〔五〕淚出。因被劾，謂有所思，奏使敕拷訊之。初擊其頭，帝便頭痛；更擊之，亦然。遂大發怒曰：「此冤家耳！」乃使拉折其腰，帝復腰痛。其夜出南宮，病漸重。明旦還，腰痛不得乘馬，御車而歸。所殺女子之處，有黑暈如人形，時謂是血。隨刷之，旋復如故，如此再三。有司掘除舊地，以新土塡之，一宿之間如故。

因此七八日，舉身瘡爛而崩。及初下屍，諸蹋脚牀〔六〕，牢不可脫，唯此女子所臥〔七〕之牀，獨是直脚，遂以供用，蓋亦鬼神之意焉。帝崩去成愼死，僅二十許日焉。

（據廣記卷一二九引還冤記）

〔一〕後周，即北周。宣帝，宇文贇，武帝宇文邕長子。建德元年（五七二年）立皇太子，宣政元年（五七八年）即位，大象二年（五八〇年）崩，時年二十二。

〔二〕按：周書卷七宣帝紀載：「帝之在東宮也，高祖（武帝）慮其不堪承嗣，遇之甚嚴，朝見進止，與諸臣無異，雖隆冬盛暑，亦不得休息。性既嗜酒，高祖遂禁醪醴不許至東宮。帝每有過，輒加捶扑。嘗謂之曰：『太子被廢者幾人，餘兒豈不堪立耶？』於是遣東宮官屬錄帝言語動作，每月奏聞。帝憚高祖威嚴，矯情修飾，以是過惡遂不外聞。」

〔三〕按：宣帝昏昧暴虐，史有明文。本紀載：「擯斥近臣，多所猜忌。又吝於財，略無賜與。恐羣臣規諫，不得行己之志，常遣左右密伺察之，動止所爲，莫不鈔錄，小有乖違，輒加其罪。自公卿已下，皆被楚撻，其間誅戮黜免者，不可勝言。每笞捶人，皆以百二十爲度，名曰天杖。宮人內職亦如之。后妃嬪御，雖被寵嬖，亦多被杖背。」

〔四〕左皇后，周書卷九皇后傳載：宣帝凡立五皇后，后號天元皇后，又立天皇后、天左右皇后、天中大皇后。天左皇后乃陳月儀，帝崩後出家。

〔五〕欠伸，打呵欠與伸懶腰也。儀禮士相見禮：「君子欠伸，問日之早晏。」注：「志倦則欠，體倦則伸。」

〔六〕蹋脚牀，曲脚之牀，蹋，曲也。下文直脚牀，乃牀脚直者。蹋脚牀較直脚牀爲貴。宋書卷三武帝紀下：「上清簡寡欲……宋臺既建，有司奏東西堂施局（通「蹋」）脚牀，銀塗釘，上不許，使用直脚牀，釘用鐵。」

〔七〕臥，談本作「引」，此從明鈔本。引，用也。

此事亦載於珠林卷五九引冥祥記（按：王琰不當語此，書名誤），云：「周宣帝宇文贇。在東宮時，武帝訓篤甚嚴，恆使宦者成慎監察之，若有纖毫罪失，匿而不奏，許慎以死。於是慎常陳太子不法之事，武帝杖太子百餘。及卽位，顧見髀上杖瘢，乃問成慎所在。慎于時已出爲郡，遂勅追之，至便賜死。慎奮厲曰：『此是汝父所爲，成慎何罪！勃逆之餘，濫以見及，死若有知，終不相放。』于時宮掖禁忌，相逢以目，不得輒共言笑。分置監官，記錄愆罪。左皇后下有一女子，欠伸淚出，因被奏劾，謂其所思憶，便勅對前考竟之。初打頭一下，帝便頭痛，次打項一下，帝又項痛。遂大發怒曰：『此是我怨家！』乃使拉折其腰，帝卽腰痛。其夜出南宮，病遂漸增。明旦早還，患腰不得乘馬，御車而入。所殺女子處，有黑暈如人形，時謂是血。隨掃刷之，旋復如故，如此再三。有司掘除舊地，以新土埋之，一宿之間，亦還如本。因此七八日，舉身瘡爛而崩。及初下屍，諸牀並曲，牢不可脫；唯此死女子所臥之牀，獨是直腳，遂以供用，蓋亦鬼神之意焉。帝崩去成慎死，僅二十許日。」

窮怪錄

此書撰人不詳，史志無目。書名又作八朝窮怪錄、八廟怪錄。廣記、太平寰宇記、輿地紀勝、廣博物志共引十事。陶珽說郛卷一一七錄三條，茅崇丘、天女已見他引，射猪翁乃誤取廣異記。舊小說乙集輯四條，咸取廣記，以爲唐書。觀其佚文，全係南北朝事（屬北朝者一條），無一唐事，宜視爲隋人之作耳。

窮怪錄係志怪特佳之作，敍事委曲，描畫宛然，文詞清麗飄灑，大有唐傳奇之筆意。志怪向傳奇演進之迹，於此可見矣。

劉子卿

宋劉子卿，徐州〔一〕人也，居廬山虎溪〔二〕。少好學，篤志無倦，常慕幽閑，以爲養性。恆愛花種樹，其江南花木，溪庭無不植者。文帝元嘉三年〔三〕春，臨翫之際，忽見雙蝶，五彩分明，來游花上，其大如鷰。一日中，或三四往復。子卿亦訝其大。

九旬有三日〔四〕，月朗風清。歌吟之際，忽聞扣扃，有女子語笑之音。子卿異之，謂左右曰：「我居此溪五歲，人尚無能知，何有女子而詣我乎？此必有異。」乃出戶，見二女，各十六七，衣服霞煥，容止甚都。謂子卿曰：「君常怪花間之物，感君之愛，故來相詣，未度君子心若何？」子卿延之坐，謂二女曰：「居止僻陋，無酒敍情，有慙於此。」一女曰：「此來之意，豈求酒耶？況山月已斜，夜將垂曉，君子豈有意乎？」子卿曰：「鄙夫唯有茅齋，願伸繾綣。」二女東向坐者笑謂西坐者曰：「今宵讓姊，餘夜可知。」因起，送子卿之室，入謂子卿曰：「郎閉戶雙棲，同衾並枕。來夜之歡，願同今夕。」及曉，女乃請去，子卿曰：「幸遂繾綣，復更來乎？一夕之歡，反生深恨。」女撫子卿背曰：「且女妹之期，後即次我。」將出戶，女曰：「心存意在，特望不憂。」出戶不知蹤跡。

是夕二女又至，宴〔五〕如前。姊謂妹曰：「我且去矣，昨夜之歡，今留與汝。汝勿貪多悞〔六〕，少惑劉郎。」言訖大笑，乘風而去。於是同寢。卿問女曰：「我知卿二人非人間之有，願知之。」女曰：「但得佳妻，何勞執問。」乃撫子卿曰：「郎但申情愛，莫問閑事。」臨曉將去，謂卿曰：「我姊妹〔七〕實非人間之人，亦非山精物魅。若說於郎，郎必異傳，故不欲取笑於人世〔八〕。今者與郎契合，亦是因緣，愼跡藏心，無使人曉。」卽姊妹每旬更至，以慰郎心。」乃去。常十日一至，如是數年會寢。後子卿遇亂歸鄉，二女遂絕。

廬山有康王廟〔九〕，去所居二十里餘。子卿一日訪之，見廟中泥塑二女神，并壁畫二侍者，容貌依稀有如前遇，疑此是之。（據廣記卷二九五引八朝窮怪錄）

〔一〕徐州，東晉義熙中置北徐州，治彭城（今江蘇徐州市），宋永初二年改北徐州爲徐州，而以原徐州（晉時治京口，今鎭江市）爲南徐州。此徐州當指原北徐州。

〔二〕虎溪，在廬山東林寺前。

〔三〕元嘉三年，卽四二六年。

〔四〕九旬，指三月，一旬十天；有，又。九旬有三日，卽三月三日。該日古爲上巳節，士民出遊郊外。杜甫麗人行：「三月三日天氣新，長安水邊多麗人。」此之謂也。

〔五〕宴，又作「燕」，歡也。

〔六〕悞，原引作「誤」，今正。

〔七〕姊妹，原引止一「姊」字，疑脫「妹」，今補。

〔八〕人世，原作「人代」，唐人傳鈔避世民諱改，而廣記仍之，若旌異記等書中觀世音常作觀音然，不得疑書出唐人也。今回改爲「世」。

〔九〕康王廟，又稱康王觀，在廬山康王谷。相傳戰國末楚康王（史無此人）隱於此，故名。宋陳舜俞廬山記卷三云：「由圓通二十里至康王谷景德觀，舊名康王觀。……舊傳楚康王爲秦將王翦所窘，匿於谷中，因隱焉，故號康王谷。……舊觀基在谷中，梁大同二年道士張法施所建。隋開皇十年道士丁玄眞能攝伏鬼神，遷銅馬廟於谷內，而建今觀焉。」眞仙通鑑卷一〇云：「楚康王未見名，本懷王之後也。素有賢行，服衆，故國人立之。秦始皇吞併六國，爲三十六郡，康王窮蹙，乃逃奔於廬山，遂入山東南深谷以避難。於是潛禱於山神，冀有陰助。時將軍王翦領兵至谷口，見煙霧濛羅，雷雨暴集，洞壑涌溢，不辨道路，翦始懼退師，康王得免。遙見人馬之迹，其去甚速，今山側有馬到嶺是也。康王乃歎曰：『昔舜南巡不返，吾得隱廬山，老林泉足矣。』愈入深谷，不復出。久之，遇異人得道。後人入山，時有見之者，顧其舉動異常，問之，得其髣髴，或自言其名氏。梁大同初乃立觀其側，武帝詔爲康王觀。」輿地紀勝卷二五稱其谷爲楚王谷。廬山又有康王城。祖冲之述異記（鉤沉）云：「廬山上有康王谷，嶺（按事類賦注卷三、寰宇記卷一一一引作「北嶺」）有一城，號爲釰城。天每欲雨，輒聞山上鼓角笳簫之聲，聲漸至城，而風雨晦合，村人以爲常候。傳云此周康王之城，康王愛奇好異，巡歷名山，不遠而至。城中每得古器大鼎及弓弩金之屬，知非常人之所處也。」此乃以康王爲周康王，說異。

稽神異苑亦載此事。稽神異苑原書不存，類說卷四〇節錄其文，皆不完。今錄如下：「六朝錄曰：劉子卿居廬山，有五彩雙蝶，來遊花上，其大如燕。夜見二女子，曰：『感君愛花間之物，故來相詣，君子豈有意乎？』子卿曰：『願伸繾綣。』一女曰：『感君。今宵讓姊，餘夜可知。』次夜，姊曰：『昨夜之歡，今留與汝。』自是每旬一至者數月。廬山有康王廟，泥塑二神女，容貌如二婦人。」據此，窮怪錄此文當亦採自六朝錄。

又綠窗新話卷上劉卿遇康皇廟女云：「劉子卿，居廬山。門徑瀟灑，芳圃名花，四時接續。文帝元嘉二年春，一日有五彩雙蝶，來游花上，其大如燕。子卿愛玩珍賞，終日忘歸，而蝶亦回翔花間不去。是夜，風清月淡，子卿獨步庭下。見花蔭有二女，宛若神仙。子卿怪問，女曰：『感君愛花間之物，故來相謁，君子豈有意乎？』遂同登亭臺望月，迤邐命燭，入煥館閒玩，笑語諧謔。見有牀榻濟楚，一女執子卿之手，笑問：『共誰寢？』子卿曰：『專設榻以待娘子。』答曰：『今宵讓于姊，餘夜可知，後夜當奉枕席。』於是辭歸，只留一女同寢。未曉卽去。次夜復同至，姊曰：『今宵與妹。』自是夜夜同至，遞相歡狎。一日，子卿偶過廬山，見康皇廟二神女，容貌相似。是夕，二女同至辭別，其後再不復來矣。」

情史卷一九康王廟女神、香豔叢書第八集廬山二女、神女傳康王廟女，均卽廣記所引此文。

蕭總

蕭總字彥先，南齊太祖〔一〕族兄瓌之子。總少爲太祖以文學見重。時太祖已爲宋丞相〔二〕，謂總曰：「汝聰明智敏，爲官不必資〔三〕，待我功成，必薦汝爲太子詹事〔四〕。」又曰：「我以嫌疑之故，未卽遂心。」總曰：「若讖言之〔五〕，何啻此官。」太祖曰：「此言狂悖，愼鈐〔六〕其口。吾專疚於心，未忘汝也。」

總率性本異，不與下於己者交。自建業歸江陵〔七〕。宋後廢帝元徽〔八〕後，四方多亂。因游明月峽〔九〕，愛其風景，遂盤桓累歲，常於峽下枕石漱流〔一〇〕。時春向晚，忽聞林下有人呼「蕭卿」者數聲。驚顧，去坐石四十餘步，有一女，把花招總。總恖異之，又常知此有神女，從之。視其容貌，當可笄年，所衣之服，非世所有，所佩之香，非世所聞。謂總曰：「蕭郎遇此，未曾見邀，今幸良晨，有同宿契。」總恍然行十餘里，乃見溪上有宮闕臺殿甚嚴。宮門左右，有侍女二十人，皆十四五，並神仙之質。其寢臥服玩之物，俱非世有。心亦喜幸。一夕綢繆，以至天曉，忽聞山鳥晨叫，巖泉韻清。出戶臨軒，將窺舊路，見煙雲正重，殘月在西。神女執總手謂曰：「人間之人，神中之女，此夕歡會，萬年一時也。」總曰：「神中之女，豈人間常所望也。」女曰：「妾實此山之神，上帝三百年一易，不似人間之官。來歲方終，一易之後，遂生他處。今與郎契合，亦有因由，不可陳也。」言訖乃別。神女手執一玉指環，謂曰：「此妾常服玩，未曾離手，今永別，寧不相遺！願郎穿指，慎勿忘心。」總曰：「幸見顧錄，感恨徒深。執此懷中，終身是寶。」天漸明，總乃拜辭，掩涕而別，攜手出戶，已見路分明。總下山數步，廻顧宿處，宛是巫山神女之祠〔二〕也。

他日，持玉環至建鄴，因話於張景山。景山驚曰：「吾常遊巫峽，見神女指上有此玉環。世人相傳云，是晉簡文帝李后〔三〕曾夢遊巫峽，見神女，神女乞后玉環，覺後乃告帝，帝遣使賜神女，吾親見在神女指上。今卿得之，是與世人異矣！」

總齊太祖建元〔三〕末，方徵召。未行，帝崩。世祖〔四〕即位，累爲中書舍人。初總爲治書御史，江陵舟中遇，而忽思神女事，悄然不樂。乃賦詩曰：「昔年巖下客，宛似成今古。徒思明月人，願濕巫山雨。」（據廣記卷二九六引八朝窮怪錄）

〔一〕南齊太祖，即齊高帝蕭道成，代宋自立，四七九年至四八二年在位。

〔二〕按：南齊書卷一高帝紀上載：宋順帝卽位（四七七年），蕭道成進位侍中、司空、錄尙書事、驃騎大將軍，道成固辭上台（司空），卽驃騎大將軍、開府儀同三司。其職相當宰相。昇明三年（四七九年）三月，又進位相國，封齊公，一月之後乃代宋自立。

〔三〕資，資歷。

〔四〕太子詹事，掌太子家事，爲太子官屬之長。

〔五〕讖，讖語，南齊書高帝紀云「民間流言云『蕭道成當爲天子』」，所謂「若讖言之」，卽指此類。

〔六〕鈐（ㄑㄧㄢˊ），鎖也，閉也。

〔七〕建業及下文建鄴，爲建康之舊稱，今南京市。

〔八〕宋後廢帝，劉昱，元徽起四七三年訖四七六年。

〔九〕明月峽，一名扇子峽，在湖北宜昌市西二十里。輿地紀勝卷七三峽州景物下：「明月峽，在夷陵縣（宜昌市），高七百餘仞，倚江于崖，面白如月，又如扇，亦曰扇子峽。」該峽之西爲三峽。

〔一〇〕枕石漱流，語出曹操秋胡行晨上（宋書樂志三）：「枕石漱流飲泉。」又三國志蜀志彭羕傳：「枕石漱流，吟詠縕袍。」六朝人恆用此語，世說排調云：「孫子荆（楚）年少時欲隱，語王武子（濟）：『當枕石漱流。』誤曰『漱石枕流』。王曰：『流可枕，石可漱乎？』孫曰：『所以枕流，欲洗其耳；所以漱石，欲礪其齒。』」

〔一一〕巫山神女，宋玉高唐賦曰：「昔者先王（楚懷王）嘗遊高唐，怠而晝寢。夢見一婦人曰：『妾巫山之女也，爲高唐之客。聞君遊高唐，願薦枕席。』王因幸之。去而辭曰：『妾在巫山之陽，高丘之阻，且爲朝雲，暮爲行雨，朝朝暮暮，陽臺之下。』旦朝視之如言，故爲立廟，號曰朝雲。」又神女賦曰：「楚襄王與宋玉遊於雲夢之浦，使玉賦高唐之事。其夜王寢，果夢與神女遇，其狀甚麗。」李善文選注引襄陽耆舊傳曰：「赤帝女曰姚姬，未行而卒，葬於巫山之陽，故曰巫山之女。楚懷王遊於高唐，晝寢夢見與神遇，自稱是巫山之女，王因幸之。遂爲置觀於巫山之南，號爲朝雲。後至襄王時，復遊高唐。」巫山在四川巫山縣東南，下爲巫峽。山有十二峯，其神女峯卽得名於巫山神女，有石挺立若人，俗目爲神女，峯下有神女廟。陸游入蜀記六云：「過巫山凝眞觀，謁妙用眞人祠。眞人，卽世所謂巫山神女也。祠正對巫山，峯巒上入霄漢，山脚直插江中。……然十二峯者，不可悉見。所見八九峯，惟神女峯最爲纖麗奇峭，宜爲仙眞所托。祝史云：每八月十五夜月明時，有絲竹之音，往來峯頂，山猿皆鳴，達旦方漸止。廟後山半，有石壇平曠，傳云夏禹見神女，授符書於此（按：事見墉城集仙錄）。壇上觀十二峯，宛如屏障。」按巫山神女祠在巫山，非在明月峽，此言蕭總於明月峽見巫山神女之祠，不知何據。考明月峽近有靈應祠，輿地紀勝卷七三峽州古迹云：「黃牛靈應廟，在黃牛峽，相傳佐禹治水有功，蜀後主建興初，諸葛武侯建祠茲土。」入蜀記六亦云：「過扇子峽，重山相掩，政如屏風扇，疑以此得名。……晚次黃牛廟……廟曰靈感，神封嘉應保安侯，皆紹興以來制書也。……傳云神佐夏禹治水有功，故食於此。」豈因神女亦佐禹治水，遂將靈應祠誤爲巫山神女祠耶？小說荒渺，要難深詰耳。

〔二〕晉簡文帝，司馬昱，三七一年至三七二年在位。李后，名陵容，孝武帝母。簡文時爲宮人，孝武尊爲皇太后。

〔一三〕建元，起四七九年訖四八二年。

〔一四〕世祖，卽齊武帝蕭賾，高帝長子，四八二年至四九三年在位。

稽神異苑云：「征途記曰：蕭總遇洛神女，後逢雨，認得香氣，曰：『此雲雨從巫山來。』」亦為蕭總事，然情事大異。五色線卷上雨香亦云：「征途記曰：蕭總曾遇洛神女。相見後至葭萌逢雨，認得香氣，曰：『此雲雨從巫山來，獨我知之。』」

劉導

劉導，字仁成，沛國〔一〕人，梁眞簡先生瓛〔二〕三從姪，父謩，梁左衞率〔三〕。導好學篤志，專勤經籍，慕晉關康〔四〕，曾隱京口。與同志李士炯同宴。于時秦江〔五〕初霽，共歎金陵，皆傷興廢。

俄聞松間數女子笑聲，乃見一青衣女童，立導之前曰：「館娃宮歸路經此，聞君志道高閑，欲冀少留，願垂顧眄。」語訖，二女已至，容質甚異，皆如仙者，衣紅紫絹縠，馨香襲人，俱年二十餘。導與士炯不覺起拜，謂曰：「人間下俗，何降神仙？」二女相視而笑曰：「任爾輕言，願從容以陳幽抱。」導揖就席，謂曰：「塵濁酒不可以進。」二女笑曰：「既來敍會，敢不同觴。」衣紅綃者，西施也，謂導曰：「適自廣陵渡江而至，殆不可堪，深願思飲焉。」衣紫綃者，夷光〔六〕也。謂導曰：「同官三妹〔七〕，久曠深幽，與妾此行，蓋謂〔八〕君子。」導謂夷光曰：「夫人之姊，固爲導匹。」乃指士炯曰：「此夫人之偶也。」夷光大笑而熟視之。西施曰：「李郎風儀，亦足相匹。」夷光曰：「阿婦〔九〕夫容貌，豈得動人！」合座喧笑。俱起就寢。

臨曉請去，尚未天明。西施謂導曰：「妾本浣沙〔一〇〕之女，吳王之姬，君固知之矣。爲越所遷，妾落他人之手。吳王歿後，復居故國。今吳王已耄，不任妾等。夷光是越王之女，越昔貢吳王者。妾與夷光相愛，坐則同席，出則同車。今者之行，亦因緣會。」言訖惆然。導與士炯深感恨。聞京口曉鐘，各執手曰：「後會無期。」西施以寶鈿一隻，留與導；夷光拆裙珠一雙，亦贈士炯。言訖，共乘寶車，去如風雨，音猶在耳，頃刻無見。時梁武帝天監十一年〔一一〕七月也。（據廣記卷三二六引窮怪錄）

〔一〕沛國，即沛郡，東漢曾爲國，南朝稱南沛郡，時治沛縣。

〔二〕眞簡先生瓛，字子珪，沛國相（今安徽濉溪西北）人。少篤學，通五經，聚徒教授，爲宋、齊名儒，劉繪、范縝等皆其徒。永明七年（四八九年）卒，年五十六。梁天監元年（五〇二年）詔謚貞簡先生。南齊書卷三九、南史卷五〇有傳。此云其爲梁人，「貞」作「眞」，誤也。

〔三〕左衞率，掌東宮禁衞。晉設中、左、右、前、後五率，南朝惟左右二率。

〔四〕關康，即關康之，宋書卷九三隱逸傳載：康之字伯愉，河東楊（今山西洪洞東北）人，世居京口（今江蘇鎭江），隱居不仕。順帝昇明元年（四七七年）卒，時年六十三。此云晉人，誤。

〔五〕秦江，又名京江、揚子江，即京口北之長江，以秦始皇曾鑿京口之京峴山，故名秦江。

〔六〕按：據拾遺記，夷光乃西施別名，此則分爲二人。

〔七〕按：此謂導者仍爲西施，三妹疑當作「二妹」，指衣紫絹之夷光，二人以姊妹相呼也。

〔八〕謂，爲也。

〔九〕阿婦，夷光自謂。阿爲吳俗語，吳人自呼常曰阿儂，夷光已有夫，故自呼曰阿婦。

〔一〇〕浣沙，本作「浣紗」，後常譌作「浣沙」，相沿成習，如詞調浣溪紗又作浣溪沙是也。

〔一一〕天監十一年，即公元五一二年。

文人豔遇西施事，唐人亦有記。

范攄雲谿友議卷上苧蘿遇云：「王軒少爲詩，寓物皆屬詠，頗聞淇澳之篇。遊西小江，泊舟苧蘿山際，題西施石曰：『嶺上千峯秀，江邊細草春。今逢浣紗石，不見浣紗人。』題詩畢，俄而見一女郎，振瓊璫，扶石笋，低佪而謝曰：『妾自吳宮還越國，素衣千載無人識。當時心比金石堅，今日爲君堅不得。』既爲鴛鴦之會，仍爲恨別之詞。後有蕭山郭凝素者，聞王軒之遇，每適於浣溪，日夕長吟，屢題歌詩於其石，寂爾無人，乃鬱怏而返。進士朱澤嘲之，聞者莫不嗤笑。凝素內恥，無復斯遊。澤詩曰：『三春桃李本無言，苦被殘陽鳥雀喧。借問東鄰效西子，何如郭素擬王軒？』」

廣記卷三二七引續博物志（唐林登）云：「蕭思遇，梁武帝從姪孫，父懿，爲侯景所殺。思遇以父遭害，不樂仕進。常慕道，有冀神人，故名思遇，而字望明，言望遇神明也。居虎丘東山。性簡靜，愛琴書。每松風之夜，罷琴長嘯，一山樓宇皆驚。常雨中坐石酣歌，忽聞扣柴門者。思遇心疑有異，令侍者遙問，乃應曰：『不須問，但言雨中從浣溪來。』及侍童開戶，見一美女，二青衣女奴從之，並神仙之容。思遇加山人之服，以禮見之，曰：『適聞夫人云從浣溪來，雨中道遠，不知所乘何車耶？』女曰：『聞先生心懷異道，以簡潔爲心，不用車輿，乘風而至。』思遇曰：『若浣沙來，得非西施乎？』女回顧二童而笑。復問：『先生何以知之？』思遇曰：『不必慮懷，應就寢耳。』及天曉將別，女以金釧子一隻留訣。思遇稱無物敍情，又曰：『但有此心不忘。』夫人曰：『此最珍奇。』思遇曰：『夫人此去何時來？』女乃掩涕曰：『未敢有期，空勞情意。』思遇亦愴然。言訖，遂乘風而去，須臾不見，唯聞香氣猶在寢室。時陳文帝天嘉元年二月二日也。」（按：談本云出博物志，誤，陳校本作續博物志是也，此書係林登所撰。）

舊題唐常沂靈鬼志之劉導，實卽廣記引窮怪錄文。又豔異編卷三六亦取入。

首陽山天女

後魏明帝正光二年〔一〕夏六月，首陽山〔二〕中，有晚虹下飲於溪泉，有樵人陽萬〔三〕於嶺下見之。良久，化爲女子，年如十六七。異之，問不言。乃告蒲津〔四〕戍將宇文顯，取之以聞。明帝召入宮，見其容貌姝美，掩于六宮〔五〕，問之〔六〕，云：「我天女也，暫降人間。」帝欲逼幸，其〔七〕色甚難；復令左右擁抱，作異〔八〕聲如鐘磬，復化爲虹，經天而去〔九〕。後帝尋崩〔一〇〕。（據廣記卷三九六引八廟窮經錄，明鈔本作八廟怪錄；又寰宇記卷五亦引，無出處〔一一〕）

〔一〕後魏，北魏。明帝，肅宗孝明帝，卽元詡，宣武帝元恪二子。延昌四年（五一五年）卽位，武泰元年（五二八年）崩，年十九。正光起五二〇年訖五二四年，二年爲五二一年。寰宇記引作正光元年。

〔二〕首陽山，即雷首山，亦名首山，在山西永濟縣蒲州東南三十里，屬中條山西南端，山有夷齊墓。據傳伯夷、叔齊不食周粟餓死於此。按山名首陽者頗夥，河南偃師縣亦有首陽山，寰宇記卷五河南府偃師縣云：「首陽山在縣西北三十五里。阮籍詩云：『步出上東門，北望首陽岑，下有採薇士，上有嘉樹林。』山上今有夷齊祠。」下亦引虹女事，遂以此首陽爲天女所出之首陽矣。

〔三〕陽萬，寰宇記引作「楊萬」。

〔四〕蒲津，黃河古津渡，一稱蒲坂津，其東岸爲蒲坂，故名。蒲坂即今蒲州。

〔五〕按：此句廣記引無，據寰宇記補。

〔六〕之，據寰宇記補。

〔七〕其，廣記引作「而」，今從寰宇記。

〔八〕按：「作異」二字據寰宇記補。

〔九〕按：以上八字廣記引作「化爲虹而上天」，今從寰宇記。

〔一〇〕按：此句廣記引無，據寰宇記補。

〔一一〕按：寰宇記載此事未云引書，檢寰宇記卷一一一江州德化縣引窮怪錄柳萇復生事，故知此事當亦引自窮怪錄。

寰宇記所載文句多有異同，茲全錄如下：「按後魏正光元年夏，首陽山晚有虹飲于溪，樵人楊萬見之，良久化爲一美女，乃竊告蒲津戍將宇文顯。顯取之進明帝。帝見容貌姝美，掩于六宮，或問之，曰：『我天女也，暫降人間。』帝欲逼幸，其色甚難；乃令左右擁抱，作異聲如鐘，復化爲虹，經天而去。後帝尋崩。」

本事出稽神異苑，乃魏明帝（曹叡）事，異此：「江表錄：首陽山有晚虹下飲溪水，化爲女子。明帝召入宮，曰：『我仙女也，暫降人間。』帝欲逼幸而難其色。忽有聲如雷，復化爲虹而去。」

後記

昔者段柯古、胡元瑞，於志怪小說有「不恥」、「好之」之論。余不敢竊攀前賢，肆力於此者，特爲其有裨於稗史研治也。初撰唐前志怪小說史一書，其間稽古蒐逸，亦竟積案盈篋。余向慕周氏輯古小說鈎沉及汪辟疆校錄唐人小說，每歎其體例精善。遂生效顰之意，成斯輯釋。不惟意與拙史相副，亦欲供治稗者取資焉。稿成自知粗陋，然區區私願，覓亦待葑菲之采。蒙何滿子先生不棄，躬爲指導，其規畫區宇，矯正委枉，誠有不可勝言者。嗟夫！吾人恆有「獎掖」之論，「人梯」之言，余今知矣！余何幸耶！所可憾者，余冥昧不學，未能慘淡經營，臻其善美；校樣之際雖復事修訂，惜乎版面已定，難盡裁釐。今以此鳩造就教於海內博雅，勿謂夏蟲不可以語冰云爾。民國七四年七月六日李劍國校畢書。